Zum Gedenken an meinen Vater Maurice Bebe

Für Éliane Nathan-Bebe und Antoine Bebe
Für den Rabbiner Tom Cohen
Für Tali, Shana und Elon Cohen.

Mein großer Dank gilt folgenden Personen für ihre wertvollen Hinweise
Dr. Tamara Cohn Eskenazi, Bibelprofessorin am Hebrew College in Los Angeles; Rabbiner Dr. Jonathan Magonet, Bibelprofessor und Direktor des Leo Baeck College in London; Rabbiner Dr. John Rayner, Professor der Halacha am Leo Baeck College in London; Dr. Rachel Adler, Professorin am Hebrew Union College in Los Angeles; Olivier Amiel, Michèle Feldman, Claire Hazan, Jean–François Malthête und all denen, die mir beim Schreiben dieses Buches halfen.

Pauline Bebe

isha

Frau und Judentum
Enzyklopädie

Aus dem Französischen übersetzt
von Caroline Bechhofer

Verlag Roman Kovar

Die Originalausgabe ist unter dem Titel:
»Isha«
Dictionnaire des femmes et du judaïsme
bei Éditions Calmann-Lévy, Paris, erschienen.

Dieses Buch wurde mit Unterstützung des Französischen Ministeriums für Kultur - Abteilung «Centre national du livre» veröffentlicht

Ouvrage publié avec le concours du Ministère français chargé de la Culture - Centre national du livre

Der Verlag dankt folgenden Institutionen und Privatpersonen, die das Erscheinen dieses Buches durch Gewährung von finanziellen Zuschüssen ermöglicht haben:

Französisches Ministerium für Kultur
KULTURalive Bildungsinstitut
Dr. Robert Buck
Marie-Louise Jung

Bibliografische Information Der Deutschen Bibliothek
Die Deutsche Bibliothek verzeichnet diese Publikation in der Deutschen Nationalbibliografie; detaillierte bibliografische Daten sind im Internet über http://dnb.ddb.de abrufbar

1. Auflage 2004.

Homepage: www.kovar-verlag.com
Lektorat: Marie-Louise Jung
Umschlaggestaltung: Adams Grafik.
Foto Umschlag: Marlou – Portrait by Jürgen Mill
Gesetzt: in Times New Roman
Auslieferung: Verlag Roman Kovar, Hauptstr. 13,
D-86492 Egling an der Paar
Druck und Bindung: tHB Tiskárny Havlíčkův Brod, Tschechische Republik

ISBN 3–925845–97–6

Inhalt

Bibliographische Abkürzungen

*Den im Text mit einem Sternchen versehenen Begriffen ist ein eigener Eintrag gewidmet.

BIBEL

1. Chron.	1. Buch der Chronik
2. Chron.	2. Buch der Chronik
Deut.	Deuteronomium
Eccl.	Ecclesiastes
Esth.	Esther
Ex.	Exodus
Ezech.	Ezechiel
Gen.	Genesis
Hos.	Hosea
Jes.	Jesaia
Jer.	Jeremias
Jos.	Josua
Jud.	Judith
1. Kor.	1. Brief an die Korinther
1. Kön.	1. Buch der Könige
2. Kön.	2. Buch der Könige
Lev.	Levitikus
Mal.	Malachi
Mich.	Micha
Neh.	Nechemia
Num.	Numeri
Ps.	Psalmen
Ri.	Richter
I. Sam.	1. Buch Samuel
II. Sam.	2. Buch Samuel
Sach.	Sacharia
Spr.	Sprüche

RABINISCHE TEXTE

AH	Aruch HaSchulchan
Ar.	Arachin
ARN	Avot deRabbi Nathan
AS	Avoda Sara
BB	Baba Batra
Bech.	Bechorot
BK	Baba Kama
Br.	Brachot
ChM	Chschen Mischpat
DH	Dibbur Hamatchil
Deut. R.	Deuteronomium Raba
Ed.	Edujot
EH	Even HaEzer
Er.	Eruvim
Esth. R.	Esther Raba
Ex. R.	Exodus Raba
Gen. R.	Genesis Raba
Git.	Gittin
Hag.	Hagiga
Hil.	Hilchot
Hohelied R.	Hohelied Raba
Hor.	Horajot
Isch.	Ischut
Jad.	Jadaim
Jal.	Jalkut Schimoni
JD	Jore Dea
Jev.	Jevamot (Jabmut)
Ker.	Keritot
Ket.	Ketubot
Kid.	Kidduschin

RABINISCHE TEXTE

Lam. R.	Lamentationen Raba
Lev. R.	Levitikus Raba
M.	Mischna
Mak.	Makkot
Meg.	Megilla
Men.	Menachot
Mid.	Midot
Midr. Hag.	Midrasch Hagadol
Midr. Ps.	Midrasch Psalmen
Midr. R.	Midrasch Raba
Midr. Spr.	Midrasch Sprüche
Midr. Eliahu Raba	Midrasch Eliahu Raba
MK	Mo'ed Katan
MT	Mischne Tora
Nas.	Nasirim
Ned.	Nedarim
OCh.	Orach Chaim
Oh.	Oholot
PdRE	Pirke de Rabbi Elieser
PdRK	Pirke de Rav Kahana
Pes.	Pessachim
RH	Rosch Haschana
Ruth R.	Ruth Raba
SA	Schulchan Aruch , (Joseph Caro)
Sanh.	Sanhedrin
Schab.	Schabbat
Schev.	Schawuot
Seb.	Sebachim
Sem.	Semachot
Sof.	Sofrim
T.	Tossefta
Ta'an.	Taanit
Tan.	Tanchuma
Targ.	Targum
Targ. Ps. Jon.	Targum Pseudo Jonathan
TJ	Talmud Jeruschalmi
Tur.	Arba'a Turim , (Jacob ben Ascher)

Vorwort

Sie halten ein Buch in der Hand, ein Nachschlagewerk über die Frau im Judentum, dessen Titel Sie angesichts der vorliegenden Seitenzahl nicht unbedingt mit dem Begriff „Enzyklopädie“ in Zusammenhang bringen würden. Warum also die Wahl dieses Terminus?

Die im französischen Originaltitel verwendete Bezeichnung „Dictionnaire“ legt die Benutzung des Werkes im Sinne eines in alphabetischer Reihenfolge geordneten Wörterbuches nahe. Die Eintragungen im vorliegenden Buch bestätigen diesen Aspekt und verweisen darüber hinaus im Anhang auf eine Bibliographie mit mehr als 200 Vermerken zu den benutzten Primär- und Sekundärquellen.

Pauline Bebe, Autorin des 2001 in Frankreich publizierten Werkes, wurde als erste Frau nach Abschluss ihrer Studien am *Leo Baeck College* in London, 1990 als Rabbinerin ordiniert. Sie ist seither als Gemeinderabbinerin der „communauté juive libérale“ in Paris tätig, wo sie ideale Voraussetzungen für ihren kritischen Denkansatz findet. Sie legt mit ihrem „Dictionnaire“ den Grundstein zu einem ‚aufklärenden‘ Blick und einem ‚aufklärerischen‘ Vorgehen bei der Analyse von Texten, in deren zentralem Kontext es um Frauen im Judentum, ihre Handlungs- und Sichtweisen geht. Hierbei erschließt sie uns eine neue Perspektive auf Themen, die Frauen betreffen.

Wie die Rabbinerin selbst sagt, konnte und kann sie bei der Ausübung eines so außergewöhnlichen Berufes ihrer Kreativität freien Lauf lassen, da sie nicht etwa mit einer Vorgängerin verglichen wurde oder wird. Bebes Vorgehensweise ist gekennzeichnet von der Hervorhebung spezifisch weiblicher Denkansätze. Sie entspricht dem Blick der Moderne, stellt die Frauengestalten aus Bibel und Talmud in das Zentrum neuer Erkenntnisse und Grundsätze und grenzt sie gleichzeitig ab von der Doktrin männlicher Kategorisierungen sowie von traditionellen Theorien, die einer kritischen Analyse nicht standhalten. Die Autorin bedient sich bei ihren Darstellungen des narrativen Elementes als Stilmittel und erzeugt so die Wirkung der femininen Sichtweise auf symbolischer, struktureller und individueller Ebene. Die agierenden Frauen in Bibel und Talmud verkörpern auf unterschiedlichste Weise moderne Standpunkte; diese verweisen auf dem Judentum innewohnende starke Kräfte, die von Frauen in eigene Handlungsprinzipien umgewandelt wurden und darum in ihren Wahrheitsansprüchen geltend zu machen sind.

Das neue Selbstverständnis der Rabbinerin Pauline Bebe, der emanzipierten Jüdin, die durch die vorliegende Publikation zur Vermittlung und Verbreitung eines liberalen Bewusstseins innerhalb des Judentums im 21. Jahrhundert beiträgt, soll in dem Terminus *Enzyklopädie* deutlichen Niederschlag finden.

In der europäischen Geistesgeschichte verdanken wir den sogenannten „Enzyklopädisten" in Frankreich, den Gründern des auf Vernunft basierenden Fortschritts der Wissenschaften, relevante Nachschlagewerke. Die Enzyklopädisten beeinflussten herausragende moralische, gesellschaftliche sowie politische Entwicklungen. Sie waren diejenigen, die auf die Idee der Toleranz aufbauend, eine kritische Haltung gegenüber der Auffassung von Staat und Religion einnahmen. In diesem Sinne hebt der bewusst vom deutschen Verlag für die vorliegende Herausgabe gewählte Titel *Enzyklopädie* den kritischen Denkansatz von Pauline Bebe hervor. Sie analysiert die „Rolle" der Frau in der jüdischen Tradition mit neuem Bewusstsein. Damit setzt sie Fähigkeiten frei, sich zwischen Vergangenem und Zukünftigem in neuer Weise zu entscheiden und selbst zu bestimmen, will man der Tradition zu einer neuen Vision verhelfen.

Marie-Louise Jung

Einleitung

Unmittelbar nach meiner Ordination als Rabbinerin wurde an mich der Vorschlag herangetragen, ein Buch über Frauen im Judentum zu schreiben. Damals lehnte ich ab. Während meines Studiums hatte ich jedoch schon viele Bücher und Aufsätze zu diesem Thema gesammelt und zahlreiche Texte studiert; denn mir war wohl bewusst, dass ich als erste Rabbinerin Frankreichs zu diesen Fragen würde Rede und Antwort stehen müssen. Doch war ich selbst unvermutet zum Symbol geworden für den Zugang von Frauen zu öffentlichen Ämtern und mehr noch, deren Zugang zum Wissen innerhalb der jüdischen Tradition. Man erwartete von mir Antwort auf all jene Fragen der *Halacha*, des jüdischen Rechtes, die gegen die Übernahme des Rabbineramtes durch eine Frau sprachen. Ich musste darum kämpfen, als Frau anerkannt zu werden – mir selbst ging es vor allem darum, Rabbinerin zu werden. Häufig wurde ich gefragt: „Wie kamen sie auf die Idee, ein ‚weiblicher Rabbiner' zu werden?" Meine Antwort war immer: „Es war nicht meine Idee, weiblich zu sein. Als Frau bin ich geboren, Rabbinerin bin ich geworden." Ich brauchte eine Weile um zu begreifen, dass ich über meinen persönlichen Fall hinaus ein Symbol darstellte, das niemanden unberührt ließ. Dies zeigte sich entweder in übertriebener Aggression oder ebensolcher Begeisterung. Ich wollte nicht auf Frauenthemen reduziert werden, sondern ganz „normal" meinen Beruf ausüben. Ich hatte das Glück, dies Schritt für Schritt verwirklichen zu können. Anfänglich gezwungen, mich gewissen Vorgaben von der Aufgabe eines Rabbiners anzupassen, habe ich doch nach und nach in meiner Gemeinde meine eigenen Vorstellungen vom Rabbinat entwickeln können. Nach den Anfangsjahren, in denen ich (wie alle Frauen, die als erste in einen bis dato männlichen Bereich eindringen) beweisen musste, dass ich der Aufgabe ebenso gut gewachsen bin wie ein Mann, war ich von diesen Zwängen befreit und konnte endlich diesen besonderen Beruf ohne Einschränkung meiner Kreativität ausüben. So hat meine Gemeinde ihren ganz eigenen Stil, der sich von dem meiner Kollegen abhebt. Ich weiß nicht, ob die Tatsache, dass ich eine Frau bin, meinen Umgang mit menschlichen Problemen beeinflusst hat – ich meine, es ist noch zu früh, das „Weibliche" von patriarchalischen Vorstellungen in gänzlich freien Begriffen definieren zu können. Während der Jahre meines Rabbinats habe ich Abstand zu Frauenthemen gewinnen können, die Fragen über Frauen als Rabbiner nicht mehr persönlich genommen. Ich begriff, in welchem Maß die Rolle der Frau im Judentum, die Fragen der sexuellen Identität, bei der Definition der jüdischen Identität eine zentrale Rolle einnahmen. So war ich nach zehn Jahren im Rabbinat endlich soweit, dieses Buch über die jüdischen Frauen zu schreiben. Die Zeit der Rechtfertigung war vorüber, nun konnte ich die an mich herangetragene Aufgabe annehmen.

Mein Ziel war es, die Betrachtung der Persönlichkeiten aus Bibel und Talmud und die Auseinandersetzung mit frauenrelevanten Themen unter einem anderen Blickwinkel vorzunehmen. Dabei habe ich eine Auswahl treffen müssen. In der Bibel und im Talmud sind Männer zwar gegenüber den Frauen überrepräsentiert – dennoch sind längst nicht alle dort genannten Frauen in diesem Nachschlagewerk aufgeführt. Es will vielmehr einen repräsentativen Überblick über die Tradition sowohl der Bibel, der *Aggada*[1] als auch der *Halacha*[2] geben. Seit dem Aufkommen der modernen, der Gleichberechtigung verpflichteten Strömungen im Judentum war der Diskurs innerhalb der jüdischen Gemeinschaft – zumindest in Frankreich – vor allem apologetischer Natur. So beruft man sich auf Texte, die das Lob der Frau singen, sie als den besseren Menschen, geradezu als über den Mann erhaben darstellen. Folglich, so wird argumentiert, werden Frauen von der Erfüllung einer Vielzahl von Geboten selbstverständlich nur deshalb ausgeschlossen, weil sie ihrer nicht bedürfen, oder auch, weil sie eine naturgegebene Kenntnis des Göttlichen besitzen. Patriarchalisch geprägte gesellschaftliche Vorurteile werden damit entweder durch Gottes unabänderlichen Ratschluss oder durch biologische Unterschiede gerechtfertigt. Die Frau als der „vollständigere" Mensch, als „Königin im Hause", als Trägerin der Verantwortung zur Vermittlung von Tradition usw. .... In diesem Buch versuche ich auch aufzuzeigen, dass diese Apologetik eine neue Form von Sexismus ist – nur eine raffiniertere und verfänglichere, da sie als Lob verkleidet und nicht als offene Herabwürdigung daherkommt; doch auch hier wird die Ausgrenzung der Frau rechtfertigt. Ich bemühe mich um einen liebevollen, doch darum nicht weniger kritischen Blick auf unsere Tradition. Weder dürfen die aus ihr hervorgegangenen sexistischen Texte ignoriert werden, noch die weniger

---

[1] Anm. d. Übers.: der erzählende Teil des jüdischen Schrifttums.
[2] Anm. d. Übers.: der normative Teil des jüdischen Schrifttums, Entscheidungen der Rabbiner zur Einhaltung von Regeln und Geboten.

zahlreichen, zu ihrer Zeit geradezu revolutionären Texte, die sich mit der Gleichberechtigung von Männern und Frauen beschäftigen. Das Judentum war, wie zahlreiche andere religiöse Traditionen auch, eingebettet in eine patriarchalische Welt. In ihrer großen Mehrzahl wurden die Texte von Männern verfasst; so darf es nicht verwundern, dass sie ein Spiegelbild eben der Gesellschaft sind, der die Erzähler oder Rabbiner angehörten. Beim Zitieren dieser sexistischen Texte sollte man sich immer deren gesellschaftlichen Kontext vor Augen halten. Es wäre unangemessen, von Texten aus früheren Epochen eine Auseinandersetzung mit den Themen des modernen Feminismus zu erwarten. Andererseits war die jüdische Tradition auch in mancher Beziehung ihrer Zeit voraus. Besonders bemühte man sich um den rechtlichen Schutz der Frau durch deren Zuordnung zur rechtlichen Kategorie der „Abhängigen", zu der auch Sklaven und Kinder gehörten. In vielen Fällen waren diese Schutzmaßnahmen ein echter Fortschritt. Daher soll es in diesem Buch nicht darum gehen, die jüdische Tradition einem unfairen Verfahren zu unterwerfen, sondern darum, sie besser kennen zu lernen und die Rolle der jeweiligen Geschlechter innerhalb dieser Tradition besser zu verstehen. Diese Betrachtungsweise geht Hand in Hand mit dem Denkansatz, dass die Rolle der Frau nicht von Gott gegeben, sondern der zutiefst menschliche Ausdruck der Vorstellungen einer bestimmten religiösen Gruppe zu einer bestimmten Epoche ist. Der Gott aller Menschen kann nicht die Herrschaft der einen Hälfte der Menschheit über die andere vorgeschrieben haben. Wahrscheinlich ist der Ausschluss der Frauen vom Kultus eine Folge des Monotheismus. Vor dessen Aufkommen gab es in den polytheistischen Religionen sowohl männliche als auch weibliche Götter. Die Reduzierung auf die Verehrung eines einzigen Gottes mit männlichen Charakterzügen ging einher mit der Abschaffung der Göttinnen und dem Ausschluss der Frauen vom Priestertum. Frauen, die im öffentlichen Gottesdienst eine Rolle gespielt hatten, wurden nun verteufelt und mit allen negativen Aspekten der Sexualität in Verbindung gebracht. Diese Ausgrenzung wurde weiter verstärkt durch den Einfluss des Hellenismus, dessen Trennung des Materiellen vom Spirituellen der jüdischen Tradition nicht innewohnt. Für die Gegenwart ergibt sich folgende Frage: Ist es möglich, die Teilhabe der Frauen am öffentlichen Gottesdienst zuzulassen, ohne damit eine Form von Polytheismus oder einen Göttinnnenkult wieder erstehen zu lassen? Ist es möglich, einen Monotheismus zu erschaffen, der weder männlich noch weiblich ist, in dem sich Männer und Frauen gleichermaßen erkennen und anerkennen und an dem sie auf gleiche Weise teilhaben können?

Meine Antwort ist: Ja. Die jüdische Tradition hat sich im Laufe der Jahrhunderte unter dem Einfluss historischer Ereignisse und neuer wissenschaftlicher Entdeckungen ständig weiterentwickelt. Unser heutiges

Gottesbild unterscheidet sich maßgeblich von dem der biblischen oder der rabbinischen Zeit. Dank seiner laufenden Veränderung und Anpassung hat das Judentum überleben können. Kenntnis der Tradition ist jedoch die wesentliche Voraussetzung für deren Weiterentwicklung. Das neue Frauenbild der modernen Welt muss Teil unserer Tradition werden, damit die Frauen sich das Judentum zu Eigen machen, sich an seinem Schrifttum und seiner Interpretation sowie an dessen Lehre und Weitergabe beteiligen können. Männer und Frauen, denen die Gleichberechtigung selbstverständlich ist, müssen sich auf die althergebrachte Tradition berufen und heute in ihr leben können. Das Judentum kann ein Unrecht nicht aufrecht erhalten. Einige egalitäre Vorbilder gibt es in der Tradition; diese als Inspiration zu nutzen, ist unsere Aufgabe. Andere müssen erfunden werden; das sollten wir wagen.

Mir liegt daran, dass dieses Buch all den Männern und Frauen als Anregung dient, die eine Weiterentwicklung des Judentums wünschen, gerade weil sie es lieben.

Abigail

Von Abigail erfahren wir im ersten Buch Samuel (25:2–42). Ihre Geschichte folgt unmittelbar auf den Bericht von Samuels Tod. David schart auf der Flucht vor Saul, der ihm nach dem Leben getrachtet hatte, eine Armee von Flüchtlingen um sich. Er lagert bei Maon und schickt seine Diener zu Nabal, einem reichen Mann in der Gegend, mit der Bitte um Lebensmittel. Dieser Mann und seine Frau werden wie folgt beschrieben: „Und der Name dieses Mannes war Nabal und der Name seiner Frau Abigail, und die Frau war von guter Einsicht und schön von Gestalt, der Mann aber hart und böser Art und er war von Kaleb" (25:3). Um ihn sich gewogen zu machen, beteuert David, seine Hirten nicht belästigt zu haben. Doch Nabal weist ihn schroff ab. Daraufhin sammelt David 200 seiner Männer um sich und bereitet einen Angriff auf Nabal vor. Einer von Nabals Dienern begibt sich aber zu Abigail. Er schildert ihr die Lage und bestätigt auch Davids Aussage, dass dessen Leute Nabals Hirten tatsächlich geschützt hätten. Dann fordert er sie auf, selbst Stellung zu beziehen: „Und nun erkenne und sieh, was du zu tun hast, denn fertig ist das Unheil gegen unseren Herrn und über sein ganzes Haus; er aber ist ein Sohn der Ruchlosigkeit, zu dem man nicht reden darf" (25:17). Der Diener macht recht deutlich, dass er lieber mit Abigail spricht als mit ihrem Mann. Abigail zögert keinen Moment: Sie entspricht der Bitte von Davids Dienern, bereitet eine große Menge Essen vor und lässt die Esel damit beladen. Ihre eigenen Diener bittet sie vorauszugehen; ihrem Mann sagt sie kein Wort. Unterwegs trifft sie auf David und hört seine gehässige Rede über Nabal. „Als Abigail den David ersah, da eilte sie und stieg herab von dem Esel und fiel vor David auf ihr Gesicht nieder und bückte sich zur Erde und fiel ihm zu Füßen" (25:23). Darauf bittet sie ihn um Gehör. Sie übernimmt die Verantwortung für alles Vorgefallene und fordert David auf, Nabal, der doch unwürdig sei, nicht weiter mit seinem Zorn zu verfolgen; sie beteuert, die jungen Männer [d.h. Davids Diener] selbst nicht gesehen zu haben und beschwört David noch einmal, von seiner Rache abzulassen. Sie bietet ihm die mitgebrachten Nahrungsmittel an und versichert ihn seines zukünftigen Erfolges. Der Ewige werde ihn in den zu schlagenden Schlachten und in seinem ganzen Leben beschützen Als letztes Argument gibt sie ihm zu bedenken, wenn er erst zum Herrn über Israel berufen sei, könne er das unnötige Blutvergießen im Nachhinein bedauern. Dann bittet sie ihn, sich ihrer zu erinnern, wenn er an der Macht sei.

Die Rede ist ausgesprochen geschickt aufgebaut und vermag zu überzeugen. David dankt dem Ewigen dafür, dass er ihm Abigail gesandt hat, die ihn davon abhalten konnte, Selbstjustiz zu üben. Ihre Geschenke nimmt er an. Abigail kehrt zu ihrem Mann zurück, doch trifft sie ihn von einer Feier betrunken an. Bis zum nächsten Morgen spricht sie nicht mit ihm; dann berichtet sie ihm das Vorgefallene. Er spürt sein Herz schwach werden; zehn Tage später stirbt er, geschlagen vom Ewigen. David dankt dem Ewigen für die Bestrafung von Nabal und schickt seine Diener zu Abigail, um ihr zu verkünden, dass er sie zur Frau nehmen möchte. Sie antwortet darauf: „Deine Dienerin ist bereit, als Sklavin den Dienern meines Meisters die Füße zu waschen." Dann macht sie sich mit fünf Dienerinnen auf den Weg zu David, um ihn zu ehelichen. Der Erzähler berichtet uns, dass David schon mit Ahinoam vermählt war, „so dass er sie beide zur Frau hatte" (25:43). Aus der Verbindung von David und Abigail geht Kilab hervor (*2. Sam.* 3:2). Abigail wird eine der vielen Frauen Davids, doch weiter erfahren wir nichts mehr über sie.

Die Geschichte von Abigail ist aus mehreren Gründen ungewöhnlich. Wegen der Tatsache, dass ihre Intelligenz im Gegensatz zu der ihres Mannes erwähnt wird – bei den Frauen der Bibel wird eine solche Eigenschaft selten hervorgehoben. Abigails Unabhängigkeit ist offensichtlich: Sie kann ohne Wissen ihres Mannes das Haus verlassen und frei entscheiden, wann sie ihm über ihr Tun berichtet. Sie bestimmt, welche und wie viele Nahrungsmittel sie Davids Dienern bringt, und sie kann ihren eigenen Dienern befehlen. Sie selbst [und nicht ein männlicher Vormund; Anm.d.Übers.] nimmt Davids Heiratsantrag an. Athalya Brenner schreibt hierzu, dass es sich „angesichts des patriarchalischen Umfeldes, in dem sie lebt, um eine ausgesprochen untypische und unkonventionelle Situation" handle.[1] Abigail interveniert zur Rettung ihrer Familie; doch ihre eigene Zukunft scheint ihr mehr am Herzen zu liegen als die ihres Mannes. Von sich selbst spricht sie immer mit Bescheidenheit und Unterwürfigkeit. Sie bezeichnet sich selbst – ganz im Gegensatz zu ihrer tatsächlichen Macht und ihrem sozialen Status – als „Dienerin". Hierin beweist sie,

---

[1] Siehe: Athalya Brenner, *The Israelite Woman*, S. 40–41; hier ist hervorgehoben, dass Abigail nicht als *chochma,* („weise"), sondern als *tovat Sechel* („klug", „schlau") charakterisiert wird, da sie nicht in allgemeinem, sondern in eigenem Interesse handelt.

dass sie genau wie David den politischen Diskurs beherrscht. Es gelingt ihr, die beiden Männer von einem Kampf abzubringen und die Zuneigung des Mannes zu gewinnen, dem sie eine große Zukunft vorhersagt. Man kann sich durchaus fragen, in wieweit sie durch das Erzählen von ihrem Treffen mit David nicht auch den Tod ihres Mannes auslöst; denn auf ihren Bericht hin „erstarb ihm das Herz im Leibe und er ward zu Stein", entweder, weil der Bericht für ihn erniedrigend ist, oder weil er erst jetzt begreift, in welcher Gefahr er schwebt. Abigail hat seinen Befehlen, David nichts zu geben, zuwider gehandelt, und sie hat sich für das Leben ihres Mannes eingesetzt – beides verweist ihn auf eine untergeordnete Rolle. Sein Tod zehn Tage später tritt daher nicht ganz unerwartet ein. Doch der Erzähler ist eindeutig auf der Seite von David und Abigail. Die Namen der beteiligten Personen *Nabal* („der Verrückte") und *Abigail* („Freude meines Vaters") machen dies von Anfang an deutlich. Die überzeichneten Charaktere geben der Geschichte durchaus eine komische Dimension. Abigails Mut, ihr Eintreten für den Frieden, verdienen betont zu werden. Aus der Beschreibung ihres Mannes lässt sich ableiten, dass ihre Beziehung zu ihm sicher nicht einfach war. Doch durch ihre Worte gelingt es ihr, David zu besänftigen und zu verführen, und die Geschichte endet wie ein Märchen: Der böse Mann stirbt und seine Witwe heiratet den Prinzen. Die Kommentatoren sind über Abigail geteilter Meinung. Einige betonen ihre Klugheit, ihre prophetische Gabe, ihre Eloquenz und das Geschick, mit dem sie einen Krieg abwenden konnte. Andere heben ihre Hinterlist, ihren Egoismus und das Verfolgen eigener Interessen hervor.

Für die Rabbinen ist sie eine Prophetin (*Meg.* 14b), weil sie mit den Worten: „So wird dir dies nicht zum Anstoß sein" (*1. Sam.* 25:31) den später eintretenden „Vorfall" zwischen David und Bathseba vorausgesagt habe. David habe sie sofort haben wollen, sie aber habe ihre monatliche Regel vorgeschoben. David habe insistiert und argumentiert, nachts könne man rituelle Unreinheit ja nicht sehen. Sie habe darauf geantwortet: „Wenn es also wahr ist, dass man nachts verräterische Flecken nicht von unbedeutenden unterscheiden kann, soll man nachts auch keine Todesstrafe verhängen" (*TJ, Sanh.* 2:3) und habe weiterhin vorgeschlagen, auch den Tod ihres Mannes bis zum Morgen auszusetzen; als David dagegenhielt, dass das Gesetz auf Rebellen nicht anzuwenden sei, habe sie ihm erwidert: „Noch bist du nicht König" (*Meg.*15a). Der Midrasch zeigt hier ihre Gesetzeskenntnis nicht nur in Bezug auf Frauen; sie bringt David auf die falsche Fährte und dadurch zum Nachgeben – auf diese Art verbinden die Rabbinen Abigails Sprachgewandtheit mit Weisheit. Für Rabbi Nachman verfolgt sie zwei Ziele gleichzeitig, Davids Wohlergehen und die Absicherung ihrer eigenen Zukunft: „Das ist es, was die Menschen sagen: Die Frau spinnt beim Sprechen. Manche sagen: Mit gesenktem

[Kopfe] geht die Ente, doch schweifen ihre Augen umher“ (*Meg.* 14b). Diese Anmerkungen zu Abigail können positiv oder negativ interpretiert werden. Abigail wird als sehr schöne[2] (*Meg.* 15a) und sehr fromme (*M. Sanh.* 2:4) Frau gesehen, aber die Rabbinen werfen ihr vor, dass sie sagte: „Mögest du deiner Magd gedenken“(25:31), was sich für eine verheiratete Frau nicht schickt (*TJ, Sanh.* 2:20b; 4:22b). Aus diesem Grund nennt David sie in der Folge „Avigal“, ohne das *jod*, da sie sich dieses Buchstabens aus dem göttlichen Namen für unwürdig erwiesen habe (*Sanh.* 2:3). Abigail wird als komplexe und menschliche Persönlichkeit dargestellt. Sie zeigt starke Willenskraft und erreicht ihre Ziele durch den Gebrauch der richtigen Worte sowie einer klugen Taktik. Für den biblischen Erzähler wie für die Rabbinen hat sie die Seite des zukünftigen Königs von Israel gewählt und ist ihm in vielen Punkten ähnlich.

---

[2] Den Rabbinen zufolge konnte schon die bloße Vorstellung bei den Männern Begehren auslösen.

Abischag

Abischag ist eine junge Frau, die von den Dienern des Königs David gebeten wird, ihm auf seine alten Tage Gesellschaft zu leisten: „Und der König David war alt und betagt; und sie bedeckten ihn mit Kleidern, aber es wurde ihm nicht warm. Da sprachen die Diener zu ihm: Man suche meinem Herrn dem Könige ein jungfräuliches Mädchen, und sie warte auf vor dem Könige, und sei ihm eine Pflegerin, und sie liege an seinem Busen, dass es warm werde meinem Herrn dem Könige. Und man suchte ein schönes Mädchen durch das ganze Gebiet Israels und fand Abischag, die Sunamiterin[1], und brachte sie dem Könige. Und das Mädchen war sehr schön, und sie ward dem Könige eine Pflegerin und bediente ihn, aber der König erkannte sie nicht.“ (*1.Kön.*1:1–4) Abischag, deren Name „mein Vater geht irre“ bedeutet, betritt in dem Augenblick die Bühne, als König Davids Herrschaft dem Niedergang geweiht ist. Nach dieser Einleitung, in der die körperliche Schwäche des Königs betont wird, deutet der Erzähler an, dass einer seiner Söhne, Adonias, seinem Vater den Thron streitig machen will. Davids körperlicher Verfall wird also von politischer Ohnmacht begleitet. Sexuelle und politische Stärke sind miteinander verknüpft. Der Erzähler erinnert ein weiteres Mal an Abischags dienende Gegenwart an Davids Seite (*1.Kön.*1:15) an der Stelle, an der Bathseba* ihn davon überzeugt, ihren Sohn Salomon zum Nachfolger zu ernennen. Nach Davids Tod hält Adonias durch Bathseba bei Salomon um die Hand Abischags an. Salomon weist dies Ansinnen mit folgenden Worten zurück: „Und warum erbittest du Abischag, die Sunamiterin, für Adonias? Erbitte ihm lieber das Königtum, denn er ist mein älterer Bruder.“ (*1.Kön.* 2:22) und befiehlt, Adonias zu töten. Danach wird Abischag in der Bibel nicht mehr erwähnt. Zur Wahrung von Davids gutem Ruf erklärt der Midrasch (*Sanh.* 22a), dass er Abischag nicht geheiratet habe,

[1] Aus Sunam im Norden Israels;
vgl. die Sunamiterin und die Schulamit* aus dem Hohelied, die manchmal mit Abischag in Verbindung gebracht werden..

weil er nicht gegen das Gesetz verstoßen wollte, wonach es einem König verboten ist, mehr als achtzehn Frauen zu haben! Wie dem auch sei, weder in der Bibel noch im Midrasch hat Abischag eine eigene Stimme.

Auffallend an der Person der Abischag ist der Kontrast zwischen ihrem eigenen Schweigen angesichts ihrer Machtposition, die sie ausübt, und den leidenschaftlichen Gefühlen, die anscheinend durch die Erwähnung ihres Namens bei anderen entfesselt werden. Für den König spielt sie eine heilsame Rolle: Durch ihre Gegenwart, ihre körperliche Nähe bar jeder Sexualität, bringt sie ihm für eine Weile Wärme, vielleicht gar das Leben zurück. Sie unterstützt ihn, dient ihm, leistet ihm Gesellschaft. Ihre Schönheit wird betont, ansonsten erfährt man nicht viel über sie. Aber sie wird für politische Zwecke instrumentalisiert. Adonias, der Thronprätendent, sieht in ihr ein Mittel, sich bei den Verteidigern des davidischen Thrones einzuschmeicheln und Salomons Platz einzunehmen. So wie Salomon sich für seinen Thronanspruch auf die Legitimität seiner Mutter, der Königin Bathseba stützt, versucht Adonias, seinen Anspruch mit Hilfe von Abischag, der letzten nahen und vertrauten Gefährtin des verstorbenen Königs, zu festigen. Wenn auch die Frauen hier von den Männern nur als Mittel betrachtet werden, um an die politische Macht zu gelangen, könnte man umgekehrt sagen, dass deren Macht erst durch die Frauen legitimiert wird.

Abtreibung

Die Frage der Abtreibung wird heute in der Halacha[1] intensiv diskutiert; verschiedene Vorstellungen stehen sich gegenüber. Es gibt einen allgemeinen Konsens, die Abtreibung dann zu erlauben, wenn das Leben der Mutter in Gefahr ist. Bei der Schwangerschaftsunterbrechung wegen einer außerehelichen oder einer unerwünschten Schwangerschaft oder wegen einer zu erwartenden schweren Behinderung des Kindes gehen die Meinungen auseinander. In der Bibel wird nur die durch einen Unfall verursachte Fehlgeburt, nicht die geplante Abtreibung behandelt. „Und wenn Männer miteinander zanken und stoßen eine schwangere Frau, dass ihr die Kinder abgehen, aber keine Lebensgefahr bestehe, so werde er am Gelde gebüßt, so viel ihm der Gatte der Frau auflegt, und er zahle durch die Richter. Wenn aber Lebensgefahr ist, so gib Leben um Leben, Auge um Auge, Zahn um Zahn, Hand um Hand, Fuß um Fuß, Brandmal um Brandmal, Wunde um Wunde, Strieme um Strieme" (*Ex.* 21:22–25). Hier handelt es sich um das vielzitierte „Jus Talionis". Nach rabbinischer Auslegung beinhaltet es, dass der entstandene Schaden durch eine Geldsumme abgegolten werden muss. Ruft eine Auseinandersetzung eine Fehlgeburt hervor, liegt die Festsetzung der Schadensersatzsumme beim Ehemann, da der Fötus als sein Eigentum angesehen wird. In biblischer Zeit waren die Einkünfte der Frau ebenso wie alle ihre Leistungen Eigentum ihres Mannes und Besitzers. Starb die Frau, handelte es sich jedoch um ein Verbrechen, auf das die Todesstrafe stand. Die Bibel macht folglich eine klare Unterscheidung zwischen dem Leben der Frau und dem des Fötus. Die Abtötung des Fötus zieht nicht die Todesstrafe nach sich, sie wird als Schaden am Eigentum betrachtet. Auch wenn der biblische Text von einem nicht geplanten Abort handelt, dient er doch der Diskussion über die geplante Schwangerschaftsunterbrechung als Grundlage.

[1] Anm. d. Übers.: das jüdische Religionsgesetz.

Nach talmudischem Recht gilt der Fötus nicht als eigenständiges Leben, sondern als Teil der Mutter: „Der Fötus ist die Lende der Mutter" (*Chul.* 58a; *Git.* 23b). Bis zum Zeitpunkt der Geburt darf er abgetötet werden, um das Leben der Mutter zu retten: „Wenn die Frau Schwierigkeiten bei der Niederkunft hat, zerschneide man den Fötus in ihrem Inneren und ziehe ihn Teil für Teil heraus, denn ihr Leben gilt mehr als seines. Wenn der größere Teil geboren ist, berühre man ihn nicht, denn ein Leben darf nicht um des anderen Willen beseitigt werden" (*Oh.* 7:6). Eine Variante dieses Textes findet sich in einem anderen Talmudtraktat: „wenn der Kopf geboren ist" (*Sanh.* 72b). Das Prinzip der Gleichwertigkeit zweier Leben wird folgendermaßen ausgedrückt: „Du weißt nicht, ob dein Blut roter ist als seins" (*Sanh.* 45b). Doch dies Prinzip findet erst Anwendung, wenn der größte Teil des Kindes oder der Kopf geboren ist. Davor hat das Leben der Mutter Vorrang. Raschi sagt in einem Kommentar, dass der Fötus vor der Geburt kein *Nefesch*, keine lebendige Seele ist (Raschi über *Sanh.* 72b).

Im Talmud *(Ar.* 7a–b) wird ein weiterer Fall einer Abtreibung diskutiert, nämlich der einer zum Tode verurteilten Schwangeren (es handelt sich hier um eine rein theoretische Situation, da die Todesstrafe vom Talmud ausgesetzt wurde). Wenn eine schwangere Frau zum Tode verurteilt wird, erklärt uns die Mischna, wartet man nicht ihre Niederkunft ab, es sei denn, die Wehen haben bereits begonnen. Im ersten Fall wird der Fötus als Teil des Körpers der Mutter betrachtet, im zweiten Fall als ein eigenständiges Wesen. Man hält dafür, den Fötus im ersten Fall abzutöten, um zu vermeiden, dass die Frau während der Hinrichtung niederkommt und dadurch eine zusätzliche Entwürdigung erleidet. Die Tossafisten führen aus, dass es für die Frau, die um ihr Todesurteil weiß, grausam sei, auf die Geburt ihres Kindes warten zu müssen, da das Gesetz vorsieht, dass es zwischen Verurteilung und Vollstreckung der Strafe keine Verzögerung geben darf. Dies wäre eine Form der Folter, genannt *innui hadin.*[2] Wenn das Urteil über die schwangere Frau noch nicht gesprochen ist, wird die Entscheidung auf die Zeit nach der Geburt verschoben, weil sie dann auf Freispruch oder eine weniger schwere Strafe hoffen kann. Diese Diskussion hat insofern Bezug zum Thema der Abtreibung, als sie den Begriff *innui hadin*, das heißt in diesem Fall, die durch eine Schwangerschaft hervorgerufenen Ängste mit ins Spiel bringt. Jacob Emden (1697–1776) stützt sich auf diese Passage, um die Abtreibung eines unehelichen Kindes zuzulassen. Er fährt folgendermaßen fort:

> Und selbst bei einem legitimen Fötus gibt es Gründe, Nachsicht zu

---

[2] *Innui hadin* bedeutet generell eine durch eine Gerichtsentscheidung zugefügte Qual (Anm. d. Übers.).

üben, solange das Kind sich noch nicht bewegt: wenn es sich um eine zwingende Notlage handelt, selbst wenn es sich hierbei nicht um eine lebensbedrohliche Situation für die Mutter handelt, sondern darum, sie von dem Fötus zu befreien, weil er Ängste bei ihr auslöst. Und dieses Thema muss noch viel eingehender diskutiert werden. Gleichwohl ist es offensichtlich, dass es dennoch grundsätzlich verboten ist, den Fötus zu töten [...]. Zweifellos ist es nicht verboten, da es auf Grund einer zwingenden Notlage getan wird [...]. Deshalb ist unsere Entscheidung die Folgende: Es ist verboten, den Fötus grundlos abzutreiben. Doch in dem gegenwärtigen Fall einer verheirateten Frau, die vom rechten Wege abgewichen ist, bin ich nachsichtig und meine, dass es erlaubt ist, und dass diese Handlung vielleicht als Mizwa belohnt wird [...]. (*Responsa Sche'elat Javetz*, n°43)

Die „zwingende Notlage", die eine Abtreibung auch eines ehelichen Kindes rechtfertigen würde, wird von Jacob Emden nicht näher definiert. So sind Abtreibungen nach der Meinung einiger Rabbiner erlaubt, nach der Meinung anderer nicht, entsprechend der jeweiligen Umstände.

Im Talmud findet man auch Stimmen, die sich gegen die Abtreibung aussprechen, so die von Rabbi Jischmael: „Wer das Blut eines Menschen im Menschen vergießt, dessen Blut soll vergossen werden" [*Gen.* 9:6]. „Welcher Mensch befindet sich in einem Menschen? Ein Kind im Leibe seiner Mutter" (*Sanh.* 57b). Raschi führt aus, es handle sich hierbei um Gesetze für Nichtjuden, für die Abtreibung ein Kapitalverbrechen sei, was für Juden nicht gälte. Die Tossafisten kommentieren, dass die Abtreibung zwar auch für Juden verboten, nicht aber strafbar sei. Wie wir gesehen haben, werden im Talmud unterschiedliche Auffassungen vertreten. Einige sehen in dem Fötus kein eigenständiges Leben und halten die Abtreibung im Falle einer Gefährdung der Mutter oder einer zwingenden Notsituation für zulässig, andere fassen die Abtreibung als Mord auf.

Moses Maimonides (*MT*, Hil. Rotzeach uschemirath nefesch 1:9) beleuchtet das Thema von einer ganz anderen Seite. Er ist der Meinung, dass der Fötus als Verfolger *[rodef]* betrachtet werden muss; als jemand, der versucht, eine Frau mit Schwangerschafts- und Geburtsproblemen umzubringen. Nach dem Gesetz darf aber jeder, der eine andere Person in Tötungsabsicht verfolgt, selbst getötet werden. So rechtfertigt Maimonides eine Abtreibung nur im Falle einer Gefahr für die Mutter. Anders als im Talmud unterscheidet er dabei nicht zwischen dem Fötus vor der Geburt, der keine lebendige Seele hat, und dem Kind nach der Geburt, das als eigenständiges Wesen zählt. Im Lauf der weiteren Entwicklung der Halacha folgen manche Rabbinen der Lehrmeinung von Talmud und

Raschi und behandeln die Abtreibung mit größerer Nachsicht als andere, die, der Meinung von Maimonides folgend, härter urteilen. Hayim Soloveitchik (*Hiddoushei Rabbi Hayim Soloveitchik* über *MT*, Hil. Rotzeach 1:9) betrachtet den Fötus als *Nefesch*, eine lebende Seele, die nur dann getötet werden darf, wenn sie eine tödliche Gefahr für die Mutter darstellt. Der Oberrabbiner von Israel, Issar Unterman[3], vergleicht die Abtreibung mit Mord, wenn keine Gefährdung der Mutter vorliegt. Jedoch geht er so weit einzuräumen, dass seelischer Druck, der die Mutter in den Suizid treiben könnte, einen legitimen Grund für eine Abtreibung darstellen könnte. Der Oberrabbiner Ben Zion Usiel (*Mischpetei Usiel, ChM* 3:46) plädiert für die Abtreibung im Falle eines drohenden Gehörverlustes der Frau. Dabei stützt er sich auf die Talmudstelle, an der von Entwürdigung die Rede ist: „Auf jeden Fall ist ganz eindeutig, dass sie das Abtöten des Fötus ausschließlich in einer Notlage zuließen, doch auch dann, wenn die Notlage nicht schwerwiegend ist, wie zum Beispiel eine Entwürdigung der Mutter. Doch ohne Notlage ist es sicher verboten, denn es handelt sich hier um eine Vernichtung und die Verhinderung einer Lebenschance für eine *Nefesch* in Israel." Usiel lässt also die Abtreibung selbst aus weniger schwerwiegenden Gründen zu; doch untersagt er sie, wenn keine guten Gründe vorliegen. Das Problem liegt in der Frage, bei wem die Autorität liegt, eine Definition für die „Entwürdigung der Mutter" festzulegen. Der israelische Historiker Menachem Elon[4] vertritt die Meinung, dass die Mehrzahl der Gesetzgeber in der jüdischen Tradition die Abtreibung nicht mit Mord gleichsetzen, sondern als einen Verstoß gegen ein rabbinisches Gesetz und nicht gegen ein Gesetz der Tora betrachten.[5] 1977 verabschiedete die Knesset ein Gesetz, nach dem die Abtreibung zulässig ist bei größeren Gefahren für die Mutter, im Falle von Schwangerschaft bei Ehebruch, von Schwangerschaft bei Minderjährigen, Vergewaltigung, bei dem Risiko schwerer Behinderung oder angeborener Krankheiten sowie sozioökonomischen Bedingungen, die ein gesundes Aufwachsen des Kindes erschweren. Diese letzte Klausel löste in orthodoxen Kreisen hitzige Diskussionen aus. In den Auseinandersetzungen der traditionellen jüdischen Kreise kommt die Sorge der Frau, über ihren Körper nicht selbst bestimmen zu können, nicht zur Sprache. Doch es muss angemerkt werden, dass bei den Entscheidungen das Wohlergehen der Mutter mit bedacht wird. Die Begriffe „Entwürdigung" und „zwingende Notlage" geben Raum für milde Entscheidungen, die eine Abtreibung in vielen Situationen gestatten. Selbstverständlich sollte

---

[3] Issar Unterman „Be'injan pikuach nefesch schel ubar", *Noam.*

[4] Menachem Elon, „Hapalah Melachutith", *Ha'encyclopedia ha'iwrit.*

[5] Verstöße gegen rabbinische Gesetze werden im Allgemeinen als weniger schwerwiegend angesehen als Verstöße gegen Gesetze der Tora.

die Abtreibung nicht zu leicht genommen werden und nicht als eine Form der Verhütung genutzt werden, aber jede Form von Angst und Not im Zusammenhang mit der Geburt des Kindes kann berücksichtigt werden. Auch das gegenwärtige Wissen über die Entwicklung des Fötus sollte mit in Betracht gezogen werden; das heißt, dass die Abtreibung wenn nötig, so früh wie möglich vorgenommen werden sollte. Die meisten Autoritäten zögern kaum, wenn es sich um eine Abtreibung während der ersten vierzig Tage des fötalen Lebens handelt (*Jev.* 69b; *Nid* 30b; *M.Ker.* 1:1; *SA,ChM* 210:2). Zwischen dem Alter von vierzig Tagen und siebenundzwanzig Wochen hat der Fötus schon einen Status, doch seine Zukunft ist noch ungewiss; für diese Phase gehen die Meinungen der Autoritäten über eine mögliche Abtreibung auseinander. Die liberalsten Autoritäten lassen die Abtreibung bis zum Geburtstermin zu, wenn die Gesundheit von Mutter oder Kind ernsthaft bedroht sind.[6]

[6] Walter Jacob, *Contemporary American Reform Responsa*, n°16, S. 23. Selbstverständlich richtet sich die jüdische Gemeinschaft in all diesen Fragen nach dem Landesgesetz, das nach einem talmudischen Prinzip in allen rechtlichen Fragen bestimmend ist.

Aguna

Die Situation der *Aguna* ist eine direkte Konsequenz der Ungleichbehandlung von Männern und Frauen im jüdischen Familienstandsrecht. Die Aguna ist eine Frau, die schon geschieden ist, die aber dennoch rechtlich als verheiratete Frau gilt. Sie ist tatsächlich „gefesselt" an einen Mann, der nicht mehr mit ihr zusammenlebt, der aber rechtlich weiterhin für sie verantwortlich bleibt. Solange die Frau von ihrem Mann keinen Scheidungsbrief bekommt, kann sie sich nicht wieder verheiraten. Die Gründe für eine solche Situation sind unterschiedlich: Der Mann kann sich aus dem Staub gemacht haben oder untergetaucht sein, er kann sterben, ohne dass sein Tod zuverlässig bezeugt werden kann; vielleicht weigert er sich, den Schritt des Scheidungsprozesses zu vollziehen und ihr den Scheidungsbrief auszuhändigen, oder er ist psychisch dazu nicht in der Lage. Im letztgenannten Fall findet das Gesetz der Jevama* Anwendung. Seit der Zeit der Mischna und des Talmuds wird über das Gesetz debattiert – in der Bibel wird es nicht weiter thematisiert[1]. Im Laufe der Jahrhunderte sind entsprechende Fälle häufig aufgetreten; dies spiegelt die *Responsen*literatur wider. Die Rabbinen sind geteilter Meinung: Bei den einen überwiegt der Wille, die Agunot aus der Sackgasse zu befreien, in die sie durch das Gesetz geraten; bei den anderen überwiegt die Angst, gegen ein Gebot zu verstoßen und mit der Genehmigung der Wiederheirat einer Frau, die aus ihrer ersten Ehe noch nicht rechtskräftig entlassen ist, einem Ehebruch Vorschub zu leisten. Sollte der erste Ehemann wieder auftauchen, müsste die Frau sich außerdem vom zweiten Mann scheiden lassen und die Rückkehr zu ihrem ersten Mann wäre ihr ebenfalls verwehrt. Die Kinder einer Aguna würden als *Mamserim*[2], als illegitime

[1] Anm. d. Übers.: abgesehen von seiner Erwähnung in *Deut.* 25:5–10 und in zwei narrativen Texten, den Erzählungen von Ruth* und Tamar*.

[2] Das liberale Judentum hat diesen Status mit Berufung auf den Rechtsgrundsatz in *Deuteronomium* 24:16 abgeschafft; nach diesem sollen die Kinder nicht

Kinder betrachtet, die dem Ausschlussrecht des Deuteronomium (*Deut.* 23:3) unterständen, denen also die Ehe mit einem jüdischen Partner versagt wäre.

Angesichts der seelischen Not einer Frau, die vielleicht gezwungen ist, den Rest ihres Lebens im Stand der Aguna zu verbleiben, sagt Rabbenu Ascher ben Jechiel (1250–1328): „Man muss alle Möglichkeiten prüfen, eine Aguna zu befreien" (Rosh, *Responsa* 51:2). David Ben Abi Simra (1479–1573) gibt gleichfalls folgenden Rat: „Wie du mit eigenen Augen sehen kannst, muss jeder Weise nach Argumenten suchen, um [die Aguna] zu befreien, da es sich hier um eine gefahrenähnliche Situation handelt [...], und wer nach Theorien und übertriebenen Details sucht, um strenge Gesetze zu geben, um [die Wiederheirat] zu verbieten und aus der Frau eine Aguna zu machen, mit dem sind die Weisen nicht zufrieden" (Radbas, *Responsa* Nr. 25). Die Situation nimmt also dringlichen Charakter an, und die Weisen empfehlen im Umgang mit diesen Fragen, die großes Leid verursachen können, eine möglichst großzügige Auslegung des Gesetzes. Für den Fall, dass ein Mann ohne direkte Zeugen stirbt, wird ausnahmsweise ein sonst nach der Halacha[3] nicht gültiges Zeugnis akzeptiert: die Aussage einer Frau, eines Minderjährigen oder das mitgehörte Gespräch zwischen Nichtjuden. Sogar die Witwe selbst kann in diesem Fall als Zeugin auftreten. Allein nahe weibliche Verwandte[4] sind vom Zeugnis ausgeschlossen, da sie der Aguna gegenüber negativ voreingenommen sein könnten. Obwohl sie parteiisch ist, wird das Zeugnis der Aguna akzeptiert, denn im Falle einer Falschaussage würde sie zwangsläufig zur Ehebrecherin, wenn ihr Mann nach einer Neuverheiratung wieder auftauchen sollte. Es wird folgendermaßen argumentiert: „[Man] lügt nicht bei einer Sache, die doch einst herauskommen wird" (*Jev.* 93b). Für alle diese Zeugenbeweise reicht (nach *Jev.*15) die reine Vermutung nicht aus. Zwei weitere Bedingungen werden von der Mischna gefordert: „Wenn sowohl zwischen ihm und ihr als auch in der Welt Frieden herrscht" (*Jev.* 114b). In Kriegszeiten wird die Aussage einer Frau über den eingetretenen Tod ihres Mannes nicht akzeptiert[5], und im Falle einer zerrütteten Ehe könnte die Frau in den Verdacht geraten, sich ihres Mannes entledigen zu wollen: „Rabbi Jehuda sagt: ‚Sie ist überhaupt nur dann glaubhaft, wenn sie weinend und mit zerrissenen Kleidern zurückkommt'. Man erwiderte ihm: ‚Ob so oder so darf sie sich verhei-

---

für die Fehler ihrer Väter und die Väter nicht für die Fehler ihrer Kinder bestraft werden.

[3] Das Gesetz verlangt normalerweise zwei Männer als Zeugen.

[4] Die Mutter, die Schwester, seine zweite Frau, seine in Leviratsehe mit ihm verheiratete Frau und die Tochter aus einer anderen Ehe.

[5] Der Talmud zitiert den Fall einer Frau, die behauptet, dass ihr Mann tot sei, ohne dafür direkte Zeugen zu haben.

raten.'" (*Jev.* 114b). Ihm zufolge wären die Anzeichen der Trauer Beweis für die Wahrhaftigkeit ihrer Aussage, aber nach der Mehrheitsmeinung sind diese Anzeichen verzichtbar. Zweifellos kann also eine gewisse Großzügigkeit bei der Akzeptanz weiblicher Zeugenaussagen festgestellt werden; nichtsdestoweniger verlangen die Rabbinen direkte Zeugenbeweise für den eingetretenen Tod auch in Situationen, in denen ein solcher Beweis kaum zu erbringen ist, zum Beispiel im Kriegsfall. Diese Problematik hat an Aktualität nicht verloren, denn ganz besonders während der Schoa, aber auch in den Kriegen in und um Israel, gab es nicht immer Überlebende, die den Tod vieler Männer hätten bezeugen können. Es gibt heute Tausende von Frauen, die von der Welt als Agunot angesehen werden. Hinzu kommt, dass sich die Weisen zwar im Falle eines verstorbenen Ehemannes um Lösungen zur Befreiung der Aguna aus ihrer misslichen Lage bemühten; in solchen Fällen, in denen der Ehemann lebte, aber die Scheidung verweigerte, waren sie wesentlich zurückhaltender. Sie wollten einer ehebrecherischen Beziehung oder der Geburt von Mamserim keinen Vorschub leisten, selbst wenn der Talmud die Möglichkeit einer Zwangsscheidung des Mannes vorsieht (*Gittin* 34a; 88b).

Eine mögliche Lösung wird schon in der Mischna aufgeführt: „Derjenige, der in einen Krieg des Davidischen Hauses zog, schrieb seiner Frau einen Scheidebrief." (*Ket.* 9b). Diese Bemerkung ist interessant, weil sie eine Lösung für das Problem der Aguna aufzeigt. Raschi nimmt an, dass dieser Scheidebrief noch nicht rechtsgültig, also zwar aufgesetzt, aber der Frau noch nicht ausgehändigt war. Erst wenn der Mann aus dem Krieg nicht zurückkehren würde, würde ein von ihm zu bestimmender Bevollmächtigter seiner Frau das Dokument übergeben und damit die Scheidung besiegeln. Doch dieser an Bedingungen geknüpfte *Get* wirft mehrere Schwierigkeiten auf. Zunächst einmal dient der *Get* dazu, eine Ehe zu lösen und nicht als Garantie gegen irgendwelche zukünftigen Eventualitäten; des weiteren muss er der Frau unverzüglich ausgehändigt werden, und schließlich bleibt die Frau eine Aguna, wenn der Bevollmächtigte[6] nicht in der Lage ist, seine Pflicht zu erfüllen. Für Rabbenu Tam handelt es sich nicht um einen vorbehaltlichen Scheidungsbrief, sondern um einen ordentlichen *Get*, verbunden mit dem gegenseitigen Gelöbnis der Eheleute, erneut zu heiraten, wenn der Mann heil und gesund aus dem Krieg zurückkehrt. Doch auch diese Interpretation schafft Probleme: Ein Gelöbnis muss erfüllt werden – doch wenn der Mann ein *Kohen* (Priester) ist, so ist ihm nach traditionellem Recht die Ehe mit einer Geschiedenen untersagt. Keine dieser Lösungen wurde von der Orthodoxie als mögliche Antwort auf die Frage der Aguna akzeptiert. Weitere Vorschläge sind

[6] Darüber, ob der Bevollmächtigte durch ein rabbinisches Gericht vertreten werden kann, gehen die Meinungen auseinander.

gemacht worden: so der, die Gültigkeitsdauer der *Ketuba*, des Ehevertrages, zu begrenzen. Die Frau wäre dann bei Nichterneuerung des Vertrags automatisch von der Ehe entbunden. Diese Anregung stellt allerdings die Heiligkeit der Ehe mit der Scheidung als letztem Ausweg grundsätzlich in Frage. Eine weitere Möglichkeit wäre die Einfügung einer Nichtigkeitsklausel für den Fall einer längeren Abwesenheit des Mannes. Der Talmud gestattet es den Rabbinen, eine als ungesetzlich angesehene Ehe zu lösen (*Jev.* 110a), doch das Verfahren ist umständlich.

1935 hat die rabbinische Versammlung der konservativen Bewegung in den USA den folgenden Vorschlag von Louis Epstein angenommen: Nach der Eheschließung sollte der Mann seine Frau an seiner Stelle zur Durchführung der Scheidung berechtigen. Nach einer Anregung von Rabbiner Saul Liebermann hat dieselbe Bewegung 1954 dem Heiratsvertrag eine Klausel hinzugefügt, nach der die Ehepartner sich zur Feststellung der Bedingungen für die Auflösung der Ehe der Autorität eines Bet Din unterstellen. 1968 hat die Versammlung der konservativen Rabbiner eine voreheliche Vereinbarung ratifiziert, die präzisiert, dass der Ehevertrag nur bei Erfüllung bestimmter Bedingungen, unter anderem der verpflichtenden Anwesenheit des Mannes, rechtlich gültig ist. Die orthodoxen Bewegungen haben sich gegen diese Ergänzungen und Zusätze gestellt. Sie unterscheiden zwischen wirtschaftlichen Abmachungen, die nach Belieben modifiziert werden können, und Verträgen nach dem [jüdischen] Familienrecht, die nicht durch Zusätze oder Abänderungen eingeschränkt werden dürfen.

Eine andere Vorgehensweise bestand darin, sich an die Zivilgerichte zu wenden – eine nur in der Diaspora mögliche Handhabung –; in Israel untersteht das Familienrecht der religiösen Gerichtsbarkeit. Für die liberale Bewegung waren die *Kidduschin* (Hochzeit) gemäß dem Prinzip der Gleichheit von Rechten und Pflichten für Mann und Frau ein gegenseitiges Versprechen; entsprechend sollte auch die Scheidung ein reziproker Akt sein. 1837 regte Abraham Geiger die Abschaffung des Gesetzes zur Aguna an; das entsprechende Gesetz wurde 1868 bei der Konferenz in Philadelphia verabschiedet und die Gültigkeit der zivilrechtlichen Scheidung anerkannt.

1884 schlug der Konsistorialrabbiner Michel Weill in Paris die automatische Bestätigung der zivilrechtlichen Scheidung durch die religiösen Instanzen vor; von der Vollversammlung der französischen Rabbiner wurde dies angenommen, doch vom Rest der orthodoxen Welt abgelehnt. Er schlug auch eine einschränkende Klausel bei der Eheschließung vor. Der Ehemann sollte den folgenden Satz sagen: „Siehe, du bist mir angetraut. Wenn jedoch die staatlichen Richter uns scheiden, und wenn ich dir keine jüdische Scheidung gebe, sei diese Ehe rückwirkend für nichtig erklärt.“ Dieser Vorschlag wurde von Rabbi Joseph Lehman aufgenommen, jedoch stieß er auf den einhelligen Widerstand des europäischen Rabbinats. Das Zivilgericht konnte auf weniger radikale Weise einen widerspenstigen Ehemann dazu verpflichten, seiner Frau den *Get* auszuhändigen.[7] Auch gegen diese Lösung gibt es zwei Gegenargumente: aus jüdischer Sicht ist es die Einmischung des Zivilgerichtes bei der Übergabe des *Get*, und aus Sicht der staatichen Gesetze die zu Grunde liegende Anerkennung religiösen Rechtes. Gleichwohl haben die orthodoxe ebenso wie die konservative Bewegung diese Rechtsprechung unterstützt. Die bisher radikalste vorgeschlagene Lösung war die Streichung der *Kidduschin* (Ehevertrag), um sie durch eine Art Kohabitation zu ersetzen. Dieser Vorschlag konnte keinen Bestand haben, da er die Heiligkeit der Ehe in Frage gestellt hätte. In der orthodoxen Welt wartet man auf eine *Takkana*, das heißt einen Zusatz zum religiösen Gesetz, der ausschließlich von einem Sanhedrin[8] – den wohl erst die Ankunft des Messias zusammenbringen könnte –, verabschiedet werden kann. In diesem Fall der Aguna hat die Halacha die Dimension der Menschlichkeit verloren; die orthodoxen Rabbiner sollten bedenken, dass es sich hier um eine Notlage handelt – in einer solchen haben ihre Vorgänger auch zu handeln gewusst.[9] Die großen nichtorthodoxen religiösen Richtungen des Judentums haben das Problem der Agunot für sich gelöst: die konservative Bewegung durch die Ergänzung oder Abänderung der Heiratsverträge, und die liberale Bewegung durch die Entwicklung von egalitären Scheidungsverträgen. Obwohl diese beiden Bewegungen die Mehrheit aller religiösen Juden weltweit vertreten, bleibt die Problematik in der orthodoxen Welt nach wie vor bestehen.

---

[7] Im Staat New York wurde 1983 ein Gesetz verabschiedet, welches einschränkend bemerkt, dass eine ausgesprochene Scheidung erst dann Gültigkeit habe, wenn die die Scheidung beantragende Person alle Hindernisse für die Wiederheirat ihres ehemaligen Ehepartners aus dem Weg geräumt habe.

[8] Eine zur Änderung der Halacha autorisierte rabbinische Versammlung.

[9] In Notfällen, *scha'at haDecha*, sind Modifikationen des Gesetzes erlaubt.

Alleinstehende Frauen

In einer Tradition, in der die Ehe als Idealzustand angesehen wird und das Familienleben im Mittelpunkt steht, ist die Ehelosigkeit, ob unfreiwillig oder bewusst gewählt, kein leichter Stand. Im zweiten Schöpfungsbericht wird die Erschaffung der Frau als Heilmittel für die Einsamkeit des Mannes dargestellt: „Es ist nicht gut, dass der Mann allein sei: Ich will ihm machen eine Gehilfin, wie sie ihm zustehe" (*Gen.* 2:18). An dieser Stelle ist nicht von einer Ehe* zwischen Adam und Eva im eigentlichen Sinn die Rede, doch die Rabbiner, die später eine entsprechende Zeremonie einführten, erklärten, Gott selbst habe bei der Eheschließung des ersten Paares amtiert. Die Rabbiner sehen erst in der Ehe die Vollendung von Mann und Frau und halten beide, jeden für sich, für unvollständig: „Ein Mann, der keine Frau hat, wird nicht Mensch genannt; denn es steht geschrieben: als Mann und Frau schuf er sie und nannte sie Adam" (*Jev.* 63a) oder auch „das Weib ist ein formloser Klumpen, und sie schließt ein Bündnis nur mit dem, der sie erst zum fertigen Gerät macht" (*Sanh.* 22b). Es ist dabei anzumerken, dass die Texte über alleinstehende Frauen viel negativer sind als solche über alleinstehende Männer, und dass auch heute noch die Ehelosigkeit der Frauen viel stärker kritisiert wird als die der Männer[1]. Im talmudischen Denken wird davon ausgegangen, dass in einer Gesellschaft, die eine ledige Frau als Opfer oder Bedrohung sieht, eine alleinstehende Frau viel eher nach der Ehe drängt als ein Mann, um ihre Verletzlichkeit zu minimieren. Ein Beispiel hierfür ist folgende sexistische Aussage: „Eine Frau heiratet lieber irgend jemanden als gar keinen" (*Kid.* 41a). Die Vorstellung, dass alleinstehende Männer oder Frauen nur unvollständige Menschen sind, wird in der mystischen Tradition des *Sohar* ausführlich weiterentwickelt: „Die Schechina* ruht nur auf dem verheirateten Mann, weil ein alleinstehender Mann nur ein halber Mensch ist. Die Schechina ruht nicht auf etwas Unfertigem." Es bleibt die

---

[1] Siehe „Being single" in: Debra Orenstein, *Lifecycles*, Bd.1, S.99–116.

Frage, ob es eine Alternative zur Ehe gibt. Das einzige Beispiel für einen unverheirateten Rabbiner ist Ben Azzai, der sich damit rechtfertigt, dass er Tag und Nacht Tora studierte (*Jev.* 63b). Auch wenn der Fall von Ben Azzai eine Ausnahme darstellt, kann er doch als Muster für eine alternative Sichtweise dienen. Einigen Talmud-Exegeten zufolge ist im kategorischen Beharren auf der Ehe ein Anzeichen dafür zu sehen, dass sich manche Männer, die einen Konflikt zwischen Studium und Eheleben befürchteten, gegen eine Heirat sträubten. Der folgende Ausspruch über einen Mann, der vor seinem Studium heiratet, könnte diese These untermauern: „Ein Mühlstein am Halse und Tora lernen!?" (*Kid.* 29b). Dennoch hat das Judentum, im Gegensatz zum Christentum, der Ehe immer den Vorzug gegeben, selbst dann, wenn die Frau hinter dem Studium ihres Mannes zurückstehen und auf ihn warten musste.[2] Laura Geller und Elizabeth Koltun[3] haben drei traditionell der Ehe zugeschriebene Funktionen festgestellt und betrachten diese losgelöst von der Ehe. Diese sind das Weiterexistieren des jüdischen Volkes, die Partnerschaft und das Vermeiden verbotener sexueller Beziehungen. Offensichtlich sieht die jüdische Tradition explizit in der Ehe den legitimen und geheiligten Rahmen für die Erfüllung dieser Werte, dieser Rahmen ist aber nicht für alle Menschen angemessen, und andere Alternativen sind möglich. Das Beharren der Texte auf der Fortpflanzung* ist Ausdruck der Sorge um das Überleben des jüdischen Volkes sowie um die Weitergabe seiner Werte. Doch zu Gunsten derjenigen, die keine Kinder haben können oder haben wollen, sagt uns der Talmud, dass deren Schüler wie ihre Kinder seien. Eingebunden zu sein in das jüdische Leben, zu unterrichten oder auf andere Art Zeit oder Geld in die Vermittlung jüdischer Werte zu stecken, ist auch eine Möglichkeit, das Weiterbestehen des jüdischen Volkes zu gewährleisten. Die jüdische Gemeinschaft muss lernen, neue Familienformen wie die Einelternfamilie anzuerkennen und in den Prozess der Weitergabe von Werten mit einzubeziehen. Der Wunsch nach Partnerschaft kann auch in einer nicht-ehelichen Beziehung Erfüllung finden. Sie ist in der jüdischen Tradition nicht verboten, selbst wenn die Heiligkeit der Ehe das Ideal bleibt. In der Bibel existierten Konkubinat und Polygamie nebeneinander; ein Mann durfte mehrere Frauen und Konkubinen gleichzeitig haben. Im Talmud (*San.* 21a) wird die Konkubine definiert als Frau, die ohne *Ketuba* (Ehevertrag) oder *Kidduschin*-Zeremonie („Heiligung", d.h. Hochzeitszeremonie) mit einem Mann lebt. Der Rambam

---

[2] Im Traktat *Nedarim* 50b wird Rachel, die Frau von Rabbi Akiva, hierfür als Beispiel aufgeführt. Sie musste zwei mal zwölf Jahre lang auf ihren Mann warten. Das Prinzip wird hier ad absurdum geführt.

[3] „Single and Jewish: Toward a new definition of completeness" in: *The Jewish Woman* (Aufsätze), S.43–49. Laura Geller ist Rabbinerin in den USA und Elizabeth Koltun Lehrerin.

(Moses ben Nachman)[4], der diese Praxis ablehnt[5], weil sie zum Verfall der Sitten führen könnte, sagt, dass die im Hause eines Mannes wohnende Konkubine ihm allein vorbehalten[6] ist und dass ihre Kinder seinen Namen tragen. Wenn eine Beziehung von Respekt, Verantwortungsgefühl und Gleichwertigkeit der Partner geprägt ist, kann auch eine nichteheliche Gemeinschaft eine ethische Wahl sein. Für die gelebte Sexualität zwischen zwei ledigen Erwachsenen gilt, dass sie nicht gegen das jüdische Gesetz verstößt, solange beide Partner sie wünschen und sich hierin einig sind.[7] Ledige, ob freiwillig oder unfreiwillig, sollten von den jüdischen Gemeinden ohne Druck oder Vorurteil aufgenommen werden.

---

[4] *Responsa* Nr. 284.

[5] Rambam sagt, das Konkubinat sei den Königen vorbehalten gewesen (*MT, Hil. Mel.).*

[6] Umgekehrt gilt diese Einschränkung nicht für den Mann.

[7] Die Autoritäten vertreten in diesem Punkt unterschiedliche Meinungen. Maimonides schreibt, angelehnt an Rabbi Elieser, der im Traktat *Eruvin* 100b das freie Zusammenleben mit Prostitution gleichsetzt: „Wer eine Beziehung zu einer Frau unterhält, ohne mit ihr verheiratet zu sein, stellt sich außerhalb der Tora“ (*Isch.* 1:4) und weiter.. „Wer Beziehungen mit einer Frau unterhält, ohne die Absicht sie zu ehelichen, verletzt ein Gebot der Tora“ (Joseph Caro, *Magid Mischne, ad loc.*) Die Tora verbietet jedoch offensichtlich das Konkubinat nicht. Erst die Rabbiner haben versucht, es zu unterbinden. Jacob Emden schlägt im 18. Jahrhundert das Konkubinat, das Zusammenleben ohne Ehevertrag, als Lösung für die sexuelle Unmoral seiner Zeit vor (*Responsa Scheelat Javez*, II, 15).

Athalia

Athalia begegnet uns in der Bibel als die einzige weibliche Regentin von Juda. Sie hing dem götzendienerischen Baalskult an. Die Quellen sind widersprüchlich, daher ist nicht klar, ob sie die Schwester (*2. Kön.* 8:26, *2. Chron.* 22:2) von Ahab war, der ebenfalls als König herrschte, oder dessen Tochter (*2. Kön.* 8:18) aus der Verbindung mit Iesebel*. Athalia heiratete Joram, den König von Juda[1]. Da sie aus dem Norden stammte, war dies wahrscheinlich eine politische Heirat zur Festigung der Beziehungen zwischen den beiden Staaten. Dem Buch der Chronik zufolge berät Athalia nach dem Tod ihres Mannes ihren Sohn Achasia während dessen Regierungszeit. Sie wird für die Verfehlungen ihres Mannes und später die ihres Sohnes verantwortlich gemacht: „Auch er ging in den Wegen des Hauses Ahabs, denn seine Mutter war seine Ratgeberin im Freveln“ (*2. Chron.* 22:3). Nachdem Jehu, der König von Israel, ihren Sohn Achasia getötet hatte, machte sie sich daran, die gesamte königliche Familie auszulöschen (*2. Kön.*11:1). Doch einer der jungen Prinzen namens Joas konnte sich während sechs ihrer Regierungsjahre versteckt halten. Im siebten Jahr wird er vom Priester Jehojada zum König gekrönt. „Da hörte Athalia den Lärm der Läufer, (und) des Volkes und ging zu dem Volke in das Haus des Ewigen. Da sah sie, und siehe, der König stand auf der Bühne nach dem Gebrauch, und die Oberen und die Trompeter um den König, und alles gemeine Volk war froh und stieß in die Trompeten. Da zerriss Athalia ihre Kleider und rief: Verschwörung, Verschwörung!“ (*2. Kön.* 11:14). Jehojada ordnete ihre Exekution nicht im Tempel, sondern im königlichen Palast an. Der Baalstempel wurde verwüstet und ein Bund zwischen dem König, dem Volk und dem Ewigen geschlossen.

Der biblische Text sagt uns nur wenig über Athalia. Man weiß, dass sie schlechten Einfluss ausübt, dass sie den Baalskult in Jerusalem einführt

[1] Er regierte von 851 bis 843 v. d. Z.

und dass sie ihre ganze Familie umbringt, um den Tod ihres Sohnes zu rächen und ihre Macht zu erhalten.[2] Sie steht wie Jesebel* für den Götzendienst, den die Propheten des Ewigen bekämpfen. Es ist bemerkenswert, dass dieser Kult mit einer Frau in einer Machtposition in Verbindung gebracht wird, so als müsse nach dem Verständnis des biblischen Erzählers die politische Macht einer Frau notwendig an Götzendienst gekoppelt sein. Man weiß nichts über ihre Regentschaft, außer dass sie sechs Jahre dauerte, was eine gewisse militärische oder politische Unterstützung vermuten lässt. Sie fühlt sich verraten, als sie im Tempel gefangen genommen wird. Ihr Tod dient als Exempel für diejenigen, die im Dienste des Ewigen stehen.

[2] Auch Salomon tötete nach seiner Thronbesteigung seinen Halbbruder Adonias, und Joram, Athalias Ehemann, hat auf dem Wege zum Thron alle seine Brüder getötet. Dennoch sucht der biblische Erzähler nicht nach einer Entschuldigung für Athalias Verhalten, vielleicht weil sie eine Fremde ist und sicherlich weil sie die falschen Interessen vertritt.

Bat Mitzwa

Die Worte *Bat Mizwa* bedeuten: „Tochter des Gebotes“. Die Zeremonie für die religiöse Volljährigkeit der Mädchen wurde zuerst 1841 vom französischen Konsistorium eingeführt. Bis dahin wurde ausschließlich die religiöse Volljährigkeit der Jungen gefeiert. Der Ursprung dieser Feier für die Jungen findet sich in der Mischna (*Avot* 5:24): „Mit dreizehn Jahren ist man verpflichtet, die Gebote zu erfüllen“. Eine Quelle des Midrasch[1] (*Gen. R.* 63:14 über *Gen.* 25:27) erklärt ebenfalls, dass bis zum Alter von dreizehn Jahren der Vater für das Verhalten seines Sohnes verantwortlich ist; nach dessen dreizehnten Geburtstag sagt er einen Segensspruch: „Gesegnet seist Du, König der Welt, der die Verantwortung, die nun bei ihm liegt, von mir genommen hat.“ Die Bar Mizwa hatte vor allem rechtliche Bedeutung. Von nun ab konnte der Junge im Minjan* gezählt werden, Tefillin* legen, einen Aufruf zur Tora* erhalten und ganz allgemein selbst die Verantwortung für die Erfüllung aller Gebote* übernehmen. Das feierliche Begehen dieses Ereignisses scheint erst im 14. Jahrhundert aufgekommen zu sein[2]. Da die Frauen von den zeitgebundenen* Geboten ausgenommen waren, kam ihrer religiösen Verantwortung [in der Gemeinde] nicht die gleiche Bedeutung zu, und so gab es auch bis ins 19. Jahrhundert keinerlei Feier anlässlich ihrer religiösen Volljährigkeit. Die religiöse Volljährigkeit war mit dem Eintritt in die Pubertät verknüpft[3] (*MT, Hil.Isch.* 2:9–10) und wurde auf zwölf Jahre und einen Tag für Mädchen, beziehungsweise dreizehn Jahre und einen Tag für Jungen festgelegt (*AH* 225:4). Es möchte scheinen, dass nach der Halacha der Vater die Verpflichtung hat, seine Söhne und Töchter in den Geboten zu

[1] Im Text wird das Wort *Ben*, „Sohn“, verwendet, das für manche Autoritäten die Töchter ausschließt.

[2] Mordechai ben Hillel, zitiert von Isserles zu *Tur*, *OCh* 225:1.

[3] Die Pubertät wiederum galt beim Erscheinen der ersten zwei Schamhaare als eingetreten; doch ab dem 14. Jahrhundert nahm man ihren Eintritt ohne weitere Überprüfung an.

unterweisen. Zum Beispiel erklärt die Mischna (*Joma* 8:4), dass die Eltern ihre Kinder nicht zum Fasten zwingen, sondern sie Schritt für Schritt daran gewöhnen sollen. Die Tossafisten (*Joma* 82a) kommentieren, dass hier die Rede von Jungen und Mädchen ist, wobei sie auch das jeweilige Alter für die Volljährigkeit nennen. Als Gegenbeispiel kann das Nasiratsgelübde (*Nas.* 28b) gelten, das vom Vater für seine Söhne abgegeben werden konnte. Resch Lakisch sagt, dass der Vater die Pflicht habe, seinen Sohn, nicht jedoch seine Tochter zu unterrichten. Doch die Tossafisten (*Joma* 82, Jeschenim.) präzisieren, dass dies ausschließlich auf die Nasiratsgelübde zutrifft und dass der Vater dazu verpflichtet sei, seine Tochter alle anderen Gebote zu lehren. Man könnte also die Frage stellen, wieso der Vater, wenn er doch verpflichtet ist, seine Tochter zur Einhaltung der Gebote anzuleiten, nicht auch für sie den Segensspruch am Ende seiner Erziehungsverantwortung sagt? Manche geben folgende Erklärung: „Wenn er sie verheiratet hat, als sie noch minderjährig war, gehört sie ihrem Mann an und wird nicht für die Fehler ihres Vaters bestraft. Selbst wenn wir fordern, dass der Vater seine minderjährige Tochter unterweist, so sind doch die Gebote, die sie betreffen, viel weniger zahlreich“ (*Pri M'Gadim* zu *Eschel Avraham*, *OCh* 225:5 am Schluss). Dieser Kommentar erinnert daran, dass das Mädchen mit seiner Hochzeit von der rechtlichen Gewalt des Vaters in die rechtliche Gewalt des Ehemannes übergeht. Unterdessen fragen sich andere: „Die Frauen müssen dreihundertfünfundsechzig Verbote und zahlreiche Gebote beachten, dazu vielerlei rabbinische Vorschriften – ist das nicht genug, um den Vater zur Unterweisung seiner Tochter anzuhalten? Also bleibt die Frage bestehen, wieso er nicht den Segensspruch auch für seine Tochter sagt?“ (*HaMaajan*, vol.13, n°2, S.41, R. Chanoch Grosberg). Diesem Argument wird das der Heirat entgegengehalten: „Vielleicht, weil der Vater bis zu ihrer Heirat für ihren Unterhalt verantwortlich ist, daher bleibt sie bis zu diesem Zeitpunkt unter der Aufsicht ihres Vaters. So ist er solange nicht von seiner Verpflichtung befreit, bis sie heiratet und in die Gewalt ihres Mannes übergeht“ (*Kaf haChajim*, *OCh* 225:15). Hier stehen zwei unterschiedliche Ansichten gegeneinander: die eine, die vom rechtlichen Standpunkt ausgehend der volljährig gewordenen Tochter die Verantwortung zuspricht; dagegen die von der sozialen Realität ausgehende Haltung, nach der die väterliche Zuständigkeit aufrecht erhalten bleibt.

1846 beschloss die Reformbewegung in Deutschland, das Alter der religiösen Volljährigkeit auch für Mädchen auf dreizehn Jahre festzusetzen. Die vom Konsistorium organisierten Feiern waren Gruppenzeremonien. Wir wissen nichts über die verwendete Liturgie, außer dass es „Gebete vor und nach der religiösen Einführung“ gab; doch eine rituelle Beteiligung der Mädchen am Gottesdienst ist höchst unwahrscheinlich. Gegenwärtig ist es von Synagoge zu Synagoge und auch innerhalb der verschiedenen Bewegungen des Judentums ganz unterschiedlich, in welcher Art die Mädchen an der Gestaltung des Gottesdienstes teilhaben[4]. Die Bandbreite reicht von einer an einem Sonntag außerhalb der Synagogenräume abgehaltenen Gruppenzeremonie, wie in manchen orthodoxen Gemeinden üblich, bis zur individuellen Zeremonie mit verantwortlicher Teilnahme an der Gottesdienstgestaltung und Aufruf zur Tora, ganz entsprechend der Bar Mizwa bei den Jungen, wie sie heute in den meisten konservativen und liberalen Synagogen üblich ist. In einigen modern-orthodoxen Gruppen in den USA und in Israel wird die Bat Mizwa im

---

[4] Ein solches Gebet findet man in einem Gebetbuch von Lazare Wogue, *Le Guide du croyant israélite*, von 1898: „Ein großer und ernster Tag kommt auf mich zu. Am Ende meines zwölften Lebensjahres erklärt mich die Religion für volljährig; das bedeutet, dass ich kein kleines Mädchen mehr bin und beginne zur Frau zu werden. Das ist eine große Ehre, aber auch eine große Verantwortung. Dies will ich mit aller Ernsthaftigkeit bedenken. Was war ich gestern noch und was wird jetzt aus mir werden? Gestern war ich nur ein Kind, dessen Handlungen folgenlos blieben, dem man Vieles durchgehen ließ und das die Hälfte seiner Zeit damit verbrachte, nichts zu tun oder sich mit Nichtigkeiten abzugeben. Ich hatte nur wenige Verpflichtungen; und wenn ich sie vergaß oder nur mehr schlecht als recht wahrnahm, wenn es – leider viel zu häufig – geschah, dass ich mich nicht gut benahm, dann hörte ich immer wieder: „Was wollen Sie? Sie ist doch nur ein Kind." Heute ist das anders. Nun werde ich nicht mehr allein von meinen Eltern beurteilt, sondern von Gott selbst, der tief in mein Herz sieht, der allen Menschen[...] ein gerechter Richter ist, der mir neue Aufgaben gibt und mich für mein Handeln zur Verantwortung zieht. Tochter Israels! Wie sehr schmeichelt diese Anrede meinem Selbstgefühl! Wie angenehm klingt sie in meinen Ohren! Wie schön sie ist, mein Gott, aber wie schwer zu verdienen! Eine Tochter Israels zu sein, bedeutet von den heiligen Vorvätern Abraham, Isaac und Jakob abzustammen; von dem Volk abzustammen, das Du, Herr, dein Volk genannt hast; dessen Wiege am Anbeginn der Welt steht und das erst mit ihr vergehen wird [...], weil Du diesem Volk, dem anzugehören ich stolz bin, ein religiöses Gebot gegeben hast, das durch die Jahrhunderte zu bewahren es angehalten ist, wenn es nicht seine Würde verlieren und aus dem Buch des Lebens gestrichen werden soll. Und jetzt, da ich von der Kindheit Abschied genommen habe, bin ich deinem Gebot unterstellt wie alle meine Schwestern in Israel [...], bisher war ich nur dein Geschöpf, jetzt werde ich Mitglied deiner Synagoge. Jetzt trete ich in den ehrenvollen Bund ein, den du mit meinen Vorfahren geschlossen hast [...]." Die Verwendung der Begriffe „Bund" und „Mitglied der Synagoge" erstaunen, weil sie auf Gleichberechtigung schließen lassen, doch in dem Gebet nach der Einführung wird die besondere Rolle der Frau betont: „Schließlich meine Verpflichtung mir selbst gegenüber, auf meine Gedanken zu achten, dass sie stets rein und Deiner würdig sind; auf alle Laster und Ausschweifungen, die für eine Frau besonders schändlich sind, zu verzichten; meine Seele mit allen den Tugenden zu bekleiden, die Du liebst und besonders mit denen, die meinem Geschlecht geziemen: Bescheidenheit, Zurückhaltung, Sanftmut, unerschütterliche Geduld...[...] Und mögen die heiligen Ehefrauen unserer Vorväter, die allen Frauen Israels zum Vorbild dienen, mit Freuden in mir nicht nur eine Nachfahrin, sondern eine Trägerin ihres Glaubens und ihrer Tugend finden. So soll es sein"(S. 522–530).

Rahmen einer Frauengebetsgruppe[5] begangen. Mehr und mehr wird von allen religiösen Bewegungen auch bei den Mädchen die Erlangung der religiösen Selbstverantwortung in irgendeiner Form angestrebt, unabhängig davon, wie unterschiedlich diese dann im Alltag umgesetzt wird.

[5] Siehe: Rela Geffen Monson, „The impact of the jewish women's movement on the american synagogue: 1972–1985", in: Susan Grossman and Rivka Haut; *Daughters of the King*, S. 231–232.

Bathseba

Bathseba ist die bekannteste der Frauen Davids. Er begegnet ihr, nachdem er Joab mit seinen Offizieren auf einen Feldzug gegen die Ammoniter geschickt hat. Die Szene spielt in Jerusalem wie folgt: „Und es geschah, um die Zeit des Abends, da stand David auf von seinem Lager und lustwandelte auf dem Dache des Hauses des Königs und sah eine badende Frau von dem Dache aus; und die Frau war sehr schön von Gestalt" (*2. Sam.* 11:2). David holt Erkundigungen über sie ein und erfährt, dass sie die Frau von Uri dem Hethiter ist. David schickt Boten und lässt sie holen, wohnt ihr bei[1], und sie kehrt nach Hause zurück. Sie wird schwanger und lässt David hiervon in Kenntnis setzen. Der beordert Uri zu sich und befiehlt ihm, [Übs.: aus dem Krieg] nach Hause zurückzukehren. Doch Uri weigert sich. Auf Befragen des Königs antwortet er: „Die Lade und Israel und Jehuda weilen in Hütten, und mein Herr Joab und die Knechte meines Herrn lagern auf freiem Felde, und ich soll in mein Haus kommen zu essen und zu trinken und bei meiner Frau zu liegen?" (*2. Sam.*11:11). David behält ihn noch einen Tag da und macht ihn betrunken; doch auch diese List schlägt fehl: Uri nähert sich seiner Frau nicht. Daraufhin schickt David Uri als Boten zu Joab mit einem Brief, in dem er anordnet, Uri in der Schlacht in einem gefährlichen Abschnitt einzusetzen, damit er im Kampf umkommte. Uri stirbt. Die Nachricht wird erst David, dann Bathseba überbracht: „Und die Frau Uris hörte, dass Uri ihr Mann tot sei, und sie klagte um ihren Ehegemahl. Als die Trauer vorüber war, da schickte David und nahm sie in sein Haus, und sie ward ihm zur Frau und gebar ihm einen Sohn" (*II Sam.* 11:26–27). Der Erzähler konstatiert, dass Davids Handeln Gott missfiel.

Der Prophet Nathan begibt sich zu David und erzählt ihm eine Parabel von einem reichen Mann, der eine große Herde Vieh besaß, und einem

[1] Der Text sagt uns, dass sie sich gerade von ihrer Unreinheit gereinigt hatte [Anm.d.Übers.: d.h. nach der Menstruation das rituelle Bad besucht hatte], um deutlich zu machen, dass sie nur von David schwanger sein konnte.

armen Mann, der nur ein einziges Lamm hatte, das er mit Liebe von Hand aufzog. Der Reiche aber nahm das Lamm des Armen, um es einem Reisenden als Mahl vorzusetzen. David verdammt die Haltung des Reichen. Nathan erwidert ihm, dass er es ist, der sich wie der reiche Mann verhalten hat, indem er Uri sterben ließ, um dessen Frau selbst zur Frau nehmen zu können. (Es sei angemerkt, dass in dieser Parabel die Frau mit einem Stück Vieh im Besitz eines Mannes verglichen wird!) David bereut. Nathan sagt ihm, dass der Ewige seinen Fehler getilgt habe, dass jedoch als Strafe für seine Tat sein Sohn sterben müsse. Das Kind wird krank. David fastet und betet, doch das Kind stirbt. David geht, seine Frau zu trösten; er wohnt ihr bei und sie empfängt einen weiteren Sohn, den sie Salomon nennt, „und der Ewige liebte ihn" (*2. Sam*. 12:24).

Die Hauptperson in diesem Bericht ist ohne Frage König David. Der Erzähler sagt uns nichts über Bathsebas Gefühle ihm gegenüber. Ihre einzige Aussage ist: „Ich bin schwanger" – und die ist nicht direkt an David gerichtet. Sie fällt wegen ihrer Schönheit auf, wird zum Palast gebracht und wieder nach Hause geschickt. Wir erfahren, dass sie ihren Mann beweint und dass David sie beim Tod ihres Sohnes trösten muss; doch in diesem Abschnitt der Erzählung ist sie weitgehend passiv.

Bathseba begegnet uns wieder im Buch der Könige *(1. Kön*. 2: 13–25), diesmal als Königinmutter. David ist alt, und Adonias, der Sohn von David und Haggit (siehe *2. Sam*. 3:4), spinnt eine Intrige, um König zu werden. Der Prophet Nathan erfährt hiervon und begibt sich zu Bathseba, um ihr die Sache mitzuteilen. Er rät Bathseba, zu David zu gehen und ihn an sein Versprechen[2] zu erinnern, Salomon als Nachfolger einzusetzen; er, Nathan, wolle ihre Aussage unterstützen. Daraufhin schildert Bathseba David die Lage und erklärt ihm, dass Adonias ein Fest ausgerichtet habe, bei dem er sich zum König küren ließ, und zu dem weder sie noch ihr Sohn geladen waren. David bestätigt sein Versprechen gegenüber Bathseba und gibt Befehl, Salomon als König über Israel einzusetzen. Adonias' Gäste und Gefolgsleute zerstreuen sich, und Salomon wird als König von Israel anerkannt. David stirbt und wieder wird Bathseba um Hilfe gebeten. Diesmal bittet Adonias sie, in seinem Namen bei Salomon vorstellig zu werden, weil er die Konkubine seines Vaters, Abischag* die Sunamiterin*, zur Frau nehmen möchte. Bathseba ist bereit, seine Bitte vorzubringen, doch Salomon sieht in dieser Forderung den Versuch, einen Staatsstreich vorzubereiten, und lässt Adonias ermorden. Wieder einmal ist hier die Verknüpfung von politischer Macht und sexueller Potenz offensichtlich.

[2] Eventuell handelt es sich hier um ein Wortspiel mit dem Namen „Bathseba", der „Tochter des Versprechens" bedeutet – denn durch sie wird das Versprechen in die Tat umgesetzt.

Im Buch der Könige (*I. Kön.* 2:13-25) ist Bathseba wesentlich aktiver am Geschehen beteiligt als bei ihrer ersten Begegnung mit David. Zweimal hintereinander übernimmt sie die Rolle der Vermittlerin zwischen zwei Männern. Beim ersten Mal gilt es zu verhindern, dass Adonias die Macht an sich reißt. Die Initiative geht vom Propheten Nathan aus. Ohne Zweifel sieht er in ihr eine überzeugende Fürsprecherin beim König; gilt es doch die Position ihres Sohnes zu verteidigen. Ihr zweites Einschreiten wird von Adonias veranlasst; diesmal geht es um eine andere Frau, und zwar um Abischag, die seinem Vater auf seine alten Tage Gesellschaft geleistet hat. Bathseba macht sich zur Mittlerin zwischen ihrem Sohn, dem Thronerben, und ihrem Stiefsohn. Es ist erstaunlich, dass sie bereit ist, für Adonias einzutreten, der vorher versucht hat, seinen Bruder zu entthronen. Vielleicht nimmt sie die Aufgabe in gutem Glauben an, nachdem sie sich von seinen friedlichen Absichten überzeugt hat; vielleicht ist sie sich bewusst, dass diese Forderung den Tod von Adonias, dem Rivalen ihres Sohnes, den sie loswerden will, nach sich ziehen wird; oder sie möchte Adonias' Wohlwollen gewinnen. Ihr Status als Königinmutter wird jedenfalls für Verhandlungen mit dem König als Trumpf angesehen. Doch Salomon lässt sich nicht überzeugen und Adonias Bitte, zu deren Fürsprecherin sich Bathseba gemacht hat, wird abgeschlagen. Die Konkubine des Vaters heiraten zu wollen war ein deutliches Signal dafür, dass Adonias nach der Krone greifen wollte.

Bathseba erscheint im Buch Samuel und im Buch der Könige in ganz unterschiedlichem Licht. Sie ist Objekt der Begierde für den König und verliert erst den Vater und dann den Sohn; doch ab dem Augenblick der Geburt ihres zweiten Sohnes aus dieser Beziehung wird sie zu einer eigenständigen Persönlichkeit, die in die Politik eingreift, um die Zukunft ihres Sohnes zu schützen. Sie ist zwar in Machtfragen nur Mittlerin zwischen zwei Männern, doch hat sie immerhin den Status als Davids Lieblingsfrau erlangt und beeinflusst nacheinander David und Salomon, beide Könige von Israel.

Die Rabbinen bemühen sich, für Davids Verhalten eine Entschuldigung zu finden. Sie führen an, dass Bathseba sowieso für ihn bestimmt gewesen sei und sein Verschulden allein darin gelegen habe, sie sich vor der vorbestimmten Zeit zu nehmen (*Sanh.* 107b). Sie sei nicht des Ehebruchs schuldig, sagen die Rabbiner, da es üblich gewesen sei, dass die in den Krieg ziehenden Soldaten ihren Ehefrauen einen Scheidungsbrief[3] gaben, für den Fall, dass sie nicht zurückkämen; und Uri war schließlich im Kampf gefallen (*Ket.* 9b). Dieser Midrasch sucht offensichtlich nach einer Erklärung für Bathsebas Schicksal ungeachtet der Umstände ihres Zusammenkommens mit David. Ganz überzeugend ist er jedoch nicht, da

[3] Siehe: Eintrag: Scheidung*.

Bathseba in dem Augenblick noch nicht wissen konnte, wie Uris Schicksal ausgehen würde. Für die Rabbinen war sie eine Prophetin, weil sie wusste, dass ihr Sohn ein Weiser werden würde. Sie wird unter den zweiundzwanzig bedeutenden Frauen aufgeführt. (*Midr. Hag.* über *Gen.*23:1).

Beruria

Beruria, eine gelehrte Frau der talmudischen Epoche, wird heute häufig als Beweis dafür herangezogen, dass schon im zweiten Jahrhundert unserer Zeitrechnung eine Frau in Israel Zugang zum Wissen haben und mit den Weisen als Gleichwertige diskutieren konnte. Eigentlich ist sie jedoch eine Ausnahmepersönlichkeit, die als solche lobend oder kritisch erwähnt wird; eine der wenigen, die es wagten, die von der Gesellschaft gesetzten Grenzen zu überschreiten; eine bewundernswerte Frau, die auch Ängste weckt. Alle sie betreffenden Quellen wurden frühestens ein Jahrhundert nach ihrem Wirken schriftlich niedergelegt. Wie bei der gesamten talmudischen Literatur ist auch hier die Grenze zwischen geschichtlicher Tatsache und Legendenbildung nicht klar zu ziehen. Beruria wird in neun Texten erwähnt, von deren sieben im babylonischen Talmud und zwei in der Tossefta stehen.

Beruria („die Klarheit Gottes“) ist die Tochter von Rabbi Chanania ben Teradion, einem Lehrer der Mischna [*Tanna*] der dritten Generation, der nach dem Bar-Kochba-Aufstand im Jahre 135 unserer Zeit von den Römern hingerichtet wurde[1]. Sie ist die Frau von Rabbi Meir[2], einem Schüler von Rabbi Akiva. Sie wird als Tochter und Gattin zweier berühmter

[1] Höchstwahrscheinlich lebte Beruria mit ihrer Familie in Jawne, dem Sitz des Sanhedrin, und zog nach der Bar–Kochba–Revolte gegen die Römer, bei der unzählige Juden zu Tode kamen, nach Tiberias. Ihr Vater missachtete einen römischen Befehl, nach dem das Studium der Tora verboten war, und wurde auf dem Scheiterhaufen verbrannt; auch ihre Mutter wurde exekutiert und ihre Schwester in ein Freudenhaus nach Rom verschleppt. Rabbi Meir [Übs.: Berurias Ehemann] bestritt den Lebensunterhalt für sich und seine Familie zunächst als Toraschreiber. Nach dem Tod von Hadrian nahm er im Jahr 138 seine Lehrtätigkeit wieder auf.

[2] Die Lebensdaten von Beruria sind nicht bekannt. Ihr Ehemann wurde zu Beginn des zweiten Jahrhunderts unserer Zeit geboren und starb 175. Man kann daher annehmen, dass Beruria nach dem Jahr 100 unserer Zeit geboren wurde.

Meister dargestellt. Man weiß nicht, wer ihre eigenen Lehrer waren, daher kann man davon ausgehen, dass sie sich im Umkreis ihres Vaters und ihres Mannes ihr Wissen als Autodidaktin selbst aneignete. An einer Stelle wird sie mit ihrem Bruder verglichen, von dessen Bildung man eine schlechtere Meinung hatte als von der ihren: „Als diese Worte Rabbi Jehuda bar Bava vorgelegt wurden, sprach er: ‚Seine Tochter spricht besser als sein Sohn'" (*T. Kelim, BK* 4:17). Es ist schwer auszumachen, ob es sich hier um eine Anerkennung von Berurias Fähigkeiten oder eine Kritik an ihrem Bruder handelt. Einigen modernen Kommentatoren zufolge übernahm Beruria die Rolle ihres Bruders, der ein Taugenichts war[3], nach dem Traktat *Smachot* (49b) auf die schiefe Bahn geriet und von Räubern ermordet wurde. In dem Maße, in dem ihr Bruder unfähig gewesen sei, Tora zu lehren, habe sie sich das Recht angemaßt, an seiner statt zu unterrichten. Dessen ungeachtet sagt Rabbi Jehuda bar Ava, ein bekannter Weiser aus der Generation ihres Vaters, über eine Gesetzesauslegung Berurias zur rituellen Reinheit: „Sie hat gut gesprochen" (*T. Kelim, BM* 1:6). Ihre Meinung scheint geachtet gewesen zu sein, und sie kannte das Gesetz in all seinen Einzelheiten.

Zweimal wird im Talmud eine Diskussion zwischen ihr und ihrem Mann, R. Meir, geschildert. Im Traktat *Brachot* wird R. Meir von Banditen schikaniert, und er betet für deren Tod. Beruria nimmt ihn zur Seite und ermahnt ihn (nicht ohne Textstellen als Beleg heranzuziehen), dass ein solches Gebet verboten sei und er lieber dafür beten solle, dass die Räuber ihr Tun bereuen. R. Meir hört auf den Rat seiner Frau, betet für die Räuber, und sie zeigen Reue. Hier wird ein weiterer Charakterzug Berurias offensichtlich: Sie kennt nicht nur die biblischen Texte, die Halacha und die Methode der talmudischen Diskussion, sondern sie beweist auch ein der jüdischen Tradition innewohnendes Mitgefühl: nicht für den Tod der Gesetzesbrecher betet sie, sondern dafür, dass sie umkehren und leben. Durch ihre sachliche Argumentation ermöglicht sie auch ihrem Mann, von seinen Rachegefühlen Abstand zu gewinnen, und schafft dabei, ihn zu überzeugen. Die Geschichte gibt ihr Recht, denn das erneute Gebet von R. Meir wird erhört.

Beruria begegnet uns in einem weiteren Dialog, in dem ein Häretiker sie um die Interpretation eines Verses von Jesaja bittet: „Juble Unfruchtbare, die nicht geboren" (54:1). Er will wissen, inwiefern eine Frau, die keine Kinder geboren hat, jubeln könne. Sie erwiderte ihm: „Tor, beachte den Schluss des Verses, wo es heißt: ‚denn zahlreicher sind die Kinder der Verlassenen als die Kinder der Vermählten, spricht der Ewige.' Die Worte ‚Unfruchtbare, die nicht geboren, sind also zu verstehen: ‚Juble,

---

[3] Siehe: Rachel Adler, „The virgin in the Brothel and other anomalies: Character and context in the legend of Beruria", *Tikkun*.

Gemeinde Israel, die einer unfruchtbaren Frau gleicht, die nicht, wie ihr, Kinder für das Fegefeuer geboren hat.'" (*Br.* 10a). In dieser Passage wird Berurias Schlagfertigkeit deutlich. Um ihre Antwort verstehen zu können, muss man sie im historischen Zusammenhang sehen. Die verlassene Frau, von der Jesaja spricht, ist Jerusalem oder die Gemeinschaft der Kinder Israel. Die verheiratete Frau steht für die Unterdrücker Israels, aus Berurias Sicht für die Römer, die die Juden verfolgen. Daher ist es besser für eine Frau, keine Kinder zu haben, als zusehen zu müssen, wie sie vom Feind verfolgt werden. Die hier von Beruria angewandte Interpretationsmethode, nämlich das Ende eines Verses zu betrachten, um Licht auf die Bedeutung des Anfanges zu werfen, entspricht der bei den Talmudgelehrten üblichen; in ihrem Diskussionsstil folgt sie ganz der Tradition.

In einer weiteren Passage weist Beruria einen vor sich hin murmelnden Studenten zurecht – und wieder hat sie dabei einen passenden Bibelvers zur Hand. Sie macht dem Studenten klar, wie wichtig es ist, deutlich zu sprechen. Im Gegensatz zu den vorhergehenden Texten übernimmt sie hier bei der Belehrung selbst die Initiative. Ihre Autorität ist anerkannt. So wird ihre Gelehrtheit von R. Jochanan im Traktat *Pessachim* (62b) als Vorbild aufgeführt: R.Simlai[4] bittet R.Jochanan, ihm das Buch der Chronik in drei Monaten beizubringen. R.Jochanans Antwort läßt an Deutlichkeit nicht zu wünschen übrig: „Beruria, die Frau von R.Meir und die Tochter von R.Chanania ben Teradion, die dreihundert Lehren von dreihundert Meistern in einem Tage lernte, konnte es in drei Jahren nicht erlernen, und du sprichst von drei Monaten!" Berurias Ruf als Gelehrte ist so außerordentlich, dass sich bald Legenden um sie rankten.

Doch auch wenn Beruria für ihre Kenntnisse bewundert wird, bleibt sie eine Ausnahme. Trotz ihres umfangreichen Wissens wird sie nicht, wie die Rabbiner, später von Schülern zitiert. Sie selbst betont diesen Widerspruch bei einer bemerkenswerten Begegnung mit Rabbi Jose aus Galiläa. Als der sie fragt: „Welcher Weg führt nach Lydda?" erwidert sie: „Galiläer, was bist du für ein Narr! Haben die Weisen nicht gesagt, dass es sich nicht ziemt, zu lange mit einer Frau zu sprechen? Du hättest fragen sollen: ‚Wo nach Lydda?' (*Er.* 53b). In diesem Gespräch ist Beruria erkennbar sarkastisch. Sie nimmt Bezug auf die „Sprüche der Väter" (*Avot.* 1:5): „Die Weisen sagten: Wer sich zu viel mit Frauen unterhält, zieht das Böse an, vernachlässigt das Torastudium und endet in der Gehenna." Dieses Zitat aus dem Mund von Beruria kann als Hinweis für ihre kritische Einstellung gegenüber dem Text der Mischna oder ganz allgemein gegenüber dem Frauenbild der Gesellschaft ihrer Zeit verstanden

---

[4] R. Simlai war ein angesehener Toragelehrter, der hundert Jahre nach Beruria lebte.

werden. Dies beweist, dass sie eine „Anomalie“[5] darstellt. Der Anflug von Humor, mit dem Beruria hier die Weisen parodiert, verrät doch auch, wie sehr sie im Innersten daran leidet, dass ihr die Tradition keinen gerechten Raum zugesteht.

Die bekannteste Geschichte über Beruria ist die, wie sie ihren Mann R. Meir vom Tod seiner Söhne in Kenntnis setzt. „Als zwei ihrer Söhne an einem Schabbat starben, setzte Beruria Meir bei seiner Rückkehr vom Lehrhaus davon nicht in Kenntnis, um ihn nicht am Schabbat traurig zu machen. Erst beim Havdalagebet brach sie das Schweigen mit den Worten: ‚Vor einiger Zeit kam ein Mann und vertraute mir eine Sache an, nun ist er gekommen, um sie zurückzuholen. Muss ich sie ihm zurückgeben oder nicht?‘ Selbstverständlich bejahte Meir diese Frage; daraufhin zeigte Beruria ihm die toten Kinder. Als Meir anfing zu weinen, fragte sie ihn: ‚Sagtest du nicht, wir sollen zurückgeben, was uns anvertraut wurde? Der Ewige hat gegeben, der Ewige hat genommen‘“ (*Midr.Spr.* über 31:1). In diesem Midrasch wird ein weiterer Wesenszug von Beruria beleuchtet: ihr Mut und ihre Selbstverleugnung. Während R. Meir im Lehrhaus sitzt, um zu lernen oder zu beten, wartet sie zu Hause und steht der Tragödie allein gegenüber; sie schützt ihren Mann zuerst, indem sie ihn am Schabbat nicht traurig stimmen will und dann, indem sie ihn psychologisch geschickt auf die schlimme Nachricht vorbereitet. Durch ihren Vergleich verdeutlicht sie ihm, dass sie ihr Schicksal akzeptieren müssen, dass sie das Leben ihrer Kinder als ein für eine gewisse Zeit von Gott anvertrautes Gut sehen müssen, das jetzt zurückzugeben ist. Der Text sagt nichts darüber aus, wie sie selbst auf den Tod ihrer Kinder reagierte – ihr Mann bricht in Tränen aus, sie tröstet ihn mit Worten der Tora. Angesichts eines Lebens voller Leiden ist sie eine starke Frau: Ihre Eltern sind beide in den Verfolgungen unter Hadrian umgekommen, ihre Schwester wurde in ein Freudenhaus gesperrt, ihr Bruder ist ein Taugenichts, und ihre beiden Söhne sind tot.

Talmud und Midrasch sagen weiter nichts über das Leben von Beruria, es sei denn durch einen kleinen Kommentar über die plötzliche Flucht ihres Mannes nach Babylon (*AZ* 18a–b). Beruria hatte ihren Mann gebeten, ihre Schwester, die von den Römern gewaltsam in ein Bordell verschleppt worden war, zu retten (*Sem.* 47b). R. Meir folgt dem Verlangen seiner Frau und testet als Freier verkleidet die Tugend seiner Schwägerin. Die verweigert sich ihm unter dem Vorwand, ihre Periode zu haben; daraufhin kauft er sie frei. Die Regierung erfährt davon und verfolgt R. Meir, der sich in einem anderen Bordell versteckt halten muss. R. Meir flieht dann nach Babylon: „Einige sagen, dass er wegen dieses Vorfalls nach Babylon geflohen sei. Andere meinen, es sei wegen des Vorfalles mit

[5] Siehe: Rachel Adler, a.a.O.

Beruria." Der Talmud berichtet nicht weiter, was dieser Vorfall war. Ganze tausend Jahre später, im zwölften Jahrhundert, kann einzig Raschi mit Hilfe einer nur ihm zur Verfügung stehenden Quelle diese Stelle erhellen. „Einmal hat sich [Beruria] über den Spruch der Weisen, die Frauen haben einen schwachen Geist' [*Kid.* 80b] lustig gemacht und [Meir] sprach zu ihr: ‚Dein Lebensende kann ihnen noch Recht geben.' Darauf trug er einem seiner Schüler auf, sie auf die Probe zu stellen und zu verführen. Und [der Schüler] bedrängte sie viele Tage lang, bis sie schließlich nachgab. Und als sie begriff [was geschehen war] brachte sie sich um, und R. Meir floh wegen der Schande" (*Raschi, AZ* 18b s.v. *ve'ika de'amrei*). Dieser Bericht ist merkwürdig; er stimmt weder mit den früheren Beschreibungen über Berurias Beziehung zu ihrem Mann überein, noch mit der Beschreibung ihres Charakters. Sicher hat sie sich nach der Überlieferung des Talmud darüber lustig gemacht, was die Weisen von den Frauen zu sagen wussten; Raschis Erzählung soll wohl Beruria eine Lektion erteilen, sie wieder auf ihren Platz als Frau verweisen – den einer Frau mit „schwachem Geist" (ein Ausdruck mit eindeutig sexuellem Unterton: „eine Frau, die sich leicht verführen lässt"). Raschis Bericht ist eine Reaktion auf das Problem der „Anomalie": Die gebildete Frau, die aus der Masse herausragt, die störend auffällt und sich nicht einfügen will, wird bestraft und stirbt. Sie wird reduziert auf das Stereotyp der Frau, die sich von jedem Mann verführen lässt. Ob dieser Bericht stimmt oder nicht, ist schwer zu sagen; doch erstaunlich ist, dass er nicht im Talmud selbst auftaucht. Wie dem auch sei, Beruria bleibt das Beispiel einer außergewöhnlichen Frau, die Zugang zum Wissen gewonnen hat, das bis dahin den Männern vorbehalten war[6]: Sie ist die einzige Frau in der ganzen talmudischen Literatur, deren Meinung als Halacha angenommen wurde, das heißt, die Gesetzeskraft besitzt.

---

[6] Siehe: Elizabeth Sarah, „Beruria: A suitable case for mistreatment", in: *Hear Our Voice* (Coll.), S.82–98.

Brit Leda

In der Bibel ist für die Geburt eines Mädchens und dessen Eintritt in den Bund [Übs.: zwischen dem Volk Israel und Gott] keine Zeremonie vorgesehen; dagegen gibt es für die Jungen die *Brit Mila*, den „Bund der Beschneidung“ am achten Tag nach der Geburt, über dessen Verfügung in Genesis (17:2 ff.) nachzulesen ist. Drei Aspekte verbinden sich in den Geburtszeremonien: die Aufnahme des Neugeborenen in die Gemeinschaft, die Namensgebung und der Eintritt in den Bund. Der Talmud (*Nid*. 30b) erwähnt eine Zeremonie für Jungen am ersten Schabbat nach ihrer Geburt – *Schalom Sachar* („Begrüßung des Jungen“) –, die neben der Begrüßung des Neugeborenen auch ein Element der Trauer darüber enthält, das gesamte Wissen bei der Geburt verloren zu haben.[1] Bei der Geburt eines Jungen sprach der Vater einen Segensspruch (*Ber*. 59b). Am Vorabend der Beschneidung wurde eine Nachtwache [*Leil Schimurim*] bei den Jungen gehalten, um sie zu beruhigen und um die Dämonen fernzuhalten, die nach einem Aberglauben deren Eintritt in den Bund verhindern wollen. Schließlich gab es für Jungen wie für Mädchen *Schavua /Jeschua haBen* („Woche/Begrüßung des Sohnes“) bzw. *Schavua /Jeschua haBat* („Woche/Begrüßung der Tochter“); offensichtlich wurde hier, ähnlich wie bei einer Hochzeit, eine Woche lang gefeiert, doch über Form und Inhalt dieser Feier ist nichts überliefert. Im 14. Jahrhundert entstand im Elsass eine noch heute praktizierte Namensgebungszeremonie für Mädchen, die *Hollekreisch* genannt wird; dabei stehen die Kinder um die Wiege des Neugeborenen, die dreimal hochgehoben wird. In sefardischen Kreisen wurde anlässlich der Namensgebung eines Mädchens in der Synagoge ein spezielles Gebet *Zeved Habat* („Geschenk der Toch-

---

[1] Es gibt den Glauben, dass die Ungeborenen *in utero* die ganze Tora kennen und verstehen und dies Wissen bei der Geburt durch die Berührung eines Engels verlieren.

ter") gesprochen, und zwar im ersten Toragottesdienst[2], an dem die Mutter nach der Geburt ihrer Tochter teilnehmen konnte. Bei den Juden in Syrien sang die ganze Gemeinde zu Ehren des Neugeborenen ein Lied und organisierte ein großes Festmahl. Die marokkanischen Juden luden den Rabbiner und weitere Gäste zu sich nach Hause ein, und man erinnerte während der Feier an die Matriarchen [Anm.d.Übers.: Sara, Lea, Rachel und Rebekka]. In Spanien nannte man die Zeremonie *las fadas*[3]; das Kind wurde auf einem Kissen von Hand zu Hand weitergereicht und erhielt dabei von jedem Gast einen Segen; der Rabbiner sprach einen Segen für Gesundheit und Glück und trug Verse aus dem Hohelied vor.

Dennoch war durch alle Zeiten die Geburt eines Jungen mit der hiermit verbundenen Verpflichtung, die Mizwa der Beschneidung zu erfüllen, ein wichtigeres Ereignis als die eines Mädchens[4]. Oft reisten Verwandte und Freunde von weither an, um an der Feier teilnehmen zu können. Um diese Bevorzugung auszugleichen, haben die egalitären Bewegungen innerhalb des Judentums Zeremonien für den Eintritt der Mädchen in den Bund eingeführt. Diese haben so unterschiedliche Namen wie *Brit Leda* („Bund der Geburt"), *Brit Banot* („Bund der Mädchen"), *Brit Chajim* („Bund des Lebens") oder *Simchat Bat* („Freude über das Mädchen"). Diese Zeremonien lassen auch ganz neue, kreative Rituale zu – einfach weil es keine spezifischen Vorgaben für ein Ritual zum Eintritt der Mädchen in den Bund gibt. Der Begriff des Bundes ist im Judentum ein zentraler. Man muss ihn sich als beidseitig verpflichtenden Vertrag zwischen Gott und Israel vorstellen, wobei Israels Aufgabe in der Erfüllung der Gebote liegt[5]. Da der Eintritt in den Bund, der ursprünglich mit Abraham und nicht mit Sara geschlossen wurde, durch den Akt der Beschneidung mit den männlichen Kindern in Verbindung gebracht wird, kann man sich fragen, ob die Mädchen überhaupt gleichermaßen in diesen Bund mit

---

[2] Siehe Eintrag: Lilith*.

[3] Vielleicht von der Vorstellung, dass Feen das Baby segnen.

[4] Viele Zitate können diese einseitige Bevorzugung belegen; so zum Beispiel der tröstende Satz, wenn das erste Kind ein Mädchen ist: „Ein Mädchen zuerst ist ein gutes Omen für Jungen" (*BK* 141a) oder auch: „Es steht geschrieben: Eine Tochter ist für ihren Vater ein trügerischer Schatz. Die Sorge um sie raubt ihm nachts den Schlaf. In ihren ersten Jahren macht er sich Gedanken, dass sie verführt werden könnte; in ihrer Jugend fürchtet er, dass sie vom rechten Wege abkommt; wenn sie im heiratsfähigen Alter ist, hat er Angst, sie könne keinen Mann bekommen; ist sie verheiratet, fürchtet er, dass sie steril ist; ist sie alt geworden, könnte es noch sein, dass sie sich der Zauberei zuwendet" (*Sanh.* 100b). Der Priestersegen („Der Herr segne dich und behüte dich", *Num.* 6:24) wird folgendermaßen erklärt: „Der Herr segne dich, indem er dir Söhne gibt; er behüte dich davor, Töchter zu bekommen, denn die müssen gut beaufsichtigt werden" (*Num. R.* 11:5).

[5] „Und nun, wenn ihr höret auf meine Stimme und meinen Bund haltet: so sollt ihr mir sein ein Eigentum aus allen Völkern" (*Ex.* 19:5).

eingeschlossen sind. Dies umso mehr als Moses, bevor er Gottes ansichtig wird, sich mit folgenden Worten an das Volk (wohl eher an die Männer) wendet, indem er sagt: „Seid bereit für den dritten Tag; nahet keiner Frau" (*Ex*. 19:15). Der Vers kann entweder als Verbot sexueller Kontakte vor der Offenbarung oder als Ausschluss der Frauen von diesem grundlegenden Geschehen verstanden werden[6]. Dorah O'Donnell Setel, eine moderne Theologin, analysiert diese Trennung folgendermaßen:

> Die Trennung von Frauen und Männern in diesem, einem der bedeutungsvollsten Momente, geschieht wahrscheinlich aufgrund von Regeln zur rituellen Reinheit und Unreinheit. Auch wenn die Besorgnis um rituelle Reinheit in Begriffen wie „rein" oder „unrein" ausgedrückt wird, ist es besonders bei Texten aus der frühen biblischen Zeit angemessener, diese im Zusammenhang mit Macht als mit Verschmutzung zu verstehen. Die Tätigkeiten und Zustände, die eine rituelle Unreinheit herbeiführen, wie Geburt, Menstruation, sexuelle Kontakte, die Versorgung der Toten, beinhalten alle eine Berührung mit der Grenze zwischen Leben und Tod, mit dem eigentlichen Kern der göttlichen Macht; sie entstehen aus der Berührung mit dem Heiligen. Das System der rituellen Reinigung kann so auch als Versuch verstanden werden, den menschlichen vom göttlichen Einflussbereich zu trennen. Es ist jedoch wichtig, in Erinnerung zu behalten, dass im biblischen Kontext diese Trennung nicht mit der Trennung von Körper und Geist gleichzusetzen ist. Rituelle Reinheit und Unreinheit sind Zustände, die sowohl spirituell wie physisch von Bedeutung sind. Ursprünglich könnte die rituelle Reinigung ein Akt der Erneuerung gewesen sein, verbunden mit Dankbarkeit für die heilsame Natur derjenigen Handlungen, die die Menschen immer wieder „unrein" machten. Die später auftauchenden negativen Auffassungen von der rituellen Unreinheit haben unterschiedliche Gründe. Einer bestand in der Überschreibung der in Geburt und Menstruation gegenwärtigen lebensspendenden weiblichen Macht an eine männliche Gottheit. Dies gelang unter anderem, indem man die rituelle Reinigung als Demonstration der Unterwerfung der Frauen unter eine männliche, zugleich göttliche wie priesterliche Autorität benutzte.[7]

Die Rabbiner des Midrasch sind sich des dem biblischen Text zugrunde

---

[6] Der Text der zehn Gebote wendet sich der grammatikalischen Form nach an die Männer; das Gesetz über die Begehrlichkeit folgt dem gleichen Muster (*Ex*. 20:10).

[7] In: *The Women's Bible Commentary* , S. 33

liegenden Problems bewusst und bemühen sich, die Frauen in den Bund mit einzuschließen: Als das Volk Israel am Berg Israel stand und bereit war, den Bund [*brit*] anzunehmen, wandte sich Gott an Moses mit folgenden Worten: „Also sprich zum Hause Jakob, rede zu den Kindern Israel ... Unsere Meister haben gelehrt ‚das Haus Jakob', dies sind die Frauen Israels, ‚die Kinder Israel', dies sind die Männer" (*Ex.R.* über *Ex.* 19:6). Dem Talmud zufolge treten Frauen automatisch mit der Geburt in den Bund ein (*BK* 88a), wodurch jede Art von Ritual für die Mädchen überflüssig ist. Doch in den letzten Jahren sind viele Rituale entstanden, um die Bedeutung des Eintritts der Mädchen in den Bund zu unterstreichen: So werden anlässlich der Geburt Bäume gepflanzt (dies ist ein alter Brauch, bei dem die Zweige später für die Errichtung der *Chuppa*, des Hochzeitsbaldachins, verwendet wurden); oder die Füße des Babys werden in Wasser getaucht. In den Midraschim wird Wasser häufig mit der Tora in Verbindung gebracht[8], und in einem mittelalterlichen Kommentar, auf den dies Ritual ebenfalls Bezug nimmt, sagt Meiri: „Zur Feier ihres neuen Namens tauchte Sara in die Wasser ein" (*Jev.* 46a). Auch mit der Gastfreundschaft von Abraham und Sara wird die Fußwaschung in Verbindung gebracht: „Es werde nun geholt ein wenig Wasser, dass ihr eure Füße waschet, und ruhet aus unter dem Baume" (*Gen.* 18:4). Manchmal legt man als Zeichen für die Verbindung mit der Tradition die Hand des Babys auf ein *Sefer Tora*. Die Liturgie entspricht meist der der Brit Mila; die Eltern sprechen den Segen: „Gesegnet seist du, Ewiger unser Gott, König der Welt, der uns durch seine Gebote geheiligt hat und uns geboten hat, unsere Tochter in den Bund des Volkes Israel eintreten zu lassen." Die Zeremonie findet entweder am achten Tag oder nach einem Monat statt und wird manchmal mit der Feier zum *Rosch Chodesch* (Neumond) verbunden.

[8] Siehe z. B. *Jes.* 12:3: „Und ihr werdet Wasser schöpfen mit Wonne aus den Quellen des Heils."

Challa (Absondern von)[1]

Das Absondern von Challa[2] ist eines von drei Geboten der Mischna (*M. Schab.* 2:6), deren Erfüllung den Frauen obliegt: „Dreier Übertretungen wegen sterben Frauen bei ihrer Niederkunft: wenn sie bei den Gesetzen der Nidda*, der Challa und des Kerzenzündens[3] nicht achtsam sind“. Die Verknüpfung eines Gesetzesverstoßes mit dem Tod leitet sich aus der theologischen Vorstellung der biblischen Zeit ab, nach der jeder Tat ihr gerechter Lohn innewohnt. Schon das Buch Hiob stellt diese kausale Beziehung in Frage, heute ist eine solche Vorstellung völlig unakzeptabel. Sicher trug diese Drohung wirksam zur Einhaltung der Gebote bei, doch führte dies auch zu Aberglauben. Hervorzuheben ist, dass alle drei den Frauen auferlegten Gebote, ganz deren traditionellen Rolle gemäß, der Privatsphäre zuzuordnen sind. An anderer Stelle (*Schab.* 112[4]) bestimmt der Talmud, dass alle drei am Schabbat erledigt sein müssen. Beim Absondern der Challa wurde ein Stück Brot vorab als Gabe für die Priester zur Seite getan. Damit wurde, wie bei allen Opfergaben, gleichzeitig Gott gedankt und die Ernährung der mit dem Kult betrauten Priester sichergestellt. Die Anordnung steht in der Bibel: „Und der Ewige redete zu Moses also: Rede zu den Kindern Israel und sprich zu ihnen: Wenn ihr kommt in das Land, dahin ich euch bringe, so geschehe, wenn ihr esst von dem Brote des Landes, dass ihr erhebt eine Hebe dem Ewigen. Als Erstes eures Teiges erhebet einen Kuchen zur Hebe, wie die Hebe der Tenne so erhebet diese. Von den ersten eures Teiges gebt dem Ewigen eine Hebe bei euren Geschlechtern“ (*Num.* 15: 17–21). Im biblischen Text lässt nichts darauf schließen, dass sich das Gebot eher an Frauen denn an Männer richtet, da im Text von *Bnei Israel*, „Kindern Israel“, die Rede ist.

[1] Auch „Teighebe“.
[2] Besonderes Brot für Schabbat und Feiertage.
[3] Siehe Eintrag: Schabbatkerzen*.
[4] Auch nach *Osar Dinim uMinhagim*, S. 132.

Der Talmud folgert, dass dieses Gesetz erst dann Anwendung findet, wenn die Gesamtheit der Kinder Israel im Land wohnt. Folglich ist dies Gebot weder in Israel noch in der Diaspora verpflichtend; wenn es dennoch angewandt wird, dann aus einem erzieherischen Grund: um es nicht zu vergessen (*Br.* 27b). Den Frauen wurde dies Gebot wahrscheinlich deshalb zugeschrieben, weil sich zu jener Zeit allein die Frauen um Haushaltsdinge kümmerten, also auch das Brotbacken ihre Aufgabe war; die Ursache liegt also in einer Umverteilung der Aufgaben.

Der Midrasch gibt keine praktische Begründung, sondern versucht, die Zuweisung dieses Gebotes an die Frauen als göttliche Entscheidung darzustellen, als Bestrafung von Eva als Urbild aller Frauen. Der Jerusalemer Talmud (*Schab.* 2:6) gibt eine Erklärung für die Verpflichtung der Frauen: „Adam, der erste [Mensch] war reiner Teig für die Welt[5] wie geschrieben steht: ‚Staub der Erde' (*Gen.* 2:7), doch Eva verschuldete seinen Tod; deshalb gab man den Frauen das Gebot der Challa." Im *Midrasch Raba* (*Gen. R.* 17:8) ist zu lesen: „Warum wurde ihr die Hebe des Ersten des Teiges gegeben? Eva hat Adam verdorben, der doch vollendet und das Erste [des Teiges] der Welt war, darum wurde ihr das Gebot der Teighebe auferlegt." Beide Erklärungen sind sexistisch, sie lasten die im Garten Eden begangene Sünde alleine der Frau an, genau so wie es schon der Mann [*Adam*] im [biblischen] Text[6] tat.

Nach der Tempelzerstörung wurde das Stück Teig symbolisch verbrannt. „In unserer Zeit, da Zweifel auf der Abstammung der Priester lastet, ernährt man die Priester nicht. Man nimmt also ein Stück von der Größe einer Olive und wirft es in den Ofen, dass es verbrenne, bevor der Teig gebacken wird" (*SA*, *OCh,* 457). Eine moderne Form der Anwendung dieses Gebotes, die auch dem Problem der Verschwendung [*Bal Taschrit*] Rechnung trüge, könnte im Backen eines zusätzlichen Laibes Challa für Bedürftige bestehen; dieses Gebot sollte für Männer und Frauen gleichermaßen gelten.

---

[5] Der Midrasch begründet die Verknüpfung von „Erster/erstes" [*Reschit*] mit „Challa" *mit* Numeri 15:20, wo es heißt: „Als erstes [*reschit*] eures Teiges erhebt einen Kuchen [*Challa*] zur Hebe.

[6] Siehe Eintrag: Eva*.

Debora

Debora ist Prophetin, Richterin und militärische Anführerin zugleich. Ihre Geschichte wird im vierten und fünften Kapitel des Buches der Richter erzählt. Sie ist die einzige weibliche Richterin der Bibel. Ihren Sitz hat Debora unter einer Palme, die ihren Namen trägt: die „Debora-Palme“.[1] Sie ist Richterin über ganz Israel und die Israeliten kommen mit rechtlichen Problemen zu ihr. Ihre Autorität in Rechtssachen steht außer Frage. Der Erzähler beschreibt sie, als sei ihre Position ganz selbstverständlich. „Und Debora, eine Prophetin, die Frau Lapidots, die richtete Israel in selbiger Zeit. Sie saß unter der Debora-Palme zwischen Rama und Bet El auf dem Gebirge Efraim, und die Kinder Israel zogen hinauf zu ihr zu Gericht“ (*Rich.* 4:4–5) In dieser Darstellung erinnert nur die Erwähnung ihres Mannes daran, dass sie eine Frau ist; die Männer der Bibel werden nicht über die Beziehung zu ihrer Frau definiert, wenn sie zum ersten Mal erwähnt werden. Manchen Exegeten zufolge ist Lapidot auch nicht der Name ihres Mannes, sondern ein Debora beschreibendes Epitet: *Eschet Lapidot*, „Fackelfrau“, also lebhaft, feurig. Debora schreitet ein, als die Kinder Israel dem biblischen Text nach wegen ihres schlechten Betragens vom Ewigen in die Hand eines kanaanitischen Königs geliefert werden; dessen General war Sissera. Gott straft die Kinder Israel; aber er entscheidet auch die Schlacht gegen Sissera zu ihren Gunsten. Debora wird durch ihren Beitrag zur Befreiung des Volkes von der Unterdrückung zum Instrument von Gottes Gnade, durch sie erst wird es dem Volk möglich zu bereuen.

Debora ruft Barak zu sich und übermittelt ihm den göttlichen Befehl, eine Armee gegen Sissera zu senden, um ihn zu schlagen. Gott hat sich an sie gewandt und sie gibt den göttlichen Befehl an einen Mann weiter. Barak besteht darauf, dass sie mit in die Schlacht zieht – so als läge die

---

[1] In der Bibel kommt eine weitere Frau mit Namen Debora vor: die Amme von Rebekka. Auch sie wird mit einer Palme in der gleichen Region in Verbindung gebracht. Nach *Gen.* 35:8.

Macht, zu siegen, in ihren Händen und als garantiere allein ihre Gegenwart den Erfolg des Unternehmens. Es wird nicht deutlich, ob er aus mangelndem Selbstbewusstsein handelt, ob er Gott und das Volk auf seiner Seite haben will, oder ob er Deboras Autorität mit ins Spiel bringen will. Die Prophetin ist bereit, mit ihm zu ziehen, doch sie sagt ihm voraus, dass der Ruhm des Sieges nicht ihm, sondern einer Frau, nämlich Jaël, zufallen wird. Dieser Krieg wird demnach von einer Frau ausgelöst und von einer anderen zu Ende gebracht; ausnahmsweise spielen in diesem Bericht Männer nur eine untergeordnete Rolle. Barak gehorcht dem Befehl einer Frau, er bittet sie inständig um ihre Begleitung, und Sissera wird von einer anderen Frau besiegt. Debora ergreift die Initiative für den Krieg, und Barak führt ihre Befehle aus. Der Text berichtet nicht, ob Debora selbst zu den Waffen greift, doch ist sie es, die über die militärische Strategie entscheidet. (s. *Richter* 4: 6–7).

Debora stimmt mit Barak ein Siegeslied an. In diesem Abschnitt des Textes ist sie Dichterin und militärische Führerin, ihre Rolle als Prophetin wird nicht mehr erwähnt. Einige Verse des Liedes sind in der ersten Person: „ Es fehlten die Führer[2] in Israel; sie fehlten, bis dass ich aufstand, Debora, aufstand eine Mutter in Israel“ *(Rich.* 5:7). Die Rolle der Mutter wird hier als Rolle der Beschützerin gesehen, die ihre vom Feind bedrückten Kinder, die Israeliten, zur Gegenwehr aufruft. Das Lied besingt den militärischen Sieg und lässt dabei grausame Einzelheiten nicht aus. Es ist auch eine Lobeshymne an Gott, in der Deboras herausragender Rolle bei der moralischen und religiösen Umkehr des verdorbenen Volks Israel gedacht wird. Besonders auffallend ist die Tirade von Sisseras Mutter: „Aus dem Fenster blickt und jammert die Mutter Sisseras, aus dem Gitter. Warum zögert sein Wagen zu kommen? Warum säumen die Tritte seiner Gespanne? Die Weisen unter ihren Edelfrauen entgegnen ihr, auch sie erwidert sich auf ihre Reden: Werden sie nicht finden, verteilen Beute? Ein Mägdlein, zwei Mägdlein, je für einen Mann. [...]“ (5:28–30). Diese Worte von Sisseras Mutter, die sich wegen der verspäteten Rückkehr ihres Sohnes Sorgen macht und sich mit der grausamen Beschreibung des Frauenraubes durch seine Krieger selbst Mut zuspricht, zeigen, dass weibliche Solidarität jenseits des Hasses zweier verfeindeter Völker nicht existiert. Die Frauen Israels sind durch diesen Krieg in Gefahr, aber letztlich werden die potentiellen Opfer durch das Eingreifen von Debora und Jaël zu Siegerinnen. Für den modernen Leser ist die Mischung von Gotteslob und dem sehr menschlichen Rachedenken nur

[2] Anm.d.Übers.: Das hebräische *Prason* ist ein Wort, dessen Bedeutung nicht ganz geklärt ist. Bebe übersetzt mit „offene Stadt“, man findet auch „Bauern“ (Budde) oder, wie in der Bibelübersetzung von Zunz, „Führer“. Alle drei möglichen Übersetzungen weisen auf einen ungeschützten, unsicheren Zustand hin.

schwer zu akzeptieren, selbst wenn es um die Wiederherstellung von Gerechtigkeit und die Befreiung des Volkes von zwanzig Jahren Unterdrükkung durch die Kanaaniter geht.

Deboras herausragende Rolle in der Öffentlichkeit hat die Rabbiner beunruhigt; dies passte so gar nicht zum Rollenbild der Frau in ihrer patriarchalischen Gesellschaft. Deshalb re-interpretieren sie den biblischen Text und modifizieren ihn auf dreierlei Weise: Sie beschreiben ergänzend den Ehemann, behaupten, dass Debora vom Hochmut besessen war und definieren ihre Aufgaben um:[3] Einigen zufolge war Deboras Ehemann ein Ignorant (*Meg.* 14b; *Midr. Eliahu R.*, Kap. 9). Dies würde entweder einen Schatten auf das Ansehen von Debora werfen oder sie in die Rolle der sich für das Ansehen ihres Mannes aufopfernden Ehefrau versetzen; angeblich habe sie Leuchter für das Heiligtum hergestellt, um ihrem Mann Ruhm und einen Platz in der kommenden Welt zu verschaffen. Andere machen Barak zu ihrem Ehemann. Sie musste ihn zu sich rufen, weil sie wegen Baraks Arbeit als Ältester nicht beieinander wohnen konnten. Also ging man, um ihn zur Eheschließung mit Debora zu holen. Als Ältester hatte er eine höhere Position inne als sie. David Kimchi (1160? –1235?) deutet an, dass Debora sich, ähnlich wie Moses, für die Erfüllung ihrer Aufgabc als Prophetin von ihrem Mann getrennt habe. Ihm zufolge verlangt die Prophetie eine Art Zölibat (David Kimchi über *Rich.* 4:6). Ein anderer Midrasch (*Midr. Eliahu R.* 9; *Jal.*, *Rich.* 4:1) erklärt, dass Deboras Ehemann in Wirklichkeit drei Namen trug: Barak, Lapidot und Michael. Michael wäre der sich selbst Erniedrigende[4] – eine implizite Kritik an der öffentlichen Rolle seiner Frau, die in der rabbinischen Tradition der Arroganz bezichtigt wird: „R. Nachman sagte: Hochmut steht Frauen nicht an. Zwei hochmütige Frauen hatten schlimme Vornamen: die Biene (Debora) und das Wiesel (Hulda*). Über die Biene steht geschrieben: ‚Sie schickte und ließ Barak rufen [*Rich.* 4:6]‘ – [sie ist zu hochmütig] ihn selbst zu suchen“ [*Meg.* 14b]. Dass eine Frau einen Mann zu sich befiehlt, können die Rabbiner nur als Anzeichen von Hoffart und nicht als Zeichen ihrer höheren Stellung innerhalb der Gesellschaft deuten. Der gleiche Befehl aus dem Munde eines Mannes wäre nicht als Hochmut ausgelegt worden. R. Simon ben Absaloms Erklärung für Deboras Sitz unter einer Palme entspringt derselben Denkungsart: „um zu verhindern, dass sie mit einem Mann allein sei“ (*Meg.* 14a). Die Palme wächst nicht buschig, bietet also kein Versteck für ein heimliches Tête-à-Tête mit einem Mann. Die Sorge der Rabbiner um die Wahrung des Anstandes[5] of-

---

[3] Siehe: Leila Bronner, *From Eve to Esther*, S. 171.

[4] Manche nehmen für den Wortbestandteil *Mich* die Bedeutung „arm, niedrig, unglücklich“ an.

[5] Siehe Sittlichkeit*.

fenbart auch ihre Unfähigkeit sich vorzustellen, dass eine Frau über die Angelegenheiten von Männern zu Gericht sitzen könnte. Sie behaupten sogar, dass Debora aufgrund dieses Hochmutes ihre prophetische Gabe verloren habe. Ihr wird vorgeworfen, sich in den Vordergrund zu drängen, weil sie sagt: „bis dass ich aufstand, Debora, aufstand als eine Mutter in Israel“ (*Rich.* 5:7). Einer der folgenden Verse – „Sei wach, wach, Debora! Sei wach, wach, sing ein Lied!“ (*Rich.* 5:12) – ist laut Hillel Beweis für den Verlust ihrer prophetischen Gabe. In der Bibel gibt es für diese Auslegung nicht den geringsten Anhaltspunkt. Es handelt sich hier um eine revidierte rabbinische Lesart, die darauf bedacht ist, Debora nicht zum Vorbild für die Frauen der eigenen Zeit werden zu lassen. An anderer Stelle sagt R. Berechia: „Schande über die Generation, die von einer Frau regiert wird, wie damals, als ‚Debora, eine Prophetin, [...] Israel richtete‘“ (*Midr. Ps.* 22:20). Hier verdreht R. Berechia den biblischen Text, in dem absolut nichts Negatives über die Ausübung eines öffentlichen Amtes durch Frauen gesagt wird. In der gleichen Geisteshaltung spricht die rabbinische Tradition Debora trotz der Verwendung des Wortes *schofta,* „sie richtete“, im biblischen Text den Status als Richterin ab (*Rich.* 4:4). Man gesteht ihr zwar den Titel einer Prophetin zu, doch in halachischen Fragen, das heißt, der Umsetzung ihrer Entscheidungen im täglichen Leben, wird sie entweder als Ausnahme betrachtet oder man sagt gar, sie habe niemals wirklich Recht gesprochen. Die Tossafisten behaupten, dass sie höchstens „die Gesetze lehrte; sie hat niemals eine rechtliche Entscheidung getroffen und außerdem wurde sie von der Gegenwart Gottes inspiriert und war hierin eine Ausnahme[6]“ (*T. Nid.* 50a). Und mit Hilfe dieses „überzeugenden“ Arguments, das sich so gar nicht am biblischen Text orientiert, werden Frauen nach jüdischem Recht vom Richteramt ferngehalten (*TJ Joma* 6:1; *TJ Sanh.* 3:9)!

Dabei hätte die Halacha sich auch vom folgenden Midrasch inspirieren lassen können: „Was war Deboras besondere Eigenschaft, dass sie, auch sie, in Israel Recht sprechen und prophezeien konnte ...? Was ihre Taten betrifft, rufe ich die Himmel und die Erde als Zeugen: ob Heide oder Jude, ob Mann oder Frau, ob Knecht oder Dienerin, der heilige Geist wird sie nach den getanen Taten einsetzen“ (*Midr. Eliahu R.*, Kap. 9).

---

[6] In *Tossafot BK* 15a steht: „Sicher konnte sie als Richterin wirken, weil das Volk sie wegen der Gegenwart Gottes akzeptierte.“ Interessant an der Argumentation ist, dass ihre Autorität mit der Akzeptanz des Volkes begründet wird.

Dina

Dina ist die Tochter von Lea und Jakob. Ihre Geburt ist im Kontext der andauernden Rivalität ihrer Mutter Lea* und ihrer Tante Rachel* zu sehen, die sich beide die Geburt von Söhnen erhoffen. Sie hat sechs Brüder von ihrer Mutter Lea, zwei Halbbrüder von Zilpa, der Dienerin ihrer Mutter, zwei Halbbrüder von Bilha, der Dienerin ihrer Tante, und dann noch zwei Halbbrüder von ihrer Tante Rachel. Dina ist also von dreizehn Kindern das einzige Mädchen. Sie ist insofern eine Ausnahme, als Mädchen in der Bibel sonst sehr selten erwähnt werden; doch im Gegensatz zu ihren Brüdern wird die Bedeutung ihres Namens nicht erklärt. Den Namen erhält Dina von ihrer Mutter (*Gen*. 30:21). Ihre Geschichte steht im 34. Kapitel des Buches Genesis. Dina geht hinaus, um die Töchter des Landes kennen zu lernen. Sie wird von Sichem, dem Herrscher des Landes, bemerkt; er entführt und vergewaltigt sie. Darauf verliebt er sich in sie und bittet seinen Vater, Chamor, für ihn um Dinas Hand anzuhalten. Jakob erfährt von dem Geschehenen, aber verschweigt es seinen Söhnen. Erst als sie vom Feld zurückkommen, hören sie von dem Vorfall und reagieren mit Wut und Entsetzen. An dieser Stelle verurteilt auch der Erzähler Sichems Tat. Chamor wendet sich an Jakob und bittet ihn, Dina seinem Sohn zur Frau zu geben. Dabei verspricht er Jakob über die familiäre Verbindung hinaus auch eine territoriale und wirtschaftliche Allianz: „Und verschwägert euch mit uns, eure Töchter gebet uns, und unsre Töchter nehmet euch. Und wohnet bei uns, und das Land soll euch offen sein, wohnet und verkehret und machet euch ansässig darin.“ (34: 9–10[1]). Er verspricht Jakob und seinen Söhnen im Austausch für das Mädchen alles, was sie sich nur wünschen. Dinas Schicksal wird unter Männern, nämlich ihrem Vater, ihren Brüdern und dem Schwiegervater in spe ohne Rücksicht auf ihre eigenen Wünsche ausgehandelt. Ihre Brüder greifen zu

[1] Wenn nicht anders erwähnt, beziehen sich die Zahlen in Klammern auf das Buch *Genesis*.

einer List, und der Erzähler rechtfertigt dies mit dem Hinweis darauf, dass Dina, ihre Schwester, entehrt[2] wurde. Sie fordern als Vorbedingung für die geplante Allianz, dass alle männlichen Verwandten von Chamor sich der Beschneidung unterziehen. Chamor und Sichem nehmen die Bedingung an; sie überzeugen auch ihre Leute, indem sie die Aussicht auf den Besitz des gesamten Viehbestandes von Jakob in leuchtenden Farben schildern. Sichem lässt sich also beschneiden, denn „er verlangte nach der Tochter Jakobs und er war geehrt vor Allen im Hause seines Vaters" (34:19). Der Bund wird geschlossen, doch am dritten Tag nach der Beschneidung töten Simon und Levi, zwei von Dinas Brüdern, alle Männer der Stadt und entführen Dina aus dem Hause Sichems. Schließlich plündern sie „die Stadt, da sie entehrt hatten ihre Schwester" (34:27) und nehmen alle Frauen und Kinder mit sich fort. Jakob macht seinen Söhnen Vorhaltungen, weil er Repressalien fürchtet. „Da sprachen sie: Soll man wie mit einer Dirne mit unserer Schwester verfahren?" (34:31). Nach dieser Episode wird Dina nicht weiter erwähnt, außer in einer Aufzählung der nach Ägypten gezogenen Kinder Israels (46:15), aus der sich schließen lässt, dass sie kinderlos bleibt. Auf seinem Sterbebett wird Jakob die Tat von Simon und Levi ein weiteres Mal verdammen[3], aber Dina wird auch an dieser Stelle nicht genannt, sie erhält vom Vater im Gegensatz zu ihren zwölf Brüdern keinen Segen.

Die einzige aktive Handlung von Dina[4] ist es „hinaus zu gehen"; in der weiteren Erzählung erduldet sie passiv, was immer ihr geschieht: die Vergewaltigung durch Sichem, seine Entscheidung, sie zu heiraten, die Verhandlungen zwischen Jakob und seinen Söhnen mit dem Vater von Sichem und schließlich die Rache ihrer Brüder. Zu keiner Zeit erfährt man ihre Gefühle; dadurch wirkt der Text noch anrührender, wenn nicht gar grausamer: denn obwohl sie im Mittelpunkt der Erzählung steht, wird ihr in diesem Kapitel das Recht auf die eigene Stimme versagt. Wir wissen nicht, ob sie von Sichem angetan war oder ob sie ihn hasste. Sie wird geraubt und wieder befreit, aber der Leser erfährt an keiner Stelle, bei wem sie lieber gewesen wäre. Sie wird durch die Vergewaltigung entehrt und hat damit in der Gesellschaft der biblischen Zeit sicher auf Dauer ihren Status verloren. Wann immer von der „Entehrung" oder der „Prosti-

---

[2] Eigentlich: „unrein gemacht", *timé* (34:13).

[3] „Simon und Levi, Brüder; Waffen der Gewalt sind ihre Schwerter. In ihren Kreis komme nicht meine Seele, an ihre Versammlung schließe sich nicht mein Geist! Denn in ihrem Zorn erschlugen sie den Mann und in ihrem Übermut verstümmelten sie den Stier. Verflucht sei ihr Zorn, der so gewaltig, und ihr Grimm, der so hart! Ich will sie verteilen unter Jakob und sie zerstreuen unter Israel" (*Gen*. 49:5–7).

[4] Übrigens wird sie in diesem Moment *Bat Lea* „die Tochter von Lea" genannt.

tution“ Dinas die Rede ist, wird sie mit ihrem Vater oder ihren Brüdern in Verbindung gebracht: „Und Jakob hörte, dass er entehrt Dina, seine Tochter“ (34:5), „und plünderten die Stadt, da sie entehrt hatten ihre Schwester“ (34:27), „Soll man wie mit einer Dirne mit unserer Schwester verfahren?“ (34:31). Die Betonung der Verwandtschaftsbeziehung zum Vater oder den Brüdern, wann immer von Entehrung die Rede ist, gemeinsam mit der Tatsache, dass Dina selbst nie zu Wort kommt, sind Details, die darauf schließen lassen, dass die Ehre der Männer und nicht Dinas Situation im Mittelpunkt der Erzählung steht. Dinas Vergewaltigung wird tatsächlich weniger als eine Verletzung ihrer Integrität gesehen, denn als Beleidigung ihrer Brüder und ihres Vater, die über ihre Sexualität bestimmen; durchgängig wird vom männlichen Standpunkt aus berichtet.

Der einzige Satz, der vielleicht ein Gefühl von Dina erahnen lässt, ist der, in dem von Sichems Liebe für sie nach der Vergewaltigung die Rede ist: „Und sein Herz hing an Dina, der Tochter Jakobs, und er liebte das Mädchen, und redete zum Herzen des Mädchens“ (34:3). Der Ausdruck „und redete zum Herzen des Mädchens“ kann vermuten lassen, dass seine Liebe von ihr erwidert wird; aber auch in dieser Formulierung wird dem Mädchen besten Falls ein Gefühl unterstellt; sie drückt es nicht selbst aus. Wenn Dina wirklich Gefühle für Sichem gezeigt hätte, wäre ihr die Rache von Simon und Levi umso grausamer erschienen. Im umgekehrten Fall, wenn Dina ihren Vergewaltiger gehasst hätte, wäre der Vorschlag einer Heirat eine weitere Gewalttat ihr gegenüber, sie wäre zum zweiten Mal zum Opfer geworden. Welche Gefühle auch immer Dina bewegen, sie bleibt das schweigende Opfer dieses Berichtes.

Eine einzige moderne Exegetin, Lyn Bechtel[5], ist der Auffassung, dass Sichem Dina nicht wirklich vergewaltigte, sondern dass die sexuelle Handlung zwischen den beiden aus dem gegenseitigen Einvernehmen der beiden Partner entsprang. Sie übersetzt das Verb *ajin-nun-he* mit „demütigen“ und nicht mit „vergewaltigen“. Damit handele es sich bei dem Geschehen eher um das Überschreiten sozialer Normen als um eine Verletzung der persönlichen Integrität: Die Verbindung von Angehörigen zweier Gruppen, die unterschiedlichen Gesetzen und gesellschaftlichen Normen unterliegen, ist ein Tabubruch. Diese Interpretation könnte erklären, wieso Sichem sich in Dina verliebt (was für einen Vergewaltiger ungewöhnlich wäre), und auch wieso Dina am Ende des Berichtes als Prostituierte[6] bezeichnet wird.

---

[5] Lyn Bechtel, „Genesis 34: The Rape? of Dinah“, *Journal for the Study of the Old Testament.*

[6] *Sona* : „Prostituierte“; die Wurzel bedeutet „verlassen“, „sich abwenden“.

Die erste und einzige Handlung von Dina ist wohl, den Bewohnerinnen des Landes die Hand auszustrecken[7], die Herstellung eines Kontaktes unter Frauen, der sofort durch männliche Gewalt wieder zunichte gemacht wird. Diese Frauen werden ebenfalls zu Opfern der rachsüchtigen Wut von Simon und Levi, die sie nach der Ermordung ihrer Männer entführen. Die Geschichte von Dina wirkt durch die in ihr zum Ausdruck kommende doppelte Gewalt beunruhigend: die beschriebene physische Gewalt, und die Dina von allen handelnden Personen und auch vom Autor durch das ihr aufgezwungene Schweigen zugefügte seelische Gewalt. Dennoch sollte an dieser Stelle betont werden, dass Dina von ihren Brüdern als unschuldiges Opfer gesehen wird. Sie behandeln sie nicht wie eine Prostituierte und machen sie nicht für die Vergewaltigung verantwortlich – ganz anders als spätere Interpreten. Judith* wird an die Vergewaltigung von Dina erinnern und in ihrem Gebet nach Rache rufen.

Der Midrasch versucht die Lakunen der Geschichte zu füllen, und zunächst die Frage nach der Etymologie von Dinas Namen zu beantworten. Lea habe gewusst, dass Jakob zwölf Söhne haben würde. Dina hätte also ein Junge werden sollen, aber Lea, ihre Mutter, habe um ein Mädchen gebetet, damit ihre Schwester Rachel die Chance bekäme, zwei der zwölf Söhne zu gebären. Sie habe ihre Tochter Dina, „Urteil", genannt, wegen des Urteils, das sie über sich selbst verhängt habe, indem sie ihrer Schwester das Privileg der Geburt eines Sohnes einräumte. Sicher ist dieser Midrasch (*Br.* 60a) etwas konstruiert, doch auch er bestätigt, dass männliche Erben bevorzugt wurden und dass in der Gesellschaft der biblischen und talmudischen Zeit die Geburt eines Mädchens als Schande angesehen wurde, die selbst von Lea, die schon sechs Söhne geboren hatte, nur mit Bedauern angenommen werden kann. Ein anderer Midrasch (*Gen. R.* 72:6) stellt sich die im Gebet versammelten Matriarchen vor, die gemeinsam sprechen: „Wir haben genug Söhne; man möge sich [Rachels] erinnern." Das Bemühen der Matriarchen um ein Gleichgewicht zwischen Mädchen und Jungen – ein Thema das im biblischen Text nicht zu finden ist –, und ihre Bitte um Fruchtbarkeit für Rachel ist hier interessant. Integriert man diesen Midrasch in den biblischen Text, gleich nach der Geburt von Dina, ist weiter zu lesen: „Und Gott gedachte der Rachel" (*Gen.* 30:22); die Bitte wurde demnach erhört.

Die Ergänzungen des Midrasch zum biblischen Text wirken immer dann unangemessen, wenn Dina auch noch der Mitschuld an der Vergewaltigung bezichtigt wird. Die Rabbinen werfen Dina vor „hinausgegangen" zu sein, ein Vorwurf, der in der Bibel nicht zu finden ist: „‚Und ausging Dina, die Tochter Lea's [...]' Dies kann man mit jemandem vergleichen, der ein Pfund Fleisch in seiner Hand hielt und sobald er es offen

---

[7] Siehe: Ita Sheres, *Dinah's Rebellion: A Biblical Parable for Our Time.*

hinhielt, kam ein Vogel und trug es fort. Genauso [führt], und ausging Dina, die Tochter Lea's' [zu] ,Da sah Sichem sie, der Sohn von Chamor [...] und nahm sie, und beschlief sie' auf natürliche Weise; ,und tat ihr Gewalt an' auf unnatürliche Weise" (*Gen. R.* 80:5). Der Vergleich von Dina mit einem Stück Fleisch könnte wohl kaum weniger schmeichelhaft sein, er entspricht dem Bild der Frau als Beute, Nahrung, Objekt. Die einfache Tatsache, dass sie „hinausgeht", macht Dina in den Augen der Rabbinen schon zur Prostituierten (nach *Gen. R.* 18:2; 45:5; 80:5[8]). Nach deren Meinung hat sie ihre dreiste Art von ihrer Mutter Lea gelernt (nach *Gen. R.* 80:1), über die ebenfalls geschrieben steht, dass sie hinausging, um Jakob zu treffen; die Rabbinen stützen sich in dieser Sichtweise mit dem Zitat „Wie die Mutter, so die Tochter" auf den Propheten Ezechiel (*Ezech.* 16:44). An anderer Stelle nehmen sie Lea in Schutz, die schließlich die Zukunft Israels und nicht ihr sexuelles Vergnügen im Sinn gehabt habe (*Gen. R.* 72:5). Dina wird zum Opfer der Rabbinen, die sie beschuldigen, die Regeln der sich für Frauen geziemenden Sittsamkeit missachtet zu haben. Sie rechtfertigen die Vergewaltigung – eine schändliche Haltung, mit der eine Entschuldigung männlicher Gewalt und die Einschränkung der Frau auf die ihr nach rabbinischer Meinung einzig zustehende häusliche Rolle angestrebt wird.

Die Rabbinen sprechen nicht mit einer Stimme zu diesem Thema. Manche machen auch Jakob verantwortlich, weil er sich angeblich geweigert habe, Dina den Esau zum Mann zu geben (*Gen. R.* 80:4). Auch wenn diese Midraschim die Schuld von ihr nehmen[9], machen sie Dina zum Opfer des Fehlverhaltens ihres Vaters, der seine Aufgabe als Vater hätte wahrnehmen und sie verheiraten müssen. Auf jeden Fall mutet Jakobs Schweigen, nachdem er von der Vergewaltigung seiner Tochter erfährt, merkwürdig an.

Ein weiterer Midrasch nimmt Dina ihre einzige aktive Handlung: „Die Tochter von Jakob saß immer in ihrem Zelt und ging nicht hinaus. Was tat Sichem, der Sohn des Chamor? Er brachte Musikerinnen mit, die die Zimbeln schlugen. Dina ging hinaus, um die Musikerinnen zu sehen" (*PdRE* 38). Dinas guter Ruf wird so gewahrt; die Verantwortung für ihr „Hinausgehen" wird an Sichem weitergereicht, der in einer anderen Quelle sogar mit der Schlange im Garten Eden verglichen wird (*ARN* 3:14). Nach einem wieder anderen Midrasch sei aus der Verbindung von Dina und Sichem die spätere Frau von Joseph, Asnat, geboren worden (*Gen. R.* 57:4; 80:11; *PdRE* 38); dies wäre in gewisser Weise eine Reha-

[8] Wo u.a. steht, dass Dina, wie alle Frauen, ein Flittchen sei.

[9] Mit dem für Dinas Tragödie verwendete Wort *Nevala* (34:7) wird in *Hiob* 2:10 dessen Frau bezeichnet; nach *Gen. R.* 80:11 hätte sie seinen Bruder Simon geheiratet.

bilitation von Dina. Aber insgesamt wird Dina von wesentlich mehr Midraschim verurteilt als verteidigt. Die anklagende Haltung der Rabbinen geht weit über das Schweigen der Bibel hinaus, die Dina nicht verurteilt und in ihr Opfer und nicht Anstifterin sieht. Die Rabbinen benutzen den Fall von Dina, um das Ideal weiblicher Sittsamkeit und Unterwürfigkeit zu untermauern, ein Ideal, das Frauen gänzlich vom öffentlichen Leben ausschließt.

Ehe

Die jüdische Tradition versteht die Ehe als Mittel gegen die Einsamkeit (*Gen.* 2:18[1]), als rechtlichen Rahmen für die fleischliche Verbindung zwischen Mann und Frau (*Gen.* 2: 24[2]) und als Basis für die Gründung einer Familie (*Gen.* 1:27–28[3]). Im biblischen Text werden diese drei Elemente als gleich wichtig dargestellt. Die Begegnungen der Patriarchen und Matriarchen werden sehr detailliert geschildert. Bei der Verbindung von Isaak und Rebekka ist die Sorge um die Fortführung der Stammlinie deutlich: Der Diener Abrahams, des Vaters von Isaak, wird bis Mesopotamien geschickt, um dort eine Frau aus der eigenen Familie für Isaak zu finden (*Gen.* 24:1–4). Bei der Verbindung zwischen Jakob und Lea* und später dann Rachel* sind die Liebesgefühle der Partner wichtiger als die vorbestimmte Ehe: Jakob arbeitet sieben Jahre lang für seinen Schwiegervater Laban, um Rachel heiraten zu dürfen, die dann heimlich durch ihre Schwester Lea ersetzt wird, und noch einmal weitere sieben Jahre für die geliebte Rachel. Die Frau ist eine Arbeitskraft; deshalb muss der heiratswillige Mann sie bei ihrem Vater entweder mit Geld oder durch seine eigene Arbeit auslösen.

Die Bibel selbst enthält wenige Texte zum Eherecht, auch eine Heiratszeremonie ist nirgends beschrieben; diese Lücke wird erst durch das talmudische Schrifttum gefüllt. Erwähnt werden einzig Eheverbote wie das Inzestverbot (*Lev.* 18) und das Gesetz über die Befreiung der neuvermählten Ehemänner vom Militärdienst für das erste Jahr nach der Eheschließung (*Deut.* 24:5); Hintergrund hierfür ist, dass der Mann seine

[1] „Es ist nicht gut, dass der Mensch allein sei: Ich will ihm machen eine Gehilfin, wie sie ihm zustehe.“; siehe: Eva*.

[2] „Darum verlässt der Mann seinen Vater und seine Mutter und hängt an seiner Frau, und sie werden zu einem Fleische.“

[3] „Und Gott schuf den Menschen in seinem Bilde, im Bilde Gottes schuf er ihn; Mann und Frau schuf er sie. Und Gott segnete sie und sprach: Seid fruchtbar und mehret euch...“.

Frau beglücken soll [*vesimach et Ischto ascher lakach]*. Der für die eheliche Verbindung gebrauchte Ausdruck ist „zur Frau nehmen". Es wird unterschieden zwischen dieser und der eigentlichen sexuellen Beziehung, die mit einem anderen Begriff ([*be'ala*[4]], „beherrschen, besitzen" – daher auch das Wort für „Ehemann" [*Ba'al*[5]]) bezeichnet oder auch mit dem Ausdruck „er kam zu ihr" [*ba eleha*[6]) umschrieben wird. Andererseits folgt meist das eine aus dem anderen: Der Akt des „zur Frau Nehmens" zieht zweifelsohne eine sexuelle Beziehung nach sich. Der erste Schritt zur Eheschließung geht vom Mann aus. Die Rechte der Frauen werden indirekt im Fall der Vielehe angesprochen, die in der Tora nicht verdammt wird: „Wenn er sich eine andere dazu nimmt: soll er ihre Kost, ihre Kleidung und ihre *Wohnung*[7] nicht verringern" (*Ex.* 21:10); diese drei Begriffe werden im Talmud wieder aufgenommen, der Ehe ist hier ein ganzes Traktat, *Kidduschin*, „Anheiligungen", gewidmet.

Die beiden unterschiedlichen Auffassungen der Ehe als Anschaffung [*Kinian*] oder Anheiligung [*Kidduschin*] werden im Talmud miteinander verbunden. Die „Zueignung" einer Frau kann auf drei Arten erfolgen: einmal durch die Überreichung einer symbolischen Geldsumme [*Kesef*[8]], dann durch einen ihr [vor Zeugen] zu überreichenden Vertrag [*Schetar*], der sie ausschließlich an ihren Ehemann bindet, oder durch Kohabitation [*Bia*]. Zwar kann der Bibel und der Mischna zufolge eine eheliche Verbindung auch einfach durch vollzogenen Beischlaf eingegangen werden, doch der Talmud versucht das zu unterbinden. Der eigentlichen Eheschließung geht die Verlobung voraus, während derer ein Vertrag, die *Ketuba*, aufgesetzt wird und der Bräutigam der Braut vor zwei Zeugen einen Gegenstand mit festgelegtem Mindestwert überreicht. Moses Maimonides übernimmt im 12. Jahrhundert die Vorstellungen des Talmud; auch er gesteht den Beischlaf als mögliche Form der Eheschließung ein, doch rät wegen der Gefahr der Promiskuität davon ab (*MT*, Seder Naschim, Hil. Isch. 3:21–22).

Die Verlobung [*Kidduschin* oder *Erusin*] und die Hochzeit [*Nissuin*] lagen gewöhnlich ein Jahr auseinander. Mit der Verlobung galt das Brautpaar als verheiratet, Trennung war nur durch Scheidung oder Tod

---

[4] z. B. *Deut.* 24:1.

[5] Aufgrund dieser Ethymologie ziehen es heute manche Frauen vor, im modernen Hebräisch das Wort *Ischi* (mein Mann) und nicht *Ba'ali* (mein Meister) zu verwenden; so wie es auch in *Hos.* 2:18 steht.

[6] z. B. *Deut.* 22:13

[7]Übers: hebr.: *Onata*; Bedeutung unsicher, Gesenius übersetzt mit „Beiwohnung", Bebe mit „eheliche Rechte".

[8] Einige Kommentatoren sehen hierin die Aneignung der Jungfräulichkeit, der „biologischen Funktion der Frau"; s.: Judith Romney Wegner, *Chattel or Person?*, S. 45.

möglich, doch der Vollzug der Ehe geschah erst ein Jahr später, im *Chuppa* genannten Ehegemach. Ab dem Mittelalter wurden die beiden Zeremonien der Einfachheit halber häufig verbunden und ab dem 16. Jahrhundert wurde dies allgemeine Praxis. Seitdem wird die Trauzeremonie unter einem von vier Trägern gehaltenen Baldachin, der *Chuppa*, vollzogen.[9]

Der Midrasch erzählt, dass Gott bei der ersten Eheschließung der Schöpfung, der zwischen Adam und Eva, unter Begleitung musizierender und tanzender Engel selbst amtierte (*PdRE* 12).

Ein Mann kann mehrere Frauen haben, umgekehrt eine Frau nicht mehrere Männer.[10] Abraham hatte drei Frauen, Sara und Hagar und dann nach Saras Tod noch Ketura. Jakob nahm Lea und Rachel mit Bilha und Zilpa. König Salomon hatte siebenhundert Frauen und dreihundert Konkubinen, doch das Deuteronomium missbilligt eine solche große Zahl an Frauen: „Auch soll er sich nicht viele Frauen nehmen, dass sein Herz nicht abtrünnig werde..." (17:17) Diese Einschränkung gilt für Könige, die durch die Vielzahl ihrer Frauen von ihren politischen Aufgaben abgelenkt werden könnten (*Sanh.* 21a). Insgesamt gibt es in der Bibel nur wenige Beispiele für Polygamie, im Talmud kommt sie gar nicht vor. Da die Polygamie während der talmudischen Epoche tatsächlich nicht mehr existierte, sind alle Diskussionen hierüber rein theoretisch. In den aschkenasischen Ländern wird die Mehrehe im 12. Jahrhundert durch einen Rabbenu Gerschom[11] zugeschriebenen Gesetzeszusatz [*Takkana*] verboten, doch in sefardischen Kreisen wurde sie bis ins 19. Jahrhundert praktiziert.

Dem Talmud nach (*Kid.* 2a) muss die Frau der Eheschließung zustimmen; allerdings wurde ihr Schweigen als Zustimmung gewertet. Da die Ehen häufig von den Eltern arrangiert wurden, beugte sich die Tochter deren Wahl, besonders da zur talmudischen Zeit ein Mädchen häufig schon im Alter von zwölf Jahren oder sogar jünger in die Ehe gegeben wurde. Durch den Ehevertrag ging sie aus der Obhut ihres Vaters in die ihres Ehemannes über.

Eine weitere Funktion der Ehe in der talmudischen Zeit ist die Kontrolle der sexuellen Triebe[12]: „Wer zwanzig Jahre alt ist und unverheiratet, lebt in der Sünde. In der Sünde, wie kommst du darauf!? – Sage vielmehr, in sündhaften Gedanken" (*Kid.* 29b). Die Ehe ist der Ort, wo sexuelle Bedürfnisse ausgelebt werden können. Einige Rabbiner sprechen auch Frauen solche Bedürfnisse zu, anderen zufolge sind sie dagegen

---

[9] Siehe: Heirat*.
[10] Siehe: Polygamie*.
[11] 960–1028 u.Z.
[12] Siehe: Sexualität*.

immun! Es ist interessant zu sehen, wie Männer über Frauen urteilen, ohne dass diese selbst eine Chance haben, sich zu äußern. So erfahren wir: „Mehr als der Mann heiraten will, will die Frau geheiratet werden" (*Jev.* 113a) und "eine Frau ist lieber arm und verheiratet als reich und alleinstehend" (*Sota* 20a). Aus diesen Gründen – dem angenommenen Ehewunsch der Frau und der Tatsache, dass die Gesetzgebung immer auf den Mann ausgerichtet ist –, besteht die Tradition vor allem für den Mann auf einer Eheschließung: „Ein Mensch der keine Frau hat, lebt ohne Freude, ohne Segen und ohne Güte" (*Jev.* 62b) oder auch: „Ein Mensch, der keine Frau hat, ist kein Mensch [*Adam*], denn es heißt: ‚Mann und Weib erschuf er sie etc. und nannte ihren Namen Mensch.'" (*Gen.* 5:2 zitiert in *Jev.* 63a).

Auch die Frau findet [nach talmudischer Auffassung] Erfüllung in der Ehe, doch die für sie verwendeten Begriffe sind auffallend anders: „Das Weib ist ein formloser Klumpen und schließt ein Bündnis nur mit dem, der es zum fertigen Geräte macht, denn es heißt ‚denn dein Gemahl ist dein Schöpfer; der Herr der Heerscharen ist sein Name'" (*Sanh.* 22b). Der Vergleich der unverheirateten Frau mit einem formlosen Klumpen[13] und der verheirateten Frau mit einem Gerät zeigt, dass sie ohne ihren Mann nichts ist und erst in der Ehe ihren Nutzwert erhält. Auch wenn die Texte über Männer und Frauen von der gleichen Grundannahme ausgehen – Mann und Frau können nur gemeinsam ihr Potential verwirklichen und erst vereint gleichen sie Gottes Ebenbild –, ist doch die für die Frau verwendete Bildsprache wesentlich negativer als die für den Mann gebrauchte.

Dem Midrasch nach (*Gen. R.* 8:1) war der erste Mensch in Wirklichkeit ein androgynes Wesen, das dann in zwei geteilt wurde, um zu Mann und Frau zu werden. Die Verbindung zwischen Mann und Frau bedeutet eine Rückkehr zum ersten mythischen Wesen, das „im Bild Gottes" geschaffen wurde. Im zweiten Schöpfungsbericht nimmt Gott eine Rippe aus der Seite des schlafenden Adam, um daraus eine Frau zu bilden. Die Tradition sagt dazu, dass der Mann, wenn er auf der Suche nach einer Frau ist, auf der Suche nach seiner verlorenen Rippe ist: „[...] weil es die Art des Mannes ist, nach einer Frau zu suchen, nicht aber die Art der Frau, nach einem Manne zu suchen. Dies ist mit dem zu vergleichen, der etwas verloren hat: Wer sucht wen? Der Verlierende sucht das Verlorene" *(Kid.* 2b). Entsprechend ihrer Rolle in einer patriarchalischen Gesellschaft wird hier die passive Rolle der Frau unterstrichen; der Mann ist es, der gewissermaßen durch die Frau vervollständigt wird.

---

[13] Das hebräische Wort ist Golem, „lebloses Ding", doch Raschi kommentiert „ein unfertiges Gerät".

Eine Ehefrau sollte um nicht ihres Vermögens willen ausgesucht werden.[14] Vorzugsweise sollte ihr Vater ein Gelehrter sein.[15] Ein Mann sollte seine Frau vor der Hochzeit sehen, damit er an ihr nicht etwas Abstoßendes findet (*Kid.* 41a). Eine schöne Gestalt[16] ist ebenso wichtig wie Tugendhaftigkeit[17]. In der talmudischen Zeit entwickelt sich die Aufgabe des *Schadchen*, des „Heiratsvermittlers". Dennoch merkt der Talmud an: „Es ist ebenso schwer, Paare zu bilden wie das Schilfmeer zu spalten" (*Sota* 2b, *Sanh.* 22a–b); an anderer Stelle heißt es, Gott schaffe die Ehen[18] (*Sota* 2a, *Sanh.* 22a–b), und Gott weile zwischen den Partnern, wenn Mann und Frau sich als verdienstvoll erweisen. Der Midrasch erzählt (*Gen. R.* 68:4) von einer römischen Matrone, die versuchte, es Gott gleich zu tun und in einer Nacht Tausend Ehen zu stiften, sich aber angesichts der grün und blau geprügelten Ehepartner eingestehen musste, dass dies keine leichte Aufgabe ist.

Männern wurde die Eheschließung im Alter von achtzehn Jahren angeraten (nach *Avot* 5:21); bei Mädchen rät der Talmud (*Kid.* 41a) von der Verheiratung Minderjähriger ab. Gleichwohl wurden die Mädchen im mittleren Orient und in Nordafrika im Alter von zwölf Jahren oder sogar jünger verheiratet, während Jungen einiges älter sein konnten; in Osteuropa hatten beide bei ihrer Verehelichung gerade die Pubertät erreicht. Die Frühehen hatten oft einen wirtschaftlichen Hintergrund: Wenn die finanzielle Situation der Eltern eine Mitgift erlaubte, wollte man das sofort ausnutzen und nicht eine Verschlechterung der Lage abwarten.

Der Hochzeitstag wird mit Jom Kippur verglichen; an ihm werden alle Verfehlungen der Vermählten ausgelöscht (*Jev.* 68b). Aus diesem Grund haben Eheleute an ihrem Hochzeitstag häufig für die Vergebung ihrer Sünden gefastet. Die Eheschließung wird als ein Neuanfang gesehen.

Mann und Frau schulden sich gegenseitig Respekt – auch wenn der von der Frau geforderte Respekt häufig mit Gehorsam gegenüber dem

---

[14] „Wer eine Frau des Geldes wegen nimmt, bekommt unwürdige Kinder " (*Kid.* 70a).

[15] „Stets verkaufe ein Mann alles, was er besitzt, und heirate die Tochter eines Schriftgelehrten [...] Findet er keine Tochter eines Schriftgelehrten, so heirate er die Tochter eines bedeutenden Mannes; findet er keine Tochter eines bedeutenden Mannes, so heirate er die Tochter eines Synagogenvorstehers; findet er keine Tochter eines Synagogenvorstehers, so heirate er die Tochter eines Almosenverwalters; findet er keine Tochter eines Almosenverwalters, so heirate er die Tochter eines Kinderlehrers" (*Pes.* 49b).

[16] „Glücklich ist der Mann einer schönen Frau; die Anzahl seiner Tage wird verdoppelt" (*Jev.* 63b), und für die Gegenmeinung siehe: Eschet Chajil*.

[17] „Wer ist reich? Der Mann, der mit einer tugendhaften Frau verheiratet ist" (*Schab.* 25b).

[18] Dies schafft ein theologisches Problem für die Frage der freien Entscheidung und auch für zum Scheitern verurteilte Ehen.

Ehemann und Erfüllung häuslicher Aufgaben gleichgesetzt wird. Der Ehemann soll seiner Frau kein Unrecht antun, denn ihre Tränen rufen Gottes Zorn hervor (nach *BM* 59a; *Jev.* 62b; *Chul.* 84b). Hatte ein Mann eine kleine Frau, sollte er sich herabbeugen, um ihr zuzuhören (*BM* 59a). Der Mann hatte seine Frau mit Nahrung, Kleidung und Wohnung zu versorgen und auch ihre sexuellen Bedürfnisse zu befriedigen. Die Ketuba, der Ehevertrag, dient als Schutz für die Frau im Falle einer Scheidung* oder im Todesfall. Entsprechend der Mischna obliegt der Frau die Pflicht, für ihren Mann im Gegenzug zu „mahlen, backen, waschen, kochen, ihr Kind zu stillen, sein Bett zu bereiten und Wolle zu spinnen" *(Kid.* 11a), wenn sie nicht Mägde als Mitgift in die Ehe gebracht hat. Doch Rabbi Elieser sagt, selbst wenn sie viele Mägde mit in die Ehe gebracht hat, solle der Mann sie zum Spinnen anhalten, weil Müßiggang zum Laster führe (*M. Ket.* 5:5).

Das traditionelle Bild der Frau verbindet sie mit dem Haushalt, weil sie ihre wichtigsten Aufgaben im Rahmen der Familie hat. Die Frau wird „das Haus des Mannes" genannt (*Joma* 2a; *Schab.* 118b), sie bringt Segen über das Haus (*BM* 59a). Einige moderne Kommentatoren versuchen apologetisch die Reduktion der Frau auf private, nichtöffentliche Aufgaben zu überspielen, indem sie sie zur „Königin des Hauses" erklären; dies entspricht jedoch ganz einer patriarchalischen Zuordnung der häuslichen Aufgaben.

Die Frau hatte dem Mann zu dienen, um seine Liebe zu gewinnen. Maimonides meint mit Verweis auf Rabbi Isaak, sie habe ihm auch das Gesicht sowie Hände und Füße zu waschen (*MT*, Isch. 21:3). An anderer Stelle sagt er: „Die Ehrerbietung einer Frau für ihren Mann muss grenzenlos sein, die Furcht vor ihm muss mit ihr sein, und sie hat in allem seinen Anweisungen zu folgen. In ihren Augen soll er wie ein Fürst oder König sein, der in Allem seinen Herzenswünschen folgt" (*MT*, *Isch.* 15:20). Diese völlige Unterwerfung der Frau unter ihren Mann folgt der Vorstellung des Midrasch: „allein eine Frau, die den Willen ihres Mannes tut, ist geziemend und würdig" (*Jal.* Schoftim 4, Abschn. 42). Dies entspricht auch dem sozialen und rechtlichen Status der Frau, denn es heißt über die Frau wie über den Sklaven: Der Erwerb einer Frau gehört ihrem Mann *(Ket.* 65b). Falls die Frau vor dem Ehemann stirbt, erbt dieser den von ihr in die Ehe eingebrachten Besitz und alle von ihr erhaltenen Geschenke. Umgekehrt erbt die Frau jedoch nicht, wenn ihr Mann stirbt. Im Jerusalemer Talmud erklärt Rabbi Jossi, dass alles, was eine Frau findet, ihrem Manne gehöre, da „sie mit der Behauptung, sie habe es gefunden, nichts aus dem Besitz ihres Mannes stehlen würde" (*TJ, Ket.* 5). Hier kommt ein allgemein mangelndes Vertrauen gegenüber Frauen zum Ausdruck.

Bei allen Entscheidungen ist die Frau ebenfalls vom Mann abhängig. Raschi schreibt: „Er hat Macht, weil niemand seine Absicht in Frage stellen kann, jedoch kann der Mann seine Frau daran hindern, zu tun worum man sie bittet" (Raschi über *Kid.* 20b). „Denn eine Frau ist wie ein Sklave, denn der Mann besitzt ihrer Hände Arbeit und alles von ihr erschaffene, genau wie der Herr eines Sklaven mit gleichem Recht den Nutzen aus dem Erwerb des Sklaven zieht." Zu den Segenssprüchen am Morgen[19] erklärt er hingegen: „Frauen und Sklaven sind zwar in Bezug auf die Gebote vergleichbar, dennoch ist der Status des Sklaven etwas niedriger" (Raschi über *Men.* 43b).

Wie bei vielen anderen Themen, die Frauen betreffen, finden wir in der jüdischen Tradition konträre Meinungen als Ausdruck unterschiedlicher Mentalitäten. Der Talmud bemüht sich, Gemeinsamkeit herzustellen; so zum Beispiel bei den beiden biblischen Phrasen „Wer ein Weib gefunden, hat Gutes gefunden" (*Sprüche* 18:22) und „Ich habe Bittereres gefunden als den Tod, dies ist das Weib, deren Herz nichts ist als Schlingen und Fallstricke und deren Arme Fesseln" (*Eccl.* 7:26). Der Widerspruch wird wie folgt aufgelöst: „Ist eine Frau gut, so hat ihre Güte kein Ende und ist eine Frau schlecht, hat ihre Schlechtigkeit kein Ende" (*Jev.* 63). In ihrer Extremität zeigen diese beiden positiven und negativen Ansichten, dass die Frau dem Manne im Grunde fremd ist. Eine vergleichende Studie zeigt, dass Frauen in der hellenistischen Gesellschaft die gleiche Rolle inne hatten wie die jüdischen Frauen. Welche Gesellschaft die andere beeinflusst hat, ist schwer zu sagen; die Ähnlichkeit weist jedoch darauf hin, dass es sich hier um ein mit dem Sozialverhalten dieser Epoche zusammenhängendes allgemein menschliches Phänomen handelt[20].

Die Hochzeit war in der jüdischen Geschichte eine einseitige Zeremonie [mit dem Mann als handelndem Partner]; im traditionellen Umfeld ist sie das bis heute geblieben, doch in konservativen und liberalen Kreisen beruht sie auf Gegenseitigkeit, Mann und Frau haben die gleichen Rechte und Pflichten. Historische Veränderungen und besonders die Emanzipation der Frau machen es möglich, die [talmudischen] Texte im Lichte der Idee von der Gleichberechtigung von Männern und Frauen neu zu bewerten. Dabei ist die Ehe zu einem Vertrag zweier jüdischer Menschen mit gleicher rechtlicher Verantwortung geworden.

---

[19] Anm.d.Übers.: in denen es u.a. heißt: „Gesegnet seist Du, Ewiger unser Gott, König der Welt, der mich nicht als Sklaven erschaffen hat", bzw. auch „[...], der mich nicht als Frau erschaffen hat."

[20] Siehe: Eliezer Berkovits, *Jewish Women in Time and Torah*, S. 25–28.

Ehebruch

Das Verbot des Ehebruchs[1] ist Teil der zehn Gebote in Exodus (20:13) und Deuteronomium (5:17). Es gilt für Männer und Frauen gleichermaßen, nach biblischen Recht stand auf einen Verstoß für beide die Todesstrafe. Diese Strafe ist in Levitikus (20:10) und Deuteronomium (22:22) festgelegt. Definiert wurde allerdings der Ehebruch in biblischer Zeit als das Verhältnis eines Mannes (ob verheiratet oder unverheiratet) mit einer verheirateten oder verlobten Frau. Die Asymmetrie ist augenfällig: Der Mann darf außereheliche Verhältnisse mit anderen Frauen eingehen, solange diese nicht einem anderen Mann angehören. Der Familienstatus der Frau bestimmt den Tatbestand des Ehebruchs, der eher als eine Eigentumsverletzung denn als moralisches Vergehen angesehen wird. Der Ehemann hatte das ausschließliche Recht auf die Sexualität seiner Frau. Einen klaren Fortschritt bedeutete die Abschaffung der Wasserprobe mit den bitteren Wassern für die des Ehebruchs verdächtige Frau [in der talmudischen Epoche]: „Da die Zahl der außerehelichen Kinder zunahm, hörte die Anwendung der Eifersuchtswasser auf und R. Jochanan Ben Zakkai schaffte sie ab“ (*Ket.* 3:4). Jetzt wurde auch die Todesstrafe ausgesetzt und durch Auspeitschung ersetzt. Außerdem schafften die Rabbinen weitere prozessuale Hürden, indem sie zwei Tatzeugen, eine vorausgegangene Abmahnung in angemessener Form sowie die Bestätigung dieser Abmahnung verlangten; all dies, um unbegründete Anklagen zu vermeiden. In biblischer Zeit war schließlich die des Ehebruchs überführte Frau sowohl für ihren Mann als auch für ihren Liebhaber tabu (*Lev.* 24:4). Im biblischen Text gibt es jedoch auch Vorbilder für mögliche Begnadigung; so zum Beispiel beim Propheten Hosea; er prophezeit die Rückkehr des Volkes Israel, das er in einer Metapher als ehebrecheri-

[1] Siehe auch Eintrag: Sota*. Hier wird der Fall der des Ehebruchs verdächtigen Frau, die sich dem Gottesurteil der bitteren Wasser unterwerfen musste, ausführlich behandelt (entspr. *Numeri* 5.11–31).

sche Frau beschreibt. Wenn die Rabbinen einerseits zur Festigung der Ehe die Feststellung des Ehebruchs erschwerten, sollte andererseits bei einmal feststehendem Ehebruch im Einklang mit dem wichtigen jüdischen Prinzip der *Teschuwa* (Umkehr, Reue) eine Möglichkeit der Begnadigung und des Straferlasses gegeben sein. Auch wenn sich über die Jahrhunderte das Eherecht und das Verständnis des Ehebruchs in Richtung auf eine Gleichstellung von Mann und Frau entwickelt haben, bleiben doch Unterschiede bestehen. Sicher ist die Polygamie* untersagt, doch wenn eine Frau Kinder hat, die nicht von ihrem Ehemann stammen, gelten diese immer noch als *Mamserim* (illegitim) und stehen außerhalb der Gesellschaft; während die Kinder, die der Verbindung eines verheirateten Mannes mit einer unverheirateten Frau entstammen, nicht als illegitim gelten. Für Frauen, die zwar zivilrechtlich geschieden sind, aber von ihrem Mann keinen Scheidungsbrief bekommen haben, ist diese Situation besonders misslich. Eine neue Beziehung gilt dann als ehebrecherisch und die Kinder aus dieser Verbindung gelten nach orthodoxem Recht als illegitim[2]. In Anlehnung an Deuteronomium (24:16): „nicht sollen getötet werden Väter um Kinder, und Kinder sollen nicht getötet werden um Väter; Jeglicher für seine Schuld sollen sie getötet werden" hat das liberale Judentum das Gesetz über die illegitimen Kinder abgeschafft.

Zu der Bestrafung der unehelichen Kinder schreibt Elaine Adler Goodfriend:

> Die Schwere dieses Verbrechens ist in den gesetzlichen Teilen des Pentateuch an keiner Stelle begründet. Da in der israelitischen Gesellschaft die väterliche Abstammung zählte, ist jedoch anzunehmen, dass große Angst vor einer irrtümlich angenommenen Vaterschaft herrschte; hätte dies doch bedeutet, dass das Familienerbe dann an einen illegitimen Erben weitergegeben würde. Tatsächlich könnte in einem solchen Fall der ahnungslose Ehemann sein ganzes Vermögen dem Produkt der Untreue seiner Frau vermachen. Daher wirkt der Ehebruch auf mehrfache Weise, nämlich auf sozialer, ökonomischer und religiöser Ebene zerstörerisch.[3]

Die verführerische Frau wird häufig als für den Ehebruch verantwortlich gesehen, als diejenige, die den Mann vom rechten Wege abbringt:

> Dich zu wahren vor der bösen Frau, vor der glatten Zunge der Ausländerin. Lass dich nicht gelüsten ihre Schönheit in deinem

[2] Siehe auch: Scheidung* und Aguna*.
[3] In: Carol Myers, *Women in Scripture*, S. 180.

Herzen, und dass sie dich nicht einnehme mit ihren Blicken. Denn durch eine buhlerische Frau (kommt man herab) bis auf einen Laib Brot, und die fremde Ehefrau stellt der edlen Seele nach. Schüttet jemand in seinen Schoß Feuer, dass seine Kleider nicht brennen? Oder geht jemand auf Kohlen, dass er sich die Füße nicht verbrennt? So wer zu der Frau des Nächsten kommt: nicht ungestraft bleibt, wer sie berührt. Man sollte den Dieb verspotten, wenn er stiehlt, um seine Gier zu stillen, da ihn hungert. Und wird er betroffen, so bezahlt er das siebenfache, er gibt auch alles Gut seines Hauses. Doch wer die Ehe bricht mit einer Frau, ist sinnlos, wer sein eigener Verderber ist, tut das; Plage und Schande findet er, und seine Schmach wird nicht ausgelöscht. Denn Eifersucht, das ist die Wut des Mannes, der schont nicht am Tage der Rache. Er sieht kein Lösegeld an, und willigt nicht ein, so viel du Geschenke bietest (*Sprüche* 6:24–35).

Wie Potiphars Frau* oder die Frauen von Samson* entspricht diese Frau dem Muster der ausländischen, verheirateten Frau, die dem unbescholtenen Mann Fallstricke auslegt, derer er sich, einmal ihren Reizen verfallen, nicht entziehen kann. Mit Worten (s. *Sprüche* 2:16) und durch ihre Schönheit weiß sie ihn zu umgarnen. Sie suggeriert Vergnügen[4] und Gefahr, Leidenschaft und Tod. Sie ist die „femme fatale", die den Mann, den sie als unschuldiges Opfer in den Klauen hält, ins Unglück stürzt. Sie ist sich keiner Schuld bewusst.[5] Die Prostituierte steht über der Ehebrecherin (*Sprüche* 6:26), weil im Falle der Prostitution nicht das Eigentum eines anderen Mannes verletzt wird.[6] Nach der uns in den Sprüchen begegnenden Anschauung (z.B. 1:20–33) steht der Ehebrecherin als Gegenpol die Frau als Inbegriff der Weisheit gegenüber. Die hier vom Mann beschriebene Frau ist eine Karikatur, gut oder böse, eines der beiden Extreme. Ob nun Engel oder Teufel, die Frau ist auf jeden Fall das „Andere", fremdartig und fremd, Ehre oder Untergang herbeiführend.

In der Bildwelt der Propheten steht die Ehebrecherin auch für das fremden Göttern anhängende und Gott untreu gewordene Volk Israel[7]. „Die Sexualität, vor allem in der Metapher von Ehebruch und ehelicher Treue zur Beschreibung von [Israels] Verhältnis zu Gott und der seiner

---

[4] „Gestohlenes Wasser ist süß, und heimliches Brot ist lieblich" (*Sprüche* 9:17).

[5] „Solches ist der Weg der ehebrecherischen Frau: sie hat gegessen und wischt sich den Mund und spricht: ich habe nichts Ungebührliches getan" (*Sprüche* 30:20).

[6] Doch ist den Töchtern des Volkes die Prostitution untersagt (s. *Lev.* 19:29)

[7] siehe z.B., *Ezechiel* 16:45

nationalen Identität, ist bestimmend für Israels Selbstbild."[8] Und gleichwohl werden viele biblischen Helden als Menschen dargestellt, die gegen die Gebote zur Sexualität verstoßen. Möglicherweise hatte Sara* eine ehebrecherische Beziehung mit dem Pharao – und das sogar mit dem Einverständnis ihres Mannes. „Sicherlich waren den Redakteuren und Herausgebern die offensichtlichen Widersprüche zwischen den Geboten und den Berichten bewusst; ebenso mussten sie die wichtige kulturstiftende Funktion dieser Gegensätze begreifen und die Schaffung des jüdischen Volkes als Frucht einer Aussetzung der Regeln zugunsten einer ethnisch bunt zusammengewürfelten Gruppe, also als göttliche Gnade, wahrnehmen."[9] Davids Aufstieg ist eng mit seinem sexuellen Fehlverhalten verknüpft. Er liebt in Abigail* (*I Sam.* 25), die Frau von Nabal (die er allerdings erst heiratet, als sie verwitwet ist), und in Bathseba* (*II Sam.* 11) die Frau von Uri, mit der er Ehebruch begeht. Der Erzähler verdammt zwar sein Tun, doch aus dieser auf einem Ehebruch und einem Mord basierenden Verbindung entstammt König Salomon. Vielleicht zeigt der Gegensatz zwischen den Geboten und den geschichtlichen Berichten einfach auf, dass auch die biblischen Helden nur Menschen mit Fehlern sind. Dieser Widerspruch scheint sich durch die ganze jüdische Geschichte zu ziehen, da Ehebruch in der Literatur häufig thematisiert wird. Für die Rabbiner ist jeder dieser Fälle Anlass, an die Heiligkeit der Ehe und an das Ideal der Treue zu erinnern.

---

[8] David Biale, *Éros juif*, S. 34.
[9] David Biale, *Éros juif*, S. 41.

Erbrecht

Am Beispiel der biblischen Erbschaftsgesetze wird die Diskriminierung der Frauen besonders deutlich. Die Männer erben, die Frauen nicht – außer es gibt keine männliche Erben[1]. Der einzige biblische Text, in dem die Weitergabe eines Erbes an Töchter und Söhne gleichermaßen erwähnt wird, ist die Geschichte von Hiob: „Und er hatte sieben Söhne und drei Töchter [...] und ihr Vater gab ihnen ein Erbe unter ihren Brüdern" (*Hiob* 42:13;16). Hier handelt es sich um eine Ausnahme. Durch die ausschließliche Vererbung in der männlichen Linie konnte jeder Stamm seinen Besitzstand halten. Die Rabbinen bemühten sich um eine Modifikation dieser Gesetze; als Ausgleich für die aus dem biblischen Recht resultierende Benachteiligung wurde nun eine Schenkung der Väter an ihre Töchter zu Lebzeiten vorgesehen. Bei der Eheschließung (einer Transaktion zwischen dem Vater und dem Ehemann) kam es zum Austausch zweier Geldbeträge[2]: der Brautpreis, eine vom Ehemann für den Fall einer Rückkehr der Braut in ihr Elternhaus als Absicherung an den Vater zu entrichtende Summe (nach *Gen.* 31:15) und die [väterliche] Mitgift für die jungverheiratete Frau, deren Erträge jedoch dem Ehemann zugute kamen. Die Mitgift kann als Mittel zur Abschwächung der biblischen Erbschaftsgesetze betrachtet werden. Auf jeden Fall war sie die einzige Möglichkeit, eine Tochter am väterlichen Erbe teilhaben zu lassen. Zur talmudischen Zeit erbte eine Frau auch nicht von ihrem Mann, der Ehemann war jedoch der Alleinerbe seiner Frau.

Die Mischna behandelt die Frage der im Erbrecht verankerten Ungleichheit in befremdlicher Weise; sie bestätigt den Vorrang der Männer in dieser Sache, ganz wie im Fall von Zelophchads Töchtern, deren Heiratsmöglichkeiten unter dem Druck von Menasses Söhnen beschnitten wurden. „ [...] wenn einer stirbt und Söhne und Töchter hinterlässt: wenn

---

[1] Nach *Num.* 27:8, der Fall von Zelophchads Töchtern*.
[2] Siehe Eintrag: Ehe*

sein Besitz groß ist, erben die Söhne und der Unterhalt der Töchter wird daraus bestritten; wenn es wenig ist, wird der Unterhalt der Töchter davon bestritten und die Söhne gehen auf die Strasse zum Betteln. Amnon wandte ein: nur weil ich ein Mann bin, soll ich einen Verlust erleiden? Rabban Gamliel sagte: Die Meinung von Amnon gefällt mir" (*M. Ket.* 13:3). Die Meinung Amnons (ein Richter aus der Zeit des zweiten Tempels) spiegelt die Probleme der Männer mit dem Eingeständnis eines möglichen Vorteils für Frauen in Erbsachen.

In der Mischna ist die Mitgift das gesamte von der Frau in die Ehe eingebrachte Geld. Diese Summe kam aber nicht wirklich ihr zu, sondern sie wurde ihrem Ehemann übereignet, allerdings mit der Verpflichtung, das Geld gut anzulegen und es einschließlich des erzielten Gewinnes im Falle einer Auflösung der Ehe seiner Frau zurückzugeben. (*M. Ket.* 6:3). Für die Mitgift war eine Mindestsumme vorgeschrieben. War die Frau verwaist oder konnte der Vater den Betrag nicht aufbringen, war der zukünftige Ehemann für die Bereitstellung dieser Summe verantwortlich. Er musste seiner Frau Geld zum Kauf von Kleidern und eine ihrer Situation entsprechende Mitgift geben (*M. Ket.* 6:5). Die Höhe der vom Vater zu leistenden Mitgift war wiederum von dessen finanzieller Lage abhängig (*M. Ket.* 6:6). Die Tossefta stellt eine noch deutlichere Verbindung zwischen der Mitgift und der Erbschaft her. „Wenn ein Mann stirbt und Söhne und Töchter hinterlässt und wenn sein Besitz groß ist, dann erben die Söhne und die Töchter bekommen Unterhalt und eine Mitgift" (*T. Ket.* 6:1). Nach einer anderen Quelle (*T. Ket.* 6:3 nach Rebbe) muss jede Tochter bei ihrer Heirat ein Zehntel des Besitzes ihres Vaters erhalten; dies bedeutet eine bemerkenswerte Änderung der biblischen Vorschriften. In der Diskussion der Gemara wird die Angst der Rabbiner vor einer möglichen Enterbung der Söhne deutlich; wenn zum Beispiel ein Mann zehn Töchter und einen Sohn habe, bliebe nach der Auszahlung des ihnen zustehenden Zehntels an alle Töchter für den Sohn nichts mehr übrig. Rebbe erwidert auf diesen Einwand, dass es sich ja jeweils um ein Zehntel des nach der Zahlung einer Mitgift übriggebliebenen Besitzes handle (*Ket.* 68a). Diese Klarstellung stellt die Ungleichbehandlung zu Gunsten der Söhne wieder her.

Hinzu kommt, dass die von den Rabbinen vorgesehenen Mitgift zwar eine Modifizierung des die Töchter gänzlich von der Erbschaft ausschließenden biblischen Gesetzes darstellte, von der aber die Töchter ausschließlich im Falle einer Eheschließung profitierten. Eine weitere Möglichkeit zur Umgehung des Gesetzes war die Vorsehung von Schenkungen zu Lebzeiten an Stelle einer Erbschaft (nach *M. BB* 8:5). Mit festgesetzten Schenkungssummen konnte ein Mann seinen Töchtern und selbst seiner Ehefrau einen Teil seines Vermögens übereignen. Die letztere wurde zu seinen Lebzeiten jedoch nicht als Erbin, sondern als Sachwalterin seines Gutes betrachtet (*BB* 128b; 131b). In nachtalmudischer Zeit entwickelte sich in den aschkenasischen Ländern der Brauch, ein Dokument aufzusetzen, in dem der Vater seiner Tochter oder seinem Schwiegersohn die Hälfte des dem Sohn zustehenden Erbes zuschrieb[3]. Häufig wurde dies Dokument anlässlich der Eheschließung aufgesetzt; es trat jedoch erst eine Stunde vor dem Tod des Vaters in Kraft (*Rema, ChM* 281:7).

In der Tossefta gibt es eine Kontroverse über das mütterliche Erbe, eine der vertretenen Meinungen ist ausgesprochen egalitär: „Es betrifft ebenso den Sohn und es betrifft ebenso die Tochter, sie sind was die Habe ihrer Mutter betrifft gleich" (*T. BB* 7:10); doch diese Auffassung wird nicht von allen geteilt. Die Vielzahl der talmudischen Diskussionen zu diesem Thema bezeugt dessen Bedeutung für die Rabbinen. Auch wenn sie eine Gleichstellung in Erbsachen nicht erreichten, war den Rabbinen diese Problematik wichtig genug, sich eingehend mit ihr zu befassen und sich über das biblische Gebot hinwegzusetzen.

Rabbenu Gerschoms Ansicht in Erbschaftsdingen ist interessant. Er kommentiert die im Talmud zum Ausdruck kommende Bevorzugung der Söhne folgendermaßen (*BB* 141a): „Bei der Erbschaft ist der Sohn bevorrechtigt, da er den Vater vertritt und seine Rolle übernimmt. Bei Schenkungen ist die Tochter bevorzugt und erhält einen größeren Anteil als der Sohn, da sie nicht im Stande ist hinauszugehen und ihren Lebensunterhalt zu verdienen, wie es geschrieben steht: ‚die ganze Herrlichkeit der Königstochter ist im inneren Gemache' [Ps. 45:14]. Ein Sohn hingegen kann seinen Lebensunterhalt verdienen wann und wo immer er es wünscht, folglich erhält er weniger." Diese Rechtfertigung der Handhabung von Erbsachen und Schenkungen lässt die mittelalterliche Rollenfestlegung von Männern und Frauen erkennen: Der Sohn tritt an die Stelle des Vaters, nicht nur in finanzieller sondern auch in moralischer Hinsicht; der Unterhalt der Tochter muss durch Schenkungen abgesichert werden, da ihre Rolle auf das häusliche Leben beschränkt ist. Der Talmud sagt sogar, dass ein Mann ohne Sohn erfolglos ist, weil er sein Handwerk nicht weitergeben kann. (*Sota* 11a; *BB* 116a; 141a). Maimonides erklärt weiter, dass der Status innerhalb der Gemeinschaft durch einen Sohn verbessert wird (*MT*, Melachim 1:7). Der *Schulchan Aruch* sieht Schenkungen für die Tochter als möglich an, doch ansonsten muss der gesamte Besitz dem Sohn vererbt werden.

Ein Ehemann beerbt seine Frau und hat Vorrang vor allen anderen Erben (*MT*, Nachalot 1:8; *SA*, EH 90), sofern die Ehe zum Todeszeitpunkt der Frau noch Bestand hatte (*Tur*, EH 90). Seit dem ersten Jahrhundert unserer Zeitrechnung wurde der Erlass von *Takkanot* (Gesetzesänderun-

[3] *Schetar Chazi Sachar*: Dokument über die Hälfte des männlichen Erben.

gen) zur Einschränkung des Erbrechtes des Ehemannes zu Gunsten der Rechte der anderen Erben seiner Frau für notwendig erachtet. Das Ziel dieser Änderungen war es, „die Männer dazu zu bringen, einer Tochter ebensoviel zu geben wie einem Sohn" (*Ket.* 52b; *SA*, EH 111). Der Brauch, Töchter mit einer großzügigen Mitgift auszustatten, war bald so weit verbreitet, dass diese Zusatzbestimmungen in der Praxis ihre Bedeutung verloren (*Tur*, EH 111). In Frankreich und Deutschland setzte sich die folgende Takkana durch: Wenn eine Frau im ersten Ehejahr starb, musste der Ehemann den verbleibenden Teil ihrer Mitgift entweder dem ursprünglichen Geber oder den Erben seiner Frau überlassen. (*Rema*, EH 52:4). In Spanien galten die Bestimmungen einer anderen Takkana, nach der beim Tod der Ehefrau ihr Erbe zu gleichen Teilen unter ihrem Ehemann und ihren Kindern aufgeteilt werden sollte, im Falle ihrer Kinderlosigkeit müsste das Erbe zwischen ihrem Mann und den übrigen Erben aufgeteilt werden. Das Erbteil des Mannes wurde häufig auf die Hälfte des Gesamterbes begrenzt (*Rema*, EH 118:8), um den Übergang des ganzen Besitzes der Familie der Ehefrau in die Familie des Mannes zu verhindern.

Die Ehefrau selbst erbte nicht von ihrem Mann (*BB* 8:1) sondern erhielt die in der Ketuba, dem Ehevertrag, angegebene Summe, die Mitgift inklusive ihrer Wertsteigerung und alle von ihr in die Ehe eingebrachten Güter. Ansonsten stand ihr eine ausreichende Geldsumme zum Bestreiten ihres Unterhaltes bis zu einer Wiederheirat oder ihrem Tod zu. In Spanien beschränkten Takkanot das Erbteil der Witwe* auf die Hälfte und manchmal sogar ein Drittel des Besitzes des Ehemanns, um eine Benachteiligung seiner Erben auszuschließen.[4]

Im Großen und Ganzen haben sich die Rabbiner um Ausgleich der unterschiedlichen Behandlung von Männern und Frauen und die Aufhellung von für Frauen nachteiligen Unklarheiten im biblischen Gesetz bemüht. Sie hatten dabei nicht die Gleichberechtigung im Sinn, sondern es ging ihnen vor dem Hintergrund der in dieser Epoche stattfindenden Umverteilung der Aufgaben zwischen den Geschlechtern darum, die Frauen mit Hilfe verschiedenartiger Zuwendungen wirtschaftlich abzusichern. Das Erbrecht blieb jedoch patriarchalisch und wann immer die Gesetzgebung zu egalitär schien, wurde prompt eine neue Änderung erlassen, um die Rechte der Frauen wieder einzuschränken und nur ja nicht die männlichen Erben zu benachteiligen. Im heutigen Israel weicht das Erbrecht vom rabbinischen Gesetz im Sinne einer Gleichberechtigung ab; Mann und Frau beerben sich gegenseitig und es wird keine Unterscheidung zwischen Söhnen und Töchtern oder der väterlichen und mütterlichen Linie gemacht.

---

[4] *Rosch, responsa* 50:9; SA, EH 118:1; *Raschba, resp.*, Bd. 3, Nr.432.

Erziehung

Nach der traditionellen Halacha liegt die Verantwortung für die Kinder beim Vater und er ist es auch, der seinen Sohn die Tora lehren soll.[1] Er allein kann die Einwilligung zur Heirat seiner minderjährigen Tochter geben. Zur Beteiligung der Mutter an der Kindererziehung sind die Gelehrten unterschiedlicher Meinung. Im Talmud steht: „R. Josse b. Hannina sagt im Namen von Resch Lakisch: damit er ihn die Erfüllung der Gebote lehren kann. Wenn es so ist, wieso nicht auch eine Frau? Er meint, dass ein Mann seinen Sohn die Erfüllung der Gebote lehren muss; aber dass eine Frau ihren Sohn nicht die Erfüllung der Gebote lehren muss" (*Nas.* 29a). Aber *Meiri* (Rabbenu Menachem Hameiri; er lebte im 13. Jh. in der Provence) lehrt, dass Vater und Mutter gleichermaßen ihre Kinder die Gebote lehren sollen. Die Verantwortung für die Erfüllung der materiellen Bedürfnisse seiner Kinder fällt ebenfalls dem Vater zu (nach *MT, Isch.* 13:6; *SA*, EH 73:6–7). Die Mutter hat keinerlei rechtliche Verpflichtung, für die materiellen Bedürfnisse ihrer Kinder zu sorgen, selbst wenn ihr die finanziellen Mittel zur Verfügung stehen (*Baer Heitev*, EH 71:1). Sie kann hierzu erst dann gezwungen werden, wenn ihre eigene Versorgung gesichert und wenn der Vater mittellos ist. Im Scheidungsfall kann sie sich freiwillig verpflichten, die Verantwortung für ihre Kinder zu übernehmen. Ihre einzige Pflicht, nämlich ihre Kinder im Säuglingsalter zu stillen, wenn ihr keine Amme zur Verfügung steht, wird als Aufgabe ihrem Mann gegenüber aufgefasst (*M. Ket.* 5:5). Die meisten dieser Gesetze stammen aus einer Zeit und Gesellschaft, da der Mann der Versorger war und die Frau seines Schutzes bedurfte. Die Erziehungsverantwortung hätte dagegen durchaus geteilt werden können. Rabbiner Je-

[1] Siehe: Torastudium* für die Mädchen – dies Thema hat viele Diskussionen hervorgerufen und zu einer Weiterentwicklung des Gesetzes geführt.

hoschua Neuwirth[2] fasst die Diskussion so zusammen: „Unsere Weisen, Ehre ihrem Andenken, haben grundsätzlich dem Vater die Verpflichtung zur Erziehung der Kinder auferlegt (vgl. *Magid Mischne, Isch.*, 21:18). Jedoch räumen manche Größen ein, dass auch die Mutter an der Erziehungsverantwortung teilhaben soll." Der Vater allein hat die notwendige Ausbildung, folglich obliegt es ihm, seinen Kindern das Torawissen näher zu bringen. Die Beteiligung der Mutter ist freiwillig und wird nur von wenigen Quellen eingeräumt. Wenn man weiß, welch wichtige Rolle die Weitergabe von Wissen in der jüdischen Tradition spielt, erkennt man an dieser unterschiedlichen Bewertung, in welchem Maße Frauen von dem Prozess der Überlieferung ausgeschlossen sind. Diese Tatsache wird durch das bekanntere Prinzip der Matrilinearität*, der Zugehörigkeit zum Judentum über die mütterliche Linie, verschleiert. Nach orthodoxer und konservativer Definition der jüdischen Identität sind tatsächlich nach wie vor ausschließlich die von einer jüdischen Mutter geborenen Kinder als jüdisch zu betrachten. Das liberale Judentum stellt diese einseitig matrilineare Definition zur Diskussion. Es hat schon etwas Ironisches, wenn die jüdische Identität ausschließlich über die Mutter weitergegeben wird, aber die zugehörige jüdische Erziehung nur vom Vater vermittelt werden kann, der allein im Besitz des notwendigen Wissens ist. Trotz alledem kann man schon im biblischen Text der Sprüche auch Hinweise auf das egalitäre Prinzip finden: „Höre mein Sohn die Zucht deines Vaters und lasse nicht von der Weisung deiner Mutter" (*Sprüche,* 1:8).

[2] In: *Schmirat Schabbat kehilchata*, Jerusalem, Anhang über die Erziehung, Abschn. 5.

Eschet Chajil

Der unter dem Namen *Eschet Chajil*[1] (*Sprüche* 31:10–31) oder *Lied der tüchtigen Frau* bekannte Text ist Teil der traditionellen Liturgie für den Freitagabend-Gottesdienst[2]. Er ist ein Gedicht in Form eines dem hebräischen Alphabet folgenden Akrostichons. Es wird von den Männern als Lob auf ihre Frauen gesungen – doch als solches ist es in mehr als nur einem Punkt problematisch: „Wer findet wohl eine tüchtige Frau?“[3] Der Text stellt die Frau als Fundstück hin – diese Vorstellung wird im folgenden Vers weiter vertieft: „Ihr Preis ist höher als Perlen“, hier wird sie einem guten Kauf (*Mich'ra*) gleichgestellt. „Das Herz ihres Mannes vertraut ihr“: Dieses Kompliment ist wiederum eine implizite Kritik aller anderen Frauen, da die tüchtige Frau als selten beschrieben ist. Hier klingt mit an, dass der Mann anderen Frauen nicht vertrauen kann. „An Gewinn fehlt es ihm nicht.“: Das Vertrauen bezieht sich auf rein finanzielle Dinge, dadurch wird der verwendete Vertrauensbegriff selbst abgewertet. Die Frau ist Stütze des Mannes, die Vorstellung von Gegenseitigkeit kommt nicht vor. „Sie tut ihm Gutes und nie Schlechtes alle Tage ihres Lebens“; der Bezugspunkt aller ihrer Arbeit ist ihr Ehemann. „Sie sorgt für Wolle und für Flachs, mit Lust arbeiten ihre Hände. Sie gleicht den Handelsschiffen, aus der Ferne bringt sie Brot. Noch in der Nacht steht sie auf, gibt Speise ihrem Haus, Tagwerk ihren Mägden.“ Ihr Leben scheint nur aus Arbeit zu bestehen, wenngleich sie Dienerinnen zur Unterstützung hat. Doch sie genießt eine gewisse Unabhängigkeit, kann finanzielle Entscheidungen treffen und ausführen: „Geht ihr Sinn nach einem Feld – sie erwirbt es; von der Frucht ihrer Hände pflanzt sie einen

[1] Das Wort *chajil* wird allgemein nur für Männer gebraucht. Es beschreibt entweder eine körperliche Kraft oder eine besondere Fähigkeit oder Tugend.

[2] In einigen Gemeinden wird es auch bei Beerdigungen oder Hochzeiten gesagt.

[3] Die deutsche Übersetzung folgt dem Gebetbuch *Siddur Schma Kolenu* (Basel, 2. Aufl. 1997).

Weinberg. Sie gürtet kräftig ihre Hüften, strengt ihre Arme an. Sie spürt, wie gut ihr Erwerb ist, ihr Licht erlischt nicht in der Nacht." Sie investiert die Früchte ihrer Arbeit wieder; sie ist eine gute Verwalterin. An dieser Stelle wird noch deutlicher, wie arbeitsreich ihr Leben ist, ohne dass ihr eine Pause vergönnt ist. Sie ist geschickt: „Ihre Arme streckt sie nach dem Spinnrocken aus, ihre Hände halten die Spindel." – „Ihre Hand öffnet sie den Armen, ihre Hände streckt sie dem Bedürftigen entgegen." Sie ist großzügig und übt Wohltätigkeit. Ihr Haus und ihre Kleidung spiegeln ihren Wohlstand wieder: „Sie fürchtet für ihr Haus nicht den Schnee, denn ihr ganzes Haus ist in Purpurwolle gekleidet. Teppiche macht sie sich, Leinen und Purpur sind ihre Kleider." Das Ansehen des Mannes ist wichtig. Er hat eine öffentliche Aufgabe zu erfüllen, während sie sich um den Haushalt kümmert: „Bekannt ist ihr Mann in den Toren, dort sitzt er mit den Ältesten des Landes." Außer um Spinnen und Weben, Landwirtschaft, Weinbau und Vorratshaltung kümmert sie sich auch noch um den Handel: „Gewebe macht sie, verkauft sie, den Gurt gibt sie dem Händler." Trotz aller ihrer Arbeit beklagt sie sich nicht, sie bleibt heiter und abgeklärt: „Würde und Glanz sind ihr Gewand, lächelnd gedenkt sie der späteren Tage." Sie ist nicht nur die finanzielle, sondern auch die moralische Stütze ihrer Familie: „Ihren Mund öffnet sie mit Weisheit, ihre Zunge führt gütige Lehre."

Was sie sagt ist also immer sinnvoll und notwendig, dieses Kompliment wird wohl mit Blick auf die Frauen unterstellte Geschwätzigkeit ausgesprochen. „Sie überwacht was im Haus vorgeht, der Trägheit Brot isst sie nicht. Ihre Kinder stehen auf und rühmen sie, ihr Mann lobt sie: Viele tüchtige Frauen gibt es, doch du übertriffst sie alle." Der Lohn aller ihrer Mühen ist das Lob ihres Mannes und ihrer Kinder. Das Gedicht schließt mit einem Vers, aus dem hervorgeht, dass den Männern der äußere Anblick wohl doch wichtiger war: „Anmut ist Trug! Schönheit nur ein Hauch! eine gottesfürchtige Frau, sie werde gelobt. Gebt ihr von ihrer Hände Frucht, in den Toren lobt man ihr Werk". Man könnte diese Beteuerungen als Ausdruck des Widerstandes gegen die reine Bewertung der Frau nach Äußerlichkeiten lesen. Der gute Rat zum Schluss zeigt, dass im wirklichen Leben Männer Frauen nach ihrer Schönheit und nicht nach ihren Taten beurteilen. Doch die ideale Frau soll sich ihr Leben lang für das Glück ihres Mannes aufopfern. Ihre Freiheiten und ihre Verantwortung dienen nur der äußeren Anerkennung ihres Mannes. Sie ist nichts weiter als ein nützliches Mittel zum Zweck: Für den Fortbestand seines Hauses arbeitet sie sich auf; die Sorge um das Wohlergehen anderer bezahlt sie mit dem Verlust ihrer eigenen Persönlichkeit. Dies macht den Text wohl so zwiespältig: Einerseits scheint sie wirtschaftlichen Einfluss und finanzielle Verantwortung zu besitzen, sie arbeitet. Sie steht für Klugheit, Hochherzigkeit und Frömmigkeit. Andererseits besteht ihr eigenes Glück allein darin, andere glücklich zu machen, der Situation entsprechend vor allem ihren Mann und ihre Kinder, denn sie ist vor allem Gattin und Mutter. Selbstentfaltung durch Weiterbildung, spirituelle Suche, Selbstverwirklichung durch eine selbstständige Arbeit, und gegenseitige Unterstützung– solche Werte fehlen vollkommen in dieser Beschreibung der idealen Frau[4] aus Männersicht. Vertauscht man die Rollen im Text, wird das Ungleichgewicht zwischen Mann und Frau und die hohe Wertigkeit der Hausarbeit in diesem (von Männern einer bestimmten Epoche formulierten) Frauenideal besonders deutlich. Allein schon die Vorstellung einer idealen Frau führt zu einem ständigen Vergleich zwischen einem unerreichbaren Vorbild und einer zwangsläufig enttäuschenden Wirklichkeit. Bei den zuhörenden Frauen kann das nur Schuldgefühle hervorrufen.

---

[4] Das Idealbild der klugen Frau wird im Text der *Sprüche* (*Sprüche* 9:13; 14:1) der Torheit oder der Fremden, Symbol der unmoralischen Zügellosigkeit, gegenübergestellt. Die Schilderung dieser beiden Bilder ist sehr gegensätzlich.

Esther

Das Buch Esther ist Teil der Hagiographien. Die Geschichte spielt in Persien; wahrscheinlich wurde diese Legende in der Zeit nach dem babylonischen Exil verfasst. Esther, eine Waise, gewinnt einen Schönheitswettbewerb, wird Königin und vereitelt das Komplott eines Vizekönigs, der die Ermordung aller Juden im Königreich plante. In der jüdischen Tradition wird Esther als Retterin des jüdischen Volkes gefeiert und dennoch ist ihre Heldenrolle nicht eindeutig. Eigentlich ist ihr Onkel und Beschützer Mordechai das wahre „Hirn hinter Esthers Erfolg“[1]: „Schließlich ist es Mordechai, der dem König das Leben rettet, von Hamans bösen Absichten erfährt, der Esther Handlungsanweisungen gibt und der am Ende das Privileg erhält, die königlichen Farben und die Krone zu tragen.“[2] Es stimmt, dass Esther für ihr Volk ihr Leben riskiert, aber zumindest anfänglich scheint sie nach Mordechais Willen zu handeln, und es fällt ihm zunächst gar nicht leicht, sie zu überzeugen. Zwei Mal hintereinander lehnt sie das Angebot des Königs ab, ihr jeden Wunsch zu erfüllen, und lädt ihn stattdessen zu einem Festmahl ein. Ob dies schon Teil ihrer Strategie ist oder ob sie sich einfach nicht traut, dies großzügige Angebot anzunehmen, ist schwer zu sagen. Vielleicht ist Esther eher ein Beispiel für eine Antiheldin, eine Frau mit zwei Gesichtern, das eine ängstlich und folgsam, das andere triumphierend und verführerisch. Vielleicht wurde sie zur Heldin, weil sie es im Gegensatz zu Vaschti* geschafft hat, ihren Platz als Gattin des Königs zu behalten und in dieser Position Einfluss auf das Schicksal zu nehmen; vielleicht auch, weil sie im Laufe des Buches über sich hinaus wächst und, obwohl anfangs zaghaft und unterwürfig, schließlich ihre Verantwortung wahrnimmt und den König zu beein-

---

[1] Siehe: Celina Spiegel, „The world remade: The book of Esther“, in: Christina Büchmann und Celina Spiegel, *Out of the Garden*.

[2] Celina Spiegel, in o.a. Artikel.

flussen weiß. Auf jeden Fall spielt sie in Verbindung mit Mordechais Aktivitäten eine eher ausgleichende Rolle.

Das Thema der Rollenverteilung zwischen Mann und Frau zieht sich durch das ganze Buch, das mit der Erzählung der Befehlsverweigerung der Königin Vaschti gegenüber ihrem Mann und König beginnt. Dies wird als Beleidigung nicht nur für den König, sondern für alle Männer angesehen, und ihre Bestrafung soll allen Frauen eine Lehre sein. „Nicht wider den König allein hat sich vergangen die Königin Vaschti [...], denn es werden erfahren alle Frauen von dem Betragen der Königin, dass sie verachten werden ihre Männer in ihren Augen" (1:16–17) Und die Anordnung hat folgendes erklärtes Ziel: „So werden alle Frauen Ehre geben ihren Männern von groß bis klein" (1:20). An Stelle von Vaschti, der ungehorsamen Frau, wird Esther treten. Der Wettbewerb wird vorbereitet „und das Mädchen, das gefallen wird in den Augen des Königs, werde Königin an Vaschtis Statt" (2:4). Das einzige Kriterium für die Wahl der neuen Königin ist die Schönheit der Kandidatin. Esther entspricht dieser Anforderung. Der Erzählung nach stand sie unter der Aufsicht ihres Vormundes, der sie nach dem Tod ihrer Eltern adoptierte. Sie hat zwei Namen: „Hadassa" (dieser hebräische Name bedeutet „Myrthe") und „Esther", wahrscheinlich ein Wort babylonischer oder assyrischer Herkunft, in dem der Name der Kriegs- und Liebesgöttin Ischtar anklingt. Esther folgt den Anweisungen ihres Vormunds ohne Fragen zu stellen: „Esther verriet nicht ihr Volk oder ihre Herkunft, denn Mordechai hatte ihr geboten, dass sie es nicht aussage"(2:10). Alle Menschen bringen ihr Sympathie entgegen, auch König Ahaschveros. So wird Esther zur Königin ausgerufen. Bald darauf erfährt Mordechai von einem Komplott und Esther gibt die Information an den König weiter. Sie ist die Mittelsperson zwischen zwei Männern. Eine neue Intrige entspinnt sich, in der sich diesmal Mordechai und Haman als Kontrahenten gegenüberstehen. Haman ist zu einem hohen Würdenträger bei Hofe aufgestiegen, doch Mordechai weigert sich, ihm die Ehre zu erweisen und sich vor ihm niederzuwerfen. Während Esther durch ihre Unterwürfigkeit und das Verheimlichen ihrer Herkunft charakterisiert wird, ist Mordechai alles andere als unterwürfig und er verbirgt auch sein Judentum nicht. Haman wirft Lose, um den Tag für die Ermordung von Mordechai und seinem Volk zu bestimmen. Esther erfährt, dass die Juden trauern, fasten und in Sack und Asche gehen und ist erschüttert. Sie schickt Mordechai, der auch härene Gewänder trägt, neue Kleider, doch der weigert sich, sie anzuziehen. Um die Hintergründe dieses Verhaltens herauszufinden, schickt sie einen Eunuchen zu Mordechai, und der erklärt die Situation. Er fordert von Esther, beim König für ihr Volk zu intervenieren, doch sie lehnt dies zunächst ab, aus Angst, selbst der Todesstrafe anheim zu fallen. Mordechai setzt sie mit einer Drohung unter Druck: „Bilde dir nicht ein in deinem Sinne, zu entkommen im Hause des Königs [allein] von allen Juden: Denn wenn du schweigst in solcher Zeit, wird Hilfe und Rettung erstehen den Juden von einem anderen Ort her, und du und dein Vaterhaus, ihr werdet umkommen" (4:13–14). Diese Drohung führt zum Tausch der Rollen: Esther übernimmt jetzt die Initiative, sie gibt Befehle und Mordechai gehorcht ihr. Sie verlangt von ihm, das jüdische Volk zur Unterstützung ihres Vorhabens zum Fasten aufzurufen und schließt mit den Worten: „...und ich werde kommen zum König [...] und ich bin so oder so verloren" (4:16). Esther erreicht eine Audienz beim König. Er reicht ihr sein Szepter und verspricht ihr die Erfüllung aller ihrer Wünsche, worauf Esther ihn und Haman zu einem ersten Festmahl einlädt. Beide kommen und werden von ihr zu einem zweiten Mahl eingeladen. Sie sagt nicht gleich, was ihr Begehr ist, sondern hofft mit den beiden Einladungen[3] den König milde zu stimmen. In der Zwischenzeit lässt Haman für Mordechai einen Galgen errichten. Ahaschveros und Haman kommen zu Esthers zweitem Gastmahl. Zum dritten Mal fragt nun der König, was Esther sich wünsche und diesmal antwortet sie: „Wenn ich Gunst gefunden in deinen Augen, oh König, und es dem Könige gefällt, werde mir mein Leben geschenkt auf meine Bitte, und mein Volk auf mein Gesuch! Denn wir sind verkauft worden, ich und mein Volk, zum Vertilgen und zum Würgen und zum Vernichten; und wenn wir doch als Knechte und Mägde wären verkauft worden, und ich hätte geschwiegen; denn der Dränger sieht nicht auf den Schaden des Königs" (7:3–4). Esther offenbart dem König die Identität des Verfolgers. Als Haman versucht, die Königin zu verführen oder um Gnade zu bitten, sieht es für einen Augenblick so aus, als ob sein Schicksal in ihren Händen liege: „Da war Haman hingesunken auf das Polster, worauf Esther saß; da sprach der König: ‚Auch noch der Königin Gewalt anzutun bei mir im Hause?'" (7:8). Haman wird dazu verurteilt, an dem Galgen aufgeknüpft zu werden, den er für Mordechai errichten ließ. Der König macht Esther das Haus von Haman zum Geschenk, sie gibt es weiter an Mordechai. Ein weiteres Mal spricht sie beim König vor, um ihr Volk zu retten: „Denn wie vermöchte ich anzusehen das Unheil, das mein Volk treffen wird, und wie vermöchte ich anzusehen die Vernichtung meines Geschlechtes!" (8:6). Da nach persischem Gesetz der erste Erlass [Anm.d.Übers.: mit dem Haman im Namen des Königs die Vernichtung des jüdischen Volkes anordnete] nicht zurückgenommen werden konnte, wird ein weiteres Edikt herausgegeben, das den Juden erlaubt,

[3] Jonathan Magonet betont die unterschiedliche Formulierung bei den beiden Einladungen: Im ersten Fall bereitet Esther ein Festmahl für den König, im zweiten für den König und Haman; damit stellt sie beide auf eine Stufe und zeigt so dem König, dass Haman eine Bedrohung für ihn darstellt. Nach: *Bible Lives*, S. 85.

sich im Falle eines Angriffes zur Wehr zu setzen. [Nachdem die Juden viele ihrer Feinde getötet haben] bittet Esther den König, dass sie ihren Kampf fortsetzen dürfen und dass auch die Söhne Hamans aufgehängt werden.[4] Der Erzählung nach wurde das Purimfest von Esther und Mordechai selbst eingeführt und durch Briefe im ganzen Königreich verbreitet: „Und das Geheiß Esthers bestätigte diese Purim, und es wurde in einem Briefe geschrieben" (9:32).

Obwohl Esther der Autorität des Königs und der ihres Vormundes untersteht, ergreift sie die Initiative. Sie wird zur Königin ernannt und kann mit der Erlaubnis des Königs das königliche Siegel benutzen; gleichzeitig kann sie nicht einfach mit dem König reden, wenn sie es wünscht. Sie setzt also ihren Charme zur Erreichung ihrer Ziele ein. Dennoch ist in der Gesamtbetrachtung Mordechai der wahre Held der Geschichte, am Ende darf er die königlichen Gewänder tragen. Wenn auch die Königin herrschaftliche Gewänder trägt, bedeutet dies nicht, dass sie die entsprechende Macht besitzt – muss sie doch zur List greifen, um überhaupt gehört zu werden. Gleichzeitig hat auch sie Anteil an der Umkehr der Machtverhältnisse: Die Schwachen siegen am Ende und die Starken gehen unter. Als Frau, Waise und Jüdin steht Esther symbolisch für die Schwachen der Gesellschaft. Sie ist bereit, in den königlichen Harem einzutreten; der Erzählung nach ist sie zur Retterin ihres Volkes berufen. Nach einem Vorbereitungsjahr [im ersten Harem] wird jedes der jungen Mädchen dem König vorgeführt und dann in einen zweiten Harem gebracht, wo es darauf zu warten hat, vom König gerufen zu werden. Selbst wenn der Bericht übertrieben ist[5], drückt er doch bildhaft die fantastischen Vorstellungen von Macht und Potenz des Königs aus, dem alle Jungfrauen des Landes zur Verfügung stehen.

Esther spielt also dieses Spiel mit. Am Anfang ist sie völlig passiv; später wird sie zwar von Mordechai zum Handeln gebracht, aber sie geht weiter diskret und vorsichtig vor. Sie akzeptiert ihre untergeordnete Rolle und beschreitet die verschlungenen Wege, die ihr als Frau zur Erreichung des Zieles zur Verfügung stehen. Abgesehen von dem Moment, in dem sie die Juden zum Fasten auffordert, folgt sie den Gepflogenheiten der persischen Gesellschaft. Ihren Erfolg verdankt sie im Grunde ihrer verführerischen Schönheit, mit der sie den König zu umgarnen weiß, bis er Hamans Verordnungen aufhebt. In diesem Sinne ist sie eine biblische Heldin und entspricht den Vorstellungen der jüdischen Tradition: Sie greift in die Geschichte ein, aber bleibt dabei im Verborgenen und zwei-

[4] Diese Bitte steht in einem Kontext von Rache und Gewalt, der für den modernen Leser problematisch ist.

[5] Besonders bei der zwölfmonatigen Vorbereitung der Frauen für die Begegnung mit dem König. Siehe *Esth.* 2:12.

felt, anders als Vaschti, die männliche Autorität nicht an. Sie wirft die patriarchalische Struktur nicht über den Haufen, sondern passt sich ihr an – so geht von ihr keine Gefahr für die Gesellschaftsordnung aus.

Der weltliche Charakter des Buches Esther hat die Rabbinen der talmudischen Zeit beunruhigt. Da der Gottesname in ihm kein einziges Mal auftaucht, haben sie sich bemüht, wenigstens Hinweise auf Gott zu finden und haben Esther zur Prophetin erklärt. Den Vers „Und es geschah am dritten Tage, da kleidete sich Esther königlich, und stellte sich in den inneren Hof des Königshauses, gegenüber dem Hause des Königs" (5:1) erklären sie so, dass „der Geist der Heiligkeit sie bekleidete" (*Meg.* 14b). Die Rabbinen machen sie zur frommen Jüdin, obwohl der Text dies nicht hergibt. Nach ihrer Interpretation befolgte sie auch im Palast die jüdischen Gebote, besonders die Schabbat- und Speisegesetze (*Meg.* 13a). Die Rabbinen haben einige Schwierigkeiten mit der Vorstellung, dass eine biblische Heldin sich so sehr an das persische Umfeld angepasst haben könnte, dass sie Königin werden konnte ohne als Jüdin erkannt zu werden. Manchmal wir sie als gutes Beispiel (für Männer und Frauen gleichermaßen) für das Überleben in der Diaspora gesehen. Doch mehr noch als Esthers prophetische Gaben interessiert die Rabbinen ihre Sexualität, die sie recht erotisch zu beschreiben wissen. Durch die Überhöhung ihrer verführerischen Reize, die ja schon im biblischen Text deutlich zum Ausdruck kommen, fällt es ihnen leichter, Esther als Königin und Retterin ihres Volkes zu akzeptieren, weil dies ihr Frauenbild bestätigt, und so letztendlich die Krone [d.h. die Macht] beim König und bei Mordechai verbleiben kann. Für den modernen Leser bleibt Esthers Emanzipation unvollständig [6]; sie ist zwar ein Beispiel für dem Widerstand, doch macht sie nichts anderes, als das zu Beginn des Buches ausgesprochene königliche Dekret zu bestätigen, nach dem „alle Frauen Ehre geben ihren Männern, von groß bis klein" (1:20). Dennoch war Esther für Juden in Zeiten der Verfolgung ein Symbol der Hoffnung darauf, dass durch eine wirkungsvolle Umwälzung einmal die Schwachen das Recht des Stärkeren bekommen könnten.

---

[6] Siehe: Rabbinerin Bea Wyler, *Esther. The Incomplete Emancipation of a Queen.*

Eva

Eva ist nicht nur eine biblische Gestalt, sondern auch die archetypische Frau, sie ist gleichzeitig Frau und Mythos. Die bekannteste Etymologie ihres Namens gibt uns der Bibeltext selbst: Sie heißt auf hebräisch *Chava*[1], weil sie die Mutter aller Lebenden ist (*Gen.* 3:20). Die Rabbinen verbinden ihren Namen mit dem aramäischen Wort für „Schlange", weil Eva in ihren Augen die Schlange des Mannes ist: So wie sie von der Schlange verführt wird, verführt sie selbst darauf den Mann. Es ist zu betonen, das dieser Aspekt der Verführung oder Versuchung im Text des Schöpfungsberichtes überhaupt nicht auftaucht.[2] Der Name einer phönizischen Schlangengöttin ist ebenfalls auf die gleiche Wortwurzel zurückzuführen. „Eva" nennt der erste Mensch, Adam, die Frau erst nach dem Fehltritt im Garten Eden. Vorher wird sie *Ischa* (die weibliche Form des Wortes *Isch*, „Mann" oder „Mensch") genannt.

Im Buch Genesis gibt es zwei Schöpfungsberichte, die von kritischen Exegeten zwei verschiedenen Quellen zugeordnet werden. In den beiden Berichten stehen sich gegensätzliche Darstellungen der Frau gegenüber. Im ersten ist sie dem Mann gleichgestellt, im zweiten nicht. Diese zwei unterschiedlichen Schöpfungsmythen und ihre jeweilige Vorstellung von der Frau begleiten die jüdische Tradition bis auf den heutigen Tag: Auf der einen Seite wird die Frau als dem Manne ebenbürtig angesehen, auf der anderen als zweitrangig, als die „Andere", manchmal geradezu dämonisch, als die Urquelle allen Übels auf Erden. Zum Beispiel sagt der Midrasch: „Als Eva erschaffen wurde, wurde der Satan mit ihr erschaffen" (*Gen. R.* 17:6).

---

[1] Von der gleichen Wurzel wie das Wort *Chai*, „Leben".

[2] Der Erzähler ist neutral: „Und die Frau sah, dass der Baum gut war zum essen, und dass er eine Lust für die Augen, und lieblich der Baum zu betrachten; da nahm sie von seiner Frucht und aß, und gab ihrem Manne mit ihr, und er aß" (*Gen.* 3:6).

Im ersten Bericht wird die Frau zusammen mit dem Mann erschaffen, sie haben den generischen Namen *Adam*, „Menschenwesen“. Sie sind alle beide in Gottes Bild erschaffen: „Mann und Frau schuf er sie“ (*Gen.* 1:27). Es gibt keine Hierarchie. Die Menschheit erscheint in zwei Ausformungen: der männlichen und der weiblichen. Beide ergänzen sich, erst zusammen sind sie „Mensch“ und ein Spiegel des Göttlichen. In einem Wortspiel lehrt der Midrasch, dass beim Zusammengehen von „Mann“, *Isch (Alef-Jod-Schin),* und *Ischa (Alef-Schin-He),* „Frau“, diese Verbindung nur dann von Dauer ist, wenn die Gegenwart Gottes (symbolisiert in den Buchstaben Jod und He) in ihrer Mitte ist, dass aber die Verbindung ohne die Gegenwart Gottes verloren ist und vom Feuer verschlungen wird (*Esch [Alef-Schin],* „Feuer“, diese beiden Buchstaben bleiben übrig, wenn die Buchstaben Jod und He des Gottesnamens wegfallen). Die Rabbinen sagen auch, dass das erste Wesen androgyn war, dass es noch die männlichen und weiblichen Prinzipien in sich vereinte, die dann getrennt wurden und die sich seither bemühen wieder zusammenzukommen (*Gen. R.* 8:1).

Der zweite, ältere Text stellt die Erschaffung der Frau als Abhilfe gegen die Einsamkeit des Mannes dar: „Es ist nicht gut, dass der Mensch allein sei: Ich will ihm eine Gehilfin machen (*„kenegdo“,* Gen. 2:18). Wörtlich heißt das „ihm gegenüber“, im Sinne von Nähe oder auch Opposition. Die beiden widersprüchlichen Begriffe „Gehilfin“ und „ihm gegenüber“ beschreiben in aller Kürze die Beziehung zwischen den Geschlechtern und lassen die zwiespältige Haltung des Autors zu den Frauen erahnen. Im Traktat *Sanhedrin* (39a) wird die Frau als Dienerin des Mannes aufgefasst. Der Midrasch gibt folgende Erklärung für den Begriff *kenegdo*: „Sie wird eine Gehilfin sein, wenn der Mann verdienstvoll ist und gegen ihn sein, wenn er es nicht ist“ (*Gen. R.* 17:3). Einige moderne Exegeten lesen den Begriff *kenegdo* als Hinweis auf eine gegenseitige Unterstützung.[3]

Die Frau wird also aus der Seite oder aus der Rippe [*Zela*][4] des Mannes geschaffen. Dieses Thema der aus der Rippe des Mannes erschaffenen Frau taucht auch im sumerischen Enki-Mythos auf. Die Göttin Nin-Ti entsteht aus der Rippe von Enki; *Ti* bedeutet auf sumerisch gleichzeitig „Rippe“ und „Leben“. Die Verbindung der Frau mit dem Lebensprinzip [*Chava*] ist also nicht nur dem Judentum eigen. Dem Midrasch nach (*Gen. R.* 18:2; *Deut.* 6:11; *Tan.* Wajeschew, 6) hat Gott „entschieden, [die Frau] nicht aus Adams Kopf zu erschaffen, damit sie nicht eingebildet wird; sie nicht aus seinem Auge zu erschaffen, damit sie nicht neugierig

---

[3] Siehe: Carol Myers, *Women in Scripture,* S. 47.

[4] Nach R. Samuel in *Gen. R.* 8:1*;* auch die Längsseiten der Stiftshütte werden mit dem Wort „Zela“ beschrieben.

wird; nicht aus seinem Ohr, damit sie nicht indiskret wird; auch nicht aus seinem Mund, damit sie kein Lästermaul wird; nicht aus seinem Herzen, damit sie nicht eifersüchtig wird; nicht aus seiner Hand, damit sie nicht zur Diebin wird; nicht aus seinem Fuß, damit sie sich nicht herumtreibt; sondern er erschuf sie aus der Rippe, aus einem ganz bescheidenen Teil von Adam [...] und dennoch vereint sie alle diese Fehler in ihrer Person". Dieser Midrasch will die von der Frau erwartete Sittsamkeit[5] als Prinzip rechtfertigen. In anderen noch frauenfeindlicheren Texten ist zu lesen, dass sie stänkert, dass der Mann in ihr nichts als ein schleimiges, blutiges Ding gesehen habe, dass sie jähzornig ist etc.

Einen umgekehrten Sexismus zeigt Rabbi Eleasar, wenn er mit einem Wortspiel[6] sagt: „Ihr wurde mehr Einsicht gegeben als dem Mann", was nach Rabbi Jirmija erklärt, dass „die Frau zu Hause bleibt, während der Mann hinaus geht und dort im Umgang mit anderen Menschen Einsicht erlangt." Die verstandesmäßige Überlegenheit der Frau ist also ein Grund, sie vom Erlangen von Wissen oder dem öffentlichen Leben auszuschließen – sie hat ja beides nicht nötig, sagen die Männer. Die biblischen Texte werden von den Rabbinern hergenommen, um entsprechend dem weiblichen Rollenbild ihrer Zeit die Beschränkung der Frau auf die Privatsphäre zu rechtfertigen. Die gleichen Rabbiner stellten sich vor, dass Gott Eva mit kostbaren Edelsteinen schmückte, bevor er sie dem Adam gab, und dass sie sehr schön war (*BB* 58a). Im biblischen Bericht wird in Verbindung mit der Frau Schönheit nicht thematisiert. Dem Talmud zufolge hat Gott selbst die erste Hochzeitszeremonie der Menschheit geleitet (*PdRE* 12).

Mann und Frau werden durch den sexuellen Akt wieder eins. „Darum verlässt der Mann seinen Vater und seine Mutter und hängt an seiner Frau, und sie werden zu einem Fleische" (*Gen.* 2:24). Im darauf folgenden Text werden Mann und Frau zum ersten Mal vor eine Wahl gestellt, zum ersten Mal können sie nach eigenem Willen entscheiden. Sie missachten Gottes Verbot, vom Baum des Wissens zu essen. Dem Bericht nach sind Adam und Eva beide verantwortlich und werden auch beide bestraft – selbst wenn die Tradition zuweilen die Frau allein für den Verstoß verantwortlich macht. Der Jerusalemer Talmud und der *Midrasch Rabba* folgen dieser Tradition, wenn sie die drei von Frauen zu befolgenden Gebote auslegen (*Schab.* 2:6; *Gen. R.* 17:8) und Eva für die Sterblichkeit des Menschen verantwortlich machen: Frauen verlieren Blut, weil Eva Adams Blut vergossen und den Tod in die Welt gebracht hat; sie müssen

---

[5] Siehe: Eintrag: Keuschheit*

[6] Zu den hebräischen Worten *wajiwen* („er baute") und *Bina* („Verstand").

vom Teig nehmen[7], weil Eva Adam, den „Teig" der Menschheit verdorben hat, und schließlich müssen sie Schabbatkerzen zünden, weil sie die Seele Adams, des Lichtes der Welt, ausgelöscht haben. Der Midrasch rechtfertigt entsprechend auch die für Frauen geltende Pflicht, sich das Haupt zu bedecken: „Wieso geht der Mann mit unbedecktem Haupt hinaus und die Frau mit bedecktem? Es ist wie mit einem, der einen Fehler begangen hat und sich vor anderen schämt; deshalb also geht die Frau mit bedecktem Haupt hinaus" (*Gen. R.* 17:8).

Tatsächlich ist im zweiten Schöpfungsbericht die Frau die Hauptakteurin und der Mann eher passiv. Sie ist diejenige, die von der Schlange in Versuchung gebracht wird, sie ist neugierig und verlangt nach Wissen; sie ist diejenige, die Grenzen austestet. Sie ist aber auch diejenige, die entsprechend dem Bild von der Frau als Nährerin dem Mann zu Essen gibt. In vielen Texten der jüdischen Tradition übt die Frau überhaupt einen unverhältnismäßig großen Einfluss auf den Mann aus. Nach dem Midrasch Rabba kommt sogar „alles von der Frau; eine bösartige Frau macht den Mann böse; eine fromme Frau macht den Mann fromm" (*Gen. R.* 17:7). Der Einfluss der Frau wird hier so übertrieben dargestellt, als wolle man hierdurch den Mann exkulpieren. In einigen modernen Kommentaren wird andererseits Eva als diejenige beschrieben, die das Wissen (und nicht die Sünde) in die Welt bringt[8]. Als Adam von Gott Vorhaltungen gemacht bekommt, wälzt er die Verantwortung auf Eva ab, eine Haltung, die in Teilen der jüdischen Tradition beibehalten wurde [s.o.]: „Die Frau, die du mir gegeben hast, die gab mir von dem Baume und ich aß" (*Gen.* 3:12). Die Frau ihrerseits schiebt die Verantwortung auf die Schlange. Die Bestrafung der Frau besteht darin, unter Schmerzen gebären zu müssen[9] und vom Mann beherrscht zu werden: „[...] und nach deinem Manne sei dein Verlangen und er beherrsche dich" (*Gen.* 3:16). Der Bericht rechtfertigt so die dem Erzähler vertraute patriarchalische Ordnung, in welcher der Mann über die Frau herrscht und die Frau eine untergeordnete Stellung hat. Ab dem Moment, wo sie den Garten Eden (einigen Autoren zufolge Sinnbild für eine beschützte Kindheit[10]) verlässt

[7] Anm.d.Übers.: Vor dem Brotbacken muss ein kleines Stück Teig als symbolisches Opfer abgenommen und vernichtet werden. Siehe Eintrag Challa*.

[8] Siehe: Suzan Niditch, in *The Women's Bible Commentary*.

[9] Manche übersetzen *Gen.* 3:16 mit: „Ich werde deine Arbeit und deine Schwangerschaften vermehren", dadurch würde der Vorstellung von der notwendigerweise schmerzhaften Geburt der Grund entzogen. Nach der jüdischen Tradition ist es nicht verboten, die Geburtsarbeit zu erleichtern und die mit ihr verbundenen Schmerzen zu lindern.

[10] Siehe: Jonathan Magonet, *A Rabbi's Bible*, S. 111–122 („Did they fall or were they pushed? – Leaving the garden"), oder Athalya Brenner, *The Israelite Woman*.

und ab dem Augenblick, in dem sie Mutter wird, erhält die erste Frau den Namen „Eva". Dieser Name verweist auf ihre Daseinsberechtigung gemäß dem Text: Kinder zu gebären – sie ist nur noch Mutter und nicht mehr Frau. Rav Hisda erklärt die Gestalt der Frau so: „Er [Gott] hat sie unten bauchig gemacht und oben eng, damit sie Platz für Nachwuchs hat" (*Gen. R.* 18:3).

Die Ausweisung aus dem Garten Eden scheint unausweichlich; sie ist der Anfang der menschlichen Geschichte. Adam und Eva vereinigen sich und bekommen drei Söhne, Kain, Abel und Seth. Doch nach mehreren rabbinischen Quellen (*ARN* A1, *PdRE* 11, *Sanh.* 38b) geschah dies schon vor ihrer Missachtung von Gottes Verbot, da der Befehl „Seid fruchtbar und mehret euch!" dem Sündenfall vorausgeht. Daher ist nach jüdischer Tradition die Sünde auch nicht als sexueller Akt zu verstehen[11]: „Am Tag, als Elohim den Menschen schuf, schuf er sie als Mann und Frau: Drei Wunder geschahen an jenem Tag: Adam und Eva wurden erschaffen, sie hatten sexuellen Kontakt und zeugten Kinder" (*Gen. R.* 24:7). Die Bibel erwähnt nicht, ob die später genannten Kinder von Adam auch Eva zur Mutter hatten, doch die Rabbinen haben es so verstanden. Der Midrasch erzählt, dass Adam und Eva in der Höhle von Machpela in Hebron beerdigt wurden. Zum Ende des biblischen Berichtes wird Eva noch einmal erwähnt, wenn sie ihren Sohn Kain benennt: „Ich habe entstehen lassen[12] einen Mann vom Ewigen" (*Gen.* 4:1). Hiermit geht die Macht, den Dingen Namen zu geben, vom Mann auf die Frau über, die so „vom Objekt der Benennung zum Subjekt der Benennung wird[13]". Darüber hinaus stellt der Satz eine Verbindung zwischen der Frau und dem Schöpfer her, die an andere mythologische Berichte von der Erschaffung der Welt durch eine Muttergöttin gemeinsam mit dem Göttlichen erinnert – vielleicht eine implizite Kritik des patriarchalischen Monotheismus und ein möglicher Weg zurück zu einer egalitären Betrachtung der Schöpfung.

---

[11] Siehe: Sexualität*. Louis Ginzberg, *The Legends of the Jews*, Bd.V, S. 134, Nr. 4, und *Gen. R.* 22:2, éd. Verdier, S. 246, Nr. 7. „Der erste sexuelle Kontakt zwischen Adam und Eva fand im Garten Eden vor dem Fall statt [...] nur die Dauer der Schwangerschaft ist eine Folge des Sündenfalls. In der messianischen Zeit werden Empfängnis und Geburt gleichzeitig sein."

[12] Die hebräische Wurzel des Verbes bedeutet „erschaffen".

[13] Ilana Pardes, *Countertraditions in the Bible*, S. 40.

Familienplanung

Für Nachkommen zu sorgen ist ein Zweck der Ehe*, jedoch nicht der Einzige. „Seid fruchtbar und mehret euch, füllet die Erde und macht sie euch untertan“ (*Gen.* 1:28) – diese Aufforderung an Adam und Eva* im Garten Eden ist das erste Handlungsgebot[1] der Tora. Das Gebot richtet sich an beide, Mann und Frau; hieraus könnte man logisch auf eine Verpflichtung beider Partner zur Erfüllung des Gebotes schließen. Doch nach jüdischem Recht wird die Zeugung als alleinige Verantwortung des Mannes verstanden. Nach der Schule von Schammai hat er seine Pflicht erfüllt, wenn er zwei Söhne hat, nach der Schule von Hillel, wenn er einen Sohn und eine Tochter hat (*M. Jev.* 6:6). Der Talmud untersucht die Frage, wieso Frauen von der Verpflichtung, Kinder zu bekommen, ausgenommen sind. Die vorgebrachten Argumente sind insofern interessant, als sie ein Licht auf die rabbinische Vorstellung von der weiblichen Natur werfen. So sagte Rabbi Ila: „Die Schrift sagt: ‚Füllet die Erde und unterwerfet sie.‘“ Es ist die Art des Mannes zu unterwerfen, nicht aber ist es die Art der Frau zu unterwerfen” (*Jev.* 65b). So wird auch die religiöse und soziale Stellung der Frau zu jener Zeit auf ihre „Natur“ zurückgeführt. Der [biblische] Befehl steht zwar im Plural, doch Rabbi Nachman ben Isaak ergänzt, dass das Verb „unterwerfen“ [*ve'kivschua*] mit veränderter Vokalisation auch die Lesart als nur an den Mann gerichtete Befehlsform im Singular erlaubt. Dies ist der – in der talmudischen Diskussion häufig zu beobachtende – Versuch, mit Hilfe der biblischen Texte schon länger existierende Vorstellungen *a posteriori* zu rechtfertigen. Rabbi Joseph zitiert als Nächstes einen weiteren Text aus der *Genesis* (35:11), in dem der Befehl zur Fortpflanzung nur an Jakob in der Form des Maskulin-Singular gegeben wird. Nach diesen theoretischen Argumenten wendet sich die Diskussion der Rechtsprechung zu. Die vier zuerst vorgestellten Fälle handeln von der Scheidungsforderung von Frauen,

[1] Siehe: Eintrag Gebote*

die ihre Ehemänner für unfruchtbar halten. In diesem Zusammenhang bekräftigen die Rabbinen, dass Frauen nicht an das Gebot der Fortpflanzung gebunden sind, gleichzeitig zeigen sie aber Verständnis für das von den Frauen vorgebrachte Argument, Kinder als Stütze im Alter zu brauchen. Der fünfte und letzte Fall handelt von Judith, der Frau von Rabbi Hija. Sie hatte während der Geburt ihrer Zwillinge große Schmerzen erlitten und fragte ihren Mann um Rat: „sie fragte ihn, ob einer Frau die Fortpflanzung geboten sei. Dieser erwiderte: Nein. Hierauf ging sie fort und nahm einen Sterilisationstrank ein“ (*Jev.* 65b). Obwohl der Rabbi sehr betroffen war, revidierte er seine Entscheidung nicht. Hier begegnet uns die Vorstellung, dass die Ausnahme der Frauen vom Fruchtbarkeitsgebot ihnen auch drastische Verhütungsmaßnahmen erlaubt. In der orthodoxen Welt bleibt die Fortpflanzung eine alleinige Pflicht des Mannes und ein Mann kann sich, ist er nach zehn Ehejahren noch kinderlos, von seiner Frau scheiden lassen und wieder heiraten, um seiner Verpflichtung nachzukommen. Offensichtlich gehen diese Gesetze davon aus, dass die Unfruchtbarkeit allein an der Frau liegt.[2] Nach zehn kinderlosen Jahren kann auch eine Frau von einem rabbinischen Gericht fordern, ihren Mann, wenn er sich sträubt, zur Aushändigung des Scheidungsbriefes zwingen, doch ist sie nicht zur Scheidung verpflichtet. Wünschen beide Ehepartner ein weiteres Zusammenleben, geschieht es nur selten, dass ein kinderloses Ehepaar zur Scheidung gezwungen wird. Allem Anschein nach haben die Rabbinen des Talmud das biblische, an Mann und Frau gerichtete Fruchtbarkeitsgebot modifiziert. Allerdings kommen schon in der Bibel in den überwiegend männlichen Abstammungslinien Frauen nur selten vor, und die Bedeutung von Herkunft und Nachkommenschaft wird für die Männer (nicht jedoch für die Frauen) betont. In der Bibel bestimmt sich die Herkunft über die väterliche Linie. Wie das Beispiel von Judith zeigt, erlaubt die ausschließliche Bindung der Männer an die Verpflichtung für Nachkommen zu sorgen dem Recht nach den Frauen den Gebrauch von Verhütungsmitteln.
In der Auseinandersetzung über die Verhütung gelten die Überlegungen vor allem [der Vermeidung von] Gefahr und Leiden. In der heutigen Zeit sollte die Halacha den Begriff des körperlichen Leidens um den des seelischen Leides erweitern. Im Talmud wird die Passage, in der am deutlichsten zur Verhütung Stellung genommen wird, drei Mal wiederholt. In ihr werden drei Gruppen von Frauen aufgeführt, die zur Empfängnisverhütung ein *Moch* (ein Stück Watte, das in die Vagina eingeführt wird, um das Sperma zu binden) verwenden:

Rabbi Bebaj lehrte vor Rabbi Nachman: Drei Frauen vollziehen

[2] Siehe: Eintrag Unfruchtbarkeit*.

> den Beischlaf mit Watte: die Minderjährige, die Schwangere und die Säugende. Die Minderjährige, weil sie schwanger werden und weil sie sterben könnte; die Schwangere, weil sie aus dem Fötus eine Missgeburt[3] machen könnte; die Säugende, weil sie ihr Kind [vorzeitig] entwöhnen und es sterben könnte. Und welches Alter hat die Minderjährige? Von ihrem elften Jahre nebst einem Tage bis zu ihrem zwölften Jahre nebst einem Tage; jünger oder älter vollzieht sie den Beischlaf auf gewöhnliche Weise. Solches ist die Meinung von Rabbi Meir. Die Weisen aber sagen: Eine wie die andere vollzieht den Beischlaf auf gewöhnliche Weise und im Himmel werde man sich ihrer erbarmen, denn es heißt: „der Herr behütet die Einfältigen" (*Ps* 116:6; *Jev*. 12b, 100b; *Ket*. 39a; *Nid*. 45a).

Die drei von Rabbi Meir aufgeführten Fälle beinhalten alle eine Gefahr für die Mutter oder das Kind, auch wenn nur die erstere realistisch ist. Für verheiratete Minderjährige konnte eine Schwangerschaft lebensgefährlich sein.

Probleme bei der Interpretation dieser Passage entstehen daraus, dass der erste Satz „drei Frauen vollziehen den Beischlaf mit Watte" entweder als Erlaubnis oder als Verpflichtung gelesen werden kann: Ob sie dies möglicherweise tun oder es tun müssen, bedeutet einen folgenschweren Unterschied für alle anderen Frauen. Raschi (1040–1105) ist der Meinung, der Satz bedeute, dass diese drei Frauen gemäß Rabbi Meir Watte benutzen dürfen, doch es ihnen von der Mehrzahl der Rabbinen untersagt sei. Rabbenu Tam (1100–1171) widerspricht Raschi in den Tossafot (*Tossafot* über *Jev*. 12b, *d.h. schalosch*); nach seiner Lesart bedeutet der Satz von Rabbi Meir eine Verpflichtung; das wiederum hieße, eine Mehrheit der Weisen hält die Verwendung des „Moch" auch für andere Frauen denkbar. Doch Rabbenu Tam gibt einen Zusatzkommentar über den Zeitpunkt, wann die Watte eingeführt werden darf. Er empfiehlt eine Einführung nach vollzogenem Verkehr, um entsprechend dem jüdischen Gesetz nicht „den Samen zur Erde fallen[4]" zu lassen.

Heute enthält das jüdische Recht folglich eine Reihe unterschiedlicher Standpunkte zur Empfängnisverhütung und die Positionen sind, je nach dem, ob sie sich auf Raschi oder Rabbenu Tam berufen, unterschiedlich restriktiv oder großzügig.

---

[3] Durch Suprafötation, eine zweite Befruchtung, die der Talmud für möglich hält. Dabei würde angeblich der zweite Fötus den ersten verdrängen.

[4] Der Ausdruck entstammt der Erzählung von Tamar. Hier wird Onan für die Verschwendung seines Samens bestraft (*Gen*. 38:9).

Der Chatam Sofer[5] vertritt eine ausgesprochen strikte Haltung, wenn er selbst bei Gefahr für die Frau die Verwendung von Watte vor dem Verkehr verbietet. Nach dem Verkehr gestattet er sie, die Erlaubnis des Mannes vorausgesetzt. Auffällig ist hierbei, dass der Chatam Sofer die Frau bei einer gänzlich in ihrer Hand liegenden Verhütungsmethode der Autorität ihres Mannes unterstellt. Im gleichen Sinne verbietet er der Frau auch die Einnahme eines sterilisierenden Trankes ohne Zustimmung des Mannes[6], weil er, anders als vormals in der biblischen Gesetzgebung, sich nicht mehr ohne ihr Einverständnis von ihr trennen kann. Schlomo Salman von Posen stimmt dem Chatam Sofer nicht zu. Er betont, dass man sich, entsprechend der talmudischen Maxime, nicht auf Wunder verlassen soll, sondern das Leben einer Frau nicht gefährden und sie auch nicht von ihrem Mann trennen solle[7]. Menachem Mendel Schneerson (1789–1866)[8] geht über Auffassung von Schlomo Salman hinaus und ist der Ansicht, dass der „Moch" nicht nur ausschließlich bei Lebensgefahr, sondern auch bei gewöhnlichen Risiken verwendet werden darf.

Auch großzügigere Positionen werden vertreten, wie etwa die des Chai Gaon; Dessen Meinung nach sind die drei im Talmud genannten Frauen zur Empfängnisverhütung berechtigt und auch Frauen, die sich nicht auf einen gütigen Himmel verlassen mögen: „Sie und ihr Mann sollten sie ohne Furcht verwenden"[9]. Im 16. Jahrhundert geht Salomon Luria (1510 bis 1537) noch einen Schritt weiter. Er bekräftigt den Ansatz von Chai Gaon, nach dem die drei Frauen aus dem Talmud nicht zur Verwendung des „Moch" als Verhütungsmittel verpflichtet sind, sondern der Gebrauch ihnen, wie anderen Frauen auch, frei steht. Für ihn geht es selbstverständlich um die Anwendung vor dem Geschlechtsverkehr und nicht erst danach. Eine Gesetzesübertretung sieht er hierin nicht, weil „ein Körper natürliche Befriedigung durch den anderen erfährt. Dies unterscheidet sich nicht vom Verkehr mit einer Unfruchtbaren[10]". Damit wird die Vorstellung des „verschwendeten Samens" aufgegeben und mit der Begründung, dass der Geschlechtsverkehr nicht nur der Fortpflanzung, sondern auch der Lust dient, allen Frauen die Benutzung von Verhütungsmitteln gestattet. Den Gebrauch eines Sterilisationstrunkes beurteilt Salomon Luria ebenfalls großzügig. So gestattet er ihn im Fall einer Frau, die bereits „unbändige und widerspenstige" Kinder (*Deut.* 21:18) hat und fürchtet,

[5] Chatam Sofer, *Responsa*, Jore Dea 172.
[6] *Teschuvot Chatam Sofer, EH* 1:20.
[7] *Chemdat Schlomo, Responsa* Nr. 46.
[8] Lubawitscher Rebbe der chassidischen Chabad-Bewegung, *Zemach Zedek, EH* 1:89.
[9] *Teschuvot haGeonim, Jev.* S. 167.
[10] *Jam schel Schlomo* 1:8.

noch weitere solche zu bekommen.[11] Jetzt wird nicht mehr allein die körperliche Gefahr für die Mutter in Erwägung gezogen, sondern das körperliche und seelische Wohlergehen von Mutter und Kindern.

Bei den oralen Kontrazeptiva stellt das Verbot der Verschwendung von Samen kein Problem dar.[12] Auch hierbei verweisen die Rabbinen auf das oben zitierte Beispiel von Judith und sagen: „Ein Mann hat nicht das Recht einen Wurzeltrank zu trinken, doch eine Frau hat das Recht einen Wurzeltrank zu trinken, um keine Kinder zu bekommen" (*T. Jev.* 8:2). Im Großen und Ganzen erlauben die religiösen Autoritäten die Verwendung von Verhütungsmitteln bei physischer Gefahr für Mutter und Kind. Je natürlicher die Verhütungsmethoden sind und je weniger sie die sexuelle Lust beeinträchtigen, desto eher werden sie gestattet. Aus diesem Grund werden orale Kontrazeptiva allen anderen Methoden vorgezogen. Für die religiösen Führer der Orthodoxie rechtfertigt allerdings nur eine Gefahr den Gebrauch von Kontrazeptiva. Für die liberalen Größen[13] kann der Begriff der körperlichen Gefahr auch psychische Beeinträchtigung bedeuten und das Wohlergehen der Frau, des Paares und der Kinder mit einschließen. Zum Gebrauch von Kondomen für Männer urteilt die Tradition, vor allem wegen des rabbinischen Verbotes, Samen zu verschwenden, wesentlich zurückhaltender. Nichts desto weniger ist Sexualverkehr im Fall der Sterilität oder Schwangerschaft der Frau nicht verboten. Das veraltete rabbinische Verbot beruht zweifellos auf Unkenntnis der menschlichen Biologie: Denn über den Verlust einer Eizelle macht man sich keinerlei Gedanken, ganz als habe nur der Mann eine wichtige Substanz zu verlieren. Eine Neubewertung des Verbots der Verschwendung von Samen im Lichte der modernen Erkenntnisse der Fortpflanzungsbiologie ist daher geboten. Umso mehr, als mit der Verbreitung von AIDS der Gebrauch von Kondomen nicht nur erlaubt, sondern zum Schutz des Lebens zwingend vorgeschrieben sein sollte. Im Talmud ist zu lesen: „Lebensgefährliches ist strenger zu behandeln als Verbotenes" (*Chul.* 10a). Geschlechtsverkehr zwischen Unverheirateten ist eine nicht zu ignorierende gesellschaftliche Tatsache. Im Judentum wird er nicht verteufelt, wenn er auch nicht dem hochgehaltenen Ideal der „Heiligkeit" entspricht. Für diese Menschen ist die Empfängnisverhütung einer ungewollten Schwangerschaft vorzuziehen. In der Vergangenheit ermöglichte die Ausnahme der Frau von der Verpflichtung, für Nachkommen zu sorgen, den Rabbinen, die Verwendung von Verhütungsmitteln in Erwägung

---

[11] *Jam schel Schlomo, Jev.* 6:44.

[12] Das Problem der Verschwendung der Eizelle wird nicht aufgeworfen, doch das Wissen der Rabbinen um die Tatsachen der Befruchtung war begrenzt; sie stellten sich die Befruchtung als das Einpflanzen von Samen vor.

[13] Siehe: Jacob Z. Lauterbach, *American Reform Responsa*, „Birth Control", Nr. 156.

zu ziehen. In den liberalen Bewegungen liegt heute die Familienplanung in der gemeinsamen Verantwortung von Mann und Frau; und die Empfängnisverhütung ist darüber hinaus ein öffentliches Anliegen.

Frau aus Tekoa

Joab, der oberste Befehlshaber der Armee, will mit Hilfe einer weisen Frau, *Ischa chachama*, aus der Stadt Tekoa (*II Sam.* 14:2) die Versöhnung zwischen David und seinem Sohn Absalom in die Wege leiten. Absalom hatte einen weiteren Sohn Davids, seinen Halbbruder Amnon, ermordet, nachdem der wiederum Absaloms Schwester Tamar* vergewaltigt hatte. Absalom muss für drei Jahre ins Exil gehen, bis David den Tod von Amnon verwunden hat. Diesen Moment wählt Joab für einen Vorstoß bei David; es ist ihm aber bewusst, dass eine direkte Fürsprache Absalom nicht nützen würde. Deshalb sucht er eine Mittlerin, jene im Text nicht näher benannte Frau aus Tekoa, und sein Vorgehen ist vom Erfolg gekrönt. Die Frau aus Tekoa erfüllt ihren Auftrag perfekt. Sie wiederholt die Worte, die Joab „ihr in den Mund legte" (*II Sam.* 14:3) mit viel Überzeugungskraft. Zunächst legt sie dem König ein angeblich persönliches Problem vor – dies dient aber nur als Vorwand, um den König zur Zurücknahme von Absaloms Verbannung und dem mit der Verbannung einhergehenden Ausschluss von der Thronfolge zu bewegen. Sie beschreibt ihre Situation: Sie sei Witwe, Mutter von zwei Söhnen, doch der eine habe den anderen umgebracht und nun wolle die Familie den einzig übrig gebliebenen Sohn aus Rache töten. Auch König David hatte zwei Söhne, Absalom und Amnon, von denen der eine den anderen ermordet hatte. An der Analogie der beiden Situationen fällt auf, dass der König hier mit einer schutzbedürftigen Witwe verglichen wird. König David versichert sie seines Schutzes, doch sie dringt weiter in ihn und beharrt darauf, Angst um das eigene Leben und das ihres Sohnes zu haben. Erst als der König ganz ihre Partei ergreift und sich für die Sache ihres Sohnes stark macht, wirft sie ihm die Verbannung Absaloms vor. Er begreift, dass sie von Joab geschickt wurde und sie gesteht es ein. Der König ordnet die Rückführung Absaloms nach Jerusalem an. Die „Weisheit" der Frau besteht also in der Art, wie sie ihr Ziel erreicht: Sie vergewissert sich des Königs Mitgefühl, um ihn dann durch die Methode des Vergleiches zur Einsicht in sein eigenes Fehlverhalten zu bringen. Mehrmals schmeichelt sie ihm auch, um ihn zum Wohle des Volkes zu einer guten Entscheidung zu führen. Ihre Rolle besteht nicht nur im einfachen Wiederholen vorgegebener Worte. Sie ist viel mehr eine gute Vermittlerin. Sie spielt die politische Rolle einer Unterhändlerin und zeigt dabei großes psychologisches und rhetorisches[1] Geschick, Gespür und Sinn für Diplomatie. Die weise Frau von Tekoa ist ein biblisches Beispiel für eine Frau, die durch ihren Einfluss auf die Entscheidungen des Königs in öffentliche Angelegenheiten eingreift. Sicher ist sie Mittlerin im politischen Spiel dreier Männer, doch mit ihrer Intervention übernimmt sie die Hauptrolle in diesem Spiel, die (allerdings erst zwei Jahre später) zur Versöhnung der zerstrittenen Parteien führen wird.

[1] Siehe: Athalya Brenner, *The Israelite Woman*, S. 35.

Gebet

Das Gebet, hebräisch *Tefila*, spielt im jüdischen Leben eine wichtige Rolle. Es tritt in verschiedenen Erscheinungsformen auf, als Bittgebet, Meditation, Gotteslob oder Frage; es wird psalmodierend, gesungen oder auch in Stille abgehalten. Das Wort *Tefila* entstammt einer Wurzel mit der Bedeutung „sich selbst beurteilen“. Die Rabbinen der Mischna haben die Verpflichtung zum dreimaligen Gebet am Tag festgeschrieben; dabei berufen sie sich auf die drei Patriarchen Abraham, Isaak und Jakob, deren Gebet zu drei verschiedenen Tageszeiten beschrieben wird.[1] Das erste in der Bibel erwähnte Gebet einer Frau ist das Lied Miriams* am Ufer des Schilfmeeres (*Ex.* 15:20–21); sie dankt Gott mit Tanz und von Instrumenten begleitetem Gesang. Davor schon hatte sich Rebekka* wegen der beiden in ihrem Leib streitenden Zwillinge an Gott um Rat gewandt, allerdings verwendet der Text hier nicht explizit das Wort Gebet. Im Buch der Richter (11:34) wird Jiftach bei seiner Rückkunft von seiner Tochter mit Pauken und Tanz begrüßt. Auch David und Saul werden bei ihrer siegreichen Rückkehr von den Frauen mit „Pauken mit Jubel und mit Triangeln“ empfangen (*I. Sam.* 18:6). Aus diesen Passagen lässt sich der Schluss ziehen, dass das Anstimmen von Lobgesängen bei der siegreichen Rückkehr der Soldaten Aufgabe der Frauen war. Debora* und Judith* loben Gott für die Errettung der Kinder Israel vor ihren Feinden. Am bekanntesten ist wohl Hannas* Gebet (*I. Sam.* 1–2). Erst beweint sie ihre Kinderlosigkeit im Gebet, dann schwört sie, bei Erhörung ihres Gebets ihr Kind dem Tempeldienst zu weihen, und schließlich dankt sie Gott für die Erfüllung ihrer Bitte.

Die Rabbinen der talmudischen Zeit stellen sich die Frage, ob Frauen an die Verpflichtung des Gebets gebunden sind. Im Traktat *Kidduschin* werden die Frauen von den zeitgebundenen positiven Geboten* ausge-

---

[1] Der Talmud zitiert auch den Vers des Psalms 55:18: „Abends und morgens und mittags will ich jammern und seufzen und Er hört meine Stimme“ (*Br.* 20b).

nommen. Zur Frage des Gebetes gibt es folgende genauere Aussage: „Frauen, Sklaven und Minderjährige sind vom Schma-Lesen und von den Tefillin befreit; sie sind aber zum Gebet, zur Mesusa und zum Tischsegen verpflichtet“ (*Br.* 20a). Frauen werden mit Sklaven und Minderjährigen zusammen aufgeführt, weil sie vor dem Gesetz und gegenüber den Männern einen geringeren, wenn auch von dem der Sklaven und Minderjährigen unterschiedlichen, Status einnehmen. In der Gemara wird ausgeführt, dass Frauen vom Beten des Schma ausgenommen sind, weil es sich hierbei um ein positives zeitgebundenes Gebot handelt, denn es muss morgens und abends gesprochen werden. Dennoch sind sie zum Gebet und zum Segen nach der Mahlzeit verpflichtet, obwohl auch dies positive zeitgebundene Gebote sind. Trotz der Ausnahme vom Schma-Gebet kommentiert der *Schulchan Aruch* hierzu später, dass es „sinnvoll ist, es ihnen [den Frauen und Sklaven] beizubringen, damit sie das Joch des himmlischen Königreiches auf sich nehmen“ (*SA*, OCh 70:1), und Moses Isserles fügt hinzu: „damit sie wenigstens die erste Zeile sagen“. Die Verpflichtung, nach dem Essen Gebete zu sprechen, beruht auf einem biblischen Text (*Deut.* 8:10). Die Mahlzeiten sind zwar eigentlich ebenso an festgelegte Zeiten gebunden, doch müssen auch Frauen für das von ihnen genossene Essen danken. Wenn in der Mischna das Gebet behandelt wird, dann im allgemeinen Sinne. Der Talmud begründet die Verpflichtung der Frauen damit, dass das Gebet eine Bitte um Vergebung sei und Raschi fügt hinzu, dass jeder, ob Mann, Frau, Kind oder Sklave der Gnade Gottes bedarf (Raschi über *Br.* 20b). Hannas Gebet (*I. Sam.* 2) dient als Beispiel für ein solches Bittgebet.

Die meisten Gesetzgeber stimmen darin überein, dass Frauen zum Gebet verpflichtet sind. Doch hatte ihr Gebet eine andere Form als das der Männer. Im 17. Jahrhundert erinnert Magen Avraham daran, dass ein Gebet am Tag für die Erfüllung der biblischen Verpflichtung genügt. Bei den Frauen hat sich ein einmaliges Gebet am Morgen in Form einer Fürbitte eingebürgert und „möglicherweise haben die Rabbinen von ihnen nicht mehr verlangt[2].“ Seiner Meinung nach muss zwischen der biblischen Verpflichtung zum Gebet, - einem positiven, aber nicht zeitgebundenen Gebot –, und der rabbinischen Weiterentwicklung unterschieden werden: Die Rabbinen haben dies Gebot präzisiert und genaue Gebetszeiten vorgegeben. So wird aus rabbinischer Sicht die Verpflichtung zum Gebet zu einem positiven zeitgebundenen Gebot, von dem Frauen ausgenommen sind. Sie erfüllen die biblische, doch nicht die rabbinische Verpflichtung. Diese Unterscheidung nach der Entstehungszeit des schriftli-

[2] Abraham Gombiner (1635–1683), Kommentar zum *Schulchan Aruch*, OCh 106:2.

chen und mündlichen Rechtes[3] ist überraschend, weil im allgemeinen beides, schriftliches und mündliches Gesetz zugleich, auf eine Personengruppe angewandt werden. Wahrscheinlich sollte hierdurch nachträglich eine schon etablierte Praxis begründet werden: Frauen beteten anders als die Männer nicht zu einer festgesetzten Uhrzeit. „Es entwickelte sich eine Trennung zwischen dem ‚Gebet der Frauen', das inhaltlich und zeitlich individuell und privat war, und dem ‚Gebet der Männer', das aus festgefügten Formeln bestand und im Tagesablauf zu festgesetzten Gebetszeiten (*Schacharit, Mincha* und *Maariv*, von denen das letzte weniger verpflichtend ist) abgehalten wurde. Sicher nahmen auch die Frauen gelegentlich an den festen Gebetszeiten teil, doch war das eine Frage der persönlichen Entscheidung und nicht der Verpflichtung[4]".

Die Gebete der Frauen sind spontan und persönlich geblieben. Einige Gebete wurden besonders für den Gebrauch durch Frauen verfasst: die *Techinot*, für besondere Gelegenheiten wie Geburten oder Hochzeiten. Von wenigen Ausnahmen wie den Töchtern Raschis abgesehen, erhielten Frauen häufig keine formelle Bildung und waren des Lesens nicht mächtig. Ab dem 18. Jahrhundert erhielten Frauen nicht selten von ihren Ehemännern zur Hochzeit ein Gebetbuch zum Gebrauch für die Mikwe*, das Absondern der Challa*, das Lichterzünden zu Schabbat und Feiertagen, während der Schwangerschaft und bei der Geburt eines Kindes[5].

Seit der Aufklärung und dem zunehmenden Zugang der Frauen zu jüdischer Bildung haben Frauen angefangen neue Gebete zu verfassen, besonders solche für bisher von der liturgischen Tradition unbeachtete Lebenssituationen. Gebete für den *Rosch Chodesch** (Neumond)[6], für die Geburt einer Tochter, für die Pubertät, die Menopause, Fehlgeburten[7], sowie für Lebenserfahrungen, die sowohl Männer als auch Frauen durchmachen. Die Zählung der Frauen im Minjan* und die Abschaffung der Mechiza* haben ihnen in den konservativen und liberalen Gemeinden eine vollständigere Einbindung in das öffentliche Gebet ermöglicht.

---

[3] Anm.d.Übers.: d.h. der Tora bzw. der Mischna und des Talmuds.
[4] Rachel Biale, *Women and Jewish Law*, S. 20.
[5] Siehe: *Out of the Depths I Call You*, herausgegeben und übersetzt von R. Nina B. Cardin.
[6] Siehe: Penina V. Adelman, *Miriam's Well.*
[7] Siehe: Rabbi Debra Orenstein, *Lifecycles*, Bd. I.

Gebote

Abgesehen von den geschlechtsspezifischen Geboten, die einen Bezug zur unterschiedlichen Biologie von Mann und Frau haben[1], gibt es in der Bibel keine klare Unterscheidung zwischen Geboten, die vom Mann und solchen, die von der Frau einzuhalten sind. Gleichwohl wird vom Mann als Maßstab ausgegangen, denn das Gesetz ist durchgängig in der männlichen Form abgefasst und bezieht sich auch in der Formulierung auf die Situation des Mannes; er ist derjenige, der das Gesetz zu befolgen hat.[2] Tatsächlich hat in der jüdischen Gesellschaft eine Aufgabentrennung stattgefunden, wobei die Aktivitäten der Frau auf den häuslichen Bereich beschränkt wurden und dem Mann die öffentliche Sphäre vorbehalten war. Diese Aufteilung entstand wahrscheinlich aus soziologischen Gründen, wegen der unterschiedlichen Disposition der beiden Geschlechter, aber in manchen Bereichen auch ganz willkürlich. Mit Hilfe der für die talmudische Literatur typischen Auslegungsmethode haben die Rabbinen sich um den Nachweis einer Kohärenz in der Verteilung der für das jeweilige Geschlecht verpflichtenden Gesetze bemüht. Doch angesichts der Vielzahl von Ausnahmen von der generellen Regel[3] kommt man nicht umhin festzustellen, dass eine interne Logik nicht existiert. Die Freistellung der Frau von den positiven zeitgebundenen Geboten*[4] [5] wird durch

[1] Wie zum Beispiel für die Männer das Gebot der Beschneidung und das Verbot, sich die Ecken des Bartes zu rasieren (*Lev.* 19: 27), mit dem Priesterstand verbundenen Verbote oder für Frauen die Gebote über die Menstruation. Siehe Nidda*.

[2] Zum Beispiel wird das Gebot, den Schabbat zu halten, wie folgt ausgedrückt: „Da sollst du keinerlei Werk verrichten, du [m.] und dein Sohn und deine Tochter, dein Knecht und deine Magd, [...]" (*Ex.* 20:10) oder weiter unten „Du sollst nicht Gelüste tragen nach der Frau deines Nächsten" (*Ex.* 20:14). Beide Gebote richten sich implizit oder explizit an den Mann.

[3] Das heißt der Freistellung der Frau von den zeitgebundenen Geboten des Tuns, oder auch den „positiven zeitgebundenen Geboten".

[4] Hierzu ein eigener Eintrag, „zeitgebundene Gebote"*.

[5] Anm. d. Übers.: Im Folgenden wird das französische „commandements

so viele Ausnahmen unterhöhlt, dass die Regel insgesamt konstruiert und nachträglich aufgesetzt wirkt.

Betreffend der Verbote sind die Prinzipien eindeutig: Auch Frauen müssen sie befolgen (so müssen sie zum Beispiel die für den Schabbat geltenden Verbote oder die Ausschlussregeln der Kaschrutgesetze befolgen). Ebenso betreffen die Gesetze über den Erwerb von Eigentum Männer wie Frauen gleichermaßen, obwohl im wirklichen Leben Frauen, die selbstständig Geschäfte abwickeln konnten, äußerst selten waren. Der Ehemann hatten gewisse Anrechte auf den Besitz seiner Frau. Die Gesetze über Schadensersatz und die hier festgesetzten Strafen gelten ebenfalls für beide Geschlechter. Bei den Verboten kann also eine Gleichstellung von Männern und Frauen vor dem Gesetz festgestellt werden. Was die Anwendung der Gebote angeht, ist die talmudische Argumentation wesentlich komplizierter.

Den Rabbinen zufolge gelten drei Gebote besonders für Frauen, auch wenn sie sich an beide Geschlechter wenden: das Anzünden der Schabbatkerzen*, die Gesetze über die Menstruation (Nidda*) und das Absondern der Challa* vom Teig. Diese Gebote sind alle mit der Privatsphäre verbunden: dem Haus, der Sexualität* und der Nahrung; alle drei sind traditionell mit der Frauenrolle verknüpft.

Prinzipiell müssen Frauen die nicht an festgelegte Zeiten gebundenen Gebote einhalten; so sind auch sie gehalten, an ihren Türpfosten die Mesusa anzubringen und die Segenssprüche vor und nach einer Mahlzeit zu sagen. Zwei offenkundige Ausnahmen von diesem Prinzip sind die Zeugung[6] und das Torastudium*. Von den „zeitgebundenen Geboten"* sind Frauen grundsätzlich befreit.

Die Mischna zieht ein weiteres Einteilungsprinzip in Betracht: „Alle Gebote, die ein Mann hinsichtlich seines Sohnes erfüllen muss [wie die Beschneidung oder die Auslösung des Erstgeborenen] obliegen allein den Männern; die Frauen sind von ihnen befreit. Andererseits obliegen alle Verpflichtungen, die ein Sohn gegenüber seinem Vater hat [wie Respekt gegenüber den Eltern] Männern wie Frauen gleichermaßen" (*M. Kid.* 1:7). Die Tosefta führt die Pflichten des Sohnes gegenüber seinem Vater auf und fügt einen interessanten Kommentar an: „Diese Gebote gelten für Männer und Frauen, die Männer sind in der Lage sie auszuführen, die Frauen jedoch nicht, weil sie unter der Gewalt ihrer Ehemänner stehen" (*T. Kid.* 1:10). Anschließend werden die Gebote aufgezählt, die ein Mann

---

positifs" und „commandements negatifs" mit „Geboten" bzw. „Verboten" übersetzt, da dies der deutschen Terminologie im Zusammenhang mit dem biblischen Gesetz entspricht. Exakter wäre die Unterscheidung nach „Geboten des Tuns" und „Geboten des Unterlassens", siehe hierzu auch FN bei: „zeitgebundene Gebote"*.

[6] Siehe Eintrag: Familienplanung*.

gegenüber seinem Sohn auszuführen hat und von denen Frauen ausgenommen sind: den Sohn zu beschneiden, ihn zurückzukaufen, ihn die Tora und einen Beruf zu lehren, ihm eine Frau zu finden und, in einigen Fällen, ihm das Schwimmen beizubringen.

Das biblische Zivilrecht gilt eindeutig für Männer und Frauen: „Mann oder Frau, wenn sie tun irgend eine vorsätzliche Sünde der Menschen, begehen sie eine Untreue an dem Ewigen und dieselbe Person verfällt der Schuld“ (*Num.* 5:6). Der Midrasch hinterfragt die Einbeziehung der Frauen und kommt zu dem Schluss: „Indem sie an dieser Stelle Mann oder Frau sagt, lehrt uns die Schrift, dass die Frau bei allen Geboten zu Übertretungen und Schädigungen dem Mann gleichgestellt ist“ (*Sifrei Bamidbar* 2). Bei der Frage des Strafmaßes stützt sich der Talmud (*Kid.* 35a) auf die gleiche Schriftstelle.

Zur Zeit der Geonim unternehmen die Rabbinen den Versuch, eine Liste der nur die Männer betreffenden Gebote aufzustellen. Saadja Gaon erwähnt dreißig, die Isaak Ghayyat aufzählt: die eigene Beschneidung (*Gen.* 17:16), der Besuch des Tempels zu den Pilgerfesten (*Deut.* 16:16), der Militärdienst (*Num.* 1:2–3), die Zahlung eines halben Schekels bei der Musterung (*Ex.* 30:13), die Auslösung als Erstgeborener (*Num.* 18:15), die Unreinheit durch Samenerguss (*Lev.* 15:16), die Unreinheit der Priester durch den Kontakt mit einem Toten (*Lev.* 21: 2–3), die Beschneidung des Sohnes (*Lev.* 12:2), die Auslösung des erstgeborenen Sohnes (*Ex.* 13:13), die Unterweisung des Sohnes in der Tora, , *Sukka*[7], *Lulav*[8], *Schofar*[9], *Zizit*,[10] das Schma Israel[11], Tefilin*, Torastudium*, Zeugung* (*Gen.* 1:28), Vater und Mutter zu ehren (*Ex.* 20:12), die Seiten des Haares nicht abzurunden (*Lev.* 19:27), die Ecken des Bartes nicht zu rasieren (*Lev.* 19:27); die Hände auf ein Tieropfer zu legen (*Lev.* 1:4), ein Speiseopfer zu bringen (*Lev.* 2: 8), davon eine Handvoll zu fassen (*Lev.* 2:2), einem als Opfer dargebrachten Vogel den Hals umzudrehen (*Lev.* 1:15), das Blut eines Tieropfers aufzufangen (*Lev.*1:5), bei einem Sühnopfer das Blut der geopferten Taube zu versprengen (*Lev.* 5:9). In dieser Liste finden wir vier Kategorien von Geboten: geschlechtsspezifische, solche die mit dem Tempel oder dem Vollzug einer religiösen Handlung im öffent-

---

[7] Das Gebot, zum Sukkotfest sieben Tage lang in Laubhütten zu wohnen.

[8] Ein Gebinde aus vier verschiedenen Arten von Pflanzen: Palme, Myrte und Bachweide, daneben der Etrog, eine Zitrusfrucht, das zum Sukkotfest geschüttelt wird.

[9] Ein Widderhorn, auf dem zu *Rosch HaSchanna*, dem neuen Jahr, geblasen wird und dessen Ton man hören soll.

[10] Die Fransen an den Ecken des Gebetsschals. Siehe Tallit* und „zeitgebundene Gebote“*.

[11] Gebet, das jeden Morgen und Abend gesprochen wird.

lichen oder privaten Raum[12] zusammenhängen, solche die eng mit der patriarchalischen Gesellschaftsstruktur verbunden sind (Musterung, Militärdienst, Respekt vor den Eltern[13]) und die mit dem Zugang der Männer zum Wissen verknüpft sind (Studium und Unterweisung der Tora). Die mit dem Tempeldienst verbundenen Gebote existieren heute nicht mehr, aber auch die anderen religiösen Vorschriften, wie das Torastudium* und das Gebet*, bleiben im Grunde den Männern vorbehalten. Einzig in den liberalen Bewegungen haben Männer und Frauen vergleichbare Pflichten bei der Erfüllung der Gebote, außer bei den geschlechtsbezogenen, für die jedoch auch eine gemeinsame Verantwortung beider Geschlechter angenommen wird.

[12] Die Begründungen für Gebote im Zusammenhang mit Festtagen, von denen Frauen nicht ausgenommen sind, sind interessant. So sagen zum Beispiel die Rabbinen, dass auch Frauen am Purimfest die Megilla lesen sollen, da sie an dem Wunder beteiligt waren (*Tosafot Pes.* 108b), ein Argument, das auch auf die Gesamtheit aller Vorschriften und der biblischen Geschichte übertragen werden könnte. Über das Gebot, sich beim Sedermahl aufzustützen, sagt der Talmud: „eine bedeutende Frau muss sich aufstützen“ (*Pes.* 108a), und der Rama kommentiert (*OCh* 472:4), dass heute alle Frauen wichtig sind.

[13] Nach ihrer Hochzeit ist die Frau vor allem der Autorität ihres Mannes unterworfen und ihm verpflichtet.

Geschiedene Frauen

Die geschiedene Frau hat einen völlig selbstständigen Status, sie ist weder von ihrem Vater noch von ihrem Ehemann abhängig. Die Weisen haben im Talmud ausdrücklich untersagt, dass der Mann sie in eine nur bedingte Freiheit entlässt, etwa indem er ihr Einschränkungen bei der Wahl eines neuen Mannes auferlegt (*M. Git.* 9:1). Sie vergleichen sogar den *Get*, den Scheidebrief, mit der Befreiung einer weiblichen Sklavin (*M. Git.* 9:3). Die geschiedene Frau hat die Kontrolle über ihr Privatleben. Schon in der Bibel wird das Gelübde[1] einer geschiedenen Frau erwähnt: „Und das Gelübde einer Witwe oder einer Geschiedenen – alles, womit sie sich gebunden, soll bestehen" *(Num.* 30:10). Diese Gelübde sind rechtlich bindend, genau wie die einer Alleinstehenden* Frau oder einer Witwe*; die Gelübde einer Ehefrau oder einer Tochter, bei denen der Mann oder der Vater sie „bestätigen oder...[sie] brechen" kann (*Num.* 30:14) sind es hingegen nicht. Weil die Frau nicht mehr von einem Mann abhängig ist, wird sie selbst für die Erfüllung ihrer Versprechen verantwortlich. Man muss allerdings diese Autonomie vor einem für eine alleinstehende Frau äußerst schwierigen wirtschaftlichen Hintergrund sehen; so konnte sie aus der Not zur Rückkehr in die Obhut ihres Vaters[2] gezwungen sein, wenn dieser bereit war, sie aufzunehmen.[3]

---

[1] *Neder*: eine Verpflichtung vor Gott, eine bestimmte Sache zu tun oder sich ihrer zu enthalten, siehe: *Num.* 30.

[2] Nach *M. Ket.* 4:8, wo die Rückkehr der Geschiedenen in ihr Vaterhaus vorgesehen ist.

[3] Nach biblischem Gesetz (*Lev.* 21:7) und dessen Weiterentwicklung in talmudischer Zeit konnte eine geschiedene Frau keinen Priester (*Kohen*) heiraten. Dies gilt noch heute in orthodoxen Kreisen, die konservativen und liberalen Bewegungen haben diese Einschränkung abgeschafft.

Hagar

Hagar begegnet uns als die ägyptische Magd der ersten Matriarchin Sara*. Sarai[1] ist kinderlos; deshalb schlägt sie Abram vor, in ihrem Namen mit der Magd ein Kind zu zeugen: Abram willigt ein und Sarai gibt ihm Hagar zur Frau. Hagar selbst wird nicht gefragt. Sie gilt als Sarais Eigentum, stellvertretend verhilft sie Sarai zur Mutterschaft. Doch ihr Gehorsam hat ein Ende: „Und da sie sah, dass sie schwanger sei, da ward ihre Gebieterin gering in ihren Augen" (*Gen.*16:4). Auf Sarais Beschwerde hin gibt Abram Hagar in die Hand seiner Frau. Sarai behandelt Hagar so schlecht, dass diese vor ihr in die Wüste flieht. Bei einer Quelle nähert sich ihr ein Gesandter Gottes und fragt sie nach ihrem Woher und Wohin. Als sie gesteht, dass sie vor ihrer Herrin Sarai auf der Flucht ist, gebietet er ihr, zurückzukehren und sich ihrer Herrin zu beugen. Er sagt ihr eine schwierige doch erträgliche Zukunft und eine große Nachkommenschaft voraus. Ihren zu gebärenden Sohn nennt er Ischmael, „denn der Ewige hat gehört auf deine Qual" (*Gen.* 16:11). Darauf ruft sie den Namen des Ewigen, der mit ihr geredet hatte: „Du, Gott der Erblickung; denn habe ich auch nur einen Tritt gesehen nach der Erblickung?" (*Gen.* 16:13). Hagar kehrt zu ihrer Herrin zurück, bekommt einen Sohn, und Abram nennt ihn Ischmael.

Hagar begegnet uns ein weiteres Mal in einer zweiten Episode nach Isaaks Geburt. Beim Fest, das Abraham[2] zur Entwöhnung seines Sohnes Isaak ausgerichtet hat, sieht Sara, wie Ischmael seinen Spott treibt. Sie fordert von Abraham, Hagar mit ihrem Sohn zu verstoßen. Abraham ist nicht glücklich darüber, doch Gott weist ihn an, auf Sara zu hören, „denn in Isaak wird dir ein Same genannt werden. Doch auch den Sohn deiner Magd werde ich zu einem Volk machen, weil er dein Same ist" (*Gen.*

---

[1] Die Episode fällt in die Zeit vor ihrer Namensänderung.

[2] Als Gott Abram eine große Nachkommenschaft verspricht, wandelt er auch seinen Namen in Abraham.

21:12–13). Abraham schickt also Hagar und ihren Sohn mit Brot und einem Schlauch Wasser fort. Hagar verirrt sich in der Wüste. Als der Wasservorrat erschöpft ist, setzt sie ihr Kind unter einem Baum aus[3] und entfernt sich mit den Worten: „Ich will dies Kind nicht sterben sehen". Sie bricht in Tränen aus. Ein Bote Gottes spricht sie an: „Was ist dir, Hagar? Fürchte nichts, denn Gott hat gehört auf die Stimme des Knaben, dort wo er ist. Stehe auf, nimm auf den Knaben und fasse ihn mit deiner Hand; denn zu einem großen Volk werde ich ihn machen. Und Gott öffnete ihre Augen, und sie sah einen Wasserborn, und ging hin und füllte den Schlauch mit Wasser, und gab dem Knaben zu trinken" (*Gen.* 21:18–9). Das Kind wächst in der Wüste auf. Weiter erfahren wir, dass seine Mutter ihm eine Ägypterin zur Frau gibt.

Die Geschichte von Hagar ist mit dem Schicksal ihrer Herrin, Sara, verknüpft. Wegen ihrer unterschiedlichen sozialen Stellung und mehr noch wegen Saras Unfruchtbarkeit entsteht Eifersucht zwischen ihnen beiden. Die Feindseligkeiten lassen auch nicht nach, als beide Mutter geworden sind; ihre Rivalität setzt sich in der Beziehung ihrer Söhne fort. Schließlich wird das weitere Zusammenleben der beiden Frauen unmöglich, obwohl ihren Söhnen beiden eine große Zukunft versprochen ist. Hagar ist die erste biblische Gestalt, die von einem Gottesboten, einem Engel, besucht wird und die einzige, die Gott beim Namen nennt. Es ist bemerkenswert, dass sie als Frau fremder Herkunft die göttliche Botschaft erhält. Doch auch wenn sie die Mutter einer großen Nation wird, ist ihre Geschichte von Verbannung und Leid geprägt.

Ein Midrasch setzt Hagar mit Pharaos Tochter* gleich. Pharao sei vom Gott Israels, von Abraham und von Sara so beeindruckt gewesen, dass er seine Tochter lieber als Dienerin in Abrahams Haushalt denn als Prinzessin im eigenen Lande sah. Somit wäre Hagar königlicher Abstammung – Pharao habe mit der Überlassung seiner eigenen Tochter als Saras Magd nun wieder gutmachen wollen, was er einst Sara durch deren Entführung angetan hatte (*Gen. R.* 45:1). Hagar habe entweder am heidnischen Glauben ihrer Väter festgehalten (*PdRE* 30) oder ihn für den Einen Gott aufgegeben (*Targum Jeruschalmi* über *Gen.* 21:16); in diesem Punkt sind sich die rabbinischen Quellen nicht einig. Die Midraschim spekulieren auch darüber, mit welchen Worten die schwangere Hagar der Verachtung ihrer Herrin Ausdruck gegeben haben könnte: „Meine Herrin Sara ist inwendig nicht wie sie von außen zu sein scheint. Sie tut als wäre sie eine fromme Frau, doch sie ist es nicht, denn nur um ihrer Schönheit willen vermeidet sie eine Schwangerschaft" (*Gen. R.* 45:4). Die Rabbiner betonen häufig den Gegensatz von Schönheit und Mutterschaft. Sara habe

---

[3] Das hebräische Verb *schin-lamed-chaf* bedeutet „hinwerfen", wahrscheinlich eine Kritik des Erzählers, obwohl der Text ansonsten positiv berichtet.

sich an Hagar mit der Auferlegung noch härterer Arbeit gerächt (*Gen. R.* 45:6). Ihre Verzweiflung in der Wüste habe Hagar in einem Gebet in Worte gefasst: „Gestern versprachst du mir noch ‚Ich will deinen Samen mehren und mehren' und heute stirbt er vor Durst!" (*Gen. R.* 53:13). Hagar versucht so ihren Sohn zu retten, indem sie Gott seine Widersprüchlichkeit vorführt und ihn an sein Versprechen erinnert. Die Ansichten der Kommentatoren über sie sind geteilt: Die einen beurteilen ihre Haltung gegenüber Sara kritisch, die anderen kritisieren Abraham und Sara wegen der schlechten Behandlung ihrer Magd.[4]

Hagar ist eine Figur mit vielen Facetten. Sie ist eine Frau, die sich ihrer untergeordneten Rolle nicht fügt; ihre innere Unabhängigkeit macht sich in aggressiven oder emotionalen Ausbrüchen bemerkbar. Gott spricht mit ihr und sie zieht ihren Sohn und Hoffnungsträger allein auf. Auch wenn ihre Flucht in die Wüste am Anfang einer großen Nation steht, bleibt ihre persönliche Geschichte deshalb nicht weniger anrührend.

[4] Siehe z. B. Rambam über *Gen.* 16:6.

Hanna

Hannas Geschichte wird im 1. Buch Samuel berichtet. Sie ist eine der beiden Frauen Elkanas, die andere heißt Pnina. Wie Rachel* ist Hanna die geliebte, aber kinderlose Frau, während ihre Rivalin Pnina Söhne und Töchter hat. Wie immer im biblischen Kontext wird die Unfruchtbarkeit einer Frau auch hier als Ergebnis eines göttlichen Beschlusses dargestellt. Wegen Pninas andauernden Provokationen auf der alljährlichen Pilgerfahrt der Familie zum Opfer in Schilo bricht Hanna regelmäßig in Tränen aus. Ihr Ehemann Elkana versucht etwas ungeschickt sie zu trösten: „Hanna, warum weinst du, und warum issest du nicht? Und warum ist deinem Herzen weh? Bin ich dir nicht lieber denn zehn Söhne?“ (*I Sam.* 1:8). Eines Tages betet Hanna in ihrer Verzweiflung: „Ewiger der Heerscharen, wenn du siehest auf das Elend deiner Magd und meiner gedenkst und nicht vergissest deiner Magd, und gewährest deiner Magd männlichen Samen, so will ich ihn schenken dem Ewigen für alle seine Lebenstage, und ein Schermesser komme nicht auf sein Haupt“ (*I Sam.* 1:11). Da sie ihre Lippen bewegt und kein Laut zu hören ist, hält der Priester Eli sie für betrunken. Er fährt sie barsch an, doch sie beteuert ihre Ernsthaftigkeit. Da spricht Eli zu ihr: „Gehe hin in Frieden und der Gott Israels gewähre dein Begehr, das du von ihm begehrt“ (I Sam. 1:17). Hanna ging davon und ihr Gesicht war nicht mehr wie sonst. Hanna empfing aus der Verbindung mit Elkana einen Sohn und nannte ihn Samuel, „denn vom Ewigen habe ich ihn begehrt“ (*I Sam.* 1:20). Sie behielt ihn bis zu seiner Entwöhnung bei sich, brachte ihn dann zum Priester und dankte Gott mit einem Lobgebet (*I Sam.* 2:1–10). Hanna kam weiterhin jedes Jahr mit ihrem Mann nach Schilo, um dort zu opfern und brachte jedes Mal ein handgefertigtes Oberkleid für ihren Sohn. Der Priester segnete dann das Paar und sprach: „Gebe dir der Ewige Samen von dieser Frau für das Geliehene, das dem Ewigen geweiht“ (*I Sam.* 2:20). Hanna gebar nach Samuel noch drei weitere Söhne und zwei Töchter.

In der Geschichte von Hanna begegnet uns das biblische Grundmuster der Geburt eines Helden. Wie Sara*, Rebekka* und Rachel* ist auch diese Mutter eines zukünftigen Helden zunächst unfruchtbar; und wie bei Sara und Rachel steht sie in einer Eifersuchtsbeziehung zu einer anderen Frau, die Kinder hat und ihr das Leben schwer macht. Ihr Ehemann Elkana scheint sich an der Unfruchtbarkeit seiner geliebten Frau nicht zu stören. Er hat eine Frau, die er liebt und eine andere, die ihm Kinder schenkt. Hanna selbst unternimmt also den Schritt, sich mit einem Bittgebet an Gott zu wenden. Den Priester scheint ihre Anwesenheit im Tempel und ihr Wunsch zu beten, nicht zu überraschen – dies beweist, dass die Anwesenheit von Frauen im Heiligtum damals nichts Ungewöhnliches war. Nur ihr Gebaren fällt dem Priester auf und befremdet ihn. Doch der Text ergreift Partei für sie und gegen den Priester und seine Zurechtweisung. Ihr Gebet wird erhört und Hanna weiht ihren Sohn gemäß ihrem Schwur dem Priesterdienst. Sie bekommt ein Kind und verzichtet darauf, es aufwachsen zu sehen; dieser Verzicht erhöht wohl ihren sozialen Status und trägt vielleicht auch die Hoffnung auf die Geburt weiterer Kinder in sich. Interessanterweise bespricht sie sich weder vor ihrem Schwur noch bei dessen Ausführung mit ihrem Mann. Das zentrale Thema ihres Dankesgebetes ist Gottes Unterstützung der Armen und Bedürftigen und die Wendung des Schicksals. Im letzten Vers spricht sie das Königtum an.[1] Kritische Exegeten schließen hieraus, dass dieses Lobgebet nicht, wie der Erzähler vermuten lässt, zur Zeit der Weihe Samuels entstand, sondern es sich um einen jüngeren Text handelt, der nach der Salbung Sauls durch Samuel an dieser Stelle eingefügt wurde. In diesem Psalm stehen die Themen von Unfruchtbarkeit und Fruchtbarkeit, vom Kampf und Sieg über die Feinde, sowie von der Schöpfung und Gottes Macht über Leben und Tod nebeneinander. Hanna wird durch die ihr zugeschriebenen prophetischen Aussagen zur Verkünderin einer neuen Ära in der Geschichte Israels, des Übergangs von der Zeit der Richter zum Königtum. Ihr Gebet ist im Buch Samuel an herausragender Stelle plaziert. Dadurch wird der Eindruck vermittelt, dass ohne ihr Eingreifen, ohne ihr Verhandeln mit Gott, die Geschichte Israels einen anderen Verlauf genommen hätte. Hannas Gebet wird von den Rabbinen als Beispiel für ernsthafte Frömmigkeit zitiert. Es ist Teil der Haftaralesung am Tag von Rosch HaSchana, da nach Ansicht der Rabbinen Hannas Gebet am Neujahrstag erhört wurde.[2] Neun Mal erwähnt Hanna in ihrem Gebet den Namen Gottes, dies entspricht den neun Segenssprüchen der Amida für diesen Tag. (*RH* 10a und 11a; *Jev.* 64b; *Br.* 29a). Der Jerusalemer Tal-

[1] „Der Ewige [...] verleihet Macht seinem Könige und erhöht das Horn seines Gesalbten" (*I. Sam.* 2:10).

mud stützt sich auf das Beispiel von Hanna um zu allgemeinen Schlussfolgerungen über das Gebet zu kommen: „R. Josse bar Hanina sagte: „Aus diesem Vers[3] lernen wir vier Dinge: ‚Hanna sprach zu ihrem Herzen.‘ Daraus lernen wir, dass das Gebet Konzentration fordert. ‚Nur ihre Lippen bewegten sich.‘ Daraus lernen wir, dass ein Gebet mit den Lippen geformt werden muss. ‚Aber ihre Stimme wurde nicht gehört.‘ Daraus lernen wir, dass man beim Gebet die Stimme nicht erheben soll. ‚Eli hielt sie für eine Betrunkene.‘ Daraus lernen wir, dass ein betrunkener Mensch nicht beten soll.“ (*TJ, Ber.* 4:1). Hannas Beispiel wird auch zur Veranschaulichung von Gottes Allgegenwart herangezogen: „Siehe, der Heilige, gelobt sei Er, ist erhaben über seine Welt. Dennoch kann ein Mensch ein Bethaus betreten, sich hinter einer Säule verstecken und mit leiser Stimme beten – der Heilige, gelobt sei Er, wird sein Gebet vernehmen. Wie es geschrieben steht: ‚Hanna sprach zu ihrem Herzen, nur ihre Lippen bewegten sich, aber ihre Stimme wurde nicht gehört.‘ Dennoch erhörte der Heilige, gelobt sei Er, ihr Gebet“ (*TJ, Br.* 9:1,13a). Der babylonische Talmud gibt folgende Erklärung dazu, wie Hanna Gott davon überzeugen konnte, sie fruchtbar zu machen: Gleich zu Beginn habe sie Gott mit der Anrede als „Herr Zebaot“[4] herausgefordert: Wenn Gott der Schöpfer der Welt ist, wie geht es über seine Kraft, ihr einen Sohn zu geben? Dann habe sie gedroht, sich mit einem Mann allein zurückzuziehen, um so des Ehebruchs verdächtigt zu werden, und schließlich sei sie, nach biblischem Gesetz für unschuldig erklärt, schwanger geworden (*Sota, Num.* 5:28). In dieser Darstellung inszeniert sie eine Erpressung, um Gott zur Anwendung eines biblischen Gesetzes zu zwingen – ganz als sei Gott an die Gesetze der Tora gebunden. Schließlich ist für die Rabbinen die dreimalige Verwendung des Begriffes *Amatecha* („deine Magd“) im Text ein Hinweis auf die drei auf Frauen bezogenen rituellen Gebote, für die der Name Hanna[5] ein Akronym ist: *Chet* für das Absondern der “Challa“ vom Teig, *Nun* für “Nidda*“, die ehelichen Reinheitsgebote, und *He* für “Hadlakat haNerot“, das Zünden der Schabbat- und Festkerzen[6]. Dem Traktat Brachot zufolge erklärt Hanna, diese drei Gebote niemals übertreten zu haben, und insistiert, dass dieser Verdienst durch ein Kind belohnt werden solle. Schließlich argumentiert sie, dass doch alle Organe zu einem Zweck erschaffen seien und ihre Brüste wegen ihrer Kinderlosig-

[2] Der wahre Hintergrund ist wohl eher die Ähnlichkeit der Geschicke von Sara (von der die Parascha des Tages handelt) und von Hanna (*RH* 11a; *Gen. R.* 83:1; Jev.64b; *Br.* 29a; *Meg.* 31a).

[3] Das heißt *I. Sam.* 1:13.

[4] Im allgemeinen übersetzt als „Herr der himmlischen Heerscharen“, hier aufgefasst als „Herr der Scharen der Schöpfung“

[5] Hebr. *Chanah*, geschrieben mit den drei Buchstaben *Chet*, *Nun* und *He*.

[6] Siehe: Schabbatkerzen*

keit sinnlos seien: „Gib mir einen Sohn, dass ich ihn mit ihrer Hilfe nähren kann“ (*Br.* 31b). Nacheinander verwendet sie als Argumente die Allmacht Gottes, die Wahrheit der Offenbarung, die ausgleichende Gerechtigkeit, und den Nutzen des weiblichen Körpers (der nach rabbinischer Auffassung einzig zum Kinderkriegen geschaffen ist). Diese Argumente lassen Hanna als intelligente, fromme und kenntnisreiche Frau erscheinen, die alle diese Qualitäten in den Dienst ihres Kinderwunsches stellt. Die Rabbinen gehen soweit, ihre mit Moses oder Eli vergleichbare Respektlosigkeit gegenüber Gott zu loben und durch ihre Forderung als gerechtfertigt zu sehen (*Br.* 31b–32a). Nur an einer Stelle wird sie für ihre Frechheit kritisiert (*Br.* 30b).

Hanna wird als eine der biblischen Prophetinnen genannt *(Meg.* 14b), zweifellos wegen ihrer Vorahnung vom Fall des Hauses Saul und Aufstieg des Hauses David am Ende ihres Gebetes. Ihr Name bedeutet „Gnade, Huld“. Nach rabbinischer Interpretation war sie entweder selbst huldvoll oder stand in Gottes Gnade. Eine andere Etymologie verbindet ihren Namen mit den im Gebetsbegriff enthaltenen Vorstellungen von Sehnsucht und Erbarmen, „nach etwas streben“ und „um einen Gefallen bitten“. Ihr eigenes Erbarmen und Mitgefühl wird in vielen Midraschim betont. Sie wird beschrieben als eine, die ihrer Rivalin Pnina[7] verziehen hat und für die Rettung derer Kinder betet (*PR* 43:182a), oder die sich im Gebet für Korach und die Seinen einsetzt (*Num.* 16; *Gen. R.* 98:2; 98:4; *Num. R.* 18: 13–14; 18:20; *R.H.* 17a) und für jedermann eine Quelle der Hoffnung ist.

Die Rabbinen führen für viele das Gebet betreffende Gesetze Hanna als Vorbild an. Dennoch sind Frauen nicht wie die Männer zum dreimaligen Gebet am Tag verpflichtet und sie zählen auch nicht im Minian*. Diese Widerspruch hat anscheinend die Rabbinen nicht beschäftigt, denn nirgends findet sich ein Hinweis darauf, dass Hanna eine Frau war. Hannas Gebet wurde erhört. Dennoch verschwindet sie von der Bildfläche, sobald sie ihre Rolle als Mutter des biblischen Helden erfüllt hat; dadurch wird ihre Lebensbestimmung als Frau überdeutlich: Die Rolle der Gebärerin hat ihr zu genügen. Doch durch die bloße Tatsache, dass das tägliche Amida-Gebet Regeln folgt, die anhand des Beispiels einer Frau aufgestellt wurden, findet sie ihren Weg in ein in der orthodoxen Welt den Männern vorbehaltenes Universum, das des Gottesdiensts und des gemeinsamen Gebets. Wie zahlreiche andere Frauen der Bibel übt Hanna einen nicht geringen Einfluss aus; doch sie bleibt dabei im Hintergrund, greift nur vorübergehend in die Geschichte Israels ein, bevor sie von der

---

[7] Eine Quelle entschuldigt Pnina; sie habe mit gutem Vorsatz gehandelt und Hanna zum Gebet veranlassen wollen. Nach *BB* 16a.

Bühne verschwindet. Ihr Einfluss bleibt bestehen, doch diskret und im Verborgenen, deshalb manchmal völlig unbemerkt.

Heirat

In der traditionellen jüdischen Trauungszeremonie sind Mann und Frau nicht gleichwertige Partner. Die Initiative für die Eheschließung geht vom Mann aus[1] und diese Einseitigkeit setzt sich in der Heiratszeremonie fort, in der weitgehend der Mann die aktive Rolle übernimmt. Nach biblischen Quellen organisierten die Eltern die Heirat ihrer Töchter und ihrer Söhne (s. *Gen.* 34 und *Richter* 14). Die Transaktion wurde dann zwischen dem Ehemann und dem Vater der Frau abgewickelt: Die Eheschließung einer nicht geschiedenen oder verwitweten[2] Frau bedeutete ihren Übergang vom Besitz ihres Vaters in den ihres Mannes (*M.Ket.* 4:5). In orthodoxen Gemeinden wird der Vertrag nach wie vor von den beiden Männern und zwei weiteren männlichen Zeugen* unterschrieben. Der anschließende Verlobungssegen spiegelt eine rein männliche Sichtweise. Auch die Verlobungsformel selbst [„Siehe, mit diesem Ring bist du mir nach den Gesetzen von Moses und Israel angeheiligt"] wird allein vom Bräutigam gesprochen.[3] Weiter steckt nur der Mann seiner Frau den Ring an den Finger und er zerbricht das Glas nach der Zeremonie. Der Frau wird eine passive Rolle zugeschrieben, und auch wenn die Rabbinen den Erwerb einer Frau von der Anschaffung anderer Güter unterscheiden, bleibt das der Ehe zugrundeliegende Konzept doch das eines „Erwerbes"

[1] Dass dem Mann die Initiative bei der Eheschließung vorbehalten bleibt, wird mit einem Bibelzitat begründet, nach dem „ein Mann eine Frau nimmt" (*Deut.* 22:13). R. Schimon legt die Stelle wie folgt aus: „Weil es viel eher in der Natur des Mannes liegt, aktiv nach einer Frau Ausschau zu halten, als in der Natur der Frau einen Mann zu suchen" (*Zev.* 103a).

[2] Siehe auch: Geschiedene* und Witwe*.

[3] Anm. d. Übers.: in jüngerer Zeit wurden die beiden Zeremonien *Kidduschin* („Anheiligung": Eheversprechen und Vertrag, oft als „Verlobung" übersetzt) und *Nissuin* (Vollzug der Ehe, früher ein Jahr später) zusammen gezogen, sie bilden heute gemeinsam die Trauungszeremonie.

[*kinian*[4]]. Die *Kidduschin* symbolisieren die Aneignung einer Frau durch den Mann, der ihr einen Wertgegenstand überreicht.[5] Die Frau ist zwar kein Sklave, doch in der rabbinischen Terminologie hat auch sie einen Meister *[Ba'al]*.

Heute hat das liberale und konservative Judentum die Zeremonie in vieler Hinsicht modifiziert. Die Trauformel (s.o.) wird in männlicher und weiblicher Form von beiden Partnern gesprochen und dabei werden Ringe getauscht. Die Konferenz der liberalen Rabbiner hat 1869 in Philadelphia eine Resolution angenommen, nach der „die Frau beim Abschluss des Ehevertrages nicht mehr eine passive Rolle spielen soll, sondern dass Bräutigam und Braut mit der gleichen Formel ihre gegenseitige Verpflichtung aussprechen und dabei Ringe tauschen". Diese Resolution wurde bei der Versammlung in Augsburg 1871 bestätigt.

Nach traditionellem Recht darf die Frau dem Mann keinen Wertgegenstand überreichen oder die gleichen Worte sagen, weil dies die Gültigkeit des Erwerbes in Frage stellen würde. Obwohl nach der *Takkana* (Zusatz zum Gesetz) von Rabbenu Gerschom im 13. Jh. die Polygamie* im aschkenasischen Raum praktisch unterbunden wurde, konnte ein Mann dennoch nicht nur einer Frau versprochen sein, da er theoretisch nach dem Gesetz immer noch eine andere heiraten könnte (*Kid.* 4b und Tossafot *ad hoc*; *MT*, Hil. Isch. 3:6).

Auch die Ketuba, der Ehevertrag ist nach der Tradition eine einseitige Verpflichtung, da die Frau nicht als selbstständig rechtsfähig galt. Ursprünglich[6] war der Zweck der Ketuba, die Rechte einer Frau innerhalb der Ehe und im Falle einer Scheidung zu schützen; in ihr wird festgeschrieben, dass der Mann seine Ehefrau zu ernähren, zu kleiden und ihre sexuellen Bedürfnisse zu befriedigen hat[7]. Den egalitären Ansprüchen

---

[4] Nach *Kid.* 12a: Der *Schulchan Aruch*, EH 80:15 und 64:5 gibt vor, dass der Mann ausdrücklich das Recht auf die Hausarbeit seiner Frau erwirbt. Nach dem Talmud, *Kidduschin* 4b, kann die Frau bei der Eheschließung nicht die Initiative ergreifen, und die Ehe kann auch nicht auf das Einvernehmen der beiden Partner gegründet sein.(*Kid.* 3a,6b)

[5] Nach *M.Kid.* 1:1 unterstreichen die Weisen, dass das biblische Verb für den Erwerb einer Frau die Wurzel *l.k.ch.,* „nehmen", hat (*Deut*. 22:13), ebenso wie der Begriff für die Anschaffung eines Feldes (*Gen.* 23:13). Judith Romney Wegner deutet an, dass der Mann tatsächlich die Sexualität seiner Frau erwirbt.

[6] Die Ketuba gab es schon im 5. Jahrhundert vor unserer Zeitrechnung. Nach der Tradition geht sie auf Schimon ben Schetan im ersten Jahrhundert vor unserer Zeit zurück (*Ket.* 82b).

[7] Diese drei Forderungen tauchen schon in der Bibel auf (*Ex.* 21:10). Die Begriffe sind nur an dieser einen Stelle in der Bibel belegt und geben so Raum für verschiedene Interpretationen in der Mischna. Ibn Esra zitiert R. Samuel b. Meir und schlägt vor, dass es sich um Unterkunft und nicht um Sexualität

unserer Zeit wird dieser Vertrag allerdings nicht gerecht. In einer patriarchalischen Welt war es sicher ein bemerkenswerter Fortschritt, dass die Frau auch beim Tod des Ehemannes oder einer Scheidung finanziell abgesichert war. Die Ketuba sah auch einen Anspruch der Frau auf ihre Mitgift und den Gewinnzuwachs vor (*SA*, *EH* 1:126). Die Pflichten des Mannes wurden erweitert und schlossen die medizinische Versorgung, Zahlung eines Lösegeldes bei Gefangennahme und die Beerdigungskosten mit ein (*Ket*. 51a–52b). Aber einer Frau, die als Jungfrau die Ehe einging, wurde bei der Trennung eine weit größere Summe mitgegeben, und noch heute wird die Jungfräulichkeit[8] der Ehefrau vor allen Anwesenden publik gemacht. In liberalen und konservativen Kreisen hat auch die Ketuba einige Änderungen erfahren.[9] Der Trauungsakt beinhaltet jetzt eine gegenseitige Verpflichtung beider Partner, Jungfräulichkeit wird nicht mehr thematisiert und die Ketuba wird von beiden Ehepartnern und zwei Zeugen, die männlich oder weiblich sein können, unterschrieben. Die Beidseitigkeit dieses Dokuments hilft bei der Scheidung* eine gute Zahl von Problemen von vornherein auszuschließen. Das Problem der Aguna* ist hinfällig, weil die Scheidung* von der Frau ebenso wie vom Mann eingeleitet werden kann und da auch die Scheidungsvereinbarung auf Gegenseitigkeit beruht. In der Ketuba von Babata aus dem zweiten Jahrhundert, die in einer Höhle in der judäischen Wüste aufgefundenen wurde, ging die Scheidung zwar vom Mann aus, er war aber auch dazu verpflichtet sie auszusprechen, wenn die Frau es wünschte. Diese Möglichkeit gibt es heute in der orthodoxen Welt nicht mehr. Eine bei Assuan in Ägypten[10] aufgefundene alte Ketuba enthält die Formulierung „Du bist meine Frau und ich bin dein Mann auf ewig“. Diese Formulierung wurde von den rabbinischen Autoritäten der nach-talmudischen Zeit kritisiert, weil damit der Ehemann seiner Frau mit gleichem Recht angeheiligt wür-

---

handelt, dies war allerdings nicht die Mehrheitsmeinung. Im Gegenzug müsse die Frau sexuellen Kontakt zulassen. Selbst wenn das nach einem gegenseitigen Vertrag aussieht, ist die von der Frau bei Nichterfüllung ihrer Verpflichtung zu zahlende Strafe mehr als doppelt so hoch wie die dem Mann auferlegte., siehe, *M.Ket*. 5:7.

[8] Siehe: Jungfräulichkeit*

[9] Manche Konservative benutzen die traditionelle Ketuba mit einem von Saul Lieberman vorgeschlagenen Zusatz, in dem festgelegt wird, dass im Fall einer Scheidung* der Mann verpflichtet ist den *Get* [Anm.d.Übers.:Scheidungsbrief] auszuhändigen, und in dem die Ehe a posteriori für ungültig erklärt wird. Die Erklärung der Nichtigkeit einer Ehe bei deren Auflösung ist für die Orthodoxie problematisch, stellt sie doch den Wert des Ehevertrages in Frage. Daher fand diese Lösung in der orthodoxen Welt auch keine Zustimmung.

[10] Siehe: David Davidovitch, *The Ketouba*, S.114, und Mordecai Akiva Friedman, *Jewish marriage in Palestine*.

de wie sie ihm.[11] Ebenso taucht in einer Anzahl von Ketubot aus Palästina, anders als in den babylonischen, die Idee der *Schutafut*, der „Partnerschaft," auf. Es ist interessant, dass die Idee der Gegenseitigkeit schon lange vor den egalitären Bewegungen existierte. Beim Propheten Maleachi (2:14) findet sich ebenso eine egalitäre Formulierung in Bezug auf die „Frau der Jugend": „Sie ist deine Gefährtin, die Frau deines Bundes". Manche schlugen vor, dass die Frau auf den vom Mann gesprochenen Satz „Siehe, mit diesem Ring bist du mir angeheiligt nach dem Gesetz von Moses und Israel" mit einem Vers aus dem *Hohelied* antwortet: „Mein Verlobter ist mein und ich bin sein" (2:16). Diese Formulierung ist zwar egalitär, aber doch eher eine poetische als eine rechtliche, und sie hat nicht das Gewicht der Worte, mit denen der Mann den Vertrag besiegelt. Daher ziehen wir es vor, wenn die Frau die gleichen Worte gebraucht wie der Mann, was impliziert, dass auch er der Frau angeheiligt ist.

In traditionellen Kreisen tanzen und singen die Männer vor dem Bräutigam und begleiten ihn in einen Raum, in dem die Braut umgeben von anderen Frauen sitzt. Der Bräutigam bedeckt ihr Gesicht mit einem Schleier[12] und spricht den Segen für Rebekka*[13] vor ihrer Hochzeit mit Isaak: „Unsere Schwester, du werde zu tausend Myriaden" (*Gen.* 24:60). Manchmal wird heute auch der Vers von Ruth rezitiert: „Mache der Ewige die Frau, die zu deinem Hause eingeht, wie Rachel und wie Lea, welche beide erbaut haben das Haus Israels" (*Ruth* 4:11). Diese Verse beziehen sich ausschließlich auf die Fruchtbarkeit. Eine Erklärung ist, dass diese Zeremonie, die der eigentlichen Trauung vorausgeht, dem Verlobten die Möglichkeit geben soll festzustellen, ob seine Frau nicht, wie im Fall von Lea und Rachel, gegen eine andere ausgetauscht wurde (auch wenn der Schleier schon immer durchsichtig war). Andere verbinden die verschleierte Braut mit dem Bild der verborgenen Schechina*. Doch alle diese Bilder, so schön sie auch sein mögen, sind problematisch. Die Feststellung der wahren Identität der Braut erinnert in ihrer Symbolik an den Kauf und die Möglichkeit, mit minderwertiger Ware betrogen zu werden. Außerdem versetzt das verschleierte Gesicht die Frau in eine untergeordnete Position; selbst wenn der Schleier nur symbolisch ist, beschwört er doch die Vorstellung der [vorgeblich weiblichen Tugend der] Keuschheit* herauf. Man kann sich nur schwer einen verschleierten Mann vorstellen, dessen Frau seine Identität überprüft. An anderer Stelle sagt uns

---

[11] Die *Tosefta Kiduschin* 1:1 präzisiert, dass die Trauungsformel von der Frau nicht gesprochen werden kann, da sie keinerlei rechtliche Auswirkung hätte.

[12] Anm. d. Übers.: Die hier beschriebene Zeremonie war nur im aschkenasischen Raum verbreitet und heißt auf Jiddisch „Bedecken die Kalle".

[13] Weil Rebekka bei ihrer ersten Begegnung mit Isaak „ihren Schleier nahm und sich bedeckte" (*Gen.* 24:65).

der Talmud, dass es verboten ist, in das Gesicht einer verheirateten Frau zu sehen (*Ket.*17a) und in der Rechtsprechung klingt dieses Verbot nach.[14] Es ist sehr gut möglich, dass der Schleier das Zeichen für den Erwerb der Frau war und dass auch eine Verbindung mit dem ursprünglichen Wortsinn von *Chuppa*[15] besteht. In Anbetracht dessen, wofür er steht, ist der Schleier in modernen Zeremonien auf keinen Fall ein verpflichtendes Element, selbst wenn er von alters her Tradition ist.

Der erste Teil der Hochzeit heißt *Kidduschin*, Heiligung. Die Person, die den Gottesdienst leitet, sagt zwei Segenssprüche (*Birkat Erusin*), hierin wird auf die Heiratsvorschriften im Buch Levitikus Bezug genommen, auf das „Verbot der Verlobten und die Erlaubnis der gesetzmäßig Verheirateten.[16] “ Wieder geht die Formulierung vom männlichen Standpunkt aus. In egalitären Zeremonien wurde sie so umgewandelt, dass auch die Frauen eingeschlossen sind. Danach folgt der Ringtausch und die von beiden Partnern gesprochene Trauformel [s.o.], schließlich wird die Ketuba verlesen. Rachel Adler[17] schlägt vor, an Stelle der Auffassung vom einseitigen Erwerb das in einem *Brit Ahuvim* (Bund der Liebenden) festgehaltene Konzept einer Partnerschaft zu setzen, welche von gemeinsamen Mitteln und einer gemeinsamen Entscheidung über deren Verwendung ausgeht.

Der zweite Teil der Zeremonie, oder *Nissuin*, besteht aus den *scheva Brachot* („sieben Segenssprüche“[18]). Sie preisen Gott als Schöpfer der Welt im Allgemeinen wie als Schöpfer des Menschen im Besonderen und als Quelle der Freude, besonders für Bräutigam und Braut. Die sieben Lobsprüche verherrlichen die Einheit des Männlichen und Weiblichen in der Welt. Gott wird aber ausschließlich in männlicher Gestalt angerufen: Er ist der *König* oder der Herrscher der Welt. Inzwischen konnten für die rein männlichen Bilder, die nur eine Seite Gottes beschreiben, generische Begriffe ersetzt werden: *Malchut*[19], die Göttlichkeit, die in der jüdischen

---

[14] In seinem Kommentar des *Tur, EH* 61, berichtet Joel Sirkes von einer Zeremonie, die in Russland am Morgen der Trauung stattfand und bei der der Verlobte und der Rabbiner die Braut verschleierten; siehe auch *SA, EH*, 65:2; Isserles kommentiert, dass man jedoch ihren Schmuck betrachten darf.

[15] Heute versteht man hierunter den Hochzeitsbaldachin; siehe „The bride's veil“ in: Solomon B. Freehof, *Current Reform Responsa*, n°47, S.188–193.

[16] Anm.d.Übers.: Nach der Encyclopaedia Judaica könnte diese schwer verständliche Formel einfach bedeuten, dass die Verlobten erst nach der Zeremonie der *Nissuin* die Ehe vollziehen dürfen.

[17] Siehe: Rachel Adler, *Engendering Judaism*, S. 192.

[18] Diese Segenssprüche sind sehr alt. Sie werden schon von R. Jehuda ben Jesekiel im 3. Jahrhundert zitiert (*Kid.* 8a); für eine ausführliche Studie über die sieben Brachot siehe: Rachel Adler, *Engendering Judaism*, S. 182–190.

[19] Anm.d.Übers.: eigentlich die „Königswürde“, das „Königreich“, also die göttliche Herrschaft.

Mystik für die „Schechina“ steht. Wenn wir heute die Verbindung eines Mannes und einer Frau feiern, ist es wichtiger als früher, dass die männlichen und weiblichen Aspekte der Gottheit verbunden[20] werden, und dass Männer und Frauen in der Zeremonie entsprechend der Bildersprache des Hoheliedes als gleichwertige Partner dargestellt werden.[21]

Die Zeremonie wird mit einem symbolischen Akt beendet, der traditionell vom Mann ausgeführt wird: das Zerbrechen eines Glases. Höchstwahrscheinlich handelt es sich hierbei ursprünglich um eine dem Aberglauben entsprungene Praxis, mit der die bösen Geister abgewehrt werden sollten. Der Talmud erzählt die Geschichte von einem Rabbiner, der bei der Hochzeit seines Sohnes die übermütige Freude der Teilnehmer beobachtet, sich ein Glas nimmt und es gegen die Wand wirft. Danach verlief das Fest wieder in ruhigeren Bahnen. Das zerbrochene Glas wäre so das Symbol für gezügelte Freude. Später wurde diese Handlung mit der Trauer über den zerstörten Tempel in Jerusalem[22], mit der Erinnerung an alle schrecklichen Ereignisse in der jüdischen Geschichte und an die Verluste der eigenen Familie verbunden; sie verhalf dazu, in einem freudigen Augenblick einen Moment innezuhalten und dem Gedenken zu widmen. Das zerbrochene Glas wird auch mit der Jungfräulichkeit der Braut, die nun bei der Hochzeit von ihrem Mann defloriert wird, assoziiert; in einem partnerschaftlichen Rahmen ist diese Vorstellung unakzeptabel. Die Mystik verbindet mit dem zerbrochenen Glas die Idee von der Welt, die darauf wartet, durch die Handlungen des Paares wieder zusammengefügt zu werden.[23] Unabhängig von der gewählten Interpretation würde diese Geste einiges gewinnen, wenn sie nicht allein dem Mann vorbehalten wäre. Das Paar könnte das Glas gemeinsam zerbrechen oder gleichzeitig jeder ein Glas zerbrechen. Auf solche Weise kann die Zeremonie eine partnerschaftliche Beziehung des Paares wiederspiegeln.

---

[20] Zu egalitären Abwandlungen der sieben Lobsprüche siehe Renni S. Altman, „The Scheva Brachot Reconsidered“, CCAR *Journal*, S. 136-138.

[21] Siehe: Schulamit*

[22] Für den auch Psalm 137: 5–6 gesagt wird.

[23] Nach der mystischen Vorstellung von der Schöpfung enthielten Gefäße das ursprüngliche Licht; als diese zerbrachen, konnte es sich ausbreiten. Die Aufgabe der Menschen ist es, diese Gefäße zu kitten und die Welt wieder vollkommen zu machen.

Hulda

Hulda ist eine Prophetin zur Zeit von König Josias, in der zweiten Hälfte des siebten Jahrhunderts vor unserer Zeitrechnung (639–609). Erwähnt wird sie im zweiten Buch der Könige (22:14–20), mit einer Parallelstelle im zweiten Buch der Chronik (34:22–28). Der Priester Hilkia hat [im Tempel] ein Buch gefunden und es an Schafan, den Schreiber, weitergegeben, der dem König daraus vorliest. Als Josias den Inhalt dieses Lehrbuches (vermutlich einem Teil des Deuteronomium) erfährt, zerreißt er seine Kleider zum Zeichen der Trauer; er begreift, dass Gottes Zorn die Menschen treffen wird, die sein Wort missachten – und dass sein Volk sich nie an die göttlichen Gebote gehalten hat (*II Kön.* 22:11). Er gibt fünf königlichen Beamten den Befehl: „Gehet, fraget den Ewigen um mich und um das Volk und um ganz Juda, wegen der Worte dieses gefundenen Buches [...]“ (*II Kön.* 22:13). Darauf gehen die Beamten zu Hulda, der Frau von Schallum, dem Hüter der Kleider, einer anerkannten Prophetin. Sie hört sie an; mit ihrer Antwort gibt sie Gottes Wort Ausdruck. Sie bestätigt das bevorstehende göttliche Strafgericht für die Götzendienerei des Volkes. Dem König lässt sie ausrichten, dass er wegen der gezeigten Trauer und Reue von der Bestrafung seines Volkes ausgenommen sei und vorher sterben würde. Als Huldas Prophezeiung Josias überbracht wird, lässt der daraufhin alle Orte des Götzendienstes zerstören; doch Gottes Zorn kann er nicht besänftigen. Die Worte Huldas werden wahr, der König stirbt allerdings erst bei der Schlacht von Megiddo (*II Kön.* 23:29; *II Chron.* 35:20–24).

Hulda ist zwar eine von nur wenigen Prophetinnen der Bibel[1]; doch die Tatsache, dass sie eine Frau ist, scheint für den biblischen Erzähler völlig unproblematisch zu sein. Dennoch wird auch ihr Ehemann mit Namen

[1] Die biblischen Prophetinnen sind: Miriam*. Debora*, Hulda, Noadia*, die falsche Prophetin aus Nehemia 6:14 und die namenlose Prophetin aus 8:3; Der Talmud zählt sieben Prophetinnen.

und Beruf und sogar seiner Abstammung bis in die zweite Generation erwähnt – dies könnte als Betonung seiner [männlichen] Autorität interpretiert werden. Die Kommentatoren fragen sich, wieso die Berater des Königs sich nicht an einen der bekannteren in dieser Epoche tätigen Propheten wandten, wie zum Beispiel an Jeremias. Der Midrasch hält mehrere Erklärungen für wahrscheinlich: Jeremias sei gerade auswärts beschäftigt gewesen, oder auch: die Wahl sei auf Hulda gefallen, weil sie eine angeheiratete Verwandte von Josua gewesen sei (nach *Jal.*). Damit drückt der Midrasch aus, dass sie entweder nur um Rat gefragt wurde, weil zufällig gerade kein geeigneter Mann zur Verfügung stand, oder dass sich ihre Glaubwürdigkeit allein aus der Beziehung zu ihrem Mann herleitet. Jeder persönliche Verdienst wird ihr damit abgesprochen. Der Kommentator Radak (über 2. Kön. 22:14) behauptet sogar, Hulda habe nur für Frauen geweissagt – obwohl dies im Widerspruch zum biblischen Text steht. Wieder andere stellen eine verwandtschaftliche Beziehung zum Propheten Jeremias her[2] und meinen, sie habe nur in seiner Abwesenheit und unter seiner Aufsicht prophezeit: Hier wird sie gar zur Hilfsprophetin herabgestuft! Ein weiterer Midrasch unterstellt, die Wahl sei wegen ihres typisch weiblichen Mitgefühls auf sie gefallen; dies Mitgefühl sei notwendig zur Vorhersage zukünftiger Not für das Volk (*Meg.* 14b wiedergegeben von Raschi). Diese manichäische Interpretation bleibt eine Erklärung dafür schuldig, dass ähnliche Voraussagen auch von Männern gemacht wurden. Die Rabbinen zeihen Hulda, ähnlich wie Debora* des Hochmuts, weil sie sagt: „Saget dem Manne der euch zu mir sendet [...]“ und nicht „Sagt dem König...“ und vergleichen sie mit einem Marder [*kurkuschta*] (*2. Kön.* 22:15). Alle diese Midraschim reflektieren die Schwierigkeiten der Rabbinen, Frauen als öffentliche Persönlichkeiten wahrzunehmen, die von Männern um Rat gefragt werden und Männern das Wort Gottes verkünden; diese Rolle widersprach der ihnen vertrauten Rolle der Frau.

Huldas Ruf zu biblischer Zeit ist schlecht einzuschätzen; Informationen über sie sind spärlich. Dem Text ist zu entnehmen, dass sie im zweiten Viertel in Jerusalem wohnte. Nach der Übersetzung des Targum war dies ein Ort, an dem Menschen zum Lernen zusammenkamen und wo sie Tora lehrte (*Targ. Ps.-Jon.* über *II Kön.* 22); durch diese Interpretation wird Huldas öffentliche Aufgabe noch weiter ausgelegt und ihr [neben ihrer prophetischen Gabe auch] Gelehrsamkeit zugeschrieben. Die Mischna erzählt, dass die beiden Südportale des Tempelbergs „Huldatore“ genannt wurden[3] (*M. Mid.* 1:3); dies beweist, dass Hulda zumindest zu späterer Zeit einige Berühmtheit erlangte. Ihre Vorhersage kündigt

---

[2] Ihre gemeinsamen Vorfahren sollen Josua und Rahab gewesen sein.
[3] Sie existieren heute noch.

deutlich und ohne Umschweife die schreckliche Zerstörung Jerusalems an. König Josias bezweifelt die Wahrhaftigkeit dieser Auskunft keinen Augenblick, sondern handelt sofort entsprechend. „Den Ewigen befragen“ wird gleichgesetzt mit dem Aufsuchen der Prophetin Hulda. Sie trägt mit ihrer Prophezeiung zu den Reformen des Königs Josias bei, der das Volk zum Kultus des Einen Gottes zurückführt. Vielleicht sind diese Reformen sogar auf sie zurückzuführen – denn sie ist diejenige, die das Deuteronomium als göttliche Lehre erkennt. Ihre Prophezeiung ist insofern ungewöhnlich, als sie zur Bestätigung und Anerkennung eines Schriftstückes dient; so spielt Hulda als Frau eine einzigartige Rolle in der Bibel und der ganzen jüdischen Geschichte.

Imma Schalom

Imma Schalom begegnet uns im Talmud zwischen 80 und 110 unserer Zeitrechnung in Palästina. Sie war die Tochter von Rabban Simon Ben Gamliel I. und die Schwester von Rabban Gamliel; die beide dem Sanhedrin, der gesetzgebenden Versammlung jener Zeit, vorsaßen. Imma Schalom heiratete Elieser ben Hyrkanus. Sie ist eine der wenigen Frauen, die im Talmud zitiert werden. Bekannt war sie für ihre Intelligenz, ihre genialen Bemerkungen und ihren Willen, sich zu äußern. Es war ihr Mann, der sagte: „Weisheit dem Weibe nur bei der Spindel" (*Joma 66 b*) und „Wer seine Tochter Tora lehrt, lehrt sie Ausschweifung" (*Sota 3:4*) oder auch „Man verbrenne die Tora eher, als sie Weibern anzuvertrauen" (*TJ, Sota 3;16 a*) Dennoch nahm sie an den Diskussionen der Männer teil und stritt mit ihrem Bruder um das väterliche Erbe[1] (*Schab.116a–b*). Ihr Name bedeutet „Friedensmutter".

Der Talmud (*Sanh. 39a*) berichtet von einem Streitgespräch zwischen einer Frau, von der man annimmt, dass es sich um Imma Schalom handelt, obwohl der Name nicht explizit erwähnt wird[2] und einem Herrscher, der jüdische Glaubensgrundsätze in Frage stellt: „‚Euer Gott ist ein Dieb. Er hat Adam eine Rippe gestohlen.' Die Frau antwortete: ‚Räuber überfielen uns diese Nacht; sie nahmen einen silbernen Pokal und ließen uns einen goldenen Pokal zurück.' – Er erwiderte ihr: ‚Mögen solche doch jeden Tag kommen!' – ‚War es etwa Adam nicht lieb, dass man ihm eine Rippe fortgenommen und dafür eine Magd zur Bedienung gegeben

---

[1] Sie begibt sich zu einem Richter und Philosophen. Um seine Ehrlichkeit auf die Probe zu stellen, gibt sie ihm als Bestechungsgeschenk eine goldene Lampe, damit er ihr die Hälfte des väterlichen Erbes zuspricht. Fast scheint es, als solle sie Recht bekommen, als ihr Bruder dem Richter einen libyschen Esel zum Geschenk macht und damit den Rechtsstreit zu seinen Gunsten entscheidet.

[2] Sie wird hier als „ Tochter von Rabban Gamliel" bezeichnet. Wenn es sich um Gamliel I. handelt, ist seine Tochter tatsächlich Imma Schalom; ist Gamliel II. gemeint, wäre Imma Schalom nicht seine Tochter, sondern seine Schwester.

hat!?'" In diesem Dialog verwendet die Tochter von Rabban Gamliel auf meisterliche Art die sokratische Methode; dabei benutzt sie die rabbinische Kunst der Parabel, um den Gesprächspartner zu seiner Schlussfolgerung zu führen. Offensichtlich ist sie vom Status ihres Gesprächspartners nicht beeindruckt. Sie bringt ihn dazu, das Gegenteil seiner ursprünglichen provozierenden Bemerkung zu behaupten.

Sicher ist es kein Zufall, dass ausgerechnet sie ausgewählt wurde, über die Erschaffung der Frau zu sprechen, die hier mit Gold gleichgesetzt wird. Im Text wird erwähnt, dass der Herrscher seine Frage an den Vater richtete, aber sie darauf bestand, ihm zu erwidern. Der Vater widersetzt sich dem nicht und der Herrscher betrachtet sie als eine ernstzunehmende Gesprächspartnerin.

Imma Schalom hatte wunderschöne Kinder – in ihren Augen waren sie die Belohnung für die große Sittsamkeit ihres Mannes (*Ned.* 20b). Anlässlich einer Diskussion über die Unterhaltung mit Frauen, die dem Talmud nach zu Unzucht führen kann, wurde Imma Schalom gefragt, weshalb ihre Kinder so schön seien. Sie antwortete: „Er [der Ehemann] unterhält sich mit mir weder bei Beginn noch am Ende der Nacht, sondern nur um Mitternacht.[3] Und wenn er sich mit mir abgibt, entblößt er eine Handbreite und verhüllt eine Handbreite, und benimmt sich so, als zwinge ihn ein Dämon dazu. Als ich ihn nach dem Grunde fragte, erwiderte er mir, damit er sein Auge nicht auf eine andere Frau richte[4] und seine Kinder zu Hurenkindern mache." Diese Passage bezieht sich im Rahmen eines Gespräches über die angemessene Beziehung zwischen den Geschlechtern im Allgemeinen auf die Sittsamkeit bei sexuellen Kontakten. Die Antwort von Rabbi Elieser ist für seine Frau nicht gerade schmeichelhaft. Dabei ist es interessant, dass die Frage an Imma Schalom und nicht an ihren Ehemann gerichtet wird. Obwohl es sich um ein sehr intimes Thema handelt, antwortet sie sehr offen – und widerlegt gerade durch ihre Reaktion die Annahme, dass Austausch mit Frauen zur Unzucht führt.[5] Seltsamerweise vermittelt sie in ihrer Antwort aber ein Verständnis für Sittsamkeit im sexuellen Umgang, das im Grunde ganz der traditionellen Auffassung entspricht. Der Text spiegelt R. Eliesers Widerwillen gegenüber Frauen und Sexualität. Hiervon zeugt die Erwähnung seiner Angst vor einem Dämon in diesem Zusammenhang. Beim sexuellen Akt wird die Initiative dem Mann überlassen, der die Frau als Quelle eines möglichen Fehlverhaltens betrachtet. Die Rabbinen lassen in diesem Kontext eine Frau zu Wort kommen, die das Verhalten ihres

[3] „Sich unterhalten" ist hier ein Euphemismus für sexuellen Kontakt.
[4] Die er früh am morgen oder spät abends hätte sehen können...
[5] Die talmudische Auseinandersetzung hatte wie folgt begonnen: „Schwätze nicht zu viel mit den Frauen, du wirst der Unzucht verfallen" (*Ned.* 20b).

Mannes bewundert und seine Sichtweise annimmt. Der Text steckt also voller Widersprüche; denn die Frau, die das Unwohlsein ihres Mannes im Hinblick auf sie selbst [und damit die ihr zugeschriebene Rolle, Anm.d.Übers.] akzeptiert, ignoriert gleichzeitig die gesellschaftliche Norm, indem sie auf Fragen anderer Männer nach ihrer persönlichen Erfahrung eingeht.

Imma Schalom hatte einigen Einfluss auf ihren Mann: Als dieser von ihrem Bruder und seinen Rabbinenkollegen exkommuniziert wurde, verspürte sie zwar großen Kummer, wollte aber keinesfalls, dass sich ihr Mann während des Gebets niederwirft; denn dieser Fußfall hätte bedeutet, dass er in seiner Kränkung Gott um Hilfe anfleht; und damit hätte er die Bestrafung derer bewirken können, die ihn exkommuniziert hatten. So überwachte sie ihn jeden Tag, aber eines Tages ließ sie ihn allein und fand ihn im Staube liegend. Da rief sie aus : „Du hast meinen Bruder getötet!“ In dem Moment wurde der Schofar geblasen, um den Tod von Rabban Gamliel zu verkünden. Als ihr Ehemann sie fragte, woher sie wisse, dass ihr Bruder auf Grund seiner Gebete gestorben sei, antwortete sie: „Es gibt eine tradierte Weisheit aus der Familie meines Großvaters väterlicherseits: ‚Alle Tore sind verschlossen, außer den Toren verletzter Gefühle‘“ (*BM* 59b) Imma Schalom ist gespalten zwischen der Loyalität gegenüber ihrem Mann und der gegenüber ihrem Bruder. Sie leidet unter dieser Spannung und unter der Exkommunikation ihres Mannes; dennoch möchte sie nicht, dass er sich an ihrem Bruder rächt. Sie hat ihm gegenüber eine starke Position inne, kann sie ihn doch daran hindern, sein Schicksal zu beklagen. Der Talmud gibt zwei mögliche Gründe dafür an, dass er ihr schließlich doch entgehen kann. Eine Erklärung ist, dass sie sich in der Einschätzung der Mondphasen vertan habe und nicht wusste dass es Neumond war, ein Tag, an dem ihr Ehemann Bittgebete sprechen konnte. Diese Begründung impliziert, dass ihr Mann sich in Kalenderfragen besser auskannte als sie; die Rivalität zwischen den Ehepartnern wird in dieser Erklärung dargestellt. Die zweite Hypothese ist für Imma Schalom schmeichelhafter: sie sei hinausgegangen um einem Armen, der Brot brauchte, welches zu bringen. Diese zweite Erklärung betont, wie viel Wert sie auf Zedaka (Gerechtigkeit, Mildtätigkeit, Nächstenliebe) legte.

Imma Schalom beweist im Zusammenhang mit dem Tod ihres Bruders Hellsichtigkeit und Scharfblick. Sie erklärt ihre Gabe durch ein von ihrem Großvater überliefertes Wissen. Sie konnte demnach, obwohl sie eine Frau war, von den Lehren der Rabbinen profitieren und sie für ihr Leben nutzen. Es ist erstaunlich, dass einer der Rabbinen, dessen Äußerungen über Frauen mit zu den negativsten im Talmud gehören, selbst eine gebildete Frau hatte. Trotz seiner Ansichten diskutierte er doch mit ihr (nach *Er.* 63a) und berücksichtigte ihre Meinung. Es kann sein, dass seine sexistischen Äußerungen einen Machtkampf zwischen den Ehepartnern und seine Probleme, das Wissen seiner Frau anzuerkennen, widerspiegeln. Als gebildete Frau in einer sexistischen Welt hatte Imma Schalom sicher eine schwierige Position. Dennoch erhob sie ihre Stimme und überwand die Barrieren der Frauenfeindlichkeit.

Inzest

Die meisten sexuellen Verbote sind in den Kapiteln 18 und 20 des Buches Levitikus aufgezählt. Inzest ist eines der sexuellen Vergehen *[Gilui Arajot*[1]]. Die verbotenen Praktiken werden als ägyptische[2] und kanaanitische Bräuche bezeichnet, die das Land verunreinigen könnten.[3] Unter dem Begriff Inzest sind zwölf Verbote subsumiert, die vor allem die Mutter, die Stiefmutter (zweite Frau des Vaters), die Schwester oder Halbschwester, die Enkelin, die Tante, die Schwiegertochter und die Schwägerin betreffen (*Lev.* 18:6–16). Sexuelle Kontakte sind nicht nur zwischen biologischen, sondern auch zwischen angeheirateten Verwandten verboten. Die einzige Ausnahme macht die Nichte; eine entsprechende Verbindung ist nach der Halacha möglich, aber im heutigen Staat Israel ebenfalls untersagt.[4] Eine befremdliche Auslassung in der Bibel ist der Fall der Tochter; die Rabbinen haben auch eine solche Verbindung in die Liste der mit dem Tod zu bestrafenden inzestuösen Beziehungen aufgenommen[5] (*M. Sanh.* 9:1). Judith Romney Wegner[6] bietet für diese Auslassung eine interessante Interpretation an: „Zunächst handelt es sich hier um die Frage des rechtlichen Eigentums von Männern auf die sexuellen und reproduktiven Funktionen bestimmter Frauen. [...] Die meisten Verbote aus Levitikus 18 beziehen sich auf Frauen, deren sexuelle und reproduktive Funktion rechtliches Eigentum eines anderen Mannes sind, der als Blutsverwandter oder durch Einheirat in irgend einer verwandt-

[1] Enthüllung der Nacktheit.

[2] In Ägypten war die Verbindung zwischen Brüdern und Schwestern in der königlichen Familie häufig, aber ansonsten verboten.

[3] „[...] und das Land spie seine Bewohner aus" (*Lev.* 18:25). Diese Idee der Unreinheit stammt aus der Vorstellung einer Harmonie zwischen dem Land und seinen Bewohnern.

[4] Zum Beispiel berichtet der Midrasch, dass Rabbi Josse mit seiner Nichte verheiratet war. (nach *Gen. R.* 17:3)

[5] Die Rabbinen leiten dies Verbot aus dem Fall der Enkelin ab.

[6] Doktor der Religionswissenschaften an der University of Massachussetts.

schaftlichen Beziehung zu dem Mann steht, auf den sich diese Gesetze beziehen. [...] Die Vorstellung, dass die biologischen Funktionen einer unverheirateten Tochter rechtlich ihrem Vater gehören, erklärt die Nichterwähnung der Tochter an der für sie logischen Stelle zwischen der Schwester des Mannes (Vers 9) und seiner Enkelin (Vers 10)[7]". Diese Theorie wird durch die Bezeichnung der Nacktheit der Mutter als „Nacktheit des Vaters" an anderer Stelle im biblischen Text gestützt; auch die Mutter ist Eigentum ihres Ehemannes. Da der Inzest zwischen Vater und Tochter auch [zu biblischer Zeit] nicht gängige Praxis war, kommt Wegner weiter zu dem Schluss, dass die Liste der verbotenen Beziehungen von vorbiblischen Kulturen übernommen seien könnten, bei denen Vater-Tochter-Inzest üblich war. Auch wenn er „[ihre Sexualität] theoretisch benutzen, einem anderen Mann verkaufen oder wie im Falle von Lots Töchtern* und den Sodomitern einfach preisgeben konnte[8]", galt es als Aufgabe des Vaters, die Jungfräulichkeit* seiner Tochter bis zu ihrer Hochzeit zu bewahren und zu beschützen. Ursprünglich dienten die Gesetze über den Inzest wahrscheinlich eher dem Schutz des Eigentums als dem Schutz der Frau. So wird auch in der Erzählung der Genesis (19:30–38)[9] der Inzest nicht ausdrücklich verdammt, wenn es darum geht die männliche Macht oder die väterliche Linie aufrecht zu erhalten. Aber es ist gewagt, die erzählenden Texte der Genesis mit den Gesetzestexten des Buches Levitikus zu vergleichen; beide verfolgen völlig unterschiedliche Ziele und entstammen verschiedenen Epochen.[10] Nach Ansicht von Anthropologen reflektieren die Gebote eine Sozialordnung, in der die Exogamie, die Verbindung mit anderen Familien, Stämmen oder Gruppen, erwünscht war. Die Exogamie konnte politische oder wirtschaftliche Konsequenzen haben. Doch der Text gibt eine andere Begründung: „Sie sind Blutsverwandte; das ist Unzucht" (*Lev.* 18:17). Die Schwere der

---

[7] In: *The Women's Bible Commentary* (coll.), S.41.

[8] Judith Romney Wegner, *Chattel or Person ?,* S. 28.

[9] Siehe Einträge: Lots Töchter*; siehe auch *Gen.* 38:14–29; Tamar*; Sara* könnte ebenfalls Abrahams Halbschwester gewesen sein (nach *Gen.* 20:12).

[10] „Zweifellos sind alle diese Erzählungen einige Jahrhunderte älter als die Inzestgesetze des Buches Levitikus; umso erstaunlicher ist es, dass sie überhaupt in den biblischen Text integriert wurden. Sicherlich waren den Redakteuren und Herausgebern die offensichtlichen Widersprüche zwischen den Geboten und den Berichten bewusst; ebenso mussten sie die wichtige kulturstiftende Funktion dieser Gegensätze begreifen und die Schaffung des jüdischen Volkes als Frucht einer Aussetzung der Regeln zugunsten einer ethnisch bunt zusammengewürfelten Gruppe wahrnehmen. Diese Vorfälle sind also alles andere als eine Schande, die verschwiegen werden muss; das Unterlaufen der sexuellen Gebote lässt ebenso wie die wiederholte Bevorzugung des jüngeren Sohnes vor dem Älteren eine unvermutete Seite der Beziehung zwischen Gott und Israel erahnen.", David Biale, *Éros juif,* S. 41.

Strafen (*Lev.* 20) ist ein Indikator dafür, dass Regelverstöße die soziale Ordnung der Gemeinschaft in Frage stellten.

Im 18. Kapitel des Buches Levitikus erscheinen diese Gesetze in männlicher Formulierung, doch dem 20. Kapitel zufolge unterliegen Männer und Frauen den gleichen Strafen. Einige Inzestverbote werden im Buch Deuteronomium, allerdings weniger ausführlich, wiederholt (23:1; 27:20, 22–23). Für Moses Maimonides ist der Sinn dieser Gesetze, Frauen vor Belästigungen männlicher Familienangehöriger zu bewahren, besonders wenn Männer Macht über sie haben und sie sexuell ausnutzen können: „Alle verbotenen Beziehungen haben einen gemeinsamen Nenner, das heißt, in der Mehrzahl der Fälle halten sich die Frauen ständig in der Nähe des Mannes in seinem Hause auf, er hat leicht Zugang zu ihnen und kann sie leicht kontrollieren" (*Führer der Verwirrten* III, 48). Weiter sagt er unter Verwendung eines Bildes aus dem Midrasch (*Jal.*, *2. Kön.* 24) „die Wurzel und die Äste", dass ein solcher Akt schändlich sei. Die Mutter Amons, eines Königs von Israel, die mit ihrem Sohn eine inzestuöse Beziehung eingegangen war, soll ihn gefragt haben: „Wie kann dir der Ort, aus dem du gekommen bist, Freude geben?" Er habe geantwortet: „Ich tue es nur um meinen Schöpfer zu ärgern." Der Inzest ist eine der drei Übertretungen, denen der Tod vorzuziehen ist (*Sanh.* 74a und *MT,* Jessodei HaTora 5:2).

Isebel

Isebel, die Tochter Etbaals, des Königs der phönizischen Sidonier, wird im ersten Buch der Könige (16:31[1]) erwähnt. Sie ist eine der Frauen von Ahab, einem König Israels um die Mitte des neunten Jahrhunderts vor unserer Zeit (869–842), dessen Tun Gott nicht wohlgefällig war. Die Eheschließung mit Isebel steht beispielhaft für sein schlechtes Verhalten; denn er übernimmt von seiner Frau den götzendienerischen kanaanitischen Baalskult, den diese mit Eifer betreibt. Wir erfahren, dass sie die Propheten des Ewigen töten lässt (18:4) und dass vierhundert Propheten der Göttin Aschera an ihrer Tafel saßen (18:19). In den Kapiteln, die ihre Geschichte erzählen, wird der Dienst am einzigen wahren Gott, vertreten durch Elias, dem Baalskult, vertreten durch Isebel und ihren Mann, gegenübergestellt. Nach dem Geschehen auf dem Berg Karmel, wo Elias durch ein Wunder die Existenz des Ewigen als einzig wahrem Gott beweist und die Baalspropheten abschlachten lässt, berichtet König Ahab Isebel von dem Vorgefallenen. Sie schickt einen Boten zu Elias und lässt ihm ausrichten: „So sollen die Götter tun und so fortfahren, dass ich um diese Zeit morgen dein Leben gleichmache dem Leben eines von ihnen" (19:2). Elias sieht sich in Gefahr und flieht. Isebel begegnet uns ein weiteres Mal in der Episode um Nabots Weinberg. Ahab möchte unbedingt diesen einen Weinberg haben, doch Nabot ist nicht verhandlungswillig, weil dieser Weinberg zum Erbe seiner Väter gehört. Vor lauter Kummer hört Ahab auf zu essen. Isebel fragt ihn nach der Ursache seiner Niedergeschlagenheit. Als sie den Grund erfährt, reagiert sie: „Noch übst du Königsmacht über Israel! Steh auf, iss Brot und lass dein Herz froh sein. Ich gebe dir den Weinberg Nabots, des Israeli" (21:7). Sie entwirft den Plan, Nabot nach einem Schauprozess mit falschen Zeugen steinigen zu lassen „Und sie schrieb Briefe im Namen Ahabs, und siegelte sie mit sei-

[1] Im Folgenden beziehen sich alle Zahlenangaben in Klammern ohne Nennung einer Quelle auf das erste Buch der Könige.

nem Siegel, und sandte die Briefe an die Ältesten und die Edlen in seiner Stadt, die mit Nabot beisammen wohnten" (21:8). Ihre Befehle werden ausgeführt, Nabot stirbt und Ahab kann dessen Weinberg in Besitz nehmen. Der Ewige wendet sich an Elias, um ihm das Ende von Ahab und Isebel anzukündigen: „Die Hunde werden fressen Isebel an der Vormauer Jesreels (21:23) [...] Ja, es hat nicht wieder gegeben einen gleich Ahab, der sich verkauft hatte zu tun, was böse ist in den Augen des Ewigen, wozu ihn seine Frau Isebel verführt" (21:25). Der grausige Bericht von Isebels Tod wird im zweiten Buch der Könige gegeben. Nach dem Tod von Ahab und seinem Sohn Achasia wird Jehu von Elias zum König gesalbt. Er begibt sich also zu Isebel. Ihres Verlustes bewusst, bewahrt sie außergewöhnliche Haltung, macht ihr Gesicht und ihre Haare zurecht und setzt sich ans Fenster. Als sie Jehu kommen sieht ruft sie aus: „Geht es wohl, Simri[2], Mörder seines Herrn?" (*2. Kön.* 9:31), mit dieser Aussage will sie Jehu zum Usurpator stempeln. Da lässt er sie vor den Augen des Volkes aus dem Fenster stürzen. Weil sie eine Königstochter ist, gibt er den Befehl sie beerdigen zu lassen, doch nur noch einige Körperteile können gefunden werden. Da erinnert er sich der Worte des Propheten Elias, dass sie nicht begraben werden wird, „so dass man nicht soll sagen können: das ist Isebel" (*2. Kön.* 9:37).

Isebel ist geradezu eine Personifizierung des verderbten Weibes, sie verführt einen vergleichsweise passiven König zum Götzendienst.[3] Sie ergreift die Initiative, unterstützt die Baalspriester, bedroht Elias, lässt Nabot umbringen und endet ohne eigenes Grab. Zu Lebzeiten verbreitet sie Angst, die Umstände ihres Todes sind abstoßend. Die Geschichte von Nabot zeigt, dass sie nicht den geringsten Zweifel an ihrer eigenen Macht oder der ihres Mannes ertragen kann. Zur Festigung der Macht ist ihr jedes Mittel recht. Sie benutzt das königliche Siegel, um ihren Befehlen Gewicht zu verleihen, und nutzt ihre Macht als Frau des Königs. Sie selbst wird niemals als „Königin" tituliert. Einfluss hat sie über ihren Ehemann oder auch durch ihre Rolle im Kult von Baal und Aschera.[4] Sie ist das Paradebeispiel für den Götzendienst und das Böse, dessen Bekämpfung und Ausrottung sich die Propheten des Ewigen zur Aufgabe gemacht haben. Im Bemühen, Ahab zu entlasten, geben die Rabbinen Isebel die Schuld am von ihrem Ehemann begangenen Unrecht (*TJ, Sanh.*

---

[2] Simri hatte nach der Ermordung von König Ela dessen Thron bestiegen. Seine Herrschaft dauerte nur sieben Tage (nach *I Kön* 16:8–16).

[3] Phyllis Trible zitiert Alexander Ronfe, nach dessen Darstellung die Geschichte umgeschrieben wurde, um Ahab zu exkulpieren und Isebel zu belasten. Nach: „The Odd Couple: Elijah and Jezebel", in: Christina Büchmann und Celina Spiegel, *Out of the Garden*, S. 169.

[4] Nach: Athalya Brenner, *The Israelite Woman*, S. 20–28; sie vertritt die Ansicht, Isebel sei eine Baalspriesterin gewesen.

10,28b). und spinnen ihre Untaten weiter aus. Ein rabbinischer Text, der begründet, wieso manche Teile ihres Körpers verschont blieben, lässt eine positivere Einstellung ihr gegenüber erkennen. Er betont, dass ihre Geisteshaltung sie Freud und Leid mit anderen teilen ließ. Sie habe sich unter die Trauernden gemischt, wenn ein Trauerzug am Palast vorbeikam, und wenn eine Hochzeitsprozession vorbei ging, habe sie das Brautpaar beglückwünscht *(PdRE* 17). Sie sei nicht nur die Tochter und Gemahlin eines Königs gewesen, sondern habe gemeinsam mit ihrem Ehemann über Israel regiert (*Esth. R.* 1:9). Obwohl sie eine Götzendienerin und eine Fremde ist, obwohl sie als Frau nur weltliche und nicht prophetische Macht besitzt, wird sie dem Propheten Elias als Vertreter des Monotheismus als Antithese gegenüber gestellt. Allein schon aus diesem Grund muss ihre Darstellung einseitig negativ bleiben.

Jaël

Die Geschichte von Jaël[1] wird im 4. und 5. Kapitel des Buches der Richter erzählt. Durch sie bewahrheitet sich die Prophezeiung von Debora*, die den Barak ausgesandt hatte, um eine Armee aufzustellen. Dabei hatte sie ihm vorhergesagt: „Gehen will ich mit dir, nur dass es dein Ruhm nicht sein wird auf dem Wege, den du gehst, denn in die Hand einer Frau wird der Ewige liefern den Sissera“ (4:9). Mit zehntausend Mann greift Barak Sissera, den Befehlshaber der Armee von Jabin, und seine neunhundert eisenbewehrten Streitwagen an und gewinnt die Schlacht. Sissera verlässt seinen Wagen und flieht zu Fuß: „Und Sissera floh zu Fuße in das Zelt Jaëls, der Frau Hebers, des Kaaniters[2], denn Friede war zwischen Jabin, dem König von Hazor und zwischen dem Hause Hebers, des Kanaaniters“ (4:17). Sissera glaubt, bei einem Verbündeten Zuflucht gefunden zu haben. Jaël geht ihm entgegen, versichert sich seines Vertrauens und deckt ihn mit einer Decke zu. Er bittet sie um Wasser und sie gibt ihm Milch. Darauf bittet er sie, am Zelteingang zu wachen und alle Besucher abzuweisen. „Da nahm Jaël, die Frau Hebers, den Zeltnagel und tat den Hammer in ihre Hand und trat zu ihm leise und stieß den Nagel in seine Schläfe und er drang in die Erde; er aber lag betäubt, und ward ohnmächtig und starb“ (4:21). Barak verfolgt Sissera und Jaël zeigt ihm den Gesuchten. In dem Siegeslied, das Debora und Barak anstimmen, wird Jaël nochmals erwähnt: „Zwischen ihren Füßen krümmt er sich, fällt; wo er sich gekrümmt hat, da fällt er hin, überwunden“ (5:27).

Zum Verständnis der Passage muss sich der moderne Leser den Kontext von Gewalt und Krieg vor Augen führen. Jaël beweist großen Mut, denn Sissera ist ein mächtiger Krieger. Jaël ist verheiratet. Einige Kommentatoren meinen, wegen der verwendeten Formulierungen in der Szene eine Vergewaltigung des Mannes durch die Frau ausmachen zu können,

---

[1] Der Name bedeutet „steigen“ oder „Bergziege“.
[2] Die Kanaaniter hatten sich mit den Judäern assimiliert.

als Rache an dem General für seine Vergewaltigung unzähliger Frauen.[3] Der Text ist voller sexueller Konnotationen, doch niemals explizit. Das Überleben steht im Vordergrund, es geht um die Sache des Volkes. Vierzig friedvolle Jahre folgen auf diese Episode und Jaëls Verhalten findet nicht nur die Anerkennung des Erzählers; es findet auch göttliche Unterstützung, wird doch durch ihr Tun die Prophezeiung von Debora realisiert. In dem Bericht sind die Männer, Barak wie Sissera gleichermaßen, in einer Position der Schwäche. Der Krieg wird von Debora begonnen, die auch den Kämpfern Mut macht, und von Jaël beendet. Jaël agiert im privaten Bereich, im Zelt; anders als Debora, die mit ihrer öffentlichen Rolle nach außen wirkt. Durch vorgespiegelte Gastfreundschaft und Verführung gelingt Jaël die Überwindung des Feindes. Sissera Milch anstatt des verlangten Wassers zu reichen, ist ein schlauer Trick: dadurch wird er eher schläfrig. Athalya Brenner sieht in ihr den Typos der Heldin „die zur Rettung ihres Volkes ihre Tugend opfert oder zu opfern scheint.[4]" Der Tod eines der Schlacht entronnenen mächtigen Mannes von der Hand einer Frau bildet einen sicher vom Erzähler intendierten Kontrast, das Bild vom Sieg des Schwachen über den Starken. Der Mann, der eine Bedrohung für die Frauen Israels war, wird von einer Frau überwunden.

Der Midrasch hebt Jaëls Mut hervor: Hätte sie nicht gehandelt, wären die Kinder der Matriarchen ermordet worden (*Gen. R.* 48:15). Der Targum[5] (*Jerusalemer Targum* über *Richter* 5:26) gibt eine Erklärung dafür, wieso sie einen Zeltpflock und keine Waffe verwendet; dabei beruft er sich auf das Gebot aus Deuteronomium: „Es soll nicht sein Gerät des Mannes auf einer Frau, und es soll nicht anlegen ein Mann Gewand der Frau; denn ein Gräuel ist des Ewigen deines Gottes, wer irgend solches tut" (*Deut.* 22:5). Der Targum will anscheinend selbst im grausamsten Moment der Geschichte, in dem Jaël nach seiner Interpretation ganz wie ein Mann handelt, dem Leser ins Gedächtnis rufen, dass sie eine Frau ist. Er unterstreicht den Unterschied zwischen den Geschlechtern, der in der biblischen Erzählung durch Jaëls Verführungsspiel sowieso sehr präsent ist. Bei der Ankunft Sisseras habe sie sich in kostbare Gewänder und Schmuck gekleidet. Sie sei außergewöhnlich schön gewesen und ihre Stimme verführerischer als die aller anderen Frauen (*Meg.* 15a). Manche Texte (*Midr. Hag.* I, 336[6]) sagen, sie habe Sissera getötet, als er von ihr die Befriedigung seiner Lust verlangte. In anderen ist wiederum zu lesen, sie habe sich ihm hingegeben, weil sie darin die einzige Möglichkeit gesehen habe, ihn zu töten (*Jev.* 103a-103b; *Nas.* 23b; *Hor.* 10b), jedoch

---

[3] Die Worte von Sisseras Mutter in Deboras Lied weisen darauf hin.
[4] Athalya Brenner, *The Israelite Woman*, S. 120.
[5] Bibelübersetzung ins Aramäische.
[6] Wo von einem eventuell von Wein hervorgerufenen Rausch die Rede ist.

keine Lust dabei empfunden; in wieder anderen wird erzählt, sie habe ihn Milch aus ihrer Brust trinken lassen (*Nid.* 55b und *T. Schab.* 8:24). Vor der Ermordung Sisseras habe sie Gott um Hilfe angefleht. In dem Versuch, Jaëls Handeln zu rechtfertigen, sagt der Talmud, eine mit guter Absicht begangene Sünde sei verdienstvoller als eine in schlechter Absicht vollzogene gute Tat (*Hor.* 10b). Debora habe Jaël gesegnet und ihren Verdienst höher eingeschätzt als den der Matriarchen (*Nas.* 23b). Zweifellos ging von der Figur der Jaël eine gewisse Faszination aus, denn sie führt den Untergang von Sissera, dem Feind des jüdischen Volkes, herbei. Die in ihr verkörperte Gewalt löst ambivalente Gefühle aus, doch ist Jaël ein Beispiel dafür, dass zur Sicherung des Überlebens in Notfällen ungewöhnliche Maßnahmen nötig sein können.

Jevama

Das Gesetz über den Status der Jevama ist im Buch Deuteronomium (25: 5–10) zu finden:

> Wenn Brüder zusammen wohnen und es stirbt einer von ihnen und hat keinen Sohn, so soll die Frau des Verstorbenen nicht außerhalb eines fremden Mannes werden; ihr Schwager soll zu ihr kommen, und sie sich zur Frau nehmen, und an ihr die Schwagerpflicht üben. Und es soll geschehen: Der Erstgeborene, den sie gebiert, soll eintreten auf den Namen seines Bruders, des Verstorbenen, dass nicht ausgelöscht werde sein Name in Israel. Wenn aber der Mann kein Verlangen hat, seine Schwägerin zu nehmen, so soll seine Schwägerin hinaufgehen in das Tor zu den Ältesten und sprechen: Es weigert sich mein Schwager, seinem Bruder einen Namen zu erwecken in Israel. Er will an mir die Schwagerpflicht nicht üben. Und die Ältesten seiner Stadt sollen ihn rufen und zu ihm reden, und er soll aufstehen und sprechen: Ich habe kein Verlangen sie zu nehmen. Und seine Schwägerin soll zu ihm hintreten vor Augen der Ältesten, und seinen Schuh von seinem Fuße abziehen und vor ihm ausspeien, und anheben und sprechen: Also geschieht dem Manne, der nicht bauet das Haus seines Bruders! Und sein Haus werde genannt in Israel: des Barfüßers Haus.

Die Jevama ist eine Witwe, deren verstorbener Mann kinderlos geblieben ist[1] und die gesetzlich zur Schwagerehe verpflichtet ist. Der Schwager hat die Wahl, sie entweder zu ehelichen oder sie durch eine Zeremonie, *Chaliza* genannt, von ihrer Pflicht zu entbinden. Tut er weder das eine noch das andere, wird die Witwe zur Aguna*, das heißt eine Wiederheirat bleibt ihr verwehrt. Das Gesetz bezweckt die Weitergabe des Namen des Verstorbenen. Die Meinung der Frau ist hierbei nicht gefragt. Zwei bibli-

[1] Auch wenn sie selbst Kinder aus einer vorausgegangenen Ehe hat.

sche Erzählungen werden häufig als Beispiele für das Levirat[2] (die Schwagerehe) genannt: die Geschichte von Tamar* und die von Ruth*, obwohl es sich im Fall von Ruth nicht um ihren Schwager, sondern einen Verwandten handelt und in beiden Fällen eine Zeremonie zur Entbindung der Witwe von ihrer Pflicht nicht erwähnt wird. Die Chaliza-Zeremonie ist für beide Beteiligte entwürdigend: für den Schwager, der der Witwe die Ehe verweigert und für die Witwe, die völlig von der Entscheidung ihres Schwagers abhängig ist. Der biblische Text macht detaillierte Angaben über die Zeremonie. In Mesopotamien bedeutete das Heben des Fußes symbolisch die Aufgabe eines Besitzes und für bestimmte bindende Verträge wurde ein Schuh verwendet,[3] dieser hatte auch sexuelle Konnotationen.

Der biblische Text scheint die Leviratsehe der Entbindung der Frau vorzuziehen. Im Talmud sind die Prioritäten umgekehrt: „Das Gebot der Schwagerehe geht dem Gebot der Chaliza vor. Dies galt früher, wo man das Gebot bezweckte; jetzt aber, wo man nicht das Gebot bezweckt, sagten sie, das Gebot der Chaliza gehe dem Gebot der Schwagerehe vor." (*Bech.* 13a). Der Raschi-Kommentar sagt dazu, dass es einem sexuellen Vergehen gleichkomme, wenn ein Bruder die Leviratsehe vollzieht, ohne die ernsthafte Absicht das Gebot zu befolgen.[4] Das biblische Gesetz in Levitikus äußert sich eindeutig zu diesem Thema: „Die Scham der Frau deines Bruders sollst du nicht aufdecken; die Scham deines Bruders ist sie" (18:16). Der Talmud beschränkt den Anwendungsbereich für die Leviratsehe durch die erweiternde Interpretation des Wortes Ben, „Sohn", in *Deut.* 25:5 als „Kind", also Sohn oder Tochter, als Nachkommen des Verstorbenen.

Maimonides widerspricht Raschis Interpretation und sagt ausdrücklich, dass die Absichten dessen, der das Levirat vollzieht, ohne jede Bedeutung sind. Selbst wenn er seine Schwägerin um ihres Geldes oder ihrer Schönheit willen heiratet, so schreibt er, sind wegen des Todes des Bruders die sexuellen Verbote aufgehoben.[5] Die sefardische Tradition folgt der Ansicht von Maimonides, die aschkenasische der von Raschi und Rabbenu Tam, die das Levirat ablehnen, selbst wenn Mann und Frau beide die Ehe wünschen.[6] Die Rabbenu Gerschom zugeschriebene Takkana („Gesetzeszusatz") mit dem Verbot der Polygamie hat sicher zur Bevorzugung der Zeremonie der Chaliza gegenüber der Schwagerehe[7] beigetragen; da so

---

[2] Von hebr. *Levir*, „Schwager".
[3] Siehe: Gunther Plaut, *The Torah: A Modern Commentary*, S. 1511.
[4] S. Raschi, *ebenda*.
[5] Maimonides, Mischnakommentar zu *Bechorot* 13a.
[6] Zitiert im *Tur*, EH, 165:1.
[7] Anm.d.Übers.: da mit der Abschaffung der Bigamie im aschkenasischen Kulturkreis in vielen Fällen die Schwagerehe praktisch nicht mehr möglich war.

das ansonsten neu entstehende Problem der Unterscheidung zwischen einem verheirateten und einem nicht verheirateten Levir irrelevant wird. In Deutschland und Frankreich ergänzten die Rabbiner das Gesetz um Passagen, nach denen dem Schwager für seine Bereitschaft die Zeremonie der Chaliza durchzuführen ein Anteil des brüderlichen Erbes zustand. Die Witwe erkaufte sich also die Freiheit durch den Verzicht auf einen Teil ihrer Erbschaft. Manchmal wurde mit der Eheschließung auch eine Vereinbarung unter den Brüdern über die Durchführung der Chaliza geschlossen.

Das Oberrabbinat von Israel hat sich die Meinung von Raschi, der die Chaliza dem Levirat vorzog, zu eigen gemacht und im Jahre 1950 die Leviratsehe untersagt. Wenn ein Mann sich weigert, eine Jevama zu befreien, kann er gerichtlich, auch unter Einbeziehung von Beugehaft, dazu gezwungen werden.[8] An anderer Stelle gibt es eine Entscheidung des Oberrabbinats aus dem Jahre 1954, nach der ein Levir bis zur Auslösung der Jevama für deren Unterhalt verantwortlich ist. Auch wenn die Leviratsehe verboten ist, bleibt der Status der Jevama weiter bestehen und in manchen Fällen kann die Jevama zur Aguna* werden: Wenn der lebende Bruder minderjährig oder geistig unfähig zur Durchführung der Zeremonie ist, wenn er sich weigert sie durchzuführen oder nicht auffindbar ist, dann kann er weder die Chaliza noch die Leviratsehe vollziehen. In allen diesen Fällen schreibt der Talmud vor, dass nach Möglichkeit ein anderer Bruder die Zeremonie der Chaliza durchführen soll – was sicher nicht in allen Fällen machbar ist.

Der Status der Jevama ist besonders deshalb ein Unrecht, weil die Frau vom guten Willen des Bruders ihres verstorbenen Mannes abhängig ist. Wird sie zur Aguna, bedeutet das für sie eine dauerhafte Bindung; eine Wiederheirat bleibt ihr verwehrt.

Im Jahre 1871 verabschiedete die Reformbewegung in Deutschland auf der Synode in Augsburg eine Resolution, nach der das Ritual der Chaliza der heutigen Zeit zuwider läuft und sie kein Hindernis für die Wiederheirat einer Witwe darstellen darf.

---

[8] *Takkanot HaRabbanut* 5713 [1953]:17.

Jiftachs Tochter

Das Drama um die Tochter Jiftachs steht im Kontext kriegerischer Auseinandersetzungen zur Zeit der Richter. Jiftach ist ein Krieger und von den Männern Gileads als Anführer ausersehen. Wegen Auseinandersetzungen mit den Ammonitern beschließt er, gegen diese in den Kampf zu ziehen. Doch vorher schwört er dem Ewigen einen Eid: „Wenn du die Söhne Ammons in meine Hand gibst: So soll dasjenige, das herauskommt aus den Türen meines Hauses mir entgegen, wenn ich zurückkehre in Frieden von den Söhnen Ammons, dem Ewigen gehören und ich will es darbringen als Ganzopfer" (*Rich.* 11:30-31). Jiftach gewinnt die Schlacht. Bei seiner Rückkehr kommt ihm seine einzige Tochter mit Tamburinen und Reigen entgegen. Als er sie sieht, zerreißt er seine Kleider und spricht: „Ach meine Tochter, wie beugst du mich! Und du bist unter meinen Verderbern! Doch ich habe meinen Mund aufgetan dem Ewigen und kann nicht zurücktreten." Sie antwortete ihm: „Mein Vater, du hast aufgetan deinen Mund dem Ewigen; tue an mir wie aus deinem Munde gegangen, nachdem der Ewige dir Rache geschafft an deinen Feinden, and den Söhnen Ammons. [...] Diese Sache werde mir gestattet, lasse ab von mir zwei Monate, dass ich gehe und niedersteige in die Berge und weine um meine Jungfräulichkeit, ich und meine Genossinnen." (*Rich.* 11:35 bis 37). Er stimmt zu. Sie geht mit ihren Freundinnen in die Berge und kehrt nach zwei Monaten zurück. Ihr Vater hält sich an seinen Eid. Die Erzählung schließt: „Sie aber hatte keinen Mann erkannt, und es war Sitte in Israel, dass von Jahr zu Jahr die Töchter Israels gehen zu singen von der Tochter Jiftachs, des Gileadi, vier Tage im Jahr" (*Rich.* 11: 39–40).

Die Geschichte von Jiftachs Tochter ist aus mehreren Gründen ungewöhnlich. Ein Menschenopfer zum Dank für einen Sieg passt nicht in eine Tradition, in der ein Engel Abraham von der Opferung seines Sohnes abhielt und Saul daran gehindert wurde, seinen Sohn Jonathan zu töten. In dieser Erzählung erscheint kein Engel und niemand schreitet ein, um den Vater zur Vernunft zu bringen. Jiftachs Tochter fällt dem Eid ihres

Vaters zum Opfer. Der Eid hat [anscheinend] so viel Gewalt, dass seine Einhaltung wichtiger ist als das Leben der Tochter. Sie bleibt namenlos – auch dies betont ihre Opferrolle. Ein sprachloses Opfer ist sie jedoch nicht: Durch die Forderung nach einem Aufschub, der ihr auch eingeräumt wird, beweist sie Stärke. In vollem Respekt für die Verpflichtung ihres Vaters schiebt sie den Zeitpunkt der Hinrichtung hinaus und zieht sich mit anderen Frauen für zwei Monate in die Berge zurück. Wir kennen zwar ihren Namen nicht, doch dem Text zufolge wurde Jahr für Jahr ihres Schicksals gedacht. Angesichts der Tatsache, dass ihr Leben auf dem Spiel steht, scheint die starke Betonung ihrer Jungfräulichkeit unangemessen. Vielleicht soll hierdurch herausgehoben werden, dass Jiftach ohne Nachkommen bleiben wird oder auch die Tragik dieses Opfers untermalt werden. Wieder einmal wird eine Frau zur Leidtragenden in einer Auseinandersetzung zwischen Völkern; hier ist sie bereit, sich für die Ehre ihres Vaters aufzuopfern.

Die Rabbinen stützen sich auf diese Bibelstelle zur Untermauerung ihrer ablehnenden Haltung gegenüber Eiden und Schwüren. Ihnen ist unverständlich, dass Jiftach die Opferung nicht durch eine dem Hohepriester zu leistende Geldspende abgelöst hat. Doch beide, Jiftach und der Hohepriester Pinchas, seien zu stolz gewesen, von ihrem einmal gegebenen Wort abzurücken; und so musste das Mädchen sterben (*Gen. R.* 60:3). Die Rabbinen sind also der Meinung, dass Jiftach seine Tochter hätte verschonen können. Der falsche Stolz der beiden Männer wird zu ihrem Verhängnis. Radak (David Kimchi, etwa 1160–1235) liest den biblischen Text anders. Er ist der Ansicht, dass Jiftachs Tochter nicht wirklich geopfert wurde, sondern dem Dienst Gottes geweiht wurde; dadurch konnte sie weder heiraten noch Kinder haben, was wiederum für Jiftach tragisch war, der nun ohne Erben bleiben musste.[1] Allgemein wird Jiftachs Verhalten von den Rabbinen verurteilt. Seine Tochter habe erfolglos versucht ihn umzustimmen (*Tan.* Bechukotai 5). Sie soll zum Sanhedrin gegangen sein, um die Wirksamkeit von ihres Vaters Schwur überprüfen zu lassen. Damit hätte sie im Versuch, ihr Leben zu retten, Eigeninitiative und Gesetzeskenntnisse bewiesen.

---

[1] Nach Jonathan Magonet, *Bible Lives,* S. 14–20.

Judith

Das Buch Judith gehört nicht zum Kanon der jüdischen Bibel. Es erscheint jedoch in der Septuaginta, in der von den hellenistischen jüdischen Gemeinden benutzten griechischen Bibelübersetzung. Da die katholische Bibel auf der Septuaginta beruht, ist das Buch Judith Teil des Alten Testaments. Aus welchen Gründen dies Buch nicht in die jüdische Bibel aufgenommen wurde, ist offen.[1] Ursprünglich wurde es wahrscheinlich auf hebräisch oder aramäisch verfasst; als Entstehungszeit wird die Epoche der Makkabäeraufstände angenommen. Die Figur des Nebukadnezer erinnert an Antiochus Epiphanes, den Diadochenherrscher, der dem jüdischen Volk die hellenistische Lebensweise aufzwingen wollte.[2]

Zweifelsohne ist Judith die Heldin dieser historischen Erzählung. Der Bericht spielt zur Zeit Nebukadnezers, der im Text als assyrischer Herrscher dargestellt wird und nicht als der König der Chaldäer, der er tatsächlich war.[3] Sein Oberbefehlshaber Holofernes erobert zahlreiche Städte und Landstriche, die alle Nebukadnezer als ihren Gott anerkennen. Die sich über die sieben ersten Kapitel des Buches erstreckende Beschreibung seiner militärischen Eroberungen tragen zum Bild eines scheinbar unbesiegbaren Gegners bei. Schließlich nähert sich Holofernes Jerusalem und schneidet die fiktive Stadt Betulia von ihren Wasserquellen ab. Nach vierunddreißig Tagen der Belagerung beschließt der Ältestenrat der Stadt, vor einer Kapitulation noch weitere fünf Tage auf göttli-

---

[1] Sheila Shulman deutet an, dass die hervorragende Rolle einer Frau sowohl auf militärischem wie auch auf religiösem Gebiet für die Rabbinen unangenehm gewesen sein könnte, "A Woman of Strong Purpose", in: *Hear our Voice* S. 71 bis 80.

[2] Nach einer anderen Hypothese datiert der Text aus der Zeit nach der römischen Eroberung im Jahr 63 vor unserer Zeit und Judith trägt die Züge von Salome* Alexandra, die von 78 bis 69 vor unserer Zeit regierte.

[3] Er regierte Babylon von 605 bis 562 vor unserer Zeit und war Verursacher des ersten babylonischen Exils.

che Hilfe zu warten. Bis hierher wird der Fortgang der Handlung von Männern bestimmt. An diesem Punkt greift Judith ein.[4] Sie wird als Spross einer Familie vorgestellt, die sich in der männlichen Linie in der 16. Generation auf Jakob (Israel) zurückführen lässt. Ihr Name *Jehudit* bedeutet „die Jüdin“, oder „die Lobpreisende“[5]. Gleich zu Beginn erfährt man über sie, dass sie verwitwet ist, dass sie seit dem Tod ihres Mannes außer an Feiertagen jeden Tag fastet, dass sie reich und schön ist, über ihr Erbe selbst bestimmen kann und dass sie wegen ihrer Frömmigkeit allgemeinen Respekt genießt: „[...] Ihr Gatte Manasse hatte ihr Gold und Silber, Knechte und Mägde, Vieh und Felder hinterlassen, die sie in ihrem Besitz behielt. Niemand konnte ihr etwas Böses nachsagen, denn sie war sehr gottesfürchtig“ (8:7–8). Judith schickt ihre Dienerin aus, um die Ältesten zu sich zu zitieren, denen sie in einer langen Standpauke den Vorwurf mangelnden Gottvertrauens macht und ihnen vorhält, mit ihrer Fristsetzung Gott indirekt erpressen zu wollen. Die Antwort ist herablassend: „Doch bete du jetzt für uns, denn du bist eine gottesfürchtige Frau. Dann wird der Herr Regen schicken, um unsre Zisternen zu füllen, und wir brauchen nicht zu verschmachten“ (8:31). Doch Judith lässt sich nicht so leicht beeindrucken: „Hört mich an! Ich will eine Tat vollbringen, von der man noch in fernen Zeiten den Kindern unseres Volkes erzählen wird“ (8:32). Darauf geht sie und richtet ein Gebet an den „Gott der Schwachen und Helfer der Geringen; [...] Beistand der Armen, Beschützer der Verachteten und Retter der Hoffnungslosen“ (9:11). „Sie machte sich schön um die Blicke aller Männer, die sie sähen, auf sich zu ziehen“ (10:4), geht mit ihrer Dienerin ins Lager der Assyrer, macht Holofernes weis, sie sei eine Überläuferin und macht ihn sich hörig. Ihre Rede ist doppeldeutig, durchtrieben und voller Ironie: „Ja, Gott hat mich gesandt, damit ich mit dir Dinge vollbringe, über die alle Welt, wenn sie davon erfährt, in Staunen gerät“ (11:16). Der Leser wird zum Komplizen ihres listigen Planes. Es vergehen drei Tage, bis sich eine günstige Gelegenheit ergibt. Holofernes hat sich bis zur Bewusstlosigkeit betrunken, sie schneidet ihm den Kopf ab und kehrt nach Betulia zurück. Als die Assyrer den Mord entdecken, bricht bei ihnen die Panik aus und die Israeliten nutzen den Moment zum Angriff. Judith hilft weiterhin mit Ratschlägen zur militärischen Strategie und führt sie zum Sieg. Das ganze Volk umjubelt sie und überhäuft sie mit Dank; sie hingegen wendet sich mit einem Loblied an den Ewigen. Sie wurde hundertundfünfzig Jahre alt, hatte viele Freier, heiratete nicht mehr und lebte allein mit ihrer Dienerin, der

[4] In Kapitel 8. Die Zahlen in Klammern beziehen sich auf das Buch Judith. Die Zitate der deutschen Übersetzung folgen der Einheitsübersetzung der Heiligen Schrift, Hrsg. Katholische Bibelanstalt, Stuttgart, 1974.
[5] Namenserklärung siehe z.B. *Gen. 29:35*.

sie vor ihrem Tod die Freiheit schenkte. Das Buch endet mit dem Satz: „Niemand aber wagte mehr, die Israeliten zu beunruhigen, solange Judith lebte, und auch noch lange Zeit nach ihrem Tod" (16:25).

Judith rettet das Volk Israel dank ihrer Klugheit und verführerischen Schönheit. Als Frau und Witwe, ganz ohne den Schutz eines Mannes, hatte sie in der Gesellschaft ihrer Zeit eine äußerst schwache Position inne; und dennoch besiegt sie einen General und mit ihm ein mächtiges Volk. Darin ähnelt Judith der Jaël*, die Sissera umbrachte. Sie hat den Mut, sich den Ältesten entgegenzustellen, ihnen ihre Untätigkeit vorzuwerfen und sie zum Handeln aufzurufen. Sie ist bereit, sich für ihre Stadt zu opfern und ihr Leben für andere aufs Spiel zu setzen; ihr Opfer findet dankbare Anerkennung: „Meine Tochter, du bist von Gott, dem Allerhöchsten, mehr gesegnet als alle anderen Frauen auf der Erde. Gepriesen sei der Herr, unser Gott, der Himmel und Erde geschaffen hat! Durch seine Hilfe ist es dir gelungen, dem Anführer unserer Feinde den Kopf abzuschlagen" (13:18); „Du bist der Ruhm Jerusalems, du bist die große Freude Israels und der Stolz unseres Volkes" (15:9). Die Figur Judiths steht symbolisch für das jüdische Volk und seine Auseinandersetzung mit viel mächtigeren Nationen. Dass Holofernes von einer Frau getötet wurde, bedeutete in jener Gesellschaft eine zusätzliche Erniedrigung (vgl. *Richter* 9:52–54). Der Autor des Berichtes tut ein Übriges und betont nicht weniger als drei Mal, dass Holofernes durch die Hand einer Frau ums Leben kam (9:10; 13:15; 16:5). Der durch die Hand eines Schwachen errungene Sieg bekräftigt die Macht des Gottes der Kinder Israel. Andererseits erscheint Judith nicht wirklich als schwache Persönlichkeit; im Gegenteil: Sie beweist Stärke und Mut in einer seltsamen Mischung von Handlungswillen und Frömmigkeit, Vernunft und Unverfrorenheit. Sie belehrt die Ältesten in theologischen Fragen: „Gott ist nicht wie ein Mensch, dem man drohen kann, und wie eines Menschen Sohn, den man beeinflussen kann" (8:16). Wie andere Frauengestalten der Bibel[6] benutzt sie Charme, Lügen und Manipulation, um ans Ziel zu gelangen. Doch gleichzeitig steht sie, ob in der Politik oder in religiösen Dingen, wesentlich stärker aktiv handelnd im Mittelpunkt des Geschehens als Jene. Ihr Verzicht auf eine Wiederheirat bestätigt ihre Unabhängigkeit. Die Moral ihrer Geschichte ist, auch angesichts einer scheinbar aussichtslosen Lage die Hoffnung nicht aufzugeben.

---

[6] Siehe: Rebekka*; Tamar*; Schifra und Pua*; Pharaos Tochter*, Rahab* Jaël*.

Jungfräulichkeit

In der Tora sind außereheliche sexuelle Beziehungen, abgesehen vom Ehebruch* und vom Inzest*, nicht verboten. Die Ehe wird zwar als Ideal und als besonders heilig hochgehalten, doch Sexualität gilt als selbstverständlicher Aspekt des menschlichen Lebens und wird nicht tabuisiert. Wenn zum Beispiel Juda mit seiner Schwiegertochter Tamar* schläft, die er für eine Hure hält, wird nicht dieses Handeln explizit verurteilt sondern eher die Tatsache, dass er sich seinen Verpflichtungen aus dem Levirat[1] entzogen hat (vgl. *Gen.* 38). Doch gibt es ein Ungleichgewicht zwischen den Erwartungen, die an den Mann und denen, die an die Frau gestellt werde: Die Frau soll Jungfrau sein, vom Mann wird dies nicht erwartet. Die Unberührtheit einer Frau im heiratsfähigen Alter wird in mehreren Texten thematisiert. Die Verführung oder Vergewaltigung* einer Jungfrau bedeutete einen finanziellen Verlust für ihre Familie: „Und so jemand verführt eine Jungfrau, die noch nicht verlobt worden, und er liegt bei ihr, so statte er sie aus sich zur Frau. Wenn ihr Vater sich weigert, sie ihm zu geben, wäge er Silber dar nach der Morgengabe der Jungfrauen" (*Ex.* 22:15–16). Der Verlust der Jungfernschaft erschwerte die Heiratsmöglichkeiten für eine Frau. Ein Text aus Deuteronomium zeigt die harsche Realität für die Frau, deren Mann nach Vollzug der Ehe ihre Jungfräulichkeit in Frage stellt:

> „Wenn ein Mann eine Frau nimmt, und kommt zu ihr und wird ihr gram, und er bürdet ihr Anschuldigungen auf, und bringt von ihr einen bösen Namen aus, und spricht: ‚Diese Frau hab ich genommen und nahete ihr, und habe an ihr keine jungfräulichen Zeichen gefunden': So soll nehmen der Vater der jungen Frau und ihre Mutter, und hinausbringen die jungfräulichen Zeichen

[1] Schwagerehe. Nach dem Tod von Tamars Mann hätte er sie mit einem seiner anderen Söhne verheiraten müssen.

> der jungen Frau zu den Ältesten der Stadt in das Tor. Und es spreche der Vater der jungen Frau zu den Ältesten: ‚Meine Tochter habe ich diesem Manne gegeben zur Frau und er ist ihr gram; und siehe, er bürdet Anschuldigungen auf und spricht: Ich habe an deiner Tochter keine jungfräulichen Zeichen gefunden, und dies hier sind die jungfräulichen Zeichen meiner Tochter'; und man soll ausbreiten das Tuch vor den Ältesten der Stadt. Und es sollen nehmen die Ältesten derselbigen Stadt den Mann und ihn züchtigen. Und sollen ihn strafen um einhundert [Schekel] Silber, und [dies] dem Vater der jungen Frau geben; denn er hat einen bösen Namen von einer Jungfrau Israels ausgebracht, und ihm soll sie als Frau verbleiben, er darf sie nicht verstoßen all seine Tage (*Deut.* 22:13-19).

Zunächst beschäftigt sich der Text hier mit einer falschen Anschuldigung, durch die das Ansehen der Familie in Frage gestellt wird: Die Stadtältesten fungieren als Vermittler zwischen dem Ehemann und der Familie der Frau; sie selbst ist an den Verhandlungen, bei denen ihr Privatleben in aller Öffentlichkeit ausgebreitet wird, nicht beteiligt. Die zur Wiederherstellung ihres guten Rufs und des Rufs ihrer Familie ergriffenen Maßnahmen sind recht skandalös; doch in der Tora war dieses Vorgehen nur für den Fall einer Beschuldigung vorgesehen. Die Strafe erscheint merkwürdig; würde doch unter Umständen durch das Aufrechterhalten der Ehe die Frau ebenso gestraft wie der Mann.

Dann folgt der Fall einer begründeten Anklage: „Wenn aber diese Sache wahr gewesen, es haben sich keine jungfräulichen Anzeichen an der Frau gefunden; so soll man die Frau hinausführen an den Eingang des Hauses ihres Vaters, und die Leute der Stadt sollen sie steinigen, dass sie stirbt; denn sie hat Schimpfliches verübt in Israel, im Hause ihres Vaters zu buhlen, und du sollst austilgen das Böse aus deiner Mitte" (*Deut.* 22:20–21). Die Strenge des Urteils erstaunt, besonders angesichts der Tatsache, dass nur die Priester zur Ehe mit einer Jungfrau verpflichtet waren (*Lev.* 21:14). Die meisten Kommentatoren sind der Ansicht, dass nur dann mit der Steinigung zu bestrafen sei, wenn die Frau während ihrer Verlobungszeit oder Ehe andere Sexualkontakte hatte, was einem Ehebruch* gleichkäme. Andererseits müsse eine nicht versprochene Frau, die Sexualkontakte unterhielt, nur einen finanziellen Verlust in Kauf nehmen;[2] ihr Verhalten würde nicht als Verstoß gegen ein Gesetz der Tora gewertet. Allerdings stellt die bloße Tatsache, dass sie sexuelle Kontakte unterhalten konnte, die väterliche Kontrolle über die Sexualität seiner Tochter in Frage und sie wird von der ganzen Gemeinschaft verur-

---

[2] Insofern als der „Brautpreis" gemindert würde.

teilt, für deren patriarchalisches Gleichgewicht sie eine Bedrohung darstellt. Die Autorität des Vaters geht auf die Gemeinschaft über und die wiederum stellt sicher, dass die Tochter nicht die Kontrolle über ihre eigene Sexualität gewinnt.

Anzumerken wäre, dass der als „Jungfrau" übersetzte biblische Begriff *Betula* eigentlich eine heiratsfähige junge Frau unabhängig von ihrer sexuellen Erfahrung bezeichnet:[3] „Das Interesse an der sexuellen Reinheit einer Frau spiegelt die antike Sorge über die weibliche Fortpflanzungsfähigkeit. Es war die Pflicht einer Familie, die Jungfräulichkeit einer Tochter zu schützen. Wurde sie verletzt, hatte der Vater (als Repräsentant der Familie) das Recht, eine bestimmte Entschädigungssumme [*Mohar*] zu verlangen. In einem solchen Fall konnte er mit der Einwilligung der Tochter entweder vom Täter fordern, dass dieser das Mädchen heiratete oder er konnte ihm die Ehe verweigern. Die finanzielle Entschädigung, die in diesem Fall angemessen war, wie auch die Beispiele aus verschiedenen biblischen Geschichten, führten einige Wissenschaftler zu der Annahme, bei Mohar handle es sich in Wirklichkeit um den Kaufpreis, den man bezahlen musste, um eine jungfräuliche Braut von der Familie zu erwerben. Doch wie die Geschichte von Jakob und Rebekka* zeigt (*Gen.* 24), konnte man mit der Braut nicht wie mit einem Stück Vieh umgehen, das mit der Zustimmung des Vaters erworben werden konnte.[4]

Die Jungfräulichkeit einer Frau vor der Eheschließung wurde demnach erwartet, doch Jungfräulichkeit als solche war niemals ein jüdisches Ideal. Davon zeugt die tragische Geschichte von Jiftachs* Tochter, die wegen eines unüberlegten Eides ihres Vaters als Jungfrau sterben muss und dies zwei Monate lang beweint (vgl. *Richter* 11).

In der rabbinischen Zeit hing von der Jungfräulichkeit der Frau die in der Ketuba, dem Ehevertrag[5], für den Scheidungsfall eingesetzte Summe ab. Daher wird in traditionellen Eheverträgen auch heute noch der Status der Jungfräulichkeit ausdrücklich erwähnt.[6] Für eine Jungfrau wird als

---

[3] Siehe: *Jes*. 62:5, hier bezeichnet das Wort eine verheiratete Frau; in *Joël* 1:18 eine Witwe; *Amos* 8:13 bringt es mit dem Wort *Bachur*, „junger Mann", in Verbindung; im Akkadischen und Ugaritischen bedeutet das Wort „heiratsfähiges Mädchen".

[4] Gunther Plaut, *The Tora: A Modern Commentary*, S. 583 (deutsch: *Die Tora in jüdischer Auslegung*, autorisierte Übersetzung und Bearbeitung v. Anette Böckler, hier S. 255f.).

[5] Diese Form des Ehevertrages gab es zur biblischen Zeit noch nicht. Zumindest für eine Gemeinde ist er für das 5. Jahrhundert vor unserer Zeit belegt, von dort hat er weitere Verbreitung gefunden. Der Talmud schreibt seine Einführung R. Simon ben Schetach im 1. Jahrhundert unserer Zeitrechnung zu.

[6] Die Mischna sieht wegen der Sitzungstage des Beit Din sogar unterschiedliche Tage für die Eheschließungen von Jungfrauen und von Witwen vor, damit

Minimum eine Summe von zweihundert Susim[7] eingesetzt; die Summe für eine Frau, die nicht mehr Jungfrau war, betrug einhundert Susim (*Ket.* 1:2). Der Wert einer Frau wird reduziert auf ihre Jungfräulichkeit, auf ihre sexuelle Aktivität vor der Ehe. Die Jungfräulichkeit des Mannes ist kein Thema. Eine jungfräuliche Frau ist jedoch nicht notwendigerweise eine, deren Hymen noch intakt ist[8] und eine Frau kann auch ohne intaktes Hymen durchaus als Jungfrau angesehen werden[9].

Der voreheliche Geschlechtsverkehr ist bei den Rabbinen umstritten. Der Talmud berichtet den Fall eines Mannes, der sich heftig in eine Frau verliebt hatte: „Einst richtete jemand seine Augen auf eine Frau und sein Herz wurde von der Leidenschaft überwältigt. Als man zu den Ärzten kam und sie befragte, erwiderten diese: Es gibt für ihn kein anderes Mittel, als dass er ihr beiwohne. Da sagten die Weisen: Mag er lieber sterben, als dass er ihr beiwohne. – [Die Ärzte sprachen:] So soll sie nackt vor ihm stehen. – [Darauf die Weisen:] Mag er lieber sterben, als dass sie nackt vor ihm stehe. – So soll sie sich mit ihm durch eine Wand unterhalten. – Mag er lieber sterben, als dass sie sich mit ihm durch eine Wand unterhalte." Im weiteren Verlauf der Diskussion kommt die Frage auf, ob die betreffende Frau verheiratet war oder nicht. Die Rabbinen finden den Text im Falle einer verheirateten Frau einsichtig, nicht aber, wenn sie ledig ist: „Weshalb aber diese Strenge [...]? R. Papa erklärte: Wegen der Bemakelung der Familie. R. Acha, Sohn des R. Ika, erklärte: Damit die israelitischen Töchter nicht sexuell ausarten. – Sollte er sie doch geheiratet haben!? – Es würde ihn nicht befriedigt haben. Dies nach einer Lehre R. Jizchaks, denn R. Jizchak sagte: Seitdem der Tempel zerstört worden ist, ist der Genuss des Beischlafs genommen und den Sündern gegeben worden, denn es heißt: ‚gestohlenes Wasser ist süß und heimliches Brot schmeckt angenehm.'" (*Sprüche* 9:17; *Sanh.* 75a). Hier sind jenseits einer strikten Tora-Auslegung die Sitten und das Ansehen der Töchter Israels Thema der Auseinandersetzung. Der Weg zur Vermeidung des außerehelichen Geschlechtsverkehrs war eine möglichst frühe Heirat. Manche Rabbinen haben versucht, in der Tora eine Rechtfertigung für das Verbot des außerehelichen Geschlechtsverkehrs zu finden: „„Entweihe nicht deine Tochter, sie der Buhlerei hinzugeben, dass das Land nicht buhle und

bei eventueller Klage auf Feststellung der Jungfernschaft das Gericht gleich am Tag nach der Eheschließung entscheiden kann.

7 Das entsprach zur Zeit der Mischna etwa dem Unterhalt von einem Jahr. Die Summe wurde vom Mann verwahrt und der Frau im Falle der Scheidung oder Verwitwung ausgehändigt; so konnte sie ein weiteres Jahr unabhängig leben.

8 Wird sie nach ihrer Verlobung verwitwet oder geschieden, gilt sie, auch wenn sie keinen sexuellen Kontakt hatte, juristisch nicht mehr als Jungfrau.

9 Wenn sie behauptet oder den Nachweis erbringen kann, dass der Riß durch eine Verletzung verursacht wurde; vgl. *Ket.* 1:7.

das Land voll werde von der Unzucht [*Lev.* 19:29]. R. Elieser lehrte: dies bezieht sich auf einen unverheirateten Mann der mit einer unverheirateten Frau Beischlaf hat, ohne dass er sie ehelichen will‘“ (*T. Kid.* 1). Doch R. Eliesers Meinung hat nicht Gesetzesstatus erlangt, denn in einer monogamen Beziehung ohne Ketuba ist das Konkubinat gestattet (vgl. *Sanh.* 21a). Maimonides hingegen setzt jegliche Form des Geschlechtsverkehrs mit der nach der Tora verbotenen Prostitution gleich (*MT, Hil. Isch.* 1:1–4). Rabbi Abraham ben David kritisiert ihn mit den Worten: „Es handelt sich nur dann um Prostitution wenn sie sich der Promiskuität hingibt und mit jedermann Beischlaf hat, doch wenn sie nur einem Mann vorbehalten ist, ist es nicht verboten. Sie ist die Konkubine, von der die Tora spricht“ (*Hassagat Ravad* über Rambam, *Hil. Isch.* 1:1–4). Jacob Emden wiederum sieht das Konkubinat als mögliche Lösung für die sexuelle Unmoral seiner Zeit:[10] „Denn ein Mann, der Brot in seinem Korb hat, wird nicht das gleiche heiße Begehren auf verbotene Beziehungen haben. Wegen solcher Entscheidungen haben die Rabbinen im rabbinischen Gesetz Verbotenes erlaubt, um einen Verstoß gegen die Tora zu verhindern“ (*Sche'elat Javetz*, II, Nr. 15). Der Vergleich mit Lebensmitteln ist zwar nicht gerade schmeichelhaft, doch Emden zieht Sexualverkehr in einem zwar nicht geheiligten jedoch rechtlichen Rahmen einem solchen jenseits der Legalität vor.

Zwei Fragen bestimmen die Diskussion um die Jungfräulichkeit: der besondere Status der Frau und der außereheliche Geschlechtsverkehr. Die Tatsache, dass die Jungfräulichkeit der Frau im Gegensatz zu der des Mannes körperlich nachweisbar ist, hat, ebenso wie das Schwangerschaftsrisiko in einer Zeit ohne Verhütungsmittel, zu einer Ungleichheit vor dem Gesetz geführt. Doch im Kern war die Forderung nach vorehelicher Unberührtheit der Frau (nicht jedoch des Mannes) ein Mittel zur Kontrolle der weiblichen Sexualität: So konnte sichergestellt werden, dass die Frau tatsächlich das sexuelle Eigentum ihres Mannes war; die Inbesitznahme erfolgte durch die Defloration. Wenn wir heute beide, Mann und Frau, als freie und für ihre eigene Sexualität verantwortliche Menschen betrachten, sollten konsequenterweise auch die Bedingungen für die Eheschließung für beide gleich sein. In den Heiratsverträgen [*Ketubot*] der liberalen Bewegung wird die weibliche Jungfräulichkeit nicht mehr erwähnt. Wenn die Rabbinen dem Geschlechtsverkehr außerhalb der Ehe ablehnend gegenüber standen, dann auch, um die Sexualität innerhalb der Ehe, dem jüdischen Ideal der Heiligkeit entsprechend, zu fördern. Eine dauerhafte monogame Beziehung, zu der sich die Partner vor Zeugen und der Gemeinschaft verpflichtet haben, wird als der Ort für

[10] Das 18. Jahrhundert

eine geheiligte Sexualität gesehen. Doch die Rabbinen waren sich auch der Realität ihrer Zeit und der sexuellen Bedürfnisse Einzelner bewusst. Rabbi Ilai der Ältere gestand sie folgendermaßen ein: „Wenn ein Mann bemerkt, dass er vom bösen Trieb ergriffen wird, soll er an einen Ort gehen, an dem ihn keiner kennt, sich in schwarze Gewänder kleiden und tun, wie ihm beliebt, doch er soll nicht öffentlich den himmlischen Namen beschmutzen“ (*MK* 17a; *Tossefta* über *Kid.* 40a). Angesichts der Tatsache, dass aus beruflichen Gründen oder gesellschaftlichen Gründen immer später geheiratet wird, können die sexuellen Bedürfnisse der Erwachsenen nicht übersehen werden. Die außereheliche Sexualität entspricht zwar nicht dem jüdischen Ideal der Heiligkeit, doch verboten ist das Zusammenleben ohne Trauschein nicht. Es kann der Ehe auch durchaus förderlich sein, ist doch sexuelle Unvereinbarkeit ein häufig genannter Scheidungsgrund. Die Vorstellung, dass die ersten sexuellen Erfahrungen im Rahmen der Ehe gemacht werden, entspricht nicht mehr der Lebenswirklichkeit; die Thematisierung der Jungfräulichkeit ist wohl im Zusammenhang mit reichlich veralteten Vorstellungen von Aneignung und Besitz zu sehen.

Kaddisch

Das Wort *Kaddisch* ist abgeleitet aus einer hebräischen Wurzel *k. d. sch.*, mit der Bedeutung von Heiligkeit, Trennung. Der Kaddisch ist ein auf aramäisch vorgetragenes Lobgebet. Allgemein wird der Kaddisch häufig als Totengebet verstanden, weil er von den Trauernden gesprochen wird; doch vor allem ist dies Gebet fester Bestandteil des täglichen Gottesdienstes, während dessen es mehrmals gesprochen wird. Es beschließt den gesamten Gottesdienst, aber auch seine wichtigsten Teile sowie die Toralesung und einzelne Studienabschnitte. Er markiert den Übergang zwischen den verschiedenen Teilen des Gottesdienstes. Den Mittelpunkt des Kaddisch bildet der Satz: „Sein großer Name sei gelobt für immer und in alle Ewigkeit" (*Sota* 49a), eine Formulierung, die uns auch im Buch Daniel (2:20), in den Psalmen (113:2) und im Buch Esekiel (28:23) begegnet. Zu talmudischer Zeit endete jeder aggadische[1] Gottesdienst mit einem (in der Form wahrscheinlich noch nicht festgelegten) Trostgebet eschatologischen Inhaltes.[2] Die Predigt wurde in der zu jener Zeit gebräuchlichen aramäischen Sprache vorgetragen, und ebenso der Kaddisch. Man nimmt an, dass der Kaddisch zunächst im Rahmen des Torastudiums und erst in zweiter Linie im gottesdienstlichen Kontext auftauchte[3]. Als Gebet wird er zuerst im Traktat *Sofrim* (19:12)[4] erwähnt; hier spendete der Leiter des Gottesdienstes den Trauernden am Schabbat am Ende des Mussafgottesdienstes Trost und sprach anschließend den Kaddisch. Die in diesem Gebet zu findende Dimension von Trost und eschatologischer Hoffnung wurde hier dem Bedürfnis der Trauernden angepasst. Einem verbreiteten Glauben nach hatte der Kaddisch auch magi-

---

[1] Gleichnishaft, im Gegensatz zur Rechtsauslegung (halachisch).
[2] Siehe: A.Z. Idelsohn, *Jewish Liturgy and its Development*, S. 84–88.
[3] S. J. Heinemann, *Hatefila bitekufat haTanaim veha'Amoraim*, S. 173.
[4] Etwa um das Jahr 600 unserer Zeitrechnung.

sche Kraft über die Lebenden und die Toten[5] (vgl. *Schab.* 119b und *Tana Debei Eliahu* 20). Während der Verfolgungen der Kreuzzüge im 13. Jahrhundert tauchte zum ersten Mal der Brauch auf, dass auch Trauernde das Kaddischgebet sprachen (vgl. *Machsor Vitry*). So sollten die Söhne für die Seele ihrer verstorbenen Eltern nach deren Tod ein Jahr[6] lang Kaddisch sagen (vgl. *Sanh.* 104a; *Kol Bo* 114). Daher war es wichtig, den Söhnen den richtigen Vortrag des Kaddischgebetes beizubringen.[7] Dieser zunächst unverbindliche Brauch verbreitete sich etwa seit dem 16. Jahrhundert langsam in der ganzen jüdischen Gemeinschaft. Der mystische Glaube an die magische Kraft der Worte wurde von Rationalisten ausgiebig kritisiert.

Angesichts der Tatsache, dass sich dieser Brauch zunächst für die Söhne etablierte, stellt sich die Frage, ob eine Tochter auch Kaddisch sagen darf, selbst wenn dies nicht der Tradition entspricht. Ezechiel Katzenellenbogen[8] (Hamburg, 1714–1749) lehnt das ohne wirkliche Begründung ab. Chaim Bachrach[9] (1638–1702) berichtet den Fall eines Mannes in Amsterdam, der keinen Sohn hinterließ und dessen Tochter mit einem Minjan* von Männern für ihn Kaddisch sagte. Er gesteht zwar ein, dass es kein ausdrückliches Verbot gibt, spricht sich aber doch gegen diesen Brauch aus, weil er eine Aufweichung der Sitten Israels befürchtet. Jacob Reischer[10] (1670–1733) zitiert einen anderen Fall, in dem der Vater in Vertretung seiner Enkelinnen für seinen Sohn Kaddisch sagte; doch er hebt hervor (ebenso wie Jacob Emden[11], 1697–1776), dass die Töchter verpflichtet sind, den Kaddisch zu Hause zu sagen. Nach aschkenasischem Brauch war ihnen das möglich (*Havat Hemed* 60). Chaim Medini[12] (1832–1904) vertritt die Auffassung, dass eine Tochter nicht Kaddisch sagen soll, auch wenn er die Existenz dieses Brauchs bei Aschkenasim und Sfaradim einräumen muss: „Wir müssen uns der Praxis, eine Tochter nach dem Tod ihres Vaters in Gegenwart von zehn Männern Kaddisch sagen zu lassen, entgegenstellen, selbst wenn sie damit einer Bitte des Vaters entspricht. Diese Neuerung ist in den Augen der meisten Menschen befremdlich; sie könnte allzu leicht den jüdischen Brauch auf-

---

[5] *Seder Eliahu Zuta*, S. 23, Nr. 52.
[6] Nach dem Sohar (*M. Ed.* 2:10) häufig auf elf Monate verkürzt, denn „das Gericht über die Bösen in der Gehenna dauert zwölf Monate" [und es wurde als Mangel an Respekt aufgefasst, wenn ein Sohn auch nur andeutete, dass seine Eltern zu den Übeltätern gehören könnten], und Isserles über *SA, JD* 376:4.
[7] *Sefer Chassidim*, kritische Ausgabe Margalioth, 722.
[8] *Knesset Jecheskiel*, JD, S.53.
[9] *Havot Jair*, Nr. 222, erschienen in Frankfurt im Jahre 1677.
[10] *Schevuot Jaakov*, II 93, erschienen in Halle, 1710.
[11] *Siddur:* „Dinei Kaddisch jatom", Paragr. 46.
[12] *Seder Hemed Maarhes Avelouth*, Paragr. 160.

weichen, der doch ebenso verbindlich ist wie die Weisung der Tora." Chaim Medini muß zwar eingestehen, dass er nur einen Brauch verteidigt, dennoch findet er keine bessere Erklärung für seine Ablehnung als seine Befremdlichkeit. Er verbietet Frauen kategorisch Kaddisch zu sagen, ob in der Synagoge oder zu Hause. Gründe für dies Verbot sind nicht zu erkennen. Ob es um die Trennung der Geschlechter geht, den Erhalt eines männlichen Vorrechtes, oder die Notwendigkeit für das Kaddischgebet einen Minjan (nach *SA*, OCh 55:1) von Männern zusammenzubringen, geht aus den Texten nicht hervor. Einzig der Großrabbiner von Israel Usiel bemüht sich um eine Erklärung. Er schreibt in einem Responsum (*Mischpetei Usiel* 2, OCh 13) dass allein der Sohn die Rolle des Vaters, Gott in der Öffentlichkeit zu ehren, übernehmen kann. Die Tochter kann das Aufsteigen der verlorenen Seelen ihrer Eltern durch gute Taten unterstützen. Deshalb kann auch eine Frau nicht im Minjan* gezählt werden. Hier wird immerhin deutlich, dass das öffentliche Gebet den Männern vorbehalten bleibt und dass den Geschlechtern unterschiedliche spirituelle Ausdrucksformen zugeschrieben werden.

Im Jahre 1963 bezog Rabbiner Josef Eliahu Henkin[13] Stellung für das Beten des Kaddisch durch Frauen, vorausgesetzt dass sie dies schon seit der Errichtung der Mechiza*, der Abtrennung des Frauenteils der Synagoge, getan haben. Sein Enkel[14] folgt seinem Beispiel. In einigen orthodoxen Gemeinden dürfen Frauen also Kaddisch sagen.[15]

In den liberalen Gemeinden genießen Frauen in Fragen des jüdischen Rechtes und Ritus die gleiche Stellung wie Männer[16]: "Das Gebet als Doxologie preist Gott und erlaubt es dem Trauernden trotz allem Geschehenen seinen Glauben an Gott zu festigen. Das Kaddischgebet ist zum Ausdruck der Annahme des Schicksals, des Gottvertrauens und der Gottergebenheit geworden und ist als solches weltweit Teil eines jeden jüdischen Gottesdienstes. Der Kaddisch kann also bei allen Gottesdiensten von allen [der ganzen Gemeinde] gesagt werden, und jeder Gläubige kann während des Gebets stehen bleiben.[17] Dies ist besonders dann angemessen, wenn wir uns auch der Schoa erinnern. Durch dies Gebet ge-

---

[13] „Récitation du kaddish par une fille", *Hapardes*, vol. VI (1963):5.

[14] Jehuda Henkin, „Récitation du kaddish par des femmes et leur assocation au minian depuis la section réservé aux femmes", *Hadarom*, vol. 54, Sivan (1985) :34.

[15] Siehe: das bewegende Zeugnis von Sara Reguer, „Kaddish from the ‚*Wrong*' side of the Mehitzah", in: Susannah Heschel, *On being a Jewish Feminist*, S. 177–181.

[16] Vgl. „Women and girls reciting kaddish" in: Solomon B. Freehof, *Reform Jewish Practice*, II, 118.

[17] Anm.d.Übs.: Nach einer Tradition stehen nur die Hinterbliebenen, wenn der Kaddisch der Trauernden gesagt wird, der Rest der Gemeinde bleibt sitzen.

ben wir unserer schmerzlichen Trauer über den Tod der vielen namenlosen Märtyrer Ausdruck und unserem Mitgefühl für Freunde, die einen Verlust erlitten haben"[18].

Henrietta Szold (1860–1945), Galionsfigur der zionistischen Bewegung, schrieb Folgendes in einem Brief[19] an einen Freund, der ihr angeboten hatte, nach dem Tod ihrer Mutter in ihrem Namen Kaddisch zu sagen:

> Es ist mir unmöglich Worte zu finden um auszudrücken, wie tief mich Ihr Vorschlag, für meine liebe Mutter Kaddisch zu sagen, berührt hat [...] Ihr Angebot war so edel, ich werde es niemals vergessen.
>
> Sie werden sich fragen, weshalb ich ihr Angebot nicht annehmen kann [...], das weiß ich wohl, und ich weiß zu schätzen, was Sie über den jüdischen Brauch zu sagen haben; auch ist mir der jüdische Brauch sehr lieb und heilig. Und dennoch kann ich Sie nicht bitten, für meine Mutter den Kaddisch zu sagen. Für mich bedeutet der Kaddisch, dass der Hinterbliebene öffentlich und deutlich seiner Hoffnung und seiner Absicht Ausdruck gibt, die Verbindung seines Elternteils mit der jüdischen Gemeinschaft fortzusetzen und ein weiteres Glied in der von Generation zu Generation erhaltenen Kette der Tradition zu sein. Das können Sie für die Generationen Ihrer Familie tun; ich muss es für die Generationen meiner Familien tun.
>
> Ich denke, dass der Ausschluss der Frauen von solchen Aufgaben niemals die Absicht unseres Gesetzes und unserer Bräuche war – die Frauen wurden von den Geboten des Tuns ausgeschlossen, wenn ihnen deren Erfüllung nicht möglich war, jedoch nicht wenn sie hierzu in der Lage waren. Niemals war die Absicht ihre Erfüllung der Gebote als weniger wichtig und wertvoll anzusehen als wenn ein männliches Wesen sie erfüllte. Und für den Kaddisch, dessen bin ich sicher, gilt dies ganz besonders.
>
> Meine Mutter hatte acht Töchter und keine Söhne; und dennoch habe ich aus dem Mund meiner Mutter oder meines Vaters niemals ein Wort des Bedauerns darüber vernommen, dass keine von uns ein Junge ist. Als mein Vater starb, erlaubte meine Mutter niemandem beim Sprechen des Kaddisch die Stelle ihrer Tochter einzunehmen, und darum bin ich sicher, dass ich in ihrem Sinne handle, wenn ich ihr Angebot ablehne.

---

[18] „Kaddish" (1980) in Walter Jacob, *American Reform Responsa*, S. 378.
[19] Vom 16. September 1916.

Mit diesem bewegenden Brief drückt Henrietta Szold aus, was viele Frauen empfinden: das tiefe Bedürfnis, die Ereignisse eines jüdischen Lebens mit den traditionellen Ritualen begleiten zu können.

Keuschheit

Die weibliche Sittsamkeit wird häufig in der rabbinischen Literatur behandelt. Alle sie betreffenden Vorschriften werden mit dem hebräischen Ausdruck *Zniut,* wörtlich „verborgen sein", abgedeckt. Man sollte annehmen, Regeln des Anstandes gälten für Männer und Frauen gleichermaßen, doch [im Talmud] sind diese für Frauen wesentlich restriktiver. Frauen waren dazu angehalten, ihre verführerischen Reize zu verbergen. In der Öffentlichkeit mussten sie bestimmte, als sexuell aufreizend geltende Körperpartien, wie zum Beispiel die Haare, bedecken[1] (*Ket.* 72a). Auch ihre Stimme* galt als *Erva*[2] (*Br.* 24a), weil sie möglicherweise auf Männer sexuell erregend wirken konnte. Um den Vorschriften zu genügen, hatten sich Frauen einer bestimmten Kleiderordnung zu unterwerfen. Zur Rechtfertigung dieser Regeln wird häufig ein Bibelvers herangezogen: „Voller Herrlichkeit ist die Königstochter drinnen" (*Ps.* 45:14). Auf diese Weise konnten die Rabbiner die Frau zur „Königin des Hauses" hochstilisieren und damit ihren Bereich ganz wie in den umgebenden nichtjüdischen Kulturen auf das Private beschränken. Diese Idealvorstellung von der keuschen und sittsamen Frau geht dem Midrasch zufolge auf Gott selbst und seine Schöpfung der ersten Frau, Eva*, zurück. Gott habe sie aus der züchtigsten Stelle des männlichen Körpers erschaffen; denn diese sei immer zweifach bedeckt, einmal von der Haut und einmal durch die Kleidung! „Und bei der Erschaffung eines jeden Gliedes befahl er ihm: ‚Sei eine keusche Frau.' Aber dennoch ‚da ihr all meinen Rat von euch gewiesen und meine Ermahnungen nicht geachtet habt' [...]" (*Prov.* 1:25; *Gen.* R. 18:2). Die Wunschvorstellung der Rabbinen wird als göttlicher Wille dargestellt; dadurch steht jede weitere Diskussion außer Frage; die Frau erweist sich zwar [später] als ungehorsam, doch die Intention Gottes wird schon bei ihrer Schöpfung deutlich. Eva steht als Prototyp stellvertretend für alle Frauen der nachfolgenden Generationen; auch sie

[1] Siehe Eintrag: Kopfbedeckung*.
[2] Wörtlich „Nacktheit".

folgt nicht selbstverständlich dem Sittsamkeitsgebot – daher sind entsprechende Vorschriften notwendig. Die Gesetzgebung zu diesem Thema impliziert die alleinige Verantwortung der Frauen für ihre verführerische Wirkung, der sich die Männer gar nicht entziehen können. Parallel zu diesen Vorschriften werden Ehe und Mutterschaft aufgewertet, um die Frau auf ihre Rolle als Ehefrau und Mutter festzulegen und das ihr innewohnende Gefährdungspotential zu bannen. Biblische Frauen, die dem Sittsamkeitsideal der Rabbiner entsprachen, fanden deren Anerkennung; Frauen, die öffentliche Aufmerksamkeit suchten [oder erfuhren] wurden von ihnen verdammt.[3] Heutzutage muss die Vorstellung von Anstand und Rücksichtnahme bei der Wahl der Kleidung nicht mehr geschlechtsgebunden sein. Die Definitionen mögen von Epoche zu Epoche oder von Ort zu Ort variieren, doch bei der Wahl der Kleidung spielen die Wahrung von Anstandsregeln und der Verzicht auf Provokation immer eine Rolle.

---

[3] Siehe z. B. Einträge: Debora*, Hulda*.

Kleidung

Ein Gesetz aus dem Deuteronomium sieht die Unterscheidung der Kleidung nach dem Geschlecht vor: „Es soll nicht sein ein Gerät des Mannes auf einer Frau, und es soll nicht anlegen ein Mann ein Gewand einer Frau; denn ein Gräuel des Ewigen deines Gottes ist, wer irgend solches tut“ (*Deut.* 22:5). Der Ursprung dieses Gebotes ist unklar; so gibt es diverse Erklärungsansätze. Für das Gewand des Mannes (*Keli*, hier mit „Gerät“ übersetzt, auch „Waffe“ wäre möglich) und das einer Frau *(Simla,* mit der Bedeutung „Kleid“) werden unterschiedliche Ausdrücke verwandt.

Théodore Gaster[1] führt aus, dass zahlreiche heidnische Kulte von Transvestitentum begleitet waren. So trugen die Priester des Herkules auf der Insel Kos und auch die Herkulesjünger in Rom Frauengewänder. Die gleichen Praktiken sind vom Dionysoskult und dem des Leukippos in Kreta bekannt. Nach einigen Interpretationen wollte man damit die Gottheit verführen oder sich ihr annähern, nach anderen sollte die Verkleidung die Dämonen täuschen. Bei magischen Fruchtbarkeitsriten legten Männer Frauengewänder an, um an der den Frauen zugesprochenen besonderen Macht teilzuhaben. Es ist durchaus wahrscheinlich, dass das biblische Verbot von solcherlei Praktiken herrührt und eine Abwendung und Abgrenzung von Gesellschaften bedeutet, in denen das Priestertum in der Hand der Frauen lag.[2]

In der jüdischen Tradition führte die Verwendung des Begriffes „Keli“ zur Interpretation des Verses als ein Verbot Waffen zu tragen. Der Midrasch (*Gen. R.* 48:15; *Nas.* 23b) erklärt, dass eine Frau nicht die Waffen eines Mannes verwenden darf, und führt als Beispiel die Geschichte von Jaël auf, die den Sissera mit einem Zeltpflock und einem Hammer tötete (*Rich.* 4:21); auch der Ausschluss der Frauen vom Militärdienst

---

[1] Théodore Gaster, *Myth, Legend and Custom in the Old Testament*, S. 316 bis 318.

[2] Siehe: Gunther Plaut, *The Tora: A Modern Commentary*, S. 1490.

wurde hieraus abgeleitet (*Sifrei Deut.* 226). Im Staat Israel, in dem auch Frauen Militärdienst ableisten, ist man dieser Interpretation nicht gefolgt, doch in orthodoxen Kreisen wurde sie kontrovers diskutiert.

Eine weitere Auslegung dieses biblischen Verses fußt auf seiner aramäischen Übersetzung im Targum Jonathan: Er übersetzt das Wort *Keli* mit „Zizit und Tefillin die männliches Beiwerk sind". Einige Autoritäten sahen sich durch diese Übersetzung veranlasst, den Frauen das Tragen des Tallit* und der Tefillin* zu verbieten, obwohl der Talmud sie nur von der Verpflichtung hierzu entbindet (vgl. *Men.* 43a).

Sifrei (Paragr. 226) kommentiert folgendermaßen: „Bedeutet dies, dass Männer keine bunten Gewänder tragen dürfen, weil Frauen solches tun? Sicher nicht. Das Schlüsselwort ist *To'eva* („Gräuel"). Wenn das Gewand in der gräulichen Absicht getragen wird, sich heimlich unter den Angehörigen des anderen Geschlechtes zu bewegen, dann bestehen hierin die ‚Gräuel' und besteht hierin das ‚Verbot'". Auch der Talmud sagt, dass nicht das Tragen des Kleidungsstückes an sich ein Gräuel ist, sondern es mit der Absicht zu tun, sich unter das andere Geschlecht zu mischen (*Nas.* 59a). Die Absicht wird hiermit zum Kriterium für das Verbot.

Raschi folgt dieser Interpretation und benennt die Folgen der Vermischung: „Damit sie nicht einem Mann ähnle und sich nicht unter Männer mische, denn dies hätte nichts anderes zum Ziel als den Ehebruch" (Raschi über *Deut.* 22:5). In einer geschlechtergetrennten Gesellschaft konnte Transvestitentum zu Promiskuität führen. Ibn Esra verbindet das Kriegsargument mit dem der Promiskuität: „Denn die Frau ist allein zum Aufziehen von Nachkommen geschaffen und wenn sie mit den Männern in den Krieg zöge, führte dies zu Ausschweifungen." Er rechtfertigt die patriarchalische Gesellschaftsstruktur durch die Natur – und wie immer sind für ihn die Frauen die Ursache des Sittenverfalles.

Rabbiner Louis Jacobs[3] und Rabbiner Salomon Freehof[4] nehmen dieses Gebot als Beispiel für ein Gesetz, das von den gesellschaftlichen Bedingungen und der Intention abhängt. Die talmudischen Rabbinen haben das Gesetz auf alle geschlechtsspezifischen Handlungen ausgedehnt; ihrer Auslegung nach ist es den Männern verboten, sich die Achselhöhlen oder die Scham zu rasieren (*Nas.* 59a) oder auch einen Spiegel zu benutzen (*T. AS* 3:5). Rabbi Nissim Gerondi nimmt dies auf und betont, dass solche Handlungen nur dann untersagt sind, wenn sie frauentypisch sind (*Ran* über *Rif', AZ* 9b). An einem Ort, wo die Männer diese Dinge gewohnheitsmäßig tun, gilt ein solches Verbot nur für außerordentlich fromme Menschen. Im Gegensatz zu Joseph Caro folgt Isserles der Ansicht von R. Nissim (vgl. *SA, JD* 156:2; 182:1 und *OCH* 696:8). Er führt aus, selbst

---

[3] *A Tree of Life*, S. 146.
[4] *Contemporary Reform Responsa*, „Lady's pants suits", Nr. 27.

am Purimfest „liegt für die Sitte an Purim Masken zu tragen, und dass Männer Frauengewänder anlegen und Frauen Männerkleider, kein Verbot darin, denn die Absicht gilt nur der Freude“. Louis Jacobs zitiert auch R. Zwi Hirsch Schapira (*Darkei Teschuva* 182 n. 12), der die Sitte der osteuropäischen Frauen, sich den Kopf zu rasieren und ein Tuch umzubinden, verteidigt. Joseph Caro (JD 182:5) verbietet diese Sitte mit Verweis auf das Gesetz des Deuteronomium, doch Schapira erklärt, es handle sich um den Ausdruck besonderer Keuschheit, ohne die Absicht die Männer zu imitieren. In Nordafrika war es üblich, dass Frauen Hosen trugen. Daher hat auch der sefardische Oberrabbiner von Israel, Ovadia Josef, in diesem Sinne entschieden.[5]

Das Gebot wird folglich in Abhängigkeit von den Gebräuchen der jeweiligen Zeit und des jeweiligen Ortes und auch unter Berücksichtigung der mit der jeweiligen Handlung verbundenen Absicht ausgelegt. Bei der Kleidung ist die sich ändernde Mode ebenso abhängig vom gesellschaftlichen Umfeld wie das, was allgemein für typisch männlich oder weiblich gehalten wird. In einer Gesellschaft, in der sich die Geschlechter selbstverständlich begegnen, gleicht sich auch die Sprache der Mode an.

[5] *Or haMisrach*, Tshri 5733, S. 37.

Königin Helena

Königin Helena von Adiabene[1] lebte im ersten Jahrhundert unserer Zeitrechnung. Ungefähr im Jahre 30 konvertierte sie zusammen mit ihren beiden Söhnen zum Judentum. Ihr Interesse am Judentum entstand offenbar im Laufe von Gesprächen mit einem jüdischen Händler.

Königin Helena war die Frau von König Monobas dem Ersten[2]. Ihr jüngerer Sohn Isat wurde zur Ausbildung an den Hof des Königs von Spazin geschickt. Während seines dortigen Aufenthaltes erhielt er von einem jüdischen Händler mit Namen Ananias Unterweisung in der jüdischen Religion. Bei seiner Rückkehr zum Antritt der Thronfolge wurde er von Ananias begleitet. Helena legte ihrem Sohn nahe, die anderen Thronanwärter nicht [wie sonst üblich] zu töten, sondern nach Rom ins Exil gehen zu lassen. Flavius Josephus zufolge habe sie vor der Versammlung der Fürsten und Heerführer des Landes folgende Rede gehalten: „Zweifellos ist euch bekannt, dass mein Herr, der verflossene König Izat, den zu seinem Nachfolger bestimmt hat, den er für den Würdigsten erachtete. Doch ich möchte eure Meinung hierzu erfahren, da ich mir nicht vorstellen kann, dass ein Prinz glücklich sein kann, der ohne Gewissheit der allgemeinen Zustimmung den Thron besteigt; erst sie macht ihn zum Regenten der Herzen aller seiner Untertanen[3].“ Dieses taktisch geschickte Vorgehen, mit dem sie durch die Frage nach der öffentlichen Meinung die Beliebtheit des Vaters auf den Sohn zu übertragen weiß, zeigt das feine politische Gespür der Königin Helena. Ihr ist es zu verdanken, dass die Machtübergabe friedlich verläuft. Isat und sein Bruder Monobas der Zweite ließen sich beschneiden und nahmen den jüdischen Glauben an.[4]

---

[1] Mesopotamische Provinz am oberen Tigris.

[2] Flavius Josephus schreibt, er sei unsterblich in sie verliebt gewesen, und sie sei seine Schwester. *Der jüdische Krieg,* Buch XX,2.

[3] *Ebenda.*

[4] *Ebenda.* Laut Flavius Josephus bemühte sich Königin Helena trotz ihres

Königin Helena sah, dass ihr Sohn gut regierte; so beschloss sie, einen einmal geleisteten Eid zu erfüllen und nach Jerusalem zu reisen, um dort im Tempel ein Opfer zu bringen. Isat ließ sie ziehen und gab ihr eine große Summe Geldes mit auf die Reise.

Bei Ankunft der Königin in Jerusalem, etwa im Jahre 45 unserer Zeit, herrschte eine Hungersnot in der Stadt. Die Königin schickte Gesandte nach Alexandria und Zypern zum Einkauf von Weizen und getrockneten Feigen. Außerdem bat sie ihren Sohn, den Stadtoberen Geld zu senden. Die Bürger der Stadt waren der Königin für ihre Großzügigkeit ausgesprochen dankbar. Sie blieb vierzehn Jahre dort und baute einen Palast. Sie machte dem Heiligtum Spenden, insbesondere einen goldenen Leuchter: „Seine Mutter Helena tat einen goldenen Leuchter an den Eingang zum Heiligtum und auch eine goldene Tafel mit dem Abschnitt Sota*“ (*M. Joma 2:3, Num.* 5:11–31[5]). In dieser Mischna-Passage sind Personen aufgeführt, die wegen ihrer Gaben für den Tempel in Erinnerung bleiben sollen. Der Leuchter wurde ganz oben im Heiligtum angebracht; sein Erstrahlen bei Sonnenaufgang sollte den Einwohnern Jerusalems die rechte Stunde für das morgendliche Schma-Gebet anzeigen (*T. Joma* 2:3). Wenn die Gaben der Königin einen Schluss darauf zulassen, welche Themen ihr besonders am Herzen lagen, dann waren das wohl das Gebet und die ehelichen Beziehungen. Anlässlich eines Besuchs in Judäa baute sie in Lydda eine große *Sukka* („Hütte“) für das Laubhüttenfest. Diese Sukka wurde offensichtlich auch von den Rabbinen benutzt; sie wird in einer Diskussion über die gesetzlich vorgeschriebene Größe einer Sukka erwähnt: „Rabbi Jehuda sagte: Die Sukka von Königin Helena maß zwanzig Ellen in der Höhe[6], und die Weisen und die Rabbinern die sie besuchten, gingen dort ein und aus und sagten nichts. Sie erwiderten ihm: Dies ist so, weil sie eine Frau war und eine Frau nicht an das Gebot, sich in der Sukka aufzuhalten, gebunden ist. Er antwortete ihnen: Hatte sie nicht sieben Söhne, alle Schüler von Weisen und sie alle hielten sich darin auf!“ (*T. Sukka* 1:1). Aus dieser Passage geht hervor, dass Königin Helena mit Weisen und Rabbinen verkehrte, die ihr Besuch abstatteten; dies wirft auch ein Licht auf ihre Gastfreundschaft. Das Thema der obigen Diskussion ist auch nicht uninteressant: Kann man einer Frau, die nicht an die Erfüllung der zeitgebundenen positiven Gebote* gebunden ist, bei der Anwendung dieser Gebote vertrauen? Die Antwort umgeht das Problem, denn das Vertrauen gründet sich auf die Einhaltung der

---

eigenen Übertritts aus Angst vor der Ablehnung eines jüdischen Königs durch die Untertanen, ihre Söhne von der Beschneidung abzuhalten.

[5] Ein von den Rabbinen abgeschafftes Gottesurteil für die des Ehebruchs verdächtige Frau.

[6] In *Sukka* 2b–3b werden noch größere Abmessungen angegeben.

Gebote durch ihre sieben Söhne, die Umgang mit Weisen haben. Es bleibt die Tatsache, dass die Sukka, obwohl von Männern benutzt, von ihr errichtet wurde.

Helena war nicht nur ihrer Großzügigkeit wegen, sondern auch wegen ihrer Frömmigkeit berühmt: „Es geschah aber, dass der Sohn von Königin Helena in den Krieg zog und sie sprach: Wenn mein Sohn aus dem Krieg zurückkehrt, werde ich sieben Jahre lang Nasiräerin[7]. Ihr Sohn kehrte aus dem Krieg heim, und sie wurde Nasiräerin für sieben Jahre. Nach Ablauf der sieben Jahre ging sie nach Israel und Beit Hillel bat sie inständig, noch weitere sieben Jahre Nasiräerin zu sein. Nach Ablauf der sieben Jahre wurde sie unrein, sie war einundzwanzig Jahre lang Nasiräerin. Rabbi Jehuda sagt: Sie war nur vierzehn Jahre Nasiräerin *(M. Nas* 3:6). Was immer die genaue Anzahl an Jahren ihrer Enthaltsamkeit war, erscheint Helena als eine Person, die ihre Verpflichtungen einhält, der an der Einhaltung des Gesetzes gelegen ist und die religiöse Autoritäten anerkennt.

Isat starb im Alter von fünfundfünfzig Jahren, und sein Bruder Monobas der Zweite bestieg den Thron. Königin Helena kehrte nach Adiabene zurück, doch starb sie wenig später. Ihre Gebeine wurden nach Jerusalem gesandt und dort in einem von der Königin errichteten, heute „Grab der Könige“ genannten Mausoleum aufgebahrt. Königin Helena war eine starke, friedfertige und großzügige Persönlichkeit, die ihre Hinwendung zum Judentum durch Taten bewies.

---

[7] Entsprechend den Gesetzen aus Numeri 6:1–21 handelt es sich um ein Gelübde, dem Wein zu entsagen, sich nicht die Haare zu schneiden und nicht mit Toten in Berührung zu kommen.

Königin von Saba

Die Geschichte der Königin von Saba steht im 1. Buch der Könige (10:1 bis13), mit einer Parallelstelle in den Chroniken (*2.* Chron. 9:112). Die Beschreibung ihrer Begegnung mit König Salomon ist ausgesprochen bildhaft, ausgeschmückt mit vielen Details, die den Reichtum der beiden Monarchen zur Geltung bringen. Der Ruf von Salomons Weisheit ist bis zur Königin von Saba gedrungen, und sie beschließt, ihn zu besuchen und mit Rätseln auf die Probe zu stellen: „Und sie kam nach Jerusalem mit einem sehr mächtigen Zuge; mit Kamelen, die trugen Gewürze und Gold in großer Menge, und edles Gestein, und kam zu Salomo, und redete zu ihm alles, was in ihrem Herzen war" (*1. Kön.*10:2). Salomon kann alle Rätsel lösen; der Erzähler berichtet den Inhalt der Fragen nicht. Der Zweck der Erzählung ist, die Weisheit von König Salomon ins rechte Licht zu rücken, doch auch die der Königin von Saba wird implizit deutlich: Schließlich ist sie klug genug, ihm Aufgaben zu unterbreiten und die Größe seiner Weisheit zu ermessen. Sie ist dem König eine ebenbürtige Gesprächspartnerin. Die Königin von Saba ist sehr beeindruckt von Salomo und erklärt: „Wahr ist die Rede, die ich gehört in meinem Lande, von deinen Dingen und deiner Weisheit, und ich glaubte nicht den Reden, bis ich kam, und meine Augen es sahen, und siehe, mir ist nicht die Hälfte gesagt worden; du übertriffst an Weisheit und Güte das Gerücht, das ich gehört. Glückselig sind deine Männer, glückselig sind diese deine Diener, die vor dir stehen beständig, die deine Weisheit hören. Es sei der Ewige, dein Gott gepriesen, der an dir Wohlgefallen gehabt, dich auf den Thron Israels zu setzen. Weil der Ewige Israel liebt für ewig, hat Er dich als König eingesetzt, zu tun Recht und Gebühr" (*1. Kön.* 10:6–9). In dieser Rede zeichnen sich einige Charakterzüge der Königin ab: Die Lobrede ist kunstvoll und wohlgesetzt, die Königin versteht sich großartig auf die Formulierung von Elogen. Beginnend mit ihren Zweifeln über seinen Ruf, erklärt sie, von der die Gerüchte noch weit übertreffenden Wirklichkeit eines Besseren belehrt worden zu sein. Sie beweist hier, dass sie nicht dem Hörensagen vertraut, sondern selbst Schritte unternimmt, um die Richtigkeit des Gehörten zu überprüfen. Sie ist skeptisch und anspruchsvoll zugleich. Als sie sich erst einmal durch ihre persönliche Vorsprache der Wirklichkeit vergewissert hat, macht sie dem König nochmals Komplimente und erklärt, dass seine Fähigkeiten das Gehörte übertreffen. Im weiteren Verlauf der Eloge beschreibt sie das Glück derjenigen, die um ihn sein dürfen. Und schließlich gilt dies Lob der Weisheit nicht nur der Verehrung eines Menschen, sondern auch seines Gottes, der ihn an diese Stelle gesetzt hat. Salomons Weisheit wird von der Königin als Beweis für die Größe Gottes, für dessen Liebe zum Volk Israel anerkannt. Während der ganzen Passage bleibt der König stumm. Die Handelnde ist die Königin. Sie macht sich auf den Weg, sie stellt ihn auf die Probe und erkennt seine Weisheit an. Sie überhäuft ihn mit vielen prunkvollen Geschenken. Der König macht ihr seinerseits Gegengeschenke, und sie kehrt in ihr Land zurück. Ihr Herkunftsort, Scheva, ist schwer zu lokalisieren. Möglicherweise liegt er im südlichen Arabien oder in Äthiopien[1]. Flavius Josephus nennt sie die „Königin von Ägypten und Äthiopien[2]“. Af jeden Fall hat sie für ihren Besuch bei König Salomo eine weite Reise unternommen; damit zeigt sie, wie weit dessen Ruf über die Landesgrenzen hinaus reichte.

Die Figur der Königin von Saba ist faszinierend und rätselhaft zugleich. Sie ist eine fremde Königin, ausgezeichnet durch Weisheit, Reichtum und Unabhängigkeit. Mit König Salomon spricht sie wie mit Ihresgleichen. Es scheint eine große Vertrautheit zwischen den beiden entstanden zu sein, denn an einer Stelle heißt es: „und sie redete zu ihm alles, was in ihrem Herzen war[3]“ (*1. Kön*. 10:2) und an einer anderen: „es war keine Frage verborgen vor Salomo, die er ihr nicht beantwortet hätte“ (*1. Kön*. 10:3). Der König gab ihr “all ihr Begehr, was sie verlangte „ (*1. Kön*. 10:13). In der Tradition der verschiedenen Religionen werden diese Verse als Hinweis auf eine weit über das Politische oder die intellektuelle Übereinstimmung hinausgehende Beziehung interpretiert und sexuelle Konnotationen hineingelesen. Diese Interpretationen sind wohl Ausdruck der Schwierigkeit, sich eine Beziehung zwischen zwei Herrschern unterschiedlichen Geschlechtes anders als eine erotische vorzustellen. Der biblische Text selbst bleibt in diesem Punkt knapp; so lässt er Raum für die Phantasie des Lesers, dem es natürlich auch freisteht, sich zwischen Mann und Frau eine von Respekt und gegenseitiger Bewunderung bestimmte und nicht notwendigerweise sexuelle Beziehung vorzustellen.

---

[1] Dokumente aus Ägypten und Mesopotamien belegen für das 10. Jahrhundert vor unserer Zeitrechnung die Existenz von Frauen auf Herrscherposten.

[2] Siehe: *Altertümer* 8; 6:5.

[3] Wörtlich: „mit ihrem Herzen“.

Die sich um diesen Vers rankenden Legenden kreisen um die Beziehung zwischen dem König und der Königin – und in der jüdischen, islamischen und christlichen Tradition muss die Persönlichkeit der Königin von Saba dabei einige Deformierung erleiden.[4] Sie wird eine viel banalere Person, die sich vom König verführen lässt; zuweilen hat sie dämonische Züge und häufig ist sie Sinnbild der Unterwerfung[5] und des Übertritts zu den jeweiligen Religionen, doch erst nachdem durch wundersames Eingreifen Gottes ein ursprünglicher physischer Makel von ihr genommen ist. Einige Kommentatoren bringen die Königin von Saba mit Schulamit* aus dem Hohelied in Verbindung. Einer äthiopischen Sage nach war König Salomo der Vater von Menelek, dem Sohn der Königin von Saba und Herrscher über Äthiopien. Er trug den Titel „Löwe von Juda" und war ein Bindeglied zwischen den beiden Königreichen. In der islamischen Tradition ist dieser Sohn Rehoboam[6], in der jüdischen Tradition Nebukadnezer. Eine andere Legende identifiziert sie auch mit Lilith*; hierin zeigt sich ein gewisses Unwohlsein gegenüber einer Frau, die Macht und Weisheit in sich vereint.[7] Trotz dieser späteren Veränderungen ihrer Persönlichkeit bleibt das biblische Bild der Königin von Saba als einer in Stellung und Weisheit dem König ebenbürtige Gesprächspartnerin erkennbar.

---

[4] Zur Entwicklung dieser Legenden und der Deformierung der Persönlichkeit in den unterschiedlichen religiösen Traditionen, siehe: Marina Warner, „In and Out of the Fold: Wisdom, Danger, and Glamour in the Tale of the Queen of Sheba", in: Christina Büchmann und Celina Spiegel, *Out of the Garden*, S. 150–165.

[5] Siehe: *Sefer haAggada* VI, 119: Die Königin wird von König Salomo einbestellt und mit Krieg bedroht; bei der Audienz muss sie vor dem König ihre behaarten Beine entblößen. Er sagt ihr: „Deine Schönheit ist die einer Frau, doch deine Behaarung ist männlich; Haare schmücken den Mann und machen die Frau hässlich." In diesen Einzelheiten wird deutlich, dass das Verhalten der Königin von Saba nicht der Vorstellung der Rabbinen von Weiblichkeit entsprach. *Targum Scheni* über *Esther; Jalkut haMachiri,* Sprüche 20, Jerusalem; Hrsg: L. Grünhut, 1902.

[6] Koran, Sure XXII; hier unterwirft sich die Königin von Saba Allah und konvertiert zum Islam.

[7] Die Königin gibt dem König vierunzwanzig Rätsel auf, deren Antworten sie alle kennt. Nach *Midrasch haHefez,* Targum Scheni 1, 3, 10.

Kopfbedeckung

Im Judentum ist es seit langem Tradition, dass Frauen sich aus Gründen der Keuschheit* in Gegenwart von Männern die Haare bedecken. In der Bibel gibt es jedoch keinerlei Anhaltspunkte für diese Sitte. Frauen schmückten ihre Haare, im Hohelied werden die langen Locken von Schulamit* besungen und kunstvolle Haarpracht wird an mehreren Stellen erwähnt, so bei Jesaja (3:24), im zweiten Buch Samuel (14:26) und im 14. Kapitel des Buches der Richter. Eine des Ehebruchs verdächtige Frau wurde gedemütigt, indem der Priester ihr Haar löste (*Num.* 5:18); das Abscheren des Haupthaares galt als Beleidigung, die man höchstens gefangenen Frauen antat. (*Jer.* 7:29).

Zur Zeit der Mischna durfte eine Frau mit unbedeckten Haaren nicht in der Öffentlichkeit gesehen werden (*Ket.* 7:6). Die oben angegebene Bibelstelle über die des Ehebruchs verdächtige Frau haben die Rabbinen so interpretiert, dass deren Haare nicht im wörtlichen Sinne vom Priester „gelöst" wurden, sondern dass er sie „entblößte"; so konnte R. Ischmael aus dieser Passage ableiten, dass die Töchter Israels ihr Haupthaar bedecken müssen (*Ket.* 72a; *Sifrei* Num. 11). Im Talmud wird auch eine Frau mit Namen Kamchit erwähnt. Sieben ihrer Söhne wurden Hohepriester, und sie wurde wegen ihrer Frömmigkeit sehr bewundert. Von ihr wird gesagt, dass selbst die Decke ihres Hauses niemals ihre Haare zu sehen bekam (*TJ, Meg.* 72a). Entblößte Haare galten bei der Frau, wie auch dercn Stimmc[1] odcr ihrc Haut, als cinc Art Nackthcit [*Erva*] (*Deut.* 24:1), als eine sexuelle Provokation (*Br.* 24a). Dennoch finden wir in den Texten aus dieser Periode auch die Erwähnung einer Braut, die bei der Hochzeitsprozession die Haare offen trägt (in *Ket.* 2:1), oder der Tochter von Nakdemon ben Gorion, die vor Jochanan ben Sakkai ihr Gesicht in ihren Haaren verbirgt (*Ket.* 66b).

---

[1] Siehe: Eintrag: Stimme der Frau*.

Offenbar wurde eine Unterscheidung zwischen verheirateten und unverheirateten Frauen gemacht. Offen getragenes, nicht hochgestecktes und unter einem Tuch verborgenes Haar galt als Zeichen der Jungfräulichkeit (*Sifrei* 11); zeigte eine verheiratete Frau ihre Haare, sagte man ihr Sittenlosigkeit nach. Ein unbedecktes Haupt bei einer verheirateten Frau konnte ein Scheidungsgrund sein und einen Geldverlust sowie den Verlust ihrer Mitgift nach sich ziehen (*M. Ket.* 7:6; 72a).

Während des Schma-Gebetes[2] hatten Frauen grundsätzlich ihr Haar zu bedecken; in anderen Worten mussten sie unabhängig von ihrem Ehestand in der Synagoge immer eine Kopfbedeckung tragen. Dies befürwortet auch Moses Maimonides (*MT,* Issurei Bia, 21:17), doch der Schulchan Aruch widerspricht dieser Haltung und betont, dass Frauen auch ohne Kopfbedeckung beten können.

Abhängig von der jeweiligen Epoche und der religiösen Praxis variieren die Meinungen zu diesem Thema. In den Ländern der westlichen Welt durften Frauen anscheinend ihre Haare offen tragen. Von traditionalistischen Juden wurde die Sitte, die Haare mit einem Schal zu bedecken, zu allen Zeiten generell befolgt. Form und Stil der Hüte, Schals und sonstigen Kopfbedeckungen waren der jeweiligen Mode unterworfen. Das Tragen von Perücken wird im Talmud mehrfach erwähnt, aber anscheinend galten sie nicht als Ersatz für ein Kopftuch. Erst im 16. Jahrhundert trat die Perücke in Italien an Stelle des Kopftuches. Joschua Boas gestattet dies mit der Begründung, dass nur die Haare der Frau selbst eine sexuelle Provokation seien, eine Perücke jedoch nicht. Andererseits ist sein Zeitgenosse Rabbi Samuel Jehuda Katzenellenbogen der gegenteiligen Ansicht und präzisiert, dass die Rabbinen des Talmud das Tragen einer Perücke nur unter einem Kopftuch und nicht stattdessen erlaubten. Später verbietet Jacob Emden (1697–1778) in einer seiner *Responsen* das Tragen von Perücken ohne Kopftuch ausdrücklich. Eleasar Fleckeles (1754–1826) erhebt einen neuen Einwand gegen Perücken, die aus den Haaren von Toten gefertigt sind: Jegliche Verschaffung eines Vorteiles von Verstorbenen sei untersagt. Mose Sofer aus Pressburg (1763–1839), Rabbiner der jüdischen Gemeinschaft in Ungarn und von überragendem religiösen Einfluss, verbietet in seinem Testament den Frauen seiner Familie das Tragen von Perücken und zitiert zahlreiche Verbote anderer Gelehrter. In Akiva Joseph Schlessingers Kommentar zu diesem Text kommt seine Entrüstung über das unmoralische Treiben und die neue Mode zum Ausdruck.[3] Diese Mode, zu der es auch gehöre, sich unter

---

[2] Ein Textausschnitt aus der Tora und eine der wichtigsten Lesungen im Morgen- und Abendgottesdienst (*Br.* 24a; *SA, OCh* 75:1 ff.; *Scheelat Jaavez*, Bd. 1, Abschn. 718)

[3] Salomon B. Freehof, „The woman's wig", in: *Current Reform Responsa.*

dem Kopftuch den Schädel kahl zu scheren, sei bedauerlicherweise in bestimmten Kreisen übernommen worden.

In anderen Kreisen und anderen Ländern setzte sich das Gebet ohne Kopfbedeckung als allgemeine Praxis durch. Hier vertraten dann auch manche Gelehrte die Ansicht, dass es für Frauen nicht mehr notwendig sei, ihre Haare zu verbergen, und dass diese Genehmigung auch weiter kein Gebetshindernis darstelle.[4] In orthodoxen Kreisen blieb dies jedoch eine Minderheitsmeinung.

In der Moderne wurde die Tatsache, dass Frauen ihre Haare bedecken müssen, von vielen Juden als Beweis für die untergeordnete Rolle der Frau [im Judentum] angeführt, weil sie hierdurch letztlich auf ihre Sexualität reduziert würde. In der Tat liegt der Ursprung dieser Verpflichtung in der männlichen Sicht der Frau; in den Augen der Männer galten die Haare als besonders verführerisches weibliches Attribut. Im Jerusalemer Talmud (*Br.* 2:3) begründet R. Joschua ben Chanania darüber hinaus, dass der Mann barhäuptig gehe, während die Frau den Kopf bedeckt halte, weil sie darüber beschämt sei, auf die Schlange gehört und Gottes Gebot übertreten zu haben (vgl. *ARN* und *PdRE* 14[5]) – was, nach Jacob Z. Lauterbach[6] impliziert, dass der Mann sich seinerseits nicht schämen muss, auf seine Frau gehört zu haben!

Auch jüdische Männer tragen eine Kopfbedeckung. Doch diese Sitte hat einen ganz anderen Ursprung, sie stützt sich nicht auf biblische oder rabbinische Vorgaben. Die Priester mussten zwar bei den Tempelritualen das Haupt bedecken, gingen aber ansonsten barhäuptig (*Joma* 25a), und andere Männer trugen eine Kopfbedeckung höchstens zum Zeichen der Trauer (*MK* 15a, 24a) oder zum Schutz vor Kälte. Im zweiten Buch der Makkabäer (4:12) ist zu lesen, dass die Frommen jener Zeit gegen eine Anordnung von Antiochus Epiphanes, nach der jedermann zum Tragen eines Hutes verpflichtet war, Widerstand leisteten, da dies dem jüdischen Gesetz und der jüdischen Praxis widersprach (dieser Hut war das Symbol von Hermes, dem griechischen Götterboten). Gleichzeitig scheint es bei den Nichtjuden Sitte gewesen zu sein, Gottesdiensten mit bedecktem Haupt beizuwohnen. Die mit Hut betenden fremden Könige und Sonnenanbeter riefen Gottes Zorn hervor (*Br.* 7a; *AS* 4b). Aus den von ihm in Palästina besuchten jüdischen Gemeinden berichtet Paulus noch zwei Jahrhunderte später ebenfalls über den Brauch, das Gebet mit unbedecktem Haupt zu verrichten (*1. Kor.* 11:4–7). Aus dem Text des späten

---

[4] J. Chaim, *Sefer Chukei Hanaschim 17:1; Masat Mosche, EH 21:5; Sefer Ele Hamizvot, Mizva 262; AH, OCh* 75:8.

[5] Siehe auch Eva*.

[6] „Worshipping with covered heads", in: Walter Jacob, *American Reform Responsa*, S. 12.

Traktats *Sofrim* aus dem achten Jahrhundert geht hervor, dass das Schma ohne Kopfbedeckung gebetet werden kann (*Sof.* 14:5 und *Br.* 60b).

Parallel dazu entwickelte sich anders als in Palästina in Babylonien der Brauch, aus Respekt vor einem Weisen das Haupt zu bedecken. Diese Sitte war allerdings weder verpflichtend noch allgemein verbreitet, sondern blieb ohne Frage auf fromme Juden beschränkt. Ein Astrologe sagte der Mutter von Rabbi Nachman ben Isaak voraus, dass ihr Sohn zum Dieb heranwachsen würde. Als Vorsichtsmaßnahme gewöhnte der junge Rabbi sich an, eine Kopfbedeckung zu tragen, damit in den Worten seiner Mutter „die Furcht vor dem Himmel auf deinem Haupt sei". Noch eine andere Argumentation gibt der Talmud wieder: Da die römischen Sklaven barhäuptig waren, wollten die Juden einerseits nicht wie Sklaven wirken, andererseits ist nach Raba (*Schab.* 10a) die richtige Einstellung zum Gebet die eines Sklaven, eines Dieners Gottes.

Verschiedene Historiker vertreten die Ansicht, dass die später übernommene Praxis des Tragens einer Kopfbedeckung in der Synagoge von den babylonischen Juden aus ihrem persischen Umfeld entlehnt wurde. Die jüdischen Gemeinden im ganzen Mittelmeerraum seien dann während der Vorherrschaft des türkischen Reiches ebenfalls unter den Einfluss dieses babylonischen Brauchs geraten. In den Gemeinden, die sich an der in Palästina herrschenden Sitte orientierten, wie die in Frankreich, Deutschland und Italien, wurde weiterhin barhäuptig gebetet – so hielten es auch die französischen Rabbiner des Mittelalters[7]. Der Brauch, eine Kopfbedeckung zu tragen, hat sich in Deutschland und Mitteleuropa dann seit dem 13. Jahrhundert verbreitet. Noch im 16. Jahrhundert schreibt R. Salomon Luria (1510–1575) in einem *Responsum* (Nr. 72): „Ich weiß von keinem Verbot, mit unbedecktem Haupt zu beten." Der Gaon von Wilna (1720–1797) schreibt ebenfalls in seinem Kommentar zum *Schulchan Aruch* (OCh 8:6): „Nach jüdischem Gesetz ist es erlaubt, eine Synagoge zu betreten und zu beten, ohne das Haupt zu bedecken"; mit Berufung auf das taktvolle Benehmen in Gegenwart von Gelehrten, das im weiteren Sinne auch in der Synagoge gefordert sei, hält er eine Kopfbedeckung dennoch für angeraten. Als Reaktion auf die Haltung der Reformbewegung im 19. Jahrhundert, die den Brauch mit Nachdruck ablehnte, haben die orthodoxen Bewegungen umso entschiedener auf dem Tragen einer Kopfbedeckung beim Betreten der Synagoge und beim Gebet bestanden. Inzwischen ist die Kippa[8] auch wieder auf den Köpfen der liberalen Beter zu finden und in orthodoxen Bewegungen wird sie heute nicht nur beim Gottesdienst, sondern auch außerhalb der Synagoge getragen. Ob man

---

[7] *Or Sarua* 2:43; Salomon Luria, *Responsa* 72; Isserles über *Tur, OCh* 282:3, worin er diese Praxis ablehnt.

[8] Gebetskäppchen, auch Jarmulke genannt.

Kopfbedeckung trägt oder nicht ist also eine Sitte, die sich abhängig von Ort und Zeit und der jeweiligen Vorstellung von respektvoller der Kleidung immer wieder verändert hat.

Seit dem Entstehen der egalitären Bewegungen innerhalb des Judentums hat sich auch unter Frauen das Tragen einer Kopfbedeckung nicht um der Keuschheit willen, sondern aus religiösen Gründen verbreitet. In liberalen und konservativen Synagogen können Frauen die Kippa der Männer oder jede andere Kopfbedeckung aufhaben. Da die Kippa nicht als männliches Kleidungsstück betrachtet wird, sondern als Mittel der Erinnerung and die Allgegenwart Gottes (die nicht nur auf unseren Häuptern ruhen, sondern auch in unseren Köpfen bewusst sein sollte), wird diese Sitte nicht als Übertretung des Verbots des Tragens von Männerkleiung[9] durch Frauen angesehen[10] (*Deut.* 2:5).

Eine Legende erzählt, dass Himmel und Erde in der Form zweier Kuppeln erschaffen wurden. Bei ihrem wirbelnden Tanz durchs All erschreckten sie die Engel – außer zweien, die mutig genug waren, sich die beiden Kuppeln vom Allmächtigen als Geschenk zu erbitten. Wenn auch beunruhigt, gab der Allmächtige ihrer Bitte nach. Doch nach mehreren Jahrhunderten wurde der Engel, der die Erde erhalten hatte, ihrer müde und gab sie einem Riesen. Der tat sie auf seine Schultern, stellte sich ins Mittelmeer und erklärte: „Ich bin Atlas, der Herrscher von Kreta.“ Der andere Engel, Michael, hatte sein Geschenk wie einen Hut auf den Kopf gesetzt. Er ließ sich in Jerusalem nieder und wurde der Schutzengel von Israel. Seither betrachtet jeder Jude, wie Michael den Himmel als sein Geschenk und drückt dies durch das Tragen einer Kippa in Form der Himmelskuppel aus. Sie soll ihn daran erinnern, dass andere Völker zwar die Last der Erde auf ihren Schultern tragen, das jüdische Volk aber den Himmel auf dem Haupt trägt und nicht nachlassen darf in dem Bemühen, das Himmelreich auf Erden zu bringen.

---

[9] Siehe Kleidung*
[10] Nach: Walter Jacob, *Questions and Reform Jewish Answers,* S. 22.

Lea

Lea ist die dritte der Matriarchinnen und die erste der vier Frauen Jakobs. Auf Hebräisch bedeutet ihr Name „ermattet sein“, auf assyrisch „Herrin, Leiterin“. „Und Laban hatte zwei Töchter; der Name der älteren war Lea und der Name der jüngeren Rachel. Und die Augen der Lea waren matt[1], aber Rachel war schön von Bildung und schön von Ansehen.“ (*Gen.* 29: 16–17). Gleich zu Anfang wird Lea mit ihrer schöneren Schwester verglichen. Zu diesem Zeitpunkt war Jakob schon Rachel* am Brunnen begegnet und hatte sich in sie verliebt. Er hat sieben Jahre gearbeitet, um sie heiraten zu dürfen, doch am Hochzeitstag führte Laban ihm seine ältere Tochter Lea zu: „Und es geschah am Abend, da nahm er Lea, seine Tochter, und brachte sie zu ihm und er kam zu ihr“ (*Gen.* 29:23). Der Text betont, dass Jakob von seinem Schwiegervater Laban betrogen wurde, doch über Leas Meinung sagt er nichts. Wir wissen also nicht ob sie die Heirat mit Jakob wünschte oder nicht. In diesem Vers bleibt sie drei Mal passiv: Der Vater nimmt seine Tochter, er führt sie seinem Schwiegersohn zu und übergibt sie ihm. So geht sie aus der Gewalt eines männlichen Vormundes in die eines anderen über, wahrscheinlich wusste sie dabei wohl um die Liebe Jakobs zu ihrer jüngeren Schwester. Lea nimmt eine Magd, Zilpa, mit in die Ehe. Als Jakob sich über den Betrug beschwert, gibt Laban als Entschuldigung den ortsüblichen Brauch vor, nach dem die Jüngere nicht vor der Älteren verheiratet werden dürfe. Er schlägt Jakob vor, ihm für weitere sieben Jahre Dienst nach dem Verstreichen der ersten Ehewoche mit Lea auch die Schwester zur Frau zu geben. Diese zweite Verbindung kommt zustande und wieder betont der Text die Vorliebe Jakobs für seine zweite Frau, Rachel. Hier greift Gott ein: „Als der Ewige sah, dass Lea missfällig war, da öffnete Er ihren Mutterschoß, aber Rachel war unfruchtbar.“ (29:31).Wie bei den anderen Matriarchinnen ermöglicht göttliches Eingreifen die Empfängnis; dies

[1] Das Wort *rakot* kann auch mit „zart“ oder „sanft“ übersetzt werden. Bebe wählt im Gegensatz zu Zunz die letzte Übersetzung.

soll hier die [mangelnden] Gefühle des Stammvaters aufwiegen und die vernachlässigte Frau entschädigen. Lea bekommt vier Söhne, die sie Ruben, Simon, Levi und Juda nennt. Jeder dieser Namen hat etwas mit Leas Situation und Seelenlage zu tun: Bei Ruben ist es ihre Schmach: „[...] denn sie sprach: Ja, der Ewige hat angesehen meine Schmach, denn nun wird mich mein Mann lieb gewinnen“ (*Gen.* 29:32). Sie ist der Überzeugung, dass die Geburt eines Sohnes ihr die Liebe ihres Mannes gewinnen wird. Auch der Name des zweiten Sohnes weist auf Gottes Erbarmen mit ihr hin.[2] Beim dritten beschwört sie wieder die Liebe ihres Mannes zu ihr, der Mutter dreier Söhne[3]. Der vierte Name ist Ausdruck ihres Dankes[4]. Die Geburt von Söhnen soll ihr von Gott gewährter Ausgleich sein und helfen, die Liebe ihres in die Schwester vernarrten Ehemannes zu gewinnen; doch die ständige Wiederholung dieses Wunsches zeigt uns, dass Jakobs Gefühle unverändert bleiben. Rachel wird ihrerseits eifersüchtig auf die Mutterschaft ihrer Schwester; sie gibt Jakob ihre Magd Bilha und diese bekommt für Rachel zwei Söhne. Ihrer eigenen Unfruchtbarkeit wegen macht die Ehefrau ihre Dienerin zur Ersatzmutter. Ein wahrer Kampf entbrennt zwischen den Müttern, ausgetragen mit Hilfe der Dienerinnen und der angenommenen Söhne. Jetzt gibt wiederum Lea ihre Dienerin Jakob zur Frau, und die beiden haben miteinander zwei Söhne, die Lea Gad und Ascher nennt. Lea gibt ihrer Freude hierüber Ausdruck. Die Rivalität der beiden Schwestern nimmt eine neue Wendung: Ruben, Leas ältester Sohn, bringt seiner Mutter Alraunen.[5] Es folgt einer der seltenen zwischen zwei Frauen geführten Dialoge in der Bibel. Rachel bittet ihre Schwester um die Alraunen; Lea antwortet: „Ist es zu wenig, dass du meinen Mann genommen, um mir auch die Alraunen meines Sohnes zu nehmen?“ (*Gen.* 30:15). Mit dieser besitzergreifenden Formulierung versichert sich Lea ihrer Ehe mit Jakob. Die Alraunen werden zum Tauschobjekt: Als Gegenleistung für die Pflanzen wird Jakob eine Nacht mit Lea verbringen. Weil beide Frauen ein Vorrecht aufgeben, können sie sich einig werden. Die Rollen sind hier vertauscht; der Mann wird zum Objekt einer Abmachung zwischen Frauen, so wie zu Beginn der Erzählung die

---

[2] „Weil der Ewige gehört, dass ich missfällig bin, darum hat er mir auch diesen gegeben“ (*Gen.* 29:33).

[3] „Nun, diesmal wird sich mein Mann anschließen an mich, denn ich habe ihm geboren drei Söhne“ *(Gen.* 29:34).

[4] „Diesmal will ich den Ewigen preisen“ (*Gen.* 29:35).

[5] Eine Pflanze, deren Wurzeln manchmal Gesichtern ähneln. Der Alraune wurde aphrodisische Wirkung zugeschrieben. Doch bei Rachel wirkt diese Kraft nicht, und Lea wird ohne ihre Hilfe schwanger; die Macht, Unfruchtbarkeit zu beheben, liegt demnach allein bei Gott – eine Lehre, die wir heute so nicht ziehen können. Raschi übersetzt mit „Jasmin“; Benno Jacob und Luzzato sind der Ansicht, dass es sich nicht um ein Wundermittel handelt, sondern dass Rachel Lea um Blumen für Jakob bittet.

Frauen Objekte eines Handels unter Männern waren. Jakob erfährt von Lea von der Abmachung und willigt ein; sie empfängt einen weiteren Sohn: Issachar, denn Gott hat sie dafür belohnt, dass sie ihrem Ehemann ihre Magd überließ. Aus dieser Verbindung werden dann noch Sebulon und Dina* geboren. Die Söhne werden durchgehend als Möglichkeit aufgefasst, die Bevorzugung des Ehemanns zu erreichen, selbst wenn sich diese Hoffnung immer wieder als trügerisch erweist. Als nächste ist Rachel an der Reihe, einen Sohn Jakob zu gebären. Für eine Weile treten dann die Frauen in den Hintergrund der Erzählung, die sich der Auseinandersetzung zwischen Laban und Jakob über die Aufteilung der Herden zuwendet. Jakob will mit seinen Frauen fortziehen, doch sein Lohn ist Anlass zum Streit. Angesichts Jakobs großen Reichtums packt Labans Söhne der Neid. Gott redet mit Jakob und befiehlt ihm aufzubrechen. Jakob lässt seine beiden Frauen rufen und erklärt ihnen den Hintergrund des übereilten Aufbruches. Rachel wird an dieser Stelle vom Erzähler zuerst genannt. Dies entspricht zwar dem Alter nach nicht ihrer Stellung, steht aber im Einklang mit Jakobs Vorliebe für sie. Und so reagieren Lea und Rachel: „Haben wir denn noch Teil und Erbe im Haus unseres Vaters? Betrachtet er uns nicht als Fremde, da er uns verkauft hat? Und unser Geld hat er auch verzehrt. Ja, aller Reichtum, den Gott von unserem Vater genommen, uns gehört er und unseren Kindern; und nun, alles was Gott zu dir gesagt hat, tue" (*Gen.* 31:14–16). Anders als Abraham bespricht sich Jakob vor dem Aufbruch mit seinen Frauen. Sie ergreifen dann auch Partei für ihren Ehemann und gegen ihren Vater, von dem sie sich schlecht behandelt fühlen. Erbschaft und Geldfragen sind von zentraler Bedeutung, sie sind die Ursache des Familienzwistes.

In der folgenden Auseinandersetzung zwischen Jakob und seinem Schwiegervater wird auf Lea nur indirekt Bezug genommen. Zum nächsten Mal wird sie bei der Begegnung von Jakob und Esau erwähnt; die Diener begrüßen Esau zuerst, dann Lea und ihre Kinder und zuletzt Jakob und Rachel. Wieder einmal werden Jakob und Rachel und nicht Jakob und Lea als Paar betrachtet. Im Abschnitt über Dinas Schicksal wird ihre Mutter nur zu Beginn erwähnt: „Dina, die Tochter Leas". Sie greift in das Geschehen nicht ein; Vater und Brüder verteidigen Dinas Ehre. Wir wissen nicht, welche Gefühle Lea bewegen, als sie von der Vergewaltigung ihrer Tochter erfährt, auch wenn wir es uns lebhaft vorstellen können. Von Lea ist ebenso keine Rede, als Gott Jakob das zukünftige Schicksal Israels verkündet. Die abschließende Zusammenfassung erwähnt alle ihre Nachkommen außer Dina. Lea wird nach ihrem Tod von Jakob in der Höhle von Machpela (*Gen.* 49:31) beerdigt. Jakob wünscht auf seinem Sterbebett dort mit ihr – und nicht mit Rachel in Bet Lechem – beerdigt zu werden. Für Ilana Pardes zeigt sich hierin Leas Triumph. Im Buch Ruth (4:11) wird Lea zusammen mit ihrer Schwester in einem Segensspruch für Ruth erwähnt, doch wieder erst an zweiter Stelle: [...] „mache der Ewige die Frau die zu deinem Hause eingeht, wie Rachel und wie Lea, welche beide erbaut haben das Haus Israels[6] [...]“.

Im ganzen ersten Teil der Erzählung begegnet uns Lea als Mutter, die von ihrem Mann keine Zuneigung erfährt, wohingegen die unfruchtbare Rachel von ihrem Mann geliebt wird. Mutterschaft und Liebe werden in Gegensatz gebracht. Gleichzeitig eint die beiden Schwestern ihr Hass auf den Vater. Schließlich hat Laban sie in die Situation als Rivalinnen gezwungen, er hat beide Schwestern mit dem selben Mann verheiratet und er betrachtet seine Töchter als Wirtschaftsgut, mit dem er sich [Jakobs] Arbeitskraft kauft.

Lea ist mit ihrem Schicksal nie zufrieden. Selbst nach der Geburt von vier Söhnen gibt sie ihrem Mann noch ihre Magd zur Frau, um zu den eigenen noch Adoptivkinder zu bekommen. Söhne bedeuten einen Statusgewinn für die Frau – und erhöhen als Stammhalter besonders den Status des Vaters. Die Söhne von Lea und ihrer Magd Zilpa werden immerhin acht der zwölf Stämme Israels vorstehen; sie bringen mit dem Stamm Levi die Priester und Propheten in Israel hervor und mit dem Stamm Juda das Königtum. Leas Leben wird durch ihre Rivalität mit ihrer Schwester bestimmt. Doch die Namen, die sie ihren jeweiligen Söhnen gibt, lassen ahnen, dass es ihr vor allem um die Liebe ihres Mannes zu tun ist, während Rachel ihre Rivalität eher in Beziehung zu ihrer Schwester auslebt. Nach manchen Bibelauslegungen ist Jakob für Rachel ein Mittel, Kinder zu bekommen, für Lea sind andererseits ihre Kinder ein Mittel, um Jakobs Liebe zu gewinnen. Die Schwestern vergessen ihren Konflikt, sobald das Wohlergehen der ganzen Familie auf dem Spiel steht und auch dann, wenn jede der Schwestern für die andere etwas aufgibt, wie beim Handel um die Alraune, wo die eine auf den Ehemann und die andere auf ein mögliches Fruchtbarkeitsmittel verzichtet.

Manche Kommentatoren zeichnen einen Gegensatz zwischen den Schwestern, indem sie Rachel ein schöneres Aussehen, Lea aber eine größere Feinfühligkeit zuschreiben.[7] Der Midrasch (*Gen. R.* 70:16; *Bereschit Rabbati* über *Gen.* 29:31 und *BB* 123a) gibt dem Ausdruck „matte Augen“ in der Übersetzung die Bedeutung von Müdigkeit. Lea sei erschöpft vom Beweinen ihres Schicksals; denn sie sei von Geburt an schon dem Esau versprochen gewesen und Rachel dem Jakob. Sie habe darum gebetet, der Eheschließung mit Esau zu entgehen. Lea sei auch besonders

---

[6] Ilana Pardes, *Countertraditions in the Bible*, S. 74.

[7] N. Cohen, „Sibling Rivalry in Genesis“, *Judaism* Nr. 32, 1983, S. 331–342, zitiert von Alice O. Bellis und N. Cohen, *Self, Struggle & Change – Family Conflict Stories in Genesis and Their Healing Insights for Our Lives,* Kap. 5, S. 125–148.

rücksichtsvoll. Mit ihrer prophetischen Gabe habe sie vorausgesehen, dass aus den Söhnen Jakobs die zwölf Stämme hervorgehen würden und deshalb habe sie für sich selbst um eine Tochter gebetet, damit ihrer Schwester Rachel die Geburt eines zweiten Sohnes vergönnt wäre. Dieser Midrasch will ihre Sensibilität und ihr Mitgefühl für ihre Schwester betonen (*Brachot* 60a und *Gen. R.* 72:6). Eine andere rabbinische Quelle kritisiert sie jedoch und sagt über Dina: „Wie die Mutter, so die Tochter“. weil sie zu ihrem Treffen mit Jakob wie eine Hure gekleidet gegangen sei.[8] An anderer Stelle (*Gen. R.* 72:5) ist wiederum zu lesen, sie habe den Tauschhandel mit den Alraunen für eine Nacht mit dem Ehemann nicht zum Zweck ihrer eigenen sexuelle Befriedigung vorgenommen, sondern mit dem Ziel, die zwölf Stämme zu gründen. In der Mystik steht Rachel für *Alma de'Itgalia*, die sichtbare physische Welt, und Lea für *Alma de'Itkasia*, die verborgene spirituelle Welt. In diesem Sinne könnte eine Versöhnung zwischen den beiden Schwestern als anzustrebendes Ideal gesehen werden.

---

[8] In beiden Fällen wird das Verb „hinausgehen“ verwendet (*Gen. R.* 80:1).

Lesbische Beziehungen

Die Homosexualität wird zwar in der Bibel erwähnt, nicht jedoch lesbische Beziehungen. Ein Grund für diese Auslassung liegt sicher darin, dass die Bibel aus einem männlichen Blickwinkel geschrieben ist: „Und bei einem Manne sollst du nicht liegen, wie man bei einer Frau liegt. Ein Gräuel ist das" *(Lev.* 18:22), oder auch: „Und so jemand bei einem Manne liegt, wie man bei einer Frau liegt, einen Gräuel haben beide geübt, sie sterben des Todes, ihr Blut über sie!" (*Lev.* 20:13). Gleichwohl gibt es keinerlei Hinweis auf eine mögliche Bestrafung für dieses Vergehen. Die genannten Verse stehen im Kontext weiterer sexueller Verbote, die den Zweck haben, das Volk Israel von anderen Völkern abzuheben. In der rabbinischen Literatur wird die Homosexualität als Praxis der Ägypter und Kaaniter definiert, vor der sich die Hebräer hüten müssen (*Lev.* 19:3): „Ein Mann nahm einen Mann und eine Frau eine Frau" (*Sifra*, acharei mot 9:8). Lesbische Beziehungen werden im Zusammenhang mit der Priesterehe angesprochen. Der Vater von Samuel[1] gestattete es seinen Töchtern nicht, gemeinsam zu schlafen (*Schab.* 65a–b) „weil Rabbi Huna sagte: ‚Frauen, die miteinander sexuell verkehren[2], sind für die Ehe mit einem Priester untauglich'" (*Jev.* 76a; *Schab.* 65a–b). Doch die meisten stimmten überein: ‚Nein, dies war, damit sie sich nicht an einen fremden Körper gewöhnen[3]" (*Schab.* 65a–b). Der Talmud spricht von einem Akt der Zuchtlosigkeit, der keine Strafe nach sich zieht. Die Tendenz, lesbische Beziehungen nicht in den Katalog der sexuellen Übertretungen aufzunehmen, beruht wahrscheinlich auf der Definition des sexuellen Aktes aus männlicher Sicht, die allein auf die Penetration und Deflorierung der

---

[1] Babylon, Mitte des 3. Jahrhunderts.

[2] Die Bedeutung des Ausdrucks *Mesolelot* ist nicht ganz klar; es handelt sich wohl um einen von den Rabbinen gebrauchten Euphemismus. Die Wortwurzel trägt die Bedeutung „leicht sein".

[3] Was sie hätte dazu verführen können, mit einem Mann schlafen zu wollen oder gegen die Gebote der Nidda* zu verstoßen.

Frau beinhaltet; wodurch wiederum eine Frau für die Ehe mit einem Priester nicht in Frage käme.

Moses Maimonides' Haltung ist strikter. Zunächst erinnert er an die Abkehr von den ägyptischen Praktiken, räumt jedoch ein, dass es kein formelles Verbot gibt, da es sich nicht um einen sexuellen Akt handle. Dennoch rät er zur Auspeitschung von Frauen, die sich solchen Praktiken hingeben: „Ein Mann sollte mit seiner Frau bei dieser Frage besonders streng sein und sollte den Frauen, die für die Ausübung solcher Praktiken bekannt sind, verbieten, sie zu besuchen und ihr verbieten jene zu besuchen" (*MT*, Hil. Issurei Bia 21:8).

Die Quellen betrachten männliche und weibliche Homosexualität unterschiedlich. Sexuelle Beziehungen zwischen Frauen werden kaum erwähnt. Zur Erklärung dieses Unterschiedes gibt es mehrere Hypothesen. Möglicherweise kamen lesbische Beziehungen nicht vor; vielleicht wurden auch die sich hieraus ergebenden rechtlichen Probleme gelöst, ohne Eingang in die niedergeschriebenen Gesetze zu finden; oder diese Praktiken wurden von den Gesetzgebern einfach ignoriert– in diesem Fall „wird die eigentliche historische Wirklichkeit der weiblichen Erfahrung totgeschwiegen."[4] Doch zur Zeit von Maimonides ist dieses Phänomen ins Bewusstsein gerückt. Im Allgemeinen wird die Sexualität* als von der Initiative des Mannes ausgehend gesehen; die Möglichkeit sexueller Beziehungen zwischen Frauen gilt daher als wenig wahrscheinlich und auch folgenlos – da sich das Verbot der Homosexualität auf das Verbot der Verschwendung des männlichen Samens gründet. Im Judentum ist die sexuelle Norm die vom Mann initiierte heterosexuelle Beziehung im ehelichen Rahmen. Doch diese Definition ist nicht für jeden stimmig, und die Gemeinde sollte keinesfalls Ursprung von Entfremdung und Ausgrenzung sein, besonders auch nicht von homosexuellen Männern und Frauen.

In den letzten Jahren sind die traditionellen Quellen zu diesem Thema erneut in die Diskussion geraten. Noch ist nicht geklärt, ob die sexuelle Präferenz angeborenes oder erworbenes Verhalten ist. „Im Bemühen um die Erneuerung der jüdischen Ethik interpretieren Gelehrte die [entsprechenden] Tora[stellen] neu – zum Beispiel die Bedeutung des Wortes *To'eva*, im allgemeinen mit ‚Gräuel'[5] übersetzt, oder die Vorschriften gegen das ‚Aufdecken der Nacktheit' (*Lev.* 18) – für ihre Schlussfolgerung ziehen sie dabei auch an anderer Stelle in der Tora zu findende Formulierungen wie die ‚in Gottes Ebenbild geschaffene' Menschheit oder ‚Liebe deinen Nächsten wie dich selbst'[6]" heran.

---

[4] Rachel Biale, *Women and Jewish Law*, S. 196.

[5] Siehe z.B. der Gebrauch in *Gen.* 43:32.

[6] Elizabeth Sarah, „Judaism and Lesbianism, a Tale of Life on the Margins of the Text", in: Jonathan Magonet, *Jewish Exploration of Sexuality*.

Die 1990 von der Zentralkonferenz der amerikanischen liberalen Rabbiner angenommene Resolution besagt: „Alle menschlichen Wesen sind *beTzelem Elohim* (‚in Gottes Ebenbild‘) geschaffen. Folglich sind sie in ihrer ganzen Persönlichkeit mit Würde zu behandeln. Die sexuelle Orientierung hat keine Bedeutung für den menschlichen Wert einer Person. Aus diesem Grund hat die liberale Bewegung alle Anstrengungen unternommen, jegliche Diskriminierung im Alltag und in der Arbeitswelt zu unterbinden. Das Komitee verurteilt eindeutig alle Beleidigungen und Übergriffe gegen schwule Männer und lesbische Frauen oder Menschen, die für homosexuell gehalten werden. Wir weisen jegliche Unterstellung zurück, dass Aids eine göttliche Strafe für die Homosexualität sei [...]. Wir appellieren an Rabbiner und Gemeinden, alle Juden unabhängig von ihrer sexuellen Präferenz zu respektieren und voll in das Gemeindeleben zu integrieren.“

Lilith

Lilith ist eine legendäre Figur; ihren Ursprung hat sie wahrscheinlich in den beiden unterschiedlichen Berichten der Genesis über die Schöpfung von Mann und Frau. Im ersten werden Mann und Frau gleichzeitig erschaffen (*Gen.* 1:27), im zweiten wird die Frau aus der Seite des Mannes geformt (*Gen.* 2:18–23). Für die geschichtskritische Bibelauslegung handelt es sich hierbei um zwei Versionen, die im Prozess der Kompilation der Bibel nacheinander in den Kanon aufgenommen wurden. Für die Rabbinen des Talmud und des Midrasch handelt es sich um ein und denselben Text, dessen Widersprüche es aufzulösen gilt, weil das Gotteswort nicht widersprüchlich sein kann. So entstand die Legende von Lilith. Die Frau aus dem zweiten Schöpfungsbericht heißt *Ischa* („Frau", weibliche Form von *Isch*, „Mann"), und wird später vom Mann Eva* genannt. Die Frau des ersten Berichtes bleibt unbenannt. Den Rabbinen zufolge wird Adam, das androgyne Menschenwesen, in zwei Teile aufgespalten – *Sachar* und *Nekewa* (männlich und weiblich) –, die sich in der Ehe wieder vereinigen. Doch diese erste Frau sei verschwunden – und diese Frau ist Lilith[1]. In der Bibel wird Lilith nur ein einziges Mal erwähnt,[2] aber sie erscheint in anderen viel älteren Texten aus dem vorderen Orient, wie zum Beispiel in der sumerischen *Inanna*[3]. Ihr Charakter wird im babylonischen Talmud, im *Alphabet des Ben Sira,* im *Sohar* und in zahlreichen mittelalterlichen Legenden gezeichnet:

> Als der Heilige, gelobt sei Er, den ersten Adam als Einzelwesen schuf, sprach Gott: „Es ist nicht gut, dass Adam allein sei (*Gen.*

[1] Sie wird auch in einem Midrasch über den Streit zwischen Kain und Abel erwähnt. „Die erste Eva" wäre nach dem Midrasch Grund der Auseinandersetzung zwischen den Brüdern gewesen und hätte deshalb Abels Tod verursacht. (*Gen. R.* 22:7).

[2] „Und Steppentiere treffen dort mit Hyänen zusammen, und ein Waldbock ladet den anderen, nur dort rastet Lilith und findet eine Ruhestatt" (*Jes.* 34:14).

[3] 2000(?) vor unserer Zeit.

2:18).“ Gott schuf die Frau gleich ihm aus einem Erdklumpen und nannte sie Lilith. Sogleich fingen die beiden an, miteinander zu streiten. Sie sprach: „Ich lege mich nicht zuunterst.“ Und er sprach: „Ich lege mich nicht zuunterst sondern zuoberst, denn du bist dazu bestimmt, unten zu sein und ich obenauf.“ Sie sprach darauf: „Wir sind beide gleich, denn wir wurden beide aus einem Erdklumpen geschaffen [...]“ und sie vertrugen sich nicht. Sie sann nach, dann sprach Lilith den heiligen Namen Gottes aus und flog in die Weiten des Weltraumes davon. Adam verharrte vor seinem Gott im Gebet und sprach: „Meister des Universums, die Frau, die Du mir geschickt hast, hat mich verlassen.“ Sofort sandte Gott ihr drei Engel nach, die sollten sie zurückbringen. Gott sprach zu ihnen: „Will sie zurückkehren, so ist es gut, wenn nicht, werden auf ihrem Haupt jeden Tag hundert Kinder sterben, jeden Tag hundert Kinder.“ [...] Sie folgten ihr bis in die Tiefen des Meeres, in die wogenden Wasser, in denen später die Ägypter umkommen würden. Sie teilten ihr Gottes Worte mit, doch zurückkehren wollte sie nicht. Sie riefen aus: „Wir werden dich im Meer ertränken.“ Sie antwortete ihnen: „Lasst mich in Ruhe, denn ich wurde dazu erschaffen, die Kinder krank zu machen. Ist es ein Junge, werde ich diese Macht über ihn haben, wenn er vom Tage seiner Geburt an acht Tage alt ist, und ist es ein Mädchen, vom Tage ihrer Geburt an bis sie zwanzig Tage lebt“.[4]

Die Schaffung Liliths wird mit der Frage nach der Gleichheit zwischen Mann und Frau in Verbindung gebracht. Der Disput zwischen Adam und Lilith geht wahrscheinlich um ihre jeweilige Stellung während des Beischlafes. Keiner will unter den anderen zu liegen kommen, die Diskussion wirkt geradezu komisch. Doch abgesehen vom Anlass sind die gewählten Argumente interessant: Der Mann sagt der Frau, sie sei für eine unterlegene Position geschaffen; Lilith hingegen verteidigt die Gleichberechtigung. An dieser Stelle sei daran erinnert, was die Genesis über Eva sagt: „[...] nach deinem Manne sei dein Verlangen und er beherrsche dich“ (*Gen.* 3:16) – eine Situation, die der Autor für maßgeblich hält.[5]

---

[4] *Alphabet von Ben Sira,* 22a–23b und 33a–b, *Otzare Midraschim*. Dieses Werk stammt aus der Zeit der Geonim, noch vor dem Jahr 1000 unserer Zeit.

[5] Dies ist eine der Strafen, die nur die Frau wegen ihres Ungehorsams Gott gegenüber treffen und die bei der Schöpfung nicht erwähnt wird. Der Mann wird ebenfalls bestraft, doch seine Strafe steht nicht mit seinem Verhältnis zur Frau in Verbindung und sie wird nicht als untergeordnete Stellung definiert. Man könnte sich genauso gut vorstellen, dass Gott zu Adam sagt: „nach deiner Frau sei dein Verlangen...“. Benno Jacob (1862–1945) ist der Auffassung, dass die Bestrafung des Mannes auf die Lebenszeit Adams begrenzt ist; die Geburt Noas (dessen

Lilith stellt in Frage, was Eva umständehalber als gegeben hinnimmt. Lilith wagt es, den göttlichen Namen auszusprechen,[6] und entfliegt einem Dämon gleich. Sie ist im Besitz eines Wissens, das Adam verschlossen bleibt. Sie flieht und gewinnt ihre Freiheit; sie verweigert die Unterordnung unter ihren Mann und zieht die Einsamkeit der Unterwerfung vor. Die Strafe Gottes droht in der Form des Kindersterbens, für das die Übeltäterin Lilith verantwortlich gemacht wird. Sie ist Gegenbild von Eva, der „Mutter allen Lebenden“ (*Gen.* 3:20), wie Adam sie benennt. In ihrem Wunsch nach Gleichberechtigung lehnt die Frau *ipso facto* ihre Rolle als Mutter ab. Sie ist nicht Lebensspenderin, sondern Todbringerin. Sie steht im Gegensatz zu Eva, der von der Tradition unterdrückten Frau, die allein in der Bibel erwähnt wird und die sich ihrer Unterwerfung beugt.

Lilith wird mit den Wassern in Verbindung gebracht, in denen die Ägypter ertranken; ihr Schicksal ist dadurch mit dem der Feinde Israels verknüpft. Doch die Wasser des Schilfmeeres sind auch der Ort des Überganges von der ägyptischen Sklaverei in die unsichere Freiheit in der Wüste. Lilith scheint schlussendlich den auf ihr lastenden Fluch anzunehmen. Die von ihr ausgehende Mädchen und Jungen unterschiedlich lange drohende Todesgefahr dient dem Autor dazu, die Ungleichheit zwischen Männern und Frauen zu betonen – die genau Lilith in Frage stellen wollte. Lilith entgeht dem Herrschaftsanspruch des Mannes, dessen Schwäche doch offensichtlich ist: Er bittet Gott um Hilfe, er solle ihm die Frau zurückbringen, die ihn verließ. Lilith ihrerseits hatte sich nicht bei Gott über ihren Mann beschwert; sie nimmt die Dinge selbst in die Hand.[7] Weder der Mann, noch die drei Engel, noch Gott selbst können sie zur Rückkehr bewegen. Doch diese scheinbar freie Wahl ist nur eine sarkastische Parodie; denn am Ende kann sie ihrem Schicksal, dem Fluch durch den sie Kinder krank werden lässt, nicht entgehen. Der oben zitierte Text fährt folgendermaßen fort: „Als sie [die Engel] ihre Worte hörten, sammelten sie sich und hielten sie fest, bis sie beim Namen des lebendigen Gottes schwor, dass sie keinem Kind ein Leid antun würde, das ihren [d.h. der Engel] Namen oder Bild als Amulett trüge. Außerdem

---

Name „Trost“ bedeutet) habe das Ende des Fluches gebracht. Man könnte sich für die Bestrafung Evas eine vergleichbare Argumentation vorstellen. Jonathan Magonet gibt zu bedenken, dass die zwei Versionen des Schöpfungsberichtes als zwei mögliche Optionen gesehen werden können. Die Version der Herrschaft des Mannes über die Frau sei ein Beleg für eine Fehlentwicklung der menschlichen Beziehungen, deren Veränderung aber durchaus möglich ist.

[6] Der Tradition nach darf der Name Gottes nicht ausgesprochen werden. Viele rabbinische Texte schreiben ihm magische Kraft zu. Doch auch jenseits allen Aberglaubens bleibt Gott im Bereich des Unfaßbaren.

[7] Siehe: Aviva Cantor, „The Lilith Question“, in: Susannah Heschel, *On Being a Jewish Feminist.*

versprach sie, dass jeden Tag hundert ihrer eigenen Kinder sterben würden, und deshalb sterben täglich hundert Dämonen. Aus diesem Grund schreiben wir ihre Namen auf die Amulette der kleinen Kinder, damit sie sich beim Anblick der Namen ihres Versprechens erinnert und das Kind gedeiht."

Die Engel, die Gesandten Gottes, schaffen es, bösen Einfluss Liliths zu verringern. Der Text rechtfertigt den Gebrauch von Amuletten mit den Namen der Engel, die von Kindern zum Schutz vor Lilith getragen wurden. Im Kampf zwischen dem Dämon Lilith und den Engeln dient der Gottesname als Waffe. Lilith erkennt die Macht des Gottesnamens und weicht vor ihm zurück. Der Dämon hat nicht nur die Macht, Kinder zu töten, sondern auch die, weitere zerstörerische Dämonen hervorzubringen. Lilith muss versprechen, eine Anzahl ihrer eigenen Nachkommen sterben zu lassen und auch, Neugeborene mit Amuletten nicht anzurühren; doch sie bleibt weiterhin voller Rachsucht. Ihrem Versprechen bleibt sie dennoch treu. Vielleicht versuchte man durch diese Dämonengestalt eine Erklärung für die häufigen Todesfällen, im frühen Kindesalter zu finden – dabei wurden dem Aberglauben Tür und Tor geöffnet.

Die Geschichte von Lilith basiert auf babylonischen Legenden um zwei Dämonen, einem männlichen und einem weiblichen, mit den Namen Lilu und Lilitu. Der antike Orient kannte Göttinnen und Götter, männliche und weibliche Dämonen, die alle gleich viel Macht und Einfluss [über die Menschen] hatten. Diese babylonischen Dämonen verletzten Männer und befielen Frauen und deren Kinder im Kindbett. In Lilith hat die jüdische Tradition ausschließlich die weiblichen Seiten des Dämonischen bewahrt.[8]

Ein weiterer Aspekt von Lilith ist das Verführerische: „R. Hanina sagte: Man darf nicht in einem Haus allein schlafen, und wer allein schläft, wird von der Lilith überfallen" (*Schab.* 151b). Lilith greift einsame Männer an, die sich ihrer nicht erwehren können. Sie erregt sie im Schlaf (also wenn sie verletzlich sind) und nimmt ihren Samen, um an Stelle der seinen Dämonenkinder in die Welt zu setzen. Mittelalterlichen Erzählungen, in denen männliche Phantasien ihre Blüten treiben, titulieren Lilith als die „Versucherin". Lilith ist hier oft als Extrembild der Frau gezeichnet, als Verderbtheit und Tod bringendes Wesen, Inkarnation des Sexuellen, dem der schwache Mann nicht widerstehen kann. Das Böse liegt im Anderen, in der Frau. Drei männliche Urängste sind in [diesem Bild von Lilith] personifiziert: Angst vor der Unfruchtbarkeit, die Angst vor der Einsamkeit[9], und die, ohne eine Zukunft durch Nachkommen zu sterben. Aviva

[8] Siehe: Barbara Borts, „Lilith", in: *Hear our Voice* (coll.), S. 98–109.
[9] Denn sie tötet die Schwangeren und die Frauen im Wochenbett.

Cantor[10] vermutet, dass die Legende von Lilith im [babylonischen] Exil entstanden sein könnte, zu einer Zeit, da die patriarchalische Gesellschaft, durch ein fremdes Umfeld verunsichert, Selbstbestätigung nötig hatte. In einem Moment, da die gesellschaftliche Ordnung in Frage gestellt wurde, sollte die häusliche Ordnung stabilisiert werden. Die Frau musste in ihrer Macht beschnitten und auf ihre Aufgaben verwiesen werden: für den Unterhalt des Mannes zu sorgen, ihm wie Eva als Helferin zur Seite zu stehen, ihn nicht zu verlassen, für Nachkommenschaft zu sorgen und ihn in seiner Position zu stützen. Es ließe sich auch die Hypothese aufstellen, erst eine Diskussion unter Frauen über ihre Position in der Gesellschaft habe zu einer Neudefinition dieser Rolle durch die Männer geführt.

Im 20. Jahrhundert wurde Lilith von Frauen rehabilitiert. Neue Midraschim über sie und über ihre Gespräche mit Eva wurden verfasst; in den Vereinigten Staaten trägt eine jüdisch-feministische Zeitschrift den Namen Lilith[11]. Durch das Ausblenden ihres dämonischen Aspekts konnte wieder ins Bewusstsein treten, dass sie für die Gleichheit der Geschlechter eingetreten war. So wurde sie zum Symbol für die Schöpfung im Sinne des ersten Berichtes der Genesis: „Gott schuf den Menschen in seinem Bilde, im Bilde Gottes schuf Er ihn, Mann und Frau schuf er sie (*Gen.* 1:27).

[10] In: *Hear our Voice* .

[11] *Lilith Publications*, 250W 57th Street, Suite 2432, New York, NY 10107.

Lots Frau

Lots Frau ist Teil der Geschichte um Sodom und Gomorra; beim Aufbruch Lots aus der Stadt Sodom wird sie zum ersten Mal erwähnt. Die Gesandten Gottes kündigen Lot die unmittelbar bevorstehende Zerstörung der Stadt an und fordern ihn auf: „Auf! Nimm deine Frau und deine beiden Töchter, die anwesend sind, dass du nicht weggerafft werdest in der Bestrafung der Stadt“ (*Gen.* 19:15). Als sie die Stadt verlassen haben, fügt einer der Boten hinzu: „Entflieh um dein Leben. Schaue dich nicht um, und bleibe nicht stehen in dem ganzen Umkreise [...]“ (*Gen.* 19:17). Lot flieht mit seiner Frau und seinen Töchtern in eine kleine Stadt. Der Bericht von der Zerstörung von Sodom und Gomorra endet mit dem Satz: „Da schaute seine Frau nach hinten und ward eine Salzsäule“ (*Gen.* 19:26). Im biblischen Text hat die Erwähnung von Lots Frau einzig die Funktion, den Ungehorsam gegenüber dem göttlichen Befehl [und die Konsequenzen] zu untermalen. „Schaue dich nicht um“ kann zweierlei bedeuten: entweder: „Beeile dich“ oder auch „Lass die Vergangenheit hinter dir“. Der Ort der Handlung wird mit dem Berg Sodom südwestlich des Toten Meeres in Verbindung gebracht; auch Flavius Josephus berichtet, ihn auf seinen Reisen gesehen zu haben. In dieser Gegend gibt es tatsächlich Salzsäulen, Formationen in ständiger Umbildung, die manchmal menschenähnliche Gestalt haben. Hier könnte der Ursprung dieser in vielen Kulturen verbreiteten Legende liegen.[1]

R. Isaac (*Gen. R.* 51:5; 50:4) glaubt, Lots Frau sei wegen einer Gesetzesübertretung in Zusammenhang mit Salz in eine Salzsäule verwandelt worden. Lot habe sie gebeten, ihren Gästen Salz anzubieten. Sie habe ihm geantwortet: „Möchtest du in Sodom eine weitere Unsitte einführen[2]?“ Sie sei dann mit der Bitte um Salz bei allen Nachbarn herumgegangen und habe sie dadurch erst auf Lots Gäste aufmerksam gemacht – und so

---

[1] Der griechische Mythos von Orpheus und Eurydike ist ein Beispiel hierfür.

[2] Ob die „Unsitte“ darin bestehen soll, das Essen zu salzen oder darin, sich seiner Gäste anzunehmen, wird nicht deutlich.

den darauf folgenden Gewaltausbruch provoziert[3]. Auch beachtet sie das Gesetz der Gastfreundschaft nicht, sondern gefährdet im Gegenteil sogar Lots Gäste, weil sie ihrem Mann eine Lektion erteilen will. Mit dieser Geschichte sucht der Midrasch nach einer Erklärung für eine unangemessen hart wirkende Bestrafung. Ein anderer Midrasch gibt ihr den Namen „Edith", von der Wurzel *Ed* mit der Bedeutung „Zeuge", vielleicht weil sie verbotenerweise Zeugin der Zerstörung von Sodom und Gomorra wurde. Ein anderer Midrasch verteidigt sie mit der Aussage, sie habe sich aus Sorge um das Schicksal ihrer verheirateten Töchter umgesehen (*PdRE* 25). Dennoch bleibt es bei der Darstellung von Lots Frau als einer unbeherrschten Person, die aus Charakterschwäche ein Gebot missachtet. Im biblischen Text wird sie nicht beim Namen genannt – das könnte zur Interpretation ihres Fehlers als einer allgemein weiblichen Schwäche verleiten. Ihre einzige Stärke liegt in ihrer Weiterexistenz als Teil der israelischen Landschaft – doch leider als dauerhaft schlechtes Beispiel. Einige moderne Exegeten verteidigen sie und halten ihre Bindung an die Stadt, die sie nur zögerlich hinter sich lässt, für positiv. Ihr nostalgischer Blick zurück macht sie sympathisch.

[3] Die Männer Sodoms umringten Lots Haus und forderten die Herausgabe der Fremden. (*Gen.* 19:4-5).

Lots Töchter

Die Geschichte von Lots Töchtern wird nach Abrahams Fürsprache für Sodom und Gomorra erzählt. Gott ist bereit, beide Städte zu verschonen, wenn sich in ihren Mauern zehn Gerechte befinden – was nicht der Fall ist. Also kommen Gesandte Gottes zu Lot, dem Neffen von Abraham, um ihn zum Verlassen der Stadt zu bewegen. Lot bereitet ihnen ein Mahl, doch die Leute aus der Stadt haben von der Ankunft der Gäste erfahren und bedrängen ihn nun um deren Herausgabe. Lot hat Angst um ihre Sicherheit und bietet dem Pöbel seine Töchter an: „Siehe, ich habe zwei Töchter, die noch keinen Mann kennen, die will ich zu euch herausführen und tut ihnen, wie es gut ist in euren Augen; nur diesen Männern tut nichts, denn sie sind doch einmal gekommen unter den Schatten meines Daches" (*Gen.* 19:8). Die Gewalttätigkeit der Leute wendet sich nun gegen Lot, doch die Gesandten Gottes schützen Lot und schlagen die Angreifer mit Blindheit. Dennoch zögert Lot aufzubrechen, bis schließlich die Gesandten ihn mit seiner Frau und seinen Töchtern bei der Hand nehmen und aus der Stadt führen; seine Schwiegersöhne [die Verlobten seiner Töchter] hatte Lot nicht zum Mitkommen bewegen können. Lots Frau* stirbt unterwegs und Lot zieht sich mit seinen Töchtern in eine Höhle zurück. Im Glauben, die ganze Welt sei zerstört, macht sich die ältere der beiden Mädchen Sorgen um die Zukunft der Menschheit und fordert ihre jüngere Schwester auf: „Unser Vater ist alt, und kein Mann ist im Lande, zu uns zu kommen nach der Weise aller Welt. Komm, wir wollen unserem Vater Wein zu trinken geben und uns zu ihm legen, und von unserem Vater Samen erhalten" (*Gen.* 19:31–32). Also legen sich erst die ältere, dann die jüngere Tochter ohne dessen Wissen zu ihrem Vater. Beide bekommen Kinder aus dieser Verbindung: Moab, dem Text zufolge der Stammvater der Moabiter, und Ben Ammi, den Stammvater der Ammoniter.

Diese Geschichte ist aus mehreren Gründen beunruhigend. Die Tatsache, dass der Vater lieber seine Töchter als seine Gäste den Angreifern ausliefert, als sei die Gastfreundschaft ein höherer Wert als der Schutz der eigenen Töchter, ist kaum hinnehmbar. Der Erzähler berichtet den Hergang ganz sachlich – dadurch wirkt die Szene noch unerträglicher. Die Töchter werden zum Tauschobjekt, mit dem die Männer sich Ruhe erkaufen. Doch die Strategie schlägt fehl und die Angreifer wenden sich gegen den Anbieter der „Tauschware". Beklemmend wirkt auch der im zweiten Teil der Geschichte als Mittel gegen das Aussterben der Menschheit gewählte Inzest. Wir begegnen in dieser Szene einer Situationsumkehr: Der Mann, der vorher seine Töchter als sexuelle Objekte benutzt hat, wird nun selbst von seinen Töchtern als Sexualobjekt missbraucht. Lot ist nicht mehr Herr seiner selbst; wir erfahren aus dem Text, dass er in seiner Trunkenheit seine Töchter nicht mehr erkannte. Und dennoch: Obwohl die Worte der älteren Tochter zitiert werden, obwohl eine Frau zum Handeln anstiftet, bleiben die beiden Schwestern namenlos; dadurch bleibt das patriarchalische Universum erhalten, bleibt der Fokus auf den männlichen „Helden", in diesem Fall auf Lot. In beiden beschriebenen Vorfällen werden sexuelle Kontakte ohne Einverständnis der Betroffenen als Lösung für eine lebensbedrohliche Situation dargestellt. Doch Lots „Angebot" zur Besänftigung des Pöbels aus der Stadt wird ausgeschlagen, während im zweiten Fall die beiden Töchter zu den Stammmüttern großer Nationen werden – auch wenn diese Völker später häufig Feinde Israels sind. Dennoch war ihre Entscheidung unbegründet und falsch, denn das Schicksal der Menschheit lag nicht in ihren Händen. Nach Gunkel[1] ist diese Erzählung heidnischen Mythen entlehnt, in denen der Inzest häufig (und ohne jede moralische Bewertung) als Ursprung einer Nation erscheint. Doch durch den geradezu lächerlichen Fehlschluss von Lots Töchtern und vor dem Hintergrund des im mosaischen Gesetz (*Lev.* 18:6–18) verankerten Inzestverbots habe ein ursprünglich positiver Entstehungsmythos in diesem biblischen Kontext eine Wendung ins Negative erfahren. Der Standpunkt des biblischen Erzählers ist jedoch nicht offensichtlich. Die Bereitschaft der Töchter, angesichts des von ihnen angenommenen Weltendes das Leben fortzusetzen, könnte durchaus auch positiv bewertet werden. Die Bibelkommentatoren sind sich ebenfalls nicht darüber einig, ob der Erzähler die Handlung von Lots Töchtern ins Lächerliche ziehen oder als mutiges Vorgehen hinstellen will.

Die meisten der Rabbinen des ersten Jahrhunderts unserer Zeitrechnung verdammen Lot für sein Handeln (vgl. *Gen. R.* 51:6) und unterstellen ihm, mit seinem Wohnsitz in der Nähe von Sodom auch die Sitten der Stadt angenommen zu haben. Doch einige (vgl. *Gen. R.* 49:13; *PdRE* 25) gehen soweit, seine Haltung zu rechtfertigen und seine Gastfreundschaft (die er bei seinem Onkel Abraham gelernt habe) zu loben! Einige ge-

[1] Hermann Gunkel, *Genesis*, Nr. 19.

schichtskritische Exegeten sind der Ansicht, dass die biblischen Vorväter Gastfreundschaft und Schutz der Fremden höher bewertet hätten als den Erhalt der eigenen Familie.[2] Mit einer solchen Sichtweise konnten die Rabbinen nicht übereinstimmen. Dennoch verdammen sie den Vorschlag Lots nicht eindeutig. Erst im Midrasch *Tanchuma* (*Vajera* 12) aus dem 9. Jahrhundert erscheint ein Kommentar, der besagt, dass selbst wenn Lot bereit war, die Seinigen ans Messer zu liefern, sich ein Vater normalerweise für den Schutz seiner Frau und Kinder aufopfert. Auch für den Inzest machen einige Quellen Lot und nicht dessen Töchter verantwortlich (*Nas*. 23a–b). Er wird beschuldigt, seine Töchter begehrt zu haben; denn auch wenn er bei der ersten bewusstlos war, konnte er es zumindest bei der zweiten nicht mehr gewesen sein (*Gen. R.* 51:8–9; *Nas*. 23a; *Hor*. 10b). Für Nachmanides war Lot schon vorher ein inzestuöser Vater. Raschi sagt sogar, Abraham habe sich wegen Lots Beziehung zu seinen Töchtern von ihm getrennt.[3] . Den Töchtern halten die Rabbinen zugute, dass sie die Mütter zweier Nationen wurden, aus deren einer Ruth*, der Tradition nach die Ahnmutter des Messias, hervorgehen wird. Ihr Handeln wird verurteilt, doch die gute Absicht findet Anerkennung. Die ältere Tochter nennt ihren Sohn Moav, „von meinem Vater", und steht damit zu ihrer schändlichen Tat, die Jüngere nennt ihren Sohn zurückhaltender Ben-Ammi, „Sohn dessen, der mit mir war"; zu ihren Nachkommen zählt auch Na'ama, die Frau Salomons (*BK* 38b; *Jev*. 63a, 77a; *Hor*. 10b).

Der Midrasch lässt eine der Töchter aus der Anonymität heraustreten. Sie hieße Paltit und wäre mit einem Würdenträger der Stadt Sodom verheiratet gewesen. Sie habe wohl wissend, damit gegen ein Gesetz der Stadt zu verstoßen, Tag für Tag einen Armen gespeist. Die Einwohner Sodoms erfuhren davon; sie nahmen Paltit fest und ihr drohte der Tod auf dem Scheiterhaufen. Sie habe sich daraufhin mit einem Gebet an Gott gewandt: „Gott der Welt, lasse mir Recht geschehen und richte die Bewohner Sodoms." Ihr Schrei sei bis zum Himmelsthron hinaufgestiegen. Der Ewige sprach: „Ich will hinabsteigen und zusehen, ob sie getan wie ihr Geschrei, das vor mich gedrungen[4]" [*Gen.* 18:21]. Wenn die Einwohner von Sodom sich wirklich so betragen, wie diese junge Frau es beklagt, werde ich in der Stadt das Unterste zuoberst kehren [*PdRE*; Sanh. 109b]." Dieser Midrasch macht aus Lots Tochter eine Frau, die dem [Un]recht der Umgebung widersteht, ihr Leben für *Zedaka*, mildtätige

[2] E.A. Speiser, *Genesis, the Anchor Bible*, S. 143; Sarna, *Understanding Genesis*, S.150. Als Beleg wird eine ähnliche Episode aus dem Buch der Richter 19:23–24 herangezogen.

[3] Raschi stützt sich dabei auf *Gen. R.* 52:4.

[4] *Za'akata*, „ihr Geschrei", ist im hebräischen feminin – wahrscheinlich bezieht es sich auf die Stadt Sodom; doch die Rabbinen beziehen es auf das Geschrei/die Klage einer Frau, der Tochter Lots.

Gerechtigkeit, einsetzt und Gottes Strafe über die Stadt bringt. Dennoch bleibt die Haltung der Bibel und der Rabbinen gegenüber Lots Töchtern ambivalent – und angesichts der klaren Ablehnung inzestuöser Beziehungen in der jüdischen Tradition ist dies auch verständlich.

Matrilinearität

Matrilinearität bedeutet die Weitergabe der jüdischen Identität durch die Mutter. Nach der orthodoxen Definition ist jedes Kind einer jüdischen Mutter Teil der jüdischen Gemeinschaft. Diese Definition ist Ursache einer häufigen Überbewertung der mütterlichen Rolle bei der Erziehung*. Dem Recht nach gibt zwar die Mutter obiger Definition zufolge dem Kind die Identität, doch nicht ihr [sondern dem Vater] obliegt die Verantwortung für die jüdische Erziehung der Kinder. Die so verstandene Matrilinearität hat etwas Ironisches – gibt doch die Mutter das Judentum an das Kind allein dadurch weiter, dass sie es zur Welt bringt und nicht dadurch, dass sie es im jüdischen Sinne erzieht; die Bedeutung der Mutter wirkt artifiziell. Daher wurde diese Auffassung von der Zugehörigkeit zum Judentum über die mütterliche Linie von den liberalen Bewegungen in Frage gestellt; nicht allein aus Gründen der Gleichberechtigung zwischen Mann und Frau, sondern auch und besonders, weil die Erziehung und nicht die Geburt das ausschlaggebende Kriterium für Jüdischkeit sein sollte.

Zur biblischen Zeit bestimmte sich die Zugehörigkeit zu einem Volk über die väterliche Linie. Sie wurde über den Vater weitergegeben, oft war die Mutter eine Fremde. Die Abstammungslinien sind männlich, Frauen werden in den Genealogien nur selten erwähnt. Rebekka*, die zweite der Matriarchen, war die Tochter von Bethuel, der wiederum „Sohn von Milka, der Frau Nachors, des Bruders von Abraham" war (*Gen.* 24:15). Der Name von Bethuels Frau ist nicht überliefert, doch wir können annehmen, dass sie nicht jüdisch war, weil Abraham als der erste Hebräer genannt wird und der Tradition nach weder sein Bruder noch seine Schwägerin Juden waren[1]. Rebekka* selbst erwähnt bei ihrer Vorstellung nur ihren Vater, nicht aber ihre Mutter (*Gen.* 24:24, 47). Andererseits erwähnt sie ihre Großmutter und ihren Großvater väterlicher-

[1] Bethuel ist Abrahams Neffe und Labans Vater.

seits. Von den Vorfahren Rachels*, der späteren Frau von Jakob, kennen wir ebenfalls nur die väterliche Seite: „... Jakob sah die Rachel, Tochter Labans, des Bruders seiner Mutter“ (*Gen.* 29:10). Die Erwähnung des „Bruders seiner Mutter“ weist auf die Bedeutung der Bezugsnahme auf die väterliche Abstammung. Die Mutter wird nicht genannt, woraus man schließen kann, dass die mütterliche Linie unwichtig war. Pharao gibt Joseph die „Asnat, Tochter von Potiphar, Priester des On“ (*Gen.* 41:45). Aus dieser Ehe hatte Asnat zwei Söhne: Menasse und Ephraim (*Gen.* 41:50-52). Sie war mit Sicherheit nicht hebräischer Abstammung, und doch werden ihre Kinder als Hebräer bezeichnet. Bis zum heutigen Tag werden Jungen jeden Freitag Abend mit den Worten gesegnet: „Gott lasse dich werden wie Ephraim und Menasse“. Dabei war deren Mutter Asnat „die Tochter eines der größten Würdenträger des Landes, Priester des Nationalheiligtums, des Sonnentempels in On oder Heliopolis, zehn Kilometer nordöstlich des modernen Kairo gelegen[2]“. Moses heiratet Zippora*, eine Midianiterin und Tochter des Priesters von Midian (*Ex.* 2:16, 21). Sie haben zwei Söhne, Gerschom und Elieser (*Ex.* 2:22; 18:2–6; *1. Chron.* 23:15–17). Zippora ist nicht hebräischer Abstammung, doch ihre Söhne und deren Nachkommen gelten als Hebräer. Samson bittet seine Eltern um die Hand einer Philisterin (*Rich.* 14:2). Auch König Salomon nahm sich Frauen aus anderen Völkern: Die Mutter Roboams war eine Ammoniterin mit Namen Naama (*1. Kön.* 14:21), doch Roboam wird zum Thronerben. Es gibt zahlreiche Beispiele von Männern in der biblischen Geschichte, die Verbindungen eingingen, die man heute als „Mischehen“ bezeichnen würde. Ihre Kinder waren Teil der kulturellen, nationalen und religiösen Gemeinschaft des jüdischen Volkes. Bis zur Epoche des Propheten Esra wurde die Abstammung allein durch die väterliche Linie bestimmt.

Esra und Nehemia (458 bzw. 443 vor unserer Zeitrechnung) haben als erste ein Dekret erlassen, dass darauf zielte, ausländische Frauen und deren Kinder auszugrenzen. Als „fremde“ Frauen galten nicht nur solche, die den sieben kanaanitischen Nationen angehörten, mit denen nach der Tora eine Verbindung verboten war, sondern auch Ammoniterinnen, Moabiterinnen und Ägypterinnen (*Esra* 9:1 und *Neh.* 13:27[3]). Schon die Gesetzgebung des Deuteronomium (7:3) verbot die Ehe mit Kanaanitern, da sie zu Götzendienerei führen könnte. Dies Verbot betraf Söhne und Töchter gleichermaßen. Mit anderen Worten, wenn eines der beiden Elternteile kein Hebräer war, gehörten Kinder aus einer solchen Verbindung nicht dem [jüdischen] Volk an. Doch wie es die Beispiele aus der

[2] James Hastings, *Dictionary of the Bible*, S. 528 b.

[3] „Ist es nun erhört von euch, all diesen großen Frevel zu begehen, untreu zu werden unserem Gotte durch Heimführung fremder Frauen?“

biblischen Geschichte zeigen wurde dieses Recht nicht befolgt. Eine Veränderung ist seit der Epoche von Esra und Nehemia zu beobachten, die nun die „Jüdischkeit“ eines Kindes vom Status der Mutter her definierten. Zwischen den Phasen der der Patrilinearität und der Matrilinearität muss es eine Periode des Überganges gegeben haben. Unabhängig davon blieb der soziale Status, die Angehörigkeit zu den Gruppen der Kohanim, Leviten oder Israel[4], weiterhin vom Vater abhängig. Diese aus der Zeit nach dem Exil datierende Haltung hat sicher ihren Ursprung in dem im ganzen Volk verbreiteten Bestreben, die Reinheit der *Kehuna* (Priestertum) zu erhalten.

Geschichtskritischen Bibelwissenschaftlern zufolge entstand das Buch Ruth* in diesem Zusammenhang als Gegenentwurf zu der Vision von Esra und Nehemia. Die Moabiterin[5] Ruth schließt sich dem jüdischen Volk an und wird – als nicht jüdische Frau – Stammmutter des Königs David und des Messias. Dies Buch[6] ist ein Plädoyer für die Aufnahme von Frauen anderer Völker in das Judentum.

In der mischnaischen Zeit folgt man der von Esra und Nehemia vorgegebenen Linie. Die Mischna selbst ist Zeugnis der Koexistenz beider Prinzipien. Einerseits bleibt die Patrilinearität in allen das Priestertum betreffenden Fragen aufrecht erhalten: Bei einer rechtsgültigen Ehe unter Einhaltung aller Vorschriften bekommt das Kind den Status des Vaters. Doch weiter heißt es in der Mischna: Bei Nichteinhaltung von Vorschriften folgt der Status des Kindes dem Elternteil, das *pagum* (“gefallen“) ist, sei es die Mutter oder der Vater. Auch zur talmudischen Zeit bleiben beide Prinzipien nebeneinander bestehen: „Dein Sohn von einer Israelitin heißt dein Sohn, dein Sohn von einer Nichtjüdin heißt nicht dein Sohn, sondern ihr Sohn“ (*Kid.* 68b). An anderer Stelle heißt es im Talmud: „Die Familie des Vaters gilt als Familie; die Familie der Mutter gilt nicht als Familie“ (*BB* 109b und *Jev.* 54b). Dennoch folgen die [späteren] Rechtskodizes ausschließlich dem Prinzip der Matrilinearität (*MT*, Issurei bia 15: 3,4; *SA,* EH 44:8).

Für diese grundsätzliche Veränderung gibt es mehrere Erklärungsansätze. So konnte man annehmen, dass im Falle einer illegitimen Beziehung die einzig mögliche Lösung in der Rückkehr von Frau und Kind zu

---

[4] Der Tradition nach ist das jüdische Volk in drei Gruppen geteilt: die mit dem Tempeldienst betrauten Priester, die sie begleitenden Leviten und Israel, die übrige Bevölkerung. Nach der Tempelzerstörung wurde diese Einteilung für den Aufruf zur Tora* und einige weitere den Priesterstatus betreffende Regeln beibehalten. In der liberalen Richtung des Judentums wurden diese Unterscheidungen aufgehoben.

[5] Ungeachtet des Verbotes aus *Deuteronomium* 23:4.

[6] Das bewusst in die Periode der Richter (1200-1030 vor unserer Zeitrechnung) vordatiert sei, aber aus einer wesentlich späteren Epoche stamme.

ihrem Volk bestand; dass daher die Herleitung des Status des Kindes von der Mutter sinnvoll sei. Auch das schon erwähnte Prinzip der *Kehuna* (Priestertum) und der Reinheit des Volkes wurde ins Feld geführt; damit wäre die Veränderung auf die Epoche von Esra und Nehemia zurückzuführen. Schließlich haben manche Historiker der talmudischen Epoche argumentiert, dass zur Zeit der römischen Besatzung und Niederschrift der Mischna, also in den ersten Jahrhunderten unserer Zeitrechnung, zahlreiche jüdische Frauen von den Römern vergewaltigt wurden. Den Rabbinen der Mischna war die biblische Gesetzgebung und deren Unerbittlichkeit in Bezug auf *Mamserim* (illegitime Kinder) wohl bekannt. Aus Mitgefühl [*Rachmanut*] hätten sie nicht eine ganze Generation des jüdischen Volkes von der Gemeinschaft ausschließen wollen. Deshalb hätten sie die Entscheidung getroffen, die Zugehörigkeit zum Judentum über die Mutter und nicht mehr wie in biblischer Zeit über den Vater, zu bestimmen. Eine weitere Begründung wäre, dass die Identität der Mutter, im Gegensatz zu der des Vaters, immer bekannt ist; doch das Prinzip der Matrilinearität kam nur bei Mischehen zum Tragen, ansonsten vertraute man den Angaben der Frau zur Identität des Vaters. Alle aufgeführten Hypothesen wurden von Shaye Cohen[7] widerlegt; sie bietet dagegen zwei weitere Erklärungsmöglichkeiten: der Einfluss des römischen Rechtes, das eben diesem Muster folgte, oder eine Parallele zwischen den Mischehen und der Vermischung mehrerer Arten (*Lev.* 19:19[8]).

Gleichwohl besteht weiterhin Unsicherheit über den genauen Zeitpunkt und die Ursachen dieser Verschiebung. Sicher ist, dass zu biblischer Zeit die Patrilinearität bestimmendes Prinzip war, dass darauf eine Übergangsphase unbekannter Länge folgte und dass schließlich das Prinzip der väterlichen Abstammung von dem der Matrilinearität abgelöst wurde.

Heute herrscht in der orthodoxen Welt und in der konservativen Bewegung das Prinzip der Matrilinearität vor; allerdings war zu manchen Zeiten eine gewisse Nachgiebigkeit statthaft. Zum Beispiel enthält ein Rundbrief des französischen Konsistoriums von 1846 folgende Empfehlung an die Rabbiner: „[...] bei Eheschließungen und Beerdigungen jede untolerante Nachforschung über die Betroffenen zu unterlassen, und dies nach dem Prinzip, dass jede von einem israelitischen Vater oder einer israelitischen Mutter geborene Person, die sich selbst als israelitisch bezeichnet, als Mitglied unserer Gemeinschaft anzusehen ist [...].“

---

[7] Shaye Cohen, „The Origin of the Matrilinear Principle in Rabbinic Law“, *Judaism*, Winter 1984, ins Französische übersetzt von Rivon Krygier, *La Loi juive á l'aube du XXIe à siècle*, S. 141–158.

[8] *M. Kilajim* 8:4; über die Vermischung von verschiedenen Geweben, Getreidesorten oder Tieren.

In der großen Mehrzahl der liberalen Gemeinden bestehen die beiden Prinzipien von Patrilinearität und Matrilinearität nebeneinander: das im jüdischen Glauben erzogene Kind eines jüdischen Vaters oder einer jüdischen Mutter gilt als jüdisch. Die Zugehörigkeit zum Judentum wird durch eine Anzahl von erforderlichen Ritualen bestätigt: die Zeremonie der Aufnahme in den Bund für Jungen und Mädchen [*Brit Mila* und *Brit Leda**], das öffentliche Bekenntnis der Zugehörigkeit in der *Bar/Bat-Mizwa** (religiöse Volljährigkeit) und für einige die Bestätigung der Zugehörigkeit zum Judentum durch ein rabbinisches Gericht, gefolgt vom Eintauchen in die *Mikwe** (rituelles Tauchbad). 1962 schrieb Rabbiner André Zaoui[9]: „Das liberale Judentum gesteht endlich die Eigenschaft des Jüdischseins über die väterliche ebenso wie über die mütterliche Abstammung zu; dabei ist entscheidend, dass beide Eltern ihren Willen bekunden, das Kind im jüdischen Glauben zu erziehen“[10]. Am 15. März 1983 nahm die Zentralkonferenz der amerikanischen liberalen Rabbiner anlässlich ihrer 94. Versammlung eine Entscheidung an, die auf dem Bericht eines Kommitees zur Patrilinearität und zum Status von Kindern aus Mischehen beruht: „Dies führt uns zum Schluss, dass für den Status eines Kindes aus gemischter Ehe bei einem jüdischem Vater oder einer jüdischer Mutter die selben Kriterien anzuwenden sind. Darum erklärt die CCAR, dass bei dem Kind eines jüdischen Elternteils von seiner jüdischen Herkunft ausgegangen wird. Diese Annahme der Zugehörigkeit zum Judentum bei den Kindern aus gemischten Ehen muss zu gegebener Zeit durch öffentliche und formelle Bestätigung der Zugehörigkeit zum jüdischen Glauben und der jüdischen Gemeinschaft begründet werden. Die Erfüllung dieser *Mizwot* [Gebote] dient dazu, alle daran Teilnehmenden, die Eltern wie die Kinder, ins jüdische Leben einzubeziehen.“ 1986 nahm die liberale Bewegung in England und ihre Rabbinerkonferenz offiziell das Prinzip der Patrilinearität an, dem man schon seit geraumer Zeit gefolgt war:

> Das Judentum wird *kulturell* und *nicht genetisch* weitergegeben. Der Prozess der Weitergabe ist ein erzieherischer Prozess im weitesten Sinne, weil das Weitergegebene nicht nur im Bereich des Wissens, sondern auch des Glaubens und der Wertvorstellungen, der Grundhaltungen und Ideale und besonders der Zugehörigkeit und Teilnahme liegt.
> Die Verantwortung für die Weitergabe des Judentums kommt vom Sinai und obliegt jeder Generation von Juden aufs Neue.

---

[9] Ausgebildet am Rabbinerseminar von Paris, damals Rabbiner der liberalen Gemeinde der rue Copernic in Paris.

[10] André Zaoui, *L'Enseignement libéral du judaisme.*

Die Form der Weitergabe des Judentums ist in der Realität unendlich vielfältig. Daher kennt das Judentum in der Realität (und nicht dem Gesetz nach) unterschiedliche Formen.

Die Definition der Zugehörigkeit zum Judentum nach der traditionellen Halacha ist nicht die einzig mögliche.

Sind beide Elternteile jüdisch, gilt die Annahme der Weitergabe des Judentums an die Kinder, daher gelten die Kinder als jüdisch.

Sind beide Elternteile Nichtjuden, gilt die Annahme der Nichtweitergabe des Judentums an die Kinder, und diese können nur durch Konversion jüdisch werden.

Ist eines der beiden Elternteile jüdisch, ist die Weitergabe des Judentums möglich oder auch nicht. Es kann geschehen und es geschieht, unabhängig davon ob der Vater oder die Mutter jüdisch ist, dass ein solches Kind nicht in der jüdischen Tradition erzogen wird. Daher beinhaltet die alleinige Abhängigkeit des Status eines solchen Kindes von dem des einen oder anderen Elternteiles eine gewisse Willkürlichkeit und schafft eine Kluft zwischen Lebenswirklichkeit und Recht.

Das Prinzip der Matrilinearität ist aus drei Gründen nicht zufriedenstellend:

Erstens ist es nicht sinnvoll und ungerecht, das Kind einer jüdischen Mutter und eines nichtjüdischen Vaters als jüdisch zu behandeln, selbst wenn es nicht jüdisch erzogen wird[11], und im umgekehrten Fall, ein Kind als nichtjüdisch zu behandeln, auch wenn es jüdisch erzogen ist.

Zweitens gibt dies einer mit einem Nichtjuden verheirateten jüdischen Frau Grund zur Annahme, dass ihre Kinder automatisch jüdisch sind und sie damit von der Verpflichtung befreit ist, gerade ihren Kindern eine jüdische Erziehung zu geben, auch wenn sie einen nichtjüdischen Vater haben.

Drittens führt dies einen mit einer Nichtjüdin verheirateten jüdischen Mann zur Annahme, dass seine Kinder außer durch eine Konversion im Erwachsenenalter (das orthodoxe Judentum erlaubt im Allgemeinen die Konversion im Kindesalter nicht) nicht dem Judentum zugehörig sein können und hält ihn davon ab, seine Kinder jüdisch zu erziehen.

Angesichts der gegenwärtig hohen Zahl von Mischehen sind diese Einwände schwerwiegend. In Großbritannien liegt der Anteil der

---

[11] Bemerkenswert ist eine Entscheidung des israelischen Gerichtes von 1962 über den Fall des Bruders Daniel, der, obwohl von einer jüdischen Mutter geboren, als Nichtjude betrachtet wird; nach "Conversions of a Matrilineal Jew", *Teshouvoth for the Nineties*, 5754.13.

von Juden eingegangenen Mischehen bei einem Drittel, in manchen westlichen Ländern liegt er noch höher. Unter diesen Umständen ist es hilfreich, alles in unserer Macht liegende zu tun, um es Kindern aus diesen Verbindungen zu ermöglichen, der jüdischen Gemeinschaft anzugehören. [...] Die Vereinigung der liberalen und progressiven Synagogen (Großbritanniens) hat diese Entwicklung schon lange vorhergesehen und die Erziehung eher als die väterliche oder mütterliche Abstammung zum entscheidenden Faktor bei der Festlegung des Status eines Kindes aus einer Mischehe bestimmt.

Folglich wird das Kind eines jüdischen Vaters und einer nichtjüdischen Mutter ohne Notwendigkeit einer Konversion als jüdisch betrachtet, wenn es jüdisch erzogen wird, während das Kind einer jüdischen Mutter und eines nichtjüdischen Vaters als nichtjüdisch betrachtet wird und die Zugehörigkeit zum Judentum nur durch Konversion erlangen kann, wenn es keine jüdische Erziehung genossen hat.

Für ein Kind aus Mischehen verläuft der Prozess zur Aufnahme ins Judentum in drei Etappen.

a. Bei der Geburt ist der Status des Kindes zweifelhaft [*safek*], weil seine zukünftige Erziehung noch offen ist.
b. Gleichzeitig tun wir alles in unserer Macht stehende, um die Eltern in ihrem erklärten Bemühen um die jüdische Erziehung des Kindes zu bestärken. Sind sie hierzu bereit, gilt eine solche Absichtserklärung der Eltern als Indiz [*Chasaka*] für die Zugehörigkeit des Kindes zum Judentum
c. Es liegt dann an den Eltern, ihr Versprechen umzusetzen und den Kindern eine gute jüdische Erziehung zu geben, die ihren Abschluss in einer Bar oder Bat Mizwa oder besser noch in einer *Kabbalat Tora* [Konfirmation] ungefähr im Alter von sechzehn Jahren findet. In diesem Moment wird der jüdische Status des Kindes bestätigt [*vaddai*]; auf Anfrage händigt unser rabbinischer Rat eine entsprechende Urkunde aus.

Die liberalen Strömungen[12] stützen sich also bei der Definition der jüdischen Identität nicht ausschließlich auf das Kriterium der Geburt, sondern auch und besonders auf die Erziehung, für die Mutter und Vater gleichermaßen verantwortlich sind.

[12] Siehe: "Patrilineal and matrilineal descent", Responsum Nr. 38, in: Walter Jacob, *Contemporary American Reform Responsa*.

Mechiza

Die Abtrennung zwischen Männern und Frauen an Orten des Gebetes heißt Mechiza. Der erste Hinweis auf das Konzept einer solchen Trennung stammt weder aus der Bibel noch aus der Zeit des ersten Tempels, sondern aus der Periode des zweiten Tempels, als die Weisen beschlossen, während des Sukkotfestes Männer und Frauen zu trennen. Begründet wurde die für die Festdauer geltende Veränderung mit dem Auftreten von *Kalut Rosch*, „Leichtfertigkeit", also frivolem Verhalten. Vorher gab es zwar im Tempel einen *Esrat Naschim*, einen „Frauenhof", in dem sich jedoch Männer und Frauen gleichzeitig aufhalten konnten. Die Frauen durften allerdings von dort aus den nächstinneren Hof (Hof Israels) nicht betreten, außer sie hatten den Priestern eine Opfergabe zu bringen. Der Esrat Naschim war somit nicht allein den Frauen vorbehalten, musste er doch von den Männern auf dem Weg in die inneren Höfe durchquert werden. Aus der Tempelarchitektur kann also nicht auf eine Trennung von Männern und Frauen in kultischen Dingen geschlossen werden. So beschreibt das Buch Esra zum Beispiel die Teilnahme der Frauen am Tempelchor (*Esra* 2:65). In der Bibel sind Frauen allgemein oft implizit in öffentliche kultische Handlungen mit einbezogen. Beim Bau des Stiftszeltes wurden die kupfernen Becken „aus den Spiegeln der Frauen, die sich sammelten am Eingang des Versammlungszeltes" (*Ex*. 38:8) hergestellt. Nach Levitikus 12 sollen Frauen ihre Opfergabe selbst zum Tempel bringen. Im Buch Samuel (*1. Sam*.1) begibt sich Hanna* zum Haus des Ewigen; die Sunamiterin* im Buch der Könige (*2. Kön*. 4) sucht den Gottesmann auf dem Berg Karmel auf. Esra liest die Tora vor den versammelten Männern und Frauen (*Neh*. 8: 2–3).

Auch für die ältesten Synagogen aus der Zeit des zweiten Tempels gibt es keinen schlüssigen archäologischen Beweis für eine Geschlechtertrennung.[1] Manche haben hieraus gefolgert, dass Frauen die Synagoge nicht

[1] Siehe: Bernadette Brootenm, *Women Leaders in the Ancient Synagogue.*

besuchten, doch dies wird durch viele Berichte widerlegt.[2] Im Talmud wird für Versammlungen, an denen eine große Zahl Frauen teilnahm, eine Abtrennung aus Wasserkrügen oder Schilfrohr erwähnt; für das Gebet ist solches nicht überliefert[3]. Es scheint eher, dass diese provisorischen Zwischenwände nur für besondere Gelegenheiten errichtet wurden.

Raschi erwähnt, dass während einer Hochzeit oder Predigt zwischen Männern und Frauen Krüge aufgestellt wurden (Raschi über *Kid.* 81a). Im 12. Jahrhundert erwähnt Maimonides einen *Esrat Naschim* nur in Verbindung mit dem Tempel, nicht jedoch mit dem Gebetsgottesdienst. Weder im Talmud noch in den Gesetzestexten gibt es irgend einen klaren Hinweis auf die Notwendigkeit einer Mechiza.

Die Vorstellung, dass die Gegenwart oder der Anblick von Frauen Männer vom Gebet abbringen könnte, taucht erst später zum ersten Mal auf. Der *Jalkut Schimoni*, ein Midrasch aus der ersten Hälfte des 13. Jahrhunderts sagt mit Verweis auf einen weiteren Midrasch aus dem 10. Jahrhundert[4]: „Ein Mann sollte sich zum Gebet nicht unter Frauen aufhalten, weil er wahrscheinlich durch die Anwesenheit von Frauen abgelenkt wird"[5] (*Jal.* I, 934). In Deutschland bestimmt Mordechai Ben Hillel ha-Kohen im 13. Jahrhundert, dass während der Predigt des Rabbiners eine Trennwand zu errichten sei; dies impliziert im Grunde, dass zu anderen Zeiten eine solche nicht verwendet wurde[6]. Im 16. Jahrhundert sagt uns R. Jacob ben Moses Möllin dass diese Trennwand häufig aus miteinander verbundenen *Tallitot* (Gebetsschals) errichtet wurde.

Diese bewegliche und temporäre Abtrennung wurde dem israelischen Historiker Schmuel Safrai zufolge eine Generation später durch eine hölzerne Mechiza ersetzt. Dieser Brauch führte bei seiner weiteren Verbreitung zu getrennten Frauenbereichen in den mittelalterlichen Synagogen; in einigen Fällen, wie in Frankfurt oder Worms, waren diese sogar in einem anderen Gebäudeteil untergebracht. Dort leiteten Frauen das Gebet. Safrai führt die Geschlechtertrennung in der Synagoge ursprünglich auf islamischen Einfluss zurück; diese Sitte habe dann den Weg vom arabischen Raum zu den jüdischen Gemeinden in Europa gefunden. Nach seiner Argumentation müsste dieser Brauch, wäre er schon von Alters her

---

[2] *Br.* 17a; *Sota* 22a; *Lev. R.* 9:9; *Sof.* 18:6 und Salomon Schechter, „Women in Temple and Synagogue*", Studies in Judaism,* Bd. I, S. 313-325.

[3] Vgl.. *Kid.* 34a und Samuel Safrai: „Existait-il une ezrat nashim dans la synagogue ancienne?", *Tarbiz*, Nr. 32, S. 329–338.

[4] *Tana debei Eliahu Raba*.

[5] Um den Sexismus dieses Satzes offen zu legen genügt es, die Begriffe zu vertauschen.

[6] Siehe: Norma Baumel Joseph, „Mehitsa: halakhic decisions and political consequences", in: Susan Grossman und Rivka Haut: *Daughters of the King*, S. 117–134. Während der Rabbinerpredigt war die Synagoge gut besucht.

im Judentum verankert, auch die frühchristlichen Gemeinden beeinflusst haben; dies war jedoch nicht der Fall.[7] Andere Historiker vertreten die Ansicht, die Unsicherheit während der Zeit der Kreuzzüge habe zu einer Verhärtung in der Einstellung gegenüber Frauen geführt. Wieder andere sehen in der Trennung einen Schutz für die als verletzlich angesehenen Frauen.[8]

Erst in der Neuzeit wurde die Frage der Trennung zwischen Männern und Frauen ausgiebig diskutiert und von orthodoxen Autoritäten gefordert. Eine Regelung, die zu Tempelzeiten nur ein Mal im Jahr galt, wurde jetzt in der Synagoge dauerhaft etabliert. Die Entscheidung der liberalen und konservativen Bewegung (in ihnen ist die Mehrheit der Juden vertreten), die Segregation, also jegliche Trennung zwischen Männern und Frauen an Orten des Gebetes, aufzuheben, hat eine gründliche und systematische Diskussion dieser Frage in Gang gesetzt. 1892 entschied die Zentralkonferenz der amerikanischen Rabbiner, die Mechiza abzuschaffen. 1928 wandte sich Lily Montague, Begründerin einer der liberalen Bewegungen Englands, in einer Predigt an die Gemeinde in Berlin: „Die deutschen Frauen müssen von ihrer Galerie herabsteigen und ernsthaft am Aufbau einer lebendigen Religion für die ganze Gemeinde teilnehmen." Die Verknüpfung der beiden Fragen der Geschlechtertrennung und der Teilhabe am öffentlichen Gottesdienst war überdeutlich.

Einige orthodoxe Autoritäten[9] sehen in der Trennung zwischen Männern und Frauen während des Gebets eine biblische Forderung, andere, wie zum Beispiel Rav Kook, eine rabbinische[10]. Nur in einem einzigen biblischen Text, bei Sacharia, wird eine solche Trennung erwähnt: „Und das Land klagt geschlechterweise, jegliches besonders; das Geschlecht des Hauses David besonders, und seine Frauen besonders; das Geschlecht des Hauses Nathan besonders, und seine Frauen besonders; das Geschlecht des Hauses Levi besonders, und seine Frauen besonders; das Geschlecht Schimei besonders, und seine Frauen besonders. Alle übriggebliebenen Geschlechter geschlechterweise, jegliches besonders, und ihre Frauen besonders" (*Sach.* 12:12–14).

Zunächst muss festgestellt werden, dass es sich hier nicht um einen Toratext handelt, sondern um einen Abschnitt aus den Propheten, der in ei-

---

[7] Siehe: *Jerusalem Post* vom 8. August 1986 und *Tarbiz* Nr. 32, 1963.

[8] Eine Zusammenfassung aller dieser Meinungen findet sich in dem Artikel von Sylvia Rothschild, „Undermining the Pillars that Support the Women's Gallery, an Examination of the Foundations of the Custom of Segregated Seating", in: *Hear Our Voice* (coll.).

[9] Z.B. Moshe Feinstein, zitiert in: Litvin, *The Sanctity of the Synagogue*.

[10] In den Augen der Orthodoxie wird die Übertretung eines Gesetzes der Tora häufig als schwerwiegender angesehen als die Übertretung eines rabbinischen Gesetzes; allerdings sind die Meinungen hierzu geteilt.

ner rechtlichen Diskussion weniger Gewicht hat. Zudem handelt es sich um eine Weissagung Sacharias über eine zukünftige Belagerung Jerusalems, während derer jeder für sich trauert, jede Familie für sich und Männer und Frauen für sich. Diese apokalyptische Vision soll nun als Grundlage für die Trennung [von Männern und Frauen im Gottesdienst] herhalten. Für die Orthodoxie leben wir nach der Zerstörung des Tempels in einer schrecklichen Zeit; eine Orientierung an den Worten des Propheten wäre vor diesem Hintergrund logisch nachvollziehbar; allerdings sind Trauer und Gebet nicht gleich zu setzen – und zur Trauer um Josias heißt es: „Und all die Sänger und Sängerinnen besangen Josias in ihren Klagegesängen bis zum heutigen Tag" (*2. Chron.* 35:24–25).

Die erste talmudische Quelle, in der eine Trennung zwischen Männern und Frauen erwähnt wird, ist *Sukkot* 51a–52b; hier wird ausgeführt, dass es bei der zum Laubhüttenfest gehörenden Feier *Simchat Beit ha-Sho'eva*[11], bei der Tag und Nacht getanzt wurde, „eine große Veränderung" gegeben habe. Diese punktuelle Veränderung wird von orthodoxer Seite negiert. Genauer gesagt kann es aus dieser Sicht gemäß dem Buch der Chronik (*1.Chron.* 28:19[12]) keinerlei Veränderungen im Aufbau des Tempels [und des Tempeldienstes] gegeben haben. Die im Talmud erwähnte Veränderung war nach dieser Argumentation gar keine,[13] sondern ein Verweis auf ein – nirgends erwähntes – implizites Verbot des Zusammenseins von Männern und Frauen. Auch die Mischna (*Mid.* 2:5) wird herangezogen; hier ist zu lesen, dass ein Balkon errichtet wurde, „damit die Frauen von oben sehen können und die Männer von unten und sie nicht vermischt sind". Doch auch hierbei handelt es sich nach Aussage sämtlicher Talmudkommentatoren um den einmaligen und zeitlich begrenzten Fall des *Simchat Beit haScho'eva*, einer heute nicht mehr begangenen Feier. Andererseits wird die Synagoge zwar als kleine Version

---

[11] Anm. d. Übers.: Bebe übersetzt mit „Zeremonie des Wasserschöpfens"; der Name ist, obwohl üblich, irreführend, denn es handelt sich um eine nächtliche Feuerzeremonie. Das Begießen des Altars mit frischgeschöpftem Wasser fand zu einem anderen Zeitpunkt innerhalb des Sukkotfestes statt. Ursprung und Bedeutung des Ausdrucks sind unklar. (Siehe: Hayyim Schauss: *The Jewish Festivals*, N.Y. 1962, S. 183 und FN).

[12] „All das ist aufgeschrieben von der Hand des Ewigen, der mich belehrt, alle Arbeiten des Vorbildes."

[13] Nach der orthodoxen Theologie des Judentums gibt es keine Entwicklung der Tradition, sondern das mündliche Recht und alle seine Kommentare wurden gleichzeitig mit der schriftlichen Tora am Sinai offenbart. Nur das strikte Festhalten an dieser unveränderlichen Offenbarung ermöglicht das Überleben des Judentums. Nach Anschauung des liberalen und konservativen Bewegungen war das Judentum immer einer von historischen Umständen und anderen Kulturen beeinflussten Entwicklung unterworfen. Für sie war es gerade die Anpassungsfähigkeit des Judentums, die sein Überleben garantierte. Die beiden Sichtweisen sind unvereinbar.

des Tempels betrachtet, dennoch wurden viele den Tempel betreffenden Gesetze nicht auf die Synagoge übertragen. Umso erstaunlicher ist es, dass man sich zur Begründung der Trennung der Geschlechter in der Synagoge auf einen mit dem Tempel verbundenen Brauch stützt. War die Notwendigkeit einer Trennung erst einmal als unabänderliches göttliches Gebot etabliert, galt es die Mindesthöhe dieser Trennung zu diskutieren. Die Höhe wird durch das Verbot der „Frivolität" bestimmt. Mosche Feinstein[14] führt aus, dass Frivolität durch Kommunikation, körperlichen oder verbalen Kontakt hervorgerufen wird (*Igrot Moshe*, *OCh* 1:41; *OCh* 3:23). Folglich ist es seiner Meinung nach besser, wenn die Männer die Frauen nicht sehen können. Es ist doch auffallend, dass sich immer die Frau vor den Augen des Mannes zu verbergen hat, weil angeblich die Frivolität von ihr ausgeht!

Wahrscheinlich ist dann im Mittelalter die ursprüngliche Ausnahme zur Norm geworden. In der Orthodoxie hat auch der Brauch Gesetzeskraft, das heißt, selbst wenn eingestanden wird, dass eine Praxis jüngeren Datums ist, kann sie nicht verändert werden.[15]. In den liberalen und konservativen Bewegungen sieht man die Mechiza als Mittel zum Ausschluss der Frauen aus der Synagoge. Hinter einem Vorhang versteckt, auf einen Balkon oder gar hinter steinerne Mauern verbannt, ist es für sie praktisch unmöglich, am Gottesdienst teilzuhaben. Man hat sie der Geschwätzigkeit bezichtigt – doch was bleibt ihnen anderes übrig? Der Platz hinter der Mechiza steht symbolisch für den Raum, den man Frauen im Gottesdienst einräumt.

Da sich Männer und Frauen in der Alltagswelt ständig und selbstverständlich begegnen, hebt ihre Trennung in der Synagoge erst ihre unterschiedliche sexuelle Identität hervor, anstatt sie vergessen zu machen. Die Trennung zwischen Mann und Frau impliziert, dass der einzig mögliche Kontakt zwischen ihnen ein sexueller ist – ein sehr verarmtes Menschenbild! Und selbst wenn die Gläubigen zu verführerischen Gedanken angeregt würden, gilt es sich vor Augen zu führen, dass die Synagoge schon immer nicht nur ein Ort des Gebetes, sondern auch der Zusammenkunft war. Am Nachmittag von Jom Kippur, dem höchsten Feiertag des Jahres, begegneten sich im Gottesdienst die ganz in weiß gekleideten Jugendlichen beiderlei Geschlechts; auch deshalb wurden zu diesem Anlass die sexuellen Verbotsregeln der Tora vorgetragen. Die Synagoge ist ein spiritueller und geselliger Ort zugleich – selbstverständlich aber nicht ein

---

[14] Orthodoxe Größe in den Vereinigten Staaten.

[15] Als Untermauerung wird der Text aus Sprüche 1:8 zitiert: „[...] lasse nicht von der Weisung deiner Mutter." Sylvia Rothschild zeigt auf, wie paradox es ist, ausgerechnet diesen Vers heranzuziehen, um den Ausschluss der Frauen zu rechtfertigen (s. Fn 2, S. 217).

Ort des Leichtsinns. Wir sollten uns dabei erinnern, dass die Trennung zwischen Körperlichem und Geistigem den Einfluss griechischen Denkens auf das Judentum widerspiegelt. Das Judentum zielt auf eine Spiritualisierung des Körperlichen, nicht auf dessen Verleugnung oder Abwertung. Es scheint, dass in dem Maße, wie die Frau über die Jahrhunderte zur Inkarnation des Fleischlichen, Körperlichen und der sexuellen Begierde wurde, von der es sich fernzuhalten galt, alle geistigen Dinge zur männlichen Domäne erklärt wurden. Derartigen Fehlentwicklungen stellt sich das liberale Judentum entgegen; es will der Frau die Rückkehr auf ihren legitimen Platz in der Synagoge ermöglichen.

Michal

Michal ist eine der Töchter von König Saul. Gleich als erstes erfahren wir über ihre Liebe zu David,[1] die aus wenig löblichen Gründen die Zustimmung ihres Vaters findet. „Und Saul sprach: ‚Ich will sie ihm geben, dass sie ihm zum Fallstrick werde und er in die Hand der Philister falle.'" (*1. Sam.* 18:21). Selten werden in der Bibel die Gefühle einer Frau thematisiert,[2] in dieser Erzählung werden sie sofort vom Vater benutzt, um sich seines Feindes David zu entledigen. Das Glück seiner Tochter interessiert ihn dabei wenig. Mit dem einzigen Ziel, David sterben zu sehen, fordert er von ihm die Vorhäute von hundert Philistern im Austausch für seine Tochter. Der Erzähler sagt uns, dass David den Wunsch hegt, Schwiegersohn des Königs zu werden; ob der junge Mann Michals zärtliche Gefühle teilt, ist nicht überliefert; sein politisches Ziel ist offensichtlich: die Thronfolge (vgl.. *1. Sam.* 18:26[3]). David verdoppelt den geforderten Tribut und liefert zweihundert Vorhäute[4], Saul gibt ihm darauf seine Tochter zur Frau: „Und da sah Saul und erkannte, dass der Ewige mit David war und Michal, die Tochter Sauls, ihn liebte" (*1. Sam.* 18:28). Sauls Eifersucht wird dadurch nur weiter angestachelt, und obwohl David jetzt sein Schwiegersohn ist, sucht er sich wiederum seines Rivalen zu entledigen, ohne einen Gedanken daran zu verschwenden, dass er seine Tochter zur Witwe machen würde. Michal erfährt von der Verschwörung ihres Vaters und warnt ihren Mann: „Wenn du nicht dein Leben rettest diese Nacht, bist du Morgen des Todes" (*1. Sam.* 19:11). Sie verhilft ihn zur Flucht

[1] Allerdings wird ihr Name auch schon in *1. Sam.* 14:49 bei einer Aufzählung der vier Kinder Sauls erwähnt.

[2] Mit Ausnahme des Hoheliedes, der einzigen biblischen Passage, in der ausdrücklich gesagt wird, dass eine Frau einen Mann liebt.

[3] „[...] und die Sache gefiel in den Augen des David, sich zu verschwägern mit dem König."

[4] Sicher handelt es sich hier um einen redaktionellen Zusatz, der herausstreichen soll, dass David mehr als das Geforderte leistet.

aus dem Fenster[5], und täuscht mit den *Teraphim*[6] und einem Kissen aus Ziegenhaar seinen schlafenden Körper vor. Bei der Ankunft der Boten Sauls tut sie, als sei er krank. Die List wird bald entdeckt, und Saul befragt seine Tochter: „Warum hast du mich also betrogen und hast ziehen lassen meinen Feind, dass er entkommen?“ Michal gibt zur Antwort: „Er hat zu mir gesprochen: ‚Lass mich ziehen; dass ich dich nicht töte‘“[7] (*1. Sam*. 19:17). Michal rettet das Leben ihres Mannes, indem sie ihm durch eine List Zeit gewinnt. Sie bezieht ohne Zögern Stellung für David und gegen ihren Vater und handelt zielstrebig und erfolgreich. Als ihr Vater, dem eine Illoyalität ihrerseits völlig unvorstellbar ist, sie nach den Gründen für ihr Handeln fragt, ist sie schlau genug zu behaupten, unter Zwang gehandelt zu haben. So wiegt sie ihren Vater in dem Glauben, sie teile seinen Hass auf David.

David versteckt sich bei seinem Schwager Jonathan – und sechs weitere Kapitel lang erfahren wir nichts mehr über Michal. In der Zwischenzeit heiratet David zwei andere Frauen, Ahinoam und Abigail*, und Saul gibt Michal einem anderen Mann mit Namen Palti (*1. Sam*. 25:43–44). Wir wissen nichts über die Einzelheiten und die Motive hinter der Entscheidung des Vaters; möglicherweise will er jede Verbindung zwischen David und dem Königshaus kappen. Auch wie die von David sitzengelassene Michal zu der Sache steht, erfahren wir nicht. An späterer Stelle sagt uns der Text (*2. Sam*.:2–5), dass David sechs Kinder von sechs verschiedenen Frauen hatte. Inzwischen ist er König von Juda. Da erinnert er sich Michals und verlangt ihre Rückgabe vom Sohn Sauls; im Gegenzug bietet er eine Allianz mit Abner, dem altgedienten Heerführer von Saul, an: „Gib meine Frau her, die Michal, die ich mir erheiratet um hundert Vorhäute der Philister“ (*2. Sam*. 3:14). Wie eine Ware wird Michal zwischen den Häusern ihres Vaters und König Davids hin- und hergeschoben. Michals Ehemann begleitet sie unter Tränen; er weiß, dass ihre Trennung unvermeidlich ist. Über Michals Gefühle erfahren wir auch diesmal nichts. Nach Michals Rückkehr erweitert David seinen Harem um weitere Frauen und Konkubinen (*2. Sam*. 5:13).

---

[5] Diese Passage erinnert an Rahab* und deren Rettung der Kundschafter. Wie Michal ermöglicht auch sie ihnen die Flucht durch das Fenster und lügt zu ihrem Schutz (vgl. *Jos*. 2:15 und D. Bodi, „La tragédie de Mikhal en tant que critique de la monarchie israélite et préfiguration de sa fin“, in: *Foi et Vie* 95)..

[6] Idole in Menschengestalt, die zur Weissagung verwendet werden. Auch in der Geschichte von Rachel*, die ebenfalls ein tragisches Schicksal erleidet, werden sie erwähnt.

[7] Anm. d. Übers.: bei Zunz *Lama amitech* in diesem Zusammenhang wenig sinnvoll übersetzt als „Warum soll ich dich töten?“ (zur Übersetzung von *lama* s. Gesenius).

Die nächste Episode zeigt den Bruch zwischen Michal und David. Als die Bundeslade von singenden und tanzenden Menschen begleitet[8] nach Jerusalem, dem designierten nationalen Heiligtum, verbracht wird, erblickt Michal von ihrem Fenster aus den entblößten David und empfindet Verachtung für ihn (*2. Sam.* 6:16). Sie sagt ihm: „Wie verherrlicht hat sich heute der König von Israel, der sich heute gezeigt hat vor den Augen der Mägde seiner Knechte, wie sich nur einer der Niedrigen zeigen kann" (*2. Sam.* 6:20). In seiner Erwiderung streicht David heraus, dass Gott ihn mehr liebt als ihren Vater, und er insistiert, wieder vor den Mägden tanzen zu wollen. Der Erzähler schließt mit den Worten: „Michal aber, die Tochter Sauls, hatte kein Kind bis zum Tage ihres Todes" (*2. Sam.* 6:23). Im Widerspruch hierzu steht ein [anderer biblischer] Text, nach dessen Aussage David die fünf Söhne Michals[9] als Thronprätendenten hängen ließ (*2. Sam.* 21:8–9). Dass diese Verbindung kinderlos blieb, bedeutet auch eine Niederlage für David, der damit keinen Erben beider Königshäuser vorweisen kann.

Michals Schicksal ist tragisch. Sie ist ein Spielstein im politischen Spiel ihres Vaters und ihres Ehemanns um die Thronfolge. Sie wählt die Seite ihres Ehemannes, doch am Ende verliert sie ihn. Sie fällt der Auseinandersetzung zwischen den beiden Männern zum Opfer. Und doch hat sie Davids Leben gerettet und ist dabei ein großes Risiko eingegangen. Die Beziehung zwischen Michal und David beginnt mit Liebe und endet in Verachtung – von Davids Gefühlen ist dabei nichts bekannt. Der persönlichen Leidenschaft Michals für David steht der öffentlich ausgetragene Konflikt zwischen ihrem Vater und ihrem Ehemann und die gegenseitige Eifersucht der beiden Männer gegenüber. Michal ist zwar Opfer von deren Winkelzügen, doch bleibt sie nicht nur passiv, sondern folgt ihren eigenen Gefühlen; sie zögert weder, sich ihrem Vater entgegenzustellen, noch das Verhalten ihres Mannes zu kritisieren; ihre Liebe jedoch fällt dem Kampf um die Königswürde zum Opfer.

Von den Rabbinen wird Michal als ein Vorbild der Frömmigkeit und Güte hochgehalten. Nach ihrer Ansicht wurde die Ehe mit Palti nie vollzogen (*Sanh.* 19b–20a). Sie habe die verwaisten Kinder ihrer Schwester Merav großgezogen. Auch habe sie Tefillin gelegt (*Mech. Bo* 17:21; *Er.* 96a; *TJ, Br.* 2, 4c; *PR* 22, 112b). Andererseits machen ihr die Rabbinen zum Vorwurf, dass sie David abgekanzelt hat und betrachten ihre Kinderlosigkeit als Strafe hierfür – obwohl eine solche Kausalverbindung im biblischen Text nicht hergestellt wird. Ein Midrasch erzählt, dass sie wie Rachel unter der Geburt stirbt (*Sanh.* 21a). Die zwiespältige Haltung der Rabbinen Michal gegenüber entspricht der des biblischen Textes. Wenn

[8] Wahrscheinlich ein kultischer Tanz mit erotischen Zügen.
[9] Eine Lesart ist „Merav", die älteste Schwester von Michal.

Michal David rettet, ist sie des Lobes würdig, zeigt sie ihm Verachtung, verdient sie Strafe. In den biblischen wie in den rabbinischen Texten entgeht sie dem politischen Spiel der Verteidiger der davidischen Dynastie nicht ohne Blessuren.

Mikwe

Die Mikwe ist ein kleines, mit „lebendigem Wasser“ gefülltes Tauchbekken. Das Eintauchen[1] wird in den Büchern Levitikus (Kap. 15) und Numeri (Kap. 19) erwähnt. Hierdurch soll die durch Kontakt mit Toten oder Körperflüssigkeiten erlangte rituelle Unreinheit abgewaschen werden. Nach der Tempelzerstörung sind auch die Gesetze über rituelle Reinheit und Unreinheit verschwunden, doch der Gebrauch der Mikwe blieb, überwiegend für Frauen, bestehen. Das Ritual ist sehr alt; schon für die Gemeinden der ersten Jahrhunderte unserer Zeitrechnung, wie zum Beispiel in Massada, sind sie belegt. Das verwendete Wasser muss der Vorschrift nach zum Teil aus Regenfällen oder aus einer natürlichen Quelle gespeist werden. Von den Rabbinen stammen detaillierte Gesetze über die Mikwe, die Herkunft des Wassers, die exakte Menge und die sich hieraus ableitende Konstruktion des Bades. Ein ganzes Talmudtraktat ist diesem Thema gewidmet. Wasser spielt in der Tora überhaupt eine sehr wichtige Rolle: Als überlebenswichtiges Element in der Wüste ist es Symbol des Lebens, als alles mitreißende Flut Symbol des Todes und allgemein Symbol der Tora und des Wissens. Häufig begegnen sich Personen der Bibel an Brunnen und knüpfen dort Kontakte; Wasser ist das Lebenselement schlechthin, es ist wichtigster Bestandteil des Körpers und für sein Überleben unverzichtbar. Traditionell fand die Mikwe als Übergangsritual von einer Lebensphase in eine andere Verwendung. Konvertiten gehen in die Mikwe, um damit ihr Eintreten in die jüdische Gemeinschaft zu bestätigen, Verlobte vor ihrer Hochzeit, Frauen, wenn ihre Periode vorbei ist, sowie Männer und Frauen vor den Feiertagen. Auch zum Kaschern von Geschirr (vgl. *Num.* 31:22–23) nach dem Kauf oder vor Pessach wird die Mikwe benutzt. Doch im Allgemeinen wird die Mikwe

[1] Das Eintauchen heißt auf Hebräisch *Tewila.*

eher mit Frauen als mit Männern in Verbindung gebracht; genauer gesagt, mit verheirateten Frauen; Geschiedene oder Alleinstehende benutzen sie im Allgemeinen nicht. So geht im traditionellen Denken das rituelle Tauchbad der Wiederaufnahme sexueller Beziehungen zwischen Eheleuten voraus.[2] Weil das Ritual auch mit der Vorstellung einer „Reinigung“ nach der „Unreinheit“ der Menstruation verbunden ist, haben sich viele moderne Frauen, die hierin eine Verbindung zu primitiven Tabus über Blut und Tod sahen, von ihm abgewandt. Inzwischen ist es jedoch im Licht einer neuen Betrachtung zu einer Reinterpretation und einer erneuten Annahme dieses Rituals gekommen. Es geht nicht mehr darum, die Gesetze der „familiären Reinheit“ zu befolgen – seit der Tempel nicht mehr steht, sind Frau und Mann gleichermaßen rituell rein oder unrein.[3] Verschiedene Ansätze wurden vorgeschlagen:[4] Die Mikwe wird aus der selbstverständlichen Assotiation mit der Ehe gelöst, sie kann jetzt allgemein als Ritual der Wiedergeburt und des Neuanfangs aufgefasst werden: nicht nur nach der Periode, sondern überhaupt nach einer schwierigen Phase oder einem einschneidenden Ereignis, wie zum Beispiel Trauer, Fehlgeburt, Scheidung, Gewalterlebnissen, oder auch zur Feier des *Rosch Chodesch*, des Beginns des Mond-Monats oder anderer feierlicher Momente im persönlichen Leben. Wenn die Mikwe nicht mehr ausschließlich mit sexuellen Kontakten zu tun hat, ist sie kein Tabuthema mehr; traditionell wird sie aus Gründen der Sittsamkeit eher verstohlen benutzt. Gerät man nicht in die Gefahr, ihr magische Kraft zuzuschreiben, kann sie ganz entsprechend ihrer ursprünglichen Bedeutung als Therapie für die Seele, als symbolischer Akt des Übergangs von einer Lebensphase in die andere verwendet werden. Eine neue Liturgie müsste für all diejenigen Ereignisse gefunden werden, die noch keinen Platz in der Tradition haben. Solche kreativen Texte könnten von Rabbinern und Rabbinerinnen oder auch von den Benutzerinnen der Mikwe entwickelt werden.

---

[2] Siehe: Nidda*.

[3] Die Reinheitsrituale der Bibel sind mit der Existenz des Tempels verknüpft.

[4] Siehe: „A Feminist Reexamination of Mikveh“ in: Elyse Goldstein, *ReVisions*, S. 125ff.

Minjan

Die zum Abhalten eines öffentlichen Gottesdienstes als Mindestgemeinde benötigte Gruppe von zehn Erwachsenen nennt man Minjan. Traditionell wurde der Minjan immer als eine ausschließlich aus Männern zusammengesetzte Gruppe verstanden. Der in den Kodizes verwendete Ausdruck lautet exakt: „zehn freie Erwachsene". Erst der im 16. Jahrhundert verfasste *Schulchan Aruch* spricht ausdrücklich von zehn Männern (*SA*, OCh 55:1). Der Begriff des Minjan entspringt der Definition von Gemeinschaft [*Eda*]. Ausgehend von den als „Gemeinschaft" bezeichneten zehn Kundschaftern, die als erste das Land Israel erblickten und mit negativem Bericht zurückkamen (vgl. *Num.* 14:27), wurde die Zehnerschaft als Mindestzahl festgelegt. Einige Kommentatoren bringen diese Zahl auch mit den nach einer Auseinandersetzung zwischen Gott und Abraham zur Errettung der Stadt Sodom notwendigen zehn Gerechten in Verbindung (vgl. *Gen.* 18 und *Midr. Tan.*, Vajera 8). Da das gemeinschaftliche Gebet immer über das Gebet des Einzelnen gestellt wurde, trägt der Minjan zweifellos dazu bei, die Priorität des öffentlichen über das individuelle Gebet zu betonen.

Der Talmud (*Meg.* 23b) führt aus, dass bestimmte Gebete ausschließlich bei Anwesenheit eines Minjan gesprochen werden können; dazu gehören das Barechu, die Keduscha, der Kaddisch* und die zur Trauungszeremonie gehörenden „sieben Segenssprüche". Für die Lesung der Parascha und der Haftara[1] ist ebenfalls die Anwesenheit einer Zehnerschaft von Betern Voraussetzung. Beim täglichen Gebet gehen die Meinungen auseinander. Raschi sieht das Gebet mit einem Minjan als *Mizwa*, eine religiöse Verpflichtung an (Raschi über *Pes.* 46a), während Nachmanides der Meinung ist, dem gemeinsamen Gebet sei zwar der Vorzug zu geben, falls ein Minjan zustande kommt, doch ein Einzelner müsse nicht um jeden Preis für das Gebet einen Minjan zusammensuchen. Zur Begründung

[1] Anm. d. Übers. Der Wochenabschnitt aus den fünf Büchern Moses bzw. den Propheten.

des Ausschlusses der Frauen vom Minjan berufen sich bestimmte Rabbiner unserer Zeit auf diese beiden Ansichten.

Die Frage, ob eine Frau zur Zehnerschaft gezählt werden kann, ist eine moderne; sie entspringt dem Wunsch der gleichberechtigten Teilnahme von Männern und Frauen am öffentlichen Gottesdienst. In der jüdischen Literatur gibt es einige der Einbeziehung der Frau in den Minjan wohlgesonnene Stimmen. Im 13. Jahrhundert sagt Mordechai, mit Verweis auf einen früheren Meister, R. Simcha, dass eine Frau für das Gebet und die Segenssprüche nach einer Mahlzeit, wenn der Name Gottes genannt wird, im Minjan mitgezählt werden kann (Mordechai zu *Br.*, Nr. 173). Eine weitere Stimme ist die des Rabbenu Nissim aus dem 14. Jahrhundert über die Lesung der *Megilla*, der Esther-Rolle. Diese Lesung ist öffentlich und bedarf eines Minjans. Eigentlich besteht die Verpflichtung nicht nur darin, die Geschichte zu hören, sondern sie selbst zu lesen; alle Anwesenden, auch die Frauen, haben Teil am lebendigen Nachvollzug des Wunders der Errettung der Juden, nachdem Hamman ihre Ausrottung befohlen hatte. „Ferner sagte R. Jehoschua ben Levi: ‚Frauen sind zum Lesen der Esterrolle verpflichtet, denn auch sie waren an diesem Wunder beteiligt'" (*Meg.* 4a). Nun kann aber jemand, der durch eine Verpflichtung gebunden ist, diese auch für jemand anderen erfüllen. Daraus schließt Rabbenu Nissim: „Wie kann es sein, dass Frauen Männer bei der Erfüllung ihrer religiösen Pflicht unterstützen können, aber hierfür nicht" (*Meg.* 23a). Hier handelt es sich jedoch um äußerst umstrittene Minderheitsmeinungen. Die meisten orthodoxen Autoritäten verbieten es, Frauen im Minjan zu zählen.

Manche Rabbiner sind der Ansicht, Frauen könnten nicht zum Minjan gehören, weil der Minjan Raschi zufolge verpflichtend ist. Die im Minjan gezählten Personen müssen nun aber dem gleichen Grad der Verpflichtung unterliegen. Da Frauen von der Verpflichtung, zu einer festgesetzten Uhrzeit zu beten, ausgenommen sind,[2] gelten für sie beim Gebet nicht gleich strikte Bedingungen wie für die Männer. In manchen modernorthodoxen Kreisen ist es den Frauen gestattet, einen eigenen Minjan zu bilden; der Gottesdienst wird von einer Frau geleitet, die Tora wird gelesen und alle Gebete gesagt, die einen Minjan voraussetzen.

Die zweite Argumentationslinie gegen die Einbeziehung der Frauen in den Minjan folgt der Ansicht von Nachmanides: Ein Minjan ist nicht verpflichtend; doch wenn zehn Männer zusammen sind, gelten diese für das Gebet als Versammlung. Zehn Frauen hingegen können keine Gemeinde bilden: „Es scheint, dass der Grund dafür, dass Frauen keinen Minjan bilden in der privaten Natur ihrer Aufgabe liegt. Männer sind öffentliche Personen, daher versammeln sie sich um eine öffentliche Einheit zu bil-

[2] Siehe: Gebet*.

den. Frauen gelten als ‚privatere' Wesen, folglich bleiben sie zehn Einzelpersonen[3]", und bilden keine Gemeinde. Dieser Versuch, den gegebenen Zustand durch angeborene Unterschiede zu rechtfertigen, offenbart ein patriarchalisches Bild von der Rolle der Frau, das sie ganz auf die Privatsphäre beschränkt.

Sobald die Frauen in der nichtorthodoxen Welt die Verpflichtung aller Gebote für sich annahmen, musste die logische Folge sein, sie auch im Minjan zu zählen. Bei der Konferenz zu Frankfurt im Jahre 1845 erklärte der liberale Rabbiner Samuel Adler: „Die Frau hat die gleiche Verpflichtung wie der Mann, an öffentlichen Gottesdiensten teilzunehmen. Die Sitte, Frauen nicht in die für das Abhalten eines öffentlichen Gottesdienstes notwendige Anzahl von Personen mit einzubeziehen, ist nichts weiter als ein Brauch ohne jede religiöse Begründung." Von diesem Moment an zählten Frauen in liberalen Synagogen im Minjan. 1973 hat dann die konservative Bewegung ihrerseits für die Einbeziehung der Frauen in den Minjan gestimmt. Dies wurde begründet mit der Tatsache, dass auch Frauen zur Teilnahme am gemeinsamen Gottesdienst verpflichtet sind, das es weiterhin unrecht wäre, eine Frau nicht im Minjan zu zählen, wenn gleichzeitig ein *Mamser*[4] gezählt wird, und schließlich mit der allgemeinen Veränderung der Rahmenbedingungen.[5]

[3] Moshe Meiselman, *Jewish Woman in Jewish Law*, S. 140.
[4] Kind aus einer nach den levitischen Gesetzen verbotenen Beziehung.
[5] Siehe: Phillip Segal, „Women in a Prayer Quorum", in: Seymour Siegel, *Conservative Judaism and Jewish Law*, S. 282–293:

Miriam

Bei ihrer ersten Erwähnung im biblischen Text bleibt Miriam zunächst noch namenlos. Sie ist die Schwester von Moses, die „sich von fern [stellt], um zu erfahren, was ihm geschähe“ (*Ex.* 2:4). Pharao hatte den Befehl gegeben, alle männlichen Neugeborenen unter den Kindern Israels in den Nil zu werfen. Eine Frau aus dem Stamme Levi hatte ein Kind geboren, es drei Monate lang versteckt gehalten und es dann in einem Schilfkörbchen am Ufer des Flusses ausgesetzt. Die ältere Schwester des Kindes wacht über ihren Bruder und beschützt ihn. Sie greift weiter in das Geschehen ein, als sie sich mit dem Angebot, eine Amme für das Kind zu finden, offen an Pharaos Tochter wendet, die das Körbchen gefunden und das Kind voll Mitleid angenommen hat. Miriam fragt sie: „Soll ich gehen und dir eine Amme suchen unter den Hebräerinnen, dass sie dir säuge das Kind?“ (*Ex.* 2:7). Ihr Vorschlag ist wohlbedacht: So bringt sie Mutter und Kind wieder zusammen, gibt ihrer Mutter die Mutterrolle wieder und sorgt für die angemessene Ernährung des Kindes, das von Pharaos Tochter den Namen Moses erhalten hat. Die drei Beschützerinnen von Moses, seine Mutter, seine Schwester und Pharaos Tochter, handeln dem königlichen Tötungsbefehl zuwider, um Leben zu ermöglichen.[1] Diese Akte der Wohltätigkeit beeinflussen den Fortgang der Geschichte des jüdischen Volks entscheidend; handelt es sich doch um das Leben des Mannes, durch den das Wohlergehen des ganzen Volkes gesichert werden wird.

Miriam wird beim Auszug der Hebräer aus Ägypten erstmalig beim Namen genannt (*Ex.* 15:20). Der biblische Text gibt keinen Hinweis auf den Ursprung ihres Namens. Der Midrasch verbindet ihn mit dem Adjektiv *mar* („bitter“), weil ihre Geburt in eine Zeit fällt, als die Ägypter den Hebräern das Leben bitter machten. (*Cant. R.*, *hasetav avar*). Doch dieser

[1] Ein talmudischer Text verbindet Miriam mit Pua (siehe Eintrag: Schifra* und Pua), einer der hebräischen Hebammen, die zur Rettung der Neugeborenen in Ägypten beitrugen.

Vorname könnte auch vom Hebräischen „wünschen“ oder dem Ägyptischen *mer*, „Liebe“, hergeleitet werden. Sie ist die Tochter von Amram und Jocheved (vgl. *Num*. 26:59; und *1. Chron*. 5:29).

„Da nahm Miriam, die Prophetin, die Schwester Aarons, die Pauke in ihre Hand, und alle Frauen zogen aus, ihr nach mit Pauken und in Reigen. Und Miriam stimmte ihnen an: ‚Singet dem Ewigen; denn mit Hoheit hat ER sich erhoben, Ross und Reiter hat ER geschleudert ins Meer‘“. Das Lied, das den Durchzug der Kinder Israels durch das Schilfmeer nach ihrem Auszug aus Ägypten besingt, steht im 15. Kapitel des Buches Exodus. Moses stimmt es gemeinsam mit den Kindern Israel an und Miriam übernimmt dabei die Aufgabe der Chorleiterin für die Frauen. Genau genommen wird im Text nicht ganz deutlich, ob Moses nur mit den Männern singt und die Frauen nur den Refrain übernehmen, oder ob Männer und Frauen ein erstes Mal gemeinsam singen, dann der Gesang nur von den Frauen mit Instrumentenbegleitung und Tanz wiederholt wird. Hat Miriam das Lied gemeinsam mit Moses gedichtet oder wiederholt sie es nur und gibt so der männlichen Stimme ein weibliches Echo? Aus Beispielen an anderer Stelle in der Bibel ist bekannt, dass Frauen die siegreichen Krieger mit eigens gedichteten Liedern empfingen (*Rich*. 5:29-30; *1. Sam*. 18:7; *1. Sam*. 21:12; *1. Sam*. 28:5). In dieser Passage aus Exodus geben nur die Frauen ihrer Siegesfreude mit Tanz und Musik Ausdruck.

Miriam wird als Prophetin bezeichnet. Dieser Titel kann eine ganze Reihe verschiedener Fähigkeiten beinhalten: göttliche Inspiration, Einsicht und Urteilskraft, sowie kommunikative Fähigkeiten. In der Zeit vor dem Königtum trugen nur zwei Frauen diesen Titel: Miriam und Debora* (*Rich*. 4:4). Doch alle beide treten nicht als unabhängig Handelnde auf.[2] Propheten und Prophetinnen haben vergleichbare Aufgaben, bis auf eine Ausnahme: Nicht alle Propheten haben automatisch auch priesterliche Aufgaben; die Frauen jedoch sind, anders als in anderen mediterranen Gesellschaften der gleichen Epoche, von der Durchführung kultischer Handlungen gänzlich ausgeschlossen. Insgesamt gibt es nur wenige Prophetinnen in der Bibel[3], doch ihre Autorität scheint außer Frage zu stehen. Die Literatur des Midrasch gibt eine Erklärung für Miriams Titel als Prophetin: Mit den Worten: „Du bist bestimmt, einen Sohn zu haben, der sich erheben und Israel aus den Händen der Ägypter erretten wird“ (*Mech.,* Schirata 10: 58–65), habe sie ihren Vater dazu gebracht, ein Kind zu zeugen. Hier wird der Begriff „Prophetin“ in einem verengten Wortsinn aufgefasst als eine Person, die zukünftige Ereignisse vorhersehen kann. Diese Wortbedeutung ist im biblischen Kontext eher selten. Ihr

---

[2] Siehe: Athalya Brenner, *The Israelite Woman*, S. 56.

[3] Dem Talmud zufolge sind es sieben: Sara*, Miriam*, Debora*, Hanna*, Abigail*, Hulda* und Esther* (*Meg*. 14b).

Vater habe sich, verunsichert durch den Befehl des Pharao, alle hebräischen Knaben in den Nil zu werfen, von seiner Frau scheiden lassen, und alle anderen Männer hätten es ihm gleich getan. Miriam habe ihn nun davon überzeugen können, dass sein Befehl schwerwiegender sei als der des Pharao, und habe ihn dazu gebracht, seine Frau wieder zu heiraten (*Sota* 12a). Bei der Wiederheirat ihrer Eltern habe sie getanzt (*Sota* 12a–13a; *BB* 120a). So lässt sie als Einzige sich angesichts der bedrückenden Umstände nicht entmutigen, sondern geht den Weg des Lebens, der Hoffnung und der Prophetie. Ein anderer Midrasch beschränkt ihre Rolle als Prophetin auf die Zeit vor Moses' Geburt, weil sie als „Prophetin, die Schwester Aarons" und nicht auch als die Schwester von Moses bezeichnet wird. Mit der Erfüllung ihrer Weissagung, der Vorhersage von der Geburt Moses', habe sie ihre prophetische Gabe verloren. Diese Auslegung [ihrer Rolle] kann auf zweierlei Weise verstanden werden: einmal als die Absicht, die prophetische Gabe einer Frau auf die Voraussage der Zukunft zu reduzieren, oder auch als die Aussage, dass der prophetische Geist sie nur vorübergehend beseelte und mit Moses' Geburt auf diesen überging: „Als Mose geboren ward, füllte sich das ganze Haus mit Licht, da stand ihr Vater auf, küsste sie aufs Haupt und sprach zu ihr: ‚Meine Tochter, deine Weissagung ist in Erfüllung gegangen'" (*Meg.* 14b; *Sota* 13a). Die Rolle der Frau besteht also darin, die Existenz des Mannes und die Erfüllung seiner Mission sicher zu stellen.

In der Episode über Moses' Frau[4] bestehen Miriam und Aaron darauf, eine Moses vergleichbare göttliche Erleuchtung gehabt zu haben. Man kann sich gut vorstellen, wie wichtig Miriam die Frage ihrer Anerkennung ist. An dieser Stelle sind wir Zeugen eines regelrechten Machtkampfes zwischen Moses und Miriam: „Redet der Ewige nur zu Moses? Redet er nicht auch zu uns?" (*Num.* 12:2), sagen Miriam und Aaron. Obwohl alle beide wegen seiner kuschitischen Frau[5] schlecht über Moses reden, wird nur Miriam bestraft – vielleicht, weil sie eine Frau ist, vielleicht auch, weil sie den Disput angefacht hat. Der Text gibt hier keine Anhaltspunkte. Manche Kommentatoren sehen in Miriams Wunsch, vor Gott als Moses gleichwertig anerkannt zu werden, einen Beweis für ihre Bedeutung; andere wiederum werten ihren Wunsch nach Anerkennung einfach als deutlichen Ausdruck ihrer Eifersucht. Der Ewige weist Aaron und Miriam zurecht; Miriam wird mit Aussatz geschlagen. In einem Wortspiel verbinden die Rabbinen den Aussatz [*Mezora*] mit der üblen

[4] „Und Miriam und Aron redeten gegen Moses wegen der kuschitischen [= äthiopischen] Frau, die er genommen – denn eine aus Kusch hatte er genommen" (*Num.* 12:1).

[5] Siehe Eintrag: Zippora*.

Nachrede [*Mozi Schem ra*][6]. Moses tritt vor Gott für die Rettung seiner Schwester ein. Sieben Tage lang bleibt sie in Quarantäne, und das Volk wartet solange mit der Weiterreise. Aus der Bibel erfahren wir nicht, ob Miriam verheiratet war oder Kinder hatte. Im Talmud steht im Traktat *Sota* (11b), dass sie Kaleb heiratete und Mutter von Hur wurde. An anderer Stelle ist zu lesen, dass sie die Mutter Bezalels, eines der am Bau des Heiligtums beteiligten Künstlers, wurde (*Ex. R.* 45) oder auch, dass König David ihr Nachfahre sei (*Sifrei Num.* 78; *Ex. R.* 48: 3–4).

Miriams Tod wird nur ein einziger Vers gewidmet, in dem auch nicht wie bei Moses' Ende von einer Volkstrauer die Rede ist: „Und die Kinder Israel, die ganze Gemeinde, kamen nach der Wüste Zin im ersten Monat, und das Volk blieb zu Kadesch, und Miriam starb dort, und wurde dort begraben" (*Num.* 20:1). Der nächste Vers besagt, dass die Gemeinde unter Wassermangel litt. Aus der Gegenüberstellung dieser beiden Verse ist die Legende vom Brunnen Miriams entstanden. Solang Miriam die Kinder Israel auf ihrer Wüstenwanderung begleitete, hatten sie genug Wasser, sagt uns der Midrasch, doch nach ihrem Tod hatten sie keines mehr (*Ta'an.* 9b). Das Überleben des Volkes in der Wüste wird durch die beschützende Gegenwart von Miriam gesichert. Häufig werden Frauen und Wasser thematisch verbunden.[7] Wenn der Prophet Micha Gott die Worte in den Mund legt: „Da ich dich heraufgeführt aus dem Lande Mizraim, und aus dem Hause der Sklaven dich erlöst, und vor dir hersandte Moses, Aaron und Miriam" (*Mich.* 6:4), erkennt er fünf Jahrhunderte nach Miriams Tod an, dass sie den Auszug der Kinder Israel mit geleitet hat. Zum Brunnen von Miriam sagt R. Jossi, Sohn von R. Jehuda: „Israel wurden drei gute Vorsteher[8] gegeben: Moses, Aaron und Miriam." Miriam wird hier ihren Brüdern gleichgestellt und mit dem üblicherweise Männern vorbehaltenen Titel des *Parnas* bedacht. R. Ami nennt sie auch „gerecht" (*MK* 28a). Der Brauch, immer mindestens drei zusammenhängende Toraverse zu lesen, leitet sich von Moses, Aaron und Miriam her. (*Deut. R.* 7).

Im Laufe einer Diskussion über die Macht des Todesengels gab es unter den Rabbinen, eine Meinungsverschiedenheit über Miriams Tod. Ist sie, wie Moses und Aaron *al Pi Adonai*, wörtlich "durch den Mund des Ewigen" und üblicherweise übersetzt „auf Befehl des Ewigen", gestorben? Dieser Ausdruck erscheint nicht im Zusammenhang, mit Miriam, wird aber für ihre beiden Brüder verwendet. Die gegebene Begründung

---

[6] Ihre Strafe wird im Deuteronomium (24:9), später auch von den Rabbinen, als Warnung gegen die üble Nachrede angeführt.

[7] Siehe: *Women and Water* (Coll.).

[8] Hebr. *Parnassim*, Gemeindevorsteher; sie sind für das Auskommen der Gemeinde verantwortlich.

ist nicht uninteressant: In ihrem Fall würde „durch den Mund des Ewigen“ nicht ausdrücklich gesagt, weil es unanständig klinge (*BB* 17a). Die Vorstellung von Anstand wird nur im Zusammenhang mit Miriam, einer Frau, angeführt. Für die Rabbinen ist der Antropomorphismus "Mund Gottes“ im Zusammenhang mit Männern unproblematisch, erst in Verbindung mit einer Frau wird er für sie zum Problem. Dies würde bedeuten, dass entweder der Ewige als männliches Wesen aufgefasst wird – die meisten in der jüdischen Tradition verwendeten Metaphern weisen in diese Richtung[9] – , oder dass ausschließlich die Frau in ihrer Beziehung zu Gott und zu Männern als sexuelles Wesen gesehen wird, während den Männern ihrerseits eine Spiritualität zugesprochen wird, die es ihnen ermöglicht, unbeeinflusst von ihrer Körperlichkeit in den Kontakt mit dem Göttlichen zu treten. Das hieße, dass die Frau im Gegensatz zum Mann unfähig ist, sich von ihrem leiblichen Aspekt zu lösen. Diese beiden Interpretationsmöglichkeiten schließen sich gegenseitig nicht aus.

Das Bild vom Brunnen Miriams wurde von den Kabbalisten in Safed wieder aufgenommen. Sie waren überzeugt, den Brunnen in der Nähe des See Genezareth wiedergefunden zu haben und glaubten, der Genuss seines Wassers erfrische Herz, Geist und Seele und schärfe das Verständnis für den Sinn der Worte der Tora[10]. Einem anderen Volksglauben nach haben weise Männer und Frauen jeder Generation den Boden mit dem Wasser des Miriam-Brunnens besprengt und so neue Brunnen entstehen lassen.[11] Jahrhunderte später entstand unter den Chassidim in Osteuropa die Sage, durch Gesang an Brunnen könnten Juden den Miriam-Brunnen wiedererscheinen lassen.[12]

---

[9] Auch für den „weiblichen“ Aspekt Gottes gibt es den Begriff der Schechina, doch im Allgemeinen wird von Gott mit männlichen Umschreibungen gesprochen. Siehe Eintrag: Sexismus und Sprache*.

[10] Die Tora wird häufig mit einer Quelle lebendigen Wassers verglichen. Siehe: Eintrag: Mikwe*.

[11] Siehe: Penina V. Adelman, *Miriam's Well.*

[12] Siehe: Zev Vilnay, *Agadot Erez Israel*, S. 182–184.

Naomi[1]

Naomi ist die Schwiegermutter von Ruth.[2]* Der Erzählung nach ist sie die Frau von Elimelech, der von der Hungersnot getrieben mit ihr und seinen beiden Söhnen die Stadt Bethlehem verlassen musste[3] (s. *Ruth* 1:1–2). Elimelech stirbt und hinterlässt Naomi als Witwe. Ihre beiden Söhne[4] heiraten Orpa und Ruth. Zehn Jahre später hat Naomi den Tod ihrer beiden Söhne zu beklagen. Im Text wird wiederum ihre Verlassenheit betont: „und die Frau blieb zurück ohne ihre beiden Söhne und ohne ihren Mann" (*Ruth* 1:5). Da in Juda keine Hungersnot mehr herrscht, beschließt Naomi, mit ihren beiden Schwiegertöchtern dorthin zurückzukehren. Doch unterwegs wendet sie sich an ihre Schwiegertöchter und spricht: „Geht, kehret um, jegliche zum Hause ihrer Mutter! Es erweise euch der Ewige Liebe, so wie ihr erwiesen den Verstorbenen und mir. Gebe der Ewige, dass ihr Frieden findet, jegliche im Haus ihres [neuen] Mannes" (*Ruth* 1:8–9). Doch die beiden Schwiegertöchter weigern sich zu gehen. Naomi erwidert, sie könne keine weiteren Söhne bekommen, um [ihnen] die Verstorbenen zu ersetzen. Sie sieht sich selbst ausschließlich im Lichte ihrer Fortpflanzungsfähigkeit. Nach diesem zweiten Einwand verlässt Orpa ihre Schwiegermutter, Ruth aber bleibt bei ihr. Ein drittes Mal fordert Naomi sie auf, sie zu verlassen und ihrer Schwägerin zu folgen, doch erfolglos: „Da sie sah, dass sie fest entschlossen war mit ihr zu gehen, so ließ sie ab, zu ihr zu reden" (*Ruth* 1:18). Bei ihrer Ankunft in Bethlehem sagt Naomi zu den Frauen, die sie begrüßen: „Nicht

---

[1] Auch Noëmi, Noomi, Naëmi.

[2] Der Erzähler datiert die Episode auf die Zeit der Richter, nach historischer Datierung stammt sie jedoch aus einer wesentlich späteren Epoche und ist ein Plädoyer für die Integration der Frauen anderer Nationen in das jüdische Volk und ein Gegenentwurf zur Gesetzgebung von Esra und Nehemia, die Fremdheirat verbietet.

[3] Für die Söhne wird das männliche Possessivpronomen benutzt; hiermit wird die Vaterschaft und die väterliche Abstammung betont.

[4] Diesmal mit dem weiblichen Possessivpronomen.

nennt mich Naomi [„die Angenehme"], nennt mich Mara [„die Bittere"]; denn der Allmächtige hat mir sehr bitteres Leid zugefügt"[5] (*Ruth* 1:20), und sie beklagt sich über ihr Unglück.

Naomi hat einen reichen Verwandten namens Boas. Ruth bittet ihre Schwiegermutter um Erlaubnis, in seinen Feldern Nachlese zu halten. Naomi willigt ein. Ruth kehrt mit Ähren beladen von Boas zurück und ernährt so ihre Schwiegermutter. Naomi klärt Ruth über ihre Verwandtschaft mit Boas auf und fordert sie auf, weiterhin auf dessen Feldern Ähren zu lesen. Schließlich greift Naomi ein weiteres Mal ein und arrangiert ein privates Treffen zwischen Ruth und Boas:

> „Meine Tochter, soll ich dir nicht suchen eine Ruhestatt, wo es dir wohl ergehe? Und nun, ist nicht Boas unser Verwandter, mit dessen Mägden du zusammen warst? Sieh, er worfelt in der Gerstentenne diese Nacht. So bade dich, und salbe dich, und lege deine Kleider an, und gehe hinab in die Tenne; dass du von dem Manne nicht bemerkt werdest, bis er fertig ist mit Essen und Trinken. Und es geschehe, wenn er sich hinlegt, so merke dir den Ort, wohin er sich gelegt, und gehe und decke auf zu seinen Füssen und lege dich; er wird dir dann sagen, was du tun sollst" (*Ruth* 3:1–4).

Ruth folgt ihrem Rat. Boas möchte die junge Frau heiraten; es gibt jedoch einen näheren Verwandten, der ein Vorrecht auf Ruth hat. Ruth berichtet Naomi das Vorgefallene und diese rät ihr, die weitere Entwicklung der Ereignisse abzuwarten. Boas versammelt die Ältesten, ruft seinen Verwandten und gibt vor, Naomi habe einen Acker ihres verstorbenen Ehemannes verkauft. Der Verwandte verzichtet auf das Land und auf Ruth[6]. Boas heiratet sie, aus der Ehe wird ein Sohn geboren.

> „Und es sprachen die Frauen zu Naomi: ‚Gepriesen sei der Ewige, der dir nicht fehlen ließ heute einen Verwandten, der dich ablöst, Und berühmt werde sein Name in Israel! Und er sei dir zur Seelenerquickung, und dein Alter zu versorgen! Denn deine Schwiegertochter, die dich liebt, hat ihn geboren, die für dich besser ist als sieben Söhne.' Und Naomi nahm das Kind und legte es in ihren Schoß, und ward ihm zur Pflegerin. Und es gaben ihm die Nachba-

---

[5] Der Vers hat die Form eines Gedichtes, in dem der Weg der Trauer bis zur seelischen Stärkung beschrieben wird. Siehe: Jonathan Magonet, *Bible Lives*, S. 34–35.

[6] Eine andere mögliche Lesart ist, dass Boas die Heirat mit Ruth schon beschlossen hat und da er durch diese Verbindung selbst zum Erben würde, den Boden zurückfordert.

> rinnen einen Namen, der sagen sollte: es ward ein Sohn geboren der Naomi" (*Ruth* 4:14–17).

Naomi begegnet uns als unabhängige Frau, die es versteht, im rechten Moment die richtige Entscheidung zu treffen. Sie ist die einflussreichste Person im Buch Ruth. Sie beschließt, die Ebene von Moab zu verlassen und versucht, ihre Schwiegertöchter vehement davon abzuhalten, ihr zu folgen, und zeigt damit, dass sie sich um deren Zukunft sorgt. Als sie wünscht, der Ewige möge es ihren Schwiegertöchtern gut gehen lassen, geschieht dies in Erinnerung an das, was ihre Schwiegertöchter alles für sie und ihre Söhne getan haben. Also müsste Gott sich durch ihre Taten inspirieren lassen, aber das Ziel dieser Lobpreisung ist, dass sie einen Mann finden; das Glück einer Frau ergibt sich nach Naomis Ansicht aus der Tatsache, einen Ehemann und Söhne zu haben. „Naomi formuliert eine Theologie, die paradoxerweise das Patriarchat unterhöhlt und gleichzeitig stützt.[7]" Es sind die Frauen, die Naomi am Ende der Erzählung sagen: „Deine Schwiegertochter [...] die besser für dich ist als sieben Söhne" (*Ruth* 4:14).

Als Ruth sich weigert, Naomi zu verlassen, akzeptiert Naomi deren Treueschwur wortlos. [8] Manche haben dieses Schweigen als Gleichgültigkeit ausgelegt. Vielleicht ist es nichts weiter als der Verzicht auf weitere Versuche, die Schwiegertochter zu überzeugen. Nur dies eine Mal in der ganzen Erzählung widerspricht oder widersetzt sich Ruth ihrer Schwiegermutter; zwar beschließt sie selbst, auf Boas' Feld Ähren zu sammeln, doch hält sie sich dann wieder an Naomis Anweisung, sich ganz nach den Instruktionen von Boas zu richten. Im Großen und Ganzen verweist ihre Fügsamkeit auf die autoritäre Seite von Naomis Charakter und hebt diese hervor. Naomi arrangiert das zweite Treffen zwischen Boas und Ruth, das schließlich zur Heirat führt. Sie spielt die Kupplerin und gibt ihrer Schwiegertochter Ratschläge, wie sie besonders verführerisch wirken kann. Von nun an scheint alles nach ihrer Planung abzulaufen. Als Witwe hatte Naomi wohl von Elimelech einigen Besitz geerbt, der dann von Boas aufgekauft wurde. Nun soll Ruth für sie stellvertretend [den Besitz wieder erlangen]. Die Beziehung zu ihr ist fast eine symbioti-

---

[7] Phyllis Trible in: Carol Myers, *Women in Scripture*, S. 100.

[8] Ruth sagt zu ihr: „Bestehe mir gegenüber nicht darauf, dass ich dich verlasse und mich von dir entferne; denn überall wohin du gehen wirst, werde ich gehen; wo du bleiben und wohnen wirst, will ich bleiben; dein Volk wird mein Volk sein, und dein Gott wird mein Gott sein; dort wo du sterben wirst, will auch ich sterben und dort begraben sein. Möge der Ewige es mir ebenso machen und mehr, wenn ich mich jemals von dir entfernen sollte anders als durch den Tod!"(*Ruth* 1 :16–17).

sche[9]. Zum Beispiel nehmen bei der Rückkehr nach Bethlehem die Frauen Ruth an der Seite von Naomi nicht einmal wahr. Naomi macht sich durch die Geste, mit der sie das Kind an die Brust nimmt, zur Ersatzmutter von deren Sohn; die Art, wie die Geburt von Ruths Sohn in der Öffentlichkeit aufgenommen wird, bestätigt diesen Eindruck. Naomi wird zur Adoptivmutter. Zu Beginn des Berichtes sind beide Frauen kinderlos, am Ende „teilen" sie die Mutterschaft. Schließlich nimmt Naomi vollständig den Platz ihrer Schwiegertochter ein, die von der Bildfläche verschwindet, ganz so als habe Naomi sie nur benutzt, um selbst Nachkommen zu haben. Ruth, die Moabiterin, gilt nicht mehr als Mutter des Kindes, sondern Naomi, die Hebräerin. Doch der Stammbaum am Ende der Erzählung erwähnt weder die eine noch die andere, sondern nur die männliche Linie. Aus einer Situation der Verlassenheit und Trauer heraus nimmt Naomi ihr Leben in die Hand und gewinnt bestimmenden Einfluss auch über andere und deren Beziehungen. Sie scheint ihren Frieden mit Gott zu machen.[10] Ihr politisches Gespür ist bewundernswert, doch die Art, wie sie ihren Einfluss benutzt, um andere zu manipulieren, ist durchaus zu kritisieren. Einige Autoren sehen in ihr eine Schwiegermutter, die sich um ihre Schwiegertöchter kümmert, andere vertreten die Ansicht, sie benutze sie nur für ihre eigenen Zwecke und habe nur ihre eigene Selbstverwirklichung im Auge. Ruths Liebe zu ihrer Schwiegermutter wird von den Frauen der Gegend besungen (*Ruth* 4:15)[11], über die Gefühle Naomis zu ihrer Schwiegertochter ist jedoch nichts gesagt, es sei denn, man will die Tatsache, dass sie diese „Tochter" nennt, als Hinweis sehen. Einige lesen eine Komplizenschaft zwischen den beiden Frauen in die Geschichte, andere sehen sie als Rivalinnen, die um das Ansehen ihrer verstorbenen Männer kämpfen. Die Mehrdeutigkeit des Textes ist möglicherweise beabsichtigt. Die Beziehungen von Hass und Liebe zwischen Schwiegermutter und Schwiegertochter können als Metapher für eine mehr oder weniger gelungene Integration der Frauen anderer Nationen in das eigene Volk und generell für die Akzeptanzprobleme gegenüber den Schwiegertöchtern gesehen werden. Es bleibt die Tatsache, dass Naomi zwar die Hauptfigur der Erzählung ist, doch das Buch den Namen ihrer

---

[9] In der geschriebenen Version [*ktiv*] der Tora (die traditionell anders gelesen wird), erscheinen Naomis Verführungsanweisungen an ihre Schwiegertochter sogar in der ersten Person.

[10] Siehe: Ilana Pardes, *Countertraditionsin the Bible*, S.110–111: „Was den Fall von Naomi von anderen unterscheidet ist nicht nur die Entwicklung hin auf eine Hiob gleiche Anklage, und die positive Bewertung einer Frauenbeziehung, sondern auch die Tatsache, dass ihr innerer Wandel nicht von einer körperlichen Veränderung herrührt." Man könnte dem entgegenhalten, dass sie quasi durch Ruth die Mutterschaft erlebt.

[11] Dies ist der einzige biblische Text, in dem die Empfindung von Liebe für zwei Frauen verwendet wird.

Komplizin – oder Feindin – trägt. Die ganze Intrige dreht sich jedoch darum, für die Männer des Stammes einen Nachkommen, den Erhalt des Namens und das Erbe zu sichern; und auch wenn die Frauen hierbei eine herausragende Rolle spielen (anfänglich sind sie allein die Drahtzieherinnen), entscheiden letztlich die Ältesten, Boas und der Verwandte über ihr Schicksal.

In der rabbinischen Literatur werden nur die positiven Aspekte von Naomi aufgenommen. Die Rabbinen (*Sanh.* 22b) sind der Ansicht, dass Elimelech für sein mangelndes Gottvertrauen während der Hungersnot bestraft wurde und fragen sich, wieso Naomi verschont wurde. Eine Antwort sehen sie in der Wiederholung der Aussage, dass Elimelech der Ehemann von Naomi war: Er hatte mit anderen Worten die Kontrolle über ihr Handeln. Ihre Witwenschaft gibt ihr so gewissermaßen die Freiheit. Raschi betont aber auch, welche Belastung die Trauer für Naomi bedeutet: „Für eine Frau ist wirklich nur ihr Mann da" (Raschi, *ebenda*). Also ist sie tatsächlich die am meisten zu Bedauernde. Naomis dreimalige Aufforderung [an ihre Schwiegertöchter] „kehret um" macht sie für die Rabbinen zur Garantin der jüdischen Identität: Aus ihrem Beispiel leiten sie ab, dass Konversionskandidaten vor ihrer Aufnahme drei Mal zurückgewiesen werden sollen, dass man sich andererseits aber nicht zu abweisend verhalten soll (*Ruth R.* 2:16; über *Ruth* 1:18). Naomi soll auch Ruth in den jüdischen Geboten unterwiesen haben (*Ruth R.* 2:22 und *Jev.* 45b), das hieße, sie kannte sich im jüdischen Recht aus und war fähig, dies Wissen zu vermitteln; sie ist Gelehrte und Pädagogin zugleich. Ihr Name wird mit ihrer gefälligen und angenehmen Art in Verbindung gebracht (*Ruth R.* 2:5). Ihre Bereitschaft, mit ihrem Mann zu ziehen wird gelobt, genau wie andererseits ihr Bestreben, wieder ins Land Israel zurückzukehren (*Ruth R.* 2:12). In ihrer Jugend sei sie die Amme von Boas gewesen, so wie sie dann die Amme ihres Enkels Obed sein wird (*Lekach Tov* über *Ruth* 4:16). In einer Erzählung voller Bilder von Nahrungsmangel und -überfluss ist die Rolle der Nährmutter symbolisch zu verstehen. Weil sie Ruth unter die Schwingen der Schechina*[12] geführt habe, wird sie als eine der zweiundzwanzig von den Rabbinen gezählten tüchtigen Frauen[13] (s. *Sprüche* 31) genannt (*Midr. Hag.* über *Gen* 33:1).

[12] Ausdruck für Ruths Übertritt zum Judentum.
[13] siehe Eintrag: Eschet Chajil*.

Nidda

Im Judentum ist, wie in vielen anderen Religionen auch, das Menstruationsblut von einem besonders starken Tabu umgeben; die Periode selbst wird mit dem Tod in Verbindung gebracht, ihr Ausbleiben mit Empfängnis und Leben. Die menstruierende Frau hat im jüdischen Recht einen ganz eigenen Status. Sie ist *Nidda*[1], das heißt „ausgeschlossen" oder „verstoßen". Die Gesetze der Nidda gehören zwei verschiedenen Bereichen an: sie stehen zum einen im Zusammenhang mit den mit der Existenz des Tempels in Jerusalem verknüpften Geboten der kultischen Reinheit und Unreinheit, zum anderen mit den das Sexualleben regelnden Vorschriften. Die ersteren[2] wurden mit der Zerstörung des Tempels (586 vor unserer Zeitrechnung und im Jahre 70 unserer Zeit) unwirksam. Da die den Tempel betreffenden Verbote nicht auf die Synagoge übertragen wurden, dürften in logischer Konsequenz auch die Nidda–Gesetze fortan nur noch im sexuellen Bereich Geltung haben. Dies ist die Theorie – und sie entspricht der Halacha: „Alle unreinen Personen lesen aus der Tora, sagen das Schma und beten [in der Synagoge]" (*SA*, OCh 88:1). Dennoch hält sich in der Praxis der Volksglaube, nach dem viele Frauen meinen, sie dürfen während ihrer Periode weder die Synagoge betreten noch die Torarolle berühren. Aus gesetzlicher Sicht sind diese Vorstellungen zwar nicht haltbar, doch der traditionelle Volksglaube hat einen nicht zu unterschätzenden Einfluss.

---

[1] Anm. d. Übers.: Der Begriff wird sowohl adjektivisch als auch substantivisch gebraucht, er bezeichnet die menstruierende Frau ebenso wie die Zeit des Abgesondertseins.

[2] Die einzigen in der Orthodoxie und teilweise auch in der konservativen Bewegung des Judentums von diesen beibehaltenen Geboten betreffen die Priester, die *Kohanim*, die wegen ihres Dienstes im Tempel zum Beispiel nicht mit einem Leichnam in Berührung kommen durften. Diese Gesetze werden in Erwartung der Errichtung des dritten Tempels, die der Ankunft des Messias vorausgehen soll, beibehalten.

So wurden die Gesetze über die Nidda, die eigentlich nur die Privatsphäre betreffen dürften, auch zum Ausschluss der Frauen aus dem öffentlichen Gemeindeleben benutzt [s.u.]. In der talmudischen und posttalmudischen Literatur wurden diese Gesetze bis ins letzte Detail ausgefeilt. Sie bestimmen das Sexualleben eines Ehepaares, geben Zeiten für Enthaltsamkeit und für erlaubten sexuellen Kontakt genau vor. Da die erlaubte Wiederaufnahme des Sexualkontaktes genau in die Zeit des Eisprungs fällt, dienen diese Gesetze auch der Fortpflanzung.

Während der Tempelzeit war eine unreine Person für die ganze Dauer ihrer Unreinheit vom Ritual ausgeschlossen. Die Gesetze zur Unreinheit stehen in Levitikus, Kapitel 15. Männer und Frauen können beide unrein werden. Jeder Ausfluss von körpereigenen Substanzen, ob Ejakulat bei Männern oder Menstruationsblut bei Frauen, kann zur Unreinheit führen.[3] Zwei Arten der Unreinheit werden unterschieden: solche, die von normalem Ausfluss herrühren, und solche, die aus unnormalem Ausfluss entstehen. Normaler Ausfluss führt zu einer kürzeren Phase der Unreinheit als unnormaler Ausfluss. Der Menstruationsfluss zieht eine siebentägige Quarantäne nach sich. Unreinheit kann bei Kontakt von einer Person auf die andere übertragen werden. Auch auf Gegenstände kann bei Berührung durch eine unreine Person Unreinheit übertragen werden, das gleiche gilt für Personen, die diese unreinen Gegenstände berühren: Auf sie kann sich die Unreinheit ebenso übertragen.

Auch nach der Niederkunft ist eine Frau unrein (s. *Lev.* 12: 1–8). Die Zeitspanne ihrer Unreinheit hängt vom Geschlecht des Neugeborenen ab. Bei einem Jungen sind es sieben Tage und erst nach weiteren dreißig Tagen kann die Mutter im Tempel ein Reinigungsopfer bringen. Bei einem Mädchen gilt die Mutter vierzehn Tage lang als unrein und muss weitere sechsundsechzig Tage, also insgesamt achtzig Tage, auf ihre Reinigung warten. Ein Grund für diese Unterscheidung ist nicht erkenntlich. Manche Kommentatoren bringen die zukünftige Menstruation der Tochter mit der Periode der Mutter in Verbindung um die doppelte Länge der Phase der Unreinheit zu begründen. Der Talmud erklärt sie mit der größeren Freude über die Geburt eines Sohnes[4], eine leider immer noch tief verwurzelte Vorstellung!

---

[3] Der Soziologin Mary Douglas zufolge galt der Körper als vollständige Einheit; gingen ihm durch Ausfluss [eigentlich lebenbringende] Substanzen ver-loren, [ohne ihren Zweck erfüllt zu haben,] war er nicht mehr ganz oder vollständig [und somit kultisch unrein]. Siehe: Mary Douglas, *Purity and Danger*. Siehe auch: Pnina Navè Levinson, *Eva und ihre Schwestern*, S. 82 ff.

[4] Unter den Geburtsschmerzen würde die Frau jedem zukünftigen Geschlechtsverkehr mit ihrem Ehemann abschwören, doch würde sie nach der Geburt eines Sohnes schneller (nach sieben Tagen) wieder milde gestimmt werden als nach der Geburt einer Tochter (nach vierzehn Tagen). Nach *Nid.* 31b.

Bei der Periode wird eine normale Dauer von sieben Tagen angenommen; dauert sie länger, fällt der Ausfluss in eine andere Kategorie [*Sava*]. Tritt die Regel verspätet ein, gilt der Ausfluss als anormal. Durch Verletzungen zugezogene Blutungen gelten nicht als Ursache für Unreinheit. Die Unterscheidung zwischen „normalen" und „anormalen" Blutungen ist nicht ganz einfach. Der Talmud berichtet, dass einige Rabbinen das Blut untersuchten, aber diese Praxis aufgegeben wurde (*Nid.* 20a–b) und es den Frauen überlassen wurde, ihren Zustand zu beurteilen und den Ehemann davon zu unterrichten. Diese Änderung war anscheinend die Folge einer freiwilligen Selbstbeschränkung der Töchter Israels: „Rabbi Zera sagte: Die Israelitinnen haben sich eine Erschwerung auferlegt, dass sie, auch wenn sie nur einen Blutstropfen wie ein Senfkorn wahrnehmen, dieserhalb sieben Reinheitstage verweilen" (*Nid.* 66a). Die biblische Gesetzgebung sah eine Quarantäne von höchstens sieben Tagen vor, die talmudische Gesetzgebung von höchstens vierzehn Tagen: sieben Tage der Periode und zusätzlich sieben „weiße" Tage. Hier ist eine (den Frauen selbst zugeschriebene) Verhärtung der Gesetzgebung zu beobachten. Die Unterscheidung zwischen normalem und unnormalem Ausfluss wird zu talmudischer Zeit nicht mehr gemacht, dafür hält man sich an die strengere Auslegung der Enthaltsamkeitstage.

Der biblische Text scheint zwei unterschiedliche Einstellungen zur Nidda widerzuspiegeln. Der Text aus Levitikus 15 beschreibt sie wertungsfrei als eine von vielen Formen der Unreinheit, die einen Tempelbesuch verhindern. Er besagt klar und lakonisch, dass ein Mann, der mit einer Frau während ihrer Periode Verkehr hat, für sieben Tage unrein ist. Levitikus 18 hingegen stellt den Geschlechtsverkehr während der Menstruation auf eine Stufe mit Verstößen wie Inzest oder Ehebruch. Später wird in den Büchern Ezechiel (36:17) und Esra (9:10–11) aber die negative Konnotation des Begriffs „Nidda" verstärkt und sein moralischer Aspekt betont. Das Verbot wird mit den Praktiken der Israel umgebenden heidnischen Völker begründet.

Der Widerspruch zwischen diesen beiden Haltungen, der eher neutralen und der verdammenden, wird von den Kommentatoren durch die Unterscheidung zwischen einem versehentlichen und einem bewusst gemachten Fehler aufgelöst (s. Ibn Esra über *Lev.* 15:24). In anderen Worten, Mann und Frau können nicht verantwortlich gemacht werden, wenn die Menstruation während des Sexualverkehres einsetzt. Aus diesem Grund haben die Rabbinen für Frauen mit einem regelmäßigen Zyklus einen zusätzlichen Tag der Unreinheit vor dem Einsetzen der Regel eingeführt. Alle anderen sollten sich vor jedem Verkehr mit Hilfe eines in die Vagina eingeführten Stückes Stoff auf eventuell vorhandene Blutspuren untersuchen. Rachel Biale merkt an, dass die Unterscheidung zwischen einem freiwilligen und einem unfreiwilligen Akt nicht überzeugend sei, weil der Text zu diesem Thema weniger eindeutig[5] formuliert ist als zu anderen. Sie bietet eine historische Erklärung. Das ausschließlich vom Tempel handelnde Kapitel Levitikus 15 sei während dessen Bestehens entstanden; Levitikus 18 und 20 seien erst nach der Tempelzerstörung entstanden und bezeugten die Bedeutungsverschiebung der Gesetze über rituelle Unreinheit hin zu Verstößen gegen sexuelle Verhaltensregeln.

In einigen Punkten sind die talmudischen Gesetze zur Nidda etwas weniger streng als die biblischen; ironischerweise gerade dann, wenn es darum geht, der Frau selbst in der Periode der Unreinheit zu erlauben, ihrem Mann zu Diensten zu sein, obwohl nach biblischer Gesetzgebung alles, was von ihr berührt wurde, schon wegen der Berührung durch sie unrein wurde. Hierfür ein Beispiel:

> Rabbi Jizchak Ben Chanania sagte ferner im Namen Rabbi Hunas: Alle Verrichtungen, die eine Frau für ihren Mann zu leisten hat, darf auch eine Menstruierende [Nidda] für ihren Mann verrichten, ausgenommen ihm seinen Becher einschenken, sein Bett machen und sein Gesicht, seine Hände und Füße waschen. Vom Bettmachen gilt dies, wie Raba sagte, nur in seiner Gegenwart, in seiner Abwesenheit aber ist nichts dabei. Das Einschenken des Bechers verrichtete die Frau Schmuels zur Abwechslung mit der linken Hand. Die des Abbaje setzte ihn ihm auf den Rand des Fasses; die des Raba auf das Polster; die des R. Papa auf die Fußbank (*Ket.* 61a).

Das Gesetz wurde modifiziert, um der Frau – mit einigen Abwandlungen der üblichen Routine – die Erfüllung ihrer Pflichten gegenüber ihrem Ehemann zu ermöglichen. Interessant ist, dass in diesem Zusammenhang die verbotenen Haushaltspflichten auf nur drei beschränkt sind. Alle anderen, wie das Kochen, sind erlaubt – wie nett wäre es gewesen, wenn der Mann gesetzlich gezwungen wäre, während der Periode der Nidda zu kochen! Die Bestimmungen des biblischen Gesetzes aus Levitikus, nach denen jeder Kontakt mit der Nidda die Unreinheit übertrug, wird also wahrscheinlich aus ganz praktischen Gründen entscheidend modifiziert. Diese Pflichten, typische Frauenaufgaben, mussten erledigt werden. Wenn nun die Frauen Niddot waren, während der Zeit ihrer Regel, der man einen Tag vorangestellt und sieben weitere Tage hinzugefügt hatte,

---

[5] Siehe: Rachel Biale, *Women and Jewish Law*, S. 156–157. Sie argumentiert, dass für diese „versehentliche Übertretung“ kein Opfer verlangt wird, obwohl das nach Levitikus 4 der Fall sein müsste.

würden sie nach der strengen biblischen Gesetzgebung jeden Monat für fast zwei Wochen ausfallen!

Andererseits sind Ängste und Tabus immer präsent: „Wenn eine menstruierende Frau zwischen zwei Personen hindurchgeht, so kann sie, wenn es am Beginn der Menstruation ist, einen von ihnen töten, und wenn es am Ende ihrer Menstruation ist, Streit zwischen sie bringen" (*Pes.* 111a). Die irrationalen Ängste der Männer vor dem Menstruationsfluss sind hier erkennbar.

Die Mehrzahl der Gesetzgeber unterscheidet zwischen den mit dem Tempel verbundenen Gesetzen der Unreinheit [*Tuma*] und den Gesetzen der Nidda. Raschi merkt an, dass seit der Tempelzerstörung alle Menschen durch Berührung mit Grabstätten, Reptilien und andere mehr unrein geworden sind und dass die messianische Zeit die Reinigung bringe. Er fährt fort: „[...] und deshalb können die von einer Nidda berührten Geräte berührt und verwendet werden. Allerdings schränken wir uns ein und essen nicht aus der gleichen Schale wie sie, essen nicht, was sie übrig lässt, setzen uns auch nicht auf ihren Stuhl oder nehmen etwas direkt aus ihrer Hand ohne eine andere Person als Zwischenträger. Und wir geben ihr zur Benutzung während der Tage der Nidda Besteck und Schale, Laken, Kopfkissen und Decken. Wenn sie wieder rein ist, wäscht sie ihre befleckte Kleidung und die anderen Dinge, auf denen sie gesessen hat in Wasser, sie spült sie in Wasser und das genügt. Und diese Sitte dient dazu, die Übertretungen nicht zur Gewohnheit werden zu lassen. Das Verbot der Unreinheit [*Tuma*] kommt hier jedoch nicht zur Anwendung." Raschi unterstreicht, dass „die von einer Nidda berührten Gerätschaften heutzutage für ihren Ehemann als rein gelten" (Raschi, *Responsa* Nr. 336). Raschi merkt an, dass die biblische Gesetzgebung (s. *Lev.* 15:20) sich geändert hat und das der Status der Nidda sich in der gegenwärtigen Zeit nicht von dem einer anderen unreinen Person unterscheidet, da die Möglichkeit sich durch das Tempelritual zu reinigen [für alle] abhanden gekommen ist. Dennoch besteht er, eher aus erzieherischen denn aus rechtlichen Gründen, auf der Praxis der Trennung in bestimmten Bereichen, nicht aus Gründen der Unreinheit, sondern um sexuelle Kontakte während dieser Zeit auszuschließen. Für Moses Maimonides „untersagt man ihm nur während der Zeit ihrer Befleckung und Unreinheit Geschlechtsverkehr mit ihr zu haben" (*Führer der Verwirrten*, III 47). Er vergleicht die im jüdischen Volk übliche Praxis mit der eines polytheistischen Nachbarvolks während der biblischen Zeit, den Sabinern; bei ihnen durfte eine Nidda nicht einmal angesprochen werden. Seiner Meinung nach sind die Zustände der Reinheit und Unreinheit auf den Tempel beschränkt.

Um während der Periode der Nidda jede Verführung zwischen Mann und Frau zu vermeiden, verboten manche talmudischen Rabbinen den

Frauen sogar sich zu schminken oder farbige Kleidung zu tragen; doch Rabbi Akiva lehrte: „Wenn ihr diese Meinung vertretet, macht ihr sie ja ihrem Mann verächtlich und es kann dazu kommen, dass er sich von ihr scheiden lässt“[6] (*Schab.* 64b). An dieser Bemerkung ist die Bedeutung des Aussehens für das Paar erkenntlich; schließlich konnte Nichtgefallen zur Scheidung führen. In der Zeit der Nidda musste die Frau den schwierigen Ausgleich finden, einerseits für ihren Mann attraktiv zu bleiben, andererseits aber nicht sein sexuelles Verlangen zu provozieren. Die Meinungen der Gesetzgeber darüber, was in dieser Zeit erlaubt oder verboten ist, gehen auseinander.[7] Sicherlich können diese Gesetze auch als Schutz der Frau aufgefasst werden, die den sexuellen Bedürfnissen des Mannes nicht immer gerecht werden kann; man kann sie aber auch als Bestätigung dafür sehen, dass die Frau in seinen Augen ein sexuelles Objekt ist.

Die Zeit der Nidda wird durch das Eintauchen im Ritualbad, der Mikwe*[8], beendet. Die Mikwe dient nur dazu, die Wiederafnauhme von sexuellen Kontakten zu ermöglichen. Bei Abwesenheit des Ehemannes muss die Frau keine *Tevila* (Eintauchen) durchführen, umgekehrt darf sie das Tauchbad auch nicht aufschieben, wenn er da ist.[9] Möglicherweise konnte die Mikwe von den Frauen als Mittel zur Verweigerung oder Kontrolle des Geschlechtsverkehrs benutzt werden, weil die Wiederaufnahme der Beziehungen vom Eintauchen ins Tauchbad abhing.

Seit der Zerstörung des Tempels hat sich die Gesetzgebung über die menstruierende Frau vom öffentlichen in den privaten Bereich verlagert. Doch auch wenn die von der Halacha vorgegebenen Verbote für die menstruierende Frau klar und eindeutig sind, ist die verbreitete Praxis wesentlich strikter als das Gesetz. Zahlreiche Frauen haben sich während ihrer Periode von der Synagoge ferngehalten, obwohl sie einerseits nur ihrem Ehemann oder einer anderen Person gegenüber als Nidda galten und andererseits geheiligte Gegenstände, wie das *Sefer Tora*, die Tora-Rolle, keinerlei Unreinheit annehmen können. In den Köpfen wurde die Synagoge mit dem Tempel verwechselt; außerdem entsprach der Ausschluss der Frauen ihrer generellen Ausgrenzung von der Teilnahme am öffentlichen religiösen Leben. Der Widerspruch zwischen dem Brauch

---

[6] An anderer Stelle sagt Rabbi Akiva, dass ein Mann sich von seiner Frau scheiden lassen darf, wenn ihm eine andere besser gefällt (s. *Git.* 90a).

[7] „Nur mit großer Zurückhaltung haben die Weisen ihr erlaubt sich herauszuputzen“ (*SA*, EH 195:9).

[8] In der Bibel ist kein Reinigungsritual erwähnt, doch die Rabbinen haben entschieden, das für die Männer geltende Gesetz des Eintauchens in lebendigem Wasser parallel anzuwenden (*Lev.* 15:13).

[9] „Wenn sie das Eintauchen verschiebt, um ihren Mann zu ärgern, begeht sie einen Gesetzesverstoß“ (*Beit Josef* über den *Tur*, JD 193).

und der Halacha wird von Moses Isserles, dem Kommentator des *Schulchan Aruch* aus dem 16. Jahrhundert, hervorgehoben:

> Nunmehr schreiben Manche, dass eine Nidda während den Tagen, da sie [Blut] sieht, weder die Synagoge betreten, noch beten, den heiligen Namen nennen oder die Torarollen berühren darf[10] [*Hagahot Maimonijot*] andere wiederum sagen, sie habe das Recht, alle diese Dinge [zu tun]; und dies ist das Wesen [der Halacha] (Raschi, *Hil. Nid.*). Aber der Brauch in diesen Ländern[11] folgt der ersten Meinung. Und während der „weißen Tage" ist es üblicherweise selbst an Orten, in denen die strengere Gesetzgebung gilt, erlaubt. An den Hohen Feiertagen und an Jom Kippur darf sie wie andere Frauen die Synagoge betreten, da sie sonst sehr darunter litte, draussen zu bleiben, wenn alle Welt sich versammelt. (Rema über *SA*, OCh *88:1*.)

Der Autor des Schulchan Aruch, des auch heute noch für die Orthodoxie maßgebenden Gesetzeskodex, Joseph Caro, sagt ausdrücklich, dass es jeder unreinen Person erlaubt ist, aus der Tora zu lesen und in der Synagoge zu beten,[12] wozu Isserles kommentiert, dass die Praxis dem Gesetz zuwider laufe. Gleichwohl beschränkt sich der Brauch auf die Tage der Regel, entspricht hier also dem biblischen Verbot und nicht auf den talmudischen Zusatz der „weißen Tage[13]". Für die Hohen Feiertage gelten besondere Regeln, weil hier die seelische Lage einer Frau, der der Zutritt zur Synagoge verwehrt wird, berücksichtigt wird.[14]

Ein Text eines unbekannten mittelalterlichen Autors mit dem Titel *Baraita deNidda* enthält die strengsten bekannten Vorschriften zur Nidda[15], seine rechtliche Bedeutung ist nicht geklärt. Nachmanides verweist auf ihn in seinem Genesiskommentar zur Passage, in der Rachel* sich auf ihren Zustand als Nidda beruft, um nicht auf Befehl ihres Vaters vom Kamel steigen zu müssen.

---

[10] Salomon Luria, wie von David Levi zitiert, meint sogar, die Nidda dürfe „die Tora nicht ansehen, wenn der *Magbia* sie vor der Gemeinde hochhebt". Nach Isserles erlaubt die Halacha dies jedoch.

[11] In den aschkenasischen Ländern.

[12] Siehe oben.

[13] Die sieben Tage nach der Periode, an denen Geschlechtsverkehr auch noch verboten ist.

[14] Frauen sind sonst weniger regelmäßig zur Synagoge gegangen.

[15] Er ist im Stil der Mischna gehalten, doch wesentlich späteren Datums. Sein Ursprung ist umstritten. Manche bringen ihn mit den Samaritern oder den Sadduzäern in Verbindung, andere wie S. Lieberman legen einigen Passagen eine rabbinische Quelle aus Erez Israel zugrunde.

> Ich verstehe nicht, worum es bei dieser Entschuldigung geht. Stehen Frauen in diesem Zustand nicht auf oder bleiben sie liegen? Vielleicht meinte sie, ihr Kopf und ihre Beine seien schwer, und sie sich wegen ihrer Menstruation krank fühlte, denn das kommt bei ihnen häufig vor, besonders bei denen, wie Rachel, deren Hoffnung entbinden zu können gering ist, da sie wenig Menstruationsblut haben und die Periode sie sehr bedrückt. Die richtige Interpretation scheint mir, dass in der alten Zeit menstruierende Frauen isoliert gehalten wurden. Wenn man von ihnen sprach, nannte man sie nur Niddot, denn sie waren isoliert, durften sich niemandem nähern noch mit ihm sprechen. Denn die Altvorderen in ihrer Weisheit wussten, dass ihr Atem schädlich war und ihr Blick ungesund und mit nachteiligen Folgen, ganz wie die Philosophen es darlegten. Weiter unten werde ich auf ihre Erfahrungen auf diesem Gebiet eingehen. Und die menstruierenden Frauen lebten abgetrennt in Zelten, die niemand betrat, wie die Rabbinen es in der *Baraita deNidda* erwähnten: „Ein Gelehrter darf eine Nidda nicht grüßen. Rabbi Nechemia sagt: auch was ihrem Mund entspringt ist unrein. Rabbi Jochanan sagt: man darf nicht hinter einer Nidda gehen und nicht in ihren Fußstapfen, die so unrein sind wie ein Kadaver, so wie der Staub, den der Fuß der Nidda berührt hat, und es ist verboten, den Gewinn aus ihrer Arbeit zu ziehen."

Im weiteren Text rechtfertigt Nachmanides Labans Schweigen: „Denn es war Brauch, nicht mit ihnen zu sprechen, weil die Rede einer Nidda unrein war" (Ramban über *Gen.* 31:35). An anderer Stelle sagt er: „Der Blick einer menstruierenden Frau verpestet die Luft [...] sie ist wie eine Viper, die durch ihren Blick tötet" (Nachmanides über *Lev.* 12:14). Auch der *Soha*r sagt, es gäbe auf der Welt keine stärkere Unreinheit als die der Nidda.[16] Diese Texte sind durchdrungen von primitiven Ängsten und Aberglauben über die eingebildete Wirkung der Menstruation. Erstaunlich ist, dass Nachmanides diese abergläubischen Vorstellungen stärkt, indem er sie als Weisheit bezeichnet. Welchen Ursprungs diese Texte auch sein mögen, sie haben auf jeden Fall das Denken beeinflusst. Selbst heute reichen gewisse Autoritäten innerhalb des Judentums Frauen nicht die Hand aus Furcht, sie könnten Nidda sein, in gewissen Kreisen, verbietet man einer Frau Nidda, den Kidduschwein zu berühren aus Angst, sie könnte ihn zum Umkippen bringen. Die Mehrzahl der religiösen Ju-

[16] *Sohar*, Schemot.

den hat sich dieses Aberglaubens entledigt und lässt die Vorschriften der Nidda nur für die privaten Beziehungen des Ehepaares gelten.

Die rabbinische Einschränkung der „sieben weißen Tage" nach der Periode wird häufig diskutiert und die Responsenliteratur behandelt zahlreiche Fälle von Missachtung dieser Zeitspanne, die mögliche sexuelle Kontakte häufig auf weniger als die Hälfte des Zyklus der Frau reduziert. Der Talmud gibt hiefür folgende Begründung: das Interesse der Partner füreinander soll erhalten bleiben:

> Es wird gelehrt: Rabbi Meir sagte: Weshalb bestimmte die Tora für die Menstruierende sieben Tage? Weil sie ihm, da er sie immer hat, trivial werden könnte, deshalb sagt die Tora, dass sie sieben Tage unrein sei, damit sie [nachher] ihrem Mann so lieb sei, wie [sie es war], als sie unter den Hochzeitsbaldachin trat (*Nid.* 31b).

Das Bestreben der Rabbinen ist, Gewöhnung oder Gewohnheit, die zu Unlust und Abneigung führen könnten, zu vermeiden. Für unser modernes Denken ist der Text schwer nachvollziehbar: Die Bedürfnisse der Frau werden hier überhaupt nicht berücksichtigt und sie wird als sexuelles Objekt behandelt, das je nach Häufigkeit der Benutzung gefallen oder langweilen kann. Formuliert man die Vorschriften um und lässt die Vorstellung von Unreinheit mit allen ihren negativen Konnotationen außen vor, streicht man die mit Blut und Tod verknüpften Tabus und bezieht die Gebote rein auf den sexuellen anstatt auf den öffentlichen Bereich (mag es sich nun nach der biblischen oder talmudischen Vorgabe um sieben Tage mehr oder weniger handeln), dann können die Gesetze der Nidda auch einen ganz anderen Sinn annehmen. In den Phasen der Enthaltsamkeit können Mann und Frau auch eine nicht rein sexuell bestimmte Beziehung aufbauen, Gefühle von Freundschaft, Gemeinsamkeit und gegenseitigem Respekt entwickeln, ganz wie die Patriarchen, denen ihre Frauen wie Schwestern waren. In diesem Sinne erfährt die Paarbeziehung eine Erneuerung, und die Achtung vor dem Menschen, ob männlich oder weiblich, kann wiederentdeckt werden. Die Mikwe kann dann auch von beiden Partnern benutzt werden, um den Übergang der einen Art der Beziehung zur anderen zu bekräftigen.

Rachel Adler erklärt die Vorstellung von Reinheit und Unreinheit in Beziehung zur Sterblichkeit: „*Tuma* [„Unreinheit"] entsteht aus unserer Begegnung mit der Tatsache unserer Sterblichkeit[17]. Es ist der Abstieg ins Ungewisse. *Tahara* [„Reinheit"] entsteht durch die erneute Bestätigung unserer eigenen Unsterblichkeit [...]. Beide sind Anfänge, die ein

[17] Rachel Adler, „Tumah and Taharah", in *The Jewish Woman* (Coll.), S. 64 bis 65.

Ende andeuten. Die Menstruation ist eine solche Schwelle. Sie ist ein Ende, das einen Neubeginn in sich trägt. [...] Die Menstruation ist wie ein Herbst im Inneren des Körpers, ein Sterben, das neues Leben ermöglicht." Auch Ejakulat galt als eine solche Form von Unreinheit. Wenn Männer und Frauen vor diesen Gesetzen gleichermaßen Verantwortung tragen und wenn nicht die Frau allein als unrein betrachtet wird, kann sich die Dynamik zwischen den Partnern verändern, und der Status der Frau ist nicht mehr der eines sexuellen Objekts, vom Mann benutzt, um ein Gebot zu erfüllen oder dagegen zu verstoßen. Traditionell liegen die Gesetze der Nidda, auch *Taharat haMischpacha* genannt, ausschließlich in der Verantwortung der Frau[18] (sie gehören mit dem Anzünden der Schabbatkerzen und dem Nehmen von Challa* zu den drei Geboten, deren Erfüllung ausschließlich Frauen obliegt). Wenn die Männer diese Verantwortung teilen, haben sie Anteil am Veränderungsprozess und übernehmen sexuelle Verantwortung in der Partnerschaft.

Abgesehen von spirituellen oder psychologischen Gründen haben einige Rabbiner auch medizinische Gründe für die Gebote der Nidda aufgeführt wie die These, die Einhaltung dieser Regeln verringere bei Frauen die Gefahr von Gebärmutterhalskrebs. Ganz offensichtlich dienten sie entsprechend dem ersten der Gebote[19] im Buch Genesis auch der Empfängnis und Fortpflanzung, weil durch die Hinzufügung der weiteren sieben Tage die Wiederaufnahme sexueller Kontakte etwa in die Zeit des Eisprunges fällt. Vor allem sollten diese Vorschriften aber das Sexualleben eines Paares durch Einschränkungen in geregelte Bahnen lenken und der Vorstellung der sofortigen Befriedigung aller sexuellen Bedürfnisse entgegenwirken.[20] Hier ist anzumerken, dass Lust an sich im Judentum ihre berechtigte Anerkennung findet, sie zu befriedigen ist gar eine der ehelichen Pflichten – jedoch nur innerhalb des vorgeschriebenen Rahmens. In der Idealvorstellung ist Sexualität nicht impulsives Handeln sondern Heiligung, auch in ihr wird ein Aspekt des täglichen Lebens auf eine spirituelle Ebene gehoben.

---

[18] Die Mischna behauptet sogar, dass eine Frau im Kindbett sterben wird, wenn sie diese Gebote nicht beachtet (*M. Schab.* 2:6).

[19] Siehe Eintrag: Gebote*

[20] Auch wenn dadurch die Möglichkeit zur Spontaneität eingeschränkt wird...

Noadia

Noadia war eine Prophetin zur Zeit Nehemias, in der zweiten Hälfte des fünften Jahrhunderts vor unserer Zeit. Sie ist eine der vier Prophetinnen, die in der Bibel erwähnt werden.[1] Ihr Name erscheint nur in einem einzigen Vers: „Gedenke, mein Gott, dem Tobia und dem Sanballat nach diesen ihren Taten; und auch Noadia, der Prophetin, und den übrigen Propheten, die mir bange machen wollten" (*Neh.* 6:14). Der Vers ist Teil einer Rede Nehemias, der mit seinem Vorhaben, die Mauer von Jerusalem wieder aufzubauen, auf Widerstand stößt. Ihm wird vorgeworfen, die Mauer nur aufbauen zu wollen, um die Königswürde an sich zu reißen und sich dafür der Unterstützung von Propheten versichert zu haben (*Neh.* 6:7). Nehemia weist die Vorwürfe von sich und schafft es, sein Wiederaufbauwerk zu vollenden. Wir erfahren also von Noadia nur durch Nehemias Worte: sie war, mit anderen Propheten, eine der Gegner Nehemias; [in der Rede] wird sie als erste genannt, so als spiele sie eine wichtige Rolle innerhalb dieser Opposition. Gemeinsam mit den anderen Propheten mischt sie sich in die Politik des Landes ein. Nehemia beschuldigt sie alle falsche Propheten zu sein, und doch bedeutet der Name Noadia „von Gott ernannt". Außer ihr sind in diesem Vers nur noch Tobia, ein ammonitischer Staatsbeamter, und Sanballat, der Gouverneur von Samaria, namentlich erwähnt; dies spricht für den Einfluss der Prophetin[2]. Erstaunlicherweise wird Noadia nicht von den Rabbinen in der Liste der Prophetinnen in Israel geführt (*Meg.* 14a). Keine ihrer Worte oder Schriften ist uns überliefert. Obwohl sie sicher eine Ausnahmeerscheinung ist, beweist ihre Existenz, dass auch in der Zeit nach dem Exil eine Frau die Rolle einer Prophetin übernehmen konnte.

---

[1] Miriam*, Debora*, Hulda* und Noadia.

[2] Siehe: Tamara Cohn Eskenazi, „Ezra – Nehemiah", in: *The Women's Bible Commentary* (Coll.), S. 121.

Pharaos Tochter

Pharaos Tochter greift in den Fortgang der im Buch Exodus geschilderten Geschichte von Moses Geburt ein. Ein neuer Pharao besteigt den Thron. Da die Hebräer sehr viele im Lande geworden sind, befiehlt er aus Furcht vor deren weiterer Vermehrung und Machtzunahme den hebräischen Hebammen, alle männlichen Neugeborenen zu töten und nur die Mädchen am Leben zu lassen. Die Hebammen[1] hatten den Befehl Pharaos schon eine Weile unterlaufen als eine Frau aus dem Stamme Levi einen Sohn gebar. Auch sie widersetzt sich dem Befehl und hält ihren Sohn drei Monate lang versteckt. Als eine weitere Geheimhaltung unmöglich wird, setzt sie das Kind in einem Schilfkorb auf dem Nil aus, während seine ältere Schwester das Geschehen aus der Ferne beobachtet. „Da stieg die Tochter Pharaos hinab, um an dem Flusse zu baden, und ihre Mädchen gingen neben dem Flusse, und sie sah das Schifflein mitten im Schilf, und sandte ihre Magd und holte es, und öffnete es, und sah das Kind und siehe! Ein weinender Knabe! Und sie erbarmte sich seiner und sprach: ‚Von den Kindern der Hebräer ist dieses.'" (*Ex.* 2:5–6). Die Schwester des Säuglings bietet an, für das Kind eine hebräische Amme zu finden. Pharaos Tochter ist einverstanden und sogar bereit, für diesen Dienst zu bezahlen. So wird das Kind von der eigenen Mutter gestillt. Nach seinem Heranwachsen wird er Pharaos Tochter zurückgebracht „und es ward ihr Sohn und sie nannte seinen Namen Mose und sprach: ‚denn aus dem Wasser habe ich ihn gezogen'"[2] (*Ex.* 2:10).

Pharaos Tochter wird genauso wenig benannt wie vorher schon die Eltern und die Schwester des Säuglings. Der Held der Erzählung erhält an dieser Stelle als einziger einen Namen: Moses. Dennoch spielt Pharaos Tochter eine entscheidende Rolle beim Überleben des Kindes: Genau wie die Hebammen widersetzt sie sich dem Befehl des Pharao; doch für sie ist

---

[1] Siehe Eintrag: Schifra und Pua*.
[2] Die eigentliche Etymologie des Wortes ist ägyptisch und bedeutet wahrscheinlich „geboren von".

es der Befehl ihres Vaters; ihr Widerstand kommt also aus dem Innersten des Königreiches. Sie handelt ganz bewusst, denn sie hat die hebräische Herkunft des Kindes erkannt. Mit Ausnahme einer kurzen Erwähnung des Vaters sind die handelnden Personen im ersten Teil dieser Erzählung Frauen: zunächst die Hebammen, dann die Mutter, die Schwester und Pharaos Tochter mit ihren Dienerinnen. Die enge Zusammenarbeit zwischen der Adoptivmutter, der eigentlichen Mutter, die das Kind stillt, und der Schwester, die zwischen beiden vermittelt, ist offensichtlich. Nach dem von der Mutter verübten ersten Akt des Ungehorsams ermöglicht Pharaos Tochter dem Kind das weitere Überleben und das Zusammensein mit seiner eigenen Mutter. Mit der Adoption gibt sie dem Kind den Status eines Ägypters und einen ägyptischen Namen. Die im Text gegebene hebräische Namensbedeutung entspringt einer Volksetymologie. Der Name unterstreicht so seine zukünftige Bestimmung, da er, „der aus dem Wasser gezogene" später wiederum das Volk Israel aus Ägypten [und durch das Wasser] ziehen lassen wird. Pharaos Tochter wird als mutige Frau voller Mitgefühl dargestellt, die nicht davor zurückschreckt, sich dem Befehl ihres Vaters entgegenzustellen. Auch wenn der Bericht sich später auf die Taten des männlichen Helden konzentriert, musste doch der spätere Erretter der Hebräer aus der ägyptischen Sklaverei zuerst selbst von Frauen wie der Tochter Pharaos gerettet werden; trotz ihrer Anonymität ist sie für die Geschichte von der Befreiung des jüdischen Volkes unentbehrlich. Der gemeinsame gewaltlose Widerstand gegen das Unrecht verbindet Frauen unterschiedlicher Herkunft, Religion und sozialer Stellung, die alle nur über die verwandtschaftliche Bindung zu ihren Vätern, als „Tochter von..." definiert werden.

Die Rabbinen der talmudischen Zeit lassen die Tochter des Pharao aus der Anonymität hervortreten; sie geben ihr einen Namen: Bitia. Dieser Name taucht zum ersten Mal in einer Genealogie im ersten Buch der Chronik (4:18) auf: „Diese waren die Kinder von Bitia, der Tochter des Pharao." Sie wird zusammen mit Serach*bat Ascher als eine der unsterblichen Gerechten genannt, die im Garten Eden weiter leben werden (*Jal.* II, 367). Die Rabbinen machen sich auch Gedanken über die mögliche Motivation ihres Handelns. Einer Erklärung nach hatte sie sich schon innerlich von der Götzendienerei ihres Vaters entfernt und durch ein Tauchbad im Nil von diesen Praktiken gereinigt (*Sota* 12b). Dies würde ihren Ungehorsam gegenüber ihrem Vater erklären und nebenher die für die Rabbinen unangenehme Tatsache von Moses' Adoption durch eine Götzendienerin auflösen. Für ihre bravouröse Tat sei sie mit ihrer eigenen Errettung von der Ermordung der Erstgeborenen belohnt worden – da sie selbst eine Erstgeborene war. Einige anachronistische Texte behaupten sogar ihren Übertritt zum Judentum und eine Ehe mit Caleb, der sich gegen die Ausbeuter wandte (*Meg.* 13a; *Lev. R.* 1:3; *Jal.* I, 428). Bitia bedeutet „Tochter Gottes“, für die Rabbinen ist dieser Name ein Beweis ihrer Frömmigkeit. Im Text der Chronik wird sie *haJehudia*, „die Jüdin“, genannt; da sie auch „Tochter des Pharao[3]“ war, haben die Rabbinen auf ihren Übertritt zum Judentum geschlossen. Im Traktat *Sota* 12b sagt der Talmud, Pharaos Tochter habe um das Kind herum die Schechina* wahrgenommen. An anderer Stelle, wird ihr prophetische Gabe zugesprochen, da sie die Rücknahme des Dekrets ihres Vaters voraussah und die Verwandtschaft des Kindes mit Miriam* erkannte. Im rabbinischen Denken ist ihre Heldentat kein isolierter Akt, sondern er wird von theologischer Reflexion und der grundsätzlichen Infragestellung des pharaonischen Systems begleitet. So entwickeln die Rabbinen die Persönlichkeit von Pharaos Tochter weiter und machen sie zur Vorbotin der inneren Befreiung aus der ägyptischen Sklaverei.

---

[3] Dieser Midrasch würde implizieren, dass die Ermordung der Erstgeborenen den Töchtern ebenso wie den Söhnen galt [außerdem war die Tochter des Pharao keine Hebräerin – und nur die sollten durch den grausamen Befehl reduziert werden – der Midrasch steckt also voller Ungereimtheiten] (*PdRK* 7:7; *Ex. R.* 18:3; 20:4; *Deut. R.* 7:5).

Polygamie

Das erste Paar der Tora ist monogam. Es gilt als Vorbild für sexuelle Treue und Beständigkeit, auch wenn uns im weiteren Verlauf der biblischen Geschichte viele Beispiele für Polygamie begegnen. Möglicherweise existierten beide, Polyandrie und Polygamie, vor der Ankunft des Monotheismus nebeneinander.[1] Die Polyandrie wäre dann verschwunden, die Polygamie als Form des sexuellen Vorrechtes des Mannes und Bestätigung seiner Überlegenheit erhalten geblieben. Die Beziehung zwischen Gott und Israel wird mit einer monogamen Beziehung verglichen; Israel als weiblicher Part hatte nicht das Recht andere Götter zu umwerben. Zu biblischer Zeit existiert ein Ungleichgewicht: denn ein Mann hatte das Recht, mehrere Frauen und außerdem noch Konkubinen zu besitzen. Es war ihm nicht untersagt, mehrere sexuelle Partnerinnen zu haben, solange sie nur nicht mit einem anderen Mann verheiratet waren. Umgekehrt ist die Frau ihrem Ehemann „angeheiligt". Der einzige monogame Patriarch ist Isaak, die Könige Israels sind alle polygam.

Zu talmudischer Zeit macht sich eine Veränderung bemerkbar, denn der Talmud bezieht eindeutig Stellung gegen die Polygamie. So sagt uns zum Beispiel der Midrasch, dass in der von der Sintflut ausgelöschten Generation die Männer zwei Frauen hatten, eine für die Nachkommenschaft und eine zur sexuellen Befriedigung (*Gen.* R. 23: 2); die erstere habe wie eine Witwe gelebt, da Schwangere in den Augen der Männer ein Gräuel waren, während man der zweiten zur Erhaltung ihrer Figur Verhütungstränke gegeben habe *(Sefer haJaschar* 7). Obwohl die Rabbinen eine solche Praxis nicht für gut hießen, blieb das Gesetz für Männer und Frauen weiterhin verschieden: Zur Zeit der Mischna *(M. Git.* 8:5 und *M. Jev.* 10:1) konnte ein Mann, dessen Frau vermisst war, eine andere

[1] Möglicherweise trägt der rätselhafte Text aus *Genesis* 6:2 über die Zeit vor der Sintflut noch Spuren hiervon: „Da sahen die Söhne Gottes die Töchter der Menschen, dass sie schön waren, und nahmen sich Frauen aus allen, die sie erkoren."

heiraten, ohne jede Bestrafung fürchten zu müssen, falls die erste zurückkam; eine Frau wurde im Parallelfall als Ehebrecherin behandelt.[2] Der Ehemann hat das ausschließliche Recht auf die Sexualität seiner Frau, doch umgekehrt gilt das nicht. Sie kann ihren Ehemann nicht daran hindern, weitere Frauen zu nehmen oder mit unverheirateten Frauen sexuelle Beziehungen einzugehen, während sie nur einen einzigen Ehemann haben darf und auch nur mit ihm sexuelle Beziehungen[3]: „Raba sagte: [Sagte er:] sei meiner Hälfte angetraut, so ist sie ihm angetraut: wenn aber: deine Hälfte sei mir angetraut, so ist sie ihm nicht angetraut" (*Kid.* 7a). Der Talmud (*Sanh.* 21a, vgl. dazu *Deut.* 17:17) macht [an anderer Stelle] deutlich, dass nur ein König in der Zahl der Frauen, die er heiraten kann, eingeschränkt ist. Er darf nicht mehr als achtzehn Frauen heiraten, damit er nicht von seinen Aufgaben abgelenkt wird, wie zum Beispiel Salomon, der siebenhundert Frauen und dreihundert Konkubinen hatte. Für alle anderen Männer gilt keine Beschränkung, solange sie ihre Verpflichtungen gegenüber ihren Frauen erfüllen.[4] Die Rabbinen teilten mit Rücksicht auf diese Verpflichtungen den Monat in vier Wochen ein und bestimmten eine Höchstzahl von vier Frauen (*Jev.* 44a)[5]. Diese Diskussion scheint jedoch eine rein theoretische zu sein, da anscheinend keiner der Rabbinen des Talmud selbst mehrere Frauen hatte oder je in der Polygamie lebenden Männern begegnet ist. Nach dem Gesetz war die Polygamie zwar noch erlaubt, doch sie wurde zu dieser Zeit nicht mehr praktiziert.

Erst im 9. und 10. Jahrhundert erließen Juden in Europa, wohl unter dem Einfluss des Christentums, das diese Praxis untersagte, *Takkanot*[6] zu diesem Thema. Das Verbot der Vielehe wird Rabbenu Gerschom (960–1028) zugeschrieben, obwohl schon vorher Gemeinden entsprechende Gesetzeszusätze angenommen hatten: „Der nach den Regeln unserer Gemeinden von Rabbenu Gerschom, Me'or Hagola[7] ausgesprochene *Cherem* [„Bann"], der die Ehe mit zwei Frauen untersagt, kann nur von hundert Rabbinern aus drei verschiedenen Regionen und aus drei verschiedenen Gemeinden aufgehoben werden.[8] Dies Verbot der Polygamie wurde nur von aschkenasischen Juden übernommen. Die im islamischen Einflussbereich mit seiner positiven Haltung zur Polygamie le-

---

[2] Siehe Eintrag: Ehebruch*.

[3] „Eine Frau ist für zwei Männer nicht geeignet" (*Kid.* 7a).

[4] Nach *Ex.* 21: 10: „wenn er eine andere dazu nimmt, soll er ihre Kost, ihre Kleidung und ihre ehelichen Rechte nicht verringern"; *Jev.* 65a; *Ket.* 80b; *Pes.* 113a.

[5] Das heißt er konnte jeder seiner Frauen ein mal monatlich beiwohnen.

[6] Zusätze [zum Gesetz]; da biblisches und talmudisches Gesetz unveränderbar sind, stützen sich die Rabbiner bei diesen Erlassen auf ihre Autorität und die ihrer Gemeinde.

[7] „Licht der Diaspora".

[8] Responsum des Rabbi Meir von Rothenburg (1220? –1293), Nr. 1022.

benden sephardischen Juden ließen sie weiterhin zu, praktizierten sie aber selten. Oft wurde der *Ketuba* (dem Ehevertrag) eine Klausel hinzugefügt, nach der ein Ehemann nur mit Einverständnis seiner ersten Frau zum zweiten Mal heiraten durfte. In Israel wurden 1950 in einer nationalen Rabbinerkonferenz durch ein generelles Verbot der Polygamie die unterschiedlichen Handhabungen vereinheitlicht. Doch Männer, die schon mit mehreren Frauen verheiratet waren, durften mit diesen einwandern.

Das Verbot der Polygamie ist ein Beispiel für eine Veränderung der Gesetze in Richtung auf eine größere Gleichberechtigung zwischen Männern und Frauen. Es ist jedoch hervorzuheben, dass eine grundsätzliche Ungleichbehandlung bestehen bleibt. In bestimmten Fällen, die sicher die Ausnahme bilden, wird das Verbot der Vielehe aufgehoben: wenn einer Frau ihr Scheidebrief[9] nicht ausgehändigt werden kann, weil sie vermisst ist, weil sie ohne positiven Beweis für tot erklärt wurde, weil sie geistesgestört geworden ist oder sich standhaft und ohne erkennbaren Grund weigert ihn anzunehmen. Mit anderen Worten, wenn ein Mann nicht rechtmäßig von seiner Frau geschieden werden kann, können die Rabbiner das Verbot der Vielehe aufheben und diesem Mann ermöglichen, eine andere Frau zu heiraten, selbst wenn dies dem ebenfalls Rabbenu Gerschom zugeschriebenen Verbot zuwiderläuft, nach dem ein Mann sich von seiner Frau nicht ohne deren Einverständnis scheiden lassen darf.[10] Für die Frau gibt es eine entsprechende Möglichkeit nicht. Sie kann einen zweiten Mann erst nach vollzogener Scheidung heiraten, selbst wenn ihr erster Mann vermisst oder geistig verwirrt ist oder sich einfach weigert, ihr den Scheidebrief auszuhändigen. Sie wird zur Aguna*, buchstäblich an ihren Mann gekettet, und wenn sie Kinder von einem anderen Mann bekommt, gelten diese als illegitim, als *Mamserim*[11]. Die Kinder des Mannes gelten im vergleichbaren Fall nicht als illegitim. Im Bemühen, dem Mann einen Ausweg aus seiner Bindung zu verschaffen, haben die Rabbiner Einfallsreichtum und Flexibilität bewiesen, vergleichbares ist ihnen für die Frauen nicht gelungen. Die Halacha behält in ihrer orthodoxen Interpretation in diesem wesentlichen Bereich eine Ungleichbehandlung und Ungerechtigkeit bei. Für das liberale Judentum hat die Konfe-

---

[9] Die Scheidung ist erst dann vollzogen, wenn sie ihn mit eigenen Händen entgegengenommen hat.

[10] Responsum von Rabbi Meir von Rothenburg, Nr. 112, in dem er der Aussage „Ein Mann kann sich von einer Frau mit oder ohne deren Einverständnis scheiden lassen" (*Jev*. 112b) widerspricht.

[11] Diese Kategorie, die Kinder außerhalb der Gesellschaft stellt, wurde von der liberalen Bewegung abgeschafft und wegen der ungerechten Behandlung der Kinder in Einklang mit *Deuteronomium* 24:16 auch von der konservativen Bewegung für hinfällig erklärt.

renz von Philadelphia 1869 die Polygamie abgeschafft mit der Begründung, dass sie im Widerspruch zur Idee der Ehe steht.

Potiphars Frau

Joseph wurde von seinen Brüdern an die Midianiter[1] verkauft, diese verkauften ihn wiederum weiter an Potiphar, einen Bediensteten[2] des Pharao, den Obersten seiner Leibgarde (*Gen.* 37:36). Der Segen des Ewigen ist mit Joseph und er gewinnt das Vertrauen seines Herrn, der ihn zum obersten Verwalter über alle seine Angelegenheiten einsetzt. Unter Josephs Händen mehrt sich Potiphars Gut. Der Erzähler fährt fort mit der Bemerkung, „Joseph aber war schön von Gestalt und schön von Ansehen" (*Gen.* 39:6). Potiphars Frau (die in der Erzählung nie beim Namen genannt wird) verliebt sich in ihn. „Und es geschah nach diesen Dingen, da warf die Frau seines Herrn ihre Augen auf Joseph und sprach: Lege dich zu mir" (*Gen.* 39:7). Joseph verweigert sich mit dem Hinweis auf das von Potiphar in ihn gesetzte Vertrauen: „...er enthält mir nichts vor, als dich, weil du seine Frau bist" (39:9). Jeden Tag aufs Neue ersucht sie Joseph, doch er widersteht ihren Avancen. Als sie eines Tages allein sind, „fasste [sie] ihn bei seinem Kleide und sprach: Lege dich zu mir!" (39:12). Er flieht, doch sein Kleid bleibt in ihren Händen. Darauf ruft sie ihre Diener zusammen und beschuldigt Joseph der Beleidigung. Sie behauptet, sie habe laut gerufen und die Flucht ergriffen. Die selbe Version des Geschehens wiederholt sie gegenüber ihrem Mann; „da entbrannte sein Zorn" (39:19) und er lässt Joseph ins Gefängnis werfen.

Potiphars Frau entspricht dem Muster der Versucherin, die den Mann vom rechten Wege abbringen will. Sie ist verheiratet – doch ihr Verlangen gilt Joseph, und sie setzt alles daran ihn zu verführen. Verärgert über ihren Misserfolg rächt sie sich an Joseph mit falschen Anschuldigungen, die in der ihrem Mann gegenüber gemachten Behauptung gipfeln, sie selbst sei zum Opfer von Josephs Leidenschaft geworden. Sie nimmt kein

---

[1] Oder, einer anderen Version nach, an die Ismaeliten: *Gen.* 39:1.

[2] Das Wort *Seris* kann auch „Eunuch" bedeuten; dies würde in gewisser Weise das Verhalten seiner Frau erklären.

Blatt vor den Mund.[3] Als Worte sie nicht weiter bringen, handelt sie. Das zähe Betreiben ihres ehebrecherischen Verlangens verstärkt nur Josephs Festhalten an seiner Loyalität gegenüber Potiphar. Ironischer Weise bringt gerade der Gefängnisaufenthalt Joseph eine viel bedeutendere Stellung als seine vorherige ein: die des Vizekönigs von Ägypten. Hier begegnen wir einem verbreiteten und wohlbekannten Motiv: Die der Vernichtung des Mannes geltenden Attacken einer Frau verhelfen ihm letztendlich zu Ruhm und Erfolg.[4] Schon ihre Namenlosigkeit macht sie zur archetypischen, lustgetriebenen, bösen Verführerin. Nach diesen Ereignissen verschwindet sie völlig von der Bühne. Joseph heiratet später Asnat, die Tochter von Poti Phera (*Gen.* 41:45); Die frappierende Namensähnlichkeit kann dem Bibelleser die Möglichkeit einer Rehabilitierung oder Versöhnung suggerieren. Die aggressive, verführerische, und ihrem sexuellen Verlangen Ausdruck gebende unabhängige Frau dient hier als Gegenbild, als Hintergrund, vor dem die Rechtschaffenheit des wahren Helden erst in vollem Glanz erstrahlt – er fällt der Frau nur scheinbar zum Opfer.

Die Weiterentwicklung der Figur im Midrasch ist bemerkenswert. Zunächst erhält Potiphars Frau einen eigenen Namen: Suleika, vom persischen Suleima, was erstaunlicherweise „Frieden" bedeutet. Durch die sehr detaillierte Darstellung ihres Charakters wird sie geradezu sympathisch, weil sich der Leser eher in ihre Lage versetzen kann. Sie wird so sehr von ihrer Leidenschaft beherrscht, dass sie davon krank wird (*Gen. R.* 85:2). Astrologen hatten ihr geweissagt, dass sie Nachkommen von Joseph haben würde, doch sie irrt in der Annahme, sie selbst müsse die Mutter sein – das wird ihre Tochter Asnat (*Gen. R.* 85:1). Sie versucht ihn mit allen Mitteln zu verführen: mit der Vorgabe, ihn an Sohnes statt annehmen zu wollen,[5] mit Drohungen; mit dem Versprechen, ihn in den Stand eines Ehemannes zu erheben; indem sie ihn vor ihrem Mann lobend erwähnt und Joseph beruhigt, er habe von Potiphar nichts zu befürchten. Sie bittet ihn sogar um Unterweisung in den Geboten. Joseph lässt sich jedoch nicht erweichen. Sie droht ihm, ihren Mann umzubringen; sie bereitet für Joseph ein verhextes Mahl zu, das der jedoch unberührt stehen lässt. Jedes Mal ruft er Gott und seine Vorfahren an. Sie wirft sich tränenüberströmt vor ihm nieder und beteuert von ihm ablassen zu wollen, doch sie verzehrt sich vor Begierde und wird krank. Auf die Fragen ihres Mannes antwortet sie: „Mein Herz leidet und die Seufzer mei-

---

[3] Wiederholt fordert sie ihn auf: *schikva imi*, "Schlafe mit mir".

[4] Suzan Hollis, „The woman in ancient examples of the Potiphar's wife motif", in: *Gender and Difference in Ancient Israel*, S. 28–42.

[5] Der Legende nach war sie unfruchtbar; dadurch gehört sie in die Kategorie der gefährlichen Frauen, derer, die sich nicht in die Mutterrolle fügen.

ner Seele bedrücken mich.“ Sie droht Joseph, ihrem Leben ein Ende zu bereiten. Der erinnert sie daran, dass dann ihre Rivalin, die Nebenfrau ihres Mannes, ihre Kinder schlecht behandeln würde. „Seine mit sanfter Stimme vorgetragenen Worte hatten genau den gegenteiligen Effekt vom erwarteten. Sie entzündeten ihre Leidenschaft erneut und gaben ihrer Hoffnung neue Nahrung“ (12 *Testamente*, Joseph 3–7). Sie versucht es mit Schmeichelei und Komplimenten, doch er reagiert nicht darauf (*Sefer Hajaschar*, Vajeschev, 86b). In ihrer schweren Krankheit sucht Suleika die Unterstützung der Frauen Ägyptens, denen sie Joseph bei einem Fest vorstellt. Sie alle vergucken sich so sehr in den jungen Mann, dass sie die Augen nicht mehr von ihm wenden können und sich beim Früchte schälen die Hände zerschneiden (ebd. 87a–87b); sie raten Suleika, ihre Wünsche umzusetzen. Hier setzt die [biblische] Szene ein, in der sich die beiden alleine gegenüberstehen. Fast unterliegt Joseph der Versuchung, als ihm das Bild seiner Mutter Rachel, seiner Tante Lea und seines Vaters Jakob in den Sinn kommt. Dadurch vergeht ihm die ehebrecherische Leidenschaft (*Sota* 36b; *TJ, Hor*. 2; 46d; *Gen. R*. 87:7; 98:20). Suleika reißt einen Fetzen aus Josephs Kleid und herzt und küsst das Stück Stoff, von ihren Gefühlen übermannt (*Gen. R*. 87:8). Der Rat, Joseph anzuklagen, kommt von ihren Freundinnen. (*Midr. Hag*. I, 590). Die Wahrheit erfährt Potiphar aus dem Munde seines elf Monate alten Kindes, das Gott mit Sprachfähigkeit begabt hat. Daraufhin wird Joseph vor Gericht gebracht und auf seine Unschuld erkannt. Dennoch bleibt er um Suleikas Ehre willen weiter eingekerkert. (*Sefer Hajaschar*, Vajeschev, 88a–89a). Auch im Gefängnis noch wird Joseph von Suleika geliebt und von Potiphar geschätzt (*Gen. R*. 87:10). Die Midraschim zeigen so Suleika als Opfer ihrer Gefühle. Sie wird menschlicher und begreifbarer als in der biblischen Geschichte. Andererseits macht die Tatsache, dass Joseph der Versuchung fast erlegen wäre, ihn nur umso verdienstvoller. Potiphars Frau, die zum Erreichen ihrer Ziele sogar so weit geht, Zauberei einzusetzen, bleibt [auch im Midrasch] die Quelle der Versuchung.

Pubertät

[Der Tradition nach] markiert die Pubertät [nur] beim Mädchen den Übergang von der Kindheit zur rechtlichen Volljährigkeit. In einer Metapher, einer klassischen Verbindung von Nahrung und Sexualität, vergleichen die Rabbinen das junge Mädchen mit einer reifenden Frucht: „Die Weisen sprachen von der Frau in einer Parabel: [sie ist vergleichbar] einer unreifen Feige, einer reifenden Feige und einer völlig ausgereiften Feige. ‚Eine unreife Feige', wenn sie noch ein Kind ist, ‚eine reifende Feige', das bezieht sich auf die Tage ihrer Pubertät. Bei diesen beiden Mädchen hat der Vater ein Anrecht auf alles, was sie finden und [als Ergebnis] auf ihrer Hände Arbeit und er kann ihre Schwüre rückgängig machen,Eine völlig ausgereifte Feige', wenn sie erwachsen geworden ist, hängt sie nicht mehr von ihrem Vater ab" (*M. Nid.* 5:7). In diesem Bild sind drei Stadien erkennbar: das Kind [*Ketana*], die Heranwachsende [*Na'ara*] und die erwachsene Frau [*Bogeret*]; diese drei Stadien sind an ihre sexuelle Reife geknüpft, von der die Vormundschaft des Vaters oder die Entlassung aus diesem Vormundschaftsverhältnis abhängt. Bei der Entwicklung der Jungen wird die Sexualität nicht thematisiert und Jungfräulichkeit* spielt bei ihnen natürlich auch keine Rolle. Jungen und Mädchen erreichen die Volljährigkeit, wenn sie körperliche Reife erlangt haben; allerdings bedeutet für beide die Volljährigkeit die Übernahme von unterschiedlicher Verantwortung. Der Status der *Na'ara* ist eine sechsmonatige Zeitspanne, in der ein Vater seine Tochter in die Ehe geben kann. Das entsprechende Übergangsstadium des *Na'ar* gibt es für die Jungen nicht. Nach Erreichen des dreizehnten Lebensjahrs kann er selbst einen Ehevertrag abschließen.

Der Status der Minderjährigkeit endet [für das Mädchen] im Alter von zwölf Jahren und einem Tag; allerdings stimmen hierin nicht alle Texte überein. Während einige (*M. Nid.* 5:6) bestätigen, dass von diesem Tag an alle ausgesprochenen Eide des jungen Mädchens rechtlich bindend sind, stützen sich andere (*M. Nid.* 6:11 und Maimonides über *M. Ket.* 3:7) nicht auf das Alter[1], sondern die physische Reife: Hat sie zwei Schamhaare, ist das Mädchen alt genug, die Gebote der Tora einzuhalten. Der Einfachheit halber überwiegt die Bestimmung nach dem Alter (*Nid.* 46a). Mit zwölf Jahren und einem Tag bis zum Alter von zwölf Jahren, sechs Monaten und einem Tag gilt das Mädchen als Heranwachsende; sie untersteht in dieser Phase weiterhin der Vormundschaft ihres Vater, muss aber [wie eine Erwachsene] die Gebote einhalten. Wird sie während dieser Zeit verlobt, untersteht sie gleichzeitig ihrem Vater und ihrem zukünftigen Mann. Wenn sie einen Eid schwört, kann er nur von beiden, Vater und Bräutigam, gelöst werden (*M. Ned.* 10:1). Stirbt der Ehemann während dieser Zeit, fällt das Mädchen wieder unter die Vormundschaft des Vaters. Nach Erwachsenwerden der Heranwachsenden kann ihr Ehemann die Eide seiner Frau lösen, ihr Vater jedoch nicht mehr (*M. Ned.* 10:2). Faszinierend an diesen Diskussionen ist, dass die Rabbinen jeden nur möglichen Fall bedenken, damit die junge Frau nur ja nicht ohne rechtlichen Schutz ist: Sie ist zu jedem Zeitpunkt der Autorität eines Mannes unterstellt, der die Kontrolle über sie hat und ihre Aussagen wiederrufen kann: „ [Eine Minderjährige] untersteht immer der Obhut ihres Vaters, bis sie für den Vollzug der Ehe in die Obhut ihres Mannes übergeht" (*M. Ket.* 4:5). So ist das heranwachsende Mädchen nur in den seltensten Fällen unabhängig, wohingegen der heranwachsende Knabe im Alter von dreizehn Jahren automatisch die [rechtliche] Unabhängigkeit erlangt. Im Allgemeinen erreicht eine Frau eine solche Unabhängigkeit erst als Geschiedene oder Witwe (*M. Kid.* 1:1), zwei Situationen, die in einer patriarchalisch organisierten Gesellschaft eine Position der Schwäche bedeuten.

Der Status der Minderjährigen [*K'tana*] ist prekär; hat doch der Vater die völlige Macht über seine Tochter, nicht jedoch die Verpflichtung, finanziell für sie zu sorgen (*M. Ket.* 4:6). Hat sie erst den Status der Heranwachsenden [*Na'ara*] erreicht, ist der Vater andererseits verpflichtet, für ihre Aussteuer zu sorgen (*M. Ket.* 6:5). Hätte er sie als Sklavin verkauft (*M. Ket.* 3:8), müsste er sie mit Erreichen der Pubertät wieder zurückkaufen, außer sie wäre in der Familie ihres Käufers verheiratet (*Ex.* 21:7). Sie kann auch nicht dem Tempel geweiht werden. Mit anderen Worten ist die Macht des Vaters über seine Tochter während der Pubertät eingeschränkt.

Der Eintritt der Pubertät ist also, in Übereinstimmung mit dem Auftreten erster Pubertätsmerkmale (*Nid.* 52a) und auch der Entwicklung von Einsichtsfähigkeit in die Kausalität ihres Handelns, für Mädchen auf das

---

[1] Ein Eid ist ein Gott gegebenes Versprechen, etwas Bestimmtes zu tun oder sich einer Sache zu enthalten. Ein Talmudtraktat, *Nedarim*, ist diesem Thema gewidmet.

Alter von zwölf und für Jungen auf das Alter von dreizehn Jahren festgelegt. Diese Unterscheidung wird im Zusammenhang mit einer Diskussion um die Gültigkeit von Eiden getroffen. Im Jahr vor ihrem Eintritt ins Erwachsenenalter wird geprüft, ob die jungen Menschen schon ein Verständnis für die Tragweite ihrer Aussagen gewonnen haben (*M. Nid.* 5:6). Die Pubertät [des Mädchens] führt nur dann zur rechtlichen Unabhängigkeit, wenn sie nicht einem Mann versprochen ist. Dann können die von ihr ausgesprochenen Eide von niemandem widerrufen werden, sie kann ihren Besitz selbst verwalten und sich ihren Mann selbst aussuchen. Beim Jungen führt das Erreichen des dreizehnten Lebensjahres automatisch zu seiner Einbeziehung in den Minjan* (s. Isserles über *SA*, OCh 55:5), also seiner Anerkennung als vollverantwortliches Gemeindemitglied; für Mädchen ist dies nicht der Fall. Das eindeutige Merkmal für den Status eines Mädchens ist der Eintritt einer Schwangerschaft[2]; hier tritt der zwischen Männern und Frauen gemachte Unterschied am deutlichsten zu Tage: Die Rolle der erwachsenen Frau ist die Mutterschaft, deshalb hängt ihre Volljährigkeit von sexuellen Merkmalen ab; die Aufgabe des Mannes ist die Übernahme von Verantwortung innerhalb der Gemeinschaft. Dennoch sind Männer und Frauen mit Erreichen ihrer Volljährigkeit religiös, zivil- und strafrechtlich mündig und können vor einem Rabbinatsgerichtshof zur Verantwortung gezogen werden.[3] In den liberalen Bewegungen erreichen [Jungen und Mädchen] die [religiöse] Mündigkeit mit ihrem dreizehnten Geburtstag; Mädchen feiern zu diesem Anlass ihre Bat Mizwa*.

---

[2] Siehe *Jev.* 12b: „vor diesem Alter wird sie überhaupt nicht schwanger, während dieses Alters stirbt sie und stirbt das Kind, nach diesem Alter bleibt sie leben und bleibt das Kind leben".

[3] Anm. d. Übers.: Diese Aussage betrifft die Rechtslage zu talmudischer Zeit. Heute unterliegen Zivil- und Strafrecht der Gerichtsbarkeit des jeweiligen Landes, auch die Frage der Strafmündigkeit ist abhängig von der jeweiligen Rechtslage. Im Staate Israel unterliegen Familienrechtsfragen den Rabbinatsgerichten (*Batei Din*), ansonsten haben diese ausschließlich in religionsrechtlichen Fragen Entscheidungsbefugnis.

Rabbiner und Rabbinerinnen

Das Wort „Rabbiner“ stammt vom hebräischen *rav* mit der Grundbedeutung „viel“, dann auch „Meister“ oder „Lehrer“. Zur talmudischen Zeit bezeichnet dieser Titel Rechtsgelehrte, Meister der Lehre und der Exegese und überhaupt Entscheidungsträger. Träger dieses Titels widmeten ihr Leben dem Studium, doch übten sie auch einen Brotberuf aus. Über die Jahrhunderte, verstärkt dann im Mittelalter, wurde wegen des Wissensverlustes in den weit voneinander entfernt liegenden Diasporagemeinden das Rabbinat zum Beruf. Von nun an übten die Rabbiner neben ihrem Amt keine weitere Tätigkeit mehr aus. Auch erweiterte sich das Aufgabenspektrum; seelsorgerische Aufgaben und manchmal auch die Rolle des *Chasan* („Kantor“) wurden mit übernommen. Da Frauen am öffentlichen Gebet kaum teil hatten, blieben diese Funktionen bis in die Moderne eine reine Männersache. Frauen durften zwar lehren, konnten seelsorgerische Aufgaben übernehmen, Rat erteilen und in Ausnahmefällen auch Frauengottesdienste leiten; doch ihnen den Titel des Rabbiners zuzuerkennen, war in einem patriarchalischen Rahmen undenkbar. Erst im 19. Jahrhundert wurde unter dem Einfluss der Emanzipationsbewegung diese Möglichkeit in liberalen Kreisen in Betracht gezogen. Für die Orthodoxie ist schon die Nichtexistenz von Präzedenzfällen Grund genug, diese Option von vornherein auszuschließen, und doch ist auch die orthodoxe Gemeinschaft mit dieser Frage konfrontiert.[1]

In der Geschichte der Ordination weiblicher Rabbiner spielten einige herausragende Persönlichkeiten eine Rolle. Ray Frank (1864/6–1948) besuchte ab 1893 den Lehrgang des amerikanischen Rabbinerseminars, dem Hebrew Union College. Nach1890 gründete sie eine kleine Gemeinde im Staate Washington und leitete dort die Gottesdienste zu den Hohen Feiertagen. Sie war Lehrerin, Schriftstellerin und Predigerin. Man nannte sie „das Rabbinermädchen aus dem Westen“. Sie selbst erhielt nie die Ordi-

[1] Siehe: Haviva Ner-David, *Life on the Fringes.*

nation als Rabbinerin, doch hoffte sie zeitlebens dass sich dieser Weg den Frauen eröffnen möge. Lily Montague[2] (1873–1963), Gründerin der liberalen Bewegung in Großbritannien, leitete ebenfalls Gottesdienste und hielt Predigten. Sie war Sozialarbeiterin, Friedensrichterin und Vorkämpferin für den angemessenen Platz der Frau in der Synagoge. Als erste Frau zur Rabbinerin ordiniert wurde Regina Jonas[3] (1902–1944) aus Berlin. Zusammen mit sechsundzwanzig anderen Frauen belegte sie den Rabbinerlehrgang an der Hochschule für Wissenschaft des Judentums, von der sie 1930 den Titel der Professorin für Religion verliehen bekam. Ihre Arbeit trug den Titel: „Kann die Frau das rabbinische Amt bekleiden?“. Gegen ihre bevorstehende Ordination regte sich Widerstand. Schließlich erhielt sie 1935 im Auftrag des liberalen Rabbiner-Verbandes eine private Ordination von dem liberalen Rabbiner Max Dienemann aus Offenbach, die später von Leo Baeck, einem der Vordenker dieser Bewegung, bestätigt wurde. „Fräulein Rabbiner Jonas“ amtierte als Rabbinerin der jüdischen Gemeinde zu Berlin, wurde 1942 nach Theresienstadt deportiert, wo sie noch zwei Jahre ihre seelsorgerische Aufgabe fortsetzte, bis sie selbst Ende Oktober 1944 in Auschwitz ermordet wurde. Erhalten sind von ihr drei Veröffentlichungen im Jüdischen Gemeindeblatt, eine Liste mit 23 Themen ihrer in Theresienstadt gehaltenen Vorträge und ein Photo, das sie als Rabbinerin im vollen Ornat zeigt.[4]

1922 traf die Zentralkonferenz der amerikanischen Rabbiner die Grundsatzentscheidung, die Ordinierung von Frauen zuzulassen; doch erst fünfzig Jahre später wurde die erste Frau in den Vereinigten Staaten offiziell zur Rabbinerin berufen.

1972, zweiunddreißig Jahre nach dem Tod von Regina Jonas, wurde Sally Priesand nach Abschluss ihres Studiums am Hebrew Union College in Cincinnati regulär zur Rabbinerin ordiniert[5] Seitdem gibt es inzwischen weltweit mehr als vierhundert Rabbinerinen, davon die meisten in den Vereinigten Staaten, ungefähr fünfundzwanzig in Großbritannien, eine in Frankreich, eine in Deutschland[6], eine in Budapest und eine in Minsk. Die konservative Bewegung hat die erste Frau 1984 ordiniert[7].

---

[2] Siehe: Margaret Jacobi, „Lily Montagu – A pioneer in religious leadership“, in *Hear Our Voice*, S. 9–16.

[3] Siehe: Elizabeth Sarah, „Rabbi Regina Jonas 1902–1944: missing link in a broken chain“ in: *Hear OurVoice,* S.2–9.

[4] Anm. d. Übers.: siehe Jutta Dick u. Marina Sassenberg (Hrsg.*), Jüdische Frauen im 19. und 20. Jahrhundert.*

[5] Rabbi Sally Priesand, *Judaism and the New Woman.*

[6] Anm. d. Übers.: Seit März 2003 hat auch die Gemeinde Weiden/Obpf. mit Gesa Ederberg eine Rabbinerin.

[7] Siehe: Amy Stone, „Gentlemen's agreement at the seminary“, Lilith; Reena Sigman Friedman, „The politics of women's ordination“, *Lilith*; Ruth R. Wise,

Selbst in der liberalen Bewegung, die sich seit ihren Anfängen die Gleichheit von Männern und Frauen bezüglich ihrer Rechte und Pflichten im Judentum aufs Panier geschrieben hatte, blieb die Frage der Frauenordination heiß umstritten. In einem1922 verfassten *Responsum* zu diesem Thema sprach sich Jacob Lauterbach gegen die Ordination von Frauen aus.[8] Unter anderem führt er als Argumente an, dass eine Frau, da sie von den zeitgebundenen Geboten* befreit sei, solche auch nicht für Männer übernehmen könne (*RH* 3:8; *Br*. 20b); des weiteren die Aussage des Talmud „Man findet keine Frau im Lehrhaus" (*MK* 18a), dann die Tatsache, dass eine Frau nicht zum Richter*amt berufen werden könne (*TJ, Schev*.4; 35b; *Sanh*. 4:10, 21c) oder in rituellen oder religiösen Fragen nicht entscheidungsbefugt sei (*Num. R*. 10:5) und schließlich dass das Rabbineramt nicht mit der traditionellen Rolle einer jüdischen Frau zu vereinbaren sei und dass Frauen überhaupt nicht die für das Rabbinat notwendige Qualifikation mitbrächten. In einer langwierigen Auseinandersetzung konnten alle seine Argumente auf halachischer Grundlage und mit Hinweis auf die Veränderung der Rolle der Frau im Judentum zurückgewiesen werden. Allem Anschein nach war vor allem die Öffentlichkeit des Amtes problematisch für diejenigen, denen an der Bewahrung der häuslichen Rolle der jüdischen Frau lag. Man berief sich auf den Satz von Maimonides: „Nur Männer eignen sich zum Herrscher" (*MT*, Hil. Schoftim, 5: 1–5), und vergaß dabei die berühmten Beispiele von Salome* Alexandra[9] und der Königin* Helena im ersten Jahrhundert. Die halachischen Diskussionen drehten sich im Wesentlichen um die Teilnahme von Frauen am öffentlichen Gottesdienst, da sich die Rolle des Rabbiners vor dem jüdischen Recht nicht von der jeder anderen Person unterscheidet. Obwohl sich als Folgerung aus den Grundsätzen der liberalen Bewegung die Eröffnung des Zugangs zum Rabbinat für Frauen logisch ergibt, war der Weg dorthin mit Hindernissen gepflastert. Heute jedoch leisten Frauen einen anerkannten Beitrag in ihrer Arbeit als Rabbinerinnen. Anderen Frauen können sie als Vorbild für die aktive Einbindung ins jüdische Leben dienen. Zuweilen bekommen die Rabbinatsaufgaben bei ihnen ein anderes Gewicht, und sie geben Anstöße für die Entwicklung einer neuen Exegese und Theologie.[10]

„Women as conservative rabbis", *Commentary; The Ordination of Women as Rabbis*.

[8] „Ordination of Women", *American Reform Responsa*.

[9] 76–67 vor unserer Zeitrechnung.

[10] Gary P. Zola, *Women Rabbis, Exploration and Celebration*.

Rachel

Rachel gilt als dritte der Matriarchen, obwohl Jakob eigentlich vor ihr schon ihre Schwester Lea geheiratet hatte. Von seinem Vater Isaak hatte Jakob den Auftrag erhalten, eine von den Töchtern Labans, dem Bruder seiner Mutter, zu heiraten (*Gen*. 28:1–2). Er begibt sich ins Gebiet von Aram und hört dort zum ersten Mal von Rachel, als Hirten ihre Ankunft melden:

„[...] und siehe, Rachel, seine Tochter, kommt da mit den Schafen" (*Gen*. 29:6). Während Jakob noch mit den Hirten spricht, nähert sich Rachel, die als Hirtin bezeichnet wird.[1] Ihr Name bedeutet „Schaf". Wie andere biblische Paare begegnen sich Jakob und Rachel an einem Brunnen[2]. Jakob küsst Rachel, bricht in Tränen aus und gibt sich ihr zu erkennen; darauf läuft sie gleich, um ihrem Vater Laban die Nachricht von seiner Ankunft zu bringen. Der nimmt Jakob für einen Monat gastlich auf und schlägt ihm danach einen Lohn für seine Arbeit vor. Der Erzähler unterbricht hier den Dialog um einzufügen, dass Laban zwei Töchter hatte, von denen Rachel die Jüngere ist, dass Rachel „schön von Bildung und schön von Ansehen" (*Gen*. 29:18) war und dass Jakob sie liebte. Die beiden Schwestern, von denen die eine schön, aber die andere fruchtbar ist, werden den ganzen Bericht hindurch einander gegenübergestellt. Ihre Handlungen zeigen, dass keine von beiden mit ihrem Schicksal zufrieden ist. Jakob erklärt Laban: „[...]ich will dir sieben Jahre um Rachel, deine jüngere Tochter, dienen" (*Gen*. 29:18). Der Vater des Mädchens und ihr zukünftiger Ehemann werden sich handelseinig; Rachel scheint nicht gefragt worden zu sein. Die Frau wird als Lohn für geleistete Arbeit be-

---

[1] Sie scheint die Arbeit auch nach Geburt ihrer Kinder beizubehalten; denn es heißt, Jakob schickt nach seinen Frauen in den Feldern bei den Herden (*Gen*. 31:4).

[2] Die meiste Arbeit der Hirten spielt sich in der Nähe von Brunnen ab. Sie sind Treffpunkte. Das Wasser symbolisiert die Lebensgrundlage, das Leben selbst und später in der rabbinischen Tradition die Tora.

trachtet, auch wenn Jakobs Gefühle noch einmal bekräftigt werden: „Und Jakob diente um Rachel sieben Jahre, und sie waren in seinen Augen wie einige Tage, weil er sie liebte“ (*Gen.* 29:20). Als Jakob die Verbindung mit ihr eingehen will, richtet Laban ein Fest aus; doch täuscht er Jakob und gibt ihm Lea zur Frau. Auf Jakobs Beschwerde hin hält er ihm entgegen, dass nach ortsüblichem Brauch die Ältere vor der Jüngeren zu verheiraten sei.

In diesem ersten Abschnitt wird die Geschichte ausschließlich aus der Sicht der Männer geschildert. Viele Kommentatoren sehen in ihr eine Umkehr von Jakobs Ausgangssituation: Er hatte seinen Bruder Esau um dessen Erstgeburtsrecht betrogen; jetzt wird er selbst zum Betrogenen, als er zum zweiten Mal das Altersvorrecht unterlaufen will. Doch diesmal sind noch weitere Personen betroffen: Lea* und Rachel. Schlussendlich gibt die Geschichte Jakob auch hierin Recht. Die beiden Schwestern sind für die beiden Männer nur Tauschobjekte und Mittel zum Betrug; ihre Arbeitskraft zählt, nicht jedoch ihre Gefühle, übe die sich der Erzähler ausschweigt.

Nach weiteren sieben Tagen geht Jakob auch die Verbindung mit Rachel ein; im Gegenzug verpflichtet er sich zu weiteren sieben Jahren Arbeit. Laban gibt Rachel, wie vorher schon ihrer Schwester, eine Magd mit in die Ehe. Der Erzähler betont Jakobs Vorliebe für Rachel. Nun beginnt also der Kampf der beiden Schwestern um die Liebe ihres Mannes, die sie durch die Geburt männlicher Nachkommen zu erlangen hoffen. Ihre ganze Beziehung wird von diesem Konflikt bestimmt.[3] Doch die Empfängnis ist von Gottes Hilfe abhängig: „Als der Ewige sah, dass Lea missfiel, da öffnete Er ihren Mutterschoß, aber Rachel war unfruchtbar“ (*Gen.* 29:31). Die Unfruchtbarkeit[4] wird hier eindeutig als göttliche Strafe für Jakobs Bevorzugung von Rachel angesehen; denn die Geburt von Söhnen galt als Weg, sich der Liebe des Mannes zu versichern. Lea bekommt vier Söhne, dann wird sie nicht mehr schwanger.

Im Buch Genesis, Kapitel 30, kommen zum ersten Mal Rachels Gefühle zum Ausdruck: Es ist die Eifersucht auf ihre Schwester, die immer wieder Kinder gebiert, während sie selbst unfruchtbar bleibt. Verzweifelt wendet sie sich an Jakob: „Schaffe mir Kinder; wenn nicht, so sterbe ich“ (*Gen.* 30:1). Der Lebenszweck und der gesellschaftliche Status der Ehefrau bestimmen sich aus ihrer Fähigkeit, Leben zu schenken; Unfruchtbarkeit wird mit dem Tod gleichgesetzt. Kennt man das Ende der Erzählung, wirkt der Text an dieser Stelle ironisch und tragisch zugleich: stirbt

---

[3] Nach Athalya Brenner können sie wegen dieses andauernden Konfliktes keine schwesterliche Nähe entwickeln.

[4] Auch bei Sara* und Rebekka*, den beiden ersten Matriarchinnen, wird die Unfruchtbarkeit thematisiert.

doch Rachel im Kindbett. Das, was sie mit dem Leben verbindet, führt schließlich zu ihrem Tod. Jakob reagiert auf Rachels Verzweiflung mit Wut, und er macht Gott für ihre Unfruchtbarkeit verantwortlich. Er bittet Gott jedoch nicht wie Abraham und Isaak für seine Frau um Hilfe. Wie Sara es mit Hagar* tat, führt Rachel schließlich Jakob ihre Magd Bilha zu, um durch sie zur Mutterschaft zu gelangen. Den ersten Sohn aus dieser Verbindung nennt sie Dan mit den Worten: „Gott hat mich gerichtet und hat auf meine Stimme gehört, und mir einen Sohn gegeben" (*Gen.* 30:6). Gottes Allmacht wird in seinem Einfluss auf die Fruchtbarkeit der jeweiligen Frau beschrieben; und die Gebärfähigkeit wird in diesem sibyllinischen Wettstreit als Gottesurteil angesehen. Bilha bekommt einen zweiten Sohn, den Rachel Naftali nennt: "Wettkämpfe Gottes habe ich gekämpft mit meiner Schwester, habe dennoch obsiegt" (*Gen.* 30:8). Die Konkurrenz [zwischen den Schwestern] kommt deutlicher in Rachels Namenswahl zum Ausdruck als in Leas, die sich eher um die Liebe Jakobs sorgt. Die durch die Geburt von Söhnen ausgetragene Rivalität der Schwestern ist offensichtlich; die Mägde werden von ihren Herrinnen ungefragt als Stellvertreterinnen in diesem Kampf benutzt. Was die Männer den Frauen mit ihren Heiratstransaktionen angetan haben, tun diese wiederum ihren Mägden an, ganz nach den Regeln hierarchischer Beziehungen, in denen der unterlegene Part eher als Objekt denn als Subjekt behandelt wird. Leas Magd Zilpa bekommt nun ihrerseits zwei Söhne, die Lea Gad und Ascher nennt. Die Namensgebung obliegt zwar den Matriarchen, doch der Stammbaum folgt, wie wiederholt erwähnt, der männlichen Linie: „Sie gebar einen Sohn dem Jakob".

Es folgt die Episode mit den von Rachel begehrten Alraunen, die Lea ihr im Austausch gegen eine Nacht mit Jakob überlässt. Wieder sind wir Zeugen einer Situationsumkehr: Ganz wie Laban im Einverständnis mit Jakob Rachel gegen sieben Jahre Arbeit eingetauscht hatte, einigen sich jetzt die Schwestern in Jakobs Abwesenheit darüber, dass er die Nacht mit Lea verbringen soll. Die Alraunen entsprechen hier Jakobs Arbeitskraft; zwei Frauen bestimmen in Abwesenheit des Mannes über dessen sexuelle Verfügbarkeit, genau wie die beiden Männer zu Anfang über das Sexualleben einer Frau in deren Abwesenheit verfügten.[5] Ganz wie Rachel sich fügte, beugt sich Jakob dem Austausch. Lea empfängt zwei weitere Söhne und eine Tochter und glaubt sich nach der Geburt von sechs Söhnen ihres Mannes gewiss; doch schlussendlich bleiben die Gefühle Jakobs für Rachel stärker.

[5] Gleichzeitig erinnert diese Episode an den Verkauf des Erstgeburtsrechtes gegen ein Linsengericht. Auch hier geht es um die Abgabe von Macht. vgl.: J. P. Fokkelman, *Narrative Art in Genesis*, S. 140.

Mit göttlicher Hilfe empfängt Rachel und sagt: „Gott hat meine Schmach genommen." Das Kind nennt sie Joseph, das heißt: „Der Ewige wird mir einen anderen Sohn hinzufügen" (*Gen.* 30: 23). Mit seinen Frauen und Kindern will Jakob seinen Schwiegervater verlassen. Er knüpft mit ihm Verhandlungen über die Bedingungen an. Vor der Abreise vergewissert er sich der Einstellung von Rachel und Lea zu ihrem Vater, der Jakob schon wieder um seinen, diesmal in der Form von Vieh gezahlten, Lohn betrügen will. Die beiden Schwestern sind sich in diesem Punkt einig: „Achtet er uns nicht als Fremde, da er uns verkauft hat?" (*Gen.* 31:15) – eine deutliche Kritik am zu Beginn des Berichtes geschlossenen Handel; auch sehen sie sich [von Laban] als bloßes Mittel zur Sicherung des Familienerbes benutzt. Mit der Zustimmung seiner Frauen sammelt nun Jakob all sein Gut, um ohne Labans Wissen nach Kanaan zu gehen.

Rachel stiehlt die Hausgötter[6] [*Terafim*] ihres Vaters. Ein Grund hierfür wird im Text nicht genannt. Mehrere Hypothesen stehen im Raum: Sie habe die Idole aus Wut auf ihren Vater unterschlagen;[7] der Diebstahl stünde symbolisch für die Absetzung Labans als Familienoberhaupt und für die Machtergreifung Rachels[8]; oder auch, er sei als Zeichen einer matrilinearen Erbfolge von Rachel zu Joseph[9,10] aufzufassen, als Absicherung Rachels, dass Joseph, obwohl nicht Jakobs erstgeborener Sohn, doch sein vorrangiger Erbe würde.

Laban holt Jakob ein und macht ihm seinen heimlichen Aufbruch zum Vorwurf. Außerdem beschuldigt er ihn des Diebstahles seiner Götter.[11] In

---

[6] Tonfigurinen der Göttin der Fruchtbarkeit und Empfängnis; siehe: Raphael Patai, *The Hebrew Goddess*, S. 39.

[7] Siehe: Sharon Pace Jeansonne, *The Women in Genesis*, S. 83.

[8] Nunnally-Cox, *Foremothers*, S. 19; Ilana Pardes führt in „Rachel's Dream of Grandeur" aus, dass der Besitz der Götter die Herrschaft über ein bestimmtes Gebiet symbolisiert; hierfür geben auch die Dokumente von Nuzi Zeugnis. Vgl.: E. A. Speiser, *Genesis, The Anchor Bible*.

[9] J. Cheryl Exum, *Fragmented women*: *Feminist (Sub) Versions of Biblical Narratives*, S. 128.

[10] Das Gesetz aus Deuteronomium 21:15–17 wird in der Bibel häufig übertreten: „Wenn ein Mann zwei Frauen hat, die eine geliebt, die andere verhasst, und sie gebären ihm Söhne, die geliebte wie die verhasste, so dass den erstge-borenen Sohn die Verhasste hat: An dem Tage nun, wo er seine Söhne zu Erben macht, dessen, was sein ist, kann er nicht zum Erstgeborenen machen den Sohn der Geliebten angesichts des Sohnes der Gehassten, des Erstgeborenen; sondern den Erstgeborenen, den Sohn der Gehassten muss er anerkennen, ihm das Doppelte geben von allem, was bei ihm vorhanden ist, denn er ist der Erstling seiner Kraft, ihm gebührt das Recht der Erstgeburt."

[11] Der Midrasch gibt hierzu die Erklärung, dass Rachel entweder Jakobs Flucht verheimlichen (*PdRE* 36) oder ihren Vater vom Götzendienst abbringen wollte (*Gen. R.* 74:5).

der Überzeugung, dass niemand Labans Götter gestohlen hat, sagt Jakob: "Bei wem du deine Götter findest, der lebe nicht"[12] (*Gen.* 31:32) und fordert ihn auf, alles nach den Figuren zu durchsuchen. Labans Suche bleibt erfolglos, weil Rachel sie unter ihrem Kamelsattel versteckt hat. Ihrem Vater sagt sie: „Mein Herr, sei nicht beleidigt. Denn ich kann nicht aufstehen vor dir, weil mir nach der Weise der Frauen ist" (*Gen.* 31:35). Rachel benutzt ihre Periode als Ausrede und sorgt so dafür, dass ihr Vater seine Götter nicht wiederfindet. Hier wird ein ganz neuer Charakterzug der Matriarchin offenbar: ihre schelmische und listige Seite, auch ihr Sinn für Humor. Geschickt benutzt sie das üblicherweise zur Ausgrenzung von Frauen verwendete Tabu um die monatliche Regelblutung[13] als Machtmittel. Am Ende schließen Jakob und Laban ein Abkommen und gehen nach zwanzig gemeinsamen Jahren ihrer Wege. Es folgt die Erzählung über das Treffen zwischen Jakob und seinem Bruder Esau. Jakob, der dieses Treffen mit seinem Bruder fürchtet, zieht voraus; seine Frauen und Kinder lässt er, gestaffelt nach ihrer Rangfolge, nachziehen: als erste folgen ihm die Mägde mit ihren Kindern, dann Lea mit den ihren und ganz am Schluss Rachel mit Joseph.

Danach wird Rachel erst wieder erwähnt, als sich die Familie auf dem Weg von Bethel nach Efrat befindet. Da kommt sie nieder und hat eine schwere Geburt. Die Hebamme spricht ihr mit den Worten: „Fürchte nichts, denn auch dieser ist dir ein Sohn" Mut zu. Vor ihrem Tod nennt sie ihr Kind Ben-Oni, „Sohn meines Leidens" oder „meiner Stärke" – doch der Vater nennt ihn Benjamin, „Sohn der rechten Seite", der Text sagt nicht, weshalb. Jakob beerdigt Rachel in Bethlehem und errichtet einen Stein auf ihrem Grab, „das ist die Säule des Grabes Rachels bis auf diesen Tag"[14] (*Gen.* 35:20). Sie bleibt die Liebe seines Lebens und er zieht ihre Söhne denen ihrer Schwester Lea vor. Vor seinem eigenen Tod wird Jakob an dies Geschehen erinnern: „Mir aber, als ich kam von Padan, starb Rachel im Lande Kanaan, auf dem Wege, [...]" (*Gen.* 48:7). Dennoch wird er wünschen, mit Lea, Abraham und Sara, Isaak und Rebekka beerdigt zu werden.

Die Gestalt der Rachel hat eine tragische Dimension. Während des ganzen ersten Teils der Erzählung ist sie zwar die geliebte Frau, doch ihr Kinderwunsch bleibt unerfüllt. Sie wird zerfressen von Eifersucht, von ihrer Rivalität mit ihrer Schwester und der Suche nach einer sozialen

---

[12] Die Rabbinen erklären Rachels frühen Tod mit diesem Fluch (vgl. *PdRE* 36).

[13] Siehe Eintrag: Nidda*

[14] Ilana Pardes sieht in der Tatsache, dass sie den Königssitz nicht erreicht, einen Hinweis auf ihr Scheitern. Dem Midrasch nach liegt in der Szene mit den Alraunen die Ursache dafür, dass Rachel nicht wie die anderen Stammeltern in der Höhle von Machpela beerdigt wird, (vgl. *Gen. R.* 72:3).

Stellung in einer patriarchalischen Gesellschaft, die Frauen nach ihrer Schönheit und ihrer Fähigkeit Söhne zu gebären bemisst. Als sie endlich schwanger wird, führt ihr übergroßes Verlangen nach weiteren Kindern schließlich zu ihrem Tode. Kontrolle über ihr Leben erreicht sie nur einen Augenblick lang, in einem Moment auch des Betruges, nämlich beim Diebstahl der Hausgötter. Dennoch macht die Tradition sie zur beliebtesten Matriarchin; der Prophet Jeremias sieht sie als Mutter des jüdischen Volkes[15] und im Buch Ruth werden beide Schwestern zusammen in einem Lobspruch genannt: „Mache der Ewige die Frau, die zu deinem Hause eingeht, wic Rachel und wie Lea, welche beide erbaut haben das Haus Israels" (*Ruth* 4:11).

Ein anrührender Midrasch nimmt die Beschreibung von Jeremias wieder auf und zeigt Rachel vor dem zerstörten Tempel, in ihrer Fürbitte an Gott:

> Herr der Welt, Du weißt wohl, dass Dein Diener Jakob mich sehr geliebt hat und sieben Jahre bei meinem Vater für mich diente. Als die sieben Jahre um waren und die Zeit für meine Vereinigung mit meinem Mann gekommen war, sah mein Vater zum Wohle meiner Schwester vor, eine andere an meiner statt mit meinem Ehemann zu verheiraten. Das war nicht leicht für mich, denn ich kannte den Plan und verriet ihn meinem Mann; und ich gab ihm ein Zeichen, damit er meine Schwester von mir unterscheiden könne, damit mein Vater sie nicht an meine Stelle setzen könne. Danach änderte ich meine Entscheidung, unterdrückte mein Verlangen und hatte Mitleid mit meiner Schwester, die ich nicht der Schande ausliefern wollte. Am Abend taten sie meine Schwester an meine Stelle, neben meinem Mann und ich gab meiner Schwester alle Zeichen die ich mit meinem Mann ausgemacht hatte, so dass er denken musste, sie sei Rachel. Vorher noch legte ich mich unter das Bett, auf welchem er mit meiner Schwester war, und wenn er sprach, so blieb sie stumm und ich gab alle Antworten, so dass er die Stimme meiner Schwester nicht erkennen möge. Ich habe ihr einen Dienst erwiesen, ich war nicht eifersüchtig, und ich habe sie nicht der Schande ausgesetzt. Und wenn ich, ein Wesen aus Fleisch und Blut, aus Staub und Asche erschaffen, nicht auf meine Schwester

[15] Jeremias sieht in seiner Vision eine wegen des Exils ihrer Kinder in Tränen aufgelöste Frau, die aber von Gott getröstet wird: „eine Stimme der Klage wird zu Rama gehört, bitterliches Weinen, Rachel weint um ihre Kinder; sie will sich nicht trösten lassen, denn ihre Kinder sind dahin. Also spricht der Ewige: Halte zurück deine Stimme vom Weinen und deine Augen von Tränen; denn ein Lohn ist für dein Tun, ist der Spruch des Ewigen, und sie werden zurückkehren aus dem Lande des Feindes. Und Hoffnung ist für deine Zukunft, ist der Spruch des Ewigen, und sie werden zurückkehren die Kinder in ihr Gebiet" (*Jer*. 31:14-16).

> eifersüchtig war und sie nicht der Scham und Missachtung ausgesetzt habe, wieso solltest Du, ewig lebender und erbarmungsvoller König, voll Eifersucht auf den Götzendienst sein, der doch wesenlos ist, und meine Kinder in die Verbannung schicken, sie unters Schwert kommen lassen und ihre Feinde nach Gutdünken mit ihnen verfahren lassen! So rührte sie an das Mitleid des Heiligen, gelobt sei Er, und er sprach: „Für dich Rachel, werde ich Israel wieder auf seinen Platz setzen [...]" (*Lam. R.* 24)

Rachels Plädoyer für das Volk Israel ist sehr bewegend. Sie gibt Einzelheiten aus ihrer Lebensgeschichte wieder, die erklären, wie die Vertauschung der Schwestern während der Hochzeitsnacht von Jakob unbemerkt bleiben konnte. Doch der Midrasch zeigt uns eine andere Rachel, die so im biblischen Text nicht vorkommt. Sie ist nicht mehr unglückliches Opfer ihrer verzehrenden Eifersucht. Mit großer Geste beweist sie, wie sie durch ihren Verzicht ihre Schwester vor Schande bewahrt hat.[16] Nachdem sie alles getan hat, um den Plan ihres Vaters zu unterlaufen, unterdrückt sie ihre eigenen Wünsche und beteiligt sich zum Wohle ihrer Schwester am Betrug an ihrem Mann. Schließlich nennt sie sich zur Rettung „ihrer Kinder"[17] selbst als Vorbild und kann damit Gott umstimmen. In dieser Form ergreift sie im biblischen Text nicht das Wort oder wendet sich direkt an Gott. Hier legt der Midrasch Rachel Gefühle in den Mund und erhöht diese Stamm-Mutter so zur Verteidigerin Israels. Die Veränderung ist beeindruckend: Rachel wird zu einer Persönlichkeit, die sich für ihre Schwester aufopfert und Gott durch ihr Verhalten als Vorbild dient. So wird sie zum Symbol der Erlösung.

---

[16] Nach einem anderen Midrasch wurde ihr diese Tat so hoch angerechnet, dass sie zur Vorfahrin von Saul erkoren wurde (*Meg.* 13b).

[17] Diese Verteidigungsrede ist eher vom Text in Jeremias 31 als dem der Genesis inspiriert.

Rachel, Rabbi Akivas Frau

Rachel soll die Tochter von Kalba Savua, einem der reichsten Männer Jerusalems im ersten Jahrhundert unserer Zeitrechnung, gewesen sein. Sie verliebte sich in Akiva, den Sohn von Joseph, einen ungebildeten Hirten, der in ihres Vaters Diensten stand. „Als [Ben Kalba Savuas] Tochter sah, wie keusch und redlich er war, sprach sie zu ihm: Willst du, wenn ich mich dir antrauen lasse ins Lehrhaus gehen?“ (*Ket.* 62b). Sie sah also in ihm einen großen Mann und verlobte sich mit ihm heimlich unter der Bedingung, dass er studieren würde. Als Rachels Vater die heimliche Verlobung entdeckte, enterbte er seine Tochter. „Da ging sie fort und verheiratete sich mit ihm; sie schliefen im Winter im Stroh, und er las sich das Stroh aus seinen Haaren. Einst sprach er zu ihr: Wenn ich hätte, würde ich dir ein goldenes Jerusalem[1] schenken“ (*Ned.* 49b). Um ihnen Mut zu machen, erschien ihnen der Prophet Elias als noch ärmerer Mann verkleidet. Mit dieser Darstellung wird die Kenntnis der Tora über die Anhäufung von Reichtümern gestellt.

Akiva ging, um zwölf Jahre lang bei zwei Meistern, Rabbi Elieser und Rabbi Jehoschua, zu studieren. Seinen Lebensunterhalt bestritt er durch Verkauf von Holz. Um zum Lebensunterhalt beizutragen, schnitt Rachel sich ihre Zöpfe ab und verkaufte sie. Nach zwölf Jahren kehrte Akiva, nun Rabbiner mit zwölftausend Schülern, zurück. Kurz vor seinem Hause hörte er, wie ein Alter seine Frau für ihren einsamen Lebenswandel tadelte: „Wie lange noch willst du wie eine Witwe leben?“ Darauf antwortete sie: „Würde er auf mich hören, könnte er noch zwölf Jahre fortbleiben.“ Da sprach er [Rabbi Akiva]: „Da sie es mir erlaubt, will ich umkehren“. Und er kehrte zurück (*Ket.* 62b-63a; *Ned.* 50a).

Zwölf Jahre später kam er mit der doppelten Menge an Schülern wieder. Eine dichte Menge hatte sich zu Rabbi Akivas Empfang versammelt. Als Rachel sich einen Weg zu ihrem Manne bahnen wollte, sagten die

[1] Wohl eine Art Schmuckstück.

Nachbarn zu ihr: „‚Borge doch Gewänder und kleide dich ein', diese aber erwiderte ihnen: ‚Der Fromme erkennt die Seele seines Viehs' (*Sprüche* 12:10). Als sie zu ihm herankam, fiel sie aufs Gesicht und küsste ihm die Füße. Da stießen seine Diener sie fort; er aber sprach zu ihnen: ‚Lasst sie, meines und eures ist ihres'" (*Ket*. 63a). Darauf kam es zur Versöhnung zwischen Ben Kalba und Rabbi Akiva, und Ben Kalba vermachte seinem Schwiegersohn die Hälfte seines Vermögens. Der Bericht schließt: „Und ebenso verfuhr die Tochter Rabbi Akivas mit Ben Asai. Das ist es, was die Leute sagen: Ein Schaf folgt dem Schafe[2]; wie das Betragen der Mutter, so das Betragen der Tochter." R. Akiva schenkte Rachel ein goldenes Jerusalem-Diadem, wie er es ihr beim Verkauf ihrer Haare versprochen hatte. (vgl. *ARN* 6; *TJ, Schab*. 6:1, 4d; *TJ, Sota* 9:16; 24c[3]).

Die Erzählung von Rachel beginnt wie ein Märchen[4], in dem sich die Prinzessin in einen nicht standesgemäßen Mann verliebt. Sie entzieht sich der Autorität ihres Vaters und beweist Verstand und Weitsicht, denn sie erkennt in dem Mann, den sie liebt, den zukünftigen Weisen. Ihre Bedingung für die Ehe zeigt, wie sicher sie sich ihrer Eingebung ist und wie groß ihr Einfluss auf Akiva. In ihrem Vorgehen beweist sie Unabhängigkeit von ihrem wohlhabenden Vater und auch von ihrem zukünftigen Ehemann. Beide müssen sie sich ihrem Willen beugen. Nach dieser bravourösen Tat lebt sie ein Leben voller Aufopferung, um ihrem Mann das Studium zu ermöglichen. Mit dieser Ehe verliert sie ihr Erbe, muss die Demütigung der abgeschnittenen Haare über sich ergehen lassen [und ein Leben in Armut führen], doch sie beschwert sich nicht. Sie akzeptiert nicht nur ihre selbstverursachte Situation, sondern ist bereit, sie weitere zwölf Jahre auszuhalten. In der Tradition gilt sie als vorbildhaft für die Bereitschaft der Frau, für das Studium ihres Mannes Opfer zu erbringen. Dabei tritt die Ergebenheit Akivas [ihr gegenüber] viel deutlicher hervor, da er sich doch auf ihre Erlaubnis beruft, als er sie ein zweites Mal verlässt. Rabbi Akivas Rückkehr gibt erneut Anlass für eine lobende Erwähnung Rachels. Die Bekleidungsvorschriften ihrer Nachbarn sind lächerlich – und Rachels Reaktion unterstreicht dies. Sie zitiert einen biblischen Text und stellt damit ihre Bildung unter Beweis. Der Vergleich zwischen sich selbst und Vieh ist sarkastisch; schließlich hat sie ihre Selbstverleugnung schon deutlich bewiesen; von Äußerlichkeiten lässt sie sich nicht beeindrucken. Ihre Torakenntnis, ihre Weitsicht bei der Vorhersage der

---

[2] Ein Wortspiel mit Rachels Vornamen: *Rachel* bedeutet „Schaf".

[3] Die Version aus *ARN* ist weit weniger schmeichelhaft für Rachel. Das Studium sei Akivas eigene Entscheidung gewesen und er habe seiner Frau das Diadem als Trost für ihre Entbehrungen versprochen. Unterschwellig klingt hier an, dass eine Frau mit Schmuck käuflich ist oder auch, dass sie keine andere Wahl hatte, als einzuwilligen...

[4] Die Anzahl der Jahre und der Schüler ist wohl übertrieben.

großen Zukunft ihres Mannes sind für sie als Schmuck kostbarer als schöne Kleider. Man könnte in ihrer Antwort zu erkennen glauben, sie habe nun genug für ihren Mann getan und müsse sich nicht auch noch für seine Ankunft herausputzen. Doch einmal bei ihm, wirft sie sich vor ihm nieder und zeigt ihm so ihre Bewunderung und Demut. Als die Diener sie zurückstoßen wollen, zeigt R. Akiva seine Dankbarkeit für alles, was sie für ihn getan hat; er schreibt ihr den Verdienst für sein eigenes Wissen und das seiner Schüler zu.

Dieses Muster einer Frau, die [ihrem Mann] stellvertretend ein dem Torastudium gewidmetes Leben ermöglicht und dafür selbst vierundzwanzig Jahre voll Einsamkeit und Entbehrung erträgt, ist heute kaum mehr annehmbar. In der Erzählung begegnet uns eine Mischung von Tatsachen und Legenden im Dienste der Ideale der Weisen. Dennoch ist in dieser historischen Fiktion Rachels Charakterstärke erkennbar, ihre Unabhängigkeit von tradierten Vorstellungen und ihre legendäre Selbstverleugnung. Zum Schluss der Erzählung wird die Weitergabe [dieser Haltung] von der Mutter an die Tochter betont; auch dies zeugt von ihrer Überzeugungskraft und von der Weitergabe von Werten durch gutes Vorbild (und nicht durch Studium); allein dieser Weg stand den Frauen in der talmudischen Epoche offen.

Rahab

Die Geschichte von Rahab lesen wir im zweiten Kapitel des Buches Josua. Sie wird als *Ischa sona*, eine Prostituierte, beschrieben; in der Stadt Jericho empfängt sie bei sich zwei der von Josua zur Erkundung des gelobten Landes ausgesandten Kundschafter. Der König von Jericho erfährt von deren Ankunft und befiehlt Rahab, sie auszuliefern. „Doch die Frau hatte die beiden Männer genommen und verborgen" (*Jos.* 2:4). Sie antwortet, sie habe jene zwar tatsächlich beherbergt, doch nicht gewusst, woher sie kämen, und sie hätten auch bereits ihr Haus ohne Nennung eines Ziels wieder verlassen. Sie bringt die Boten des Königs dazu, die Verfolgung aufzunehmen. Ihre Lüge ist recht ausgeklügelt: Einerseits gibt sie eine Teilwahrheit zu, andererseits behauptet sie, von der Spionagetätigkeit keine Ahnung gehabt zu haben, und schließlich setzt sie die Boten des Königs auf die falsche Spur. „Sie hatte sie [die Spione] aber hinaufgeführt auf das Dach und verbarg sie unter ihren Flachsstängeln, die aufgeschichtet lagen auf dem Dache" (*Jos.* 2:6). In ihrem Zuwiderhandeln gegen den königlichen Befehl erweist sie sich als ausgesprochen mutig.

In der folgenden langen Rede an die Kundschafter gibt sie eine Erklärung für ihre bravouröse Tat: „Ich weiß, dass der Ewige euch dies Land gegeben und dass euer Schrecken auf uns gefallen, und dass alle Bewohner des Landes vor euch in Angst aufgelöst sind. Denn wir haben gehört, dass ausgetrocknet der Ewige das Wasser des Schilfmeeres vor euch, bei eurem Auszuge aus Ägypten, und was ihr getan den beiden Königen der Amoräer von jenseits des Jordan, dem Sichon und dem Og, welche ihr gebannt habt. Und wir hörten und unser Herz schmolz und es blieb kein Mut mehr in einem Mann vor euch; denn der Ewige euer Gott, Er ist Gott im Himmel und auf der Erde hier unten. Und nun schwöret mir doch bei dem Ewigen, weil ich euch Liebe erwiesen, dass auch ihr Liebe erweiset dem Hause meines Vaters, und gebet mir ein Zeichen der Gewähr. Und ihr lasset leben meinen Vater und meine Mutter und meine Brüder und meine Schwestern und all das ihrige, und rettet unser Leben vom Tode“ (*Jos.* 2:9–13). Die Rede besteht aus drei Teilen: Sie beginnt mit der Anerkennung der (auf Gottes Eingreifen zurückzuführenden) Ruhmestaten der Kinder Israel gegenüber den Bewohnern des Landes, den Ägyptern und auch gegenüber den Königen der Amoräer. Die Kinder Israel verbreiten Angst und Schrecken. Als Nächstes schreibt sie diese Macht der Herrschaft Gottes zu, dessen Allgegenwart sie anerkennt. Schließlich verlangt sie für ihre Rettungsaktion im Gegenzug Schonung ihrer Familie[1] und fordert ein Pfand für dies abgenommene Versprechen. Wir erleben zunächst eine Lobrede auf ihr Gegenüber, dann das Bekenntnis zu dessen Gott als dem Einzigen Gott und schließlich die Bitte um einen Gefallen.

Das Leben der Männer liegt immer noch in Rahabs Hand; deshalb erbitten sie weiteres Stillschweigen über ihr Unternehmen und versprechen „Liebe und Treue“. Die Handlung fährt fort: „Und sie ließ sie herunter an einem Seile durch das Fenster, denn ihr Haus war an der Stadtmauer, und in der Stadtmauer wohnte sie. Und sie sprach zu ihnen: ‚In das Gebirge gehet, dass nicht auf euch treffen die Verfolger, und verberget euch daselbst drei Tage bis zur Rückkehr der Verfolger, und nachher gehet eures Weges‘“ (*Jos.* 2:15–16). Ihre Anweisungen sind exakt und wohldurchdacht. Die Männer raten ihr, einen Purpurfaden an ihr Fenster zu binden und während der Eroberung ihre ganze Familie bei sich aufzunehmen. Sie schwören sich gegenseitig die Einhaltung ihrer Abmachung: Rahab verspricht weiteres Stillschweigen und die Männer Schonung ihrer Familie, solange sie alle das Haus nicht verlassen. Sie verabschiedet die Männer und knüpft den Purpurfaden an ihr Fenster. Diese folgen Rahabs Rat, entgehen ganz gemäß deren Voraussage der Verfolgung und kehren zu Josua zurück, um ihm über ihr Abenteuer Bericht zu erstatten. Dabei wiederholen sie fast wörtlich Rahabs Worte: „Ja, gegeben hat der Ewige in unsere Hand das ganze Land; auch sind in Angst aufgelöst alle Bewohner des Landes vor uns“ (*Jos.* 2:24). Versetzt man sich in die biblische Gedankenwelt von der [gebotenen] Eroberung des Landes und der Rachsucht der Völker, die sich ihr entgegenstellen – eine Vorstellung, die den modernen Leser erschauern lässt –, ist klar, dass diese Worte das jüdische Volk zum weiteren Vordringen anstacheln werden. Rahab, eine Frau und Fremde, Prostituierte noch obendrein, spielt also eine strategisch wichtige Rolle bei der Eroberung des gelobten Landes.

Während der Eroberung wird Rahabs Familie dem Versprechen gemäß verschont werden. Josua sendet die Kundschafter um Rahab mit ihrer Familie und all ihrer Habe in Sicherheit zu bringen. Die Familie bleibt bei den Kindern Israel: „Und Rahab, die Buhlerin, und das Haus ihres Vaters

[1] Sie nennt im Einzelnen Vater, Mutter, Brüder und Schwestern.

und all das Ihre ließ Josua leben; und sie blieb mitten unter Israel bis auf den heutigen Tag, denn sie hatte die Boten versteckt, welche Josua gesandt hatte, Jericho auszukundschaften" *(Jos.* 6:25).

Die Geschichte von Rahab ist eigen. Diese Fremde, eine unverheiratete Hausbesitzerin, deren Beruf der „*Sona*" zweimal erwähnt wird, ergreift die Initiative zur Errettung ihrer ganzen Familie und wird zum Instrument der Eroberung Jerichos. Sie beweist einen guten Sinn für Politik, prophetische Gabe und einen Mut, der sie ihr eigenes Leben aufs Spiel setzen lässt – und der ihr später das Überleben sichert. Der Verrat an den Ihren wird als notwendig dargestellt. Sie ist eine Frau, die zu ihrem Wort steht. Die Gegenüberstellung der Tatsache, dass sie eine *Sona* ist (das Wort leitet sich von „verlassen", „sich abwenden" her) und der Tatsache ihrer Abwendung von ihren Ursprüngen und geradlinigen Handlungsweise gibt der Erzählung eine ironische Dimension, die ganz sicher nicht von ungefähr kommt – insbesondere, da in der biblischen Gesellschaft Prostituierte als durch und durch unmoralisch galten.[2] So macht Rahabs Status als Kurtisane ihr mutiges Handeln gegen den König und seine Gesandten nur umso erstaunlicher. Dieser Widerspruch war denn auch für einige Kommentatoren schockierend; diese, wie zum Beispiel der Targum Onkelos (zu *Jos.* 2:1), Flavius Josephus[3] oder Raschi übersetzen das Wort *Sona* mit „Herbergsmutter" und stellen eine Verbindung zum Wort *Mason*, „Nahrung", her – allerdings gibt es in der Bibel keinerlei Belege für eine solche Verwendung des Begriffes.[4] So ist und bleibt es trotz der apologetischen Versuche einiger Autoren immer noch eine Prostituierte, die sich dem Befehl des Königs widersetzt, die umsichtiger ist als er und Initiative beweist. In der Bibel begegnet uns mehrfach die Lehre, dass weder Geburt noch Beruf auf das Verhalten schließen lassen und dass wahre Macht (göttlichen Ursprungs) zuweilen in den Händen derer liegt, die von der Gesellschaft am meisten verachtet werden. Der biblische Erzähler kritisiert weder Rahabs Beruf, noch lässt er sich weiter über die Prostitution aus. Auch den Besuch der Kundschafter bei einer Hure kommentiert der Autor nicht.[5] Nichts desto weniger kann man auch hier eine gewisse Ironie darin sehen, dass die Frau, deren Körper gegen Bezahlung von den Männern zur Befriedigung ihrer sexuellen Bedürfnisse benutzt wird, nun

---

[2] Siehe: Alice O. Bellis, *Helpmates, Harlots, Heroes*, S. 114.

[3] *Jüdische Altertümer*, 5.1.2.

[4] Siehe Athalya Brenner, *The Israelite Woman*, S. 80; hier weist sie für die akkadische Wurzel *sananu,* „ernähren", „sich versorgen" eine andere Verwendung als für die hebräische Parallele *„sain-waw-nun"* nach.

[5] Für Danna Fewell, in „Joshua" (*The Women's Bible Commentary*, Coll. S.66) hat der Ausdruck *vajischkevu schama,* „sie schliefen dort", sexuelle Konnotationen. Die Kundschafter wussten Geschäft und Vergnügen zu verbinden.

ihrerseits die Männer manipuliert und die einen belügt, damit die anderen obsiegen. Gewissermaßen übt sie hier Vergeltung für ihr Schicksal; weder bei ihrem ersten Schritt, noch bei den folgenden Verhandlungen ist sie auch nur einen Moment lang sexuelles Objekt. Sie befreit sich von der ihr von der männlichen Gesellschaft vorgegebenen Rolle. Naomi Franklin[6] sieht in Rahab die metaphorische Verkörperung der Kinder Israel im Exil, die sich zuerst wie eine Hure verhalten und als solche behandelt werden,[7] dann aber den Weg zu Gott finden – also ein Symbol der Hoffnung für das jüdische Volk.

Auch der Talmud beurteilt Rahab positiv. Einem Midrasch zufolge heiratet sie Josua, den Anführer des Volkes, der ihr sogar den Übertritt nahegelegt habe (*Eccl. R.* 8:10), und wird die Mutter von Priestern wie Hilkia und Propheten wie Hulda* und Jeremias. Durch ihre Ehe mit einem jüdischen Helden und durch ihren Übertritt wird Rahab rehabilitiert. Während ein Teil der Tradition versucht, Rahabs Gewerbe als Prostituierte zu verleugnen, streicht ein anderer dies noch extra hervor und malt ihren Beruf weiter aus, um ihrem Verdienst der Rückkehr auf den rechten Weg besonderes Gewicht zu verleihen. So erfahren wir, sie sei schon im Alter von zehn Jahren Prostituierte gewesen und sie habe die Kinder Israel während ihrer vierzigjährigen Wüstenwanderung begleitet. Sie sei schön gewesen, und schon allein die Nennung ihres Namens sei sexuell stimulierend gewesen: „Die Rabbanan lehrten: Vier schöne Frauen hat es auf der Welt gegeben, und zwar: Sara*, Abigail*, Rahab und Esther* [...] Rahab war verführerisch schon durch ihren Namen [...] Wer den Namen Rahab ausspricht, bekommt sofort eine Ejakulation. [Ein anderer Weiser sagte]: Ich spreche den Namen Rahab aus, ohne dass ich etwas empfinde" (*Meg.* 15a). Die Rabbinen lassen in ihren Bemerkungen über den Namen Rahab, der auf hebräisch „groß" oder „offen" bedeutet, ihren sexuellen Fantasien freien Lauf (s. *Meg.* 14a–15a; *Ta'an.* 5b).

Durch ihre vielfältigen sexuellen Erfahrungen mit allen Königen und Herrschern ihrer Zeit habe sie von den Taten Israels erfahren und sei ihr Wunsch zum Übertritt entstanden! „Woher wusste sie es [das Durchschreiten des Schilfmeeres]? [...] Es gab keinen Fürsten und keinen Führer, dem die Hure Rahab nicht beigewohnt hätte" (*Seb.* 116b). Ironischerweise soll gerade ihre Hurerei mit den Herrschern und die in der Intimität des Schlafzimmers erfahrenen Geheimnisse Rahab dem Gott Israels nahe gebracht haben. Sie wird als beispielgebende Proselytin angesehen, lobenswerter noch als Jithro und Naaman, weil sie die Allmacht Gottes über Himmel und Erde anerkennt (*Deut. R.* 2:26; *Sifrei Deut.* 78):

---

[6] Naomi Franklin, *The Stranger within their Gates*, S. 112–113.

[7] Anm. d. Übers: D.h. sich mit Leib und Seele in der Abhängigkeit von Pharao befinden.

„Herr der Welt, weil du das Licht in die Welt bringst, wird Dein Name auf der Welt gelobt. Und was ist das Licht? Die Erlösung. Denn wenn Du uns das Licht bringst, werden sich uns viele Proselyten anschließen, wie Jithro, der hörte und kam und Rahab, die hörte und kam“ (*Hohelied R.* 1,15,2; 4,1,2). In einem anderen Midrasch wird sie verglichen mit einer Taube, die sich dem jüdischen Volk zugesellt (*Hohelied R.* 1,3,3). Unter den einundzwanzig tüchtigen Frauen wird sie ebenfalls aufgeführt (*Midr. Spr.* 31:21). In einer anachronistischen Interpretation wird Rahab nachgesagt, die drei für Frauen geltenden Gebote des Kerzenzündens[8], der Teighebe[9], und der Niddagesetze* übertreten zu haben; doch um der drei Dinge willen, mit denen sie den Kundschaftern das Leben rettete – das Seil, das Fenster und die Mauer – sei ihr vergeben worden. Rahab wird demnach voll und ganz rehabilitiert. Auch wenn die Rabbinen unterstellen, Rahab habe mit ihrem Anschluss an das jüdische Volk ihren Beruf aufgegeben, sind sie doch in ihrer großen Mehrheit bereit, ihre Vergangenheit zu akzeptieren und ihr für ihre wichtige Rolle in der jüdischen Geschichte Anerkennung zu zollen.

---

[8] Siehe Eintrag: Schabbatkerzen*.
[9] Siehe Eintrag: Challa*.

Rebbetzin

Auf Jiddisch ist Rebbetzin die Bezeichnung für die Frau des Rabbiners. Lange hatte die Frau des Rabbiners keinen eigenständigen Beruf, doch in der Verbindung ihrer Rollen als Mutter, Ehefrau und Rebbetzin hatte sie innerhalb der Gemeinde einen besonderen Status. Sie hatte zwar weder die Ausbildung zum Rabbiner, noch wurde sie auf rabbinische Aufgaben vorbereitet, doch bekleidete sie in der Gemeinde eine wichtige Funktion und konnte auch zusammen mit ihrem Mann seelsorgerische Aufgaben übernehmen. Für die Frauen der Gemeinde galt sie als Vorbild und wurde von ihnen um Rat ersucht. Generell war sie in das Gemeindeleben eingebunden und teilte mit ihrem Mann gewisse Verantwortung.

Im Talmud werden einige Ehefrauen von Rabbinen erwähnt. Am bekanntesten sind Rachel*, die sich aufopfert, um ihrem Mann das Studium zu ermöglichen; Beruria*, die ihren Mann belehrt, damit aber nach Ansicht der Rabbinen ihre Befugnis überschreitet und von ihnen abgestraft wird, und Imma* Schalom, ebenfalls Beraterin ihres Mannes.

In der chassidischen Welt taten sich zahlreiche Töchter und Ehefrauen von Rabbinern als wahrhafte Persönlichkeiten hervor, als Kennerinnen des Gesetzes, denen göttliche Inspiration nachgesagt wurde.[1] Ihr Rat war gefragt, und die Chassidim kamen zu ihren Audienzen, um sich von ihnen segnen zu lassen.

Heute ist die Rolle der Rebbetzin in Frage gestellt, zunächst, weil die Frau des Rabbiners häufig einen eigenen Beruf außerhalb der Gemeinde hat; im liberalen oder konservativen Umfeld kommt hinzu, dass die Stelle des Rabbiners häufig mit einer Frau besetzt ist; dass die Rolle also dem Ehemann, der ebenfalls anderweitig beschäftigt ist, zufallen müsste. Daher ist es mitunter notwendig, diese Funktion in neuem Licht zu besehen und dem Druck, der auf den Partnerinnen von Rabbinern lastet, Rechnung zu tragen: „Rebbetzin zu sein ist einer der schwierigsten Berufe,

[1] Siehe: *haIscha beAspeklarit haJahadut*, Bd. I, S. 55–60.

eine Verbindung von guter Jüdin, Ehefrau und Mutter, die den Haushalt versorgt, bei seelsorgerischen Aufgaben mithilft und bei Predigten, rabbinischen Fragen und Organisationsaufgaben beratend zur Seite steht; sie ist zugleich halboffizielle Leiterin der Gemeinde und von Frauengruppen, Anlaufstelle für Alle, nicht bestallte Lehrerin und ganz allgemein die Stütze des Rabbiners. Diese Rolle verlangt Fähigkeiten einer Sozialarbeiterin, Meinungsforscherin, Therapeutin, als Teamworkerin, Psychologin, Erzieherin, Finanzfachfrau und noch viele andere."[2] Diese Analyse könnte so auch für einen Mann gelten, der seinen Anteil an der Familienarbeit übernimmt. In Anbetracht der öffentlichen Rolle des Rabbiners wird meist auch der Partner des Rabbiners oder der Rabbinerin von der Gemeinde als Vorbild vereinnahmt; ein gewisses Maß an Interesse an der Gemeinde und Mitarbeit wird häufig vorausgesetzt. Dieses Sich einbringen kann zur Quelle großen spirituellen Reichtums werden: „In all den Jahren des Rabbinats meines Mannes haben wir beide der Gemeinde viel von uns gegeben und umgekehrt viel zurückerhalten. Die Begeisterung und die Liebe , die wir für unsere beiden Gemeinden empfinden [denen wir nacheinander dienten] sind für uns ein anhaltender Segen."[3]

---

[2] Sylvan D. Schwartzman, „Is there still room for the Rebbetzin today?", *Journal of Reform Judaism,* S. 64-72.

[3] Beverly A. Lebeau, „on being a rebbetzin", in: Susan Grossman und Rivka Haut, *Daughters of the King*, S. 242-244.

Rebekka

Rebekka ist die zweite der Matriarchen. Zum ersten Mal begegnet sie uns im Kapitel 24 des Buches Genesis. Sara ist im vorangegangenen Kapitel gestorben und Abraham, inzwischen alt, macht sich Gedanken um seine Nachkommenschaft. Er schickt seinen Diener in seinen Geburtsort, um dort eine Frau für seinen Sohn Isaak zu finden. Die zukünftige Frau soll keine Kanaaniterin sein und muss bereit sein, ihr Elternhaus zu verlassen, um ihrem Ehemann in das Abraham von Gott versprochene Land zu folgen; denn die Ehe zwischen Isaak und Rebekka soll keine Umkehr auf dem von Abraham beschrittenen Weg sein, der Gottes Weisung folgend sein Vaterhaus verlassen hatte. Der Diener macht sich auf den Weg; nahe einem Brunnen vor der Stadt macht er Rast, „um die Zeit des abends, um die Zeit, wenn die Frauen heraus kommen um Wasser zu schöpfen" (*Gen.* 24:11). Er bittet Gott, ihm die für den Sohn seines Herrn bestimmte Frau durch ein Zeichen erkennen zu geben; es soll diejenige sein, die ihm zu trinken gibt und die auch von sich aus anbietet, seine Kamele zu tränken. Gott erhört ihn: Kaum hat er sein Gebet beendet, „da kam Rebekka heraus, die Tochter des Bethuel, des Sohnes der Milka, der Frau Nachors, des Bruders Abrahams – und ihren Krug auf ihrer Schulter" (*Gen.* 24:15). Rebekka ist Aramäerin. Ihre Schönheit und Jungfräulichkeit werden als Attribute direkt erwähnt, doch aus dem Kontext werden auch ihre Kraft[1], ihre Großzügigkeit, Gastfreundschaft und Unabhängigkeit offenbar. Sie entspricht genau den Anforderungen der vom Diener mit Gottes Hilfe gestellten Probe. Der Diener holt Schmuckstücke für die junge Frau hervor, fragt sie nach ihrer Herkunft und bittet um Unterkunft im Hause ihres Vaters. Sie ist einverstanden und läuft nach Hause um ihrer Mutter von ihrem Erlebnis zu berichten. Darauf geht Laban, der Bruder Rebekkas, hinaus, um den Diener zu empfangen, und dieser berichtet ihm den wahren Grund seiner Reise und alle Einzelheiten seiner Begegnung mit der

[1] Der Midrasch erzählt, dass Rebekka ein Wunder geschah: Das Wasser hob sich ihr entgegen, so dass sie es nicht schöpfen musste, denn es erkannte sie als eine der Gerechten. (nach *Gen. R.* 60:6).

jungen Frau. In der Erkenntnis, dass die Begegnung von Gott vorher bestimmt war, erwidern Bethuel, Rebekkas Vater, und ihr Bruder Laban: „Siehe, Rebekka ist vor dir, nimm sie und gehe, und sie sei eine Frau dem Sohne deines Herrn, so wie der Ewige geredet“ (*Gen.* 24:51). Darauf gibt der Diener Rebekka noch weitere Schmuckstücke, und auch ihrem Bruder und ihrer Mutter überreicht er Kostbarkeiten, als Besiegelung ihrer Einigung. Zunächst wird das Schicksal des Mädchens ohne deren Anhörung unter Männern, von ihrem Vater und Bruder, entschieden. Später ist ihre Meinung doch noch gefragt – doch nur um die zwischen ihrem Bruder und ihrer Mutter auf der einen und dem Diener auf der anderen Seite entstandene Diskussion über den Zeitpunkt der Abreise abzukürzen. Der Bruder und die Mutter des Mädchens hoffen auf einen Aufschub der Abreise um zehn Tage, doch der Diener seinerseits pocht auf sofortigen Aufbruch. „Und sie sprachen: ‚Wir wollen das Mädchen rufen und ihren Mund befragen.‘ Und sie riefen Rebekka und sprachen zu ihr: ‚Willst du ziehen mit diesem Manne?‘ Und sie sprach: ‚Ich will ziehen‘“ (*Gen.* 24:57–58). Mit dem Segen ihres Vaters und ihres Bruders, die ihr eine große Nachkommenschaft zum Sieg über ihre Feinde wünschen, reist sie in Begleitung ihrer Amme und Dienerinnen ab. Es folgt [der Bericht über] die erste Begegnung von Rebekka und Isaak gegen Abend, bei einer Quelle. Rebekka sieht einen Mann und steigt von ihrem Kamel ab; sie fragt den Diener, wer der Fremde sei, und als sie es erfährt, bedeckt sie sich mit einem Schleier. Nachdem Isaak sich den Bericht des Dieners angehört hat, „brachte [er] sie in das Zelt Saras, seiner Mutter, und nahm Rebekka, und sie ward seine Frau und er gewann sie lieb, und Isaak tröstete sich nach (dem Tode) seiner Mutter“ (*Gen.* 24:67). In diesem Satz verknüpft der Erzähler das Schicksal der beiden Matriarchen – ebenso wird beide das Thema der Unfruchtbarkeit verbinden, sowie die Tatsache, dass sie von ihren Ehemännern als deren Schwestern ausgegeben werden. Die Rabbinen werden sagen, in Isaaks Augen gleiche Rebekka der Sara* und unterscheide sich doch von ihr.[2] Rebekkas Gefühle werden nicht kommentiert.

Als Isaak Rebekka zur Frau nahm, war er vierzig Jahre alt (vgl. *Gen.* 25:20). Wie bei Sara und Rachel* wird die Unfruchtbarkeit zum Problem. Erst nach Isaaks Gebet für seine Frau wird Rebekka schwanger. Der eigentümliche Ausdruck *lenochach*, „für etwas“ oder „in Gegenwart von“, gibt Anlass für eine erstaunliche Interpretation im Midrasch: Isaak sei unfruchtbar gewesen und habe für sich selbst gebetet. Dies ist eine Umkehr des üblichen Denkmusters, nach dem die Kinderlosigkeit immer an der

[2] Avivah Gottlieb Zornberg deutet den Schleier Rebekkas als Symbol für die Sprachlosigkeit zwischen den Eheleuten, ein durchgängiges Charakteristikum ihrer Beziehung. Siehe: *The Beginning of Desire*, S. 142–143.

Frau liegt. Einem anderen Midrasch nach seien beide unfruchtbar gewesen, beide hätten gebetet, aber nur Isaak sei wegen der Verdienste seiner Eltern erhört worden (*Jev.* 64b). Rebekka wird mit Zwillingen schwanger, die sich in ihrem Leib gegenseitig stoßen. Da spricht sie: „Wenn dem so ist, wozu bin ich [schwanger]? Und sie ging, um den Ewigen zu befragen" (*Gen.* 25:22). Die Formulierung im letzten Satz bedeutet der modernen Bibelauslegung zufolge, dass sie ein Orakel befragte; den Rabbinen nach ging sie ins Lehrhaus von Schem und Eber und erhielt dort von einem Engel oder einem Wahrsager Antwort (*Gen. R.* 63:6[3]). Der Ewige erklärt auf ihre besorgte Frage hin, dass sie die Mutter zweier Nationen sein werde, und dass der Ältere dem Jüngeren gehorchen würde. Sie bringt Esau und Jakob zur Welt; der Text erwähnt nicht, wer die Kinder benennt. Die beiden Kinder ähneln sich äußerlich nicht und haben auch ganz unterschiedliche Persönlichkeiten. Isaak zieht den Älteren, Esau, vor, Rebekka aber bevorzugt den Jakob. Der Text gibt eine Begründung für Isaaks Vorliebe: „denn dessen Wildbret war für seinen Mund" (*Gen.* 25:28), doch für Rebekkas Motive gibt er keine. Es wäre jedoch möglich, dass sie Jakob als Ausgleich für Isaaks Vorliebe für Esau bevorzugt. Was immer der Grund sein mag, sie ist bereit, die Konsequenzen zu ziehen.

Während Isaaks Aufenthalt in Gerar trägt sich eine an Abraham und Sara (*Gen.* 12:10–20 und 20:1–18[4]) gemahnende Episode zu: Aus Angst vor den Einwohnern des Landes gibt Isaak seine Frau als seine Schwester aus. Deren „große Schönheit" wird als tödliche Gefahr für ihn beschrieben. Abimelech, der König der Philister, überrascht Isaak, als er mit seiner Frau lacht[5] und verlangt eine Erklärung. Isaak antwortet wahrheitsgemäß; Abimelech weist ihn zurecht und befiehlt dem Volk, ihn in Frieden zu lassen. An dieser Episode ist die besondere Verletzlichkeit der Frauen und die ständige Gefahr ihrer Entführung ersichtlich.

Im Abschnitt über Isaaks Verhandlungen mit den Philistern kommt Rebekka nicht vor. Sie wird erst wieder erwähnt, als Esau eine Hethiterin zur Ehefrau nimmt und damit sie und ihren Mann unglücklich macht. Immer wieder macht sie sich über die Nachkommen ihrer Kinder und den Sinn des Lebens Gedanken. Schließlich spielt sie eine wichtige Rolle, als Isaak an seinem Lebensende seine Kinder segnen will. Esau hatte bereits sein Erstgeburtsrecht für ein Linsengericht an Jakob verkauft, da vernahm

---

[3] Näherte sie sich einem Lehrhaus, wollte Jakob ihren Leib verlassen, ging sie an einem Götzentempel vorbei, drängte Esau hinaus. Daher wusste Rebekka, so erzählt der Midrasch, was die Bestimmung ihrer Kinder sein würde.

[4] Auch dort ist es Abimelech, der Sara „nahm".

[5] In der rabbinischen Übersetzung erscheint das Verb *mezachek* mit der Bedeutung „lachen" als „liebkosen". Es wird ein sexueller Kontext unterstellt, weil Abimelech [in diesem Moment] die eheliche Beziehung zwischen Isaak und Rebekka begreift.

Rebekka wie Isaaks dem Esau befahl, Wild zu jagen, „damit meine Seele dich segne, bevor ich sterbe“ (*Gen*. 27:7). Sie beauftragt daraufhin Jakob, zwei Zicklein zu bringen, die sie nach dem Geschmack ihres Mannes zubereiten will. Dann entwickelt sie einen Plan, um den fast erblindeten Isaak zu täuschen, damit er Jakob für Esau hält und ihm den für den Älteren bestimmten Segen gibt. Jakob wendet ein, Esau sei im Gegensatz zu ihm sehr behaart. Rebekka lässt sich nicht beirren, ist sogar bereit den Fluch ihres Mannes auf sich zu ziehen. Ohne weitere Erklärung wiederholt sie ihren Befehl. Als das Mahl gerichtet ist, verkleidet sie Jakob mit Esaus Gewändern und umwickelt seinen Nacken und seine Hände mit Tierfellen. Die Kommentatoren sind sich nicht einig, ob Isaak sich wirklich täuschen ließ, da er sagt: „Die Stimme ist die Stimme Jakobs und die Hände sind die Hände Esaus“ (*Gen*. 27:22). Doch der Erzähler fährt fort: „Er erkannte ihn nicht, weil seine Hände behaart waren, wie die Hände Esaus“ (*Gen*. 27:23). Der Plan geht auf, denn Isaak gibt Jakob den für Esau bestimmten Segen. Erst als Esau von der Jagd zurückkehrt und um seinen Segen bittet, wird der Betrug aufgedeckt. An diesem Punkt greift Rebekka nicht mehr ein; der einmal ausgesprochene Segen kann nicht zurückgenommen werden.[6] Esau erhält von seinem Vater einen anderen Segen, doch mit der Vorhersage, dass er seinem Bruder dienen würde. Voller Rachegefühle will Esau seinem Bruder ans Leben. Rebekka erfährt davon und rät Jakob zum dritten Mal mit den gleichen Worten: „und nun mein Sohn, hör auf meine Stimme“ (*Gen*. 27:8, 13, 43) zur Flucht nach Haran zu ihrem Bruder Laban. Sie gibt ihm genaue Anweisungen: "Und bleibe bei ihm eine Zeit, bis dass sich gelegt der Grimm deines Bruders, bis sich gelegt hat der Zorn deines Bruders wider dich und er vergessen hat, was du ihm getan: dann schicke ich hin und hole dich von dort. Warum soll ich beraubt werden eurer Beider zumal an einem Tag?“ (*Gen*. 27:44–45). Erst stachelt sie durch ihre gelungene Intrige um den Austausch der beiden Segen zweifelsohne die Eifersucht ihrer Kinder noch an, dann macht sie sich Sorgen um das Wohlergehen ihrer Kinder. Sicherlich begannen die Auseinandersetzungen schon im Mutterleib, doch durch die jeweilige Vorliebe der Eltern für eines der Kinder und durch den Betrug wurden diese eher noch verschärft. Doch wenn selbst Gott einem Sohn, nämlich Jakob, eher gewogen zu sein scheint... Rebekkas nächste Sorge gilt den Tochtern Heths. Sie wendet sich an Isaak, weil sie auf jeden Fall vermeiden will, dass Jakob eine von ihnen heiratet. Für sie

[6] Der Segen ist, gleich einem Zauberspruch, einmal ausgesprochen nicht mehr veränderbar. Zu jener Zeit sprach man Worten eine eigene Macht zu, die Kraft, konkret verändernd in die Wirklichkeit einzugreifen. Daher hat der Begriff *Davar* zugleich die Bedeutung „Wort“ und „Sache, Ding“, und auch die große Bedeutung des Wortes im Judentum leitet sich von dieser Vorstellung her.

wäre das Leben sinnlos, wenn Jakob nicht wie sein Vater eine Frau aus Aram nähme. Isaak spricht mit Jakob und der macht sich gehorsam auf den Weg. Seiner zukünftigen Frau, Rachel, wird Jakob sich als „Sohn der Rebekka" (*Gen.* 29:12) vorstellen. Später wird noch einmal Debora, Rebekkas Amme, erwähnt, doch von Rebekka erfahren wir nur noch, das sie in Machpela (*Gen.* 49:31[7]) neben ihrem Mann beerdigt ist.

Rebekka beweist ihre Unabhängigkeit, als sie wegen der in ihrem Leib streitenden Kinder allein geht, um den Ewigen zu befragen. In ihrer Charakterstärke und Entschlossenheit hat sie starken Einfluss auf ihren Sohn Jakob, er folgt ihren Anordnungen. Zur Sicherung seines Status riskiert sie, von ihrem Mann verflucht zu werden. Es werden zwar keine Gründe für ihre Intrige vorgetragen, doch der scheinbar neutraler Erzähler scheint sie gut zu heißen; denn der Segen Gottes wird mit Jakob sein, obwohl er der Jüngere ist. Dadurch zeigt uns der Text, dass das Schicksal nicht durch den Zufall der Geburt vorherbestimmt ist und dass menschliches Eingreifen die Vorsehung ändern kann.[8] Rebekka erscheint vorausschauender als Isaak, dessen Bevorzugung von Esau allein durch seine Vorliebe für das von jenem gebrachte Wild bestimmt ist. Isaak im Gespräch zu überzeugen scheint als Option nicht in Frage zu kommen, und der Betrug wird nicht als solcher verdammt, obwohl Isaak Jakobs Verhalten als List[9] bezeichnet und Esau den ihm gestohlenen Segen bitter beweint. Rebekka täuscht beide, Isaak und Esau, und benutzt ihren Einfluss auf Jakob zur Umsetzung des göttlichen Planes gemäß der ihr vom Ewigen gegebenen Verheißung: „Zwei Völker sind in deinem Leibe, und zwei Stämme aus deinem Schoße werden sich scheiden; und ein Stamm wird mächtiger sein als der andere, und der ältere wird dienen dem jüngeren" (*Gen.* 25:23). Diese Verheißung war augenscheinlich ihr allein vorbehalten, Isaak scheint nichts von ihr gewusst zu haben.[10] Die Prophezeiung und deren Umsetzung in die Wirklichkeit wurde hier einer Frau anvertraut; nur mit Hilfe einer List kann deren Verwirklichung erreicht werden. Für die Erteilung des Segens an Jakob sprechen die Rabbinen Rebekka gar die Rolle der Vermittlerin zwischen dem Heiligen, gelobt sei Er, und Isaak zu (*Gen. R.* 67). Für biblische Frauen ist eine solche Rolle selten.

[7] Der Midrasch erzählt, sie sei nachts beerdigt worden, um Esaus Teilnahme an der Beerdigung zu verhindern; sonst hätte jemand sagen können: „Verflucht sei die Brust, die dich genährt" (*PdRK* 23; *PR* 12; 48b).

[8] Nach mesopotamischem Brauch erbte das jüngste Kind.

[9] Der Midrasch sagt sogar, Rebekkas Vater und Bruder seien zwar Betrüger gewesen, sie selbst aber sei gerecht „wie eine Rose unter Brombeeren" (vgl. *Gen. R.* 63). Ihre List wird folglich nicht als Betrug gewertet, auch wenn ihr manche Rabbinen schlechte Familieneigenschaften bescheinigen.

[10] Der *Midrasch Tehillim* über Psalm 9:7 erklärt so auch Rebekkas Bevorzugung von Jakob.

Der Midrasch bezeichnet sie auch als Prophetin, weil sie die bösen Pläne Esaus gegen Jakob errät. Der Segen für Jakob, das Leben ihrer beiden Söhne und die Sicherung von Nachkommen: Dies sind die Themen, die sie bewegen. Als Jakob erst der Gefahr entronnen ist, erfährt man nichts mehr über sie. Nach der Erfüllung ihrer Mission verschwindet sie aus dem Text; als eigenständige Person existiert sie nicht.

Richter

Die Frage, ob eine Frau zum Richteramt zugelassen werden kann, ist eng verknüpft mit der Frage nach ihrer möglichen Zulassung als Zeugin[1], also nach der Rechtswirksamkeit ihrer Aussage und überhaupt ihrer Teilnahme am Rechtsfindungsprozess. Im Jerusalemer Talmud ist zu lesen: „Also haben wir gelernt, dass eine Frau nicht als Zeugin geladen werden kann; daraus kann man schließen, dass sie auch nicht als Richterin rechtliche Entscheidungen treffen kann"[2], oder an anderer Stelle: „‚Zwei dieser Männer [die Moses ausgewählt hatte um Gottes Wort zu bezeugen] blieben zurück im Lager [...]' [*Num.* 11:26]. So wie diese Stelle nur [die Zeugenschaft der] Männer und nicht Frauen erwähnt, bedeutet dies, [sie] für Männer und nicht für Frauen oder Kinder zuzulassen. Also haben wir gelernt, dass eine Frau bei Gericht weder als Richterin noch als Zeugin auftritt" (*TJ, Sanh.* 3:9). Zum Thema Scheidungsbrief steht Vergleichbares: „Einer ist der Ansicht, da eine Frau zur Überbringung eines Scheidungsbriefes zulässig ist, so könnte es vorkommen, dass, wenn eine Frau den Scheidungsbrief überbringt, man sich auf diese verlassen würde [d. h. sie als dritte Person zu einem *Beit Din*, einem rabbinischen Gericht, dazuzählen würde], und der andere ist der Ansicht, von einer Frau weiß man es [d. h. dass sie nicht zum Richteramt befähigt ist] und man verlässt sich nicht auf sie" (*Git.* 5b).

Es muss deutlich gesagt werden, dass die hier angeführten Belegstellen aus der Schrift alles andere als überzeugend sind, da die Bibel insgesamt in der männlichen Form[3] abgefasst ist. Logisch betrachtet dient das Heranziehen eines in der männlichen Form Singular oder Plural abgefassten Textes zur Begründung eines Ausschlusses der Frauen vom Richter- oder

---

[1] Siehe Eintrag: Zeugen*.

[2] *TJ, Joma* 6:1, mit Bezugnahme auf eine Interpretation von *Deut.* 17:6 und 19:17 sowie *Num.* 11:26.

[3] Anm. d. Übers.: und der männliche Plural im Hebräischen auch inklusiv verstanden werden kann.

Zeugenamt lediglich als Scheinbeweis. Doch auch die scheinbare rabbinische Logik steht im Widerspruch zur Realität jener Zeit, denn in manchen Fällen lassen die Rabbinen Frauen als Zeugen durchaus zu; ihre Befähigung zum Richteramt wird jedoch kategorisch abgelehnt (vgl. *Nid.* 6:4, 49b[4]). Wie so häufig wird das Gesetz der gelebten Realität angepasst, das heißt hier: dem Ausschluss der Frauen von allen öffentlichen Ämtern. Da die Bibel diesem Frauenbild nicht entspricht, wird ihre buchstäbliche Bedeutung ins Gegenteil verkehrt: So im Fall von Debora*, die ausdrücklich als Richterin bezeichnet wird: „Und Debora, eine Prophetin, die Frau von Lapidot, war Richterin in Israel in selbiger Zeit. Sie saß unter der Debora-Palme zwischen Ramah und Bet El auf dem Gebirge Ephraim, und die Kinder Israel zogen hinauf zu ihr zu Gericht" (*Rich.* 4:4–5). Der Text könnte ihre Richterrolle kaum eindeutiger und klarer umschreiben. Die Tossafisten, die mittelalterlichen Kommentatoren, widersprechen geradezu dem biblischen Text: „Du könntest erwidern, dass eine Frau als Richterin in Frage kommt, weil geschrieben steht: ‚Und Debora war Richterin in selbiger Zeit' [...] Einige Auslegungen zählen Frauen zu den als Richter oder als Zeuge zugelassenen, selbst wenn diese Person unter den zu richtenden ist. Dennoch, eine Frau kann nicht als Richterin gezählt werden. Es ist wahr, dass Debora gerichtet hat, doch sie war vom göttlichen Geist beseelt und außerdem hat sie selbst nicht gerichtet, sondern das Gesetz gelehrt" (*T. Nid.* 49b und 50a). Der biblische Text gibt keinerlei Hinweis auf eine solche Interpretation. Die Tossafisten unterstellen, dass der göttliche Geist auf einer anderen Frau nicht ruhen könnte. Sicherlich war Debora auch im biblischen Text eine Ausnahme, doch ihre Autorität scheint von den Israeliten, die sich in Streitfällen an sie wandten, akzeptiert gewesen zu sein. Aus diesem Grund sagt die Mischna (*Sanh.* 3:2), dass zwei Parteien jemanden als Richter annehmen können, selbst wenn er nicht zugelassen ist. Somit konnte Debora deshalb Richterin sein, weil sie als solche vom Volk akzeptiert wurde – diese Auffassung trägt der *Doxa*, der öffentlichen Meinung, Rechnung; hierin hätte sie auch als Anstoß zur Weiterentwicklung der Halacha dienen können. Doch die Halacha hat sich in dieser Frage nicht geändert, da auch nach dem *Schulchan Aruch*[5] (*ChM*, Hil, Dajanim 7:4) Frauen vom Richteramt ausgeschlossen sind. Ein alter Midrasch (*Tan.*, Nistavim 2) beweist eine erstaunliche Hellsichtigkeit in dieser Thematik, wenn er die sexistischen Vorurteile der Menschen einer egalitären Auffassung Gottes gegenüberstellt: „Wenn ich auch Fürsten, Richter und Älteste zur Herrschaft über

[4] „Wer als Richter zulässig ist, ist als Zeuge zulässig, mancher aber ist als Zeuge zulässig, nicht aber als Richter zulässig."

[5] Anm. d. Übers: In der orthodoxen Welt gilt der Schulchan Aruch als die endgültige Kodifizierung des jüdischen Gesetzes.

euch gesetzt habe, sind doch alle vor mir gleich, denn es steht geschrieben: ‚Alle in Israel' [*Deut.* 29:9] und nicht nur die Mächtigen unter euch, sondern eure Kinder, eure Frauen; denn die Menschen erkennen eher die Männer als die Frauen an, aber der Heilige, gelobt sei Er, ist nicht so." Dieser Text erscheint als Selbstkritik der menschlichen Einstellung, der als Ideal die Gleichheit der Geschlechter gegenüber gestellt wird. Er bietet eine hervorragende Begründung für den Kampf zur Einbeziehung der Frauen in das öffentliche jüdische Leben. Der Ausschluss der Frauen vom [religiösen] Richteramt führt in Israel zu der paradoxen Situation, dass eine Frau sehr wohl Premierministerin oder auch Richterin am höchsten staatlichen Gericht sein kann – doch bei den Religionsgerichten nach wie vor als Richterin nicht zugelassen wird! Die liberalen Bewegungen innerhalb des Judentums und eine Mehrzahl der Konservativen erkennen Frauen als Richterinnen an rabbinischen Gerichten an.

Rosch Chodesch

Das Gebot der Neumondfeier[1] findet sich im Buch Exodus (12:2): „Dieser Monat sei euch das Haupt der Monate: der erste sei er euch unter den Monaten des Jahres."[2] Der Neumond, Beginn des Mond-Monats, wurde mit Opfern und Posaunenblasen begangen; er galt als ein fröhliches Fest (vgl. *Num.* 10:10 und 28:11). Zur Zeit des zweiten Tempels, als die Ankündigung des neuen Monats von der Aussage zweier Augenzeugen abhing, wurde zu deren Ehren ein Mahl bereitet (*RH* 2:4), eine schon zur Zeit König Sauls übliche Praxis (*1. Sam.* 20:5–6, 18, 24, 27). Der dem Neumond vorausgehende Tag ist ein Tag der Buße; der Neumond selbst ein in froher Stimmung begangener Tag des Gerichtes und des Neuanfanges.[3]

Die Feier des *Rosch Chodesch* („Neumond") wurde traditionell mit den Frauen in Verbindung gebracht. Die dem Mond bei der Schöpfung zugedachte Bestimmung wurde mit der der Frau verglichen, wohl weil der weibliche Menstruationszyklus in etwa einem Mondzyklus entspricht. In primitiven Religionen wird der Mond in Assoziation mit der Erdmutter[4] als eine die Fruchtbarkeit beeinflussende Göttin verehrt.[5] Die Rabbi-

---

[1] Der jüdische Kalender folgt nur teilweise dem Mond. Die Monate orientieren sich an den Mondphasen, das Jahr am Jahresumlauf der Erde um die Sonne. Nach dem Mondsystem zählte das Jahr 354 Tage, nach dem zweiten 365 Tage. Die elf Tage Differenz werden durch das Einschieben eines zusätzlichen Monats alle zwei oder drei Jahre aufgefangen.

[2] Im ersten Monat, Aviv, der nach dem babylonischen Exil den Namen „Nissan" erhält, wird der Auszug aus Ägypten gefeiert.

[3] Die Gebräuche sind unterschiedlich; in manchen Gemeinden werden Kerzen angezündet, in anderen ist es üblich neue Kleider zu kaufen etc.; zusätzlich zum normalen Gottesdienst wird das Hallel gebetet und aus der Tora gelesen.

[4] Raphael Patai, *The Hebrew Goddess*, S. 24.

[5] Möglicherweise verweist die Erwähnung der „Himmelskönigin" (in *Jer.* 44) auf einen auch zur Zeit der Propheten noch existierenden heidnischen Mondkult (die gegen den Mondkult ausgesprochenen Verbote in *Deut.* 4:19 und 17:2–5 wären ein weiterer Hinweis); siehe auch *2. Kön.* 21:3 und 23:5.

nerin Elyse Goldstein[6] weist allerdings darauf hin, dass im Gegensatz zu anderen Völkern, die den Vollmond feierten, die Hebräer den dunkelsten Moment des Zyklus begingen, einen Zeitpunkt, zu dem die Kraft des Mondes am wenigsten offenbar ist – möglicherweise um die Macht des Mondes [symbolisch] zu negieren.

Nach der Schöpfungsgeschichte der Bibel machte „Gott die beiden großen Lichter: das große Licht zur Herrschaft des Tages und das kleine Licht zur Herrschaft der Nacht, und die Sterne" (*Gen.* 1:16). Zur Erklärung der widersprüchlichen Größenbezeichnungen im ersten und zweiten Teil des Verses erzählt ein Midrasch (*Chul.* 60a), dass beide Gestirne ursprünglich gleich groß gewesen seien; der Mond aber habe gefragt: „Herr der Welt, können zwei Könige eine Krone teilen?" Gott habe geantwortet: „Mach dich kleiner" „Herr der Welt", flehte der Mond, „soll ich mich kleiner machen, weil meine Frage berechtigt war?" Gott sah ein, dass die Klage berechtigt war, und versprach dem Mond als Ausgleich für seine geringere Größe die Herrschaft über die Nacht; außerdem würde Israel die Tage und die Jahre nach ihm richten, die Gerechten würden nach ihm genannt werden, Gott würde ein Sühneopfer[7] einrichten, weil er ihn habe schrumpfen lassen, und zuletzt würde, entsprechend der Prophezeiung Jesajas, Gott zukünftig das Licht des Mondes verstärken, bis es dem der Sonne gleich sei: „Und es wird das Licht des Mondes wie das Licht der Sonne sein, und das Licht der Sonne glänzt siebenfach, gleich dem Lichte von sieben Tagen, an dem Tage, wo der Ewige den Schaden seines Volkes verbindet und die ihm geschlagenen Wunden heilt" (*Jes.* 30:26). Ein anderer talmudischer Text beschreibt den Neumondsegen: „R. Acha sprach zu R. Aschi: Im Westen sprechen sie „Gepriesen sei, der die Neumonde erneut". Dieser erwiderte: „Diesen [Segen) sprechen bei uns auch die Frauen." [...] „Und zum Monde spricht er, dass er sich erneure; eine Krone der Herrlichkeit für die, die vom Mutterleibe an getragen, die sich gleich ihm dereinst verjüngen und ihren Schöpfer verherrlichen werden, ob des Namens der Herrlichkeit seines Reiches" (*Sanh.* 42a). Die untergeordnete Stellung des Mondes wurde mit derjenigen des jüdischen

---

[6] Elyse Goldstein, *ReVisions,* S.160–161; die babylonische Vorstellung von *Sabbatu*, Ursprung des Schabbat, ist eventuell mit dem „Schreckenstag" der Göttin Ischtar verknüpft, dem Tag ihrer monatlichen Regel; er war ihr ein Ruhetag, an dem sie weder zu- noch abnahm, und an diesem Tag galt Arbeit, der Genuss gekochter Speisen und das Reisen als gefährlich – alle drei sind auch am Schabbat verboten – „Uns muss es befremdlich erscheinen, am Ursprung der an die Einhaltung des Schabbat geknüpften Verbote Tabus auszumachen, die mit der Menstruation und dem Glauben an den Mond als einer an Menstruationsbeschwerden leidenden Frau verbunden sind", s. Esther Harding, *Woman's Mysteries*, S. 63.

[7] Während des Mussaf, des Zusatzgottesdienstes am Rosch Chodesch, wurde ein Opfer zum Tempel gebracht; siehe: *Hagiga* 18; *Tossefta und TJ, Ta'an.* 1:6.

Volkes [in seinem Verhältnis zu Gott] in Verbindung gebracht, auch mit der Schechina* in der ihr von der Mystik zugeschriebenen Bedeutung als weiblicher Aspekt des Göttlichen, und generell mit dem Weiblichen. In der lurianischen Kabbala taucht der Gedanke auf, dass die weibliche Seite Gottes wegen Evas Fehltritt geschmälert worden sei. An dieser Interpretation ist grundsätzlich problematisch, dass Eva die alleinige Schuld am Sündenfall angelastet wird, um dann hieraus ihr Verschulden an ihrer eigenen untergeordneten Stellung, an der geringen Größe des Mondes und an der Verbannung der Schechina abzuleiten. Zwischen den beiden anfänglich gleichwertigen Menschenwesen[8], den beiden Lichtern und den beiden Aspekten des Göttlichen wird eine Parallele hergestellt. Nach dieser Auffassung wird die Gleichheit dieser drei bei der Erlösung der Welt wieder hergestellt werden. Die Gleichheit wird also als Ideal gesehen, jedoch eines, dass erst durch die Erlösung, nur durch übernatürliche Intervention und nicht im Rahmen der natürlichen Gegebenheiten, erreicht werden kann. Diese Vorstellung rechtfertigt auch die untergeordnete Stellung der Frau als unveränderliche Situation, als göttliche Strafe für eine böse Tat und nicht als Teil eines menschlichen Gesellschaftsentwurfes.

Ein anderer Midrasch erklärt die Assoziation der *Rosch Chodesch*–Feier mit den Frauen durch deren Verdienst beim Bau des Goldenen Kalbes: sie hätten nämlich an dessen Bau nicht teilgenommen und sich geweigert, ihren Schmuck dafür her zu geben. Der Text aus Exodus klingt, als ob Aaron sich nur an die Männer wendet: „Nehmet ab die goldenen Ringe, die in den Ohren eurer Frauen, eurer Söhne und eurer Töchter, und bringet sie mir“ (*Ex.* 32:2). Auch wenn der folgende Vers davon spricht, dass „alle im Volke“ sich die „goldenen Ringe, die in ihren Ohren“ abnahmen um dem Befehl Aarons Folge zu leisten, gehen die Rabbinen davon aus,[9] dass die Frauen ihren Männern nicht gehorchten. Der Jonathan Ben Usiel zugeschriebene *Targum*[10] übersetzt: „Die Frauen weigerten sich, ihren Männern ihre Schmuckstücke zu überlassen, und deshalb nahm sofort das ganze Volk die Ohrringe ab um sie Aaron zu bringen.“ Sie sollen gesagt haben: „‚Ihr wollt ein Idol und ein Bildnis machen, das ein Gräuel ist und nicht die Kraft der Erlösung hat, wir hören nicht auf euch.‘ – Da belohnte sie der Heilige, gelobt sei er, in dieser Welt mit der (eher von ihnen als von den Männern begangenen) Neumondfeier, und in

---

[8] Wo die geschichtskritische Bibelauslegung zwei verschiedene Textquellen zu Grunde legt, sieht die traditionelle Interpretation zwei Phasen der Schöpfung. In der ersten sind Mann und Frau als gleiche geschaffen, in der zweiten die Frau wegen ihres Fehltritts in Eden als untergeordnet.

[9] Sie stützen sich auf das Argument, dass *Osneihem,* „ihre Ohren“ eine maskuline Form ist.

[10] Übersetzung der Bibel ins Aramäische.

der zukünftigen Welt damit, dass sie gleich dem Neumond wieder erneuert würden" (*PdRE* 45). Umgekehrt werden die Frauen beim Bau der Stiftshütte, in der sich Gottes Vergebung nach dem Frevel um das Goldene Kalb manifestiert, ausdrücklich genannt: „Und alle kunstverständigen Frauen spannen mit eigenen Händen, und brachten als Gespinst Purpurblau, Purpurrot, Karmesinrot und Byssus. Und Frauen von besonderem Kunstverstand spannen Ziegenhaare" (*Ex.* 35:25–26[11]). Später wird auch erwähnt, dass die Spiegel der Frauen für den Bau verwendet wurden (*Ex.* 38:8). Wieder spinnt der Midrasch (*Num.* R. 9:14) das Thema weiter aus: Das Spinnen geschah auf wundersame Weise; die Frauen verspannen die noch nicht geschorene Wolle der Ziegen; die Ziegen seien hierfür jeden Tag herbeigeeilt, außer an Schabbat und *Rosch Chodesch*. Moses habe die Gaben der Frauen ablehnen wollen. Doch sie hätten protestiert:

> „‚Wieso lehnst du unsere Geschenke ab? Wenn du im Heiligtum nichts haben willst, was Frauen zur Betonung ihrer Reize verwenden, hier, nimm unsere Mäntel, die verwenden wir um uns vor den Blicken der Männer zu verbergen. Aber wenn du Angst hast, etwas von uns anzunehmen, weil es vielleicht nicht uns, sondern unseren Männern gehören könnte, hier sind unsere Spiegel, die gehören uns und nicht unseren Männern.' Moses rief verärgert aus: ‚Welches Recht haben diese Spiegel, die doch nur dazu dienen, fleischliche Begierde zu erregen, einen Platz im Heiligtum einzunehmen?' Doch Gott sprach zu Moses. ‚Diese Spiegel sind mir lieber als alle anderen Geschenke, denn diese Spiegel haben meine Kinder hervorgebracht.' Als in Ägypten die Männer erschöpft von der harten Arbeit gewesen waren, kamen die Frauen schnell mit Essen und Brot, nahmen ihre Spiegel und sagten sanft zu ihren Männern: ‚Schau in den Spiegel, ich bin schöner als du', und auf diese Weise wurden die Männer von so starkem Verlangen ergriffen, dass sie alle ihre Sorgen vergaßen und zu ihren Frauen kamen, die viele Kinder gebaren[12]."

Der Midrasch lobt die Verführungstechniken der Frauen angesichts einer schwierigen Situation und ganz allgemein suchen die Rabbinen wohl für einen bei den jüdischen Frauen schon lange verbreiteten Brauch, die

---

[11] Vers 22 sagt: *vajavohu haAnaschim al haNaschim*, wörtlich "die Männer kamen auf die Frauen"; dies wird von den Rabbinen so verstanden, dass die Frauen sich viel enthusiastischer für den Bau der Stiftshütte einsetzten und die Männer dann ihrem Beispiel folgten.

[12] Nach *Hadar* zu *Ex.* 35:22, wurden die Frauen hierfür mit dem *Rosch Chodesch* belohnt.

Feier des *Rosch Chodesch*, eine Erklärung nachzuschieben. Laut Arthur Waskow steht der Bau des Stierkalbes symbolisch für den in Ägypten verbreiteten heidnischen Kult um die männliche Fruchtbarkeit; diesen hätten die Frauen sich geweigert anzunehmen und die Feier – (im Gegensatz zu einem Kult) – des Mondes vorgezogen, der in seinem dem Menstruationszyklus ähnlichen Kreislauf die weibliche Spiritualiät symbolisiere.[13] Waskow verbindet das Bild des Mondes mit dem des Brunnens, zum Beispiel bei der Begegnung von Rebekka* mit Elieser, dem Diener Abrahams, wozu der Midrasch ergänzt (*Gen. R.* 60:5), dass das Wasser ihr entgegen gestiegen sei. Abgesehen von der sexuellen Symbolik sieht er hierin die Mondanziehungskraft.

Der Vergleich zwischen dem monatlichen Neumond und dem Menstruationszyklus wird vom *Or Zarua* im 12. Jahrhundert hergestellt: Der *Rosch Chodesch* erinnert an den Menstruationszyklus; denn gleich dem Mond erneuern sich die Frauen im Laufe ihres Zyklus durch völliges Untertauchen[14] im Wasser. Der Jerusalemer Talmud berichtet uns, dass es für Frauen üblich war, zur Feier des Monatsanfangs keine Arbeit zu verrichten (*TJ, Ta'an.* 1:6). Raschi (Raschi zu *Meg.* 22b) sagt, dass sie am Tag des *Rosch Chodesch* alle Spinn-, Web- und Näharbeiten unterließen, eben jene Arbeiten, mit denen sie sich beim Bau des Stiftszeltes hervorgetan hatten. Ein wenig später führt der Taschbetz[15] aus, dass die Frauen nicht spannen, aber nähen durften, weil dies eine weniger schwere Arbeit sei. Möglicherweise haben vor dem Exil, als noch im Tempel geopfert wurde, Männer und Frauen die monatliche Arbeitsruhe eingehalten, und im Verlauf der Zeit blieben nur die Frauen dabei. Joseph Caro (*SA*, OCh, 417) schreibt, an diesem Tage sei die Arbeit erlaubt; hätten Frauen jedoch die Gewohnheit, an ihm die Arbeit ruhen zu lassen, sei dies ein guter Brauch. Joseph Isserles kommentiert den *Schulchan Aruch* dahingehend, dass es sich um einen uralten Brauch handle, der immer noch für alle Frauen Geltung habe (OCh 417:1). Er rät an, Frauen sollten den Neumondtag nicht wie einen gewöhnlichen Tag behandeln, erlaubt jedoch leichte Arbeit, falls das in der Familie üblich ist. Im 17. Jahrhundert wendet sich eine Predigt folgendermaßen an die Frauen: „Es ist schrecklich, dass Frauen am *Rosch Chodesch* Wäsche waschen können. Mehr noch, manche schaffen sich freie Zeit an den Arbeitstagen, indem sie die Wäsche für den Feiertag liegen lassen. Diese Frauen sind ganz eindeutig auf Abwegen und sie sollten diese erniedrigende und deprimierende Arbeit unterlassen. Selbst den Männern ist Schwerarbeit am *Rosch Chodesch*

---

[13] Siehe: Arthur Waskow, „Feminist Judaism, restoration of the moon" in: Susannah Heschel, *On Being a Jewish Feminist,* S. 262.

[14] *Ozar Dinim uMinhagim*, Jehuda David Eisenstein, S. 377.

[15] Rabbi Simon ben Zema Duran (1361–1444), *Sefer ha Taschbetz*, 3, Nr. 244.

verboten. Die Männer sollten ihren Frauen den Sinn und die Bedeutung dieses Tages bewusst machen, damit sie verstehen ihn zu loben, sich geziemend zu verhalten und die für diesen Tag tugendhafteste Handlung – das Sammeln von *Zedaka*[16] – unter Frauen zu tun. Der *Rosch Chodesch* ist nicht für die Unmoral bestimmt oder dazu, andere zur Sünde zu verleiten. Züchtige, gottesfürchtige Frauen werden sich geziemend verhalten."[17] Interessant ist, in dieser Passage die Einstellung des Autors zu den Haushaltstätigkeiten, die ja außer am Neumondtag das tägliche Brot der Frauen waren. Nichts desto weniger beleuchten dergleichen Predigten die Probleme der Frauen, ihre Zeit und Arbeit so einzuteilen, dass sie es sich erlauben konnten, am *Rosch Chodesch* nichts zu tun.

In jüngster Zeit wurde die *Rosch Chodesch*–Feier von den Frauen als eine spezifisch weibliche Zeremonie wiederbelebt.[18] In ihr wird die göttliche Schöpfung, der Lebenskreislauf, die Wiedergeburt und die monatliche Erneuerung gefeiert. Den traditionellen Bräuchen wie dem Kerzenzünden, der Feier und der *Zedaka* werden kreative, auf Mond und Wasser Bezug nehmende Zeremonien hinzugefügt. Arlene Agus[19] weist darauf hin, dass für *Rosch Chodaschim* das Akronym *Rechem* („Uterus") ist; dies wird wiederum [durch die Wortverwandtschaft mit *Rachamim*, „Mitleid, Erbarmen"] mit der göttlichen Eigenschaft des Erbarmens in Verbindung gebracht; der Festtag wird somit verstanden als „Innehalten zum Dank an Gott, der uns als Frauen erschaffen hat."[20]

---

[16] „Gerechtigkeit", „Mildtätigkeit", „Güte", meist einfach Spenden für gute Zwecke.

[17] Benjamin Ghazzati Nathan oder Benjamin Halevi aus Safed, *Sefer Hemdat Jamim*, Bd.1, S. 23b–24a, zitiert von Arlene Agus „This month is for you: observing Rosh Chodesh as a woman's holiday" in: *The Jewish Woman*, S. 84–93); und nach Amanda Golby, „Women and the new moon" in: *Hear Our Voice* S. 119–127).

[18] Siehe: Penina Adelmann, *Miriam's Well*. Diese Rosch Chodesch Gebetsgruppen gibt es weltweit. Am häufigsten erwähnt wird die „Schira Chadascha" des *Kotel*, (sog. „Klagemauer"), in der sich seit 1988 jeden Freitag und Rosch Chodesch Frauen aller Religionsrichtungen treffen, und die immer noch sehr umstritten ist.

[19] „This month is for you: observing Rosh hodesh as a woman's holiday", zitierter Artikel, S. 92.

[20] Siehe Segenssprüche* am Morgen.

Ruth

Ruth ist die Hauptfigur des biblischen Buches, das ihren Namen trägt. Nach dem Tod ihres Ehemannes beschließt Ruth, eine Moabiterin, mit ihrer Schwiegermutter Naomi* in deren Herkunftsort Bethlehem zu gehen. Feierlich erklärt sie: „Wohin du gehest, gehe ich, und wo du weilest, weile ich; dein Volk ist mein Volk und dein Gott ist mein Gott. Wo du stirbst, sterbe ich, und dort will ich begraben werden. So tue der Ewige, und so fahre er fort, der Tod allein wird scheiden zwischen mir und dir!" (1:16:17). Ruth heiratet später Boas, einen Verwandten von Naomi und wird die Mutter des Stammvaters von David.

Nach der Auffassung zahlreicher moderner Exegeten[1] soll das Buch Ruth der Geburt von David, dem Stammvater des Messias in der jüdischen Tradition, einen mythologischen Hintergrund geben. Der Name Ruth hat eine semitische Wurzel mit der Wortbedeutung „eingetaucht werden" oder „bewässert werden", doch die Tradition verbindet den Namen mit der Idee der Freundschaft. Das Buch ist denn auch eine Parabel über die Themen der Treue, Freundschaft und Liebe, über den Schutz der Witwen, Fremden und Armen.

Naomi versucht, ihren beiden verwitweten Schwiegertöchtern auszureden, ihr nach Bethlehem zu folgen. Opra, ihre zweite Schwiegertochter, hört auf sie und kehrt in ihr Land zurück, doch Ruth lässt sich von ihren Argumenten nicht beeinflussen. Der Erzähler übt keine Kritik an der Entscheidung Opras, doch die Tradition macht sie zur Vorfahrin von Goliath, dem Feind des jüdischen Volkes, und verurteilt sie so durch die Legendenbildung. In Bethlehem angekommen, nimmt Ruth ihr Schicksal in die Hand und schlägt vor, in den Feldern Ähren zu lesen. Der Zufall[2] führt sie zum Feld von Boas, einem Verwandten von Naomi. Boas erkundigt

---

[1] Siehe: Jack M. Sasson, „Ruth", in: Robert Alter und Frank Kermode, *The Literary Guide to the Bible,* S. 320–334.

[2] Je nach Übersetzung oder Interpretation ist ihr bewusst oder auch nicht, dass sie zum Feld von Boas geht.

sich, wer das Mädchen sei und wem sie angehöre. Sie sei eine Moabiterin, die mit Naomi von der Ebene Moabs gekommen sei; so wird sie ihm als erstes vorgestellt. Boas spricht sie sofort an und lädt sie ein, bei seinen Mägden zu bleiben. Ruth fasst ihre Dankbarkeit und Überraschung in folgende Worte: „Weswegen habe ich Gunst gefunden in deinen Augen, dass du mich beachtest, da ich eine Ausländerin bin?“ (2:10). Boas gibt zur Erklärung, dass ihr Ruf bis zu ihm gedrungen sei; sei sie doch gekommen, unter den Flügeln des Ewigen Schutz zu suchen. Ruth ist von Boas' tröstlichen Worten tief bewegt und folgt seiner Einladung, das Mahl mit den Schnittern zu teilen. Boas befiehlt seinen Schnittern darauf, sie gut zu behandeln[3] und Ähren für sie liegen zu lassen, damit sie gemäß dem Gesetz des Levitikus[4] und Deuteronomium (24:19) Nachlese halten kann. Die Früchte ihrer Arbeit bringt sie ihrer Schwiegermutter und berichtet ihr das Vorgefallene. Naomi ermuntert sie, bis zum Ende der Ernte auf Boas' Feldern Ähren zu lesen. Dadurch verändert sich Ruths Lage “vom Status der Fremden zu dem der Magd[5].“

Das dritte Kapitel des Buches markiert den Beginn eines neuen Themas. Es geht nun nicht mehr um die Sicherung des Lebensunterhaltes für die beiden Witwen, sondern darum, für Ruth ein eigenes Heim zu schaffen. Dies ist Naomis erklärtes Ziel. Sie steht auch hinter Ruths zweitem, diesmal nächtlichen, Treffen mit Boas, für das sie sich nach den genauen Anweisungen ihrer Schwiegermutter in schöne Gewänder gekleidet und zurechtgemacht hat. Gehorsam fügt sich Ruth den Anweisungen von Naomi: „Alles, was du zu mir sprichst, will ich tun“ (3:5). Sie wartet, bis Boas eingeschlafen ist, und stiehlt sich zu ihm. Boas fährt aus dem Schlaf hoch und findet sie zu seinen Füßen liegend. In Antwort auf seine Überraschung sagt sie: „Ich bin Ruth, deine Magd! Breite deine Flügel über deine Magd, denn du bist ein Blutsfreund [Verwandter]“ (3:9). Es bleibt unklar, ob es sich hierbei um eine Bitte um Schutz, um einen Heiratsantrag oder um einen Verführungsversuch handelt. Boas beglückwünscht sie, weil sie nicht den jungen Männern nachgelaufen ist, und nennt sie eine „wackre Frau“. Er wendet jedoch ein, dass ein näherer Verwandter noch vor ihm Anspruch auf den Rückkauf von Naomis Grundbesitz und die Sicherung einer Nachkommenschaft habe. Hier werden anscheinend zwei Gesetze angesprochen: einmal das Gesetz, nach dem der nächste

---

[3] Dieser Befehl wird zweimal ausgesprochen (2:9; 2:15); er ist wohl ein Hinweis, dass eine Frau ohne Begleitung Gefahren ausgesetzt war.

[4] „Und wenn ihr erntet in eurem Lande, so sollst du nicht ganz abernten das Ende deines Feldes, und die Nachlese bei deiner Ernte nicht aufklauben. Und in deinem Weinberge sollst du nicht nachlesen und den Abfall in deinem Weinberge nicht aufklauben: dem Armen und dem Fremdling sollst du sie überlassen. Ich bin der Ewige, euer Gott.“ (*Levitikus* 19:9-10).

[5] Siehe: Jack M. Sasson, a. a. O.

Verwandte eines verarmten Menschen verpflichtet ist, das Land zurückzukaufen, das der zu veräußern gezwungen war (*Lev.* 25:25). Dieses Gesetz garantiert ein gewisses Maß an Sicherheit und gibt der Familie die Möglichkeit, das Land in ihrem Besitz zu erhalten. Das zweite wäre das Leviratsgesetz, demzufolge der Bruder eines Verstorbenen dessen kinderlose Witwe heiraten muss – zu deren Schutz und zur Wahrung des Namens des Verstorbenen (*Deut.* 25:5). Allerdings handelt es sich hierbei um die Pflicht des Bruders und nicht die irgend eines nahen Verwandten. Daher ist nicht sicher, ob hier wirklich das Levirat angesprochen ist. Boas verspricht, Ruth zu heiraten, falls der andere Verwandte dies ablehnt. Zum Schutz ihres guten Rufes fordert er sie auf, noch vor Morgengrauen die Tenne zu verlassen; er gibt ihr sechs Maß Gerste mit. Ruth kehrt zu Naomi zurück und spricht: „Diese sechs Maß Gerste gab er mir, dann sprach er zu mir: dass du nicht leer kommst zu deiner Schwiegermutter" (3:17). Es sieht fast so aus, als benutze sie eine List, um ihre Schwiegermutter von Boas' guten Absichten zu überzeugen, denn er selbst hatte keinen Grund für sein Geschenk genannt. Möglicherweise will Ruth Naomi beruhigen, und ihr klarmachen, dass sie ihr und ihrem Verwandten wichtig ist.

Das vierte und letzte Kapitel des Buches bringt die Auflösung. Boas versammelt zehn der Ältesten der Stadt; die Verhandlung verläuft in zwei Etappen: Zunächst schlägt Boas seinem Verwandten den Rückkauf von Naomis Land vor. Der ist einverstanden. Darauf sagt Boas ihm, dass er mit dem Erwerb des Bodens zur Sicherung der Nachkommenschaft für den Verstorbenen im gleichen Zug auch Ruth erwerben muss. Dies lehnt der Verwandte ab.[6] Die Verhandlung spielt sich unter Männern ab und es sind die Männer, die in Ruths Abwesenheit über deren Schicksal entscheiden. Die Frauen sind reine Tauschobjekte. Dennoch sind sie es, die den Boden für den Ausgang der Geschichte vorbereitet haben. Diese Szene ohne jedes aktive Eingreifen der Frauen steht in markantem Gegensatz zum Rest der Erzählung. Vor Zeugen wird der Erwerb bestätigt. Das Volk wünscht, Ruth möge fruchtbar sein wie Tamar* und Boas möge Nachkommen von ihr bekommen. Boas heiratet sie: Ruth wird Mutter eines Sohnes, der aber *de facto* als Sohn von Naomi behandelt wird. Die Nachbarinnen geben dem von Naomi angenommenen Kind seinen Namen. Ihr, Naomi, sichert dies Kind den Erhalt des Namens und die Nachkommenschaft. Am Ende des Buches tritt Ruth als Person in den Hintergrund, doch die Botschaft bleibt klar: Ruth, eine Moabiterin, ist die Ahnherrin von David, dem meistgeliebten König von Israel.

---

[6] Der Text ist an dieser Stelle schwer verständlich. Möglicherweise sagt Boas ihm auch, er habe Ruth bereits geheiratet.

Ruths Charakter hat zwei Seiten. Sie zeichnet sich durch ihre Initiative, ihren Mut und ihre Entschlossenheit aus, doch fällt auch ihre Passivität angesichts Naomis Winkelzügen auf. Ruth geht einige Risiken ein, denn bei Fehlschlagen ihres Planes ist ihr die Verachtung der Gesellschaft gewiss. Doch es gelingt ihr dem Status der Fremden, *Nochria*, zu entkommen und erst zur Dienerin, *Schifra/Ama*, dann zur legitimen Ehefrau, *Ischa*, aufzusteigen. Sie wählt für die Verführung von Boas und zur Erreichung ihres Zieles einen passenden Augenblick: die fröhliche Erntezeit, die mit reichlich Essen und Trinken gefeiert wird. Satt und betrunken ist Boas für ihre Avancen viel empfänglicher. Sie erreicht ihr Ziel, doch muss man sich fragen, ob sie nicht in Wirklichkeit nur ein Werkzeug ihrer Schwiegermutter ist, die selbst keine Kinder mehr bekommen kann und sie benutzt, um den Namen ihres Mannes zu erhalten. Liest man die *K'tiv*[7], dann spricht Naomi, wenn sie Ruth Anweisungen gibt, zweimal in der ersten anstatt in der zweiten Person („Ich werde hinabgehen" [3:3]," „ich werde mich legen" [3:4]). Diese „Fehler[8]" in der Beschreibung des Plans zur Verführung von Boas können Ausdruck dafür sein, dass Ruth mit dieser sexuellen Erfahrung eine Stellvertreterrolle für Naomi einnimmt. Der Ausruf der Nachbarinnen „Es ward ein Sohn geboren der Naomi" bestätigt diese Interpretation. Das Kind wird als das der Großmutter betrachtet; diese wird an Stelle der natürlichen Mutter seine Nährmutter. Die Genealogie am Ende des Buches ist wieder rein männlich, ganz als hätten die weiblichen Personen nur als Mittel zum Erhalt der männlichen Abstammungslinie gedient. Das Schicksal der Frauen wird von ihren Männern, ihren Söhnen und den Dorfältesten bestimmt.[9] Doch gebührt auch dem Vers Aufmerksamkeit, der Volkes Stimme in einem Segensspruch ausdrückt: „Mache der Ewige die Frau, die zu deinem Haus eingeht, wie Rachel und wie Leah, welche beide erbaut haben das Haus Israels!" Es ist in der Bibel ganz einmalig, dass hier die Matriarchen als Vorbild für den Aufbau der Zukunft dargestellt werden.[10] Dieser Segen bestätigt allerdings das Idealbild der Mutter; Ruths Vorgehen wird dadurch legitimiert, dass sie die traditionelle Rolle der Frau bestätigt, die sie hier nur in der Mutterrolle oder eher in der bescheidenen Rolle derer, die ihrem Ehemann „Kinder schenkt", verwirklichen zu können scheint.

Ob sie ihrer Schwiegermutter zu Gefallen sein will oder ihr die Nachkommenschaft sichern – Ruths tatsächliche Motivation bleibt unergründ-

---

[7] Die geschriebene Version des Textes, im Gegensatz zu der *K're*, der von den Masoreten im 9. Jahrhundert korrigierten Version.

[8] Manche Exegeten argumentieren, es handle sich um eine archaische Form der weiblichen zweiten Person Singular.

[9] Siehe: Amy Jill Levine, „Ruth", in: *The Women's Bible Commentary* (Coll.).

[10] Siehe: Ilana Pardes, *Countertraditions in the Bible*, S. 98.

lich. Ihr eigenes Wohlergehen scheint nur von sekundärer Bedeutung zu sein. Auf jeden Fall ist ihr die Sache wichtig genug, dass sie bereit ist, die Regeln des Sozial- und Sexualverhaltens zu übertreten und dabei bis an die Grenzen der Prostitution zu gehen. Ruth tritt als Versucherin auf, und dennoch wird sie vom Erzähler nicht verurteilt; im Gegenteil, sie wird als beispielhaft für ihre Tugend beschrieben.[11] Wenn die verwitwete Frau ihres sozialen Status verlustig geht, kann sie ihn nur durch Neuheirat und Mutterschaft wieder erlangen. Dieses Ziel der persönlichen Rehabilitation tritt außerdem vor dem Problem der Männer und deren Furcht um den Fortbestand ihres Namens in den Hintergrund. Zudem werden trotz des in Deuteronomium 23 ausdrücklich formulierten Verbotes der Aufnahme von Moabitern Ruth und ihre Nachkommen Teil der jüdischen Gemeinschaft.

Ruth, die ihre Herkunft, ihre Religion und Kultur hinter sich lässt, um ihrer Schwiegermutter in ein fremdes Land zu folgen, wird in der jüdischen Tradition als gutes Beispiel für eine Übertrittskandidatin angesehen. Durch ihre Bereitschaft, ein neues Wertesystem anzunehmen, kann ihre Integration in die jüdische Gemeinschaft gelingen. Die Heirat mit einer Angehörigen eines anderen Volkes oder einer anderen Kultur ist also dann möglich, wenn die Frau bereit ist, ihre eigenen Sitten und Gebräuche abzulegen und wenn sie ihre Hinwendung zum jüdischen Volk unter Beweis stellt. Das Buch Ruth ist ein Plädoyer für die Integration dieser Frauen aus anderen Völkern, und es steht damit im Gegensatz zur Vision von Esra (Kap. 9–10) und Nehemia (Kap. 13), in der Mischehen verdammt werden. Ruths Andersartigkeit verliert vor ihrer Rechtschaffenheit und Entschlossenheit an Bedeutung. Auch ihre moabitische Herkunft ist nicht rein zufällig. An anderer Stelle in der Bibel wird Moab mit Feindseligkeit und sexueller Perversion gleichgesetzt (*Gen.* 19:30–38). Die Gesetzgebung des Deuteronomium (23:4–5[12]) ist in diesem Punkt ausgesprochen hart. Daher ist es durchaus wahrscheinlich, dass das Buch Ruth als Polemik gegen derartige Texte verfasst wurde, die im Übrigen schon damals nicht nur dem Grundprinzip aus Levitikus zuwider liefen: „Du sollst dich nicht rächen und nicht nachtragen den Kindern deines Volkes, sondern deinen Nächsten lieben wie dich selbst. Ich bin der Ewige" (19:18), sondern auch der ständigen Erinnerung an den Respekt vor den

[11] Siehe: Athalya Brenner, *The Israelite Woman*.

[12] „Es soll kein Ammoniter und kein Moabiter in die Gemeinde des Ewigen kommen; auch das zehnte Geschlecht soll ihnen nicht kommen in die Gemeinde des Ewigen bis auf ewig: Darum, dass sie euch nicht zuvorgekommen sind mit Brot und mit Wasser auf dem Wege bei eurem Auszuge aus Ägypten, und dass er gegen dich gedungen Bileam [...] dich zu verfluchen." Außerdem wurden die Kinder Israel während ihrer Wüstenwanderung von den Töchtern Moabs verführt und durch sie zum Götzendienst gebracht; eine tödliche Seuche war die Folge.

Fremden: "Und wenn bei dir weilet ein Fremdling in eurem Lande, sollt ihr ihn nicht drücken. Wie der Eingeborene unter euch sei euch der Fremdling, der bei euch weilet, und du sollst ihn lieben wie dich selbst; denn Fremdlinge waret ihr im Lande Ägypten; Ich bin der Ewige, euer Gott" (19:33–34). Andererseits kann Naomis schwankende Einstellung gegenüber ihrer Schwiegertochter auch als Symbol für die Schwierigkeiten mancher Juden mit der Akzeptanz Fremder interpretiert werden. Ruth bleibt „die Moabiterin" bis zu ihrer Heirat mit Boas; in dem Moment ihrer Aufnahme in das jüdische Volk werden ihre fremden Wurzeln vergessen, obwohl wahre Integration doch gerade im Respekt vor der unterschiedlichen Herkunft bestehen sollte.

Den Rabbinen fiel die Aufgabe zu, das Verbot einer Ehe mit einem Abkömmling von Moab[13] mit der Geschichte von Ruth, der späteren Stamm-Mutter von König David, in Einklang zu bringen. Sie sind gezwungen, als Erklärung für deren Übertritt ihren einwandfreien Lebenswandel ins Feld zu führen. Folglich wird Ruth in den Augen der Rabbinen zum Inbegriff der ernsthaften Konvertitin; sie ist eine *Zadeket*, eine „Gerechte" (*Ruth R.* 2:12): „Komm und sieh wie lieb dem Allmächtigen die Konvertiten sind. Vom Moment ihrer Entscheidung zum Übertritt an setzt die Schrift sie der Naomi gleich" (*Ruth R.* 3:5). Naomi soll sie die Bräuche der Israeliten gelehrt haben, die Ruth für sich annahm (*Jev.* 47b; *Ruth R.* 9:13): „Sie sprach zu ihr: ‚Meine Tochter, es ist bei den Töchtern Israels nicht Brauch, in die Theater oder die Zirkusspiele der Götzendiener zu gehen.' [Ruth] antwortete ihr: ‚Wo du hingehst, will ich auch hingehen.' [Naomi] sprach darauf: ‚Es ist bei den Töchtern Israels nicht Brauch in einem Haus zu wohnen, in dem keine *Mesusa*[14] angebracht ist.' Ruth antwortete: ‚Wo du wohnst, will auch ich wohnen.' ‚Dein Volk ist auch mein Volk' bezieht sich auf die Strafen und Warnungen [der Tora] und ‚dein Gott sei mein Gott' auf die anderen Gebote der Bibel" (*Ruth R.* 2.22). Die Texte des Talmud und Midrasch sind bemüht, die Existenz einer Minimalvoraussetzung für den Übertritt zum Judentum nachzuweisen, den es als formalisierten Akt zu biblischer Zeit noch gar nicht gab. Eine Möglichkeit, sich ohne jede weitere Formalität dem jüdischen Volk anzuschließen, war die Heirat.

Für die Rabbinen ist Ruths Verhalten gegenüber ihrer Schwiegermutter Naomi von *Chessed*[15] („Erbarmen", „Mitleid") bestimmt. R. Sera meint,

---

[13] Zur Erklärung der bei Ruth gemachten Ausnahme behaupten sie, das biblische Gebot gelte nur für moabitische Männer und nicht für Frauen (nach *Jev.* 76b–77a).

[14] kleine Pergamentrolle mit den Worten des Schma-Gebetes, die an den Türpfosten angebracht wird.

[15] Dreimal begegnet uns dieser Ausdruck in dem biblischen Text.

das Buch Ruth sei geschrieben worden "um zu lehren, wie groß die Belohnung für die Täter erbarmungsvoller Taten ist" (*Ruth R.* 2:13).

Der rabbinischen Tradition nach war Boas von Ruths Haltung beeindruckt: sie sei schön und sittsam (*Ruth R.* 4:6); beide Beschreibungen sind dem biblischen Text nicht zu entnehmen. Sie sei gesetzestreu (*Schab.* 113b) und habe nicht wie andere Frauen das Gespräch mit den Schnittern gesucht oder ihren Rock geschürzt (Ruth R. 4:6). Dies mag ein Kommentar über Frauen im Allgemeinen oder einfach nur über die Frauen auf dem Feld von Boas sein. Sie sei die Enkelin von Balak dem Bösen (*Sota* 47a), der wegen der zweiundvierzig von ihm dargebrachten Opfer sich einer solchen Nachkommenschaft verdient gemacht habe (*Nas.* 23b), oder auch die Tochter von Eglon, dem König von Moab, der ebenfalls ein aufrechter Mann gewesen sein soll (S*anh.* 60a). So wäre David von beiden Seiten her königlicher Abstammung (*Ruth R.* 1:4; 2:9; *Sanh.* 105b). Ein anderer Midrasch erzählt, Boas habe, als Ruth sich mit den Worten „Ich werde eine deiner Mägde sein" an ihn gewandt habe, ihr erwidert: „So Gott will, wirst du nicht eine der Mägde [*Amaot*] sondern der Mütter [*Imaot*][16] sein." In einem jüdischen Erbauungstext stellt Gott selbst Ruth als Muster hin: „Der Heilige, gelobt sei Er, sprach: ‚Wenn doch Ruth, die eine Konvertitin war und ihre Schwiegermutter nicht verleugnete, käme und Israel, das gegen mich aufbegehrt, Vorhaltungen machte'" (*Jalkut Ruth* 301).

[16] Ruth R. 5:5. Der Begriff verweist auf die Stamm-Mütter, die für das Volk Israel bedeutende Männer hervorgebracht haben.

Salome Alexandra

Salome Alexandra, *Schlomzion haMalka* (die Königin „Friede von Zion"), kam nach der Rückkehr der Juden aus dem babylonischen Exil um das Jahr 139 vor unserer Zeitrechnung in Jerusalem zur Welt. Zu ihrer Lebenszeit hatte Schimon ben Schetach den Vorsitz des Sanhedrins inne. Sie war die letzte Herrscherin aus der Dynastie der Hasmonäer, bevor das Land seine Unabhängigkeit verlor. Sie war verheiratet mit Juda Aristobulos[1], Sohn von Johannes Hyrkanos (134–104 vor unserer Zeitrechnung), dem König von Juda. Unter hellenistischem Einfluss trugen die Herrscher dieser Epoche einen teils jüdischen, teils griechischen Doppelnamen[2].

Zu jener Zeit standen sich zwei Parteien gegenüber, deren Vorstellung von der Tradition und ihrer Weiterentwicklung weit auseinander ging: die Saduzäer, die dem Wortlaut der Tora folgten, und die Pharisäer, die der Weiterentwicklung der schriftlichen Tora das Wort redeten. Salomes Ehemann hielt es mit den Saduzäern, während sie wiederum die Pharisäer unterstützte, die Partei, aus der das rabbinische Judentum hervorgehen sollte. Königin wurde sie im Jahre 107 im Alter von 36 Jahren, als ihr Ehemann dem Johannes Hyrkanus auf den Thron nachfolgte. Der König ließ, wohl aus Eifersucht, seine Mutter und drei seiner Brüder ins Gefängnis werfen und den vierten umbringen. Er selbst starb im Jahre 103. Salome ließ daraufhin ihre Schwager wieder frei und heiratete, möglicherweise in Befolgung des Leviratsgesetzes[3], den Ältesten von ihnen,

[1] Unter ihm fand die Eroberung Galiläas und die Judaisierung seiner Einwohner statt.

[2] „Nach dem Tod von König Aristobulos [wurde] seine Frau, die Königin Salome, von den Griechen Alexandra genannt,...." Flavius Josephus, *Der jüdische Krieg*, Buch XIII.

[3] Anm. d. Übers.: dem zufolge der Bruder eines Verstorbenen dessen kinderlose Witwe heiraten muss (*Deut.* 25:5).

Alexander Jannai (103–76 vor unserer Zeit). Sie hatte zwei Kinder aus dieser Ehe.

Salome Alexandra hatte während der neunzehnjährigen Regentschaft ihres Mannes einigen Einfluss. Genauer gesagt kümmerte sie sich um die innenpolitischen Angelegenheiten des Landes, während ihr Mann Eroberungsfeldzüge unternahm. Beim judäischen Volk war sie sehr beliebt. Ein Midrasch berichtet von einer Unterhaltung zwischen dem König und der Königin: „Der König Jannai und die Königin speisten zusammen, und da er die Rabbinen getötet hatte, war niemand da, ihnen den Tischsegen zu sprechen. Da sprach er zu seiner Frau: ‚Wer schafft uns einen Mann her, der uns den Segen sprechen könnte?‘ Seine Frau erwiderte: ‚Schwöre mir, dass du, wenn ich dir einen solchen Mann [herbei] schaffe, ihm nichts zu Leide tun wirst.‘ Nachdem er es ihr geschworen hatte, holte sie ihren Bruder, Schimon ben Schetach“ (*Br.* 48a; *Gen. R.* 91:3; *TJ, Br*, 7:2, 11b). Der Midrasch befasst sich im Weiteren mit der Frage, wie ein Segensspruch zu sagen sei. Salome erscheint hier als Frau, die mit anderen Menschen verkehrt als ihr Ehemann. Sie kann ihm das Versprechen zur Gewaltlosigkeit abnehmen und wirkt selbst nicht wie eine unterdrückte Frau.

Nach dem Tode Alexander Jannais im Jahre 76 vor unserer Zeit folgte Salome Alexandra ihm auf den Thron und regierte neun Jahre lang. Ihre Thronbesteigung galt als Sieg der Pharisäer, obwohl die Königin keine Rache an den Saduzäern nahm.[4] Sie mehrte den Wohlstand ihres Landes, verstärkte die Armee und hielt gleichzeitig diplomatische Beziehungen zu den Nachbarstaaten aufrecht. Durch geschickten Einsatz von Geschenken und Verträgen konnte sie Tigran, den König von Armenien, der bereits in Syrien eingefallen und im Anmarsch auf Judäa war, von einer Eroberung abhalten. Der Talmud bezeichnet ihre Herrschaft als eine Zeit der Güte und Frömmigkeit, in der auch Gott „jeden dritten Tag und jeden Schabbat [Regen sandte], so dass die Weizenkörner groß wie Nieren, die Gerstenkörner groß wie Oliven und die Linsen wie Golddinare waren“ (*Ta'an.* 23a). Flavius Josephus bewundert sie für ihre Fähigkeit, Frieden zu schaffen. Daher rührt auch ihr hebräischer Name, „Friede von Zion“. Sie starb im Jahre 67 vor unserer Zeitrechnung, vor der Eroberung Palästinas durch Pompejus, der die Auseinandersetzung ihrer Söhne um das Thronerbe für

---

[4] „Die Königin Alexandra [...] sprach mit den Pharisäern, wie ihr Mann es ihr gesagt hatte und versicherte ihnen, dass sie, was ihre eigene Person und die Regierungsführung angehe, nichts ohne ihren Rat tun würde. So wandelten den Hass, den sie für ihn empfunden hatten, sie in Zuneigung zu ihr, führten dem Volk die großen Taten dieses Fürsten vor Augen und sagten, man habe in ihm einen wirklich guten König verloren [...]“, Flavius Josephus, a. a. O. Kap. 24.

sich nutzte. Sie war berühmt für ihre Klugheit, ihr Festhalten an der Tradition, ihre Diskretion und den Segen, den sie über das Land brachte.[5]

[5] Der Kommentar von Flavius Josephus ist voll des Lobes, auch wenn er eine sexistische Bemerkung vorausschickt: „Diese Prinzessin hatte nichts von der Schwäche ihres Geschlechtes. Durch ihre Taten bewies sie, dass sie wohl zu befehlen wusste, und jene Prinzen, die sich ihrer Stellung in der Welt so unwürdig erweisen beschämen konnte. Sie befasste sich ausschließlich mit dem gegenwärtigen Nutzen für ihr Reich, ohne sich von dieser wichtigen Tätigkeit durch nutzlose Gedanken über die Zukunft ablenken zu lassen. Sie glaubte, dass bei der Regierung Mäßigung allem anderen vorzuziehen sei, und dass man niemals etwas unrechtes oder unehrenhaftes tun solle." Flavius Josephus, *ebenda.*

Salomons Urteil

Zu Beginn seiner Regierungszeit wandten sich *schtaim Naschim sonot*, „zwei Huren" an Salomon. Sie bleiben namenlos. Beide wohnen im gleichen Haus und bekommen im Abstand von drei Tagen jede ein Kind. Die Sprecherin beschuldigt die andere, sie habe versehentlich auf ihrem Kind gelegen und es erstickt, dann habe sie in der Nacht das lebende gegen das tote Kind ausgetauscht. Am Morgen habe sie ihr eigenes Kind nicht wiedererkannt. Die andere streitet dies ab und behauptet, das Kind der ersten sei gestorben. Salomon befiehlt, das überlebende Kind entzwei zu teilen und jeder der Frauen eine Hälfte zu geben. „Da sprach die Frau, deren Sohn der lebende war, zum Könige – denn sie erglühte in Zärtlichkeit für ihren Sohn – und sprach: ‚Bitte, Herr, gebt ihr das lebende Kind, nur tötet es nicht.' Und diese sprach: ‚Weder mein noch dein sei es.' Zerhauet es! Da rief der König und sprach: ‚Gebt ihr das lebende Kind und tötet es nicht. Diese ist seine Mutter'" (*1. Kön*. 3:26–27).

Die Geschichte dieser beiden Huren soll die Weisheit König Salomons unterstreichen. Der Bericht endet damit, dass das Volk in der Rechtsprechung des Königs die göttliche Eingebung erkennt. Wie häufig in der biblischen Geschichte wird hier die Rivalität zweier Frauen um ein Kind gezeigt. Die Beiden leben unabhängig, die Identität der jeweiligen Väter ihrer Kinder ist nicht bekannt. Sie scheinen keine Mühe gehabt zu haben, eine Audienz beim König zu erreichen, und konnten ohne Umschweife die Einzelheiten ihres Streits vorbringen. Der König wird für seine Klugheit bewundert: Durch einen Trick legt er die Gefühle der besser zur Mutter geeigneten Frau offen; derjenigen, die das Kind retten will, auch um den Preis, es der anderen überlassen zu müssen – eben derjenigen, die schon ein Kind sterben sah und aus Eifersucht den Tod eines weiteren Kindes in Kauf nimmt. Die Frauen wirken zwar recht stereotyp und die ganze Erzählung wenig glaubhaft, dennoch ist sie eine weithin bekannte Legende geworden.

Samsons Frauen

Samson war zweimal mit Philisterinnen verheiratet. Beide setzen ihre Verführungskunst ein, um ihm seine Geheimnisse zu entreißen; für die erste war dies die Lösung eines Rätsels, für die zweite das Geheimnis seiner Kraft. Beide verraten Samson an ihr Volk durch die Preisgabe seiner Geheimnisse, beide schwächen ihn dadurch. Samsons Rache ist fürchterlich; daher führen beide Frauen durch ihr Eingreifen den Untergang der Ihren herbei. Sie handeln aus Loyalität ihrem Volk gegenüber, damit stehen sie in einem Interessenkonflikt zu ihrem Ehemann.

Die erste Frau bleibt namenlos. Samson wird ihrer in Timna ansichtig und teilt seinen Eltern seinen Heiratswunsch mit. Diese lehnen seine Entscheidung für eine Philisterin ab, doch er lässt sich von ihnen nicht umstimmen. An diesem Punkt informiert uns der Erzähler, dass die Sache von Gott ausgeht, „denn eine Gelegenheit suchte er an den Philistern, denn in selbiger Zeit herrschten die Philister über Israel" *(Rich.* 14:4[1]) Das Interesse Samsons für diese Frau wird also als Schachzug Gottes zum Schaden der Philister dargestellt. Von Anfang an erscheint sie als Figur im politischen Spiel der beiden Völker. Der Bericht über die Begegnung mit dieser Frau wird unterbrochen durch eine Episode, in der Samson, vom Geist Gottes beseelt, einen ihn angreifenden Löwen in Stücke haut. Danach erklärt er sich der Frau und kehrt nach einiger Zeit zu ihr zurück, um sie zu heiraten. Auf dem Weg findet er den Kadaver des Löwen und in ihm eingenistet einen Bienenschwarm und Honig. Später lädt Samson dreißig seiner philistischen Genossen zu einem Festmahl ein und gibt ihnen ein Rätsel auf, das sich auf dieses Erlebnis bezieht: „Aus dem Fresser kam Fraß und aus dem Starken kam Süßes" (14:14). Dreißig Gewänder und dreißig Kleider soll derjenige als Preis bekommen, der das Rätsel in sieben Tagen löst. Nach drei Tagen kommen die Philister zu Samsons Frau und drohen ihr, sie mitsamt ihrer

[1] Im Folgenden beziehen sich die Zahlen in Klammern auf das Buch der Richter.

Familie zu verbrennen, wenn sie ihnen nicht die Lösung beibringt. Sie mag in diesem Moment zwischen dem Gefühl des Patriotismus und ihrer Pflicht gegenüber ihrem Ehemann hin- und hergerissen gewesen sein; doch die Bedrohung war eine reale. Sie setzt Tränen und seelische Erpressung als Mittel ein, um Samson zu überreden: „Du hassest mich nur und liebst mich nicht. Das Rätsel hast du den Söhnen meines Volkes zu raten gegeben und mir hast du es nicht kundgetan“ (14:16). Am siebten Tag gibt er schließlich ihrem Drängen nach. Die Kumpane geben ihm die Lösung, aber er lässt sich nicht täuschen und sagt: „Wenn ihr nicht mit meinem Kalbe gepflügt hättet, so hättet ihr mein Rätsel nicht geraten“ (14:18). Aus Wut und Rache tötet er dreißig Philister; seine Frau gibt er an einen seiner Genossen. Nach dem Verrat an ihrem Ehemann wird sie weitergereicht. Nach einiger Zeit möchte Samson seine Frau wieder sehen, aber der Vater der jungen Frau lässt ihn nicht zu ihr. Er verkündet ihm, dass er sie einem anderen Mann gegeben habe, bietet ihm aber ihre jüngere Schwester an, die noch viel schöner sei. Diesmal rächt sich Samson, in dem er Fackeln an die Schwänze von Schakalen bindet und so die Lager der Philister niederbrennt. Im Gegenzug verbrennen die Philister aus Rache die Frau und ihren Vater. In einem Vergeltungsschlag besiegt Samson die Philister.

Die Frau erleidet ein schreckliches Schicksal: Erst wird sie von ihrem eigenen Volk als Geisel zur Herausgabe der Lösung des Rätsels gezwungen. Kaum hat sie diese beigebracht, wird sie von ihrem Mann getrennt und einem anderen gegeben; schließlich wird sie von ihren eigenen Leuten umgebracht. Ihre Loyalität ihrem Volk gegenüber wird nicht belohnt. Zwischen ihrem Ehemann und ihrem Volk ist sie ausweglos gefangen in einer Welt voller Gewalt. Sie ist die Versucherin, die den Helden ins Wanken bringt; doch am Ende gibt ihr Opfer nur weiteren Anlass für die Bewunderung von dessen Kraft und Schlauheit angesichts des Feindes.

Seine zweite Frau ist bekannter; sie heißt Dalila[2]. Auch sie spielt die Rolle der fremden Verführerin im Dienste ihres Volkes. Samson verliebt sich in sie. In dieser Episode wird die Frau nicht mit Gewalt erpresst, sondern mit Geld bestochen, und zwar von den Fürsten der Philister: „Berede ihn und siehe, worin seine große Kraft ist, und womit wir ihm beikommen, dass wir ihn binden ihn zu bezwingen, und wir geben dir ein jeglicher eintausendundhundert [Schekel] Silber“ (16:5). Dalila scheint sich überzeugen zu lassen. Drei Mal hintereinander fragt sie Samson nach dem Geheimnis seiner Kraft, dreimal hält er sie zum Narren und die Anschläge der von ihr informierten Philister missglücken. Doch schließlich

[2] Der Name Dalila wird von den Rabbinen mit einer Wortwurzel in Verbindung gebracht, die „schwächen“ bedeutet, weil sie Samsons Stärke, seine Taten und seinen Willen geschwächt hat (vgl. *Num.* R. 9:24).

unterliegt er ihren dauernden Attacken[3], und sie entlockt ihm das Geheimnis seiner Kraft. Wieder informiert sie die Philister, lässt Samson auf ihrem Schoß einschlafen und ihm das Haupthaar scheren. Die herbeigeeilten Philister blenden Samson. Samson stirbt in den Trümmern eines Tempels, den er über dreitausend Philistern zusammenstürzen lässt. Dalila benutzt genau wie die erste Frau seelische Erpressung und dauerndes Nörgeln als Methode. Samson ist sich dessen wohl bewusst, denn sie spielt nicht mit verdeckten Karten. Ohne jede List und Tücke fragt sie ihn ganz direkt. Wir erfahren, dass sie für ihr Tun bezahlt wird; ihr Vorgehen Samson gegenüber wirkt kaltblütig. Sie scheint wesentlich unabhängiger zu sein als seine erste Frau. Sie wird am Ende des Berichtes nicht selbst zum Opfer; sie verrät Samson um des Geldes willen und nicht aus Angst um ihr eigenes Leben. Dies gibt ihr einen viel niederträchtigeren Charakter, macht sie einer Mörderin oder Prostituierten vergleichbar. ,, Beide Erzählungen implizieren, dass „Frauen gefährlich sind, aber durch Drohungen und Versprechungen und erst Recht mit Gottes Hilfe in Zaum gehalten werden können.“[4]

[3] Dem Midrasch nach erfährt sie das Geheimnis, indem sie sich ihm im Moment seiner höchsten Begierde entzieht. (vgl. *Sota* 9b.)

[4] Alice Ogden Bellis, *Helpmates, Harlots, Heroes*, S. 127.

Sara

Sara ist die erste der biblischen Matriarchen. Sie begegnet uns in einer Genealogie im elften Kapitel des Buches Genesis. Hier wird sie zunächst als Sarai, die Frau von Abraham, bezeichnet, und gleich zu Anfang wird ihre Unfruchtbarkeit festgestellt: „Aber Sarai war unfruchtbar, sie hatte kein Kind" (*Gen.* 11:30). Saras Unfähigkeit, Kinder zu gebären, steht am Beginn des Epos über die Herkunft der Hebräer. Das Abraham von Gott gegebene Versprechen, ihn „zu einer großen Nation" zu machen, kann nur durch eine Schicksalsumkehr, ein göttliches Eingreifen in den natürlichen Lebenszyklus von Sara, geschehen. An ihr wird Gott sein Versprechen wahr machen und durch sie wird der Ewige seine Macht beweisen können. Das Thema der Unfruchtbarkeit und deren Wandel in Fruchtbarkeit dank göttlichen Eingreifens ist ein wiederkehrendes in der Bibel – ganz als bedürfe es für die Zeugung von Nachkommen und den Fortgang der Geschichte[1] einer göttlichen Erlaubnis. Möglicherweise sind hierin noch Spuren eines Fruchtbarkeitsritus erkennbar oder auch die Transformation von Mythologien, nach denen die Götter vor der Eheschließung an den Frauen eine Art *jus primae noctis* ausüben konnten. In der griechischen Mythologie nahmen sich die Götter häufig die Frauen der Menschen; sie erst machen die Frauen fruchtbar. Zur Frage der Unfruchtbarkeit von Sara, Rebekka* und Rachel* erklären die Rabbinen, dass „der Heilige, gelobt sei Er, begierig [war] auf ihre Bitten und Gebete", ganz als würden Frauen nur in der Not beten und als läge die Unfruchtbarkeit allein an ihnen. Einer anderen Meinung nach waren sie unfruchtbar, „damit sie sich trotz ihrer Schönheit vor ihrem Ehemann verneigen", weil sie sich, wären sie fruchtbar gewesen, ihren Männern nicht mehr untergeordnet hätten; aus diesem Kommentar spricht die Angst, Frauen könnten sich wegen ihrer Gebärfähigkeit stark und unabhängig fühlen. Als Mütter

---

[1] Im Hebräischen wird für das Wort Geschichte der Begriff *Toledot,* „Generationen" verwandt; Geschichte entsteht erst durch aufeinanderfolgende Generationen.

hatten sie gegenüber ihrem Ehemann einen Status, denn sie als Unfruchtbare nicht hätten erreichen können. Eine dritte vorgebrachte Erklärung ist: „Damit ihre Ehemänner ihre ganze Freude an ihnen haben können, denn wenn eine Frau mit Kind geht, wird sie hässlich und [ihre Gesichtsfarbe] ähnelt dem Ysop. So blieb Sara in den achtzig Jahren ihrer Ehe wie ein unter dem Hochzeitsbaldachin jung angetrautes Mädchen." Zur Klärung werden Begrünfungen wie Unfruchtbarkeit, also Gottes Wille, die Unterordnung der Frauen unter ihre Männer, oder gar das Vergnügen der Männer und ihr Unwille, die Frau durch eine Schwangenschaft entstellt zu sehen, herangezogen. Könnten diese Begründungen Ausdruck eines stereotypen Wunschbildes der Rabbinen von der Frau als reinem Sexualobjekt (und nicht als Mutter) sein...?

Mit Abraham und den Seinen muss Sarai die Stadt Ur in Chaldäa verlassen. Sie gibt ein bequemes Leben in vertrauter Umgebung auf, um ihrem Mann ins Unbekannte, in das Gelobte Land Kanaan zu folgen. Unterwegs bleiben sie eine Weile in Charan, bevor sie wieder weiterziehen: „Und Abram nahm seine Frau Sarai [...] und die Seelen, die sie erworben in Charan" (*Gen.*12:5). Rav Huna kommentiert: „Abraham bekehrte die Männer und Sara bekehrte die Frauen" (*Gen. R.* 39:14). Die Rabbinen versetzen die beiden in die Rolle von Missionaren des Monotheismus[2].

Kanaan wird von einer Hungersnot heimgesucht und Abram zieht, immer noch in Begleitung seiner Frau, nach Ägypten. Es folgt die bekannte, drei mal wiederholte Episode[3], in der die Frau für ihren Ehemann gefährlich wird, weil sie in ihrer Schönheit einem Mächtigen zum Objekt der Begierde wird, dem es ein Leichtes ist, ihren „Besitzer" aus dem Weg zu räumen. Daher werden Sara und Rebekka als „Schwestern"[4] ihrer Ehemänner ausgegeben, was zwar den Mann der Gefahr enthebt, nicht aber die Frau. Die Frau muss sich bereit erklären, zwei Männern als Tauschobjekt zu dienen. In dieser ersten Version der Episode nimmt Pharao Sarai zur Frau. Die Frau ist zur Rettung ihres Mannes bereit, sich

---

[2] Die Tradition lässt zwar die Entdeckung des Monotheismus auf Abraham zurückgehen, doch die kritische Bibelforschung schreibt sie Moses zu und hält sie eher für das Ergebnis einer fortschreitenden Entwicklung denn einer Revolution.

[3] (Zwei Mal für Sara, in *Gen.* 12:10 bis 20 und 20:1–18 und ein Mal für Rebekka*, die Frau von Isaak, in *Gen.* 26:6–11), nach Ansicht der modernen Bibelforschung handelt es sich hierbei um drei Versionen ein- und derselben Legende.

[4] An späterer Stelle (*Gen.* 20:12) erfahren wir, dass Abram und Sarai den selben Vater, aber unterschiedliche Mütter hatten. Die beiden Passagen könnten auch Ausdruck unterschiedlicher, patrilinearer oder matrilinearer Abstammungskonzepte sein; nach der einen Vorstellung würde sich „Familie" ausschließlich über die Zugehörigkeit zur mütterlichen Linie, nach der anderen über die Zugehörigkeit zur väterlichen Linie definieren.

einem anderen Mann hinzugeben; ihr Körper ist gewissermaßen das Lösegeld für das Leben des Mannes. Während dieser ganzen Passage, in der Abram Sarai bittet, sich als seine Schwester auszugeben, sagt die Bibel nichts über Sarais Reaktion. Sarai bleibt stumm und stellt den Vorschlag ihres Mannes, den er allerdings auch mit einigem Feingefühl vorbringt, nicht in Frage. Die Rabbinen (*Gen. R.* 40:5) können die Tatsache, dass Sara zur Beute des Pharao wird, nicht einfach akzeptieren; sie stellen sich vor, Abram habe andere Lösungen gesucht, bevor er auf diese letzte zurückgegriffen habe: Abram habe Sarai in einer Lade versteckt und sei, weil er ihren Inhalt nicht preisgeben wollte, bereit gewesen, die Steuer für kostbare Edelsteine zu entrichten. Doch die Zollbeamten, misstrauisch geworden, befahlen ihm die Lade zu öffnen. „Als er sie öffnete, erstrahlte die ganze Erde in Saras Glanz." Saras Schönheit hat nach Meinung der Rabbinen die von Eva noch übertroffen.

Als Sara schließlich zum königlichen Palast geholt wird, erhält Abram im Austausch diverse Güter: „Und Abram tat er Gutes um ihretwillen und ihm wurden Schafe und Rinder und Esel und Knechte und Mägde und Eselinnen und Kamele [gegeben]" (*Gen.*12:16). Der Midrasch erzählt, Abram und Sara hätten beide gebetet. „Diese ganze Nacht hindurch lag Sara mit dem Gesicht zum Boden hingestreckt und rief: ‚Herr der Welt, Abraham hat [sein Land] verlassen gerüstet mit deinen Versprechungen und ich bin gegangen, nur mit meinem Vertrauen gerüstet, doch er ist aus dem Gefängnis entkommen und ich bin noch gefangen!' Der Heilige, gelobt sei Er, antwortete ihr: ‚Alles was ich mache, tue ich für dich und jedermann wird sagen: Es ist wegen Sarai, der Frau von Abram.'" (*Gen. R.* 41:2 zu *Gen.* 12:17). In ihrer Klage verweist Sara darauf, dass [ihr Vertrauen] verdienstvoller ist als Abrams, denn ihm hatte Gott ein persönliches Versprechen gegeben, während ihr Handeln nicht von der Hoffnung auf Belohnung bestimmt ist. Dieser Midrasch erlaubt Sara, ihr Erstaunen und die Ungerechtigkeit ihres Schicksals zu formulieren. Gott antwortet ihr, er handle in ihrem Sinne. Die Erzählung des Buches Genesis berichtet als Nächstes, dass Pharao und sein ganzes Haus von schrecklichen Plagen befallen werden. Der biblische Text sagt nicht explizit, ob Pharao mit Sara tatsächlich sexuellen Kontakt hatte oder nicht. Die Rabbinen gehen davon aus, dass dem nicht so war, offensichtlich um den guten Ruf der Stammeltern zu wahren. Als der Pharao endlich Abrams Lüge durchschaut, befiehlt er ihn zu sich und fragt ihn, wieso er seine Frau als seine Schwester ausgegeben habe. Abraham schweigt. Pharao schickt „ihn und seine Frau und alles, was ihm zugehörte" fort.

Nachmanides sieht die Verantwortung für diesen ganzen Vorfall bei Abram: „Es war eine Verfehlung."

Einige Kapitel später (*Gen.* 15) wird das Versprechen einer Nachkommenschaft für Abram wiederholt. Man weiß also, dass Abram der

Vater des zu erwartenden Kindes sein wird, nicht jedoch, ob die Mutter Sarai sein wird. Wieder wird ihre Unfruchtbarkeit angesprochen und Sarai gibt Abram ihre ägyptische Sklavin Hagar*, damit er von ihr ein Kind bekommen kann. Abram hört auf den Rat seiner Frau. Doch kaum ist sie schwanger, ist Hagar voll Missachtung für ihre Herrin. Sarai schickt Hagar fort. Im Hammurabi-Kodex ist die Möglichkeit der Verwendung der Dienerin als „Leihmutter" erwähnt; dabei wird ausgeführt, dass die von ihrer Herrin in den Stand der Konkubine erhobene Sklavin nicht den gleichen Status wie diese beanspruchen kann. In einem solchen Fall hätte die Ehefrau und nicht die Konkubine das Recht am Kind. Die Ersatzmutterschaft erlaubte einer unfruchtbaren Frau die Absicherung ihres Status in einer Welt, in der sich der Status der Frau ausschließlich über ihre Kinder definierte und die Unfruchtbarkeit als ein göttlicher Fluch angesehen wurde (vgl. *Gen.* 16:2[5]). [In den biblischen Erzählungen] wird die Ursache der Unfruchtbarkeit immer bei der Frau gesehen und immer gebiert sie dann einen Sohn, der zum Helden wird. Der Erhalt des Familiennamens ist wichtiger als persönliche Empfindungen. Sarai weiß, dass sie mit Hagars Schwangerschaft für ihre Dienerin zum Objekt der Verachtung wird. Wir werden Zeuge eines regelrechten Wettstreites zwischen den beiden Frauen um die Sicherung eines Nachwuchses für Abram. Dieser verweigert zwar die direkte Einmischung in den Konflikt zwischen den beiden Frauen, doch steht er zu Sarai, als sie Hagar in die Wüste schickt. Im Text wird die Intensität der beiden sich gegenüber stehenden Frauen spürbar, die Verachtung Hagars für ihre unfruchtbare Herrin und Sarais Leiden an ihrem Zustand, das sich in Aggression gegen ihre Magd und deren Ablehnung verwandelt. Diese Dreiecksbeziehung kann nur – verständliche - Eifersuchtsgefühle auslösen.

In der Passage, in der Gott Abram zur Bestätigung des von ihm eingesetzten Bundes die Beschneidung befiehlt, bleibt Sarai unerwähnt. Doch darauf folgt die [von Gott verfügte] Namensänderung von Abram und Sarai; von nun an heißen sie Abraham und Sara. Die beiden Namen der Matriarchin bedeuten „Fürstin[6]; „Und ich werde sie segnen, und gebe dir auch von ihr einen Sohn, und ich will sie segnen, dass sie zu Völkern werde, Könige der Völker sollen von ihr sein" (*Gen.* 17:16). Für die Frau besteht der Segen ausschließlich in der Mutterschaft, während beim Mann die geistige Allianz durch die Beschneidung im Fleische besiegelt wird und der Segen die Besitzergreifung des [gelobten] Landes verspricht. Zwei Mal wird Abraham und Sara die baldige Geburt eines Soh-

---

[5] „Sieh doch, mich hat Gott verschlossen, dass ich nicht gebäre [...]"

[6] Nach der Etymologie des Midrasch gibt die Änderung von *Sarai*, "Fürstin ihres Volkes" zu *Sara*, „Fürstin der Menschheit", dem Namen eine universellere Bedeutung (*Gen. R.*47:1).

nes angekündigt. Beim ersten Mal (*Gen.* 17:17) lacht Abraham über die Vorstellung, dass er und seine Frau in ihrem fortgeschrittenen Alter noch Kinder haben sollen.[7] Bei der zweiten Ankündigung muss Sara aus dem selben Grund lachen (*Gen.* 18:12[8]) Gott macht Sara wegen ihres Lachens und ihres mangelnden Glaubens an die göttliche Allmacht Vorhaltungen: „Ist dem Ewigen ein Ding zu schwer?“. Andererseits gab es anlässlich Abrahams Lachen keine Missfallensäußerung. Auch die späteren Kommentatoren werden sich vor allem auf Saras Lachen beziehen und das von Abraham unberücksichtigt lassen, ganz als habe er Vertrauen in Gott gehabt und nur sie habe zu zweifeln gewagt; oder sie werden sagen, dass Gott Sara ausdrücklich tadeln musste, während Abraham sich seines Fehlers bewusst war (*Midr. Hag., Sefer Bereschit*). Auch die Interpretation des Namens ihres Sohnes, Isaak („er wird lachen“) verweist meistens auf Sara. Die rabbinische Übersetzung übersetzt das Wort *wa'jitzchak*, „er lacht“ bei Abraham mit „er lächelt“ – bei Sara wird das gleiche Wort mit „sie lacht“ wiedergegeben! Philon von Alexandria meint, Abraham lache vor Freude über die gute Nachricht und Sara mache sich lustig. Diese tendenziösen Übersetzungen und Interpretationen stehen in dem Bemühen nachzuweisen, dass die Frau und nicht der Mann Gott lächerlich macht. Dieses Lachen, Ausdruck des abgrundtiefen Unterschiedes zwischen der Realität und dem gegebenen Versprechen, wird Sara zum Vorwurf gemacht; aus Angst leugnet sie wie ein ertapptes Kind, überhaupt gelacht zu haben. In diesem sehr lebendigen Dialog reagiert Gott mit „Nein, du hast gelacht.“ Die unterschiedliche Behandlung von Abraham und Sara in diesen beiden Texten ist auffallend. Bemerkenswert ist auch, dass beim Besuch der Gottesboten Abraham am Eingang des Zeltes sitzt und Sara im Inneren. Abraham befiehlt Sara, für die Gäste Kuchen zu bereiten, und geht selbst mit einem Knecht zu seinen Herden, um ein Kalb zu suchen. Abraham trägt auch das Mahl auf; seine Frau lädt er nicht zu Tisch. Sara sitzt am Zelteingang. Die Rabbinen sagen dazu, das Gespräch mit der Ehefrau eines Mannes sei für Boten-Engel nicht geziemend, und dass sich deshalb Ischmael zwischen den Engel und Sara gestellt habe (*Gen. R.* 48:16).

Bei Abrahams Verhandlung mit Gott über das Schicksal von Sodom wird Sara nicht erwähnt. Sie erscheint wieder in der Episode mit Abimelech, dem König von Gerar, einer Parallelversion des Geschehens mit Pharao. Der Text ist an dieser Stelle chronologisch problematisch.[9] Wieder wird Sara als Abrahams Schwester ausgegeben. Weil Abraham

---

[7] Das Thema ist jetzt nicht mehr Saras Unfruchtbarkeit, sondern ihre Menopause und Abrahams hohes Alter.

[8] Auch hier handelt es sich wohl um zwei Versionen der selben Geschichte.

[9] Sara wäre bei ihrer Entführung durch Abimelech über neunzig Jahre alt!

diesmal Sara nicht bittet, sich selbst als seine Schwester auszugeben, schließen die Rabbinen, er habe es gegen ihren Willen getan. Sie habe im Gegensatz zu ihm aus der ersten Erfahrung ihre Lehre gezogen (*Gen. R.* 52:4). Sie wird vom König entführt, doch diesmal betont der Erzähler, dass er sie nicht berührt hat. In einem Traum droht der Ewige dem König mit dem Tod; der beklagt sich zuerst bei Gott, dann bei Abraham über den Betrug. Abimelech beschenkt Abraham und gibt ihm seine Frau zurück. Zum ersten Mal wird offenbar, dass die Eheleute Halbgeschwister sind.[10] Vielleicht spiegelt sich hier neben einer später verbotenen Praxis (*Lev.* 18:9, 20:17; *Deut.* 2:22[11]) auch die Vorstellung, dass bei Paaren außer der Liebesbeziehung zwischen Eheleuten auch freundschaftliche, geschwisterliche Beziehungen möglich sind. Noch einmal wird die Unfruchtbarkeit und deren Abwendung thematisiert. Abraham wendet sich an Gott und bittet für die Frau und die Dienerinnen von Abimelech um Kinder. Seine Fürsprache wird von Erfolg gekrönt.

Zur vorgegebenen Zeit wird Sara Mutter eines Sohnes. Abraham nennt ihn Isaak und beschneidet ihn. Sara sagt: „Ein Lachen hat mir Gott gemacht; wer es hört, wird über mich lachen. Und weiter sprach sie: Wer hätt' es dem Abraham gesagt: Sara säugt Kinder! Doch habe ich einen Sohn geboren auf sein Alter“ (*Gen.* 21:6–7[12]). Gibt Sara ihrer Freude und ihrem Erstaunen angesichts des Wunders Ausdruck, oder muss das Lachen als Spottgelächter über die Mutterschaft einer alten Frau verstanden werden? Rachel Adler[13] bringt Saras Lachen mit Sexualität, *Edna,* das heißt „erotisches Vergnügen“ in Verbindung. Saras Gelächter ist spontan und bleibt rätselhaft.

Nach Isaaks Entwöhnung kommt es zu einer weiteren Begegnung zwischen Sara und Hagar und wieder werden Hagar und Ischmael in die Wüste geschickt. Dieser hatte gelacht[14] und Sara konnte es nicht ertragen. Abraham missfällt ihre Bitte, Ischmael mit seiner Mutter fortzuschicken. Er ist zwischen seinen beiden Söhnen hin- und hergerissen. Doch Gott rät ihm, sich keine Sorgen um sie zu machen: „[...] in allem was Sara dir sagt, hör auf ihre Stimme!“ (*Gen.* 21:12). Gott ergreift in dieser Auseinandersetzung Saras Partei und beruhigt Abraham, dass auch Ischmael ein

[10] Abraham erklärt: „Und wirklich ist sie auch meine Schwester, die Tochter meines Vaters, doch nicht die Tochter meiner Mutter, und sie ward meine Frau“ (*Gen.* 20:12).
[11] Nach *Sanhedrin* 58b war Sara die Tochter von Abrahams Halbbruder.
[12] Nach Gerhard von Rad, in: *Genesis*, S. 226 könnten diese Worte eine Erklärung für den Namen Isaak sein.
[13] *Engendering Judaism*, S. 105–106.
[14] Die ganze Erzählung spielt mit der Wurzel *z.ch.k* in allen ihren unterschiedlichen Bedeutungsvarianten von „lachen,“ „sich lustig machen über“ usf.

großes Volk werden wird, „weil er dein Same ist“. An dieser Stelle zählt die väterliche Abstammung. Sara scheint zwar in dieser Erzählung mit Gottes Einverständnis zu handeln, dennoch macht sie sich der Ausweisung ihrer Magd schuldig, und die meisten Kommentatoren klagen sie dafür an. Implizit bedeutet das, dass Frauen, von ihrem persönlichen Ehrgeiz zerfressen, unfähig sind, sich zu vertragen – für die männlichen Bibelgestalten trifft dies nicht zu[15] –, oder auch dass die Leihmutterschaft zum Scheitern verurteilt ist.

In der bekanntesten Geschichte von Abraham, der Bindung Isaaks (*Gen.* 22), spielt Sara keine Rolle. Sie stirbt jedoch gleich nach dieser Episode. Als Gott mit der Forderung, Isaak auf dem Berg Moria zu opfern, Abrahams Glauben auf die Probe stellt, hat Sara keinen Anteil am Geschehen. Wie auch in der Passage über den Bund sind Frauen bei allen Ereignissen, die ein Vertrauensverhältnis zwischen Gott und den Menschen/Männern begründen, nicht präsent. Gleichwohl sind sie, wenn auch im Hintergrund, ein unverzichtbares Bindeglied in der Umsetzung von Gottes Versprechen. Die Rabbinen haben eine Verbindung zwischen Saras Tod und der Bindung Isaaks gesehen. Die Probe sei eine Strafe für die Hagar angetanen Leiden gewesen oder auch, die Bindung des Sohnes sei für die Mutter so unerträglich gewesen, dass sie zu deren Tod geführt habe. Abraham habe vorgegeben, er ginge mit Isaak zum Toralernen. Sara habe, einer blitzartigen Eingebung folgend, gesagt: „Wer weiß, ob ich dich nach heute jemals wieder sehen werde.“ (*Sefer Hajaschar*[16], Wajera 44a-b). Ihre Bitte an Abraham ist hier wunderschön formuliert. „Oh mein Gebieter, ich bitte dich, achte auf deinen Sohn und habe dein Auge auf ihn, denn ich habe keinen anderen Sohn und keine andere Tochter als ihn. Oh, vernachlässige ihn nicht. Wenn ihn hungert, gib ihm Brot, wenn ihn dürstet, gib ihm Wasser zu trinken; lass ihn nicht zu Fuß gehen, noch sich in die Sonne setzen, noch alleine des Weges gehen, halte ihn nicht ab von seinem Begehr und tue alles für ihn, was er nur wünschen mag“ (*ebenda*). In diesen Worten kommt Saras ganze Mutterliebe zum Ausdruck, ihre Sorge um das Wohlergehen ihres Sohnes und ihre Angst, ihn ziehen lassen zu müssen. Weiter erzählt der Midrasch, Satan habe Sara gesagt, Isaak sei tot. Einige meinen, sie sei daraufhin gestorben, andere wieder, sie habe sich dem Willen Gottes gefügt und sei vor Freude gestorben, als Satan ihr offenbarte, dass er gelogen habe (vgl. *PdRK* 26). Der Midrasch gibt sich alle Mühe, die Gefühle einer Frau, die so sehr auf ein Kind gehofft hat und es nun dem Tode geweiht sieht, aufs

---

[15] S. Athalya Brenner, *The Israelite Woman*, S. 93, 95-96. Hier führt sie zahlreiche Beispiele auf. Das einzige Gegenbeispiel ist der Fall von Ruth* und Naomi*.

[16] Jakob B. Meir, Rabbenu Tam (1100-1171).

herzergreifendste darzustellen. In Wirklichkeit wird Isaak gerettet, dem biblischen Text nach durch das Eingreifen eines Engel in dem Moment, als sein Vater das Messer ansetzt. Die Passage über die Bindung Issaks ist Quelle zahlreicher Kommentare. Möglicherweise sollte sie den Menschen jener Zeit bedeuten, dass der Gott Israels, im Gegensatz zu den Göttern anderer Völker, keine Menschenopfer wünscht. Doch angesichts der Bedeutung des Lebens in der jüdische Tradition bleibt für den modernen Leser die göttliche Forderung trotz des positiven Ausganges der Geschichte beunruhigend.

Direkt vor dem Tod von Sara ist in die Erzählung ein Stammbaum der Familie ihres Bruders bis hin zur Geburt Rebekkas eingeschoben. Der *Midrasch Raba* (*Gen. R.* 58:2) betrachtet diese Gegenüberstellung poetisch: „Bevor der Heilige, gelobt sei Er, die Sonne Saras niedergehen ließ, ließ er die von Rebekka aufgehen.“ So folgt eine Matriarchin der anderen nach. Der italienische Kommentator Sforno fügt hinzu: “Ein gerechter Mensch stirbt nicht, bevor nicht ein anderer geboren wird.“ Sara stirbt im Alter von einhundertsiebenundzwanzig Jahren in Hebron, und „Abraham kam herbei zu klagen um Sara und sie zu beweinen“ (*Gen.* 23:2). Ihr Tod habe nicht nur Abraham, sondern die ganze Welt zu Tränen gerührt (*Midr. Hag.*, Sefer Bereschit 1). Abraham verhandelt mit den Söhnen Chets um den Kauf einer Grabstelle für ihre Beerdigung in der Höhle von Machpela, wo der Tradition nach auch Adam und Eva*, Isaak und Rebekka* und Jakob mit Lea* beerdigt sind. Raschi sagt (Raschi zu *Gen.* 23:1), Sara sei mit hundert Jahren wic mit zwanzig ohne Sünde und in ihrer Schönheit mit zwanzig wie mit sieben Jahren gewesen.

Im Kontext der trostlosen Situation des Exils erwähnt der Prophet Jesaja Sara als Quelle der Hoffnung in einer aussichtslosen Lage: „Schauet auf Abraham, euren Vater, und auf Sara, die euch geboren!“ (*Jes.* 51:2). Der Verweis auf den Stammvater und die Stamm-Mutter soll dem Volk, das sich entwurzelt fühlt, Halt in seiner Geschichte geben und Trost spenden durch das Beispiel Saras, die nach ihrer Unfruchtbarkeit doch noch ein Kind gebar.[17]

In der Bibel wie in den Augen der Rabbinen erscheint Sara als starke und gleichzeitig sensible Frau. Manchmal unterwirft sie sich schweigend, manchmal redet sie und drückt ihre Gefühle ohne Umschweife aus. Sie ist Prophetin (*Meg.* 14a); Gott sagt ihrem Mann, er solle auf ihre Stimme hören; doch einige Rabbinen sagen auch, sie sei egoistisch wie alle Frauen, gewalttätig, indiskret, faul und launenhaft (*Gen. R.* 45:5–6). Die Rabbinen glauben, als Fürstin ihres Volkes würde sie zur Fürstin der

[17] Siehe: Katheryn Pfisterer Darr, „More than the Stars of the Heaven: Critical, Rabbinical, and Feminist Perspectives on Sarah“, in: *Far more Precious than Jewels*, S. 114.

Menschheit (*Gen. R.* 47:1), geben ihr so über die partikularistische Rolle innerhalb des Familienklans hinaus eine universelle Mission. Sie wird bewundert, doch macht sie auch Angst, wie so viele der von Männern beschriebenen Frauengestalten. In diesem biblischen Text wird im Zusammenhang mit Sara ihre Unfruchtbarkeit thematisiert (in ihren Interaktionen mit Gott, Abraham und Hagar, ihrer Rivalin) – und auch ihre Sexualität (in den Episoden mit Pharao und Abimelech). Befremdlicherweise ist sie bei allen Etappen der religiösen Entwicklung in Abrahams Leben abwesend; manchmal ist sie Zeugin von Ferne, aus dem Zelt, manchmal erfährt sie indirekt davon. Mit Sara spricht Gott nur selbst, als er sie wegen ihres Lachens bei der Ankündigung der Geburt ihres Sohnes zurechtweist – ein Lachen gemischt aus Freude und Unbehagen an der eigenen Person.

Schabbatkerzen

Die Erfüllung des Gebotes, zu Beginn von Schabbat und Feiertagen Kerzen anzuzünden, wird traditionell der Frau zugewiesen. Tatsächlich wendet sich das Gesetz vom strikt legalen Standpunkt aus betrachtet gleichermaßen an Männer und Frauen, selbst wenn die Rabbinen die Verantwortung für seine Erfüllung eher in die Hände der Frauen legen.[1] Ein allein lebender Mann ist zum Zünden der Kerzen verpflichtet. Der Vorrang der Frauen bei der Ausübung dreier bestimmter Gebote wird in der Mischna negativ ausgedrückt: „Wegen dreier Übertretungen sterben die Frauen im Kindbett: weil sie die Gesetze der Nidda* [über die Menstruation], der Challa* [Teighebe] und des Kerzenzündens vernachlässigen" (*Schab.* 2:6). Für den modernen Leser ist diese Formulierung einerseits schockierend, weil sie eine primitive, formelhafte Theologie widerspiegelt, nach der bestimmte Übertretungen automatisch die Todesstrafe nach sich ziehen; andererseits auch, weil die Strafe in einem solchen Missverhältnis zu der Schwere der Übertretungen steht. Möglicherweise suchten die Autoren nach einer Erklärung für den häufigen Tod durch Kindbettfieber oder sie wollten die Frauen durch Drohung zur Einhaltung dieser Gebote zwingen. Das Gebot des Kerzenzündens ist im Übrigen eine rabbinische Weisung[2], in der Tora selbst wird es nicht erwähnt.

Eine andere Begründung dafür, dass die Erfüllung dieses Gebotes der Frau zugesprochen wird, geben der *Midrasch Rabba* (*Gen. R.* 17:8) und der Jerusalemer Talmud (*TJ, Schab.*2:6): „„Weshalb wurde das Gebot des Lichterzündens am Schabbat gegeben? – Adam, der erste Mensch, war das Licht der Welt, wie es geschrieben steht, ‚die Seele des Menschen ist das Licht Gottes' [*Sprüche* 20:27], doch Eva hat die Seele des Menschen

---

[1] „Es ist für Männer wie für Frauen verpflichtend, in ihrem Heim zum Schabbat eine Kerze zu zünden. Für die Frauen gilt dies Gebot ausdrücklich." (*SA*, *OCh* 263:2,3)

[2] Anm. d Übers.: die nach traditioneller Auffassung weniger Gewicht hat als ein biblisches Gebot.

ausgelöscht; deshalb wurde ihr das Gebot der Schabbatlichter gegeben.'"[3] Diese Beweisführung ist aus mehreren Gründen tendenziös: Sie macht Eva für den Ungehorsam von Adam und Eva allein verantwortlich, obwohl der Text in Genesis die Verantwortung beider aufzeigt; auch wird hier Adam, die erste menschliche Kreatur, als Mann und nicht als androgynes Wesen aufgefasst. Diese Interpretation stützt sich also auf den zweiten Bericht[4] von der Erschaffung Evas, der sexistisch ist. Darüber hinaus wird der Text aus den Sprüchen so interpretiert, als sei mit Adam der Mann und nicht die Frau gemeint – dabei wird das Wort *adam* auch inklusiv verwendet; es könnte also ebenso gut als „Mensch" übersetzt werden. Schließlich werden durch die Tatsache, dass alle Frauen über Generationen hinweg für Evas Fehler büßen müssen, die Frauen a priori verdammt, einfach weil sie Frauen sind. Das Gebot ist folglich keine Ehrung, sondern eine Bestrafung.

Raschi (1040–1105) zitiert ebenfalls den *Midrasch Rabba,* nach dem „Eva das Licht der Welt gelöscht" habe (vgl. Raschi über *Schab.* 32b), doch kommentiert er das Gebot etwas weniger einseitig mit einem Zitat aus den Sprüchen (6:23): „‚Weil die *Mitzwa*[5] eine Lampe ist und die Tora das Licht' lässt das Gebot des Kerzenzündens an Schabbat und Chanukka das Licht der Tora scheinen" (Raschi über *Schab.* 23b).

Im Babylonischen Talmud (*Schab.* 23) ist denen, die regelmäßig Lichter zünden, eine Belohnung versprochen: Sie werden gelehrte Söhne haben. Der Satz steht in der männlichen Form; der Maharsha (Samuel Elieser ben Juda Halevi Edels, 1561?–1631) erklärt dazu, dass sich die Mizwa vor allem an Frauen richtet, und übersetzt „der gewohnt ist" mit „der seine Frau daran gewöhnt hat". Die Initiative für die Erfüllung des Gebotes wird also dem Mann zugesprochen und auch die Belohnung bleibt im Rahmen eines männlichen Vorrechtes: gebildete Söhne. Einige Kommentatoren wie Moses Maimonides scheinen die Verantwortung für die Erfüllung eines Gebotes nur ausgesprochen ungern einer Frau anvertrauen zu wollen.

> Diese Mizwa obliegt vor allem den Frauen, da sie im Allgemeinen zu Hause sind und mit Haushaltsdingen beschäftigt. Dennoch müssen die Ehemänner sie daran erinnern und sie befragen und ihnen wie den anderen Mitgliedern des Haushaltes am Vorabend des Schabbat, vor dem Dunkelwerden, befehlen: „Zündet die Kerzen." (*MT*, Hil. Schab. 5:3.)

---

[3] Die beiden Versionen sind nicht ganz gleich, der Jerusalemer Talmud zitiert aus den Sprüchen.

[4] Siehe: Eva*.

[5] Anm. d. Übers.: d.h. die religiöse Pflicht.

Die *Mischna Berura* (Israel Meir Cohen, 1838–1933, *MB* 11,12 über *SA*, *Och* 263: 2,3) empfiehlt daher eindringlich, dass der Mann die Kerzen vorbereitet, damit die Frau sie dann anzündet.

Der eigentliche Grund, weshalb die Erfüllung dieses Gebot der Frau zufällt, bleibt rätselhaft. Die drei Gebote, für deren Erfüllung sie zuständig ist, gehören in den privaten Bereich des Haushalts. Das Kerzenzünden ist ein zeitgebundenes Gebot[6]; nach der Logik des Talmud sollten Frauen von dessen Erfüllung eigentlich ausgenommen sein. Vielleicht ist hier eine Ausnahme einfach aus praktischen Gründen zur Regel geworden: Zur Zeit des Lichterzündens waren Frauen in der Regel zu Hause, die Männer aber in der Synagoge. In einigen *Tchines* (wahrscheinlich von Frauen verfasste Gebete aus dem 17. Jh.) erhält das Kerzenzünden eine mystische Dimension und wird mit den Handlungen des Priesters im Tempel verglichen.[7] In allen egalitären Bewegungen sind in rituellen Fragen die Rollen von Mann und Frau grundsätzlich austauschbar, so ist auch das Lichterzünden nicht mehr alleiniges Vorrecht der Frau.[8]

---

[6] Siehe Eintrag: zeitgebundene Gebote*.

[7] Chava Weissler, „The Tkhines and Women's Prayer", CCAR *Journal*.

[8] Siehe :„Lightning the candles and the kiddush – Man's or woman's prerogative", in: Walter Jacob, *Contemporary American Reform Responsa*, S. 263.

Schechina

Das Wort Schechina entstammt der aus den drei Buchstaben *Schin, Chaf* und *Nun* gebildeten hebräischen Wurzel mit der Grundbedeutung „gegenwärtig sein“, „wohnen“, „benachbart sein“. Häufig wird es mit „die Einwohnung Gottes“ übersetzt. In der Bibel erscheint der Begriff nicht, sondern erst zur talmudischen Zeit. Das Konzept der Schechina will die Spannung zwischen einem transzendenten, sich jeder anthropomorphen Form entziehenden Gott und der Vorstellung seiner Nähe zu den Menschen und seines Eingreifens in ihr Leben überwinden. Die Antinomie zwischen der grundsätzlichen Ferne, der Transzendenz, des Göttlichen einerseits, und andererseits seiner Immanenz, seines „In der Welt Seins“, führte zur Entstehung der Schechina. Wo immer zum Beispiel der biblische Text göttliches Handeln und Fühlen mit menschlichen Begriffen beschreibt wie „Gott steigt herab“ oder „Gott bereut“, verwendet die aramäische Übersetzung[1] eine Umschreibung: „die Schechina steigt herab“ oder „die Schechina bereut“, um zu vermeiden, dass der Leser oder Zuhörer diese Ausdrücke wörtlich nimmt und Gott menschliche Gefühle oder Form gibt. Vers 8 des Buches Exodus, Kapitel 25 „Und sie sollen mir machen ein Heiligtum, dass ich wohne in ihrer Mitte“ wird folgendermaßen übersetzt: „Sie sollen vor mir machen ein Heiligtum, dass ich meine Schechina unter ihnen weilen lassen kann.“ Ephraim Urbach führt dazu aus:

> In den Sprachbildern und anthropomorphen Formulierungen konnte das Bewusstsein der Nähe Gottes zum Ausdruck kommen, gleichzeitig aber öffneten sie der Legendenbildung Tür und Tor. Andererseits musste eine dauerhafte und absolute Abstraktion bei der Beschreibung des Göttlichen Gefahr laufen, zu einem deisti-

[1] Der im ersten oder zweiten Jahrhundert unserer Zeitrechnung niedergeschriebene *Targum Onkelos* fußt wahrscheinlich auf einer älteren Version.

schen Gottesbegriff zu führen, der Gott aus dem Weltgeschehen entfernt und ihn auf die Rolle des passiven Beobachters reduziert.[2]

Folglich bedurfte es der Vorstellung einer Wesenheit, die nicht Gott, sondern eine Reflexion des Göttlichen ist, die aber auch nicht eine unabhängige Kraft sein durfte und die in eine den Sinnen zugängliche anthropomorphe Form gekleidet werden konnte. Diese Wesenheit ist Ausdruck der Schwierigkeit, von Gott als dem Ganz Anderen in der Sprache der Menschen zu reden. Auch die Rabbinen erkannten das Problem, als sie bemerkten: „Die Tora spricht die Sprache der Menschen". Die Schechina ist also eine Umschreibung für die Immanenz Gottes.

Das Mit-Gott-Sein wird in der Mischna folgendermaßen ausgedrückt: „R. Chanania B. Teradion sagte: Wenn zwei beisammen sitzen und sich mit den Worten der Tora befassen, so weilt die Schechina unter ihnen" (*Avot* 3:3). Die Schechina ist hier eine Art göttlicher Anerkennung. Sie wohnt im Heiligtum (*Ex.* 25:8[3]), obwohl die Gegenwart Gottes nicht an einen Ort gebunden ist.[4] Der Ausdruck *Zimzum haSchechina*, „Zusammenziehen der Schechina", verweist auf die göttliche Gegenwart an einem bestimmten Ort ohne ihren Rückzug aus der übrigen Welt: „[...] es gibt keinen Ort auf der Welt, an dem die Schechina nicht gegenwärtig ist (*PdRK*, Wajehi bejom kalot Mosche, S. 4).

Die Schechina begleitet die Kinder Israel auf ihren Wanderungen. Nach der Zerstörung des Tempels weilt sie inmitten des Volkes: „Überall wo Israel im Exil war, war die Schechina sozusagen mit ihnen im Exil [...][5]." Diese Vorstellung von der Begleitung durch die Schechina ist verbunden mit der Idee des Mitgefühls; die Schechina teilt den Schmerz Israels mit trostspendender Empathie. Sie weilt bei den Kranken, um sie zu erquicken (*Schab.* 12b) und hilft den Bedürftigen (*Targ.* zu *Rich.* 6:13). Sie steht dem Schicksal Israels nicht gleichgültig gegenüber, genauso wenig wie seinem Verhalten, von dem ihre Gegenwart an seiner Seite abhängt: „R. Elieser sagt: Wenn auf dem Menschen, der sich der Unreinheit verschreibt, der Geist der Unreinheit ruht, dann ruht auf dem, der sich der Schechina verschreibt die Schechina[6]", oder auch: „Die

---

[2] *Les Sages d'Israel*, S.44.

[3] In Onkelos heißt das Heiligtum sogar „Haus der Schechina" (*Onkelos, Deut.* 12:5).

[4] In folgendem Prinzip wird dieser Widerspruch zusammengefasst: „Der Heilige, Gelobt sei er, ist der Ort der Welt, aber die Welt ist nicht sein Ort" (*Gen. R.* 68:8); dies erklärt auch einen der Gottesnamen haMakom, „der Ort", im Allgemeinen mit „der Allgegenwärtige" übersetzt.

[5] *Mech.*, massechta dePischa, S. 51–52.

[6] *Sifrei Deut.* 173, und *Sota* 17a; hier geht es um die von Gott bekräftigte gute Beziehung zwischen Mann und Frau.

Missetäter ließen die Schechina verschwinden, und sie verließ die Erde. Doch die Gerechten ließen sie auf der Erde wohnen" (*Num. R.* 13:2). Diese Gotteslehre, nach der die Gegenwart Gottes vom menschlichen Verhalten abhängt, steht im Widerspruch zum griechischen Denken, das von der Immanenz des Göttlichen als unveränderlicher Grundwahrheit ausgeht. Die Schechina verbreitet auch ein der göttlichen Glorie zugeschriebenes Licht. So erklärt der Midrasch die Trübung von Isaaks Augen damit, dass er der Schechina ansichtig wurde (*Deut. R.* 11:3). Moses wurde von früher Kindheit an von der Schechina begleitet; als Pharaos Tochter* den von der Mutter auf dem Nil ausgesetzten Korb fand und öffnete, gewahrte sie die Schechina (*Sota* 12b). Die Schechina sprach mit Moses zu jeder Stunde ohne jegliche Festlegung auf bestimmte Zeiten (*Schab.* 87a). Da der Anschauung nach Moses seine Frau verließ, um mit der Schechina in Berührung zu kommen, wird daraus geschlossen, dass seine Beziehung zur Schechina wie die zwischen Mann und Frau war.

Der Ausdruck Schechina begegnet uns häufig in negativen Begriffen wie „Die Schechina mit Füßen treten" (in anderen Worten: arrogant sein), oder in positiven wie „die Herrlichkeit der Schechina" oder „die Flügel der Schechina"; dies letztere ist ein Bild des Schutzes und der Geborgenheit: „Gott oder die Schechina breitet seine Flügel über Israel wie ein Adler, der über seinen Jungen kreist um seine Brut zu schützen" (*Mech.*, Massechta d'Amalek, Beschallach 2; *Deut.* 32:11). Wer zum Judentum übertritt, begibt sich damit auch unter die Flügel der Schechina.

In der talmudischen Literatur erscheint die Vorstellung der Schechina nirgends als weiblicher Aspekt Gottes, auch wenn das Wort grammatikalisch weiblich ist. Gott hat beides, weibliche und männliche Aspekte, ohne selbst Mann oder Frau zu sein. Erst in der mystischen Literatur, der Kabbala, im 13. Jahrhundert, nimmt die Schechina eine neue Bedeutung an.

Auch wenn die Tradition die Darstellung Gottes verbietet, zeichnen die beim Reden von Gott gebrauchten Worte und Metaphern ganz bestimmte Bilder und zeigen darin auch eine ganz bestimmte Vorstellung vom Menschen und der Gesellschaft, in der er lebt. Die Feststellung der im Rahmen einer patriarchalischen Ordnung mit dem Weiblichen verknüpften Assoziationen ist aufschlussreich. Hierfür müssen wir auf die in der biblischen Literatur auf Gott bezogenen Metaphern betrachten – diese Metaphern sind insgesamt „männlich" oder zumindest Ausdruck der männlichen Sichtweise einer Zeit und Gesellschaft, in der die Frau als „das andere Wesen[7]" gesehen wurde. In der großen Mehrzahl der Fälle spricht die Bibel von Gott vor allem in männlichen Begriffen, und auch die

[7] Siehe: Judith Plaskow, „God: Reimagining the unimaginible", in: *Standing again at Sinai*, S. 121–169.

Liturgie spiegelt dies wieder. Gott ist in der Bibel ein Krieger (*Ex.* 15:13), ein Hirte (*Ps.* 23:1), ein König (*1. Sam.* 12:12), ein Vater (*Jer.* 3:19). Diese Bilder sind Ausdruck von Macht, Autorität, Stärke, Sieg und Herrschaft, alles Attribute des Männlichkeitsideales und in logischer Folge auch Ausdruck der absoluten Perfektion: Gott selbst. Diese „männlichen" Rollenbilder sind öffentlich, aktiv; die Rolle des Weiblichen wird als eher passiv gesehen, weiblicher Einfluss als indirekt und oft nur mit männlicher Hilfe durchsetzbar. Weibliche Gottesbilder kommen auch vor, doch sie sind deutlich in der Minderzahl. Der Prophet Jesaja spricht zum Beispiel von Gott als Mutter (*Jes.* 42:14; 66:13), doch hier handelt es sich um eine Ausnahme, in der rabbinischen Literatur wird dies Bild nicht wieder aufgenommen. Die Bevorzugung ausschließlich männlicher Bilder in der Bibel könnte auch zurückzuführen sein auf den Wunsch der Abgrenzung der jüdischen Kultur von den polytheistischen Religionen ihres Umfeldes, die bei ihren Göttern weder dem Männlichen noch dem Weiblichen den Vorrang gaben. So hätte das Aufkommen des Monotheismus eine Umorientierung der Religion auf das Männliche mit sich gebracht; mit dem Ausschluss von Göttinnen wie Aschera, Astarte und Anat[8] wurden auch die Frauen aus dem öffentlichen religiösen Leben ausgeschlossen. Die für Gott verwendete Sprache[9], Ausdruck männlicher Autorität, ginge somit Hand in Hand mit einer Marginalisierung der Frauen. In diesem Zusammenhang soll der Vers aus Genesis, in dem von Evas* Strafe für ihre Missachtung des göttlichen Befehles die Rede ist, ins Gedächtnis gerufen werden: „Und nach deinem Manne sei dein Verlangen und er beherrsche dich" (*Gen.* 3:16). Die Heftigkeit der Reaktionen auf die von den egalitären Bewegungen durchgeführten Untersuchungen der für Gott verwendeten Sprache zeigt die feste Verankerung eines „männlichen" Gottesbildes. Judith Plaskow[10] verweist auf die [hiermit verbundene] Idolatrie der Worte: Das Bild wird für die Wirklichkeit genommen und eine Veränderung dieses Bildes wird als Beeinträchtigung von Gottes Ansehen gewertet. Eine neue Bildsprache kann zur Befreiung von patriarchalischen Vorstellungen in der Gesellschaft und im Gottesbild als deren Projektion führen.

In der Kabbala erhält die Schechina eine „weibliche" Dimension die der „männlichen" Dimension Gottes (ausgedrückt in dem Begriff *ha-Kadosch Baruch Hu*, „Der Heilige, gelobt sei Er") an die Seite gestellt wird: Sie ist Prinzessin, Tochter, Königin, Matrone, Meer, Vertrauen,

---

[8] Siehe: Raphael Patai, *The Hebrew Goddess*, S. 31 und 96; er hält die Schechina für die direkte Nachfolgerin der kanaanitischen Gottheiten Aschera und Anat.
[9] Siehe Eintrag: Sexismus und Sprache*.
[10] Judith Plaskow, a. a. O.

Weisheit, und die jüdische Gemeinschaft. Sie zeigt einen eigenen, manchmal unabhängigen Willen, den sie sogar Gott entgegensetzt, wenn sie in ihrem Mitgefühl für die Kinder Israel eintritt. Gott und die Schechina, die mit Aktivität und Passivität verknüpfte „männliche" und die „weibliche" Seite vereinigen sich:[11] Gerschom Scholem sieht hierin ein Wiederaufleben der Antike: „Hinter diesen mystischen und archetypischen Bildern nehmen wir die Umrisse der männlichen und weiblichen Götter der Antike wahr, die für das Bewusstsein der frommen Kabbalisten freilich ein Gräuel gewesen wären".[12] Seiner Meinung nach entsprach die in der Feminisierung der Schechina bestehende Erneuerung einem tiefen religiösen Bedürfnis. Die Schechina ist die Mutter jedes einzelnen der Kinder Israel, sie ist Rachel*, die um ihre Kinder weint, sie steht für die Beziehung zwischen der jüdischen Gemeinschaft und Gott. Auch mit der Idee des Lichtes ist sie verbunden; im Exil wird sie durch ihre Tränen zur „Schönen, die keine Augen mehr hat"[13], Symbol der Tora. Die Sünden der Menschen haben ihr Exil verschuldet. Erst mit der Erlösung kann die ursprüngliche Harmonie, der Zustand vor dem Sündenfall, durch die Einswerdung der göttlichen Kräfte wieder hergestellt werden. Doch durch die Erfüllung der Gebote der Tora schafft der Mensch *Tikkun Olam*, die Wiederherstellung der Welt, und damit die Voraussetzung für die erneute ständige Verschmelzung von Gott mit der Schechina. Sie ist auch Symbol des Weiblichen: „Die Schechina, alle Frauen der Welt befinden sich unter ihrem Schutz" (*Sohar 1*, 228b). Weiblichkeit wird mit Nähe assoziiert, für den Mystiker ist die Schechina deshalb die erste Stufe des Zugangs zu Gott. Die irdische Welt ist ein Abbild der himmlischen Welt und das irdische Geschehen hat direkten Einfluss auf die Sphäre des Göttlichen. So wird auch die Vereinigung von Mann und Frau „zu einer symbolischen Verwirklichung der Vereinigung Gottes und der Schechina."[14] In dieser Gedankenwelt wird eine wahre Liebesbeziehung als ein heiliges Mysterium gesehen. Im *Sefer Habahir*[15] ist die Schechina die Herrlichkeit Gottes [*kavod*]: „Dies kann verglichen werden mit einem König, in dessen Palast eine Matrone lebte. Alle seine Gäste verehrten sie. Sie hatte Kinder, und ihre Kinder kamen jeden Tag um dem König die Ehre zu erweisen. Sie sprachen zu ihm: ‚Wo ist unsere Mutter?' Und er erwiderte: Ihr könnt sie jetzt nicht sehen." Worauf sie

---

[11] S. Gerschom Scholem, *Die jüdische Mystik in ihren Hauptströmungen*, S.247

[12] ebenda, S. 248

[13] Oder auch zum "schönen Mädchen, das keine Augen mehr hat" (*Sohar* II, 95a).

[14] S. Gerschom Scholem, a.a.O., S. 256.

[15] eines der ersten kabbalistischen Werke, im 12. Jahrhundert in Südfrankreich erschienen.

antworteten: ‚Gesegnet sei sie, wo immer sie auch sei.'"[16] Hier ist die Schechina eine Matrone, eine um ihre Kinder besorgte Mutter; die Frommen möchten sie sehen, um sie zu verehren, doch sie entzieht sich ihrem Blick, wohl aus Zurückhaltung und Bescheidenheit, beides in der Tradition den Frauen zugesprochene Eigenschaften. Später vergleicht der *Bahir* die Schechina mit einer Prinzessin, durch deren Taten die Welt erhellt wird. Der *Sohar* (2; 146b) seinerseits stellt sich die Liebe zwischen Gott und dem jüdischen Volk wie die zwischen Jakob und Rachel vor.[17] In der Beschreibung der „Tore des Lichts"[18] wiederum waren nacheinander die Matriarchen Inkarnationen der Schechina: „Zur Zeit unseres Vaters Abraham seligen Angedenkens hieß die Schechina Sara*, zur Zeit unseres Vaters Isaak seligen Angedenkens hieß sie Rebekka*. Zur Zeit unseres Vaters Jakob seligen Angedenkens hieß sie Rachel*".

Werden hier die biblischen Gestalten zu Göttern stilisiert oder die göttliche Gegenwart vermenschlicht? Wie dem auch sei, auf jeden Fall werden die männlichen Helden der Bibel mit der „maskulinen" Seite Gottes in Verbindung gebracht und die Schechina mit den „femininen" Aspekten. Doch selbst wenn die Kabbala diese femininen Aspekte des Gottesbildes weiterentwickelt hat, entsprachen diese immer noch nur der von den Männern der patriarchalischen Gesellschaft jener Zeit erdachten Sicht des "Weiblichen"; außerdem blieben sie marginal und fanden keinen Eingang in die Liturgie. Erst in den kreativen Liturgien der Frauenbewegung findet man Bilder der Schechina als Teil von Gebeten, die beide, die männlichen und weiblichen Aspekte Gottes, ansprechen. Diese Entwicklung entspricht der veränderten Sicht der Geschlechter und ihrer Rolle in der modernen Gesellschaft und besonders der veränderten Rolle der Frauen in spirituellen und religiösen Dingen. In diesem Zusammenhang sind besonders zwei Eigenschaften der Schechina von Bedeutung: ihre Immanenz und die Tatsache, dass dieses Gottesbild in Beziehungen bar jeder Hierarchie oder Dominanz erscheint, wie sie beim Studium, gemeinschaftlichen Versammlungen und in der sexuellen Intimität eines Paares auftreten. Das Üble am traditionellen Bild des Weiblichen ist seine

---

[16] Kommentar zu *Esechiel,* Vers 3:12; *Sefer habahir*, ed. Margoliot, Jerusalem, 1951, S. 131–132.

[17] Arthur Greenberg gibt folgende Erklärung für die von Männern verwendeten weiblichen Bilder für Israel in seiner Beziehung zu Gott: sie wären Ausdruck „des Maßes an Liebe, Leidenschaft und Wärme, das bei ihnen spirituelles Leben erweckt". Andere sehen hierin eine Darstellung des jüdischen Volkes in seiner historischen Wirklichkeit; nämlich in ständiger Abhängigkeit wie eben auch zum Beispiel eine Ehefrau in der traditionellen Form der Ehe. Siehe: „Bride, Spouse, Daughter, Images of the feminine in classical Jewish sources", in: *On Being a Jewish Feminist*, S. 248–259.

[18] Werk von Joseph Gikatillia aus dem 13. Jh., *Scha'arei Ora*, Hrsg. Ben-Shlomo, Kap. 5, S. 230.

Unterordnung unter einen im Wesentlichen männlichen Gott. Die Schechina war eine männliche Projektion dessen, was eine Frau sein konnte – Ehefrau und Mutter, eventuell auch göttliche Königin und Verlobte, die jeden Schabbat mit der männlichen Gemeinde zusammenkommt und ihr die Freude dieses köstlichen Tages bringt.[19] Problematisch an dieser Metapher ist, dass in diesem Bild die Gemeinde als Mann und Bräutigam die Braut Schabbat begrüßt – was wiederum die Frauen ausschließt. Dies zeigt, wie wichtig es ist, dem Göttlichen seine übergeschlechtliche Neutralität wieder zu geben, deren weiblichen und männlichen Aspekte nicht mehr Ausdruck einer patriarchalischen, sondern einer egalitären Weltsicht sind und in der sich Männer und Frauen als im Bild Gottes geschaffen wiedererkennen können (gemäß *Gen.* 1:27: „Im Bilde Gottes schuf Er [den Menschen], als Mann und Frau schuf Er sie").

---

[19] Anm. d. Übers.: Hier wird auf das zur Freitagabend-Liturgie gehörende Lied „*Lecha dodi*" von Schlomo Alkabez Bezug genommen, das die Gemeinde als Bräutigam und der Schabbat als Braut beschreibt.

Scheidung

In der Bibel selbst findet man nur einige wenige Gesetze zur Scheidung. Wie bei der Eheschließung wird erst im mündlichen Gesetz, im Talmud, eine detaillierte Regelung ausgearbeitet. In einem Abschnitt des Buches Deuteronomium finden wir die Aussage, dass eine geschiedene und wiederverheiratete Frau nicht zu ihrem ersten Mann zurückkehren kann: „Wenn ein Mann eine Frau nimmt und ehelicht sie, so soll geschehen, wenn sie keine Gunst in seinen Augen findet, weil er an ihr etwas Schändliches gefunden, so soll er ihr einen Scheidebrief schreiben und in ihre Hand geben, und sie aus seinem Hause entlassen, dass sie aus seinem Hause gehe; wenn sie nun geht, und wird eines anderen Mannes, und der andere Mann hasset sie, und schreibt ihr einen Scheidebrief, und gibt ihn in ihre Hand, und entlässt sie aus seinem Hause; oder wenn der andere Mann stirbt, der sie zur Frau genommen: So darf ihr erster Mann, der sie entlassen, sie nicht wiedernehmen, dass sie seine Frau werde, nachdem sie ist verunreinigt worden; denn ein Gräuel ist es vor dem Ewigen, und du sollst nicht sündig machen das Land, das der Ewige dein Gott dir gibt als Besitz“[1] (*Deut.* 24:1–4).

Aus diesem Text ist ersichtlich, dass die Scheidung erlaubt ist, dass aber wie bei der Hochzeit die Initiative beim Mann liegt.[2] Nachmanides[3] erklärt das biblische Verbot einer Wiederheirat damit, dass es den Männern nicht möglich sein soll, ihre Frauen nach Belieben zu wechseln, ihnen Abends einen Scheidungsbrief zu schreiben und sie am nächsten Morgen wieder zu heiraten (Ramban über *Deut.* 24:4). Der Ausdruck „verunreinigt“ in diesem Zusammenhang mag erstaunen, aber die Frau

---

[1] Auch der Prophet Jeremias erwähnt einen Scheidebrief.

[2] In den Ehedokumenten der Juden aus Elephantine in Ägypten war festgeschrieben, dass entweder der Mann oder die Frau von sich aus die Scheidung einreichen konnte. Es wurde auch, wie später in der rabbinischen Ketuba, genau festgelegt was im Scheidungsfall der Einzelne behalten durfte oder zurückbekam.

[3] Rabbi Moses ben Nachman lebte in Spanien von 1194 bis 1270.

gilt ausschließlich in den Augen ihres ersten Ehemannes als unrein; sie hat das Recht auf eine dritte Heirat. Ferner fußt die für uns befremdliche Vorstellung, dass die Übertretung von sexuellen Regeln „das Land sündig machen“ kann darauf, dass die biblische Welt in einem ethisch verstandenen Sexualverhalten gründet. Selbst wenn man bei den Propheten manche Passagen findet, in denen die Scheidung als solche abgelehnt wird (vgl. *Mal.* 2:14–16[4]), verlieren diese im Laufe der Entwicklung der Halacha, des jüdischen Gesetzes, an Bedeutung. Sicherlich wird die erste Heirat besonders hochgehalten: „Wenn ein Mann sich von seiner ersten Frau scheidet, vergießt selbst der Altar Tränen“ (*Git.* 90a), aber die freie Willensentscheidung wird anerkannt. Im folgenden Spruch kann man einen Anflug von Humor entdecken: „Zwei Geschiedene heiraten wieder – vier Meinungen im Bett“ (*Pes.*112a). Einschränkungen bei der Scheidung gibt es nach dem Gesetz nur für die Priester: Diese dürfen keine geschiedene Frau heiraten (*Lev.* 21), können sich aber durchaus selbst scheiden lassen. Die Scheidung als solche wird also nicht verurteilt, sondern als normales Ende einer unglücklichen Ehe angesehen.

Der Talmud erklärt genauer, was es mit dem Scheidungsbrief oder *Get* auf sich hat. Der Zweck der Scheidung ist es, die Frau aus der Ehe zu entlassen und ihr die Möglichkeit einzuräumen, den Mann ihrer Wahl zu heiraten (*Git.* 85a–b). Wo die Bibel zu den möglichen Scheidungsgründen nur knapp *Ervat Davar*, „etwas Schändliches“, erwähnt, versucht der Talmud, diesen Begriff auszuloten. Der Ausdruck ist mehrdeutig. Für Beit Schammai bedeutet er, dass ein Mann sich nur dann von seiner Frau scheiden kann, wenn sie sich eines sexuellen Vergehens, also wohl des Ehebruchs, schuldig macht. Für Beit Hillel kann ein Mann sich auch dann scheiden lassen, wenn seine Frau nur das Essen hat anbrennen lassen; und nach Rabbi Akiva reicht es schon, dass er eine andere Frau schöner findet als seine eigene (*Git.* 90a–b). Nach der Halacha muss ein Mann sich scheiden lassen, wenn seine Frau Sexualgesetze übertreten hat; die Trennung aus jedem anderen Grund ist ihm jedoch auch möglich. Ansonsten sollte ein zur Scheidung entschlossener Mann diese auch durchführen.

Der Scheidungsprozess wird im Talmud in allen Einzelheiten beschrieben. Im Gegensatz zur Eheschließung ist er ausgesprochen kompliziert; die Zustimmung der Frau ist jedoch zu talmudischer Zeit noch keine Voraussetzung.[5] In den biblischen Texten waren für die Frau im Fall einer Scheidung keine Schutzmaßnahmen vorgesehen, dies schuf für die

---

[4] „...Denn ich hasse die Verstoßung, sagt der Ewige, Gott Israels...“

[5] „Der Mann, der sich scheiden lässt, ist nicht wie die Frau, die geschieden wird, denn sie wird mit oder ohne ihre Zustimmung geschieden, er aber kann sich von ihr scheiden, wann immer er will (*M. Jev.* 14:1) und „die Frau wird geschieden mit ihrem Willen oder gegen ihren Willen“ (*Jev.* 112b).

betroffene Frau eine prekäre finanzielle Situation. Mit der Einführung der *Ketuba*, des Ehevertrags, haben die Rabbinen des Talmud versucht, die Frau im Scheidungsfall zu schützen. Dieser Vertrag, in dem die Verpflichtungen des Mannes gegenüber seiner Ehefrau aufgeführt sind („sie zu lieben, zu ehren, sie zu ernähren, zu kleiden und ihre sexuellen Bedürfnisse zu befriedigen"), wird der Frau am Hochzeitstag ausgehändigt, und in ihm sind auch die Verpflichtungen des Mannes im Scheidungsfall geregelt: Der Mann musste seiner Frau eine in der Ketuba festgelegte Geldsumme überlassen, den Gegenwert der Mitgift und die „Tosefta", eine zusätzliche, ebenso im Vertrag festgelegte Summe. Nach rabbinischer Auffassung diente die Höhe der Summe einerseits dazu, den Ehemann von einer vorschnellen Scheidung abzuhalten, andererseits sollte sie die finanzielle Absicherung der Frau garantieren.

Im Mittelalter gab es eine Veränderung der Halacha, die für die Frauen einen großen Fortschritt bedeutete. Traditionell wird sie Rabbenu Gerschom[6] zugeschrieben, aber sie stammt zweifellos aus einer früheren Epoche: „Das Gesetz verbietet, sich von einer Frau gegen ihren Willen scheiden zu lassen, und eine solche Scheidung ist null und nichtig" (Meir von Rothenburg, *Responsa* 112b). Selbst wenn die Scheidung noch immer vom Mann ausging, konnte die Frau von nun an Bedingungen aushandeln.

Unter drei Bedingungen konnte eine Frau bei einem rabbinischen Gericht die Scheidung von ihrem Mann einfordern: wenn ihr Mann unter einer körperlichen Krankheit litt[7] oder einen für seine Frau unzumutbaren Beruf ausübte[8], wenn er seine ehelichen Pflichten nicht erfüllte[9]; bei manchen Rabbinern galt außerdem auch die sexuelle Unvereinbarkeit der beiden Partner als hinreichender Grund. In allen diesen Fällen unternahm das Beit Din, das rabbinische Gericht, vor Einleitung des Scheidungsverfahrens einen Schlichtungsversuch und ließ eine gewisse Frist bis zur Übergabe des Get durch den Mann verstreichen. Über das Thema der sexuellen Unvereinbarkeit gibt es unterschiedliche Meinungen. Nach Joseph Caro[10] kann man einen Mann selbst dann nicht zur Scheidung zwingen, wenn seine Frau ihn abstoßend findet. Dagegen sagt Maimonides, dass der Mann sich scheiden lassen muss, wenn sie sich ihm verweigert und sagt: „Ich verabscheue ihn und kann mich nicht überwinden, von

---

[6] Rabbenu Gerschom, dem auch die Abschaffung der Polygamie zugeschrieben wird.
[7] Nach dem Talmud, *Ket.* 77a, Hautkrankheiten, oder Krankheiten, die unangenehmen Geruch verursachen.
[8] Wie zum Beispiel die Gerberei.
[9] Hierunter wird vor allem die Pflicht zum Unterhalt und zum Beischlaf verstanden.
[10] *SA*, EH 77, wobei er die Haltung von Rabbenu Tam vertritt.

ihm besessen zu werden“ ... „denn sie ist keine Gefangene die von dem in Besitz genommen werden kann, den sie verabscheut. Und sie gehe, doch ohne eine Zahlung nach dem Ehevertrag“ (*MT*, Hil. Isch. 14:8). Für Maimonides soll die Frau nicht in ihrer Ehe gefangen sein; sie soll sexuelle Kontakte nicht verweigern, um ihren Mann zu verletzen, aber er hat auch nicht das Recht, sie zu vergewaltigen oder gegen ihren Willen zum Beischlaf zu zwingen (*ebenda, Id.*, 15:17–18). Die anderen Scheidungsgründe werden vom Gesetz unterschiedlich behandelt. Wenn eine Frau sich beklagt, ihr Mann sei verrückt und behauptet, um ihr Leben zu fürchten, ist der Rosch[11] der Meinung, dass man den Mann nicht zur Scheidung zwingen kann: Dieser Fall sei im Talmud nicht vorgesehen und deshalb obliege es der Frau, ihren Mann von einer Scheidung zu überzeugen, ansonsten müsse sie verheiratet bleiben.

Auch zum Thema der Gewalt in der Ehe gehen die Meinungen auseinander. Einige[12] vertreten die Auffassung, dass ein Mann, der seine Frau schlägt, zur Scheidung gezwungen werden sollte; für andere, wie Moses Maimonides, sind Prügel eine für die Frau angemessene Disziplinarmaßnahme[13] (*MT*, *Hil. Isch.* 21)! Moses Isserles unterscheidet in seiner Auslegung zwei Arten von ehelicher Gewalt: die eine hat „erzieherischen Wert“, wenn zum Beispiel die Frau ihren Mann beleidigt und nach einer geduldigen Zurechtweisung damit fortfährt; die andere geht vom Mann aus und führt zwingend zur Scheidung.[14] Eine Rechtfertigung ehelicher Gewalt, egal aus welchen Gründen, ist völlig unakzeptabel. Auch wenn die Existenz ehelicher Gewalt mit der Begründung abgestritten wird[15], ein Mann sei verpflichtet, seine Frau mehr zu lieben als sich selbst, gibt es sie doch und sie findet sogar offensichtlich bei einigen religiösen Autoritäten Unterstützung.

Die Frau kann also unter einigen klar definierten und eng begrenzten Bedingungen bei einem rabbinischen Gericht um Scheidung nachsuchen. Doch die Anwendung dieser Prinzipien ist eher willkürlich. Tatsächlich kann eine Scheidung nur mit dem Einverständnis des Mannes durchgeführt werden und das rabbinische Gericht hat kaum Mittel zur Verfügung, den Mann zur Übergabe des Scheidebriefes an seine Frau zu zwingen. Der Talmud gibt an, dass man auf den widerspenstigen Ehemann Druck

---

[11] Rabbenu Ascher ben Jechiel.

[12] Maharam von Rothenburg, zitiert von Moses Isserles (*Darkei Mosche*, EH 154:11); Binjamin Zeev, *Respons*a 88; Rabbenu Simcha ben Schmuel de Vitry, zitiert von Joseph Caro in *Beit Joseph*, EH 154:15.

[13] Der Rabad widerspricht dieser Auffassung aufs heftigste.

[14] *Darkei Mosche, Tur*, EH 154:15.

[15] Mordechai ben Hillel schreibt in seinem *Sefer Mordechai*: „In unserem Volk ist das nicht üblich, nur bei den Heiden.“ Die Existenz von Frauenhäusern auch in Israel beweist, dass es überall Gewalt gegen Frauen gibt.

ausüben soll, bis er einwilligt (*BB* 48a). Das Beit Din kann sich an Zivilgerichte wenden, um den Mann zur Übergabe des Get an seine Frau zu bewegen. Im 19. Jahrhundert hat in Frankreich Rabbiner Weill vorgeschlagen, dass die zivilgerichtliche Scheidung automatisch zur Annullierung der Kidduschin führen sollte; damit würde ein Scheidebrief überflüssig. Sein Vorschlag wurde abgelehnt. Heute kann das Beit Din in Israel mit Hilfe der Polizei widerspenstige Ehemänner ins Gefängnis bringen; doch immer noch warten Tausende von scheidungswilligen Frauen auf ihren Get und können sich nach religiösem Recht nicht wieder verheiraten.[16] Wieder einmal haben Männer und Frauen nicht gleiches Spiel: Wenn eine Frau, deren Ex-Mann die Aushändigung des Scheidebriefes verweigert, Kinder von einem anderen Mann bekommt, gelten diese als *Mamserim*, als illegitim. Das Gleiche gilt nicht für die Kinder aus der Beziehung eines nicht geschiedenen Mannes mit einer anderen Frau. In der Diaspora müssen die Religionsgerichte nicht selten die Zivilgerichte ihres Landes um Rechtshilfe ersuchen. Der Staat New York hat 1983 ein Gesetz verabschiedet, nach dem die religiöse Scheidung Vorbedingung für eine zivilrechtliche Scheidung ist. Die konservative Bewegung hat in ihrer Ketuba eine Klausel eingefügt, die eine automatische Annullierung der Kidduschin[17] im Falle einer Scheidung vorsieht oder alternativ die Selbstverpflichtung des Mannes, seiner Frau den Get auszuhändigen. Die liberale Bewegung hatte anfänglich die Rechtmäßigkeit der Zivilscheidung anerkannt und die religiöse Scheidung für überflüssig erklärt; heute hat sie von dieser Position wieder Abstand genommen und egalitäre *Gittin* (Scheidungsurkunden) entwickelt, die beiden, Mann oder Frau, die Einleitung einer Scheidung ermöglichen; diese Dokumente werden auch als *Sefer Keritut*, Dokumente zur Auflösung der Ehe bezeichnet.[18]

---

[16] Siehe: Aguna*

[17] Anm. d. Übers. : D. h. des religiösen Ehevertrages. Siehe auch Eintrag: Hochzeit.

[18] Für eine ausführliche Studie zu diesem Thema siehe: John D. Rayner, „From Unilateralism to Reciprocity: A Short History of the Jewish Divorce“, *The Journal of Progressive Judaism*.

Schifra und Pua

Am Anfang des Buches Exodus beginnt die Erzählung von der Geburt des Moses. Ein neuer König herrscht in Ägypten, und dieser König unterdrückt die Hebräer. Er hat Angst vor ihrem Bevölkerungswachstum und führt die Sklaverei ein. Doch trotz der Bedrückung wächst das Volk weiter: „Doch wie sie dasselbe drückten, so mehrte es sich und breitete sich aus“ (*Ex.*1:12). Darauf wendet sich der König an die Hebammen der Hebräer, „deren einer Name war Schifra und der anderen Name Pua“ (*Ex.*1:15), und weist sie an, alle männlichen Neugeborenen zu töten, die Mädchen aber am Leben zu lassen.[1] Die Hebammen missachteten den Befehl des Königs, weil sie Gott fürchteten. Auf Befragung des Königs erwidern sie: „‚Weil die Hebräerinnen nicht sind wie die ägyptischen Frauen, denn lebenskräftig sind sie; bevor zu ihnen die Hebamme kommt, haben sie geboren.‘ Und Gott ließ es wohlgehen den Hebammen, und das Volk mehrte sich und ward sehr mächtig.“ (*Ex.* 1:19–20). Pharao wiederholt seinen Befehl, doch diesmal vor dem ganzen ägyptischen Volk.

Allein schon die Tatsache, dass die Hebammen beim Namen genannt werden, zeigt ihre Bedeutung. Der Name „Schifra“ stammt von einer hebräischen Wurzel mit der Bedeutung „schön“[2] oder „gut“, oder auch vom aramäischen „Trompete“; Pua bedeutet „weinen“, oder es stammt von einer ugaritischen Wurzel mit der Bedeutung „Tochter“. Das Verhalten dieser beiden Frauen, ihre Missachtung von Pharaos Befehl, ist exemplarisch, denn sie setzen ihr Leben für die Rettung der Knaben ein. Außerdem lassen sie sich mit der Behauptung, sie hätten zum Eingreifen nicht genug Zeit, eine gute Entschuldigung einfallen. Diese Entschuldigung passt hervorragend in das Denken des Pharao, der die Hebräer für

---

[1] Der Midrasch erklärt, dass die Ägypter sehr sinnlich waren und möglichst viele Frauen zu ihrer Verfügung haben wollten (s. *Ex. R.* 1:18).

[2] Der Midrasch leitet diesen Namen davon ab, dass sie die Kinder verschönt [*meschaperet*] hat und Israel sich vermehrte [*scheparu*]. Ihre Taten waren Gott angenehm [*schaferu*] (s. *Ex. R.* 1:13).

fremdartig hält. Mit der Behauptung, die hebräischen Frauen seien anders als die Ägypterinnen, denn sie seien *chaiot*[3], also „lebendig“ oder „lebhaft“, bestätigen sie nur die vorgefasste Meinung des Königs über deren Fortpflanzungsverhalten. Pharao lässt sich auf jeden Fall von ihnen überzeugen, denn er verlegt sich jetzt auf eine dritte Methode zur Einschränkung des Bevölkerungswachstums bei den Hebräern und lässt die Hebammen straffrei ausgehen. Der Text erklärt die Weigerung, dem königlichen Befehl nachzukommen, mit Gottesfürchtigkeit[4]; am Ende der Erzählung segnet[5] Gott die Hebammen. Das Überleben des Volkes wird also durch die Missachtung der Befehle des Pharao gesichert, und dieser Widerstand findet Gottes Anerkennung. Die Rebellion gegen die Macht des Pharao geht von den Hebammen aus.

Der Ausdruck „hebräische Hebammen“ ist im hebräischen Text mehrdeutig. Es bleibt unklar, ob sie selbst Hebräerinnen sind oder ägyptische Frauen, die sich der Hebräerinnen annehmen. Die Tatsache, dass Pharao sich direkt an sie wendet, könnte dafür sprechen, dass es sich um Ägypterinnen handelt, doch dann wäre es erstaunlich, dass sie für die Hebräer arbeiten, die doch Sklaven sind. Sind sie Hebräerinnen, wäre Pharaos Forderung, die ihren zu töten, erstaunlich. Was auch immer ihre Herkunft, sie sind *Mejaledot*[6], das heißt, sie verhelfen einem Kind [*Jeled*] zum Leben; in dem Kontext bekommt der Begriff eine Doppelbedeutung, da sie mit ihrem Tun auch einem Tötungsbefehl zuwider handeln.[7]

Der Talmud schmückt die im Zusammenhang mit dem Auszug aus Ägypten den Frauen zugeschriebenen Taten noch weiter aus und behauptet sogar, dass Israel nur dank des Verdienstes gerechter Frauen Ägypten verlassen konnte (*Sota* 11b; *Num. R.* 9:13). Schifra und Pua hätten sich vor Gott dafür verwendet, dass die Kinder einfach und schnell und ohne Missbildungen zur Welt kämen, damit die Kinder Israel nicht meinen könnten, sie hätten versucht, ihnen Böses zu tun. Sie hätten ihre Bereitschaft, erklärt, Gottes und nicht Pharaos Willen zu erfüllen (*Ex. R.* 1:15).

Um die beiden Frauen umzustimmen, habe Pharao versucht, sie zu verführen, und ihnen dann, als sie sich weigerten, den Tod durch Verbrennen angedroht (*Sota* 11b; *Ex. R.* 1:15). Doch ließen sie sich trotz dieser

[3] Das Wort hat außerdem die Bedeutung “Tiere“.
[4] Ein Begriff, der eher in einem ethischen oder juristische als in einem religiösen Zusammenhang steht: s. Jonathan Magonet, *Bible Lives,* S. 6.
[5] Wörtlich „tat Gutes“.
[6] Oft mit „weise Frauen“ übersetzt.
[7] Ilana Pardes (*Countertraditions in the Bible*, S. 92–93) vergleicht die fünf Retterinnen von Moses (Schifra und Pua, Moses Mutter, seine Schwester und die Tochter des Pharao) mit der ägyptischen Legende, nach der Isis den Osiris aus dem Nil rettet.

Drohungen nicht erweichen. In diesen Midraschim wird die unbeugsame Entschlossenheit der beiden Frauen untermalt.

Der Midrasch (*Sota* 12b; *Ex. R.* 1:13) setzt im Bemühen um eine Namenserklärung Schifra und Pua mit Jocheved und Miriam*, der Mutter und der Schwester von Mose, gleich: Schifra, weil sie an den Gliedmaßen des Kindes zog, und Pua, weil sie schrie, als das Baby das Licht der Welt erblickte, oder vielmehr ausrief: „Meine Mutter wird einem Sohn bekommen, der zum Retter Israels werden wird." Für Jonathan Magonet ist dies eine verkürzte Assoziation: „Doch lässt man einmal ihre genaue Identität beiseite, macht der von ihnen in ihrer Verweigerung des Befehls zum Töten aufgebrachte Mut aus ihnen die ältesten und auf gewisse Art auch beeindruckendsten Beispiele für den Widerstand gegen ein Unrechtsregime. Um ihrer Großzügigkeit, ihrer lebensbejahenden Haltung und ihres Einfallsreichtums willen verdienen sie, dass ihr Name schwarz auf weiß niedergeschrieben wird und man sich ihrer erinnert: Schifra und Pua, die Hebammen und weisen Frauen, mit deren Hilfe eine ganze Generation Kinder lebend das Licht der Welt erblickte und auch die große biblische Bewegung für die Freiheit der Menschen auf den Weg gebracht wurde[8]".

---

[8] *Bible Lives*, a. a. O., S.8.

Schulamit

Schulamit ist die Hauptfigur des Hoheliedes, eines Liebesgedichtes. Sie ist die Inkarnation des erotischen Vergnügens um seiner selbst willen. Sie und ihr Liebhaber bleiben beide namenlos. Das Epithet „Schulamit" erscheint nur zwei Mal im gesamten Text (*Hohelied* 7:1): „Dreh dich, dreh dich, du Schulamit, dreh dich dreh dich, wir wollen dich sehn. Was wollt ihr sehn an Schulamit? [...]"[1] Ibn Esra meint in dem Wort die Bedeutung „Frau aus Jerusalem" zu erkennen, es könnte auch ein Hinweis auf den ebenfalls im Lied erwähnten (8:11–12) König Salomon[2] sein. Oder aber es beschreibt die junge Frau als eine, die ihrem Liebhaber *Schalom*, also „Vollständigkeit" oder „Wohlbefinden", bringt (8:10). Sie ist zwar erwachsen, doch wird sie von ihren Brüdern als „kleine Schwester" behandelt (8:8); diese rügen ihr Betragen (1:6) und fühlen sich für sie verantwortlich (8:8). Ihr Vater wird nicht erwähnt, ihre Mutter bevorzugt sie (6:9). Die Schulamit erklärt ihre Liebesgefühle einem Chor von Frauen Jerusalems. Ihre Schönheit wird in zahlreichen Metaphern beschrieben, die von der Natur, der Fauna, der Flora und der Architektur inspiriert sind; sie zeichnen ein Bild von Anmut und Grazie, aber auch von Stärke und Kraft. Ihr Körper ist eine Landschaft. Sie erwartet ihren Geliebten in einem Garten, mit dem sie selbst verschmilzt. Körper und Natur sind eins. Ihre Haut ist sonnengegerbt (1:5–6); häufig ist sie im Freien um die Weinberge zu hüten oder auf der Suche nach ihrem Liebsten (1:6). Sie fordert ihn zur Liebe auf; die Initiative geht von ihr aus. Sie äußert sich häufiger als ihr Liebhaber und beschreibt die unvergängliche Macht der Liebe (8:6-7). Beide hoffen, dass ihre Beziehung von Dauer ist; sie treffen sich heimlich, an verschwiegenen Orten, offensichtlich gezwungenermaßen. Ihre Begegnungen sind flüchtig, manchmal werden sie unterbrochen. Vielleicht ist ihre Beziehung verboten, weil sie unterschiedli-

---

[1] Deutsche Übersetzung nach Klaus Reichert, *Das Hohelied Salomos*.

[2] Anm. d. Übers.: Hebräisch „Schlomo," aus der gleichen Wurzel *sch-l-m* wie Schulamit, mit der Bedeutung „ganz" oder „heil".

cher Herkunft oder unterschiedlichen Standes sind. In ihrem Beharren auf ihr Recht auf Liebe scheint Schulamit gegen Vorurteile aufzubegehren. Die Liebesbeziehung zwischen den Beiden ist voller Zärtlichkeit und Respekt; sie ist gebend und nehmend, beide sind gleichberechtigte Partner. Die Sexualität wird mit allen fünf Sinnen erlebt; sie ist allgegenwärtig und wird nicht tabuisiert. Sehr direkt wird das Verlangen ausgesprochen. Schulamit ist weder Ehefrau noch Mutter; doch steht sie unter der Obhut ihrer Brüder. Sie weiß jedoch deren Aufsicht zu entkommen und ihre Freiheit zu genießen. Schulamit steht im Hohelied so sehr im Vordergrund, dass manche Bibelwissenschaftler die Autorenschaft einer Frau vermuten.[3] Sie drückt sich rückhaltlos und direkt aus. Ihre Gefühle stehen im Mittelpunkt der Erzählung, ganz im Gegensatz zu den meisten anderen biblischen Texten, in denen weibliche Figuren eine untergeordnete Rolle spielen. Manche sehen in diesem Text einen Gegenentwurf zum Schöpfungsbericht im Buch Genesis[4]:

> Als Folge des Geschehens im Garten [Eden] entstand ein Bruch in der Schöpfung, ein Verlust der Harmonie zwischen Mann und Frau, ein Ungleichgewicht in den sozialen Beziehungen, die Unterjochung der Frau und als Konsequenz das Verschwinden gegenseitiger sexueller Befriedigung. Ohne das Hohelied wären die biblischen Erzählungen von Frauen vor allem solche, in denen Frauen für ihre Sexualität abgestraft und verurteilt werden, eingesperrt ohne befriedigende Sexualität, und vergessen wegen der repressiven Neuverteilung der Geschlechterrollen, der sie unterworfen wurden. Mit dem Hohelied finden Frauen in der Bibel die Erlaubnis, Lust zu erwecken, selbst Freude an ihr zu haben und sie zu ersehnen. Das Hohelied verteidigt ein Gleichgewicht in der Beziehung zwischen Männern und Frauen, es ruft zur Gegenseitigkeit auf und nicht zur Dominanz, zu Einverständnis und nicht Abneigung, zur sexuellen Befriedigung und nicht allein zur Fortpflanzung, zur freien Liebe und nicht zu bigotten Empfindungen. Es beschwört uns, der Liebe keine Fesseln anzulegen, sondern Beziehungen reifen und sich in ihrem eigenen Tempo entfalten zu lassen, ihr nicht unsere eigenen Vorurteile über adäquates sexuelles Verhalten aufzuzwingen oder darüber, welcher Partner akzeptabel

---

[3] Siehe: Sybil Sheridan, „The Song of Salomon's Wife", in: *Hear Our Voice* S. 64; in: *The Women's Bible Commentary* vertritt Renita Weems den Gedanken, der Autor könnte eine der vielen ausländischen Frauen Salomons sein (*1. Kön.* 1–3).

[4] *Gen.* 2–3, mit dem Schlusssatz: „Und nach deinem Manne sei dein Verlangen und er beherrsche dich" (3:16).

ist. Der Text verdient es, vom modernen Leser aufs Neue gelesen und studiert zu werden.[5]

Die Gedichte des Hohelieds sind von einer Originalität, die in der gesamten biblischen Literatur ihresgleichen sucht. Die weibliche Sexualität wird ansonsten im Allgemeinen eher im Zaum gehalten, sie gilt sogar als suspekt; hier lässt der Autor seinen Vorstellungen freien Lauf. Die Grenzen zwischen Wahrheit und Dichtung sind fließend in dieser blühenden erotischen Fantasie, die keinerlei Zwängen zu unterliegen scheint. Allein die Spannung zwischen dem Verlangen und seiner Erfüllung bleibt bestehen. Die Liebenden suchen sich, manchmal ohne sich zu finden; doch das Gedicht ist ein Plädoyer für eine von unkontrollierbarer Leidenschaft bestimmte Liebe jenscits aller Zwänge. Man könnte allerdings auch argumentieren, dass die patriarchalische Welt doch aufscheint, nämlich in der einschränkenden und aggressiven Präsenz der Brüder und der Wächter der Stadt[6], die die Jungfräulichkeit der Schulamit bewahren wollen und ihrem unkonventionellen Sexualverhalten Grenzen setzen.[7] An anderer Stelle setzt der Midrasch (*Hohelied R.* zu 5:7) die Wächter mit Wächtern der Mauern der Tora gleich, als sei das patriarchalische Recht allein darauf ausgerichtet, die weibliche Sexualität im Schach zu halten. „Möglicherweise muss das Hohelied als dichterische Umsetzung der für den Umgang der Bibel mit Sexualität ansonsten typischen Spannung zwischen den subversiven Erzählungen und dem normativen Recht aufgefasst werden[8]."

Wie im Buch Esther* wird auch im Hohelied der Name Gottes nicht explizit erwähnt. Eine Anspielung findet sich aber zweifelsohne im Wort *schalevetja* (*Hohelie*d 8:6), das als „göttliche Flamme" übersetzt werden kann. Sicher auch wegen der fehlenden Erwähnung des Gottesnamens fassten die Rabbinen das ganze Buch als Metapher für die Liebe zwischen Gott und dem Volk Israel auf, obwohl es für diese Interpretation nirgends auch nur den leisesten Hinweis gibt. Die Aufnahme des Buches in den biblischen Kanon war umstritten. Verteidiger des Hoheliedes war Rabbi Akiva, der es als *kodesch kodaschim*, als „hochheilig" einstufte. Doch beschränkte er dessen Lektüre auf einen strikt religiösen Rahmen: „Wer seine Stimme im Gasthaus erhebt und das Hohelied anstimmt, und es wie ein Lied benutzt hat keinen Anteil an der kommenden Welt" (*Sanh.* 101a; *T. Sanh.* 12:10). So wird der ganze Text zu einer Allegorie, in der die graphischen und erotischen Beschreibungen des männlichen und weiblichen Körpers zum Beispiel als Hinweise auf Orte oder das

[5] Renita Weems, in: *The Women's Bible Commentary* S. 160.
[6] Metaphorisch für die Wächter der öffentlichen Moral.
[7] Siehe: Ilana Pardes, *Countertraditions in the Bible*, S. 118–143.
[8] David Biale, *Éros juif*, S. 61.

Heiligtum verstanden werden. Der Monotheismus hatte sich von den mesopotamischen Bräuchen getrennt, bei denen die Vereinigung der Fruchtbarkeitsgöttin mit ihrem Partner die Bodenfruchtbarkeit und den Gang der Jahreszeiten garantierte. Es ist interessant festzustellen, dass die Rabbinen in ihrem Bemühen, sich vom Wortsinn des Textes zu lösen, durch dessen Umdeutung in ein Gedicht über die Liebe zwischen Israel und Gott, heidnische Vorstellungen von der sexuellen Vereinigung zwischen der Gottheit und ihrem Volk wieder belebten. „Das Hohelied scheint im Gegenteil ein bewusster Versuch zu sein, ein profanes Gedicht mit der Schulamit und ihrem Liebhaber als menschlichen Protagonisten zu schreiben. Im Unterschied zur kanaanitischen Religion und anderen biblischen Zyklen, die sich mit der Sexualität befassen, ist das Thema des Hoheliedes nicht vor allem die Fruchtbarkeit, sondern die Spannung zwischen der Leidenschaft und ihrer Erfüllung."[9]

Die allegorische Bedeutung des Textes wird von den Mystikern noch weiter vertieft. Im 16. Jahrhundert interpretiert Schlomo Alkabetz[10] das Hohelied als Dialog zwischen der Tora und den sie liebenden Mystikern. In der chassidischen Welt kam die Lesung des Liedes der Lieder der erotischen Erfahrung der Vereinigung mit Gott gleich. Hier wird ein Aspekt des ursprünglichen Textgehaltes wieder belebt, obwohl die Schulamit als sehr irdische Frau in der Beziehung zwischen Chassid und Gott verschwindet. In seinem Phantasma vereinigt sich der Chassid mit einer unersättlichen und unerreichbaren Frau, der Schechina*, wie mit einer Göttin.

Wenn man sich von diesen Methaphern freimacht, ist die Schulamit eine faszinierende und verwirrende Gestalt, die etablierte Vorurteile und Verhaltensvorstellungen für Männer und Frauen in Frage stellt. Sie macht den Weg frei für eine neue Interpretation der biblischen Gesellschaft und kann als Beleg für eine egalitäre Gesellschaft dienen. Das Hohelied gibt uns das Vorbild einer Liebe, die alle Stereotypen über den Haufen wirft, einer vielschichtigen Liebe, die reziprok, sinnlich und vergeistigt zugleich ist.

---

[9] David Biale, *Éros juif*, S. 60.
[10] Alkabetz, *Ajelet Ahavim*.

Segenssprüche am Morgen

„Gesegnet seist Du, Ewiger unser Gott, König der Welt der mich nicht als Frau erschaffen hat." Dieser Segensspruch taucht in nachtalmudischer Zeit in den Gebetbüchern auf; noch heute wird er allmorgendlich von orthodoxen Juden gesagt. Ein Versuch, diese Praxis zu rechtfertigen, begegnet uns in der Tossefta (*T. Ber.* 6:23): „R. Jehuda sagt: Er muss jeden Tag drei Segenssprüche sagen: Gesegnet [seist du...] der mich nicht als Nicht-Juden geschaffen hast; Gesegnet [seist du...] der mich nicht als Frau erschaffen hat; Gesegnet [seist du...] der mich nicht als Unwissenden geschaffen hast. Nicht-Jude [weil geschrieben steht:] ‚Alle Nationen [*Gojim*[1]] sind wie Nichts vor Ihm' [*Is.* 40:17]. Frau, [weil] eine Frau nicht zur Einhaltung der Gebote verpflichtet ist; Unwissender [weil] der keine Angst vor Verfehlungen hat." Alle drei Segenssprüche sind beleidigend. Wenn ein männlicher gelehrter Jude Gott dafür dankt, ihn nicht zum Nicht-Juden, zur Frau oder zum Unwissenden gemacht zu haben (dies wird also als Segen aufgefasst, als etwas wofür man Gott Dank schuldet), dann wirft das ein negatives Licht auf alle, für die das nicht gilt. Diese Segenssprüche implizieren, dass der Sprecher in Bezug auf diese drei Kategorien etwas Besseres ist. Man könnte argumentieren, dass der Segensspruch „der mich nicht als Frau erschaffen hat" gar nicht negativ für die Frau gemeint ist, sondern eigentlich nur der Freude des Mannes darüber Ausdruck geben will, dass er die Gesetze erfüllen darf. Das hätte jedoch auch positiv formuliert werden können, etwa: „Gesegnet seist Du, Ewiger unser Gott, der mich verpflichtet hat, die Gebote zu erfüllen". Andererseits wurde die Erfüllung der Gebote immer als Privileg angesehen, was in diesem Bereich der Frau eine untergeordnete Rolle zuschreibt. Auch wenn moderne Apologeten vorbringen, dass die Frau die

[1] Dieser Begriff bedeutet „Nation" und wird in der Bibel auch zur Bezeichnung des jüdischen Volkes verwendet; in der rabbinischen Literatur erfährt er einen Bedeutungswandel und bezeichnet ausschließlich Nicht-Juden oder Heiden.

Gebote nicht zu erfüllen brauche, weil sie „vollkommener“ oder „näher an Gott“ sei, ist die Verwendung dieses Argumentes doch auch nur eine Methode, sie ungefragt von allem Rituellen auszuschließen.[2]

Es ist sicher nicht auszuschließen, dass Rabbi Jehuda sich bemühte, einen in der Liturgie vorhandenen Segensspruch positiv zu deuten,[3] doch die Formulierung bleibt problematisch. Bedenkt man, wie sehr die Liturgie zu talmudischer Zeit noch im Fluss war, muss hier die Frage nach der intellektuellen Aufrichtigkeit gestellt werden und auch das Problem der Beleidigung durch Worte sollte nicht außer Acht gelassen werden. Die Liturgie ist im Grunde Ausdruck der religiösen Gedankenwelt, daher wird generell eine möglichst genaue Entsprechung zwischen Wort und Geist der Gebete angestrebt; das ethische Prinzip, niemanden durch Worte zu verletzen (*ona'at devarim*), sollte dabei nicht leichtfertig gebrochen werden. Vergleichbare Segenssprüche gibt es auch in anderen Kulturen. [Für das antike Griechenland] führt der Historiker und Biograph Diogenes Laertius[4] die Verpflichtung, dem Schicksal zum Dank täglich folgende drei Segenssprüche zu sagen, auf den griechischen Philosophen Thales zurück: „Zunächst, dass ich als Mensch und nicht als Tier geboren bin, dann dass ich als Mann und nicht als Frau geboren bin; und zum dritten, dass ich als Grieche und nicht als Barbar geboren bin.“ Im persischen Gebet von Hormus danken die Gläubigen ihrem Schöpfer, dass er sie als Perser, Angehörige einer guten Religion, als freie Menschen und nicht als Sklaven oder als Frauen geschaffen hat.

[2] So sagt zum Beispiel im 20. Jahrhundert Élie Munk in *Le Monde des prières*, S. 45: „Dies gilt besonders für den Fall der Frau: durch göttliches Gesetz von einem Großteil der religiösen Verpflichtungen befreit, kann sie diese Ausnahmeregelung mit gutem Recht als einen Beweis für das Vertrauen in ihre moralische Stärke werten. Das göttliche Gebot spricht der Frau tatsächlich eine tiefere Bindung und eine intensivere Begeisterung für ihre Aufgabe als Jüdin zu und ist Ausdruck für das Vertrauen darauf, dass sie weniger leicht als der Mann wegen schlechter äußerer Einflüsse vom Glauben abfallen könne. Dies ist der Grund dafür, wieso das Gebot es nicht für nötig erachtet, die Frau zu der Beachtung bestimmter Vorschriften zu verpflichten, die dazu dienen, den Mann von der Sünde zu bewahren. [...] In Israel gilt die Frau als der Genius des Göttlichen, der Reinheit und der Moralität. In diesem Geiste ist der Segensspruch *sche assani kirzono,* „der mich nach seinem Willen geschaffen hat“, zu verstehen, den die jüdische Frau jeden Morgen sagt, nicht mit einem Gefühl der Resignation vor dem unausweichlichen göttlichen Willen, sondern mit einer Regung von Dankbarkeit und Freude über das Wohlwollen ihres Schöpfers, das er ihr auf diese Weise bewiesen hat.“ Bei dieser Passage ist jeder Kommentar überflüssig!

[3] Siehe Judith Hauptmann, *Rereading the Rabbis*, S. 235.

[4] Anm. d. Übers.: Er lebte im 3. Jahrhundert vor unserer Zeitrechnung. Sein Werk „Leben und Lehre der Philosophen“ ist noch heute eine wichtige Quelle zum Verständnis der Entwicklung der griechischen Geistesgeschichte.

Die Tatsache, dass im babylonischen Talmud[5] (*Men.* 43b) eine andere Variante dieser Segenssprüche auftaucht, beweist, dass deren Formulierung selbst noch Diskussionsobjekt war. „R. Meir[6] sagt: ‚Ein Mann muss jeden Tag drei Segenssprüche sagen.‘ Das sind: ‚Dass er mich nicht zu einem Nichtjuden gemacht hat, ‚Dass er mich nicht zu einem Weibe gemacht hat', ‚Dass er mich nicht zu einem Unwissenden gemacht hat.'“ Einst hörte R. Acha bar Jacob, wie sein Sohn den Segen sprach: *‚Dass er mich nicht zu einem Unwissenden gemacht hat'.*‘ Da sprach er zu ihm: „Auch dies noch?“ Jener fragte: „Wie soll denn der Segen lauten? Sollte ich eher dafür danken, dass er mich nicht zum Sklaven gemacht hat? Das ist ja dasselbe, wie ‚eine Frau‘. – ‚Nein, ein Sklave sein ist verächtlicher!‘“. Hier ist die Rechtfertigung eine andere: R. Acha bar Jacob hält den Segensspruch über die Unwissenden für ein Zeichen von Überheblichkeit. Sein Sohn schlägt vor, ihn durch einen Segensspruch über Sklaven zu ersetzen, fügt aber gleich hinzu, dass eine Frau wie ein Sklave ist und der Segensspruch „der mich nicht als Frau erschaffen hat“ schon Teil der Liturgie ist. Für ihn ist die soziale Stellung der Frau und eines Sklaven gleich. Doch er wird sofort auf die niedrigere Stellung des Sklaven hingewiesen. Diese Diskussion spiegelt eine sehr hierarchische und heute kaum akzeptable Sicht der Gesellschaft wider. Immerhin verdeutlicht diese Passage die Vorstellung der talmudischen Zeit von der Stellung der Frau in der Gesellschaft. Raschi argumentiert in der gleichen Richtung und bestätigt, dass es sich um einen rechtmäßigen Vergleich handelt: „Eine Frau dient ebenfalls ihrem Ehemann, so wie ein Sklave seinem Meister dient. Was die Gebote angeht, sind eine Frau und ein Sklave gleich.“ (Raschi über *Men.* 43b), und an anderer Stelle sagt er: „Er hat die Macht inne, weil sich keiner seinem Willen entgegenstellen kann; doch ein Ehemann kann seine Frau daran hindern, ihre Pflicht zu erfüllen“ (Raschi über *Kid.* 20b).

Letztendlich wurde in der Halacha der Segensspruch über die Unwissenden durch einen Segensspruch über Sklaven ersetzt; hierin folgt sie der babylonischen Tradition und nicht der Palästinas. Es fällt auf, dass für die beiden Segenssprüche *goj*[7, 8] („Heide“) und *bor* („Unwissender“) Varianten existieren: *Israel* bzw. *Eved* („Sklave“). Manche Rabbiner haben die positive Formulierung („der mich als Israel erschaffen hat“) der negativen Variante („der mich nicht als Heiden erschaffen hat“) vorgezo-

[5] Nach Ismar Elbogen, *Jewish Liturgy,* S. 78, handelt es sich hierbei um die ursprüngliche Version.
[6] Eine Anmerkung am Seitenende deutet an, dass es sich, wie in der Tossefta, tatsächlich um Rabbi Jehuda handelt.
[7] Oder auch „nochri“; d.h. „Fremder“ oder „Nicht-Jude“.
[8] A.Z. Idelsohn, *Jewish Liturgy and ist Development*, S. 76, stellt fest. dass „der mich als Israel erschaffen hat“ die sephardische Version ist.

gen, vielleicht aus Angst vor Verfolgungen oder Schwierigkeiten; auch „Unwissender" wurde, weil man nicht überheblich sein wollte, durch „Sklave" ersetzt; einzig der Segensspruch über Frauen blieb unverändert!

Im 16. Jahrhundert erscheint für diesen Segensspruch zum ersten Mal eine alternative Version für Frauen: „Frauen sagen üblicherweise: ‚Gesegnet seist Du, Ewiger unser Gott, der mich nach deinem Willen geschaffen hat‘[9], wie jemand, der Gott für ein widerfahrenes Unglück rechtfertigt.[10]" Die Ausnahme der Frau von der Erfüllung der Gebote rechtfertigt David ben Joseph Aboudarham folgendermaßen: „Die Frau fürchtet ihren Mann, deshalb kann sie nicht immer die ihr auferlegten Gebote erfüllen." Alle zitierten Texte geben die untergeordnete Stellung der Frau in Bezug auf die Gebote und gegenüber ihrem Mann zu erkennen. Gewisser Maßen ist sie bestraft und es bleibt ihr nichts anderes übrig, als sich mit ihrem Schicksal abzufinden. Gleichsam als Antwort auf diese Ungleichheit finden wir in einem 1480 erschienenen Gebetbuch einer Dame aus Mantua die Formulierung: „Gesegnet seist Du, Ewiger, unser Gott, der Du mich als Frau und nicht als Mann erschaffen hast."!

In den liberalen und konservativen[11] Gemeinden wurde dieser Segensspruch aus den Gebetbüchern gestrichen. Die Rabbinerkonferenz von Breslau formuliert 1846 in ihren Resolutionen: „Der Segensspruch ‚Gesegnet seist Du, Ewiger, König der Welt, der du mich nicht als Frau erschaffen hast‘, der jeden Morgen von orthodoxen Juden gesprochen wird und der Ausdruck eines religiösen Vorurteils gegenüber den Frauen war, soll von nun an abgeschafft sein." Er wird entweder durch „Der mich als Mann erschaffen hat" für einen Mann und „Der mich als Frau erschaffen hat" für eine Frau oder durch „Der mich in seinem Bilde erschaffen hat" [*BeZalmo*[12]] ersetzt. Was auch immer die Hintergründe für diesen Segensspruch sein mögen, er ist Quelle von Missverständnissen und hat in einer Liturgie, die sich über die Jahrhunderte in Funktion der jeweiligen Weltsicht weiterentwickelt hat, keine Daseinsberechtigung mehr.

---

[9] Aboudarham 14c, *Birkot Haschachar et Schaar 3, Birkot Hamizvot.*

[10] Man kann diese Rechtfertigung auch im *Tur*, OCh 46 finden.

[11] S. Ryvon Krygier, „Doit-on réciter la bénédiction: ‚Qui ne m'as pas fait femme'?, *La Loi juive à l'aube du Xxie siècle*, S. 195–217.

[12] Dies entspricht dem Text in Genesis I:27, der Männer und Frauen gleichermaßen einschließt.

Serach bat Ascher

Der Name „Serach" erscheint in biblischen Genealogien dreimal (*Gen.* 46:17; *Num.* 26:46; *Chron.* 7:30). Sie ist die Tochter von Ascher, einem der zwölf Kinder Jakobs, und die Enkelin von Lea*. Sie hat vier Brüder. Es ist ungewöhnlich, dass in einem grundsätzlich männlichen Stammbaum auch der Name einer Frau erwähnt wird, zumal sie in keiner weiteren Erzählung auftaucht. Aus der Bibel erfahren wir nichts weiter über sie außer ihren Namen und ihre familiären Beziehungen: ihren Vater, ihre Brüder und damit auch indirekt ihre Mutter. Sie wird als Mitglied der mit Jakob nach Ägypten ziehenden Familie aufgeführt. Sie wird als „Schwester" und „Tochter" bezeichnet. Für eine Frau ungewöhnlich, bleibt selbst ihr Ehestand unerwähnt.

Die Herkunft ihres Namens ist unklar. Eventuell deutet die Wurzel auf die Vorstellung von Übermaß oder Überfluss. Ihre Ausnahmestellung hat die Phantasie der Rabbinen beflügelt, sie machen aus ihr eine legendäre Gestalt. Sie sei die Tochter von Hadora und Malchiel, zwei Nachfahren von Schem, gewesen. Nach dem Tod ihres Vaters habe Ascher dessen Frau Hadora geheiratet und seine Tochter Serach adoptiert. Als Ascher mit seiner Frau nach Kanaan zog, sei Serach, die vaterlose Waise, im Alter von drei Jahren mit ihnen gekommen. Sie sei im Hause des Stammvaters Jakob, ihres Großvaters, aufgewachsen und Gott habe sie mit Schönheit, Weisheit und Scharfsinn gesegnet (*Sefer Hajaschar*, Wajeschew, 80a–90b). Sie sei es gewesen, die Jakob darüber aufklärte, dass sein totgeglaubter Sohn Joseph noch lebte und nicht, wie seine anderen Söhne ihn hatten glauben lassen, von einem wilden Tier zerrissen worden war. (*Targ. Ps.-Jon.* zu *Gen.* 46:17): „Sie nahm ihre Harfe und [...] und setzte sich neben Jakob. Und sie spielte schön und sang mit sanfter Stimme die Worte: ‚Joseph, mein Onkel, lebt und herrscht über das ganze Land Ägypten und ist nicht tot.' Und sie fuhr fort, diese Worte zu wiederholen und Jakob hörte was sie sagte und es war ihm angenehm" (*Sefer Hajaschar*). Die so diskret vermittelte Information bezeuge die prophetische Gabe von Serach. Im Austausch für diese Nachricht, mit der sie das Leben zurückbrachte, erhält sie selbst von Jakob, quasi als Lohn, einen Segen mit dem Versprechen ewigen Lebens.[1]

So wird sie mit den großen Ereignissen der jüdischen Geschichte in Verbindung gebracht. Sie begegnet uns als Sklavin in Ägypten (*PdRK* 7:8) und beim Auszug aus Ägypten unter Moses' Leitung. Ihre Gegenwart zu Beginn und am Ende des Exodus (*Num.* 26:46) bestätigt in den Augen der Rabbinen ihr langes Leben.

Als die Kinder Israel von Zweifeln gegenüber Moses befallen werden, ist sie diejenige, die ihnen wieder Vertrauen einflößt. Ihr wurde auch ein Geheimnis anvertraut, nämlich das Wissen um die Identität des Erlösers. Dieses Wissen wurde von Jakob an Josef und von Josef an seine Brüder weitergegeben, und Ascher vertraute es seiner Tochter Serach an (*Ex. R.* 5:13-14). Auch an dieser Geschichte ist ungewöhnlich, dass einer Frau ein solches Geheimnis anvertraut wird.

Unterschiedliche Meinungen bestehen darüber, ob die Anzahl von siebzig Mitgliedern der Familie Jakobs nur um ihretwillen erreicht wird (vgl. *Gen. R.* 94:9; *Eccl. R.* 9:18; *PdRE* 39; *Sota* 13a).

Mit Serachs Hilfe findet Moses die Gebeine von Josef am Grunde des Nils und kann sie mit aus Ägypten nehmen (vgl. *Ex.* 13:19; *Schemot R.* 20:19; *Deut. R.* 11:7; *Mech.,* Beschallach 1; T. *Sota* 4:7; *Sota* 13a): "Woher wusste Moses, wo Josef begraben war? – Man erzählt, dass Serach, die Tochter Aschers, die aus jener Generation zurückgeblieben war, Moses Josefs Grab zeigte." Dadurch ermöglicht sie die Verwirklichung des Josef von seinen Brüdern gegebenen Versprechens (*Gen.* 50:24–26). Sie ist Moses eine Ratgeberin, und dank ihrer Vermittlung kann das Volk bei seinem Auszug aus Ägypten im Gedenken an den Patriarchen Jakob die Erinnerung an seine Vergangenheit bewahren.

Einige Midraschim sehen in ihr die Frau aus dem Buch Samuel, die Joab, den obersten Feldherrn von König David, bei der Belagerung der Stadt Abel berät und die Stadt vor einem Gemetzel bewahrt (*2. Sam.* 20:16–22; *Gen. R.* 94:9; *Eccl. R.* 9:18). Auch sei sie erschienen, um Rabbi Jochanans Bericht über die Durchquerung des Roten Meeres zu berichtigen (*Jal.* II, 125; *PdRK* 86, Paragr. 117). Dass eine Frau in das Geschehen eingreift, gar einem Weisen im Lehrhaus widerspricht, ist ungewöhnlich, in der rabbinischen Literatur einmalig: „Von Anbeginn seiner Lehrtätigkeit versuchte R. Jochanan zu erklären, wie sich die Wasser des Roten Meeres für Israel in eine Mauer verwandelten. Als er erklärte, dass die Mauer von Wasser einem Gitterwerk gleich gewesen sei, schaute Serach, die Tochter Aschers, herab und sprach: ‚Ich war dort.' Die Was-

[1] Im biblischen Text heißt es, dass Jakobs Geist wieder auflebte, als er erfuhr, dass sein Lieblingssohn noch am Leben war.

ser, die sich wie eine Mauer für Israel erhoben, leuchteten mit einem solchen Glanz, dass die Wasser schimmerten[2]." Des weiteren wird sie in einer Liste von zweiundzwanzig gerechten Frauen aufgeführt und auch als eine der sieben biblischen Gestalten, die nie verstarben, sondern lebend ins Paradies eingingen (*Jal. II*, 376; 964; *ARN* 38:103; *Targ. Ps.-Jon.* zu *Gen.* 46:17).

In jiddischen Liedern begegnet uns Serach bat Ascher als volkstümliche Heldin; sie ist auch Heldin persischer und indischer Legenden und eine Synagoge in Isfahan, wo sie der Sage nach beerdigt ist, trägt ihren Namen.[3]

---

[2] Gemeint ist der Abglanz von Persönlichkeiten wie Moses und Aaron oder Miriam, die vom Wasser der Tora durchtränkt sind.

[3] Siehe: Margaret Jacobi, „Serach bat Asher and Bitiah bat Pharaoh – Names which became legends", in: *Hear Our Voice*, S.110.

Sexismus und Sprache

Die Sprache ist Träger und Ausdruck unserer Werte, unserer Denkungsart und unserer Idealvorstellungen. Sie umschreibt unsere Lebenswirklichkeit, doch dient sie auch zu deren Veränderung. Der größte Teil der jüdischen Tradition wurde bis in die jüngste Vergangenheit von Männern ersonnen, weiterentwickelt und beschrieben. Folglich war die Norm eine männliche; man sah einzig die Männer als Teil der Gemeinschaft an, Frauen betrachtete man als außerhalb dieser normativen Tradition stehend. Die Frau ist „die Andere", die jüdische Literatur ist in ihrer Gesamtheit Ausdruck eines männlichen Blickwinkels. Frauen und Männer werden häufig verglichen und einander gegenübergestellt; diese Verallgemeinerungen sind erkennbar Quelle sexistischer Auffassungen. Daher ist es umso wichtiger, in Inhalt und Ausdruck darauf zu achten, den Frauen ihren legitimen Platz zukommen zu lassen. Der Gebrauch einer inklusiven Sprache im Gebet – das doch Ausdruck der ganzen Gemeinde sein soll – ebenso wie in Predigten und bei der Textauslegung ist in diesem Bemühen grundlegende Voraussetzung. Der Gebrauch des Plurals „die Menschen" anstelle der Formulierung „der Mensch" [was im Französischen und Englischen noch deutlicher erkennbar als im Deutschen gedanklich oft mit „der Mann" gleichgesetzt wird] erlaubt es zum Beispiel Frauen innerhalb einer Tradition, die sie lange ausschloß, sich eher als gleichwertig anerkannt zu fühlen.[1]

Auch die von der Tradition vermittelte Bildersprache ist für das kollektive Unterbewusste bedeutsam: So wird in einem zu jedem Freitagabendgottesdienst gesungenen Lied die Gemeinde mit einem Bräutigam [*dodi*] verglichen, der den Schabbat als Braut [*kala*] empfängt; dies Bild impliziert, dass die Gemeinde nur aus Männern besteht. Es geht nicht darum, alle diese Bilder zu unterdrücken, um eine fade Neutralität zu

---

[1] Anm. d. Übers.: Zur Diskussion der sexistischen Sprache in der jüdischen Tradition von einer deutschen Muttersprachlerin siehe auch: Pnina Navè Levinson: *Eva und ihre Schwestern*, Gütersloh 1992, S. 118ff.

erreichen, sondern darum, ihnen andere Bilder an die Seite zu stellen, zum Beispiel die Gemeinde auch einmal mit einer Braut zu vergleichen.[2] Die Liturgie hat es immer verstanden, sich den Fragen und Bedürfnissen der jeweiligen Epoche anzupassen, sie bietet einen geeigneten Rahmen für entsprechende Anpassungen. Dann bleibt das Weibliche nicht weiterhin unbeachtet oder in generische Begriffe „mit eingeschlossen", sondern kann seine Stellung als normative Alternative einnehmen.

Es ist wichtig, die Frauen zu rehabilitieren und sie in den Gebeten zu erwähnen. In der Bibel werden Frauen immer als Ehefrauen oder Töchter bedeutender Männer und niemals als eigenständige Persönlichkeiten dargestellt. Doch unter all den uns heute zur Verfügung stehenden Helden und Vorbildern müssen auch Frauen als gleichwertige Rollengeber vertreten sein. Vor diesem Gedankenhintergrund werden im liberalen und konservativen Judentum beim *Amida*-Gebet neben den Stammvätern auch die Mütter genannt. Diese Frauen spielten eine wichtige Rolle beim Erhalt und der Weitergabe der monotheistischen Idee. Ihre ganz eigene Beziehung zum Göttlichen kann heute Männern und Frauen als Leitbild dienen, selbst wenn die biblischen Erzähler vieles im Dunklen lassen. Die Begegnung mit den Frauen der jüdischen Geschichte kann trotz des in manchen Fällen dürftigen uns zur Verfügung stehenden Materials dazu beitragen, diesen die gebührende Aufmerksamkeit zukommen zu lassen und den Frauen von heute eine Identifikationsmöglichkeit mit nicht ausschließlich männlichen Rollenbildern zu bieten.

Nicht zuletzt sind auch die für Gott gebrauchten Metaphern von Bedeutung. Nach der jüdischen Tradition ist Gott weder männlich noch weiblich, Anthropomorphismen werden nach Möglichkeit vermieden. Wenn wir von Gott reden wollen, bleibt uns dennoch nichts anderes übrig als auf Metaphern aus unserem menschlichen Erfahrungsbereich zurückzugreifen. So wird Gott in der Bibel als Krieger (*Ex.* 15:3), als Hirte (*Ps.* 23:1), als König (*1. Sam.* 12:12), und als Vater (*Jer.* 3:19) beschrieben. Die Rabbinen sprechen vom „Vater des Erbarmens", „Vater im Himmel", „König der Könige", „der Heilige, Gelobt sei Er" usf. Nach einer Darstellung legt Gott sogar Tefillin*, ein traditionell nur von Männern zu beachtendes Gebot. Am häufigsten wird Gott mit den Macht- und Herrrschaftsbezeichnungen einer hierarchischen patriarchalischen Gesellschaft belegt. Arthur Green erklärt diesen Widerspruch ironisch: „Obwohl der Gott Israels überwiegend mit männlichen Namen und Verben beschrieben wird, ist er in Wahrheit eine relativ geschlechtslose Gottheit[3]..." Gleichwohl gibt es auch einige weibliche Bilder von Gott, wie Jesajas

---

[2] In den rabbinischen Texten wird Israel häufig als Gott versprochene Braut beschrieben.

[3] Arthur Green, „Keeping Feminist Creativity Jewish", *Sh'ma* 16/305,10.

Beschreibung von Gott als Mutter (*Jes*. 42:14).[4] Sicher gibt es auch das auf die jüdische Mystik zurückgehende geheimnisvolle Bild der Schechina*, doch es spiegelt die weiblichen Archetypen einer patriarchalischen Gesellschaft. In den meisten Fällen wird Gott in einer männlichen Terminologie umschrieben, und da diese Metaphern zur Darstellung eines Ideals dienen, wirken sie gleichzeitig ausgrenzend. Judith Plaskow[5] zeigt auf, in wieweit der Widerstand gegen jegliche Veränderung in diesem Bereich Beweis für das Festhalten an einem geschlechtlich verstandenen Gottesbegriff ist, der doch recht eigentlich dem heidnischen Gedankengut zuzuordnen ist. Man kann auch auf neutralere Ausdrücke wie „der Ewige" zurückgreifen,[6] denen zur Bezeichnung eines zumindest theoretisch das Geschlechtliche transzendierenden Gottes gegenüber Begriffen mit ausgeprägt männlicher oder weiblicher Konnotation der Vorzug zu geben ist. Im Vorderen Orient der Antike existierten männliche und weibliche Gottheiten Seite an Seite. Es scheint, als ginge mit dem Aufkommen des Monotheismus, der Abschaffung der Götzen und der Vielgötterei gleichzeitig mit dem Entstehen einer auf der Herrschaft der Männer über die Frauen beruhenden Gesellschaft und dem Ausschluss der Frauen vom religiösen Leben und dem Priestertum eine Unterdrückung der weiblichen Aspekte des Göttlichen einher. Die Wahl eines Gottes mit männlichen Eigenschaften konnte die Marginalisierung und Unterdrückung der Frauen rechtfertigen und helfen, die entsprechende Gesellschaftsstruktur zu stabilisieren. Vielleicht war dies ja eine notwendige Übergangsphase in der Entwicklung des Monotheismus. Für die Gegenwart bleibt uns die Aufgabe, die beiden männlichen und weiblichen Aspekte eines grundsätzlich körperlosen Gottes zu vereinen und männliche und weibliche Eigenschaften in einer veränderten, nicht mehr patriarchalischen sondern egalitären, Welt neu zu definieren.

---

[4] Siehe „Depatriarchalizing in Biblical Interpretation", S. 217–240, in: *The Jewish Woman.*

[5] „God: reimagining the unimaginible", in: *Standing again at Sinai*, S. 125.

[6] Anm. d. Übers.: Im Gegensatz zum französischen „l'Éternel", das zumindest für Hörer nicht eindeutig geschlechtsbestimmt ist, oder gar zum Englischen „the Eternal" ist der deutsche Begriff grammatikalisch eindeutig maskulin, doch wenigstens entstammen die mit ihm verbundenen Assoziationen nicht dem patriarchalisch-hierarchischen Denken. Überhaupt tut sich das Deutsche, das auch beim Artikel nach männlich oder weiblich unterscheidet, mit der Wahl eines „neutralen" Gottesbegriffes schwerer als z. B. das Englische. Vorschläge wie „GeistIn" bieten keine ernsthafte Alternative, immerhin wird durch sie die sprachliche Crux deutlich. (siehe auch Navé-Levinson, a. a. O.).

Sexualität

Im Judentum wird die Sexualität als integraler Bestandteil des menschlichen Lebens wahrgenommen und anerkannt. Wie alle Aspekte des menschlichen Lebens wird auch das sexuelle Verlangen nicht negiert, sondern in geordnete Bahnen gelenkt. In der Terminologie wird es zwar häufig mit dem *Jetzer hara*, dem „bösen Trieb", gleichgesetzt, doch in Anerkennung seiner Notwendigkeit und Bedeutung: „Wir wollen unseren Vorfahren dankbar sein, denn hätten sie nicht gesündigt, so wären wir nicht auf die Welt gekommen" (*AS,* 5a) oder auch: „Ohne den bösen Trieb würde kein Mann ein Haus bauen, eine Frau nehmen, Kinder haben oder ein Geschäft betreiben" (*Gen. R.* 9:9). Der böse Trieb steht im Gegensatz zum guten Trieb; dem Menschen sind beide eingeboren und es liegt an ihm, das Gute dominieren zu lassen.[1] So gibt es für die Befriedigung des sexuellen Verlangens einen legalen Rahmen, die Sexualität dient jedoch nicht allein der Fortpflanzung. So ist dem Mann der Beischlaf mit einer schwangeren oder unfruchtbaren Frau erlaubt und sogar geboten – ausdrücklich zum Zweck, sie zu „erfreuen" (*Deut.* 24:5, *Ket.* 47b). So ist die jüdische Haltung irgendwo in der Mitte zwischen einem der körperlichen Lust verschriebenen reinen Hedonismus und der platonischen Trennung von Körper und Geist mit gleichzeitiger Abwertung alles Körperlichen angesiedelt. Im Judentum wird das sexuelles Verlangen durch Einbindung in ein ethisches System spiritualisiert. Die der abendländischen Zivilisation und dem Christentum zu Grunde liegende griechische Auffassung der Trennung von Körper und Geist konnte sicher auch das Judentum beeinflussen, doch dies nur in beschränktem Ausmaß. Aufschlussreich ist hierzu die Anekdote vom Toraschüler, der sich unter dem Bett seines Meisters versteckt hält, als der mit seiner Frau schläft. Als der Meister ihn hinausjagt, erklärt er: „Es ist eine Frage der Tora; ich will lernen" (*Br.* 62a).

---

[1] Raschi kommentiert Deuteronomium 6:5: „Du wirst Gott mit deinen beiden Trieben dienen."

Die meisten Rabbinen betrachten die Sexualität als Teil von Gottes Schöpfung: „Wir, die wir die heilige Tora besitzen, denken, dass der Heilige, gelobt sie Er, in seinem weisen Ratschluss nichts Schreckliches oder Schändliches erschaffen hat. Wären sexuelle Handlungen abstoßend, wären es auch die Geschlechtsorgane [...] Wenn die Geschlechtsorgane abstoßend sind, wieso hat der Schöpfer etwas Mangelhaftes erschaffen? Wenn dem so wäre, müssten wir feststellen, dass seine Taten nicht vollkommen sind[2]...". In der jüdischen Tradition wird der Sündenfall von Adam und Eva* auch nicht wie in der christlichen Theologie mit Sexualität in Verbindung gebracht. In der Tat gehen zahlreiche rabbinische Quellen von einer sexuellen Beziehung zwischen Adam und Eva schon vor ihrem Ungehorsam gegenüber dem göttlichen Gebot aus, da der Befehl „Seid fruchtbar und mehret euch" dem Sündenfall vorausgeht. Die im biblischen Text gegebene Begründung für die Schöpfung der Frau liegt überhaupt in ihrer sexuellen Vereinigung mit dem Mann: „Darum verlässt der Mann seinen Vater und seine Mutter und hängt an seiner Frau, und sie werden zu einem Fleische" (*Gen.* 2:24). Die Mystiker geben der körperlichen Verschmelzung eine kosmische Bedeutung. Für sie hat die in einem positiven Gesamtzusammenhang und mit guten Intentionen gelebte Sexualität eine spirituelle Dimension; sie führt dann über die individuelle Erfüllung hinaus in die Nähe des Göttlichen.

In der Bibel geschah die Aneignung einer Frau durch den Beischlaf; später befürworteten die Rabbinen den vorherigen Abschluss eines Ehevertrages und eine finanzielle Regelung. Das Hohelied ist ein hervorragendes Beispiel für ein erotisches Gedicht; die wesentliche Rolle der Sexualität für die Ehe kommt deutlich zum Ausdruck. Im Folgenden einige Auszüge:

> „Küsste er mich mit Küssen seines Mundes – so gut sind deine Zärtlichkeiten, mehr als Wein. Der Duft deiner Öle – wie gut, ausgegossenes Öl – dein Name. Darum ja lieben die Mädchen dich" (*Hohelied* 1:2-3[3]). „Sieh doch – schön bist du, meine Liebste, sieh doch – schön [...]" (1:15) „Wie ein Apfelbaum unter Waldbäumen, so, ja ist mein Liebster unter den Söhnen, In seinen Schatten sehn ich mich und setz mich, und seine Frucht – süß meinem Gaumen. Er zog mit mir ins Weinhaus, und sein Banner über mir –: Liebe. Ja stärkt mich doch mit Traubenmost, erquickt mich mit Äpfeln, denn liebeskrank bin ich, ich. Seine Linke unter meinem Kopf, und seine Recht umschlingt mich" (2:3–6). „Wie ein Band ein purpur-

[2] Im Nachmanides zugeschriebenen Brief über die Heiligkeit; der Verfasser ist wahrscheinlich der Kabbalist Joseph ben Abraham Gikatilla (1248–1325).
[3] Alle Zitate aus dem Hohelied nach der Übersetzung von Klaus Reichert, München 1998.

farbenes deine Lippen und deine Sprachgliedmaßen lieblich, wie eine aufgesprungene Granatfrucht deine Schläfe hinter deinem Lockenschleier. Wie Davids Turm dein Hals [...] Deine zwei Brüste wie zwei Kitzchen, ein Gazellenpärchen weidend unter den Hyazinthen den dunkelblauen" (4:3–5). „Honig fließt von deinen Lippen, Braut, Honig und Milch unter deiner Zunge, und deiner Gewänder Duft wie Duft des Libanon. Ein behüteter Garten meine Schwester, Braut, ein behüteter Brunnen, ein versiegelter Quell. Dein Gespross ein Paradies von Granatbäumen mit köstlicher Frucht, Zyperntrauben mit Narden. Narde und Safran, Würzrohr und Zinnamon mit allem Weihrauchgesträuch, Myrrhe und Aloe mit feinstem Gewürz. Ein Brunnen in Gärten, ein Springquell der Wasser des Lebens niederströmend vom Libanon" (4:11–15). „Mein Liebster fuhr mit der Hand durch den Spalt und meine Herzgegend bebte ihm entgegen" (5:4). „seine Hände – Rollen von Gold. Mit Tarschisch-Stein besetzt, Sein Bauch – glattes Elfenbein, mit Lapislazuli bedeckt. Seine Schenkel – Marmorsäulen, fest auf Sockeln von Gold, sein Anblick – wie der Libanon, erlesen wie Zedern." (5:14–15). „Wie schön und wie lieblich bist du, du Liebe in der Lust. Dies dein Wuchs gleicht der Palme und deine Brüste Traubenbüscheln. Ich sprach – Ich will hinaufsteigen in die Palme, packen die Dattelrispen, und sie sollen sein, ja, deine Brüste wie Traubenbüschel der Rebe, und der Hauch deiner Nase wie Äpfel. Und dein Gaumen wie Wein, der gute, der meinem Liebsten weich hinunterströmt, es tropfen die Lippen noch im Schlaf...Ich bin meines Liebsten, und nach mir ist seine Sehnsucht." (7:7–11).

Das Hohelied ist einer der wenigen biblischen Texte, in dem die Stimme der Frau selbst, ohne Mittler, zu hören ist.[4] In ihm wird ein Recht auf Liebe jenseits aller sozialen Normen verfochten. In Geschmack, Berührung, Geruch und Stimme der Liebenden klingt eine überwältigende Sinnlichkeit an. Die körperlichen Wonnen der Liebe werden ohne Umschweife angesprochen. Die Frau darf beim Liebesspiel die Initiative ergreifen, Gefühle empfinden und sie ausdrücken. Der Autor verteidigt die Schönheit einer Frau, die, von ihren Brüdern zur Arbeit in den Weinbergen gezwungen, ganz sonnenverbrannt ist. Anscheinend entsprach ein blasser Teint eher dem Schönheitsideal der Zeit, war er doch Ausdruck des Luxus, nicht draußen hart arbeiten zu müssen, sondern zu Hause bleiben zu können. Die Zusammenkünfte der Liebenden sind verstohlen, heimlich, oft unterbrochen, wohl weil die Situation der beiden eine offene

[4] Siehe: Renita J. Weems, „Songs of songs", in: *The Women's Bible Commentary* (S. 156), und Eintrag: Schulamit*.

Beziehung verbietet. Vielleicht gehören sie verschiedenen Gesellschaftsschichten an, vielleicht sind sie unterschiedlicher Herkunft oder Hautfarbe... Aus dem Text geht dies nicht hervor. Das Hohelied zeichnet ein Bild der Liebe, das ganz im Gegensatz zum zweiten Schöpfungsbericht und der dort proklamierten Dominanz des Mannes über die Frau[5] steht. Es beschreibt eine Gegenseitigkeit in der Beziehung zwischen Mann und Frau, bei der Liebe und sexuelle Erfüllung in eine gleichberechtigte Beziehung eingebettet sind.

Der erotische Charakter dieses Textes war Auslöser zahlreicher Kontroversen unter den Talmudisten darüber, ob dieses Buch, das keinerlei Hinweis auf Gott enthält, Teil des biblischen Kanons sein soll. Rabbi Akiva verteidigt dessen Einbeziehung vehement: „Die ganze Welt ist nicht so heilig, wie an dem Tage, an dem das Lied der Lieder verliehen wurde, denn sind auch alle Hagiographien heilig, aber das Lied der Lieder ist hochheilig" (*Jad.* III, 5). Rabbi Akiva beruft sich hier auf das Argument, nach dem der Text als eine Allegorie der Liebe zwischen Gott (dem Bräutigam) und Israel (der Braut) aufzufassen ist. Auch wenn diese Allegorie zur Rechtfertigung des Verbleibs dieses Textes im biblischen Kanon dient, wird doch die sexuelle Thematik nicht in Frage gestellt oder gar tabuisiert. So wie die Beziehung zwischen Gott und dem jüdischen Volk heilig ist, so schließen die sexuellen Beziehungen zwischen Menschen die Möglichkeit der Heiligkeit mit ein. Deshalb sehen die Rabbinen den Vorabend des Schabbat als einen bevorzugten Moment für die Erfüllung der sexuellen Ehepflicht (*Ket.* 62b). Die Heiligkeit des Schabbat verbindet sich mit der des sexuellen Aktes und auch der Heiligkeit der Welt. Die Rabbinen lehrten: „Wenn Mann und Frau sich in Würde vereinen, so weilt die Göttlichkeit zwischen ihnen" (*Sota* 17a). Die sexuelle Vereinigung wird als Gebot aufgefasst, doch als eines, vor dessen Erfüllung kein Segensspruch gesagt werden muss; wie bei den anderen Mizwot bleiben die Rabbinen bei allem Mystizismus Realisten genug! Ein Midrasch gibt Zeugnis für die ideelle Trennung von Lust und Fortpflanzung: König David spricht dort von seinem Vater Jesse: „Herr der Welt, hatte mein Vater Jesse wirklich die Absicht, mich zur Welt kommen zu lassen oder hatte er nur sein eigenes Vergnügen im Sinn? Wisse, dass es so ist, denn bei ihrer Beiwohnung drehte er das Gesicht zur einen Seite und sie das ihre zur anderen. Du bist es also, der jeden seiner [Samen]tropfen lenkt" (*Lev. R.* 14:5). Erstaunlich an dieser Darstellung ist die Trennung zwischen der Fortpflanzung als Werk Gottes und der Suche der Menschen nach sexueller Erfüllung. Das Keuschheitsideal ist demnach nicht im jüdischen Sinne – und die Rabbinen sprechen sexuelle Themen sehr offen an. Sexuelle Lust kann viele Ausdrucksformen haben.

[5] *Gen.* 2–3.

Das Verhalten in der Öffentlichkeit sollte von Zurückhaltung bestimmt sein, doch im Privaten ist vieles möglich. Alle Positionen sind erlaubt (*Ned.* 20a-b). Mann und Frau sollen nackt sein; wenn ein Mann einen Eid schwört, dass er mit seiner Frau nur verkehren will, wenn beide bekleidet sind, so muss er sich scheiden lassen und die volle im Ehevertrag bestimmte Summe zahlen (*Ket.* 47b–48a).

Die Halacha erlaubt der gelebten Sexualität in der Form eine recht große Freiheit, doch regelt sie die Häufigkeit und den Zeitpunkt sexueller Kontakte durch die Gesetze der Nidda*, nach denen der sexuelle Kontakt während der Menstruation verboten ist und die Gesetze der *Ona* („Zeit"), nach denen der angemessene Zeitpunkt für die Erfüllung der ehelichen Pflicht bestimmt wird. Die Niddagebote sind Sache der Frau, die Erfüllung aller anderen Gesetze zur Sexualität liegen in der Verantwortung des Mannes. Männer sind verpflichtet zu heiraten, für Nachkommen zu sorgen und ihre ehelichen Pflichten zu erfüllen. Diese drei Gebote richten sich nicht an die Frau, sie kann allerdings ihrem Mann auch nicht auf Dauer jede sexuelle Beziehung verweigern. Dieses Ungleichgewicht im Gesetz liegt an der unterschiedlichen Sicht der Rabbinen von der männlichen und weiblichen Sexualität. Die männliche Sexualität gilt ihnen als Bedrohung der familiären und sozialen Strukturen, in Rachel Biales Worten als „aktiv und egozentrisch", die weibliche Sexualität hingegen als „introvertiert und passiv": „Der sexuelle Trieb des Mannes ist außen, sichtbar: „seine Erektion ist erkennbar und beschämt ihn vor seinesgleichen. Der sexuelle Trieb der Frau ist innen und für niemanden erkennbar" (*Sanh.* 7a). Diese Sichtweise entspricht sicherlich den sozialen Konventionen jener Zeit, aber auch der Vorstellung der Männer von ihrer eigenen Sexualität und jener der Frauen, denn in der talmudischen Literatur und in der rabbinischen Literatur kamen Frauen nicht zu Wort. Nach dieser Auffassung können Frauen, obwohl sexuelle Wesen[6], den Sexualkontakt unmöglich initiieren. Doch sie haben geradezu ein Recht auf den Orgasmus; ihre Männer sind verpflichtet, sie mit gewisser Regelmäßigkeit „zu erfreuen", also sexuell zu befriedigen. Ist ihre Bitte mit Würde vorgebracht, kann die Frau auch selbst ihre sexuellen Wünsche äußern. Frauen, die selbst die Initiative ergreifen, gelten als außergewöhnlich. Ihr Mut scheint lobenswert, heißt es doch in einem Talmudvers: „Sie werden Kinder haben, wie es sie noch nicht gab, selbst in der Generation von Moses nicht!" (*Er.* 100b). Dieser Widerspruch zwischen dem den Frauen zugestandenen Lustempfinden und der Unmöglichkeit, ihm Ausdruck zu verschaffen, gilt den Rabbinen als Evas Strafe nach dem Sündenfall: Mit ihm habe sich die Beziehung zwischen Männern und Frauen verändert, da es heißt: „und nach deinem Manne sei dein Verlangen, und er be-

[6] „Die Leidenschaft der Frau ist größer als die des Mannes" (BM 84a).

herrsche dich" (*Gen.* 3:16). Der Ausdruck „dein Verlangen" [*Teschukatech*] wird von den Kommentatoren unterschiedlich interpretiert, doch die meisten verbinden weibliche Sexualität mit Unterwerfung. Für Raschi bedeutet dieser Begriff das sexuelle Verlangen der Frau, das sie nicht zu äußern wagt: „alles wird von ihm und nicht von dir ausgehen" (zu *Gen.* 3:16). Ibn Esra und Nachmanides[7] sehen die untergeordnete Rolle der Frau nicht nur auf die Sexualität beschränkt, sondern auf die Gesamtheit der Beziehung zwischen Mann und Frau bezogen. Diese Vorstellung von der Herrschaft des Mannes über die Frau beeinflusst die rechtlichen Fragen der Sexualität entscheidend. Wenn die Frau ihr Verlangen nicht selbst ausdrücken kann, liegt die Verantwortung für dessen Befriedigung allein beim Mann. In diesem Sinne müssen auch die Gesetze der *Ona* verstanden werden. Der Ausdruck erscheint zum ersten Mal im Text des Buches Exodus: „Wenn er eine andere dazu nimmt, soll er ihre Kost, ihre Kleidung und ihre Beiwohnung [*Onata*] nicht verringern" (*Ex.*21:10). Der Begriff *Ona* kann aus zwei Wurzeln abgeleitet werden, entweder „Zeit" oder „Leiden". Zieht man beide in Betracht, verfolgen diese Gesetze den Zweck, die Häufigkeit sexueller Kontakte zu regeln, um der Frau jedes Leiden zu ersparen. Nachmanides führt weiter aus, dass diese Kontakte nackt, in angemessener Umgebung und regelmäßig stattzufinden haben. In der Mischna wird die zeitliche Vorgabe in Abhängigkeit vom Beruf des Mannes bestimmt; er soll seinen Beruf ausüben und auch seine ehelichen Pflichten erfüllen können. Ist ein Mann in Ausübung seines Berufes viel auf Reisen, muss er seiner ehelichen Pflicht weniger häufig nachkommen. Der *Schulchan Aruch* (OCh 240:1) nimmt diese Gesetze wieder auf und unterscheidet genauer; zum Beispiel zwischen Bauern, die außerhalb der Stadt arbeiten und die ihrer Ehepflicht nur ein Mal in der Woche nachkommen müssen, und denen, die in der Stadt arbeiten und deshalb ihre Pflicht zweimal wöchentlich zu erfüllen haben. Torastudenten müssen ihre ehelichen Pflichten ein Mal pro Woche erfüllen und als Zeitpunkt wird grundsätzlich der Schabbat empfohlen (*Ket.* 62b; *BK* 82a). Außerdem soll ein Mann „zu seiner Frau kommen", bevor er eine Reise antritt (*Jev.* 62b), kurz vor Eintritt ihrer Menstruation (*Pes.* 72b) und nach Ablauf der Frist der Nidda (*SA*, EH 76); ganz allgemein sollte ein Mann auf die sexuellen Bedürfnisse seiner Frau eingehen. Das Verlangen des Mannes wird nicht übersehen; gerade da man von seinem ständigen Vorhandensein ausgeht, entsteht die Notwendigkeit, die Befriedigung der weiblichen Lust gesetzlich zu regeln.

---

[7] Nachmanides betrachtet sogar die Geburtsschmerzen als einen Fluch, den die Frau als Folge ihres großen sexuellen Verlangens für ihren Mann zu ertragen hat.

Im mystischen Denken hat der sexuelle Akt auch eine spirituelle und kosmische Dimension: „Und folgendes ist das Geheimnis der Erkenntnis, davon wir dir sprechen. Der Mensch ist umfasst vom Geheimnis der Weisheit, der Vernunft und der Erkenntnis. Der Mann ist die Weisheit, die Frau ist das Geheimnis der Vernunft und reine Beziehungen sind das Geheimnis der Erkenntnis, aus diesem Grund sind die Beziehungen eine erhabene und große Sache, wenn sie im rechten Geist geschehen" (*Brief über die Heiligkeit – Iggeret hakodesch*, Kap. 2). In der kabbalistischen Sicht besteht Gott aus männlichen und weiblichen Attributen [*Sfirot*], die ständig sexuellen Kontakt unterhalten. Die Verbindung zwischen Mann und Frau ist eine Verbindung zwischen Weisheit [*Chochma*] und Verstand [*Bina*], die Erkenntnis [*Da'at*] schafft. Durch die Verbindung göttlicher Kräfte hat sie Anteil am göttlichen Schöpfungsakt und dem Erhalt der Welt. Ethisch begründete sexuelle Beziehungen helfen die Kräfte des Bösen fernzuhalten und die Macht des Göttlichen zu stützen. In dieser erotischen Theologie wird die Sexualität unverzichtbares Attribut Gottes. Der Brief über die Heiligkeit gibt den Männern Verhaltensmaßregeln für den sexuellen Akt: „So sollst du zunächst mit Worten zu ihr reden, die ihr Herz berühren und ihre Seele beruhigen [...]. Du musst Worte zu ihr reden, von denen einige ihr Verlangen, ihre Umarmung, ihre Liebe ihre Bereitschaft und ihre Begierde fördern [...] Niemals dringe er gegen ihren Willen in sie ein und Gewalt tue er ihr nicht an... Er suche ihr Herz mit Worten gewogen zu machen und zu verführen [...]. Beeile dich nicht, dein Verlangen zu befriedigen und es zu steigern, um deine Frau bereit zu machen. Gehe über den Weg der Liebe und Zustimmung in sie ein, so dass sie ihren Samen als erste bringt" (*ebenda*, Kap. 6). Rücksichtnahme auf die Wünsche der Frau ist wichtig, ebenso erotische Gespräche als Teil des Vorspiels. Der Ausdruck „Samen bringen" begegnet uns zum ersten Mal in Levitikus; er spiegelt wohl die Vorstellung, auch die Frau gäbe während des Koitus eine spermienartige Flüssigkeit ab.[8] Dieser Ausdruck wurde als Bezeichnung für den erkennbaren weiblichen Orgasmus aufgefasst, der dem männlichen vorausgehen sollte.[9] Nur ein einziger Text verzeichnet auch an Frauen gerichtete Ratschläge: Es ist die Interpretation eines Talmudtextes (*Schab.* 140b) von Raschi: „Rabbi Hisda sagte seinen Töchtern: Wenn euer Ehemann euch liebkost, um sexuelles Verlangen zu erwecken, und er hält die Brust in der einen Hand und ‚jenen Ort' in der anderen, gebt ihm zuerst die Brust, um seine Leidenschaft zu steigern,

---

[8] Diese Theorie taucht in den wissenschaftlichen Vorstellungen des antiken Griechenland, im Talmud und im Midrasch auf.

[9] Diese Idee begegnet uns zum Beispiel im *Sefer Chassidim* von Juda Ben Samuel Hechassid; "Du sollst deinen Orgasmus zurückhalten, bis die Frau ihn zuerst erreicht hat und dann wird sie Söhne [gebären]". Die Geburt von Söhnen galt als größerer Segen als die Geburt von Töchtern.

und gebt ihm den Ort nicht zu schnell, bis seine Leidenschaft steigt und er vor Verlangen vergeht. Dann gebt ihn ihm.“ Der Text ist eine Anweisung zur Steigerung des sexuellen Verlangens und Verlängerung des Vorspiels.

In einem ethischen Kontext werden also Erotik und Sexualität positiv bewertet. Ein wenig wurde das Judentum jedoch auch von griechischer Askese beeinflusst. So sagt zum Beispiel Maimonides: „Die Frau eines Mannes ist ihm erlaubt. Deshalb kann ein Mann mit seiner Frau tun, wie ihm beliebt. Er kann zu ihr kommen, wann er mag und den Körperteil liebkosen, den er zu liebkosen wünscht. Und er kann zu ihr auf natürliche oder nicht natürliche Art kommen, solange er seinen Samen nicht vergießt. Und dennoch ist die fromme Haltung, nicht leichtfertig damit umzugehen und während er bei ihr liegt sich zu heiligen, gemäß unseren Erklärungen zu den Geboten der Erkenntnis. Und er soll von dem Üblichen nicht abweichen, denn dies geschieht nur zum Zweck der Fortpflanzung“ (*MT*, Issurei Bia 21; 9). Im ersten Abschnitt des Textes gibt Maimonides die permissive jüdische Tradition wieder, doch dann vertritt er eine Minderheitsmeinung, nach der sexuelle Beziehungen ausschließlich dem Zweck der Zeugung dienen. Doch im Gegensatz zu Maimonides sehen die meisten religiösen Autoritäten die Lust als völlig legitimen Bestandteil der Sexualität; dabei betonen sie jedoch einerseits die Unterscheidung zwischen öffentlichem und Privatleben und andererseits die Heiligkeit der Ehe.

Sota

Die *Sota*, die „abschweifende" Frau, wird im fünften Kapitel des Buches Numeri beschrieben (11–31). Es handelt sich hier um eine Frau, die buchstäblich vom rechten Wege abweicht und eine sexuelle Beziehung mit einem anderen als ihrem eigenen Ehemann unterhalten hat. Wenn dieser letztere sie zu Recht oder Unrecht einer solchen Beziehung verdächtigt und es für die Tat keine Zeugen gibt, muss er seine Frau zum Tempel bringen und sie muss sich dort der Probe der Bitterwasser unterziehen. Sie muss Wasser gemischt mit Staub aus dem Tempel trinken, in das zuvor ein vom Priester mit Flüchen beschriebenes Pergament getaucht wurde. Ist die Frau unschuldig, bleibt sie unversehrt, ist sie schuldig, „schwillt ihr Bauch und ihre Hüfte schwindet" (*Num.* 5:27). Die Wirkung der Bitterwasser beweist nicht nur ihre Schuld oder Unschuld, sondern ist im Falle ihrer erwiesenen Schuld gleichzeitig ihre Strafe. Der Text ist ungewöhnlich, denn es handelt sich um den in der Tora einmaligen Fall einer Sanktion durch ein Gottesurteil und nicht durch einen Richterspruch.[1] Selbst wenn der Text zu Recht unsere Entrüstung hervorruft, sollten wir nicht vergessen, dass er gegenüber den Gottesurteilen der benachbarten Völker des alten Orient immer noch einen Fortschritt darstellt: Dort wurden die Verdächtigen in den Fluss geworfen – wenn sie überlebten, galten sie als unschuldig.[2] Zudem haben die Rabbinen der Mischna später dieses biblische Recht ganz abgeschafft; sicher auch weil es ihnen ungerecht erschien. Die [talmudischen] Auseinandersetzungen über dies Gottesurteil sind daher nur insofern interessant, als sie ein

[1] Der Talmud wird später sagen, man solle nicht auf Wunder vertrauen *(Pes.* 64b).

[2] Siehe Hammurabikodex, Abschnitte 13–132. In Mari gab es ebenfalls Gottesurteile, bei denen Wasser mit Staub vermengt wurde, und in der japanischen Tradition musste die Frau Wasser trinken, in die zuvor ein Papier getaucht war.

lebendiges Zeugnis der Einstellung der Männer jener Zeit gegenüber den Frauen sind.

Zunächst muss auf eine Ungleichheit in der rechtlichen Behandlung des Ehebruch*s verwiesen werden: Eine Frau darf keine außereheliche Beziehungen unterhalten, sie würde Gott und ihren Ehemann damit beleidigen. Umgekehrt darf ein Mann mit einer anderen als seiner Ehefrau eine Beziehung eingehen, solange diese Frau nicht selbst verheiratet oder einem anderen Mann versprochen ist. Im biblischen Recht kommt eine weitere Ungleichbehandlung hinzu.[3] Eine des Ehebruchs schuldige Frau wird mit der Probe der Bitterwasser bestraft; ein Mann wird bei Untreue nicht zur Rechenschaft gezogen. Im mündlichen Recht wird später dieses Ungleichgewicht korrigiert.[4]

Auch den Rabbinen des Talmud ließ dieser Text keine Ruhe. Sechs Kapitel eines Traktates mit dem Namen *Sota* sind ihm gewidmet. Der Anwendungsbereich der Bitterwasser wird hier erheblich reduziert. Die Rabbinen geben den biblischen Begriffen bewusst eine von ihrem offensichtlichen Wortsinn abweichende Bedeutung. Wenn dort zum Beispiel davon die Rede ist, dass ein Ehemann vom „Geist der Eifersucht" ergriffen ist, übersetzen die Rabbinen dies damit, dass er seine Frau vor zwei Zeugen zu „verwarnen" hat, dass sie den Kontakt mit diesem oder jenem Mann zu unterlassen habe; außerdem muss von ihrem Mann oder ein oder zwei Zeugen beobachtet worden sein, dass sie sich mit einem Mann eine gewisse Zeit lang[5] in einem geschlossenen Raum aufgehalten hat. Erst wenn diese beiden Voraussetzungen erfüllt sind, kann der Mann seine Frau der Probe der Bitterwasser unterziehen.

Aus der Tossefta ist uns eine Diskussion darüber überliefert, wie viel Freiraum ein Ehemann seiner Frau lassen muss:

> R. Meir sagt: Wie die Männer sich beim Essen in ihrem Geschmack unterscheiden, so unterscheiden sie sich in ihrem Geschmack bei Frauen. Manche Männer können, ist eine Fliege am Rande ihres Bechers, nicht mehr trinken, was darinnen ist. Dies ist kein Glück für eine Frau, denn ein Mann wie jener wird sich von ihr scheiden lassen. Manche Männer beachten, wenn eine Fliege in ihren Becher geht, diese nicht, aber trinken den Inhalt nicht mehr. Ein solcher Mann ist wie Papas B. Jehuda, der die Tür hinter seiner

[3] Siehe: Judith Hauptmann, *Rereading the Rabbis, A Woman's Voice.*

[4] Doch wenn eine Frau und ihr Liebhaber sich für schuldig erklärten, sahen schon Levitikus (20:10) und Deuteronomium (22:22) die Todesstrafe für beide vor. Andererseits hatte eine Frau, die ihren Mann der Untreue verdächtigte, keinerlei Handhabe.

[5] Je nach der Einschätzung der Rabbinen über die Dauer des sexuellen Aktes variiert diese Zeitspanne; siehe *Sota* 4b.

> Frau mit dem Schlüssel verschloss und hinausging. Weiter beachten manche Männer, wenn eine Fliege in ihren Becher fällt, diese nicht und trinken den Inhalt. So sind die meisten Männer: Er sieht, dass seine Frau mit ihren Nachbarn und Eltern spricht und lässt sie in Ruhe. Schließlich nehmen manche Männer, wenn eine Fliege in ihre Suppenschüssel fällt, diese, saugen sie aus und werfen sie fort. So verhält sich ein schlechter Mann. Er sieht seine Frau mit unbedecktem Haupt hinausgehen, leicht bekleidet [...], auf dem Marktplatz umhergehen, mit jedem sich baden und sich amüsieren. Von einer solchen Frau muss man sich scheiden lassen (*T. Sota* 5:9).

Der Vergleich der Frau mit Essen ist nicht gerade schmeichelhaft. Er stellt die Frau auf die Stufe einer Ware. Die vom Essen herbeigelockte Fliege steht für den Mann, der sich von einer verheirateten Frau verführen lässt. Vier unterschiedliche Haltungen des Ehemannes gegenüber seiner Frau werden aufgeführt. Die erste und die letzte werden verurteilt. Im ersten Fall erlaubt der Mann seiner Frau überhaupt keinen irgendwie gearteten Kontakt mit einem anderen Mann. Diese extreme Eifersucht gilt als Unglück für die Frau; sie führt unausweichlich zur Scheidung. Der letzte Fall ist der eines zu großzügigen Mannes, der seiner Frau zu viele Kontakte mit anderen Männern erlaubt. Hier ist die rabbinische Ansicht der Begrenzung von Außenkontakten für Frauen erkennbar. Die beiden anderen Haltungen treffen weder auf Zustimmung noch auf Ablehnung: Das Beispiel von R. Pappa B. Jehuda, der seine Frau einsperrt, bevor er ausgeht, um jeden Kontakt mit der Außenwelt zu unterbinden, was zeigt, dass die Männer völlig über ihre Frauen bestimmen konnten; und das Beispiel der meisten Männer, die ein Gespräch ihrer Frauen mit anderen Männern zulassen. Der Fall von Rabbi Pappa scheint eine Ausnahme zu sein, doch der Text kritisiert sein Verhalten nicht.

Allein schon die Tatsache, dass eine Frau mit einem Mann spricht, kann Misstrauen erwecken, denn „wer nach Weibern schaut, kommt schließlich zur Sünde“ (*Ned.* 20a).

Das Gottesurteil, wie in der Mischna detailliert dargestellt, steht denen anderer Kulturen in nichts nach: Es ist grausam, gewalttätig und erniedrigend, ganz als ließen die Rabbinen ihren primitivsten Fantasievorstellungen freien Lauf. Die des Ehebruchs Verdächtige wurde zum Tempel geführt, ihre Kleider zerrissen, sie wurde in schwarz gekleidet, doch so entblößt, dass jeder, der es wollte, ihre Nacktheit sehen konnte, und schließlich wurde sie gezwungen, die Bitterwasser zu trinken. Manche wagen noch, dieses barbarische Vorgehen mit dem Argument „Gleiches für Gleiches“ zu rechtfertigen. Im Weiteren kreist die Diskussion darum, welche Verdienste die Wirkung der Bitterwasser aufschieben können. In diesem Zusammenhang steht auch die bekannte Auseinandersetzung darüber, ob man Frauen die Tora lehren solle. Ben Asai folgert, „dass man verpflichtet sei, seine Tochter die Tora zu lehren, damit sie, wenn sie trinken muss, wisse, dass der Verdienst ihr beistehe. Rabbi Elieser sagte: Wer seine Tochter die Tora lehrt, lehrt sie Ausschweifungen" (*M. Sota* 3:4[6]). Das Torastudium könnte somit die ehebrecherische Frau vor der schädlichen Wirkung der Bitterwasser schützen. Die Tora wäre also für die Ehebrecherin wie ein Gegengift! Ob die Rabbinen hiermit ihre Skepsis gegenüber dem Gottesurteil ausdrücken wollten, oder annahmen, dass eine Frau durch das Torastudium davon abgehalten würde, Ehebruch zu begehen? Man weiß es nicht. R. Elieser seinerseits nimmt einen gegenteiligen Effekt an: Eine Frau würde nur Tora studieren, um ungestraft verbotene Beziehungen eingehen zu können. Das Argument ist wieder ausgesprochen spitzfindig, auch wenn R. Eliesers generell frauenfeindliche Gesinnung bekannt ist.[7] R. Jehoschua erklärt, dass Frauen viel stärkere sexuelle Begierde hätten als Männer: Wenn sie die Wahl hätten zwischen mehr Ausschweifungen und weniger Unterhalt oder weniger Ausschweifungen und mehr Unterhalt, würden sie das Erstere wählen. Wieder begegnet uns hier die typische frauenfeindliche Karikatur einer libidinösen Frau, der in diesem Kontext sogar die Fähigkeit zum Torastudium abgesprochen wird, weil sie angeblich ein rein sexuell bestimmtes Wesen sei.

Der Redakteur der Mischna kürzt die verschiedenen Meinungsäußerungen ab und erklärt, dass der Verdienst der Frauen die Wirkung der Bitterwasser aufschiebt. Das Gottesurteil, das in der Tora den Zweck hatte, einen zu Unrecht eifersüchtigen Ehemann zu beruhigen oder die Schuld der ehebrecherischen Frau zu beweisen, verliert seinen Sinn, wenn das Ergebnis durch den Verdienst der Frau verfälscht wird. Diese Entscheidung ist möglicherweise das Ergebnis der Feststellung des Scheiterns des Gottesurteiles und der Wirkungslosigkeit der Bitterwasser, oder sie könnte Ausdruck einer der Vorentscheidung der Rabbinen sein, ein ungerechtes und erniedrigendes Ritual außer Kraft zu setzen. Einerseits lassen die Rabbinen es sich nicht nehmen, das Ritual noch entwürdigender zu gestalten als in der Tora beschrieben, andererseits reduzieren sie dessen Anwendbarkeit erheblich. Dieses Vorgehen wirkt, als sei in ihrer Vorstellung alles denkbar gewesen, doch als habe die Realität von ihnen ein anderes Vorgehen gefordert. Man weiß jedoch, dass die Grenzen zwischen Fantasie und Wirklichkeit manchmal nur hauchdünn sind.

Eine weitere Methode der Rabbinen der Mischna, das Ungleichgewicht des biblischen Textes auszugleichen, bestand darin, auch den Mann, mit

---

[6] Siehe auch Eintrag: Torastudium*.

[7] „Es ist besser die Worte der Tora zu verbrennen als sie in die Hände einer Frau zu geben" (*TJ, Sota* 3;16a).

dem die Frau eine außereheliche Beziehung eingegangen war, mit in Betracht zu ziehen. In einer Auslegung der mehrmals wiederholten gleichen Formulierung[8] erklären sie, dass auch der Liebhaber sich der Probe der Bitterwasser unterziehen muss (*M. Sota* 5:1). Dies ist eine radikale Veränderung gegenüber dem Text der Tora. Wird eine Frau für schuldig befunden, ist sie ihrem Mann und ihrem Liebhaber verboten.

Zum guten Schluss soll noch die Abschaffung des Gottesurteiles festgehalten werden: „Da die Zahl der Ehebrüche zunahm, hörte die Anwendung der Eifersuchtswasser auf und R. Jochanan Ben Zakkai schaffte sie ab, wie es geschrieben steht: ‚Nicht ahnd' ich es an euren Töchtern, dass sie buhlen und an euren Schwiegertöchtern, dass sie ehebrechen; da sie selber [sich] mit den Buhlerinnen [ausschließen] [...]'" (*Hos*. 4:14, zitiert in *M. Sota* 9:9). Die Mischna stellt hier die Auflösung der gesellschaftlichen Ordnung fest. Die große Zahl der ehebrecherischen Beziehungen macht aus praktischen Überlegungen die Anwendung der Bitterwasser unmöglich. Nach dem ersten Teil dieses Mischnatextes scheinen die Bitterwasser damals tatsächlich praktisch nicht mehr angewandt worden zu sein. Doch im zweiten Teil handelt es sich nicht mehr allein um die Feststellung einer Tatsache, sondern um die vom Gleichheitsgedanken getragene aktive Entscheidung eines Gelehrten.[9] Der oben zitierte Vers zeigt, dass Männer, die selbst kein vorbildliches Leben führen, von ihren Frauen keine Treue fordern können. Der dem Gottesurteil innewohnende Aspekt der grundsätzlichen Ungerechtigkeit wird aufgezeigt und ein unrechtes und primitives Ritual wir abgeschafft.[10] Es ist nicht bekannt, ob die Probe der Bitterwasser jemals angewandt wurde. Der Talmud berichtet von nur einem einzigen Fall (nach *M. Ed*. 5:6; *TJ Sota* 2:5, 18b). Königin Helena* soll zur Zeit des zweiten Tempels eine Tafel mit dem Text des Traktates *Sota* für den Tempel gespendet haben (*M. Joma* 3:10); dies sagt jedoch nichts darüber aus, ob das Ritual tatsächlich durchgeführt wurde oder nicht. So oder so: Schon die bloße Vorstellung dieser Prozedur musste Angst einflößen und war sicher ein starkes Druckmittel zur Kontrolle der weiblichen Sexualität und zur Untermauerung der Idee der ehelichen Treue.

---

[8] Für die rabbinische Auslegung ist kein Wort der Tora überflüssig; wenn zwei Ausdrücke wiederholt werden, müssen sie in unterschiedlichen Zusammenhängen auch verschiedene Bedeutung haben.

[9] Jochanan Ben Zakkai erlebte die Tempelzerstörung im Jahre 70 unserer Zeitrechnung. Nach der Eroberung Jerusalems durch die Römer baute er die Schule in Javne auf. Viele Gesetzesänderung datieren aus der Zeit nach der Tempelzerstörung.

[10] Allerdings wird der primitive und barbarische Aspekt dieses Rituals in den rabbinischen Diskussionen niemals kritisch beleuchtet.

Auch wenn die Rabbinen des Talmud in ihrer Beschreibung der ehelichen Beziehung zwischen Männern und Frauen nicht zu einer Vorstellung von Gleichberechtigung durchdringen, so haben sie doch mit ihrer Entscheidung einen Schritt hin zu einer größeren Gleichberechtigung unternommen. Wie schon der Toratext einen Fortschritt gegenüber anderen Gottesurteilen darstellt, bei denen die des Ehebruchs verdächtigen Frauen gnadenlos verurteilt wurden, so ist der Text der Mischna in seiner klaren und deutlichen Ablehnung der Vorstellung eines Gottesurteiles ein weiterer Schritt in der Entwicklung hin zur [Anerkennung der] Würde der Frau. Einige Kommentatoren gehen sogar soweit, im Gottesurteil nach der Bestimmung der Tora einen Schutz für die Frauen zu sehen, da es ihr nicht wirklich schaden konnte[11] und half, sie vor falschen Anschuldigungen zu bewahren und ihre Unschuld vor einem Priester unter Beweis zu stellen.[12]

[11] Das Trinken von mit Staub vermengtem Wasser war eine leichte Prüfung im Vergleich mit den babylonischen Prüfungen, durch die eine Frau sicher zum Tode verurteilt war.

[12] Siehe: Jacob Milgrom, wie zitiert in: Rachel Biale, *Women and Jewish Law*, S. 187.

Stimme der Frau

Kol be'Ischa Erva, die Stimme der Frau, ist eine „sexuelle Ablenkung". Solcher Art sind die vom orthodoxen Judentum vorgebrachten Argumente gegen den Gesang einer Frau in Gegenwart eines Mannes oder ihr Amtieren als *Schaliach Zibur,* das heißt dagegen, dass die Frau in Vertretung ihrer Gemeinde die Leitung eines Gottesdienstes übernimmt. Dieser im 3. Jahrhundert Samuel zugeschriebene Ausdruck taucht im Rahmen einer talmudischen Diskussion darüber auf, unter welchen Umständen ein Mann das Schma beten darf; unter anderem, ob er dabei die Stimme seiner Frau hören darf (*Br.* 24a). Eine Beschäftigung mit derlei Themen fehlt im biblischen Text (s. *Jes.* 54:1; *Sach.* 2:10) völlig; hier wird zum Beispiel das [öffentliche] Gebet von Miriam* und Hanna* erwähnt. Zur Begründung wird dennoch ein Vers aus dem Hohelied (2:14) herangezogen: „Meine Taube in den Felsklüften, im Klippenversteck, lass mich erblicken deinen Anblick, hören deine Stimme, denn deine Stimme ist betörend, dein Anblick lieblich." Der Kontext ist stark erotisch, und in diesem Buch wird jeder Zug der Frau als Quelle des Verlangens dargestellt. Hierauf fußt die in der selben talmudischen Diskussion vorgebrachte Meinung „dass, wenn man auch nur den kleinen Finger eines Weibes betrachtet, dies eben sei, als hätte man die Scham betrachtet" (*Br.* 24a)! Von den Männern wird die Frau als Objekt der Begierde betrachtet und folglich bedeutet sie auch eine Ablenkung vom Gebet. Moses Maimonides kommt zum Schluss: „Der ganze Körper der Frau ist *Erva*[1]". An anderer Stelle heißt es im Talmud: „Wenn Männer singen und Frauen einstimmen, so ist dies schon eine Ausgelassenheit, wenn aber Frauen singen und Männer einstimmen, so ist dies wie Feuer im Werg" (*Sota* 48a).

Die nachtalmudischen Kommentatoren sind unterschiedlicher Ansicht darüber, ob dies Prinzip auch auf andere Bereiche als nur auf das Schma-

---

[1] Das Wort bedeutet „Nacktheit" mit der Konnotation von Unanständigkeit und Verführung. *Mischne Tora,* Hilchot Kriat Schma 3:16.

gebet, von dem in dieser Talmudpassage die Rede ist, anzuwenden sei. Es ist jedenfalls festzustellen, dass das Argument *Kol Ischa* („Stimme der Frau") in einer weiteren talmudischen Auseinandersetzung um die Toralesung* durch Frauen nicht herangezogen wird (*Meg.* 23a).

Im 13. Jahrhundert wird in Deutschland im *Sefer Chassidim* die Stimme der Frau als Hindernis für die Unterweisung der Frauen durch einen unverheirateten Mann angeführt: „Die Stimme der Frau ist unsittlich. Lieber soll der Vater seine Tochter und seine Frau unterrichten."[2] Hier wird im Rahmen einer Vorstellung einer geschlechtergetrennten Gesellschaft das Verbot aus dem Bereich des Gebets auf den Bereich des Unterrichts ausgeweitet. Offensichtlich musste eine solche Haltung die Teilnahme der Frauen am Synagogengottesdienst einschränken.[3]

Dennoch geben mittelalterliche Quellen Zeugnis davon, dass Frauen im privaten wie im öffentlichen Bereich in Gesänge mit einstimmten.[4] Raschi (Raschi über Br. 57b, *schel Minei Semer*) unterstützt zwar das Prinzip von Samuel, räumt jedoch ein, dass die Stimme einer Frau beim Singen eines Wiegenliedes beruhigend wirkt und dass eine Frau gegen Bezahlung ein Lied lehren darf, wenn sie sich dabei um das Gemüse kümmert, Leinen spinnt oder die Puppen der Seidenraupe auf ihrem Schoß wärmt (Raschi, *Ket.* 66a, *schalosch we'arba bebat echad*). Im 13. Jahrhundert schreibt Eleasar von Worms[5] eine Hymne auf seine Frau, die Lieder und Gebete zu singen wusste und andere Frauen darin unterwies, und die von den Kreuzfahrern ermordet wurde. Seine älteste Tochter sang für ihn die Lieder, die sie von ihrer Mutter gelernt hatte. Es scheint, dass auch Hochzeiten für Männer wie Frauen ein Anlass zum Singen waren: Der Talmud erwähnt, dass der Gesang bei einer Hochzeit Vorrang vor den anderen Geboten hat (*Ket.* 17a). Manche Autoritäten meinen zwar, Frauen sei das Singen während einer Trauung verboten, doch die meisten waren der Ansicht, dass dies Verbot nur für nicht hebräische Lieder gelte.[6] Rabbi Elieser von Metz schreibt sogar: „Die heiligen Worte sollten nicht gesprochen werden, wenn dabei die Stimme einer Frau zu vernehmen ist. Doch heute, da wir wegen unserer Verfehlungen unter Götzendienern leben... achten wir nicht mehr darauf, ob wir beim Lernen

---

[2] *Sefer Chassidim*, kritische Ausgabe Reuven Margulies, 245, Paragr. 313.

[3] Siehe: Emily Taiz, „Women's voices, women's prayers: Women in the european synagogues of the Middle Ages", in: Susan Grossman und Rivka Haut, *Daughters of the King*, S. 59–71.

[4] Siehe: Emily Taiz, „Kol Ishah – The Voice of Woman: Where was it heard in Medieval Europe?", *Conservative Judaism.*

[5] Eleasar von Worms, „Kinna", in: A. Aberman, *Sefer Geserot Aschkenas weZarfat*, S. 165–167.

[6] Siehe: Boaz Cohen, *Law and Tradition in Judaism,* S. 172.

Gesang, selbst den Gesang nichtjüdischer Frauen, hören" (Mordechai über *Br.* 80a, *nichtav haR. Elieser*).

Dennoch formuliert der *Schulchan Aruch* einige Jahrhunderte später als Gesetz: „Man achte darauf, beim Sprechen des Schma nicht den Gesang einer Frau zu hören" (*SA*, OCh, 75:3), und Isserles (1525–1572) kommentiert: „selbst wenn es deine eigene Frau ist"; er räumt ein, dass eine gewohnte Stimme nicht Erva ist: „Andererseits ist ihre normale Stimme nicht unsittlich." Im 16. Jahrhundert spricht sich Juda Aschkenasi (*Ba'er Hetev, SA,* OCh 560:4, Nr.6) gegen den Gesang der Frauen an Schabbat und Feiertagen und sogar gegen das Singen während der Arbeit aus. Andererseits ist bekannt (*Tossafot, Br.* 45b, *veken assu Benot Rabbenu Avraham)* dass die Frauen die *Birkat haMason* (Segen nach der Mahlzeit) sangen und Israel Abrahams führt aus, dass zur Zeit der Tannaim und der Essener „die Töchter ihren eigenen Refrain sangen und die Eheleute manchmal den Schabbat mit zweistimmigem Gesang begrüßten[7]". Im jüdischen Gesetz besteht ein Widerspruch zwischen der Verpflichtung der Frau zum Gebet[8] (Br. 20b) und der Vorschrift, dass ihre Stimme nicht gehört werden darf. Nur ein Rahmen bleibt ihnen, innerhalb dessen sie ihre Stimme erheben dürfen: der Ausdruck der Trauer durch professionelle Klageweiber [*Mekonenot*], die schon in der Bibel (*Jer.* 9:16; *2.Chron.* 35:25), später dann auch in der Mischna (*MK* 3:9) und in den Kodizes (*MT*, Nachim 14:23) erwähnt sind. In diesem Zusammenhang wird die Unsittlichkeit ihrer Stimme niemals erwähnt.

Die Einstellung gegenüber der Sangesstimme der Frau war je nach Jahrhundert und den jeweiligen Umständen unterschiedlich. Wo immer der Gesang von Frauen mit Wein, Musik und weltlichen Vergnügen in Verbindung stand, versuchte man ihn zu unterbinden, besonders da in Frankreich und Spanien auch Frauen als Troubadoure durch das Land zogen. Jedoch ergriffen im Laufe der ganzen jüdischen Geschichte Frauen den Beruf der Sängerin. So waren zum Beispiel während der italienischen Renaissance die jüdischen Frauen für ihre Stimme berühmt. Im 13. Jahrhundert hatten die Frauen in Worms ihre eigene Synagoge und eine Frau, Urana, amtierte dort als Kantorin. Auf ihrem Grab war folgende Inschrift zu lesen: „Auch hielt sie mit sachter Genauigkeit den Gottesdienst vor den frommen Frauen, denen sie die Hymnen sang. In ihrem ergebenen Dienst wird sie in Erinnerung bleiben."[9] Im Hochmittelalter wurde häufig das Gebet der Frauen von Frauen geleitet, die auch selbst Gebete ver-

[7] *Jewish Life in the Middle Ages.*
[8] Siehe Eintrag: Gebet*.
[9] Nach: Israel Abrahams, *Jewish Life in the Middle Ages*, S. 26.

fassten.[10] Die Trennung zwischen Männern und Frauen war inzwischen weit verbreitet; die Frauen hatten eigene Räume neben der Männersynagoge, nahmen aber auch manchmal am Gottesdienst der Männer teil.[11] Es gibt zwar nur wenige solcher Beispiele, doch sind sie bezeichnend. Tatsächlich ist es unmöglich, genaue Angaben darüber zu machen, in welchem Maße Frauen zu irgendeinem Zeitpunkt der Vergangenheit am Synagogengottesdienst teil hatten. Entgegen dem Prinzip von Samuel haben Frauen sehr wohl gesungen; doch wir wissen nicht, ob es sich dabei um Ausnahmen oder die Regel handelte. Im orthodoxen Umfeld scheint das Prinzip von Samuel immer noch aktuell zu sein. In manchen Synagogen singen die Frauen niemals mit erhobener Stimme, damit ihre Stimme immer von der der Männer übertönt wird. Das Gesetz erstickt die Stimme der Frauen und verdammt sie dadurch zum Schweigen. Die liberalen und konservativen Strömungen im Judentum sehen die Überlegungen zur möglichen Unsittlichkeit der weiblichen Stimme als Ausdruck anderer Zeiten und anderer Sitten und haben sie ad acta gelegt. In diesen Bewegungen werden weibliche Kantorinnen (*Chasaniot*) eingestellt und die Teilnahme der Frauen am liturgischen und synagogalen Gesang unterstützt.

---

[10] Diese Gebete hießen *Techinot*. Einige Historiker sind jedoch der Ansicht, dass sie von Männern für den Gebrauch von Frauen verfasst wurden.

[11] In einem *Responsum* des Maharil ist von einer Frau die Rede, die zur Tora aufgerufen wird.

Sunamiterin

Der Name der Sunamiterin ist nicht überliefert, nur ihre Herkunft: Sunam. Ihre Geschichte ist Teil der Legenden um den Propheten Elischa[1], der auch der „Mann Gottes“ genannt wird. Elischa begibt sich in den Norden des Landes, nach Sunam, und nimmt eine Einladung der Sunamiterin zum Essen an: „Und dort war eine angesehene Frau, die nötigte ihn, bei ihr zu essen; und es geschah, so oft er durchzog, kehrte er dort ein, um zu essen“ (*2. Kön.* 4:8). Ob das Wort *gedola* („groß“) auf ihren Status oder ihren Reichtum verweist, ist nicht klar; doch da sie Elischa nach Belieben einladen konnte, hatte sie sicherlich eine gewisse Unabhängigkeit. Nach Rücksprache mit ihrem Ehemann (dessen Name auch unerwähnt bleibt) richtet sie ein kleines Zimmer mit einem Bett, einem Tisch, einem Stuhl und einem Leuchter als Gästezimmer für Elischa ein; denn sie hat erkannt, dass er ein heiliger Mann ist. Als Elischa einmal in diesem Zimmer schläft, lässt er durch seinen Diener die Sunamiterin rufen. Er dankt ihr für ihre Mühe und bietet ihr an, sich beim König oder dem Heerführer für sie zu verwenden. Sie gibt zur Antwort, sie wohne inmitten ihrer Stammverwandten – damit weist sie wohl das Angebot zurück. Der Diener von Elischa (der namentlich erwähnt wird) weist seinen Meister darauf hin, dass die Frau keinen Sohn hat und ihr Ehemann schon alt ist. Da sprach Elischa zu ihr: „‚Zu dieser Frist, um die selbige Zeit, umarmst du einen Sohn.‘ Da sprach sie: ‚Nicht doch, mein Herr, Mann Gottes! Täusche nicht deine Magd.‘“(*2. Kön.* 4:16). Die Vorhersage trifft ein, doch als der Knabe eines Tages mit seinem Vater auf dem Feld ist, beklagt er sich über Kopfschmerzen. Sein Vater lässt ihn nach Hause bringen, doch er stirbt dort auf dem Schoß seiner Mutter. Sie legt ihn auf das Bett des Gottesmannes und fordert ihren Mann auf, ihr eine Eselin bereit zu halten, sie wolle zum Mann Gottes reisen. Trotz dessen Nachfrage gibt sie ihrem Mann keinerlei Begründung für diesen Wunsch. Bei

[1] Im 9. Jahrhundert vor unserer Zeitrechnung.

ihrer Ankunft auf dem Berg Carmel sagt sie dem Diener kein Wort, doch Elischa liest ihr die Trauer aus dem Gesicht. „Sie sprach: ‚Hab ich denn einen Sohn erbeten bei meinem Herrn? Hab ich denn nicht gesagt: Täusche mich nicht?‘“ (*2. Kön*. 4:28). Elischa beauftragt seinen Diener, zu gehen und seinen Stab auf das Kind zu legen, doch die Mutter weigert sich, den Mann Gottes zu verlassen: „So wahr der Ewige lebt, und beim Leben deiner Seele, ich verlasse dich nicht.“ (*2. Kön*. 4:30). Elischa folgt ihr nach Hause, findet das Kind tot, betet zu Gott, legt sich auf das Kind, um es zu wärmen, erhebt sich, streckt sich noch einmal über das Kind, bis es zum Leben erweckt ist. Der Prophet lässt durch seinen Diener die Mutter rufen und spricht: „‚Nimm auf deinen Sohn!‘ Da ging sie und fiel zu seinen Füßen und bückte sich zur Erde, und nahm ihren Sohn auf und ging hinaus“ (*2. Kön*. 4:36–37). Einige Kapitel später begegnet uns die Sunamiterin noch einmal (*2. Kön*. 8:1–6), als Elischa ihr rät, wegen einer drohenden Hungersnot mit ihrer Familie das Land zu verlassen. Sie folgt seinem Rat und bleibt sieben Jahre im Land der Philister. Nach ihrer Rückkehr „ging sie hinaus, um zu schreien zu dem Könige um ihr Haus und ihr Feld“. Sie kommt genau in dem Augenblick zum König, als der Diener von Elischa von der Rettung ihres Sohnes durch den Propheten berichtet. Sie bestätigt dessen Worte und erhält alle ihre Güter zurück.

Die Sunamiterin zeichnet sich durch ihre Gastfreundschaft und ihre Energie aus. Ganz offensichtlich erwartet sie für ihre Gastfreundschaft keinerlei Belohnung. Der Prophet lässt sie zwar immer durch seinen Diener rufen, doch finden die Gespräche direkt zwischen ihr und dem Propheten statt. Sie ist diejenige, die die Dinge in die Hand nimmt, ihr Mann scheint ihr in Allem zu folgen. Um die Form zu wahren, informiert sie ihn, doch er bleibt im Hintergrund. Sie unterrichtet ihren Mann noch nicht einmal dann von ihrer Absicht, als sie geht, um den Propheten um die Rettung ihres Kindes zu bitten. Wahrscheinlich möchte sie ihren Mann nicht mit der Wahrheit über den Tod des Sohnes belasten. Sie weiß was sie will und schafft es, den Propheten dazu zu bewegen, in eigener Person, ohne Mittelsmann, zu kommen. Als Argument erinnert sie ihn daran, dass sie keine Belohnung erwartet hatte. Sozusagen war er verantwortlich für die Geburt des Knaben – und mit dessen Tod war die Erfüllung des Versprechens sinnlos geworden. Er scheint geradezu zum Einschreiten gezwungen, wenn seine Prophezeiung nicht umsonst gewesen sein soll. Die Frau hatte ihn ausdrücklich darum gebeten nicht enttäuscht zu werden – und der Tod des Kindes hätte eine Täuschung durch den Propheten bedeutet. So führt die Sunamiterin dem Propheten seine Verantwortung vor Augen. Vor allem um ihretwillen wird das Kind gerettet. Später dann trägt sie zum guten Ruf des Propheten beim König bei. Sie erscheint als gerade, aufrechte Frau, die dem einmal gegebenen Wort Gewicht beimisst und sich weder vom Mann Gottes noch vom König einschüchtern lässt. „Die meisten kinderlosen Frauen in der Bibel werden vor allem durch diesen Zustand definiert, und die sie betreffenden Erzählungen kreisen um ihren Kinderwunsch und die soziale Unsicherheit, der sie ohne Kinder ausgesetzt sind. Die Sunamiterin hingegen scheint der Darstellung nach sich selbst genug zu sein und auch unabhängig von der Mutterschaft Ansehen zu genießen; sie wird über ihre Beziehung zum Propheten definiert."[2]

Die Midraschim wollen die Sunamitin zur Schwester von Abischag*[3] (*1. Kön.* 1:1–4) oder zur Frau oder Mutter eines Propheten machen (PdRE 33 und *Sohar* I,7b;II 44a). Den Rabbinen mag ihre Zuordnung zum familiären Umfeld von Propheten als ehrenvoll erschienen sein, doch hiermit verliert sie die geheimnisumwitterte Aura und die Unabhängigkeit, die im biblischen Text ihre Stärke ausmachen. Ihr eigener Verdienst wird ihr genommen. Die Rabbinen beschreiben ihre Gastfreundschaft gegenüber dem Propheten, ihre Bereitschaft, ihm das beste Zimmer zu bereiten in allen Details (*Br.* 10b; *BM* 87a; *TJ; Sanh.* 10, 29b). Das Wunder des wiederbelebten Kindes wird als Belohnung für ihre Gastfreundschaft verstanden (*Ex. R.* 4:2). Die Sunamiterin bleibt eine ganz besondere, geheimnisumwobene Gestalt, [so wichtig] dass der Prophet ihr persönlich zum Aufbruch rät, sie ist eine echte Gesprächspartnerin für Männer von politischem und geistigem Einfluss. Obwohl sie namenlos bleibt, ist sie als legendäre Figur sehr präsent.

---

[2] Claudia Camp, in: *The Women's Bible Commentary* S.107.

[3] Eine ebenfalls als Sunamiterin bezeichnete junge Frau, die König David in seinem Alter wärmt.

Tallit

Das Gebot zum Tragen des Gebetsschales [*Tallit*] leitet sich ab aus der in den Büchern Numeri und Deuteronomium zu findenden Vorschrift, an den Ecken der Gewänder Schaufäden [*Zizit*] zu tragen. Der erste der beiden Texte ist ausführlicher, der zweite scheint nur an den ersten zu gemahnen: „Der Ewige sprach zu Moses also: Rede zu den Kindern Israel und sprich zu ihnen, dass sie sich Schaufäden machen an die Zipfel ihrer Kleider in allen Generationen, und sollen an die Schaufäden des Zipfels eine purpurblaue Schnur ansetzen. Und das sei euch zu Schaufäden, dass wenn ihr sie ansehet, ihr euch erinnert aller Gebote des Ewigen und ihr sie tuet, und ihr nicht umherspähet nach eurem Herzen und nach euren Augen, denen ihr nachbuhlet; Damit ihr euch erinnert all Meiner Gebote und sie tut, dass ihr heilig seid eurem Gott. Ich bin der Ewige, euer Gott, der Ich euch herausgeführt habe aus dem Lande Mizraim, euch ein Gott zu sein; Ich, der Ewige euer Gott." (*Num.* 15:37–41). "Schnüre sollst du dir machen an den vier Ecken deines Mantels, womit du dich bedeckest" (*Deut.* 22:12). Der Text aus Numeri wurde von den Rabbinen in das morgens und abends gesprochene Schma-Gebet eingefügt. Die Begründung des Gebotes wird im Text erwähnt: Die Schaufäden dienen der Erinnerung an die göttlichen Gebote, sozusagen als mnemotechnisches Hilfsmittel. Das „Nachbuhlen" der Augen und Herzen deutet wohl auf sexuelle Verfehlungen. Dieser Interpretation folgt eine talmudische Parabel, die erzählt, wie ein Mann durch das Tragen von Zizit von einer sexuellen Verfehlung abgehalten wurde:

> Ein Mann ging zu einer Prostituierten. In dem Moment, als er sich auf dem von ihr vorbereiteten Bett niederlassen wollte, schlugen ihm seine vier Zizit ins Gesicht. [Da ließ er sich herabgleiten und blieb auf dem Boden sitzen.] Sie glaubte, er habe einen Makel an ihr gefunden, doch er erklärte ihr die Bedeutung der Zizit, die ihm wie vier Zeugen erschienen, die sich gegen ihn erhoben. Sie fragte ihn nach seinem Namen, dem Namen seiner Stadt, seines Lehrers

> und des Lehrhauses, in dem er Tora lernte. Sie begab sich dorthin und verlangte, dass man sie zur Proselytin mache. R. Hija sprach zu ihr: „Meine Tochter, hast du vielleicht auf einen der Schüler ein Auge geworfen?“ Sie gab ihm den Namen des Mannes und er sprach zu ihr: „Geh, freue dich deines Kaufes.“ Die Geschichte endet mit den Worten: „Jene Polster, die sie ihm verbotenerweise gebettet hatte, bettete sie ihm erlaubterweise. Dies ist die Belohnung auf dieser Welt; die der zukünftigen Welt aber ist nicht zu ermessen.“[1] (s. *Men.* 44a)

Die meisten mittelalterlichen Kommentatoren folgten jedoch nicht dieser Auslegung, sondern zogen es vor, die Schaufäden mit der Gesamtheit der göttlichen Gebote in Verbindung zu setzen. Durch die Verknüpfung der Buchstaben mit ihrem Zahlenwert (Gerimatrie) ergibt die Zahl der Knoten und Quasten (5+8) gemeinsam mit dem Zahlenwert des hebräischen Wortes Zizit (600) zusammen 613 und damit die Anzahl der Gebote, wie sie zum ersten Mal von Rabbi Simlai im 3. Jahrhundert unserer Zeitrechnung in einem aggadischen Text genannt wird (*Mak.* 23b).

Der Vers aus Deuteronomium nennt die „vier Ecken des Mantels“; dies erinnert an den Ausdruck „die vier Ecken der Welt“, wie er zu einer Zeit, als man sich die Welt noch flach und viereckig vorstellte, zum Beispiel bei den Propheten vorkommt (vgl. *Jes.* 11:12; *Ezech.* 7:2; *Hiob* 37:3, 38:13). So sind wir, wenn wir uns den Tallit umlegen, auch von der Welt umfangen, und daran erinnert, dass der Ewige ihr Schöpfer ist (vgl. *Ps.* 115:16). Dem Talmud zufolge (*Chul.* 89a) stehen die vier Ecken für die materielle Welt und der blaue Faden für den Himmel und die göttliche Glorie. Folglich dient der Tallit der Erinnerung daran, dass wir nicht allmächtig sind; er bildet eine dauerhafte Verbindung zwischen dem Irdischen und dem Geistigen.

Aus dem auf die blauen Fäden bezogenen Ausdruck „wenn ihr sie ansehet“ (*Num.* 15:39) schlussfolgern die Rabbinen, dass der Tallit nur am Tage zu tragen sei, mit Ausnahme des Vorabends von Jom Kippur, da dieser Tag vom Vorabend bis zum Abend des Feiertages als ein zusammenhängender besonderer Zeitraum aufgefasst wird. Wegen dieser rabbinischen Anschauung wird nun das Tragen des Tallit oder der Zizit unter die zeitgebundenen Gebote[2] gezählt, von deren Erfüllung Frauen freigestellt sind. Der biblische Befehl wendet sich jedoch an die *Bnei Israel* (die Kinder Israel) – und damit können durchaus die Frauen ebenso wie die Männer gemeint sein. Die talmudische Diskussion beginnt mit der

---

[1] Die Geschichte ist voller pittoresker Details und hat die Form einer Legende; der Zweck der Zizit ist es *Sonut*, Promiskuität, zu verhindern und die Ehe als Ort sexueller Beziehungen zu bewahren.

[2] Siehe Eintrag: Zeitgebundene Gebote*.

Formulierung eines allgemeinen Prinzips: „Die Rabbanan lehrten: Alle sind zu Zizit verpflichtet, Priester, Leviten, Israeliten, Proselyten, Frauen und Sklaven; nach R. Simon sind Frauen befreit, weil es ein von der Zeit abhängiges Gebot ist, und Frauen von einem von der Zeit abhängigen Gebot befreit sind“[3] (*Men.* 43a). Die Meinung von R. Simon läuft also dem von den Weisen formulierten allgemeinen Prinzip zuwider. Anders gesagt: In ihr wird das Bemühen offensichtlich, das Gesetz mit der gelebten Wirklichkeit in Übereinstimmung zu bringen. Wie für die anderen von Frauen nicht befolgten Gebote versuchen auch hier die Rabbinen im Text eine Rechtfertigung für die gängige Praxis ihrer Zeit auszumachen. Selbst wenn man sich der Meinung von Rabbi Simon anschließt, wie es die im *Schulchan Aruch* kodifizierte Halacha (*SA* OCh 17:2) tut, muss auch betont werden, dass es sich um eine Freistellung der Frauen und nicht um ein Verbot handelt. Raschi berücksichtigt diese Unterscheidung. Im 11. Jahrhundert schreibt er: „Die Tatsache, dass der Talmud feststellt, Frauen seien von den positiven zeitgebundenen Geboten ausgenommen, bedeutet nur, dass sie zu deren Befolgung nicht verpflichtet sind, doch wenn sie sich der Erfüllung dieser Mizwot verpflichtet fühlen, haben sie das Recht dazu und man soll sie nicht hindern“ (*Siddur R.*, Abschn. 267). Auch Maimonides sagt im 12. Jahrhundert: „Ebenso alle positiven Gebote, von denen die Frauen ausgenommen sind, sie dürfen sie befolgen“ (*MT*, Hil. Zizit 3:9).

Dennoch wird, allein wegen des mächtigen Einflusses von Sitte und Gewohnheit, das Tragen eines Tallit allgemein als ein den Männern vorbehaltenes Gebot verstanden; einige religiöse Autoritäten haben Frauen, die den Wunsch äußerten, Tallit zu tragen, hiervon abgeraten. Als Argument wird ein weiteres Gesetz aus dem selben Kapitel des Deuteronomium angeführt: „Es soll nicht sein das Gerät des Mannes auf einer Frau, und es soll nicht anlegen ein Mann ein Gewand der Frau“[4] (*Deut.* 22:5). Doch selbst ohne genaueres Eingehen auf die Hintergründe dieses Gebotes ist die Annahme, dass es sich [beim Tallit] um ein rituelles Gewand ohne geschlechtsspezifische Zuordnung handelt, ebenso berechtigt.

Es gibt in der jüdischen Geschichte besonders in chassidischen Kreisen einige Beispiele für Frauen, die den Tallit trugen. Eine von ihnen, Hanna Rachel Werbermacher (1815?–1892), bekannter als „das Mädchen von Ludmir“, betete eingehüllt in ihren Tallit und mit angelegten Tefillin mit besonderer Inbrunst.[5] Heute breitet sich der Brauch, Tallit zu tragen, auch unter Frauen immer mehr aus, nicht nur in den liberalen und konserva-

[3] Für anderslautende Argumente siehe: Meir Idith, „Some Remarks on Zizit“, in: *Journal of Reform Judaism*, CCAR, Herbst 79.

[4] Siehe Eintrag: Kleidung*. (*Deut.* 22:5).

[5] Salomon Eschkenasi, *haIscha beAspeklarit haJahadut*, Bd. 1, S. 59.

tiven Bewegungen, sondern auch in Kreisen der modernen Orthodoxie in Israel sowie in den Verreinigten Staaten. Die gleichberechtigte Teilhabe der Frauen am Gottesdienst und an den Mizwot führt selbstverständlich zum Tragen des symbolischen Erinnerungszeichens hierfür: des Tallit.

Tamar

Die Geschichte von Tamar[1] wird im Kapitel 38 des Buches Genesis erzählt. Sie ist Kanaaniterin und die Schwiegertochter von Juda, einem der zwölf Söhne von Jakob, dem dritten Patriarchen. Juda hatte drei Söhne, Err, Onan und Schela. „Und Juda nahm eine Frau für Err, seinen Erstgeborenen, mit Namen Tamar" (38:6). Gleich nach dieser vermittelten Heirat stirbt Err, weil er Gott missfällig war; der Grund geht aus dem Text nicht hervor. Errs Bestrafung mit dem Tode ist auch eine Strafe für seine Frau, die dadurch zur Witwe* wird. Der ganze Bericht wird aus dem Blickwinkel der Männer geschildert: Alle Beziehungen werden von ihnen eingefädelt, und sie werden vom Tod ereilt. Tamar läßt erst die Eheschließung und dann den Tod ihres Mannes über sich ergehen; ihre Reaktion auf diese beiden Ereignisse erfahren wir nicht. Da Err bei seinem Tod keinen Erben hatte, kommt das Leviratsgesetz zur Anwendung: Onan, der Bruder von Err, muss die Witwe seines Bruders heiraten, um diesem posthum eine Nachkommenschaft zu sichern. Diese Pflicht fordert sein Vater Juda von ihm ein. Scheinbar auf diese Forderung eingehend, verschwendete Onan seinen Samen zur Erde, wann immer er mit Tamar verkehrte, „um nicht zu geben Samen [d. h. Nachkommen] seinem Bruder" (38:9). Sein Verhalten wird mit einer Art Eifersucht gegenüber möglichen Nachkommen seines Bruders erklärt. Gott läßt ihn sterben und Tamar ist zum zweiten Mal Witwe. Darauf sendet Juda Tamar in ihr Vaterhaus zurück; dort soll sie bleiben, bis der dritte Sohn, Schela, ins heiratsfähige Alter kommt. Der Erzähler lässt uns wissen, dass hinter diesem Befehl die Angst steht, auch den dritten Sohn sterben zu sehen. Möglicherweise schreibt Juda Tamar unglückbringende Macht zu. Sie gehorcht jedenfalls ihrem Schwiegervater und kehrt zu ihrem Vater zurück. Nach dem hebräischen Gesellschaftsverständnis jener Zeit ist sie nun quasi ohne wirklichen Status, denn sie ist weder Jungfrau, noch Ehe-

[1] *Tamar* heißt auf hebräisch „Dattel".

frau oder Mutter. An diesem Punkt der Erzählung verkehrt sich das Schicksal: Nun muss Juda den Verlust seiner Frau beklagen. Er ist in einer vergleichbaren Lage wie Tamar, doch er erleidet nicht gleich ihr das gesellschaftliche Stigma einer kinderlosen Witwe. Tamar erfährt von der Ankunft ihres Schwiegervaters in Timna und nimmt das Schicksal in ihre eigenen Hände. Sie legt ihre Witwenkleider ab, verkleidet sich als Prostituierte und setzt sich ihrem Schwiegervater in den Weg. Rabbiner Jonathan Magonet, ein moderner Exeget, ist der Auffassung, dass Tamar keinerlei sexuelle Absichten hatte, sondern nur das ungestörte Gespräch mit ihrem Schwiegervater suchte. An dieser Stelle kommentiert auch der biblische Autor das Geschehen und rechtfertigt das Verhalten von Tamar: „Denn sie sah, dass Schela groß geworden, und sie ihm doch nicht gegeben wurde zur Frau" (38: 14). Hier begreift sie, was der Leser schon vorher wusste: Schelas jugendliches Alter war von Juda nur zu ihrer Täuschung als Vorwand genutzt worden, um sie zur Rückkehr in ihr Vaterhaus zu bewegen. So wie Juda sie über seine wahren Absichten täuscht, täuscht sie ihn über die ihren, um so ihrem ersten Mann Err zu Nachkommen zu verhelfen. Tamar ist das Instrument; durch sie wird, wenn auch auf Umwegen, das Leviratsgebot umgesetzt, das allerdings eine Eheschließung zwischen Schwiegervater und Schwiegertochter nicht vorsieht. Im Gegenteil, die Verbindung zwischen einem Mann und seiner Schwiegertochter wird laut Levitikus als Inzest bewertet.[2] Den Erzähler scheint diese Tatsache nicht zu stören. Es geht darum, dass ein Mann aus der Familie einem anderen, der kinderlos starb, den Erhalt des Namens und die Nachkommenschaft sichert. Juda hält seine Schwiegertochter für eine Hure, da sie ihr Gesicht wie eine Prostituierte verschleiert hat. Er spricht sie an, der Preis wird verhandelt. Juda bietet ein Böcklein. Bis er das Böcklein schickt, bedingt sich Tamar als Pfand drei Gegenstände aus, die er leicht als seine erkennen kann: seinen Siegelring, seine Schnur und seinen Stab (38:18). Diese Gegenstände stehen für seine Identität, seine Autorität und seinen Platz in der Gesellschaft. Mit Hilfe seines Status bemüht sich Tamar um die Aufwertung des ihren. Juda ist einverstanden und schläft mit ihr. Sie wird schwanger und kehrt nach Hause zurück. Juda schickt ihr durch einen Freund das Böcklein, doch der findet sie nicht. Juda wundert sich über ihr Verschwinden, aber forscht nicht weiter nach aus Angst, zum Gespött der Leute zu werden. Drei Monate später berichtet man ihm das Folgende: „Gebuhlt hat deine Schwiegertochter Tamar, und siehe, sie ist auch schwanger durch Buhlerei" (38:24). Juda ordnet ihre Verbrennung an. Die Prostitution einer kinderlosen Witwe, die nicht durch die Zeremonie der Chaliza von der Ehe entbunden ist, gilt als

[2] „Die Scham deiner Schwiegertochter sollst du nicht aufdecken, die Frau deines Sohnes ist sie; du sollst ihre Scham nicht aufdecken" (*Lev.* 18:15).

Ehebruch*. Tamar zeigt daraufhin die drei Gegenstände, die sie von Juda erhalten hat. Er erkennt sie und gibt seine Schuld und Verantwortung zu: „Sie ist gerechter als ich; denn weil ich sie nicht gegeben meinem Sohn Schela [hat sie das getan]" (38:26). Heiraten wird er sie jedoch nicht. Tamar wird Mutter von Zwillingen: Perez, von dem Boas, der Ehemann von Ruth*, abstammt, und Serach. Zwischen den Geschichten von Tamar und Ruth gibt es zahlreiche Parallelen. Beide Frauen schaffen die Voraussetzung der Geburt von König David, aus dessen Stamm der Messias kommen soll.

Die biblische Erzählung von Tamar steckt voller Gewalt: Der Tod als göttliche Strafe, Witwentum, Betrug, Prostitution, die Bedrohung durch den Scheiterhaufen sind angesprochene Themen. Tamars Verhalten wird offensichtlich nicht in Frage gestellt, da sie von Juda als „gerecht" bezeichnet wird und, obwohl sie Ausländerin ist, zur Stamm-Mutter von König David[3] wird. Doch im Gegensatz zu Ruth, die Boas heiraten wird, bleibt sie allein – eventuell könnte man hierin eine implizite Kritik an ihrem Verhalten erkennen. Tamar gibt sich als Prostituierte aus, um ihrem Status als kinderlose Witwe zu entkommen und um ihrem ersten Mann eine Nachkommenschaft zu geben. Judas Besuch bei einer Hure wird im Text nicht verurteilt. Tamar ist Opfer der Fehler von Err, des Zwistes zwischen Err und Onan und von Judas Angst, auch seinen dritten Sohn zu verlieren. Mit ihrem Ablegen der Witwenkleider und der angenommenen Identität einer Prostituierten wechselt sie von einer passiven in eine aktive Rolle; dabei nimmt sie, sollten ihre Pläne fehlschlagen, ein großes Risiko auf sich. Doch sie bleibt gefangen in der ihr von der Gesellschaft zugewiesenen Rolle der an den ersten Ehemann gebundenen Witwe; sie erreicht nicht wirklich einen anderen Status, da sie nicht wieder heiratet. Tamars Mut besteht darin, die Initiative für die Durchsetzung eines patriarchalischen Gesetzes zu ergreifen – obwohl dies Gesetz in ihr nichts als ein Instrument zur Sicherung von männlichen Nachkommen sieht und ihre Gefühle als Frau darin völlig unberücksichtigt bleiben. Dennoch dient dieses Gesetz auch zu ihrem Schutz[4], die sie nicht mehr unter der rechtlichen Vormundschaft ihres Vaters steht und als Kinderlose auch keinen Anspruch auf Zugehörigkeit zum Stamm ihres Ehemannes hat. Ihre Initiative ist sexueller Natur und mit Betrug verbunden. Juda hatte sie mit Worten betrogen, indem er ihr Schela vorenthielt; sie betrügt ihn mit ihrem Körper. Beide Male beeinflusst die Lüge das sexuelle Verhalten der

---

[3] Nach der Genealogie am Ende des Buches Ruth. Tamar und Ruth, beide Ausländerinnen, kämpfen auch mit der Hilfe von Tricks dafür, ihren verstorbenen Ehemännern eine Nachkommenschaft zu sichern.

[4] In ihrer Situation hat sie sonst in der patriarchalischen Gesellschaft einen völlig ungesicherten Status.

Personen. Als Juda erst einmal kompromittiert ist, muss er seinen Fehler eingestehen. Tamar erntet Bewunderung, weil sie die Kontinuität des Familienstammbaumes über ihre eigenen Interessen stellt, ganz als sei das Bild der vollkommenen Frau das einer, die zur Ehrenrettung des Mannes zu allem, selbst zur vorgeblichen Prostitution, bereit ist. Die Tatsache, dass Juda dem Charme seiner Schwiegertochter erliegt, hat allerdings einen durchaus ironischen Aspekt: Die Sicherung der männlichen Nachkommenschaft geschieht durch die Bloßstellung der patriarchalischen Figur.

In der Aggada wird Tamar zur Tochter von Schem (*Gen. R.* 85:10) weil Schem eine Nachkommenschaft von angesehenen Priestern hat. An anderer Stelle wird ihr Keusschheit nachgesagt, weil sie selbst zu Hause ihr Gesicht verschleiere; aus diesem Grund habe Juda sie nicht erkennen können (*Sota* 10b[5]). Sie hat Juda nicht persönlich beschuldigt, sondern gesagt: „Von dem Manne, dem dieses gehöret, bin ich schwanger" (38: 25); Es wird ihr als Verdienst angerechnet, dass sie Juda in der Öffentlichkeit das Gesicht wahren ließ (*Br.* 43b). Für den Sohar hatte sie prophetische Gabe und wusste, dass sie den Vorfahren des Messias gebären würde (*Sohar, Gen.* 188 a–bh); dies macht es vielleicht für manche einfacher, ihr Verhalten zu verstehen. Trotz dieser Rechtfertigungsversuche der Rabbinen bleibt die Person von Tamar zweideutig; ihr Heldentum besteht darin, das Familieninteresse über ihr eigenes zu stellen und mit Hilfe von Betrug und Verführung darauf hin zu arbeiten, dass ihr Schwiegervater die patriarchalischen Gesetze der biblischen Gesellschaft beachtet. Mit Hilfe von Scharfsinn und Gaunerei ein nicht ihren Interessen dienendes Gesetz durchzudrücken, Männer in deren Interesse und gegen das eigene zu betrügen, darin sieht man die weibliche Heldin.

[5] Dieser Kommentar ist zweifellos eine Antwort auf die Unglaubwürdigkeit der Erzählung, nach der Juda seine Schwiegertochter nicht wiedererkannt habe.

Tamar, die Tochter von König David

Im Buch Samuel (*2. Sam.* 13:1) wird Tamar als Schwester von Absalom, dem Sohn von König David, beschrieben und im Buch der Chronik (*1. Chron.* 3:9) als Tochter von David. Damit hätte sie Vater und Mutter gemeinsam mit Absalom und wäre eine Halbschwester von Amnon. Gleich zu Beginn wird ihre Schönheit hervorgehoben und der Liebeswahn, den sie in Amnon, einem anderen Sohn Davids auslöst, thematisiert. Diese Leidenschaft macht ihn so krank, dass er sie nicht mehr unterdrücken kann. Der Text ist merkwürdig: „Und es war Amnon wehe zum Krankwerden um Tamar, seiner Schwester, willen, denn sie war Jungfrau, und es war unmöglich in den Augen Amnons, ihr das Geringste anzutun" (*2. Sam.* 13:2). Da vertraut sich Amnon einem Vetter und Freund an und bittet ihn um Rat. Der Freund rät ihm, eine Krankheit vorzutäuschen und den König zu bitten, Tamar zu ihm zu schicken. Amnon führt den Plan aus. David läßt nach Tamar schicken; sie soll Amnon ein Mahl zubereiten. „Und Tamar ging in das Haus Amnons, ihres Bruders, während er lag. Und sie nahm den Teig und knetete ihn und rührte ihn ein vor seinen Augen und backte die Kuchen" (*2. Sam.* 13:8). Als sie ihm zu Essen geben will, sendet er alle hinaus, bittet Tamar in sein inneres Gemach, packt sie und spricht: „Komm, lege dich zu mir meine Schwester" (*II. Sam.* 13:11). Sie jedoch wehrt sich heftig mit den Worten: "Nicht doch, mein Bruder! Bezwinge mich nicht; denn so geschieht es nicht in Israel. Tue nicht diese Schandtat. Und ich, wohin soll ich meine Schmach tragen? Und du wirst dann gleich einem der Schändlichsten in Israel. Und rede doch nun zu dem König, denn er wird mich dir nicht verweigern" (*2. Sam.* 13:12–13). Doch Amnon will nicht auf sie hören. Nach der Vergewaltigung hasst Amnon sie stärker, als er sie vorher geliebt hatte, und jagt sie fort. Sie macht ihm Vorwürfe: „Größer noch ist diese Unbill, mich zu verstoßen, als die andere die du mir angetan hast" (*2. Sam.* 13:16). Doch in seinem übergroßen Hass ruft er seine Diener, um sie aus dem Haus zu werfen. Es folgt eine Angabe zu Tamars Bekleidung: „Und sie hatte einen bunten Rock an; denn so waren bekleidet die jungfräulichen Königstöchter [..]" (*2. Sam.* 13: 18). Tamar streut sich Asche auf ihr Haupt, zerreißt ihre Kleider und geht klagend davon. Absalom sagt ihr, sie solle sich die Sache nicht zu Herzen nehmen und darüber still schweigen, es sei ja ihr Bruder. Immer noch bedrückt, bleibt sie im Hause Absaloms. König David ist verärgert und Absalom hasst seinen Bruder Amnon so sehr, dass er ihn zwei Jahre darauf töten wird. Absalom soll später eine Tochter bekommen haben, die er, wohl in Andenken an seine Schwester, Tamar nannte (*2. Sam.* 14:27).

Tamars Geschichte ist besonders brutal und doch bleibt Tamar eine ausgesprochen würdevolle Person. Amnons Plan gleicht in seiner Ausführung einer Schlinge, die sich immer fester um seine Schwester zuzieht. Sie ist in vertrauter Umgebung, in der sie sich in Sicherheit wiegt; sie befolgt den Befehl ihres Vaters, des Königs, und glaubt wie er, dass Amnon krank ist. Sie glaubt sich im Umkreis ihrer Familie als Helferin und Trösterin, in einer Position der Stärke gegenüber einem von Krankheit geschwächten Wesen. Sie hegt also keinerlei Misstrauen, als sie mit Amnon allein bleibt. Ihre Würde wird in ihren beiden Vermittlungsversuchen deutlich. Sie verzagt nicht angesichts Amnons ungeheuerlicher Forderung und beweist beispielhafte Kaltblütigkeit in ihrer nach fünf Punkten klar gegliederten Rede: Sie weist das Ansinnen zurück, erinnert an den sozialen und moralischen Druck, nennt die Tat unwürdig, erwähnt die Konsequenzen für sie und ihn und schlägt ihm schließlich eine praktische Lösung des Problems vor, nämlich beim König um ihre Hand anzuhalten. Auf diese einsichtsvolle Haltung antwortet er mit der Gewalttätigkeit eines Menschen, der nicht auf andere hören will. Seine Leidenschaft verkehrt sich ins Gegenteil; er entbrennt in Hass auf sie und handelt mit dem Rauswurf zum zweiten mal brutal an ihr. Wieder gelingt ihr in ihrem Vorwurf eine klare Analyse der Situation. Dann lässt sie ihre tiefe Erschütterung und Scham in ihren Tränen zum Ausdruck kommen. Keiner der vier in diese Geschichte verwickelten Männer tut etwas zu ihrer Verteidigung. Ob direkt oder indirekt, sie tragen einen Teil der Verantwortung für die Vergewaltigung, und keiner von ihnen tut etwas um ihre Ehre zu retten. Ihr wird geraten, zur Ehrenrettung des Bruders Schweigen zu bewahren, an ihren eigenen Ruf denkt niemand. Tamar ist eine tragische Figur, doch im Gegensatz zu vielen anderen biblischen Frauen sie hat eine Stimme, sie versucht dem Vergewaltiger gut zuzureden und gibt auch noch nach getaner Tat ihren Gefühlen Ausdruck. Sie ist das Opfer männlicher Gewalt, eines Machtkampfes um die Thronfolge zwischen ihren beiden Brüdern, doch als Opfer verteidigt sie sich und bleibt nicht stumm.

Die Rabbinen machen sich Gedanken über eine mögliche Heirat zwischen Amnon und Tamar, die doch dem Inzestverbot widersprochen hätte. Ihre Mutter sei nach der Geburt von Tamar zum Judentum übergetreten und diese sei als Nichtjüdin nicht an die Inzest-Gesetze gebunden (*Sanh.* 21a; *Jev.* 23a). Mit einem weniger juristischen und eher menschlichen Ansatz hinterfragen die Rabbinen die Umkehr von Amnons Liebe in Gewalt und dann Hass. Nach ihrer Vorstellung hat Tamar Amnon durch eine physische Verletzung seiner Männlichkeit bestraft (*Sanh.* 21a). So geben sie ihr noch mehr Stärke – obwohl sie Opfer ist, verteidigt sie sich – nicht nur verbal, sondern auch körperlich. In ihren Tränen und Trauergewändern sehen die Rabbinen außerdem eine Lehre für alle: Wenn selbst einer Königstochter ein solches Unglück geschehen kann, um wie viel verletzlicher sind dann die Töchter gewöhnlicher Menschen. Anstatt totgeschwiegen zu werden, wie es ihr Bruder riet, dient nun ihr Unglück als Lektion für alle. Die Rabbinen leiten hieraus ihre Empfehlungen zur Trennung von Männern und Frauen ab, ganz als könnten Beziehungen zwischen den Geschlechtern nicht anders als gewalttätig sein. Ein Mischnatext (*Avot* 5:19) definiert die dauerhafte Liebe als von körperlichen Bedürfnissen unabhängig. Amnons Liebe für Tamar entsprang nur einem solchen körperlichen Drang. Leila Bronner[1] sieht in diesem Text eine Verurteilung der Benutzung von Frauen als Sexualobjekten. Trotz ihrer Einsamkeit und ihrer Erfahrung ist Tamar das Beispiel einer Frau, die auch angesichts von Unglück und Gewalt nicht verzagt. Sowohl im biblischen Text selbst als auch in den rabbinischen Interpretationen zeigt sie eine bewunderungswürdige Charakterstärke.

---

[1] *From Eve to Esther*, S. 124.

Tefillin

Das Gebot, *Tefillin*[1] („Gebetsriemen") zu tragen, leiten die Rabbinen aus in vier biblischen Passagen vorkommenden Andeutungen ab. Die Tefillin sind [an Lederriemen befestigte] Kapseln, die Pergamente mit biblischen Texten enthalten und die während des Morgengebets an Wochentagen auf der Stirn und am Arm zu tragen sind. Der Begriff „Tefillin" selbst erscheint im biblischen Text nicht. „Und es sei dir als Zeichen an deiner Hand und zur Erinnerung zwischen deinen Augen, damit die Lehre des Ewigen sei in deinem Munde, denn mit starker Hand hat dich der Ewige aus Ägypten geführt" (*Ex.* 13:9). Im Kontext des Gedenkens an den Auszug aus Ägypten steht dieser Vers im Zusammenhang mit der Heiligung der Erstgeborenen und dem Gebot, jedes Jahr sieben Tage lang das Pessach-Fest zu feiern. Erwähnt wird das Zeichen oder Symbol [*Ot*] und die Erinnerung *[Sikaron].* Diese Vorstellung wird wenige Verse später im gleichen Kapitel noch einmal wiederholt: „So sei es zum Zeichen an deiner Hand und zum Denkbande zwischen deinen Augen, denn mit starker Hand hat uns geführt der Ewige aus Ägypten" (*Ex.* 13:16). Weiter erscheint der Gedanke noch in dem biblischen Text, der als Teil des Schma Israel zweimal täglich gebetet wird und der an Gottes Gebote erinnert: „Und du sollst sie binden zum Zeichen an deine Hand, und sie sollen sein zum Denkbande zwischen deinen Augen" (*Deut.* 6:8) und „Und ihr sollt euch diese meine Worte zu Herzen nehmen und zu Gemüte und sie binden als Zeichen auf eure Hand, und sie seien zum Denkbande zwischen euren Augen" (*Deut.* 11:18). Mit Ausnahme von Samuel ben Meir[2] im 12. Jahrhundert, der „die Hand" als bildlichen Hinweis auf das Handeln und „zwischen den Augen" als ebensolchen auf das Denken versteht, haben die Mehrzahl der rabbinischen Weisen dieses Gebot nicht als metaphorisch, sondern als wörtlich zu nehmen aufgefasst. Es gibt Hinweise

[1] Das Wort kommt vom hebräischen *Tefilla* („Gebet"), das sich wiederum von einem Verb mit der Bedeutung „sich selbst beurteilen" herleitet.

[2] In seinem Kommentar zu *Ex.* 13:9.

darauf, dass das Tragen der Tefillin in der talmudischen Zeit nicht immer eifrig befolgt wurde (vgl. *Schab.* 130a) und im 12. und 13. Jahrhundert in Frankreich und Spanien ganz in Vergessenheit geriet. Die in den Kapseln der Tefillin enthaltenen Pergamente enthalten genau diese vier oben zitierten Passagen aus der Bibel. Die ältesten bekannten Tefillin wurden in Qumran gefunden und stammen aus dem ersten Jahrhundert unserer Zeitrechnung.

Wie beim Tallit* gilt auch das Tragen der Tefillin als ein an die Männer gerichtetes Gebot, obwohl der biblische Text das nicht ausdrücklich sagt. Daher ist durchaus die Schlussfolgerung möglich, dass diese Gebote für Männer wie für Frauen gleichermaßen galten. Das von manchen gegen das Tragen der Tefillin von Frauen ins Feld geführte Argument ist, dass Frauen von positiven zeitgebundenen* Geboten ausgenommen sind (*M. Kid.* 1:7). In der Tat sollen die Tefillin nach rabbinischer Anschauung am Tag und nicht in der Nacht getragen werden (*TJ, Br.* 2:3, 4c) und auch nicht an Schabbat oder Feiertagen. Andere wieder sehen in den Tefillin ein männliches Kleidungsstück[3]. Doch auch ein Gegenbeispiel wird im Talmud aufgeführt: „Michal,* die Tochter des Kuschiten[4] legte die Tefillin an und die Weisen wehrten es ihr nicht“ (*Er.* 96a). Sicher handelt es sich hier um eine Ausnahme, doch ihre Erwähnung im Talmud ist interessant. Es gibt auch eine andere Lesart dieses Textes: „R. Hiskiahu sagt im Namen von Abbahu: Die Weisen wehrten es ihr“ (*PR* 22). Die Behandlung dieses Falles im Jerusalemer Talmud ist aufschlussreich:

> Frauen und Sklaven sind vom Lesen des Schma-Gebetes und von der Vorschrift der Gebetsriemen ausgenommen. Die Frauen sind es, weil es heißt: „Und lehret [meine Worte] euren Söhnen [*Deut.* 11.19], und folglich nicht euren Töchtern[5]. Da also der Auftrag zum Studium der religiösen Vorschriften besonders an die Männer ergeht, sind sie auch der Pflicht Tefillin zu legen unterworfen, während das gleiche nicht für Frauen gilt. Dieser Regel hat man das Beispiel von Michal, der Tochter des Kusch oder Saul, entgegengehalten, die Gebetsriemen legte, sowie das der Frau von Jonas, die an Feiertagen nach Jerusalem pilgerte (ohne dazu verpflichtet zu sein); und dennoch haben die Weisen in diesen beiden Fällen nicht widersprochen. (Besteht hier kein Widerspruch zur vorausgehenden Regel? Denn wenn diese beiden Beispiele für einen

---

[3] Anm. d. Übers.: Nach *Deut.* 22,5 ist das Tragen der „Geräte“ des anderen Geschlechtes verboten.

[4] Benennung des Königs Saul, vgl. *MK* 16b.

[5] [Obwohl das hebräische *Beneichem* auch als „eure Kinder“ gelesen werden kann].

> Verbotsfall stünden, müssten sich die Weisen dagegen aussprechen, entsprechend dem Prinzip, dass es verboten ist, den geltenden Gesetzen etwas hinzuzufügen.) Wahrlich, sagt R. Hiskia bar Abuha; auch Michal, der Tochter von Saul, wurde von den Weisen angeraten sich fürderhin zu enthalten, und die Frau von Jonas wurde wieder nach Hause gebracht. (*TJ, Br*. 2:3).

Die einseitige Übersetzung des Wortes „Kinder" durch „Söhne" ermöglicht den Ausschluss der Frauen vom Gebot der Tefillin. Das Vorgehen ist nicht ungeschickt, aber tendenziös. Interessanterweise wird der Einwand von R. Hiskia bar Abuha im Babylonischen Talmud nicht wiederholt, sondern im Gegenteil hier gefolgert, dass Frauen, so sie es wünschen, sehr wohl die Erfüllung der positiven zeitgebundenen Gebote auf sich nehmen können, aber eben freiwillig. Doch trotz der offenen Einstellung des Talmud beziehen sich die Tossafisten des Mittelalters auf die ablehnende Haltung und geben noch einen weiteren Grund an, aus dem Frauen nicht das Recht hätten, Tefillin zu legen: „Die Tefillin verlangen einen sauberen Körper und die Frauen bemühen sich nicht, darauf zu achten" (*Br*. 96a, Michal). Aber an anderer Stelle sagt Rabbenu Tam (*RH* 33a, d.h. *hah*), dass Frauen Tefillin legen und auch den dazugehörigen Segensspruch sagen dürfen;[6] dies bestätigt Anfang des 14. Jahrhunderts auch Aaron HaKohen[7] aus Lunel. Andererseits untersagt Rabbi Meir von Rothenburg das freiwillige Anlegen der Tefillin und verbietet es somit auch den Frauen, wobei er sich auf deren angeblich mangelndes Sauberkeitsbewusstsein beruft.[8] Dieser Ansicht folgen auch Nachmanides, Joseph Caro und Salomon Luria; für sie war Michals Situation außergewöhnlich, da diese kinderlos und sehr fromm war und sie deshalb Tefillin legen durfte. Für Joseph Caro sind Frauen von dem Gebot ausgenommen (*SA*, OCh 38:3), sein Kommentator Moses Isserles[9] ist der Meinung, man solle sie an der Ausübung hindern. Die Rabbiner wollen in dem außergewöhnlichen Fall von Michal keinen Präzedenzfall sehen und versuchen mit allen Mitteln, sie als Ausnahme hinzustellen: „Man kann annehmen, dass sich die Weisen ihrer außergewöhnlichen Tugend und ihrer Fähigkeit zum Einhalten einer strikten und beständigen Reinlichkeit bewusst waren" (*AH*, OCh, 38:3, Abschn. 6). Einige Autoritäten bewerten das Anlegen von Tefillin bei Frauen als Zeichen der Hoffart.[10] Dennoch haben sich einige Frauen über diese Verbote hinweggesetzt, besonders im

---

[6] Der Segensspruch enthält die Worte, „der uns geboten hat..."
[7] *Orechot Chajim*, Tefillin 3, er zitiert Raschba.
[8] *Kol Bo* Nr. 21, New York, Shulsinger Bros. 1945–1946.
[9] Rama, *ad hoc*.
[10] Maharam Schick, *Orach Chajim* 15 und vgl. *Elijahu Rabba* 38:2.

Mittelalter in der aschkenasischen Welt. So hat zum Beispiel die Frau des berühmten Kabbalisten R. Chaim Ibn Attar Tefillin gelegt[11] und auch den Töchtern von Raschi wird dies nachgesagt.

Im Lauf der Entwicklung des jüdischen Gesetzes finden sich demnach ganz widersprüchliche Ansichten zur Berechtigung der Frauen, Tefillin zu tragen. Das talmudische Beispiel von Michal wird von Befürwortern wie Gegnern in ihrem jeweiligen Sinne herangezogen. Die Argumente gegen das Tragen von Tefillin haben häufig einen sexistischen Beigeschmack. Höchstwahrscheinlich liegt der Ausnahme der Frauen, wie auch bei vielen anderen Geboten, eine Umverteilung der Geschlechterrollen [zur talmudischen Zeit] zugrunde. Heute legen viele Frauen in den Bewegungen der modernen Orthodoxie, der Konservativen und der Liberalen, wieder Tefillin. Der Zugang der Frauen zu den rituellen Mizwot (Geboten) ist begleitet von der Verwendung der täglich an deren Erfüllung erinnernden Symbole.

---

[11] Responsa *Jam Hag.*, OCh 40.

Toraaufruf

Die Frage, ob Frauen zur Tora aufgerufen werden können, hängt eng mit der Frage der Schriftlesung durch Frauen zusammen, denn ursprünglich sagte die zur Tora gerufene Person nicht nur die Segenssprüche, sondern las auch den Text selbst. Später wurden diese beiden Handlungen getrennt, wahrscheinlich weil immer weniger Juden des Hebräischen mächtig waren; nun las ein *Ba'al Kore*, ein ausgebildeter Vorleser, stellvertretend für die zu einer *Alia*[1] aufgerufenen Personen aus der Tora. Die Tossefta (*T. Meg.* 3:11–12) formuliert das allgemeine Prinzip: Frauen können zwar am Schabbat zur Tora aufgerufen werden, sollen es aber nicht. Der Talmud (*Meg.* 23a) formuliert dies Prinzip erneut, fügt aber eine Erklärung hinzu: „aus Achtung vor der Gemeinde". An dieser Stelle ist es wichtig, das Grundprinzip, nämlich die prinzipielle Akzeptanz des Aufrufes für Frauen, hervorzuheben. Im zweiten Teil des Satzes wird dies dann modifiziert; dennoch findet das Prinzip Eingang in die meisten Kodizes. Andererseits wird aus der Ergänzung deutlich, dass mit dem Wort „Gemeinde" ausschließlich Männer gemeint sind. Den Interpretationen zufolge handelt es sich um eine Frage der Ehre, weil im talmudischen Denken Frauen immer im Zusammenhang mit Sexualität gesehen werden oder weil der Aufruf einer Frau die anwesenden Männer als unwissend hinstellen würde. Der Ausdruck *Kevod Hazibur* [Anm. d. Übers: Ehre der Gemeinde] erscheint im Talmud an fünf verschiedenen Stellen: über die Toralesung durch einen Nackten (*Meg.* 24b), durch einen Zerlumpten (*Meg.* 24b), darüber, die Gemeinde warten zu lassen, um die Tora für die Lesung an die rechte Stelle zu rollen (*Joma* 70a), über den Abbau des Toraschreins in der Öffentlichkeit (*Sota* 39b), über die Toralesung vor der Gemeinde aus einem einzelnen Buch anstatt der ganzen Rolle (*Git.* 60a). Die Ehre der Gemeinde kann je nach deren Zusammensetzung oder des jeweiligen Ehrbegriffs unterschiedlich sein. In der

[1] Wörtlich „Aufstieg"; die Tora wird auf einer erhöhten Plattform, der *Bima*, gelesen.

heutigen Zeit bedeutet der Toraaufruf für eine Frau in einer aus Männern und Frauen zusammengesetzten Gemeinde keinesfalls einen Ehrverlust. Daher sollte der erste Teil der *Baraita*[2] ohne den üblichen Zusatz Anwendung finden, denn der stammt aus einer Zeit, zu der Frauen am öffentlichen Gebet nicht teilnahmen. Aaron Blumenthal[3] nimmt für Palästina und Babylonien unterschiedliche Gebräuche an: In Palästina[4] sei der Aufruf einer Frau zur Tora möglich gewesen, wenn sie sowieso schon in der Synagoge zugegen war, man habe jedoch nicht eine Frau von draußen zur Tora rufen können. In Babylon[5] habe man eine Frau zwar zur Tora rufen können, sie hätte jedoch nicht die Funktion einer offiziellen Vorleserin für die Gemeinde einnehmen können. Dieser Interpretation nach erhielten Frauen zu talmudischer Zeit einen Toraaufruf. Für Israel Abrahams war das noch bis ins 13. Jahrhundert so.[6]

Die traditionellen Autoritäten schwanken in ihrer Bewertung zwischen der im ersten Teil der Tossefta oder Baraita ausgesprochenen allgemeinen Erlaubnis und deren Einschränkung im zweiten Teil. Maimonides verbindet beide Satzteile zu einem Verbot und versucht so den Widerspruch aufzulösen: "Eine Frau wird wegen der Ehre der Gemeinde nicht in der Öffentlichkeit lesen. Ein des Lesens mächtiger Minderjähriger, der begreift, an wen der Segensspruch gerichtet ist, zählt zu den zur Tora Aufgerufenen" (*MT*, Hil. Tefila 12:17).

Und dennoch wird in den meisten Fällen die Enthebung [der Frauen von der Schriftlesung] nicht als Verbot angesehen.[7]. Raschi (*Siddur* Raschi Nr. 267) im 11. Jahrhundert, Rabbi Nissim von Gerona (zu Alfas *Meg.* 13a) im 13. Jahrhundert, Moses Isserles (*SA*, OCh 182) im 16. Jahrhundert und der Gaon von Wilna (a.a.O.) im 18. Jahrhundert stimmen alle darin überein, dass eine Frau zur Tora aufgerufen werden kann. Üblicherweise gilt die Einschränkung, dass nicht alle der Aufgerufenen Frauen sein sollten[8]. So sagt zum Beispiel Jacob Emden in seinem Talmudkommentar: "Es scheint mir, dass eine Frau wenn möglich, nicht in der Öffentlichkeit lesen sollte. Doch der erste Teil des Satzes (der es ihr erlaubt) gilt dann, wenn es unter den zehn, die den Minjan ausmachen,

---

[2] Nicht in den Textkorpus übernommener Abschnitt der Mischna.

[3] „An Alyah for Women", in: *Conservative Judaism and Jewish Law.*

[4] Entsprechend der Tossefta.

[5] Entsprechend der Baraita.

[6] Israel Abrahams, *Jewish Life in the Middle Ages.*

[7] Siehe: Rabbi Isaac von Wien (1200–1270) und *Or Sarua* II, 62a, auch Tossafisten *RH* 33a.

[8] Siehe: Joseph Caro mit Verweis auf Rabbi Jerucham in: Beit Josef über *Tur, OCh*135. Er erklärt hier, dass in einer ausschließlich von Priestern bewohnten Stadt erst zwei Priester und dann Frauen aufgerufen werden sollen, weil „alle zu den sieben [Anm. d. Übers.: am Schabbat zur Tora gerufenen] gezählt werden können" (*Meg.* 23a).

keine sieben Männer gibt, die lesen können, und wenn es eine Frau gibt, die lesen kann, und sie sie nicht entbehren können."

Die zugrunde liegende Frage ist die der Verbindung zwischen dem Aufruf zur Tora für Frauen und deren Torastudium*. Frauen sind nach der Halacha nicht zum Torastudium verpflichtet; hieraus lässt sich eine Befreiung vom Aufruf zur Tora ableiten. Zwei Fragen ergeben sich: Können sie die Verpflichtung freiwillig auf sich nehmen? Sind sie berechtigt den Segensspruch zu sagen? Folgendes gibt der Raschi-Kommentator Rabbi Isaak Halevi zur Antwort:

> Rabbi Isaak Halevi lehrte, dass Frauen nicht verboten ist, den Segensspruch in der Sukka und über den Lulav zu sagen.[9] Denn wenn wir sagen, dass Frauen von allen Geboten, die (für ihre Erfüllung) eine bestimmte Zeit voraussetzen, befreit sind, bedeutet dies nur, dass sie von der Verpflichtung ausgenommen sind. Wenn sie sich aber unter das Joch der Gebote beugen wollen, ist es ihr Vorrecht, und niemand kann sie daran hindern. Sie unterscheiden sich nicht von jemandem, der eine Mizwa erfüllt, ohne hierzu verpflichtet zu sein. Da sie sich dafür entschieden haben, ein Gebot zu erfüllen, gilt außerdem, dass dies nicht ohne Segensspruch möglich ist. Da wir sagen, dass alle zu den sieben zur Tora aufgerufenen zählen dürfen, selbst eine Frau, obwohl sie vom Gebot des Torastudiums ausgenommen ist, kann sie aufgerufen werden und die Segenssprüche sagen, und die Segenssprüche sind keinesfalls unbegründet gesprochen (*Teschuvot Raschi*, Nr. 68).

Saadja Gaon[10] und Rabbenu Tam[11] trennen Torastudium und Toraaufruf, den sie als „Ehrung der Tora" sehen. Der *Schulchan Aruch* (OCh 47:14) geht noch weiter und erklärt die Frauen sogar für verpflichtet, die Segenssprüche zu sagen.

An dieser Stelle soll darauf verwiesen werden, dass das häufig vorgebrachte Argument, Frauen könnten wegen ihrer mit der Menstruation verbundenen Unreinheit nicht zur Tora aufgerufen werden, jeder halachischen Grundlage entbehrt.[12] Der Talmud sagt: „Rabbi Jehuda Ben Bethera sagte: Worte der Tora nehmen keine Unreinheit an" (*Br.* 22a). Maimonides urteilt hierzu ganz explizit: „Alle Unreinen, selbst Frauen während ihrer monatlichen Regel und Heiden, können die Torarollen halten und

[9] Obwohl es sich hier um „zeitgebundene Gebote"* handelt, von deren Erfüllung Frauen befreit sind.

[10] Zitiert im *Sefer Abudarham*, in den Gesetzen zum Morgengottesdienst, Jerusalem, 1962, S. 130.

[11] Jakob Ben Meir (1100–1171) zu *RH* 33a).

[12] Siehe Eintrag: Nidda*.

darin lesen, denn die Torarollen nehmen keine Unreinheit an.“ Raschi (*Teschuvot Raschi* Nr. 69) und die Tossafisten (zu *BK* 82b) teilen diese Ansicht ebenso wie Joseph Caro. Und trotz alledem argumentiert der Rema, Moses Isserles, in seinem Kommentar, dass der in aschkenasischen Ländern verbreitete Brauch das Gesetz widerlege: „Manche schreiben, dass eine Frau während ihrer Regel nicht die Synagoge betreten, beten, den Namen Gottes aussprechen oder die Torarollen berühren darf [*Hagaot Maimoniot*]. Andere sagen, sie darf dies alles tun, so sei das Gesetz [Raschi, *Hil. Nid.*]. Doch der Brauch in diesen Ländern folgt der ersten Auffassung.“ Hier wird deutlich, dass Aberglauben und verbreitete Tabuvorstellungen Vorrang vor dem Gesetz erlangt haben – und bis heute haben sich diese Anschauungen in den Köpfen festgesetzt.

Der für die gleichberechtigte Teilnahme von Männern und Frauen am öffentlichen Gottesdienst stehende Toraaufruf für Frauen ist in der liberalen Bewegung[13] und für die Mehrzahl der konservativen Rabbiner[14] selbstverständlich; nicht jedoch in der Orthodoxie; hier besteht diese Möglichkeit ausschließlich bei einem reinen Frauenminjan[15].

[13] Siehe: „Women Called to the Torah“, in:Salomon B. Freehof, *Reform Responsa for Our Time*, S. 40-42.

[14] Siehe: David Golinkin, „Une femme peut-elle monter à la Torah?“, in: Rivon Krygier, *La loi Juive à l'aube du XXIe siècle*, S. 253–286.

[15] Auch dies ist nur in der modernen Orthodoxie akzeptierte Praxis. Der Frauenminjan am Kotel [Klagemauer] wäre ein Beispiel; siehe „Women's prayer groups and the orthodox synagogue“, in: Susan Grossman und Rivka Haut, *Daughters of the King*, S. 135–157.

Toralesung

„Und Mose schrieb diese Lehre auf und gab sie den Priestern, den Söhnen Levis, die die Bundeslade des Ewigen trugen, und all den Ältesten Israels. Und Mose gebot ihnen also: Am Schlusse von sieben Jahren um die Zeit des Erlassjahres am Laubhüttenfest, wenn ganz Israel kommt, vor dem Antlitze des Ewigen deines Gottes zu erscheinen an dem Orte, den Er erwählen wird, sollst du diese Lehre vorlesen in Gegenwart von ganz Israel, vor ihren Ohren. Versammle das Volk, die Männer und die Frauen, und die Kinder und deinen Fremdling, der in deinen Toren [wohnt], auf dass sie hören und auf dass sie lernen und fürchten den Ewigen euren Gott und beobachten all die Worte dieser Lehre auszuüben" (*Deut.* 31:9–12). Zu biblischer Zeit bestand die Toralesung aus einer Zusammenfassung der Gebote und einem Abriss der Geschichte Israels, vermutlich aus dem Buch Deuteronomium. Sie fand nur alle sieben Jahre vor einer Versammlung des ganzen Volkes Israel statt. Wenn sich die dreimal wöchentlich [innerhalb des Gottesdienstes] stattfindende Toralesung von dieser biblischen Passage herleitet, müssten Frauen sich folglich die Lesung gemeinsam mit allen anderen anhören. Dieser Standpunkt wird auch von einigen Toragelehrten vertreten, andere jedoch sehen eher einen Bezug zur Einführung der Toralesung in der Epoche von Esra und Nehemia im fünften Jahrhundert vor unserer Zeit; in diesem Zusammenhang ist die Anwesenheit von Frauen nicht gesondert aufgeführt (8:2). Die Toralesung wird so mit dem Torastudium* in Verbindung gebracht, das für die Frauen nicht verpflichtend ist.

Wenn Frauen nicht verpflichtet sind, die Toralesung zu hören, können sie auch nicht für andere aus der Tora lesen.[1] Doch es gibt einen talmudischen Text, nach dem sie zur Toralesung berechtigt sind: „die Rabbinen lehrten: Jeder ist zu den sieben[2] zulässig, selbst ein Minderjähriger und

---

[1] Nach der Halacha, kann nur eine Person die gleichermaßen verpflichtet ist, für eine andere ein Gebot erfüllen.

[2] Die sieben, die am Schabbat zur Toralesung aufgerufen werden.

selbst eine Frau; jedoch sagten die Weisen, eine Frau dürfe aus Achtung vor der Gemeinde aus der Tora nicht vorlesen" (*Meg.* 23a). Der Text beginnt mit einer allgemeinen Berechtigung durch die Rabbinen, die dann unter Anführung des reichlich diskutierten Prinzips des *Kevod Hazibur*, der „Ehre der Gemeinde", wieder eingeschränkt wird. Weder im Talmud noch bei den mittelalterlichen Kommentatoren finden wir eine Erklärung dieses Begriffes. Die Gegner der Toralesung durch Frauen berufen sich auf das Prinzip der Geschlechtertrennung. Sie gehen von der Auffassung aus, dass schon die Stimme* der Frau eine sexuelle Ablenkung für den Mann bedeutet [*Kol belscha erva*], und dass deshalb eine Frau, die aus der Tora liest, den Mann von seinem Gebet abbringen könnte. Doch diese Interpretation ist wenig überzeugend; die Rabbinen kannten genug andere Ausdrücke für sexuelle Ablenkung[3]. Zwei weitere Texte können dazu beitragen, die Bedeutung des Ausdrucks „*Kevod Hazibur*" näher zu beleuchten. Da ist einmal der Fall eines Mannes, für den seine Frau oder seine Kinder das Tischgebet sprechen müssen: „Ein Fluch treffe den, dem seine Frau oder seine Kinder den [Tisch]segen sprechen" (*Brachot* 20b). Mit anderen Worten: Selbst wenn eine Frau oder Minderjährige in der Lage sind, den Segen für ihn zu sprechen, zeigt doch schon die bloße Tatsache, dass sie es tun müssen, dass er selbst hierzu unfähig ist. Für ihn ist das unehrenhaft. Der zweite Fall wird im 13. Jahrhundert vom Maharam von Rothenburg vorgebracht; er gibt für eine ausschließlich von Priestern bewohnte Stadt eine vergleichbare Erklärung. Um die Ehre der anwesenden Männer zu wahren, können die Frauen an dritter Stelle aus der Tora lesen.[4] Würde einer der Priester an dritter Stelle lesen, könnte man ihm ja einen Statusverlust unterstellen. Läse eine Frau aus der Tora, müsste das im Parallelschluss für den Normalfall so gedeutet werden, als sei keiner der anwesenden Männer hierzu in der Lage, und das wäre für die Männer der Gemeinde wenig ehrenvoll. Diese Haltung vertritt auch der Großrabbiner von Israel, Ben Zion Usiel: "*Kevod haZibur* bedeutet, dass man nicht sagen soll, kein Mann sei in der Lage aus der Tora zu lesen; um sexuelle Ablenkung geht es hier nicht" (*Mischpetei Usiel*, ChM 6). Diese Auslegung besagt implizit, dass die Toralesung durch einen Mann in der Gemeinde höheren Stellenwert hat.

In einigen Kreisen der modernen Orthodoxie, besonders in den USA und in Israel, lesen in reinen Frauengruppen auch Frauen aus der Tora. Diese *Minjanim*[5] (Gebetsgruppen) von Frauen werden immer zahlrei-

---

[3] Siehe :Rachel Biale, *Women and Jewish Law*, S. 26–27.

[4] Die übliche Reihenfolge der Lesenden wäre Kohen, Levi [d.h. erst die Priester] und dann Israel; die Frauen stünden hier für Israel.

[5] Siehe Eintrag: Minjan*.

cher.[6] In den Liberalen Synagogen lesen, von sehr wenigen Ausnahmen abgesehen, heute auch die Frauen aus der Tora; dies hat sich auch in der Mehrzahl der konservativen Synagogen durchgesetzt.[7]

[6] In neuester Zeit gibt es auch innerhalb der Orthodoxie zaghafte Ansätze, Frauen in gemischten Minjanim aus der Tora lesen zu lassen. Siehe: Talia Bloch, „A Woman's Voice", *Aufbau,* Nr. 24 vom 28.11.2002 (Anm. d. Übers.).

[7] Siehe Eintrag: Toraaufruf*.

Torastudium

Das Studium der Tora wird als eines der wichtigsten Gebote im Judentum betrachtet – und dennoch gilt es für Frauen nicht. Dies ist eine Ausnahme von dem Grundsatz, Frauen nur von der Erfüllung der zeitgebundenen Gebote* des Tuns[1] zu befreien; als Begründung wird der folgende Text angeführt: „Zu allen Geboten des Sohnes für den Vater sind Männer verpflichtet und Frauen davon frei, und zu allen Geboten des Vaters für den Sohn sind sowohl Männer als auch Frauen verpflichtet" (*Kid.* 29a). Dieser Text aus der Mischna ist nicht ganz klar. Die Gemara führt dazu aus, dass mit den „Geboten des Sohnes für den Vater" alle die Verpflichtungen gemeint sind, die der Vater [in Bezug auf den Sohn] zu erfüllen hat: der Vater muss seinen Sohn beschneiden, ihn die Tora lehren, ihn verheiraten und ihm einen Beruf beibringen; einige [Rabbinen] fügen noch hinzu: ihm das Schwimmen beibringen. Dies bedeutet, dass die Vermittlung aller wichtigen Aspekte des jüdischen Lebens an den Sohn beim Vater liegt und nicht, wie verbreitet angenommen wird, die Mutter die Erzieherrolle in der jüdischen Tradition innehat. Tatsächlich sind die Frauen von diesen Verpflichtungen ihrem Sohn gegenüber nicht nur befreit, sondern ganz und gar von ihrer Erfüllung ausgeschlossen.

Nach dem traditionellen Rollenverständnis ist es die Aufgabe einer jüdischen Frau, ihrem Mann die Unterweisung seiner Söhne zu ermöglichen. „Rav sagte zu Rabbi Hija: Wodurch machen Frauen sich verdienstlich? – Dass sie ihre Kinder im Bethause unterrichten lassen, ihre Männer im Lehrhause (der Rabbinen) lernen lassen und auf ihre Männer warten, bis sie aus dem Lehrhause heimkehren" (*Br.* 17a). Die Frau soll also alles dafür tun, ihrem Mann das Studium zu ermöglichen. Als lobendes Beispiel erwähnt der Talmud die Frau von Rabbi Akiva, die sich vierundzwanzig Jahre lang für das Studium ihres Mannes aufopferte (*Ket.* 62b).

---

[1] Denn das Torastudium ist prinzipiell nicht an eine bestimmte Zeit gebunden (s. *Jos.* 1:8: „Du sollst sie Tag und Nacht studieren"), andererseits handelt es sich auch um ein positives Gebot („Du sollst...").

Der Talmud bemüht sich um eine Erklärung dafür, dass Frauen ihre Söhne nicht in der Tora unterweisen dürfen; hierzu wird von den Rabbinen die Stelle in Deuteronomium 11:19 herangezogen: „Du sollst sie [die Worte der Tora] deinen Kindern lehren." Das hier verwendete Wort *Bneichem* kann entweder als „Söhne" oder als „Söhne und Töchter", also „Kinder," verstanden werden. Um ihre Argumentation zu stützen, entscheiden sich die Rabbinen für die Übersetzung dieser Stelle mit „Söhne", obwohl sich dies aus dem Text nicht erschließt. Sie sagen: „Du sollst sie deinen Söhnen lehren – und nicht deinen Töchtern" (*Kid.* 29b). Damit sollen also die Väter ihre Söhne unterweisen, die dies Wissen wiederum an ihre eigenen Söhne weitergeben werden. Es gibt keine Verpflichtung, Frauen [oder Mädchen] die Tora zu lehren und sie sind auch selbst nicht zum Torastudium verpflichtet.

Ist diese Ausnahme [der Frauen von der Pflicht Tora zu studieren] als Verbot zu verstehen? Bei der Diskussion um die *Sota**, die des Ehebruchs verdächtige Frau, die sich des Gottesurteils der Bitterwasser unterziehen muss, wird gesagt, dass bei einer verdienstvollen Frau die Wirkung dieser Wasser für ein, zwei oder gar drei Jahre abgewehrt werden kann. Rabbi Asai sagt deshalb, dass ein Mann seine Tochter die Tora lehren soll. Rabbi Elieser sagt: „Wer seine Tochter Tora lehrt, lehrt sie Ausschweifung" (*Sota* 21b). Zieht man in Betracht, dass die Diskussion der Bitterwasser zur Zeit von Rabbi Asai nur noch eine rein theoretische war,[2] kann man davon ausgehen, dass die zwei widerstreitenden Meinungen der Unterweisung der Tora im Allgemeinen gelten und nicht spezifisch dem Erlernen der Gesetze der *Sota*. Rabbi Elieser ist für seine frauenfeindliche Haltung bekannt. In der folgenden Parabel aus dem Jerusalemer Talmud kommt sie deutlich zum Ausdruck: Eine Frau fragte Rabbi Elieser, wieso die einmalige Gesetzesübertretung bei der Herstellung des goldenen Kalbes dreimal mit dem Tod bestraft wurde. Er antwortete ihr: „Die Weisheit einer Frau liegt in ihrem Spinnrocken, denn es steht geschrieben: ‚Und alle Frauen mit weisem Herzen spannen mit eigenen Händen [*Ex.* 35:25]'" Sein Sohn Hyrkanus antwortete ihm: „Wieso gabst du ihr nicht eine richtige Antwort nach der Tora? Jetzt hast du für mich dreihundert *Kur* im Jahr an Tribut verloren!" Er antwortete ihm: „Lieber sollen die Worte der Tora verbrannt als einer Frau anvertraut werden!" Als sie gegangen war, sagten die Studenten zu ihm: „Diese bist du nun losgeworden, aber was gibst du uns zur Antwort?" (*TJ, Sota* 3; 16a). Rabbi Eliesers Reaktion auf die Frau, deren Frage doch auch seine Studenten gerne beantwortet gewusst hätten, ist beleidigend. Die Frage nach der Interpretation einer Bibelstelle beweist ein gewisses Verständnis und

---

[2] Anm. d. Übers.: weil dies archaische „Gottesurteil" längst nicht mehr angewandt wurde.

Vorwissen der Fragenden – doch Rabbi Elieser verurteilt Frauen pauschal und eindeutig. Vielleicht muss er hier eine private Rechnung begleichen – sagt uns doch das Traktat *Eruvin* (63a), dass seine eigene Frau gelehrt war!

Aus der talmudischen Zeit sind einige gelehrte Frauen, wie zum Beispiel Beruria*, bekannt,[3] doch sie blieben Ausnahmen. Auch manche Frauen der Bibel gelten als gelehrt: Miriam unterwies die Frauen, während ihr Bruder Moses die Männer lehrte (*Sifre Suto* zitiert in *Jal.*, Beha'alotecha 741). Hulda*, eine der sieben im Talmud erwähnten Prophetinnen, soll in Jerusalem eine Akademie gegründet haben, an der sie auch das Gesetz lehrte (vgl.. Targum Onkelos über *2. Kön.* 22:14). Die Töchter von Zelophchad[4] werden als weise und gerecht beschrieben, sie verstanden sich in der Gesetzesauslegung (*BB* 119b).

Im Mittelalter verbreitete sich jüdische Bildung auch unter den Frauen[5]. Im Großen und Ganzen lernten sie nun die Gebote*, deren Ausführung ihnen oblag, aber von einigen Ausnahmen (wie den Töchtern von Raschi) abgesehen auch nicht mehr als das.[6] Das *Sefer Chassidim*[7] erklärt jetzt die talmudische Auseinandersetzung zwischen Ben Asai und Elieser folgendermaßen: „Ein Mann muss seiner Tochter die Mizwot, also die halachischen Regeln, beibringen. Was ihren Spruch [d. h. den der Rabbiner] ‚Wer seine Tochter Tora lehrt, ist wie einer, der sie Ausschweifung lehrt' angeht, hier geht es um die Tiefe der Unterweisung: Die Begründungen für die Gebote und die Geheimnisse der Tora soll man einer Frau und einem Kind nicht beibringen. Aber die Halacha zu den Geboten muss er ihr beibringen, denn wenn sie die Schabbatgesetze nicht kennt, wie soll sie diese dann angemessen einhalten? Das gleiche gilt für alle Gebote, damit sie bei deren Ausführung Sorgfalt walten lässt." Das *Sefer Chassidim* macht hier die Unterscheidung zwischen der praktischen Unterweisung, dem „Was?", im Gegensatz zur theoretischen Erhellung, dem „Warum?", der Gebote. Den Frauen wird die Einhaltung des Gesetzes ohne Begründung vorgegeben, den Männern wird Zugang zu einem tieferen Verständnis eingeräumt. Der Vergleich von Frauen mit Kindern an dieser Stelle ist aufschlussreich! Der Autor führt weiter aus, wer als

---

[3] Siehe: Anne Goldfeld, „Women as Sources of Torah in the Rabbinic Tradition", in: *The Jewish Woman*, S. 257–271.

[4] Siehe Eintrag: Zelophchads Töchter*.

[5] Siehe Israel Abrahams, *La Vie juive au Moyen Age*.

[6] Und dennoch schreibt Maimonides etwa zur gleichen Zeit: „Die Weisen haben angeordnet, dass ein Mann seine Tochter nicht in der Tora unterweisen soll, weil die Frauen nicht die zum Studium notwendige Geisteshaltung besitzen und sie die Worte der Tora durch ihren schwachen Geist in eitles Geschwätz verwandeln" (*MT*, hil. Talmud Torah 1:13).

[7] Rabbi Juda Hechasid aus Regensburg (13. Jh.) zugeschrieben.

Lehrer für Frauen überhaupt in Betracht kommt: „Es geht jedoch nicht an, dass ein unverheirateter Mann die Mädchen unterrichtet, selbst wenn der Vater dabei ist und sie überwacht, damit sie nicht allein miteinander bleiben. Denn sein Verlangen für sie könnte hervorbrechen und sie überwältigen. Außerdem ist auch die Stimme der Frau[8] *Erva*[9]. Besser sollte der Vater seine Töchter und seine Frau unterrichten" (*Sefer Chassidim*, Abschn. 313). Das *Sefer Chassidim* schränkt den Unterricht für Frauen nicht nur inhaltlich ein, sondern gibt auch noch vor, wer sie unterrichten darf. Der Autor kann sich eine Beziehung zwischen den Geschlechtern ohne erotische Übertöne schlechterdings nicht vorstellen. Deshalb kann nur der Vater als Lehrer seiner Frau oder seiner Töchter in Frage kommen.

Auch das 16. Jahrhundert kannte gebildete Frauen; sie blieben aber weiterhin eine Ausnahme. Ein Beispiel wäre die Frau des Rabbi Misrachi von Kurdistan. Sie übernahm die Unterrichtsaufgaben von ihrem Mann, weil der sich um die Finanzverwaltung seiner Jeschiva kümmern musste.[10] Der Maharil (1360?–1427, Jakob ben Mosche) schreibt: „Wenn es auch nicht gut ist, die Frauen zu unterweisen, hindert sie doch nichts daran, aus eigenem Antrieb Wissen zu erlangen." Doch sein Zeitgenosse Joseph Caro, der Autor des *Schulchan Aruch*, urteilt strenger: „Eine Frau, die Tora studiert hat, wird belohnt, aber nicht ebenso wie der Mann, da sie nicht gehalten ist, zu lernen sondern es [aus freiem Willen] tut. Doch auch wenn sie belohnt wird, haben die Weisen bestimmt, dass ein Mann seine Tochter nicht die Tora lehren soll, weil die meisten Frauen nicht die Absicht haben, ernsthaft zu studieren und sie mit ihrem beschränkten Verstand die Lehren der Tora in Ausschweifung verwandeln. Die Weisen haben gesagt: „Wer seine Tochter Tora lehrt, ist wie einer, der sie Ausschweifung lehrt", dies sagten sie über das mündliche Gesetz. Das schriftliche Gesetz sollte man sie im Grunde auch nicht lehren, doch wenn es schon geschehen ist, ist es doch nicht so als lehrte man sie Ausschweifung" (*SA, JD*, hil. Talmud Tora 6). Zu Beginn formuliert Joseph Caro ein halachisches Prinzip: Wer ein Gebot erfüllt, ohne dazu verpflichtet zu sein, ist weniger verdienstvoll als jemand der zur Einhaltung des Gebotes verpflichtet ist. Der freiwillige Gehorsam wird weniger belohnt als der erzwungene. Dies Prinzip kann man zwar in Frage stellen, aber den Autor trifft keine Kritik, da er nur der allgemeinen Logik der Halacha folgt. Doch der anschließende Kommentar geht über das Gesetz selbst weit hinaus, weil er die Frauen pauschal verleumdet, ihnen Lernfähigkeit grundsätzlich abspricht. Frauen verwandeln die Tora in Aus-

[8] Siehe Eintrag: Stimme der Frau*.
[9] „Nacktheit", d.h., sie ist für den Mann sexuell anziehend.
[10] Siehe: Aschkenasi, *Ha'Ischa beAspeklarit haJahadut*, Bd. I.

schweifung. Der Talmud, das mündliche Gesetz, wird eindeutig als zu schwierig für sie angesehen, während der Autor von der Unterweisung der eigentlichen Tora nur abrät. Der hier gemachte Unterschied zwischen mündlicher und schriftlicher Tora ist erstaunlich in einer Tradition, die üblicherweise nicht zwischen den beiden trennt. Moses Isserles sagt in seinem Kommentar: „Aber dennoch muss eine Frau die Gesetze lernen, die Frauen betreffen." Höchstwahrscheinlich meint er hiermit die Gesetze zur Reinheit in der Ehe[11], die Kaschrutgesetze und das Kerzenzünden[12], also die drei Gebote, für deren Erfüllung im Allgemeinen die Frau verantwortlich gemacht wird. Israel Meir Ha-Cohen schreibt hierzu: „Heutzutage haben die Frauen eine weltliche Bildung. Folglich sollen sie auch die Bibel und die ethischen Schriften unserer Weisen studieren, Anderenfalls könnten sie, Gott bewahre, gänzlich von Gottes Wegen abkommen und alle Vorschriften der Tora verletzen" (Likutei Halachot über *Sota*).

Diese den Frauen beim Lernen auferlegten Einschränkungen finden allerdings keine einhellige Zustimmung, nicht einmal in der Orthodoxie. 1955 sagt Oberrabbiner Salman Sorotskin: „Jeder der seine Tochter nicht das Wissen um Gott beibringt, ist wie jemand, der sie Ausschweifung lehrt." Er verwendet hier allerdings nicht das Wort „Tora", sondern *Da'at HaSchem*, „Wissen um Gott", mit der Implikation, dass die Unterweisung von Frauen sich weiterhin von jener der Männer unterscheidet. Im Gegensatz dazu kritisiert Jehajahu Leibowitz, der für seine radikalen Positionen innerhalb der orthodoxen Tradition bekannt ist, ganz offen die traditionelle Haltung zu diesem Thema. Die Ausnahme der Frauen vom Torastudium ist für ihn „ein schwerer Fehler und ein großes Unglück in der Geschichte des Judentums... Die Frauen vom Torastudium abzuhalten bedeutet nicht (wie bei den anderen Geboten), sie von einer Verpflichtung zu befreien, sondern ihr ein jüdisches Grundrecht zu verweigern. Die ‚Jüdischkeit' der Frauen wird damit minderwertiger als die der Männer."[13] Der israelische Philosoph verurteilt zu Recht, wie hier Frauen hintenherum der Zugang zum Wissen verbaut wird. Er spricht sich für einen gemeinsamen und gleichen Unterricht aus; diese Meinung wird in weiten Teilen der orthodoxen Welt kritisiert, hier wird bei den Lehrinhalten immer noch die Unterscheidung zwischen Mädchen und Jungen gemacht. Eine modernere Orthodoxie, wie in den USA oder in Israel, schlägt für beide Geschlechter einen gleichwertigen Unterricht vor. In den konservativen und liberalen Bewegungen steht beiden Geschlechtern das Lernen mit gleichen Inhalten und unter gleichen Voraussetzungen offen.

---

[11] Siehe Eintrag: Nidda*.
[12] Siehe Eintrag: Schabbatkerzen*.
[13] In: *Ha'Aretz* vom 4. Mai 1983.

Totenbeschwörerin von Endor

Nach dem Tod des Propheten Samuel ließ Saul alle Beschwörer und Wahrsager aus dem Land schaffen (*1. Sam.*[1] 28:3). Doch angesichts der aufmarschierten Armee der Philister bekam Saul es mit der Angst zu tun. Er beschloss, den Ewigen zu befragen, doch der „antwortete ihm nicht, weder durch Träume, noch durch die Urim, noch durch die Propheten" (28:6). Daraufhin beauftragt er seine Diener, eine Totenbeschwörerin zu finden, dass er sie befragen könne. Er erfährt von ihnen, dass es in Endor eine gäbe. Saul verkleidet sich, sucht sie in der Nacht auf und bittet sie um Hilfe. Sie wehrt ab mit den Worten: „Siehe, du weißt, was Saul getan, dass er ausgerottet die Totenbeschwörer und Weissager aus dem Lande, und was legst du meinem Leben Schlingen, um mich zu töten?" (28:9). Saul verspricht, ihr werde nichts geschehen und bittet sie, Samuel zu beschwören. Während ihrer Vision erkennt die Frau Saul; sie fragt ihn, wieso er sie getäuscht habe. Wieder beruhigt er sie und sie beschreibt ihm ihre Vision: „Ein übernatürliches Wesen sah ich aufsteigen aus der Erde [...] Ein alter Mann stieg herauf, der in ein Oberkleid gehüllt war" (28:13-14). Der in seiner Ruhe gestörte Samuel sagt Saul, dass der Ewige die Königswürde von ihm genommen habe, um sie David zu geben, und dass er mit dem Volk Israel in die Hand der Philister fallen würde. Erschüttert von dieser Voraussage stürzt Saul zu Boden. Die Frau spricht ihm zu: „Siehe, deine Magd hat deiner Stimme gehorcht, und ich tat mein Leben in deine Hand, und habe gehört auf deine Worte, die du zu mir geredet. So höre denn auch auf die Stimme deiner Magd, und lasse mich dir vorsetzen ein Stück Brot und iss, dass Kraft in dir sei, wenn du auf dem Wege gehest." Er wehrt zunächst ab, doch als die Frau und seine Diener weiter in ihn dringen, gibt er schließlich nach. „Und die Frau hatte ein Mastkalb im Hause, und sie eilte und schlachtete es, und nahm Mehl und

[1] Alle Zahlenangaben in Klammern beziehen sich auf dieses Buch.

knetete es und backte daraus ungesäuerten Kuchen und brachte es hin vor Saul und seine Diener“ (28: 24–25). Dann brachen sie auf.

Die Totenbeschwörerin von Endor ist eine enigmatische Frau mit großer Macht. Man sucht ihren Rat. Als König Saul sich erfolglos und verlassen fühlt, kann sie ihm durch die Beschwörung Samuels weiter helfen. Sie muss um ihr Leben fürchten und erfüllt dem ihr Unbekannten nur wiederstrebend seinen Wunsch; doch sie zeigt Mut. Zunächst erscheint Samuel ihr allein. Die Vision erschreckt sie. Nachdem sie den Kontakt hergestellt hat, lässt sie die beiden Männer, den Lebenden und den Toten, miteinander sprechen. Voller Mitleid mit Saul erinnert sie ihn daran, dass sie ihr Leben für ihn aufs Spiel gesetzt hat, und überredet ihn so zum Essen. Dadurch ermöglicht sie ihm die Heimreise. Auch noch nach der Vision hat sie Saul gegenüber eine Position der Stärke inne; sie kümmert sich um ihn: Sie schlachtet ein Kalb und bereitet ihm ein Mahl. Der Beruf des Wahrsagens wurde oft mit Fürsorge und Pflege in Verbindung gebracht. Man wandte sich [mit Problemen] an Wahrsager und ebenso an tränkemischende Heiler. Die Beschwörerin von Endor verbindet beides: sie hat Visionen und umsorgt die Menschen. Sie scheint ein Leben in völliger Unabhängigkeit zu führen. Die Bibel verdammt zwar im Zusammenhang mit dem heidnischen Götzendienst auch Zauberei und Hexentum, doch muss sie deren Existenz anerkennen. „Dabei konnten Männer im Rahmen der anerkannten Religion ‚magische‘ Handlungen tun; während dies Frauen untersagt war.“[2] Dennoch verlangt König Saul ausdrücklich nach einer Frau. Die Beschwörerin von Endor ist eine Nekromantin im eigentlichen Sinne: Sie ruft die Geister der Verstorbenen.[3] Die Ironie der Geschichte liegt darin, dass ausgerechnet derjenige, der diese Praxis verboten hat, sich in einem Moment der Hoffnungslosigkeit an eine Nekromantin wendet. Der Erzähler verdammt hier diese Praktiken nicht.[4] Auch im Talmud sind solche Praktiken bezeugt, angeb-

---

[2] Athalya Brenner, *The Israelite Woman, S. 70.*

[3] *Ba'alat Ov* bedeutet wörtlich „Herrin des Geistes“.

[4] In Buch *Deuteronomium* 18:9–12 ist dies Verbot wesentlich deutlicher: „Wenn du kommst in das Land, das der Ewige dein Gott dir gibt, so lerne nicht den Gräueln jener Völker gleichtun. Es soll nicht gefunden werden unter dir, der seinen Sohn und seine Tochter durch das Feuer führt, der Wahrsagerei betreibt, der aus Wolken und Schlangen deutet und ein Zauberer, und Geisterbanner, und der Beschwörung befragt und ein Weissager und der die Toten beschwört. Denn ein Gräuel des Ewigen ist jeglicher, der dies tut, und um dieser Gräuel willen treibt sie der Ewige dein Gott vor dir aus.“ Oder auch *Exodus* 22:17: „Eine Zauberin sollst du nicht leben lassen.“ Oder *Levitikus* 20:27. Alle diese Praktiken sind mit heidnischen Kulten verbunden und gelten als Gefahr für den Monotheismus, dies erklärt die Unversöhnlichkeit der Textstellen. Der Gegensatz zwischen diesen Texten und dem Bericht über die (*Fortsetzung nächste Seite*)

lich gaben sich die Töchter Israels ihnen mit Fleiß hin (*Br.* 53a; *Er.* 64b; *Pes.* 110a – b, 111a). Raschi meint, Frauen täten sich in der Hexerei besonders hervor (Raschi zu *Ex.* 22:18). Manche erklären dies damit, dass die Zauberei ihnen ein Gegengewicht gegen ihre Machtlosigkeit in der patriarchalischen Gesellschaft geboten hätte. Als „Zauberer" seien aber eher Männer bezeichnet worden; die gleichen von Frauen ausgeübten Praktiken wären abschätzig „Hexerei" genannt und verboten worden.[5] Der Talmud unterscheidet zwischen der erlaubten Magie, „die eine Illusion schafft", und der Hexerei, die ihre Macht aus einem Götzenbild bezieht (vgl. *Sanh.* 53a und 67a). Der Midrasch gibt der Totenbeschwörerin von Endor den Namen Zephania (*PdRE* 33), „die Verborgene", und erklärt sie zur Mutter von Abner, dem Cousin und obersten Befehlshaber von Saul.

Die Frau von Endor übt, und das ist für biblische Frauen ungewöhnlich, einen Beruf aus und verfügt dazu noch über herausragende Fähigkeiten. Außerdem wird sie als stark beschrieben, voll Mitgefühl und als fähig, Saul in seiner Notlage zu unterstützen. Möglicherweise sehen wir in ihr Spuren eines dem Monotheismus vorangegangenen weiblichen Priestertums.

Totenbeschwörerin von Endor zeigt plastisch den Unterschied zwischen Gesetz und Wirklichkeit. Diese Praktiken waren auch in Israel gang und gäbe.

[5] In der allgemeinen Vorstellung sind Zauberer gut und Hexen böse.

Umgang zwischen Männern und Frauen

In der Welt der Bibel begegnen sich Männer und Frauen, sie sprechen miteinander; allerdings treten Frauen selten in der Öffentlichkeit hervor. In der Welt des Talmud verschärft sich die Trennung zwischen Männern und Frauen. Sozialer und intellektueller Austausch zwischen beiden kommt, von ganz wenigen Ausnahmen abgesehen, praktisch nicht mehr vor. Die Männer sahen in den Frauen, wegen der ihnen zugeschriebenen sexuellen Anziehung, der sie sich nicht erwehren zu können glaubten, nur mehr eine Ablenkung von Studium und Gebet. Eine Reihe von Regeln sorgten dafür, dass Männer und Frauen sich nicht in Situationen begegneten, die zu vorgeblich unzüchtigem Verhalten führen könnten. Diese Gesetze sind unter dem Namen *Jichud* („Verbindung“) zusammengefasst. So soll ein Mann jedes Gespräch mit Frauen vermeiden, in der Öffentlichkeit sogar das mit seiner eigenen Frau, mehr noch das Gespräch mit anderen: „Schwatze nicht viel mit einer Frau. Dies sagten sie von der eigenen Frau, und um wie viel mehr gilt dies von der Frau seines Nächsten. Hierauf Bezug nehmend sagten die Weisen: ‚Wer viel mit einer Frau schwatzt, bringt Unheil über sich, vernachlässigt die Worte der Tora und erbt schließlich das Fegefeuer‘“ (*Avot* 1:5). Ein Rabbiner gibt als Rechtfertigung für diese Vorschriften die potentielle Verführung der Männer an (*Ned.* 20b). Samuel der Weise lehnt es sogar ab, einer Frau Grüße zu schicken (*Kid.* 70a), doch ein anderer Weiser ließ Jalta, der Frau von Rabbi Nachman (*Br.* 24a), Grüße zukommen. Rabbi Jose unterhält sich auch mit einer jüdischen Matrone (eine legendäre Gestalt der talmudischen Literatur), doch hier handelt es sich um eine Ausnahme. Im Großen und Ganzen sind private Zusammenkünfte von Männern und Frauen, die nicht miteinander verheiratet oder verwandt sind, verboten *(M. Kid.* 4:12), laut einigen Quellen sogar der Austausch mit Familienmitgliedern des anderen Geschlechts. In einer Gesellschaft, in der Männer und Frauen voneinander getrennt lebten, standen derartige Begegnungen immer unter dem Verdacht, zur Übertretung sexueller Verbote zu führen, und waren deshalb zu vermeiden. Eine direkte Folge dieses von Männern entworfenen Frauenbildes war zweifellos der Ausschluss der Frauen von Studium und öffentlichem Gebet.

Unfruchtbarkeit

Im biblischen und talmudischen Kontext kommt das Thema der Unfruchtbarkeit ausführlich zur Sprache. Bei den Propheten ist die unfruchtbare Frau Sinnbild für die ihrer Kinder beraubte Stadt Jerusalem (*Jes.* 54:1). Das erste Paar mit Fruchtbarkeitsproblemen sind Abraham und Sara, die am Anfang der Geschichte Israels stehen, und auch die beiden anderen Paare der Erzväter und -mütter begegnen entsprechenden Problemen. Die Frage der Unfruchtbarkeit ist verknüpft mit der Bedeutung der Zeugung*, in der jüdischen Tradition; entsprechend dem Buch Genesis ist die Fortpflanzung ein Gebot.[1] Der talmudischen Interpretation nach richtet sich dies Gebot allerdings nur an den Mann (*Jev.* 6:6), da für die Frau eine passive Rolle angenommen wird (*Jev.* 65b und *Kid.* 2b[2]). Wie dem auch sei, bleibt mit der Abschaffung der Polygamie die Zeugung *de facto* eine Verpflichtung für beide Partner. Doch die Fortpflanzung ist weder der einzige noch der vorrangige Zweck der Ehe*. Rabbi David Abudharam, eine Autorität auf dem Gebiet der Liturgie, wurde einmal gefragt, wieso bei der Hochzeitszeremonie kein Segensspruch für die Fruchtbarkeit gesprochen würde. Er antwortete, dass die Zeremonie für alle Paare, fruchtbare wie unfruchtbare, gelte. „So war das Thema der Gemeinsamkeit für einen Segen angemessen, das der Fruchtbarkeit jedoch nicht" (*Birkat Erusin* 98a). Die Mischna sagt allerdings, dass ein Paar nach zehn kinderlosen Jahren zur Scheidung verpflichtet ist; doch dieses Gesetz ist, abgesehen von einigen orthodoxen Minderheiten, die es weiter befolgen, außer Gebrauch geraten. Abgeleitet wurde dieses Gesetz

---

[1] „Seid fruchtbar und mehret euch, füllet die Erde und machet sie euch untertan" (*Gen.* 1:28).

[2] Manche orthodoxen Kommentatoren sagen eher, dass der weibliche Mutterinstinkt das Gebot für Frauen überflüssig macht, oder dass die Frau leidet und ihr kein Leid aufgezwungen werden soll. Alle diese Erklärungen sind sexistisch. Immerhin hat aber diese Ausnahme der Frau von der Erfüllung des Fruchtbarkeitsgebotes die Verwendung von Verhütungsmitteln im Rahmen des Judentums ermöglicht.

(*Jev.* 64a) aus dem Beispiel von Abraham und Sara, die zehn Jahre in Kanaan lebten und kinderlos blieben, worauf Sara dem Abraham ihre Magd Hagar* gab, damit er durch sie Vater werden könne. In der biblischen Zeit war die Polygamie* selbstverständlich, zur talmudischen Zeit bedeutete die Verbindung mit einer anderen Frau die Scheidung von der ersten. Kein einziger der zweitausend im Talmud erwähnten Weisen hatte mehr als eine Frau. Doch auch schon die Rabbinen versuchen die Scheidungsverpflichtung zu unterlaufen, indem sie die Jahre mitzählen, die Abraham und Sara gemeinsam verbrachten, bevor sie sich in Kanaan niederließen." „Daher wird, wenn er krank war, oder sie krank war, oder jemand von ihnen im Gefängnisse eingesperrt war, ihnen diese Zeit nicht angerechnet" (*Jev.* 64a). Es bleibt, den Begriff Krankheit zu definieren – und hier gibt es offensichtlich einen großen Spielraum. Die Geschichte des Sohnes von Rabbi Jehuda HaNassi, der seine Frau um des Studiums Willen für zwölf Jahre verlassen hatte, gibt ein weiteres Beispiel für eine großzügige Auslegung. Bei seiner Wiederkehr war seine Frau unfruchtbar geworden. „Da sprach Rabbi:[3] ‚Was ist nun zu machen: Lässt er sich von ihr scheiden, so würde man sagen, die Arme wartete umsonst, heiratet er noch eine andere, so würde man sagen, jene sei seine Frau und diese sei seine Konkubine. Hierauf flehte er für sie um Erbarmen und sie genas.'" (*Ket.* 62b). Der bekannte Ratschlag, den Rabbi Simon bar Jochai einem kinderlosen Paar aus Sidon gab, ist noch exemplarischer: Nach zehnjähriger Ehe verlangte der Mann die Scheidung. Der Rabbi riet ihm, ein Fest auszurichten. In betrunkenem Zustand sagte der Mann seiner Frau, sie könne ihren kostbarsten Besitz mit in ihr Vaterhaus nehmen. Als er eingeschlafen war, beschloss sie, ihren Ehemann mitzunehmen. Im Aufwachen begriff der, dass in ihren Augen nichts kostbarer war als er, ihr Ehemann. Bewegt von ihrer Liebe, beschloss er, verheiratet zu bleiben (*Cant. R.* 1:4). Im 16. Jahrhundert bekräftigt der Rema, dass der Mann nicht zur Scheidung gezwungen werden darf und überhaupt jede Einmischung in die Entscheidungen des Ehepaares zu unterlassen ist (Moses Isserles über *SA,* EH 5:11).

In der Bibel wird die Unfruchtbarkeit als Gottes Wille, manchmal als eine Art der Bestrafung aufgefasst. Die Frauen aus dem Hause von Abimelech, dem König von Gerar, werden mit Unfruchtbarkeit geschlagen, weil der König Sara, eine verheiratete Frau, verführt. Durch Abrahams Gebet wird der göttliche Beschluss für diese Frauen wie für die Matriarchin Sara rückgängig gemacht. Manche Rabbinen sind der Auffassung, das Michal*, die Tochter von König Saul, für ihre Zurechtweisung von David [mit Unfruchtbarkeit] gestraft wurde (*2. Sam.* 6:23). Da an späterer Stelle fünf Söhne von Michal erwähnt werden (*2. Sam.* 21:8),

[3] Das heißt Jehuda Hanassi.

bemüht sich der Talmud, diesen Widerspruch aufzulösen. „Merav [die ältere Schwester von Michal] hatte sie geboren und Michal sie erzogen, daher werden sie nach ihr benannt. Dies lehrt dich, dass, wen jemand ein Waisenkind in seinem Hause großzieht, es ihm die Schrift anrechnet, als hätte er es gezeugt“ (*Sanh.* 19b). Dieser Text ist eine deutliche Stellungnahme für die Adoption im Rahmen der jüdischen Tradition.

Kern der biblischen Theologie ist die Vorstellung, dass jeder Tat ihre zugehörige Bestrafung innewohnt. So wird die Unfruchtbarkeit im Buch Levitikus (20:20–21) als Strafe für sexuelle Verfehlungen dargestellt. Es ist traurig, dass diese Theologie auch heute noch in manchen Bewegungen des Judentums fortlebt und dadurch bei unfruchtbaren Paaren auch noch Schuldgefühle erzeugt werden. Doch die Mehrzahl der biblischen Frauen, die unter ihrer Unfruchtbarkeit leiden, werden als vorbildhaft in ihrer Frömmigkeit beschrieben. Sara*. Rebekka*, Rachel*, Hanna* und die Sunamiterin* (*2. Kön.* 4:8) sind nur einige Beispiele. Es gibt demnach keine direkte Verbindung zwischen ihrem Verhalten und ihrer Unfruchtbarkeit. Auch ist ihre Unfruchtbarkeit nicht dauerhaft, am Ende werden sie alle schwanger. Das Problem der Kinderlosigkeit wird recht genau beschrieben; für die Männer ist die Hauptsorge, keinen Erben zu haben. Sara und Rachel versuchen beide zunächst, mit Hilfe einer „Leihmutter“ eine Familie zu gründen, doch die Bibel zeigt uns, dass diese Lösung zu Hass und Eifersucht führen kann. In ihrem Zweifel daran, noch gebären zu können, erwähnt Sara auch Abrahams hohes Alter; hier kommt das Bewusstsein zum Ausdruck, dass das Problem der Sterilität ebenso beim Mann liegen kann wie bei der Frau, obwohl ansonsten in den biblischen Texten die Unfruchtbarkeit meistens der Frau zugeschrieben wird. Für Isaak stellt sich das Problem erneut: Zwanzig Jahre sind für Isaak und Rebekka verstrichen, doch er nimmt sich keine Nebenfrau wie sein Vater Abraham. Der Talmud erklärt dies damit, dass Isaak unfruchtbar war, und nicht Rebekka (*Jev.* 64a), sagt dann aber, dass beide es waren. Die grundsätzliche Frage nach der Unfruchtbarkeit der Stammeltern wird beantwortet: „Unsere Vorfahren waren deshalb unfruchtbar, weil der Heilige, gepriesen sei Er, nach dem Gebete der Frommen verlangt“ (*Jev.* 64a); wieder wird damit die Kinderlosigkeit nicht mit Verfehlungen in Zusammenhang gebracht und auch unterstrichen, dass die Zeugung mehr als ein rein biologischer Akt ist. Deutlichster Ausdruck für den durch die Unfruchtbarkeit erzeugten Leidensdruck sind die Worte Rachels: „Gib mir Kinder, dass ich nicht sterbe“ (*Gen.* 30:1). Rabbi Josua b. Levi nannte die Kinderlosigkeit eine Art Tod; psychologisch entspricht das Recht genau dem Empfinden kinderloser Paare; auch in diesem Fall ist angesichts der verlorenen Hoffnung und des in einer Tradition, in der Kinder eine so wichtige Rolle spielen, starken gemeinschaftlichen Druckes, ein Trauerprozess zu durchlaufen. Jakobs wütende Reaktion: „Bin ich anstatt Gott, der dir die Leibesfrucht versagt hat?“ (*Gen.* 30:2) wird von den Rabbinen als wenig begreifbar kritisiert[4]. Die Ausführung von Isaak Amara zu diesem Thema ist erstaunlich:

> Die beiden Namen „Ischa“ und „Eva“ verweisen auf zwei Ziele: Der erste lehrt, dass die Frau vom Manne genommen wurde, um zu betonen, dass du, gleich ihm[5], dich im moralischen Bereich bilden und vervollkommnen kannst, wie es die Erzmütter und viele gerechte Frauen und Prophetinnen taten, auch in Sprüche 31 verweist der Wortsinn von der *Eschet Chajil** hierauf. Der zweite erinnert an die Fähigkeit, Kinder zu haben und sie groß zu ziehen, wie es der Name Eva* – Mutter aller Lebenden – bedeutet. Eine der Fähigkeit zu gebären beraubte Frau ist der zweiten Möglichkeit beraubt, doch es bleibt ihr, gleich einem unfruchtbaren Mann, die Möglichkeit Gutes oder Böses zu tun. Jesaja [56:5] sagt über kinderlose Männer und Frauen: „Ich werde ihnen in Meinem Hause und in Meinen Mauern ein Denkmal stiften und einen Namen, besser denn Söhne und Töchter“, weil die Nachkommenschaft der Gerechten aus guten Taten besteht [s. Raschi über *Gen.* 6:9]. Jakob war deshalb voll Zorn auf Rachel, als sie sprach: „Gib mir Kinder, dass ich nicht sterbe.“ Er wollte sie tadeln und ihr dieses wichtige Prinzip verständlich machen, dass sie in Bezug auf ihr gemeinsames Ziel im Leben nicht „tot“ ist, nur weil sie keine Kinder hat. Für ihn hätte das gleiche gegolten, wäre er kinderlos geblieben (*Akedat Jitzchak* zu *Gen.* 3:20).

Die Interpretation von Isaak Arama ist sehr egalitär; sie betont, dass der Lebenszweck einer Frau sich genauso wenig wie der des Mannes, allein auf das Kinderkriegen beschränkt. Dennoch wissen wir, dass auch beruflicher Erfolg Männer wie Frauen nicht über den Schmerz der Kinderlosigkeit hinwegtrösten kann. Die biblische Auffassung der Unfruchtbarkeit kann in dem Satz von Rabbi Jochanan zusammengefasst werden: „Drei Schlüssel sind in Gottes Hand, der Schlüssel zum Regen, der Schlüssel zum Geschenk des Lebens und der Schlüssel zur Auferstehung der Toten“ (*Ta'an.* 2a).

Zur rabbinischen Zeit ist eine deutliche Änderung der religiösen Einstellung zum Thema der Unfruchtbarkeit zu bemerken. Während zu biblischer Zeit das einzige zur Behebung der Unfruchtbarkeit vorgeschlagene

---

[4] Zu Ritualen für die Akzeptanz der Unfruchtbarkeit, für Fehlgeburten oder den Tod eines Neugeborenen siehe: Debra Orenstein, *Lifecycles*, Bd. 1, S. 28–52; für eine vertiefte Betrachtung des Themas s.: Michael Gold, *And Hanna Wept.*

[5] Da *Ischa* die weibliche Entsprechung des Wortes *Isch*, „Mann“, ist.

Mittel im Gebet lag, geben die Rabbinen auch Diätvorschläge: Fisch als Symbol der Fruchtbarkeit (*Br.* 40a) und Knoblauch zur Vermehrung des Spermas (*BK* 82a). Diese rabbinischen Ratschläge spiegeln zwar nur begrenzte medizinische Kenntnisse, doch sie führen die Unfruchtbarkeit nicht mehr auf den Willen Gottes, sondern auf physiologische Ursachen zurück. Manche rechtfertigen ihre Kinderlosigkeit auch: „Ben Asai sagte: ‚Was soll ich tun, wenn meine Seele nach der Tora lüstet; die Welt kann durch andere erhalten werden'" (*Jev.* 63b). Studium oder gute Taten sind somit legitime Optionen für kinderlose Ehepaare. Auch die Hilfe der neuesten Erkenntnisse der Fortpflanzungsmedizin darf in Anspruch genommen werden. Einige Methoden gehen eher mit der Tradition konform als andere; doch die vorherrschende Haltung ist, Unfruchtbarkeit nicht als unabwendbares Schicksal zu sehen. Im Umgang mit ihr ist bei Versagen der medizinischen Hilfe Adoption eine weitere Möglichkeit, oder eben auch die Konzentration auf die Lehre und gute Taten.

Vaschti

Die Geschichte von Vaschti steht im Buch Esther*. König Ahasveros richtet in Susa ein Fest aus, um vor den Gouverneuren seiner siebenundzwanzig Provinzen mit seinem Reichtum zu prahlen. „Und man trank nach Lust, ohne Zwang, denn also hatte der König verordnet jedem Vorgesetzten seines Hauses, zu tun nach dem Willen eines Jeglichen“ (*Esth.* 1:8). Gleichzeitig mit diesem Fest, bei dem kräftig über die Stränge geschlagen wurde, bereitete „auch Vaschti, die Königin [.], ein Mahl für die Frauen, im Königshaus des Königs Ahasveros“ (1:9). Der im weiteren Bericht deutliche Gegensatz zwischen Mann und Frau zeichnet sich schon hier ab: Das Fest wird nach Geschlechtern getrennt gefeiert. Am siebten Tag verlangt der vom Wein betrunkene König von seinen Eunuchen „zu bringen Vaschti, die Königin vor den König mit der königlichen Krone, um zu zeigen den Völkern ihre Schönheit, denn schön von Ansehen war sie“ (1:11). Die Königin weigert sich jedoch und löst dadurch den Zorn des Königs aus. Er berät sich mit seinen Weisen und Fürsten über eine Bestrafung der Königin. Ihre Weigerung wird nicht nur als persönliche Beleidigung des Königs gesehen, sondern als Beleidigung einer Frau gegenüber einem Mann und damit als mögliches schlechtes Beispiel für alle Fürstinnen von Persien und Midian und die Frauen überhaupt: „Denn es wird bekannt werden das Betragen der Königin all den Frauen, dass sie verachten werden ihre Männer in ihren Augen, indem sie sagen werden: Der König Ahasveros hat gebeten die Königin Vaschti vor ihn zu bringen, und sie ist nicht gekommen“ (1:17). Die Weigerung der Königin wird zur Staatsaffäre, bei der der marionettenhaft wirkende König seine Fürsten um Rat ersuchen muss. Der Rat lautet, dass ein Erlass ergehen soll mit dem Inhalt, „dass Vaschti nicht (ferner) komme vor das Angesicht des Königs Ahasveros; und ihre Königswürde gebe der König einer anderen, die besser ist als sie“ (1:19). Allein durch die Tatsache, dass der Erzähler sie nicht mehr als „Königin Vaschti“, sondern einfach als „Vaschti“ apostrophiert, kommt im Text des königlichen Erlasses selbst schon Vaschtis Entthronung zum Ausdruck. Ihr Verhalten kann nur „Schimpf und Verdruss“ (1:18) hervorrufen. Sie stellt eine Bedrohung für die Autorität der Männer und damit für die Grundlagen der patriarchalischen Gesellschaft dar. Dabei wird durch Vaschtis Weigerung deutlich, dass sie recht eigentlich Macht inne hat; sie beweist ihre Unabhängigkeit gegenüber dem König, der sich seinerseits, dem Trunk ergeben, von Wutanfällen gepackt und des Rates anderer bedürftig, selbst in einer Position der Schwäche befindet. Doch dieser Beweis weiblicher Unabhängigkeit kostet die Königin ihre Stellung; sie soll durch eine andere ersetzt werden, die sich den Wünschen des Königs fügt. Die neue Königin soll ebenso schön sein wie sie, aber außerdem auch fügsam. Hierin wird sie „besser [sein] als sie“[1], sie wird ihre Schönheit ganz nach Belieben des Königs zur Schau stellen. Der Erlass bezweckt folgendes: „So werden alle Frauen Ehre geben ihren Männern, von Groß bis Klein“ (1:20). Der dem König geschuldete Respekt wird erweitert auf einen den Männern im Allgemeinen schuldigen Respekt, völlig unabhängig von deren sozialen Status, „damit jeder Mann, wie er auch rede nach der Sprache seines Volkes, der Herr sei in seinem Hause“ (1:22). Bickerman[2] erklärt, dass bei den Festen in Persien die Ehefrauen teilnehmen durften, doch, sobald die Männer anfingen zu trinken, ihren Platz den Konkubinen und Kurtisanen räumen mussten. Schon der Befehl des Königs wäre deshalb erniedrigend für die Königin, die damit auf die Stufe einer Konkubine gestellt wurde.

Nachdem sich der Zorn des Königs gelegt hat, so erfahren wir, vermisst er Vaschti. Die Höflinge des Königs schlagen daher vor, alle schönen jungfräulichen Mädchen des Königreiches zu versammeln, um eines zu finden, das dem König gefallen wird, damit es „Königin an Vaschtis statt werde“. Die Wahl fällt auf Esther*. „Und er setzte eine Königskrone auf ihr Haupt und machte sie zur Königin an Vaschtis Statt“ (2:17). Der Ausdruck *tachat Vaschti*, „an Vaschtis Statt“, erscheint zweimal im Text; damit unterstreicht der Erzähler den Gegensatz zwischen den beiden Frauen, den er herausarbeiten möchte. Es wird jedoch nicht deutlich, ob der Erzähler die Gesetze des Landes akzeptiert oder sie als Parodie sieht. Er verdammt Vaschti nicht, und Ahasveros* wirkt wegen seiner Charakterschwäche eher wie die Karikatur eines Königs, eine von den Ratgebern

---

[1] Das Hebräische *hatova mimena* oder das Wort „gut“ bedeutet hier „sich den Regeln des Respekts gegenüber den Männern unterwerfend“. Sicher steckt in der Verwendung des Wortes an dieser Stelle ein Quentchen Ironie, denn Vaschtis Weigerung, ihre Schönheit von einem Haufen betrunkener Männer begaffen zu lassen, könnte doch viel eher als „gutes“ Betragen bezeichnet werden. Möglicherweise werden hier, wie in der übrigen Erzählung, Werte satirisch verkehrt.

[2] E. Bickerman, *Four Strange Books of the Bible.*

abhängige Marionette. Esther, im weiteren Verlauf eine der Hauptpersonen der Geschichte, tritt mithin als Gegenfigur zu Vaschti an. Beide Frauen sind schön, an beiden findet der König Gefallen, doch die erste nahm eine subversive Haltung ein, während die zweite, ein wohlerzogenes und braves Mädchen, ihren Willen bekommen wird, ohne dabei die Gesetze des Landes in Frage zu stellen. Was mit Vaschti weiter geschieht, wird nicht erzählt. Sie geht ab und überlässt die Bühne Esther, einer Frau, die ihre Rolle als Sexualobjekt akzeptiert, die ihren Charme für ihre Zwecke einsetzt und die es umgekehrt erreicht, Ahasverus zu ihrem eigenen Fest zu rufen.

Einige Midraschim verteidigen die Haltung von Vaschti; sie sagen, die Gäste von Ahasveros hätten verlangt, dass Vaschti nackt vor ihnen erscheine, damit sie ihre Schönheit bewundern könnten. Jedes Volk habe sich gerühmt, schönere Frauen zu haben als die anderen (*Esth.R.* 3:13). Vaschti habe ihre Weigerung begründet: „Wenn sie mich schön finden, werden sie mich benutzen und dich töten; wenn sie mich durchschnittlich finden, wirst du Gesicht verlieren." Aber er habe sich von ihren Argumenten nicht erweichen lassen. Darauf habe sie gesagt: „Du warst Stallknecht im Hause meines Vaters, und gewöhnlich ließest du dir nackte Huren kommen; jetzt, da du auf dem Throne sitzt, hast du deine schlechten Gewohnheiten nicht aufgegeben." Als er weiter hart blieb, habe sie ihm gesagt: „Selbst die im Hause meines Vaters[3] gestraft wurden, wurden nicht nackt gestraft" (*Esth.R.* 3:14). Vaschti versucht also zunächst, Ahasverus mit einem Appell an sein Interesse als König umzustimmen, dann wirft sie ihm seine Vergangenheit und seine unverändert schlechten Manieren vor, und schließlich macht sie die Grausamkeit ihres Schicksals deutlich und bittet sie für sich selbst. Andere Texte kritisieren sie. Sie habe Ahasverus in ihrem unmoralischen Verhalten in nichts nachgestanden und es habe ihr überhaupt nichts ausgemacht, nackt in der Öffentlichkeit aufzutreten; deshalb sei sie mit Lepra geschlagen worden oder auch, der Engel Gabriel habe sie hässlich gemacht (*Meg.* 12b). Diese wollen den Beweis antreten, dass sie durch ein wundersames Eingreifen davon abgehalten wurde vor dem König zu erscheinen, damit Esther an ihre Stelle treten konnte. Auch Grausamkeit wird ihr nachgesagt. Sie habe die jüdischen Mädchen am Schabbat zum Spinnen und zum Nähen gezwungen und ihnen Kleidung vorenthalten (*Meg.* 12b). Hier wird die Gegnerschaft gegen die Juden, die erst mit Einführung der Intrige zwischen Haman und Mordechai Teil der Geschichte wird, mit Vaschti in Verbindung gebracht. Vaschti sei zum Tode verurteilt worden; darauf sei ein Aufstand gegen den König ausgebrochen, der erst durch die Eheschließung mit Esther erstickt werden konnte. Vaschti ist nach Auffassung der Rabbinen diejenige

---

[3] Belsazar, der Sohn von Nebukadnezer.

gewesen, die Ahasverus vom Wiederaufbau des „von seinen Vorfahren zerstörten" Tempels abgehalten habe (*Esth. R.* 2:1). Die Rabbinen können die Forderung von Ahasveros ebenso wenig gut heißen wie Vaschtis Gehorsamsverweigerung. Sie kritisieren beide, indem sie Vaschti machiavellische Züge verleihen, die im biblischen Text nicht zu finden sind. „Die Botschaft ist deutlich. Benehmt euch gut, seid nicht fordernd, seid nicht ungehorsam; anderenfalls werdet ihr von der Gesellschaft ausgeschlossen, ihr verliert Haus, Kind und Glück, euren guten Ruf und vielleicht euer Leben."[4] Der Vergleich zwischen Vaschti und Mordechai, die beide überzogenen Machtansprüchen und unangemessenen Forderungen Widerstand entgegensetzen, ist aufschlussreich. Die eine wird verurteilt, der andere mit Lob überhäuft. Und dennoch ist Vaschti, die Frau, die wagte „Nein" zu sagen, eine positive Identifikationsfigur für moderne Frauen; auch ebnet sie den Weg für Esther, indem sie dem König ein größeres Verständnis für die Bedürfnisse seiner Königin vermittelt. Sie ist ein Beispiel für Unabhängigkeit und selbstständigen Entscheidung.

[4] Mary Gendler, „The restoration of Vashti", in: *The Jewish Woman.*

Vergewaltigung

Im jüdischen Recht gilt als Vergewaltigung entweder ein sexuell motivierter Gewaltakt, auch innerhalb der Ehe, oder die gewalttätige „Inbesitznahme“ einer Frau durch den sexuellen Akt. In den biblischen Erzählungen über Vergewaltigungen wird der Aspekt der Gewalttätigkeit immer betont.[1] In den Gesetzestexten wird die Schwere des Vergehens und die Höhe des der Frau und ihrem Vater entstandenen Schadens danach bemessen, ob die vergewaltigte Frau verlobt oder verheiratet ist. Der Referenztext ist Deuteronomium 22. Hier werden zwei Fälle der Vergewaltigung abgehandelt: der Fall einer verlobten und der einer nicht versprochenen Frau:

> Wenn aber auf dem Felde der Mann das verlobte Mädchen findet, und der Mann ergreift es und liegt bei ihm, so soll der Mann, der bei ihm gelegen, allein sterben. Aber dem Mädchen tue nichts; an dem Mädchen ist keine Todsünde; denn wie wenn jemand sich aufmacht gegen seinen Nächsten und ihn totschlägt, so ist diese Sache. Denn auf dem Felde hat er es gefunden; das verlobte Mädchen hat geschrieen, aber es stand ihr niemand bei.
> Wenn ein Mann ein jungfräuliches Mädchen findet, das nicht verlobt ist, und er hält es fest und liegt bei ihm, und sie werden gefunden: So soll der Mann, der bei ihr liegt, dem Vater des Mädchens fünfzig Schekel Silber geben, und sie soll seine Frau werden, dafür, dass er sie bezwungen; er darf sie nicht verstoßen all seine Tage. (Vers 25–29).

Im ersten Fall muss der Mann nach der biblischen Gesetzgebung sterben; im zweiten Fall muss er das von ihm vergewaltigte Mädchen heiraten und dem Vater eine Entschädigung zahlen, weil es als dessen Besitz angesehen wird. Der erste Fall ist ein Vergehen gegen den Verlobten des

---

[1] Siehe besonders: *Richter* 19.

Mädchens, der zweite ein Vergehen gegen den Vater, eine illegale Inbesitznahme der Frau gegen den Willen ihres Vaters. Der Ort des Geschehens ist ausschlaggebend für die Bewertung des Geschehens als Vergewaltigung. Hat die Begegnung in der Stadt stattgefunden, geht man davon aus, dass die Schreie des Mädchens gehört worden wären und man sie aus den Händen des Angreifers gerettet hätte. Hätte sie nicht geschrieen, gälte sie als willig. Wenn andererseits die Begegnung auf dem Felde stattgefunden hätte, hätte man das Mädchen nicht gehört, auch wenn sie geschrieen hätte. Der Vergleich der beiden Situationen führt zu folgender Schlussfolgerung: Ein Vergehen gegen das Verbot des Ehebruches wiegt in den Augen des biblischen Erzählers schwerer als die Vergewaltigung selbst, denn es wird härter bestraft. Hierbei wird der Standpunkt des Mannes, dem die Frau versprochen war, oder der des Vaters des Mädchens berücksichtigt, sowie der dem Mädchen durch die Vergewaltigung entstandene finanzielle Verlust. Durch die Vorgabe, dass der Vergewaltiger das Mädchen heiraten muss und sie auch nicht verstoßen darf (da sie keine Jungfrau mehr ist, wäre es sicher schwierig, einen anderen Mann für sie zu finden[2]), zieht der Gesetzgeber in gewisser Weise zwar auch das menschliche Schicksal des Mädchens mit in Betracht; doch dessen Gefühle gegenüber ihrem Vergewaltiger werden völlig missachtet und die psychologische Dimension wird ausgeklammert. Dies gibt dem Text einen besonders grausamen Beigeschmack.

Im Talmud wird die in der Bibel nicht sehr deutliche Unterscheidung zwischen dem Verführer[3] und dem Vergewaltiger klarer gezogen.[4] Aus der Mischna (*Ket.* 3:4) erfahren wir, dass der Verführer drei Arten der Widergutmachung zu zahlen hat, der Vergewaltiger jedoch vier, davon eine für den der Frau zugefügten Schmerz – das erste Auftreten einer solchen Erwägung. Der Verführer ist nur dann zur Zahlung verpflichtet, wenn er die Frau nicht heiratet; der Vergewaltiger ist verpflichtet, die Ehe mit ihr einzugehen. In der Gemara entspinnt sich hieran anknüpfend eine Diskussion über die Natur dieses Schmerzes: Handelt es sich um den Schmerz, den die Frau dadurch erleidet, dass sie zu Boden geworfen wird, oder um den Schmerz des ersten Sexualverkehres, ob erzwungen oder nicht? Die Antwort ist nicht uninteressant: „Die gewaltsam beschla-

[2] In den beiden bekanntesten Vergewaltigungsfällen in der Bibel, dem von Dina* (*Gen.* 34) und dem von Tamar* (*2. Sam.* 13), heiraten die Opfer später nicht mehr.

[3] Der biblische Text besagt: „Und so jemand verführt eine Jungfrau, die noch nicht verlobt worden, und er liegt bei ihr, so statte er sie sich aus zur Frau. Wenn der Vater sich weigert, sie ihm zu geben, wäge er Silber dar nach der Morgengabe der Jungfrauen“ (*Ex.* 22:15–16).

[4] Siehe: Judith Hauptmann, „*Rereading the Rabbis*, „Rape and seduction in the Tora“, S. 79–80.

fen wird, ist nicht mit der zu vergleichen, die willig beschlafen wird" (*Ket.* 93a–b). Damit werden die in der Bibel nicht erwähnten physischen und psychologischen Aspekte der Vergewaltigung im Talmud berücksichtigt. Die Geldbuße für den finanziellen Verlust[5] ist auf fünfzig Schekel festgesetzt, doch in der weiteren Entwicklung des Gesetzes liegt die Festsetzung der Buße für die Beleidigung, den Ansehensverlust und den zugefügten Schmerz beim Vater der Betroffenen. Seit der talmudischen Zeit ist die Eheschließung zwischen Vergewaltiger und Opfer nicht mehr rechtsverbindlich (*T. Ket.* 3:7; *Ket.* 39b). Der Verführer ist ebenfalls nicht verpflichtet die Frau zu heiraten, wenn er oder die Frau oder ihr Vater dagegen sind. In dem Fall hat er einfach ersatzweise eine Buße zu zahlen. Wünschen jedoch die Frau und ihr Vater die Eheschließung, ist er hierzu verpflichtet. Im Falle einer Vergewaltigung haben der Vater und die Tochter das Recht, eine Eheschließung abzulehnen; sollten sie darauf bestehen, muss der Vergewaltiger die Frau heiraten (nach Maimonides, *MT*, Hilchot Naara Betula 1:3). In diesen Gesetzen wird der Wille der Frau berücksichtigt und ihr Schutz zum Anliegen gemacht; das ist eine bemerkenswerte Entwicklung – auch wenn eine Ehe mit dem Vergewaltiger, ebenso wenig wie eine Ehe ohne Zustimmung eines der beiden Partner, psychologisch kaum vorstellbar ist.

Im biblischen Text hat der Ort des Geschehens – ob in der Stadt oder auf dem Land – entscheidende Bedeutung für die Definition des Akts als Vergewaltigung. In seinem Kommentar zum Buch Deuteronumium modifiziert Nachmanides diese Sicht der Dinge: „Und die Begründung für ‚und sie hat geschrieen' [*Deut.* 22:27] ist, dass sie möglicherweise geschrieen hat [...], denn selbst wenn sie sie nicht schreien hörten, ist sie nicht verantwortlich, weil keine Retter da waren; und die allgemeine Regel ist die folgende: wenn, ob in der Stadt oder auf dem Land, Menschen in der Nähe sind, die ihr helfen können, dann ist sie verantwortlich; wenn niemand in der Nähe ist, ob in der Stadt oder auf dem Land, dann ist sie nicht verantwortlich" (Nachmanides über *Deut.* 22:23). Diese Änderung ist wichtig, da jetzt die Entscheidung von der tatsächlichen Situation der Frau als Opfer abhängig gemacht wird. Andererseits könnte die bloße Tatsache, dass das Geschehen sich auf freiem Feld abspielt, die Frau zur Vermutung veranlassen, dass keine Retter in der Nähe sind. Deshalb gilt für sie in diesem Fall die Unschuldsvermutung, auch wenn sie nicht geschrieen hat. Unabhängig vom Ort gilt, dass allein die Versicherung der Frau, dass sie glaubte nicht gehört werden zu können, für die Feststellung einer Vergewaltigung ausreicht. Das Gegenteil kann nur mit Hilfe zweier Zeugen bewiesen werden, die das Paar beobachten und die beiden davon in Kenntnis setzen, dass sie sich eines Vergehens schuldig machen. Erst

[5] Anm. d. Übers.: durch die Wertminderung der Braut wegen der Defloration.

wenn sie trotz dieser Ermahnung in ihrem Tun fortfahren, macht sich die Frau der Einwilligung in eine rechtswidrige Beziehung schuldig. Bei einer solchen Situation handelt es sich nicht mehr um Vergewaltigung.

Auch mit der Dauer der angewandten Gewalt befasst sich der Talmud, und diesmal mit einem modernen Ansatz. Es geht um die Bewertung solcher Beziehungen, die mit Gewalt beginnen und im Einverständnis enden. Die Antwort kommt von einer Frau: „Einmal kam eine Frau zu Rabbi Jochanan und sprach zu ihm: ‚Ich bin vergewaltigt worden.' Er sprach zu ihr: ‚Und hast du am Ende Gefallen daran gefunden?' Sie antwortete darauf: ‚Und wenn einer am Jom Kippur seinen Finger in Honig tauchte und ihn dir in den Mund steckte, ist es nicht schlecht für dich auch wenn du am Ende Gefallen daran findest?' Das nahm er hin" (*TJ, Sota* 4:4). Diese Anekdote ist für die Definition der Vergewaltigung von Bedeutung. Die Einstellung der Frau spielt hier keine Rolle, auch nicht die Lust, die sie schließlich beim Beischlaf doch empfunden haben könnte; von Bedeutung ist ausschließlich, dass der Beischlaf mit Gewalt und ohne Zustimmung herbeigeführt wurde; dies allein macht die Vergewaltigung aus. Der Babylonische Talmud geht sogar noch weiter: „Denn Raba sagte, wenn [die Notzucht] nur anfangs erzwungen erfolgt war, sei sie[6] [ihrem Mann] erlaubt, selbst wenn sie selbst zuletzt sagte, man solle ihn gewähren lassen, sie selbst würde ihn, hätte er sie nicht überwältigt, gemietet haben. Dies aus dem Grunde, weil sie von der Leidenschaft befallen wurde" *(Ket.* 51b). Auch hier beruht die Definition als Vergewaltigung auf dem Beginn des Akts, selbst wenn die Frau am Ende jede Hilfe ablehnt. Da sie unter Zwang handelte, kann sie zu ihrem Mann zurückkehren, selbst wenn es sich um eine verbotene Beziehung handelt. Es handelt sich immer noch um eine Vergewaltigung und nicht um eine freiwillige Verfehlung. Für Maimonides können ausschließlich Frauen und nicht Männer socherart von ihren Gefühlen hingerissen werden: „Dies trifft nur dann zu, wenn das Opfer eine Frau ist, denn auf den Mann kann kein Zwang angewandt werden, weil er ohne eigenes Wollen keine Erektion haben kann. Eine Frau, die zu Beginn zum Akt gezwungen wird und schließlich nachgibt, ist ebenso völlig schuldlos; hat der Mann sie erst einmal bezwungen, kann sie nicht anders als ihm nur willfährig zu sein; der Trieb und die menschliche Natur zwingen sie schlussendlich zum Einverständnis" (*MT*, Issurei Bia 1:9).

In einer anderen talmudischen Debatte begegnet uns ein weiteres Argument, mit dem die Frau von einem sexuellen Vergehen freigesprochen wird: ihre Passivität während des sexuellen Aktes. Es gibt drei Vergehen, die selbst in Todesgefahr in der Öffentlichkeit nicht verübt werden dürfen: Götzendienerei, Mord und verbotene sexuelle Handlungen. Die

[6] Das heißt: die Frau.

Frage taucht bei Esther* auf, die nach dem Verständnis mancher Kommentatoren nicht Mordechais Nichte, sondern seine Frau war. Durch ihre Vermählung mit Ahasveros hätte sie folglich öffentlich Ehebruch begangen. Der Talmud beantwortet dies damit, dass Esther während des sexuellen Aktes völlig passiv gewesen sei: „Esther war einfach Erde“ (*Sanh.* 74a). Esther lässt es mit sich geschehen und entgeht durch ihre Passivität der Verurteilung. Auch Vergewaltigung in der Ehe wird im Talmud behandelt und ausdrücklich verboten: „Ferner sagte Rami b. Chama im Namen R. Asis: „Es ist verboten, seine Frau zur [ehelichen] Pflicht zu zwingen, denn es heißt: wer mit Füßen drängt, ist ein Sünder [*Sprüche*, 19:2]“. Auch sagte R. Jehoschua b. Levi: „Wer seine Frau zur [ehelichen] Pflicht zwingt, bekommt ungeratene Kinder“. R. Ika b. Chenana sagte: „Hierauf deutet der folgende Schriftvers: ‚Wo keine Einsicht, da kein Gutes‘ [*Sprüche* 19:2].“ Weder die Lust noch die Zeugung von Kindern sind ausreichende Gründe für einen gewaltsam erzwungenen Beischlaf. Maimonides unterschreibt deutlich diese Rechtsauffassung: „Er hat nicht das Recht, sie zu vergewaltigen und gegen ihren Willen zum Beischlaf zu zwingen, vielmehr sollte er mit ihrer Zustimmung geschehen und der gegenseitigen Befriedigung und Lust dienen“ (*MT*, *Hil. Isch.* 15:17). Die Gegenseitigkeit des Einverständnisses und der Erfüllung wird hier betont; in der Ehe ist nicht alles rechtens, auch nicht brutale Gewalt; den Rahmen bestimmen ethische Grundsätze.

Die Vergewaltigung ist einer der Bereiche, in denen sich die Gesetzgebung von der biblischen Zeit zur talmudischen Epoche sehr verändert hat. Der Ort des Geschehens ist nicht mehr der allein ausschlaggebende Faktor, er steht jetzt als Metapher für Zustimmung oder Zwang. Psychologische Gegebenheiten, wie die Vorstellung von Verlangen oder Schmerz, werden mit in Betracht gezogen. Das einzige Kriterium für das Vorliegen einer Vergewaltigung ist die zu Beginn des Beischlafes angewandte Gewalt, und auch innerhalb der Ehe ist diese verboten. Die Vergewaltigung ist nicht mehr einzig und allein ein Verbrechen gegen den Vater der jungen Frau, sondern auch gegen sie selbst, und bei der Frau liegt die Entscheidung darüber, wen sie heiratet und mit wem und wann sie sexuellen Kontakt haben will.

Witwe

In der Bibel hat die *Almana*[1] einen eigenen Status; dieser Begriff bezeichnet nicht nur eine Witwe, also eine Frau, deren Mann verstorben ist, sondern auch eine Frau, die nach der Beendigung ihrer Ehe finanzieller Unterstützung bedarf. Zahlreiche biblische Verse geben dem Gedanken des Schutzes für eine solche Frau Ausdruck wie zum Beispiel: „Keine Witwe und Waise sollt ihr bedrücken" (*Ex.* 22:21). In den Gesetzen des Deuteronomium wird sie in ihrer Schutzbedürftigkeit mit dem Fremden auf eine Stufe gestellt: „Du sollst nicht beugen das Recht eines Fremdlings, einer Waise, und nicht pfänden das Kleid einer Witwe" (*Deut.* 24:17); „Wenn du deine Ernte auf deinem Felde erntest und vergissest eine Garbe auf dem Felde, so sollst du nicht zurückkehren, sie zu nehmen; dem Fremdling, der Waise und der Witwe soll es gehören, auf dass dich segne der Ewige dein Gott in allem Werke deiner Hände" (*Deut.* 24:19). Die gleiche Regel gilt für den Olivenhain und den Weinberg (*Deut.* 24:20–21). Die im Text gegebene Begründung ist die Erinnerung an die Sklaverei in Ägypten. Die Erinnerung an die eigene Unterdrükkung soll das Volk dazu anhalten, sich derer anzunehmen, die in einer Position der Schwäche und deshalb verletzlich sind und die am Rande der Gesellschaft leben. Sie bekommen einen Anteil des Zehnten, der jedes dritte Jahr erhoben wird (*Deut.* 14:29; 26:12,13), einen Teil der Gabe für *Schavuot,* das Wochenfest (*Deut.* 16:11), und sollen an der Freude des Laubhüttenfestes, *Sukkot*, teilhaben *(Deut.* 16:14). Auch die Leviratsehe gilt ihrem Schutz (sowie dem Erhalt von Nachkommen für ihren verstor-

[1] Das Wort hat eine Entsprechung im akkadischen *Almattu*, der die Abwesenheit des Unterhalts durch einen Mann in einem Haus umschreibt. Später stellen die Rabbinen die Verbindung zum Begriff *al mane* her, wegen der Summe von 100 *Susim* als Brautpreis für eine [schon einmal] verheiratete Frau im Gegensatz zu dem von 200 *Susim* für eine Jungfrau.

benen Mann).[2] Sogar ein Epithet für Gott ist „der Recht der Waise und der Witwe schafft" (*Deut.* 10:18).

Für die Witwe gelten einige besondere Gesetze: Sie kann nicht den Hohepriester heiraten (*Lev.* 21:14); Die verwitwete Tochter eines Priesters darf in das Haus ihres Vaters zurückkehren, um die *T'ruma*[3] zu essen. Die von einer Witwe abgelegten Gelübde sind bindend (*Num.* 30:10[4]), denn sie ist von männlicher Vormundschaft unabhängig und hat selbst die Kontrolle über ihren Besitz und ihrer Hände Arbeit. Bei den Erbschaftsgesetzen sind die Texte weniger explizit. Häufig wird das Buch Ruth als Beweis dafür angeführt, dass Witwen ihren Ehemann beerbten. Im Buch Numeri (27:8–11) wird jedoch aufgeführt, dass bei einer Witwe mit Kindern der Besitz des Ehemannes an die Kinder geht und bei Kinderlosigkeit der nächste Verwandte des Ehemannes als Erbe eingesetzt wird. In den Apokryphen gibt es hingegen ein weiteres Gegenbeispiel: der Fall von Judith*, einer jungen, kinderlosen Witwe, die von ihrem Mann „Gold und Silber, Sklaven und Sklavinnen, Herden und Felder" geerbt hatte (*Jud.* 8:4,7). Sie ist diejenige, die ihr Erbe verwaltet und sie wird als dessen fähig erachtet. Andererseits wurde Tamar* (*Gen.* 38) in ihr Vaterhaus zurückgeschickt; sie trägt Witwenkleider und verkleidet sich als Hure, um ihren Schwiegervater zu verführen und sich das Levirat zu sichern. Diese beiden Figuren geben, wahrscheinlich wegen ihrer unterschiedlichen wirtschaftlichen Lage, ein gegensätzliches Bild von der Witwenschaft. Die rechtliche Unabhängigkeit garantiert noch nicht wirtschaftlichen Wohlstand. Die allgemeine Haltung ist jedoch eher beschützend; für die Frau ohne Mann, von der man annimmt, dass sie auch ohne eigenes Einkommen ist, wird eine besondere Schutzbedürftigkeit angenommen; auch soll sich ihre finanzielle Situation nicht mit dem Tod ihres Mannes verschlechtern (*Ket.* 48a, 103a; *SA*, EH 94:1,5). Die Mischna bestätigt, dass die Witwe Brautpreis und Mitgift, die ursprünglich dem Mann ausgehändigt wurden, zurück erhalten kann. Sie kann diese Summen entweder sofort oder auch später einfordern. Entschließt sie sich zum Abwarten, muss sie dennoch das Anwesen ihres verstorbenen Mannes verlassen (*M. Ket.* 4:12). Allerdings stehen die Früchte ihrer Arbeit den Erben zu, falls sie arbeitet, während sie von jenen Unterhalt bezieht, denn technisch ist sie nicht Erbin ihres Ehemannes (*SA*, EH,95:1). Wenn die Erben ihres Ehemannes nicht für ihren Unterhalt sorgen, hat sie das

---

[2] Siehe Eintrag: Jevama*.

[3] Den Priestern vorbehaltener Anteil des Opfers: *Lev.* 22:13.

[4] Das gesamte Kapitel 30 gilt den Gelübden gegenüber Gott und der Verbindlichkeit der von einer Frau ausgesprochenen Enthaltsamkeitsgelübde. Diese Gelübde können vom Vater oder Ehemann der Frau bestätigt oder aufgehoben werden. Da die Witwe nicht unter der Autorität eines Mannes stand, konnte ihre Aussage auch von keinem anderen zurückgenommen werden.

Recht, den Besitz ihres Mannes ohne Genehmigung des Gerichts zu verkaufen (*M. Ket.* 11:2). Aus diesen Bestimmungen ist herauszulesen, dass die Rabbinen die Witwe als autonom ansahen, als in der Lage, rechtliche Entscheidungen ohne vorherige Rücksprache mit irgendwem selbstständig zu treffen. Sie ist frei, selbst Transaktionen vorzunehmen, falls die Erben sie vernachlässigen. Sie hat die Wahl, im Hause ihres Ehemannes zu bleiben und von den Erben Unterhalt zu beziehen oder auszuziehen und das Geld für ihren Unterhalt einzufordern (*M.Ket.* 12:3; *MT, Isch.* 12:1; *SA, EH* 59:1–2). „Die Weisen stellen sicher, dass die Witwe nicht weniger – aber auch nicht mehr – erhält als ihr zusteht und behandeln sie hierin nicht anders als einen Mann. Sie lassen sie zu ihrem Recht am Eigentum des verstorbenen Mannes kommen; nicht ohne dabei der menschlichen und natürlichen Neigung, aus der Situation auf Kosten der Erben einen Vorteil herauszuschlagen, vorzubeugen. Zusammengefasst: Sie behandeln sie wie einen Menschen.“[5]

[5] Judith Romney Wegner, *Chattel or Person?*, S. 141.

Zeitgebundene Gebote[1]

Das jüdische Leben ist bestimmt durch die Erfüllung von Geboten oder *Mizwot;* im privaten wie im öffentlichen Bereich dienen diese als Richtschnur für alle menschlichen Aktivitäten. Die meisten dieser Vorschriften gelten für Männer und Frauen gleichermaßen, doch zwei Kategorien von Geboten bilden eine Ausnahme. Die eine Kategorie ist verbunden mit dem biologischen Unterschied zwischen den Geschlechtern (Beschneidung, Gesetze über die Menstruation usw.), die andere ist verknüpft mit historischen Bedingungen und einer patriarchalischen Gesellschaftsform. In der Bibel sind die Rollen von Männern und Frauen klar definiert und die Grenzen waren – von wenigen Ausnahmen abgesehen – starr. So musste zum Beispiel ein Mann drei mal im Jahr nach Jerusalem pilgern, eine Frau jedoch nicht. Ein anderes Beispiel ist das Gesetz über die Kleidung, das spezifiziert, dass ein Mann keine Frauenkleider tragen darf. (*Deut*. 22:5). Die Bibel gibt uns aber keine Listen von Geboten, von deren Erfüllung Frauen ausgeschlossen oder befreit sind. Sicher liegt hierin die Ursache für die Bemühungen in der mündlichen Lehre, ein auf alle Gebote anwendbares logisches Prinzip für die Verteilung von Pflichten zwischen den Geschlechtern zu finden. Der Mischna zufolge können

[1] Anm. d. Übers. „Gebot" steht hier für „commandement positif". Der deutsche Begriff „Gebot" hat zwei verschiedene Bedeutungsebenen: Einmal kann er als übergreifender Begriff für die Gesamtheit der Vorschriften („die zehn Gebote") verwendet werden, aber auch im eingeschränkten Sinn als Gegensatz zu „Verbote" (also: „Du sollst" im Gegensatz. zu „Du sollst nicht"). Die sich aus dieser zweiten Wortbedeutung anbietende Übersetzung von „commandement positif" einfach mit „Gebot" (wie der Kürze wegen für diese Überschrift gewählt) ist daher, wenn auch sachlich richtig, nicht ganz eindeutig. Da in diesem Eintrag die klare Unterscheidung der verschiedenen Kategorien von Verordnungen grundlegend wichtig ist, wird daher für „commandement positif" und „commandement negatif" im Folgenden das (etwas sperrige) Begriffspaar „Gebote des Tuns" und „Gebote des Unterlassens" gewählt. Hierin folge ich der von Pnina Navé-Levinson in dem Buch „*Eva und ihre Schwestern, Perspektiven einer jüdisch-feministischen Theologie*" gewählten Terminologie.

zwei Kategorien von Geboten unterschieden werden: die Gebote des Tuns (oder Gebote im engeren Sinne) und die Gebote des Unterlassens oder Verbote; weiter können beide Gruppen unterteilt werden in zeitgebundene Gebote (wie die Schabbat-Gesetze) oder nicht zeitgebundene Gebote (wie die Pflicht, seinen Nächsten zu lieben). Grundsätzlich sind die Frauen nur von einer dieser vier Kategorien befreit, von den zeitgebundenen Geboten des Tuns:

> Zu allen von einer festgesetzten Zeit bedingten Geboten des Tuns sind Männer verpflichtet und Frauen davon frei. Doch zu allen nicht von einer festgesetzten Zeit nicht bedingten Geboten des Tuns sind sowohl Männer als auch Frauen verpflichtet. Alle Gebote des Unterlassens aber, einerlei ob zeitgebunden oder nicht, gelten sowohl für Männer als auch für Frauen, ausgenommen das Verbot des Rundscherens [*Lev.* 19:27], des Zerstörens [des Bartrandes; vgl. *Lev.* 19:27] und der Verunreinigung an Toten [nach *Num.* 19:14] [*Kid* 29a].

Die Mischna gibt für diese Ausnahmeregelung keine Erklärung. Doch in der Tossefta zu einer anderen Passage über die Verantwortung der Kinder gegenüber ihren Eltern ist zu lesen, dass eine Frau ihrer Abhängigkeit wegen einer Verpflichtung nicht ohne weiteres nachkommen kann (nach *Kid* 1:11).[2] Da die Frau ihrem Mann unterstellt ist, kann sie nicht die gleiche Verantwortung haben wie er. Die Erfüllung der Gebote ist für die Frau somit abhängig von ihrem Familienstand. Der Kommentator David ben Joseph Abudarham, der im 12. Jahrhundert in Spanien lebte, thematisiert die untergeordnete Stellung der Frau weiter: „Der Grund für die Befreiung der Frau von den zeitgebundenen Geboten liegt darin, dass sie gebunden ist, die Wünsche ihres Mannes zu erfüllen.“ Die Frau hat sich den Anordnungen ihres Mannes zu unterwerfen, und er könnte unzufrieden sein, wenn sie wegen der Erfüllung einer Mizwa seinen Willen missachten würde. Wenn sie wiederum Gott missachten würde, um ihrem Mann zu gehorchen, wäre ihr Schöpfer unzufrieden. „Und darum hat der Schöpfer sie von seinen Geboten befreit, damit sie im Frieden mit ihrem Ehemann leben kann.“ Diese Erklärung macht auf geradezu komische Art den Ehemann und den Schöpfer zu Konkurrenten. Die Frau ist beiden unterworfen, und letztendlich gibt Gott nach, weil der eheliche Frieden Vorrang genießt. Die Frau bleibt der Autorität ihres Mannes unterstellt und muss ihm dienen. An dieser Begründung ist interessant, dass die Frau

---

[2] Verwitwete oder geschiedene Frauen sind [da von männlicher Vormundschaft unabhängig] wiederum zur Verantwortung gegenüber ihren Eltern verpflichtet (*Kid.* 30b; *TJ, Kid.* 1:7;61a).

nur deshalb von der Erfüllung der Gebote ausgenommen ist, weil sie nach patriarchalischem Gesellschaftsverständnis ihrem Mann untergeordnet ist. Mit der Veränderung dieses Gesellschaftsverständnisses sollte auch das der Ausgrenzung der Frauen zugrundeliegende Prinzip hinterfragt werden dürfen. Die Möglichkeit, bestimmte Gebote zu erfüllen, war mit Sicherheit Ausdruck einer den Frauen vorenthaltenen Freiheit. In diesem Sinne ist die einen Sklaven betreffende Feststellung von R. Joschua ben Levi nicht ohne Bedeutung: „Ein Sklave, der Tefillin legt, ist ein freier Mann" (*Gitt.* 40a). So bekräftigt das auch Judith Hauptman[3]: „Wenn eine Frau Tefillin* legen würde, würde sie damit öffentlich verkünden dass sie ihrem Mann nicht mehr untergeordnet ist." Es gibt eine weitere mögliche Interpretation:[4] Die zeitgebundenen Gebote sind mit den Festen im jahreszeitlichen Ablauf verknüpft, die nicht zeitgebundenen sind von Lebensumständen abhängig, die nicht unbedingt eintreten müssen. Damit wären Frauen ausgenommen von allen wichtigen Ritualen, die das jüdische Jahr begleiten und die wiederum den Zugang zum Tempel erfordern. Die Freistellung wäre dann Teil der hierarchischen Gesellschaftsstruktur, in der den Priestern der Vorrang vor den einfachen Israeliten gegeben wurde und den Männern der Vorrang vor den Frauen. Diese Erklärung ist allerdings nicht ganz schlüssig, da Frauen durchaus Zugang zum Tempel hatten.

Nachdem die Mischna das Grundprinzip der Freistellung der Frauen von den zeitgebundenen Geboten des Tuns formuliert hatte, versuchte die Gemara (Kommentar der Mischna) diese Prinzipien auf die den Rabbinern vorgelegten praktischen Fälle anzuwenden. Nun gibt es aber zahlreiche Ausnahmen von der Grundregel: Es gibt zeitgebundene Gebote des Tuns, von denen Frauen nicht ausgenommen sind, und nicht zeitgebundene Gebote, von denen Frauen befreit sind. Diese Ausnahmen entstanden aus der Konfrontation eines allgemeinen theoretischen Prinzips mit den von den Rabbinen täglich zu klärenden Alltagsfragen. Die Gemara beginnt mit der Aufzählung von fünf Fällen, die den Grundregeln folgen: Frauen sind ausgenommen von der Pflicht, sich an Sukkot[5] in der *Sukka* (Laubhütte) aufzuhalten oder während des gleichen Festes den *Lulav*[6] zu schwenken, und sie sind ausgenommen von der Verpflichtung an Rosch HaSchana (Neujahr) und Jom Kippur (Versöhnungstag) den Ton des

---

[3] Judith Hauptman, *Rereading the Rabbis*, S. 226.

[4] Nach Jay Rovner, „Rhetorical strategy and dialectical necessity in the Babylonian Talmud: the case of *Kidduschin,* 34a–35a", *HUCA*.

[5] Das Laubhüttenfest erinnert an die Zeit der Wüstenwanderung der Israeliten und ist gleichzeitig ein Erntefest.

[6] Gebinde aus vier Arten von Pflanzen (Myrthe, Palme, Bachweide und eine Zitrusfrucht, der Etrog), das als Symbol für die Allgegenwart Gottes in die vier Himmelsrichtungen geschwenkt wird.

Schofar zu hören. Diese drei ersten Mizwot sind mit Festen im Jahreslauf verknüpft. Zwei weitere Mizwot werden aufgeführt, die eine tägliche Verpflichtung bedeuten: die *Tzizit*[7] und die zum Morgengebet getragenen *Tefillin*. In der Folge versucht die Gemara diese Auswahl von Beispielen zu rechtfertigen, und schließlich zählt sie die Ausnahmen auf: einmal die zeitgebundenen Gebote des Tuns, von denen Frauen nicht ausgenommen sind, wie das Essen von Matza zu Pessach, das Feiern von Festen und die Versammlung zu öffentlichen Toralesungen; zum anderen die nicht zeitgebundenen Gebote, von denen Frauen ausgenommen sind; hierunter fallen das Torastudium, die Zeugung und die Auslösung des erstgeborenen Sohnes. Auch diese Ausnahmen von der Grundregel rechtfertigt die Gemara; manche der Begründungen werden aus der Bibel hergeleitet, andere aus der rabbinischen Rechtsprechung. R. Jochanan schließt mit der Bemerkung: „Aus Regeln können wir nichts entnehmen, selbst wenn es ‚ausgenommen' heißt" (*Kid.* 34a). Aus der Diskussion zu diesem Thema geht hervor, dass es trotz aller ernsthaften Bemühungen nicht gelingen konnte, ein allgemeines, auf alle Verpflichtungen und Ausnahmeregelungen anwendbares Prinzip zu finden, das mit der Lebensrealität der Frauen zu jener Zeit in Übereinstimmung zu bringen gewesen wäre. Zu viele Ausnahmen, selbst bei grundlegenden Geboten, unterhöhlen das generelle Prinzip. Wahrscheinlich mussten die Rabbinen Fragen zur Einhaltung von Pflichten oder zu Ausnahmeregelungen zunächst von Fall zu Fall entscheiden, wobei sie wohl einfach von ihrer unmittelbaren Erfahrung ausgingen. Erst in der Folge versuchten sie ein allgemeines Prinzip zu formulieren, allerdings ohne durchschlagenden Erfolg.[8]

Fast allen Geboten, von denen Frauen ausgenommen sind, ist gemein, dass sie das öffentliche Leben betreffen, eine bis nicht vor allzu langer Zeit den Männern vorbehaltene Domäne. Im Großen und Ganzen war die Rolle der Frau zu talmudischer Zeit auf den häuslichen Bereich beschränkt. „Der Platz der Frau ist am Spinnrocken" (*Joma* 66b). Seit der Emanzipation der Frauen haben die liberalen Bewegungen entschieden, dass Männer und Frauen, die von Gott als gleichwertige Partner geschaffen sind, auch die gleichen Rechte und Pflichten haben sollen. Der untergeordnete Status der Frau wurde abgeschafft. Frauen haben nun ohne jede Einschränkung Zugang zu Torastudium, öffentlichem Gebet und allen Mizwot. Im Jahr 1846 gibt die Rabbinerkonferenz in Breslau zu diesem Thema eine Grundsatzerklärung ab. Im Folgenden einige Auszüge: „Die Rabbinen waren auf ihrem Standpunkte zur systematischen Ausschlie-

---

[7] An den vier Ecken der Kleidung oder des Gebetsschals (*Tallit*) getragene Fransen.

[8] Die Verwendbarkeit von theoretischen Auseinandersetzungen als historische Quellen ist unter modernen Exegeten strittig.

ßung des weiblichen Geschlechts von einem bedeutenden Teile religiöser Pflichten und Rechte allerdings vollkommen berechtigt, und das arme Weib durfte sich über die Vorenthaltung hoher, geistiger Wohltaten nicht beklagen, weil man glaubte, Gott selbst habe das Verdammungsurteil über sie ausgesprochen. [...] Für unser religiöses Bewusstsein hingegen, das allen Menschen einen Gleichen Grad natürlicher Heiligkeit zugesteht und für welches die deßfallsigen Unterscheidungen in der heiligen Schrift nur relative und momentane Geltung haben, ist es heilige Pflicht, die vollkommene religiöse Gleichstellung des weiblichen Geschlechts mit allem Nachdruck auszusprechen."[9]

Die konservativen und modern-orthodoxen Bewegungen haben diese Haltung übernommen. Vom traditionellen Standpunkt aus stellt sich die Frage, ob Frauen überhaupt das Recht haben können, Gebote zu befolgen, auch wenn sie zu deren Einhaltung nicht verpflichtet sind. Die in der Mischna erwähnte Freistellung wurde häufig als Verbot verstanden. Zur Möglichkeit der freiwilligen Einhaltung der Gebote, von deren Befolgung die Frauen eigentlich befreit sind, gehen die Meinungen der Rabbinen auseinander. Einige befürworten dies Anrecht, andere nur mit der Einschränkung, dass die der Handlung zugehörige *Bracha*[10] nicht gesprochen werden darf, und wieder andere sind strikt dagegen. Angesichts der Gleichstellung von Mann und Frau in anderen Strömungen des Judentums versuchen Vertreter der Orthodoxie, den Ausschluss der Frauen von manchen Geboten auf zweierlei Weise zu rechtfertigen. Sie berufen sich auf die notwendige Aufgabenteilung zwischen den Geschlechtern und weisen, nicht anders als die Rabbinen in alter Zeit, den Frauen den privaten und den Männern den öffentlichen Bereich zu. Der Midrasch hatte festgestellt: „Die Frau bleibt zu Hause, während der Mann herumkommt und im Umgang mit anderen Männern Wissen erlangt" (*Gen*. R. 18:1). Zur Rechtfertigung der den Frauen von ihnen auferlegten sozialen Ausgrenzung haben die Männer auch gerne biologische Unterschiede herangezogen: Man erinnert daran, dass die Frau der *Rechem,* der Uterus, das Innere ist, somit verbunden mit der Innerlichkeit, und sie daher für das häusliche Leben geschaffen sei, während der Mann mit seinem nach außen gewendeten Sexualorgan die nach außen gerichtete Kraft repräsentiert und für das öffentliche Leben bestimmt ist. Eine schöne Rechtfertigung für die Unterdrückung der einen Hälfte der Bevölkerung durch die andere! Die zweite Argumentationslinie zur Rechtfertigung des Aus-

[9] Aus: *Protokolle der 3. Versammlung deutscher Rabbiner* (Breslau den 13. bis 24. Juli 1846), Breslau, 1847, S. 264.

[10] Segensspruch, der mit „Gesegnet seist du, Ewiger unser Gott, der uns mit seinen Geboten geheiligt hat und uns geboten hat..." beginnt. Maimonides ist der Auffassung, dass Frauen diese Brachot nicht sagen dürfen, während Rabbenu Tam es gestattet und Rabbi Isaak Halevi (der Raschikommentator) es fordert.

schlusses von Frauen schreibt ihnen eine größere Sensibilität zu: Frauen haben es angeblich nicht „nötig", die rituellen Gebote zu erfüllen, da sie mit ihrem Menstruationszyklus eine innere Uhr besitzen, die sie Gott näher bringt. Es ist interessant, dass immer Männer über die Bedürfnisse von Frauen entscheiden! Wenn weiter behauptet wird, dass die Frau dem Mann spirituell überlegen sei und deshalb nicht so viele Gebote befolgen müsse wie er, ist das nichts anderes als Sexismus unter umgekehrten Vorzeichen.

Dabei hatten die Rabbinen schon im Talmud den Frauen neue Verpflichtungen auferlegt: das Lesen der Megilla zu Purim (*Meg.* 4a), die vier Gläser Wein zu Pessach (*Pes.* 108b), das Zünden der Chanukkalichter (*Schab.* 23a), weil auch die Frauen am Wunder teilhatten. Frauen sind verpflichtet zu beten, am Schabbat den Kiddusch (Segen über Wein) zu sagen und auch alle anderen Schabbatgebote zu befolgen (*Ber.* 20b). Michal*, die Tochter von König Saul, „legte Tefillin und die Weisen widersprachen nicht"[11] (*RH* 33a). Bei den Tzizit, ebenfalls ein zeitgebundenes Gebot des Tuns, findet man sogar die Erwähnung einer Verpflichtung der Frauen: „Alle sind verpflichtet Tzizit zu tragen, Priester, Israeliten, Proselyten, Frauen und Sklaven" (*Men.* 43b). Im Mittelalter schreibt Raschi: „Die Tatsache, dass der Talmud sagt, die Frauen seien von den zeitgebundenen Geboten des Tuns ausgenommen, bedeutet einfach, dass sie nicht verpflichtet sind sie einzuhalten, aber wenn sie bereit sind, die Verpflichtung dieser Mizwot auf sich zu nehmen, haben sie das Recht dazu und man kann sie nicht daran hindern" (*Siddur Raschi*, Paragr. 267). Auch Maimonides sagt: „Ebenso können Frauen alle Gebote des Tuns befolgen, von denen sie befreit sind" (*Hil. Tzizit* 3:9). Am Ende des 16. Jahrhunderts schlägt Isaac de Molino den gleichen Weg ein, dabei reagiert er auf eine schon veränderte Wirklichkeit: Es geht nicht mehr darum, die Einbeziehung der Frauen in das religiöse Leben grundsätzlich zu gestatten, sondern darum, einer bereits stattgefundenen Entwicklung Rechnung zu tragen: Frauen sind zwar nicht verpflichtet, den zusätzlichen Mincha-Gottesdienst zu beten aber „sie haben es sich schon angewöhnt, zu allen Gottesdiensten zu beten, und sie haben die Verpflichtung aller Mizwot auf sich genommen" (*Responsa Besamim*, Rosch Nr. 89). Man kann hieraus schließen, dass sich in diesem Bereich die Halacha unter Berücksichtigung der veränderten Rolle der Frau und ihrer Bereitschaft zur Teilhabe am religiösen Leben weiterentwickelt hat.

---

[11] Auch wenn Isserles sagt: „Wir sind dagegen!"

Zelophchads Töchter

Die Namen von Zelophchads Töchtern tauchen mitten in einer ansonsten rein männlichen Abstammungsliste auf. Diese Genealogie der Familien Israels wurde von Moses und Elasar, dem Sohn Aarons, nach den vierzig Jahren der Wüstenwanderung erstellt (*Num.* 26:33). Die Tatsache, dass Zelophchad nur Töchter und keine Söhne hat, wird besonders betont, so als sei das eine Ausnahme. Es handelt sich um fünf Töchter mit Namen Machla, Noa, Chogla, Milka und Tirza. Kurz vor der Ankunft der Kinder Israel im Gelobten Land stellen diese fünf das Erbrecht bei Grundeigentum in Frage. Sie traten vor Moses, vor Elasar den Priester, vor die Fürsten und die ganze Gemeinde und sprachen: „Unser Vater ist in der Wüste gestorben, und er war nicht unter der Gemeinde, die sich zusammengerottet wider den Ewigen unter dem Anhang Korachs, sondern in seiner Sünde starb er und Söhne hatte er nicht. Warum soll der Name unseres Vaters ausgehen aus seinem Geschlechte, weil er keinen Sohn hat? Gib uns Besitz unter den Brüdern unseres Vaters. Und Mosche brachte ihren Rechtsanspruch vor den Ewigen. Und der Ewige sprach vor Mosche also: ‚Recht haben die Töchter Zelophchads gesprochen! Wohl sollst du ihnen Besitz an Erbtum geben unter den Brüdern ihres Vaters und sollst übergehen lassen das Erbe ihres Vaters an sie'" (*Num.* 27:2–7). Im Anschluss folgt ein Gesetz über das Erbrecht von Töchtern: „So jemand stirbt und kein Sohn von ihm da ist, so sollt ihr übergehen lassen sein Erbe an seine Töchter" (*Num.* 27:8). Am Ende des Buches Numeri stehen die Töchter Zelophchads ein weiteres Mal im Mittelpunkt der Diskussion, als der Stamm Joseph eine Ergänzung dieses Gesetzes durchsetzt: „Das ist, was der Ewige geboten den Töchtern Zelophchads also: Dessen, der in ihren Augen gut ist, Frauen können sie werden; jedoch sollen sie deren, die aus dem Geschlecht des Stammes ihres Vaters sind, Frauen werden" (*Num.* 36:6). Begründet wird diese Modifikation mit der Notwendigkeit, das Erbe innerhalb eines Stammes zu belassen und es nicht in den Besitz eines anderen Stammes übergehen zu lassen. Am Ende der Geschichte beugen sich die Töchter Zelophchads diesem Gesetz und heiraten die Söhne ihrer Onkel *(Num.* 36: 10–11). Später, bei der Verteilung des Grundbesitzes, erhalten sie den ihnen zugesprochenen Anteil (*Jos.* 17:3).

Auf den ersten Blick erscheint der Bericht über Zelophchads Töchter fortschrittlich. Dies eine Mal werden Töchter beim Namen genannt, sie sprechen in der Öffentlichkeit vor den Gelehrten des Volkes und sie verlangen in einer Erbschaftssache Gehör vor Gericht. Sie stellen damit Moses Autorität und sogar das höhere göttliche Gesetz (*Num.* 26: 52–56) in Frage. Moses bringt den Rechtsanspruch vor Gott, so als sei die Entscheidung jenseits seiner Befugnis. Gott gibt den Töchtern Recht und spricht ihnen das Erbe zu. Doch bei näherer Betrachtung des Textes fällt auf, dass ihre Forderung dem Erhalt des väterlichen Namens und dem Verbleib des Grundes im (vom Vater weitergegebenen) Familienbesitz gilt. Außerdem ist nach dem zweiten Text das ihnen zugesprochene Erbrecht verbunden mit einer Einschränkung bei der Wahl eines Ehemannes. Selbst im Falle einer Erbschaft durch die Töchter (also nur wenn ein Mann ohne männlichen Erben stirbt), muss das Erbe beim Stamm des Vaters verbleiben. Die Töchter sind also quasi Platzhalter, sie erben nur vorübergehend, denn im Falle einer Ehe geht das Land in das Eigentum ihres Mannes vom väterlichen Stamme über. Anders als aus dem ersten Text zu schließen [der keine einschränkenden Bedingungen stellt], können sie ihren Ehemann nicht frei wählen. Die Kapitel 27 und 36 des Buches Numeri bilden ein Gegensatzpaar: Im ersten Fall ergreifen Frauen die Initiative und Gott gibt ihnen Recht, im zweiten ergreifen Männer die Initiative und Moses gibt ihnen Recht.[1] Es wirkt, als solle den Töchtern Zelophchads durch die im zweiten Fall vorgenommene Korrektur eine Lektion erteilt werden: Sie waren zwar dreist genug, das göttliche Gebot in Frage zu stellen, dennoch bleibt ihnen nichts übrig, als sich den Realitäten einer patriarchalischen Ordnung zu beugen. Trotzdem wird der im ersten Text unternommene Vorstoß auch durch die im zweiten gemachten Einschränkungen nicht wieder ganz zurückgenommen.

Die Rabbinen überhäufen die Töchter Zelophchads geradezu mit Lob. Sie werden „weise, schriftkundig und gerecht" genannt (*BB* 119b), weil sie ihre Forderung im rechten Moment vorbrachten und darin ihre Rechtskenntnis unter Beweis stellten und es verstanden, mit der Heirat zu warten. Wenn das Erbrecht erst auf die Intervention von Frauen hin verkündet wurde, so lag das an Moses' Hochmut (*Sanh.* 8a; *Tan. Pinchas* 8). Ihr Auftreten wird also als Strafe für Moses' Haltung aufgefasst, weil die Initiative einer Frau [im Weltbild der damaligen Zeit] selbstverständlich eine Schande für den Mann bedeutet. In einer umgekehrt sexistischen

[1] In beiden Texten wird der selbe Ausdruck gebraucht: *Ken doverot* bzw. *ken doverim.* Dies betont die Parallelität.

Einstellung halten manche Texte Lobreden auf die Frauen wegen deren Verhaltens in der Wüste: „In dieser Generation haben die Frauen Zäune gebaut, die von den Männern wieder eingerissen wurden" (*Num. R.* 21:10; *Tan.*, Pekudei 7). So hätten sie sich geweigert, beim Bau des Goldenen Kalbes mitzumachen und sich in ihrem Willen zur Inbesitznahme des gelobten Landes auch nicht von den schlechten Nachrichten der Kundschafter beeinflussen lassen. Auch diese positive Verallgemeinerung ist eine Methode, die Frauen außen vor zu lassen. Ein erstaunlicher Midrasch unterstreicht die sexistische Haltung der Männer: „Sie [f.] sagten: ‚Gottes Mitgefühl ist nicht wie das der Männer. Männer haben mehr Mitgefühl für ihresgleichen als für Frauen, doch Gottes Mitgefühl ist anders; es erstreckt sich auf Männer und Frauen gleichermaßen und auf alle Menschen, wie es geschrieben steht:' ‚Der Ewige ist Allen gut, und sein Erbarmen gilt allen seinen Geschöpfen.'" (*Ps.* 145:9; *Sifrei Num.*, Pinchas 133). Dieser Midrasch bekennt die Ungleichheit der [menschlichen] Gesetze für Männer und Frauen und bestätigt Gottes Unparteilichkeit gegenüber beiden.

Zeugenaussage

Nach jüdischem Recht wurden Zeugenaussagen von Frauen (von einigen Ausnahmen abgesehen) von der talmudischen Epoche an nicht zugelassen. Die Ehefrau durfte den Tod ihres Mannnes bezeugen; erst nach einer solchen Beglaubigung stand ihr der Weg zur Widerheirat offen. Wenn die Frau eines *Kohen* (Priesters) gefangengenommen und vergewaltigt wurde, konnte sie hinterher nicht mehr zu ihrem Mann zurückkehren,[1] auch in diesem Fall galt die Aussage der Frau selbst als glaubwürdig. In allen anderen Fällen des Zivil- oder Strafrechtes wurden Frauen von der Zeugenaussage ausgeschlossen.

Die Unzulässigkeit der Zeugenaussage von Frauen wird in der Mischna (*Schev.* 4:1) zum ersten Mal erwähnt. Im Text der Bibel deutet nichts auf diese Einschränkung. Zur Absicherung ihrer Position stützen die Rabbinen sich auf die Analogie zweier Bibelverse: „Nicht soll ein einzelner Zeuge wider einen Mann auftreten in irgend einer Vergehung und irgend einer Sünde, bei irgend einem Fehl den er begeht; durch den Ausspruch zweier Zeugen [hebr.: *al Pi schnei Edim*] oder durch den Ausspruch dreier Zeugen muss eine Sache bestätigt werden“ (*Deut.* 19:15). Dieser Vers, aus dem das Geschlecht des Zeugen nicht hervorgeht, wird mit den beiden folgenden Versen aus dem selben Kapitel in Verbindung gebracht: „Wenn ein Zeuge der Gewalt auftritt wider einen Mann, wider ihn zu zeugen eine Übertretung; so sollen die beiden Männer [*schnei Anaschim*], welche den Streit haben, hintreten vor dem Ewigen, vor die Priester und die Richter, die in jenen Tagen sein werden“ *(Deut.* 19:16 bis17). Das Wort *Anaschim,* die Mehrzahlform von *Isch*, wird von den Rabbinen hier als „Männer“ und nicht als „Personen“ verstanden, obwohl es durchaus auch Frauen einschließen könnte. Diese Argumentation ist

[1] Aus Gründen der priesterlichen Reinheit war einem Priester das Zusammenleben mit einer vergewaltigten Frau (oder auch mit einer geschiedenen) nicht erlaubt; jeder andere Mann war dazu angehalten, zu seiner Frau zu stehen und bei ihr zu bleiben.

schwach, denn die ganze Tora ist in der männlichen Form abgefasst und im Plural wird immer die männliche als die übergreifende Form verwendet, auch wenn beide Geschlechter gemeint sind;[2] hierauf weist dann auch Joseph Caro hin.

Allerdings gibt es widerum andere Mischnaiot, die trotz dieses allgemeinen Prinzips des Ausschlusses der Frauen von der Zeugenaussage deren Zulassung in bestimmten Fällen darlegen (*Jev.* 16:7; *Git.* 2:7; *Sota* 6:2). Es hat den Anschein, als existiere ein allgemeines Prinzip nicht wirklich, sondern als hätten die Rabbinen sich in ihrem Handeln von den jeweiligen Umständen leiten lassen und später bei der Rechtfertigung ihrer Haltung Probleme gehabt, diese in Einklang mit dem biblischen Text oder ihren eigenen erklärten Prinzipien zu bringen.

Zum Beispiel gilt zur Tatsachenfeststellung nach jüdischem Recht nur die Aussage zweier Augen- oder Ohrenzeugen und nicht das Wissen durch Hörensagen; Frauen und Sklaven sind von der Aussage ausgeschlossen. Doch da das Kommen und Gehen eines Ehemannes nicht publik ist, werden alle Regeln für die Zeugenaussage aufgehoben. Sein Tod kann auch von „einem einzigen Zeugen aus dem Munde eines Zeugen [i.e. der es ebenfalls von einem einzigen Zeugen gehört hat], einer Frau aus dem Munde einer Frau, einer Frau aus dem Munde eines Sklaven oder einer Sklavin glaubhaft bezeugt werden. Die Auseinandersetzung mit diesem Thema im Talmud endet mit dem Satz: „Damit die Frau keine Aguna*[3] wird, haben die Rabbinen Nachsicht geübt“ (*Jev.* 88a). Moses Maimonides gibt folgende Erklärung für die Erleichterung:

> In Fällen, in denen die Wahrheitsfindung nicht ausschließlich von der mündlichen Aussage dieses Zeugen abhängt und letztendlich der Zeuge keine Entschuldigung hätte, sollte sich seine Aussage als falsch erweisen – zum Beispiel wenn einer den Tod eines Menschen bezeugt [und diese Person wieder auftaucht] – besteht die Tora nicht auf allen strikten Anforderungen. Es wäre ein Geständnis notwendig, dass der Zeuge eine Falschaussage gemacht hat. Daher übten die Rabbinen in diesem Bereich Nachsicht und schenkten selbst einem Zeugen Glauben, der nach der Aussage eines Sklaven, einer Frau usw., bezeugte, damit die Töchter Israels nicht Agunot werden (*MT*, Geruschin, 13 bis Ende).

[2] Anm.d. Übers.: So kann *Banim*, Pl. von *Ben*, „Sohn“, „Söhne“ oder „Kinder“ heißen.

[3] Eine an ihren Mann „gebundene“, von der Wiederheirat ausgeschlossene Frau.

Die widersprüchliche Haltung der Rabbinen zur Zeugenaussage ist problematisch; Maimonides bemüht sich, deren Nachsicht durch die Unterscheidung zweier Arten von Zeugenaussagen zu rechtfertigen: die durch Tatsachen zu belegende und diejenige, bei der man sich ausschließlich auf die Redlichkeit des Zeugen verlassen muss. Diese Unterscheidung impliziert, dass die Aussage im ersteren Fall weniger Gewicht hat und folglich eine weniger strenge Regelung zur Zeugenaussage akzeptabel ist. Die in einem solchen Fall zulässige Zeugenaussage einer Frau wirft auf die Einstellung der Rabbinen zur Zeugenaussage von Frauen generell kein besseres Licht, denn die überprüfbare Aussage hat ja weniger Gewicht als die nicht überprüfbare. Andererseits würde eine Frau, die wieder heiratet, nachdem ihr Mann fälschlich für tot erklärt wurde, als Ehebrecherin behandelt; sie könnte weder mit ihrem zweiten Mann zusammen bleiben noch zum ersten zurückkehren. Es sollte hierbei jedoch in Erinnerung bleiben, dass es den Rabbinen ein Anliegen war, die Zahl der Agunot gering zu halten; hierin handelten sie zum Schutz der Frauen, denen durch die Erklärung ihrer Witwenschaft der Weg zur Wiederheirat freigemacht wurde.

Mit der Scheidung verhält es sich ähnlich. Nach der Mischna konnte man den Scheidungsbrief [*Get*] leseunkundigen Scheidungszeugen vor der Unterzeichnung des Dokumentes vorlesen. Waren sie auch des Schreibens nicht mächtig, kratzte man das Papier und sie füllten die Kratzer mit Tinte aus. Rabbi Schimon ben Gamliel sagt dazu: „Dies gilt nur von Scheidebriefen, bei [...] anderen Urkunden aber dürfen sie, wenn sie zu lesen und schreiben verstehen unterschreiben, wenn aber nicht, so dürfen sie nicht unterschreiben" (*Git.* 19b). Und Rabbi Eleasar erklärt, dass auch Analphabeten als Zeugen zugelassen wurden, um den Töchtern Israels das Schicksal der Aguna zu ersparen. Die Rabbinen befürchteten, dass ein Mann, der es mit der Scheidung eilig hatte, seine Frau ohne Scheidungsbrief zurücklassen würde, wenn er keine des Lesens mächtigen Zeugen fände. Schickte ein Mann einen Scheidungsbrief aus der Fremde, durfte die Überbringerin, eine Frau, bezeugen, dass der Brief in ihrer Gegenwart aufgesetzt und unterschrieben wurde; damit erlangte der Get Rechtskraft (*Git.* 2:7). Bezeugte eine Frau die Untreue einer anderen gegenüber deren Ehemann, wurde ihre Zeugenaussage angenommen und der Mann aufgefordert, seine Frau zu verlassen (*Sota* 6:2). Im Allgemeinen wurde die Zeugenaussage einer Frau in solchen Fällen akzeptiert, in denen auch die Aussage eines einzigen Mannes ausreichte (Rambam, *Edut* 5:3).

In einer anderen talmudischen Diskussion wird die Frage aufgeworfen, wieso der Aussage einer einzelnen Frau über die Einhaltung der (Fleisch betreffenden) Kaschrutgesetze in ihrem Hause vertraut wird. Die Antwort stützt sich auf das Prinzip, dass die – üblicherweise nicht ausreichende –

Aussage eines Einzelnen dann genügt, wenn der Inhalt der Aussage *bejado*, wörtlich „in seiner Hand", das heißt in der Macht des Zeugen liegt. Die Tossafisten betonen, dass eine Frau die Durchführung der rituellen Schlachtung erlernen könne (*Chul.* 1:1[4]) und deshalb die Frage bejada, „in ihrer Macht" liege. Man vertraut ihr also (*Git.* 3b, Tossafot). Hier wird aus praktischen Erwägungen die Aussage einer Frau akzeptiert. Das Gleiche gilt für die Gebote der Nidda* oder für die Bestimmung des Eintritts der Pubertät bei einem Mädchen. Bei der Bestimmung des Erstgeborenen von Zwillingen glaubt man der Aussage der Hebamme; behauptet eine Frau, die Mutter eines ausgesetzten Kindes zu sein, gilt ihre Aussage ebenfalls als glaubhaft (vgl. *Gen. R.* 85:13).

Selbst wenn es sich hier um Ausnahmen handelt, sind sie doch von Bedeutung, denn sie beweisen, dass ein allgemeines Ausschlussprinzip den Umständen entsprechend angepasst und modifiziert werden kann: solche wären zum einen das Risiko, durch die strikte Anwendung des Gesetzes eine ausweglose Situation zu schaffen, zum anderen die Praktikabilität bei der Anwendung in einer Frauendomäne.

Gegen die Akzeptanz der Zeugenaussagen von Frauen werden drei Argumente ins Feld geführt: die notwendige Kompetenz, die weibliche Empfindsamkeit und die Sittsamkeit. Ein fähiger Zeuge soll seelisch ausgeglichen sein, objektiv und vertrauenswürdig, reif genug, die Tatsachen zu erfassen. Maimonides Liste[5] der unfähigen Zeugen sagt einiges: Frauen, Sklaven, Minderjährige, geistig Behinderte, Taube, Blinde, Verbrecher, Menschen ohne Selbstachtung, die Eltern der Betroffenen oder jeder, der ein Eigeninteresse in der Angelegenheit hat (*Edut* 1:9). Er vergleicht Kinder und Frauen, beider Wissen sei unvollständig (*AS* 11:16). Bei den oben genannten Ausnahmen scheint man jedoch Vertrauen in die Frauen zu setzen, denn ihre Zeugenaussage begründet sich ja aus ihrer Kompetenz. Allerdings besagt ja schon die Betonung des „Vertrauens in eine Frau [*neemenet Ischa*]" (*Nid.* 20b, 48b) in ganz bestimmten Fällen, dass dies Vertrauen nicht selbstverständlich ist. Die [angebliche] Gefühlsbetontheit und Empfindsamkeit [der Frau] sind bei manchen auch heute noch verwendete Argumente: „Das weibliche Gemüt erträgt die Spannung der öffentlichen Zeugenaussage und der damit verbundenen strengen Vernehmung, der genauen Befragung und des Kreuzverhörs nicht [...]. Das Judentum hält es für geboten, die Frau nicht einer Situation auszusetzen, in der sie eine ihrer Natur zuwider laufende Tat zu tun

---

[4] „Jeder darf schlachten, und seine Schlachtung ist gültig"; dazu zählen auch die Frauen, auch wenn einige sagen, sie seien nicht ernsthaft und sollten deshalb davon Abstand nehmen. Siehe: *Hilkot Erez Israel*, dem wird widersprochen von den Tossafisten, die wiederum zitieren *Jev.* 31b; nach *Tur,* JD 1).

[5] Die Mischna, *Sanh.* 3:3, erwähnt die Frauen nicht!

gezwungen ist. Für die persönliche Beteiligung an einer Urteilsvollstrekkung ist sie zu empfindsam."[6] Der häusliche Rahmen des Frauenlebens zur talmudischen Zeit wird ebenfalls als Argument gegen ihr Auftreten als Zeuge angeführt (vgl.. *Schev*. 30a). Judith Hauptmann schiebt alle diese Argumente beiseite und schlägt als Grundlage einer Erklärung den sozialen Status der Frau zur damaligen Zeit vor: „Obwohl vertrauenswürdig, konnten Frauen in den meisten zivil- und strafrechtlichen Fällen nicht als Zeugen aussagen, weil sie, wenn sie verheiratet waren, ihren Männern unterstanden und von diesen in der Art ihrer Aussage über das Gesehene beeinflusst sein könnten. Das heißt, eine Frau konnte nicht als Zeugin aussagen, weil ihr untergeordneter Status, ihrer Möglichkeit, die Wahrheit zu sagen, im Weg stehen könnte."[7]

In Israel wurde der Ausschluss der Frauen als Zeugen 1951 durch das Gesetz zur Gleichberechtigung der Frau abgeschafft. In der orthodoxen Welt ist jedoch nach wie vor der Zeugenstatus von Frauen nicht in allen Bereichen akzeptiert. So können sie zum Beispiel nicht die Ketuba als Zeugen unterschreiben. In der konservativen Bewegung sind die Meinungen gespalten, die liberalen Bewegungen akzeptieren Frauen ohne Einschränkung als Zeugen.

---

[6] M. Kaufman, *The Woman in Jewish Law and Tradition*, S. 200–201.
[7] *Rereading the Rabbis*, S. 197.

Zippora

Zippora begegnet uns in der Tora zum ersten Mal, als Moses auf der Flucht aus Ägypten im Lande Midian Zuflucht sucht. Er hatte zuvor einen Ägypter getötet, der die Hand gegen einen Hebräer erhoben hatte. Er lässt sich an einem Brunnen[1] nieder und beschützt dort die sieben Töchter von Jithro[2], dem Priester von Midian, gegen die Hirten aus der Gegend. Er tränkt ihr Vieh. Als Jithro dies von seinen Töchtern erfährt, lädt er Moses zu sich ein und gibt ihm seine Tochter Zippora zur Frau.[3] Der Midrasch erzählt (*Ex. R.* 1:32), Zippora sei wie ein Vogel (hebr. *Zippor*) geeilt, um Moses auf Befehl ihres Vaters zu holen. „Und sie gebar einen Sohn und er nannte seinen Namen: Gerschom, denn er sprach: Ein Gast bin ich in fremdem Lande" (*Ex.* 2:22). Nicht Zippora, sondern Moses benennt den gemeinsamen Sohn, und auch sonst ist über Zipporas Persönlichkeit, ihre Wünsche und Meinungen, so die zu ihrer Heirat, im biblischen Text nichts weiter zu erfahren. Später werden sie einen zweiten Sohn haben, Elieser, „... denn der Gott meines Vaters ist mein Beistand gewesen und hat mich gerettet vom Schwerte Pharaos" (*Ex.* 18:4). Durch den Brennenden Busch wird Moses seine Aufgabe offenbart. Er soll die Kinder Israel retten und aus der ägyptischen Sklaverei führen. Er bittet seinen Schwiegervater, ihn ziehen zu lassen, und macht sich mit seiner Frau und seinen Söhnen auf den Weg.

Zippora begegnet uns wieder in einer merkwürdigen Episode: „Und als er auf dem Wege war, in der Herberge, da fiel ihn der Ewige an und

---

1 Auch für andere biblische Gestalten ein Ort der Begegnung.

2 Vielleicht ist die Figur des Mannes mit den sieben Töchtern humoristisch zu sehen – wünschte man doch üblicherweise einem Menschen, mit sieben Söhnen gesegnet zu werden.(Siehe: *Kön.* 4:15; *1. Sam.* 2:15). Seine Eile, Moses eine Einladung auszusprechen, kann Ausdruck seiner Sorge sein, seine sieben Töchter verheiratet zu sehen. Siehe: Jonathan Magonet, Bible Lives, S. 11–12)

3 Laut *Targum Jonathan* über *Ex.* 2:21 hat Jithro, als er von dessen Flucht aus Ägypten erfuhr, Moses zuerst in einen Brunnen geworfen, Zippora habe ihn dort zehn Jahre lang mit Essen versorgt.

wollte ihn töten. Da nahm Zippora einen scharfen Stein und beschnitt die Vorhaut ihres Sohnes und rührte seine Füße und sprach: ‚Fürwahr, ein Blut-Verlobter[4] bist du mir!‘ Und er ließ ab von ihm; da sprach sie: ‚Ein Blut-Verlobter durch die Beschneidung!‘“ (*Ex.* 4:24–26).

Das Ereignis ist befremdend. Die Protagonisten sind nicht klar. Wieso sollte Gott Moses töten wollen, dem er gerade eine Mission anvertraut hat? Oder handelt es sich hier um seinen Sohn, der in Gefahr ist?[5] Wenn ja, um welchen? Wieso berührt Zippora die Füße ihres Sohnes oder ihres Mannes mit der abgeschnittenen Vorhaut? Was bedeutet der Ausdruck „Blut-Verlobter“, der an keiner anderen Stelle der Bibel auftaucht?

Es gibt hierzu zwei Lehrmeinungen, die beide diesen Text im weiteren Kontext sehen. Die erste interpretiert die Episode im Lichte der Drohung des Ewigen, den Erstgeborenen des Pharao zu töten, wenn dieser nicht seinen, Gottes, Erstgeborenen, also Israel, ziehen lässt. Der nächtliche Vorfall wäre eine Vorwegnahme der späteren Ereignisse in Ägypten; so wie der Ewige sich jetzt durch die Beschneidung beschwichtigen lässt, wird Israel durch das Opfer des Passah-Lammes von der letzten Plage, der Tötung der Erstgeborenen, gerettet werden. In beiden Fällen wird die Gottheit durch ein Blutopfer besänftigt. Die zweite Interpretation sieht die nächtliche Episode als Folge von Moses Weigerung, die ihm von Gott gegebene Aufgabe zu erfüllen. Gott erzürnt sich, und die verbale Auseinandersetzung zwischen Moses und Gott endet in einem physischen Ringen. Beide Interpretationen bieten keine Erklärung für Zipporas zentrale Rolle bei diesem Vorfall.

Zweifellos ist Zippora die Heldin dieser Geschichte. Sie ist diejenige, die eingreift und ihren Mann (oder ihren Sohn) durch ein Blutopfer und eine mysteriöse Beschwörungsformel rettet. Ohne ihr Eintreten hätte Moses sicher nicht überlebt. Vielleicht hatte er es versäumt, entsprechend der Tradition seinen Sohn zu beschneiden, bevor er sich auf den Weg machte – wir erfahren es nicht. Auf jeden Fall ist Zippora in der Bibel die einzige Frau, die eine Beschneidung durchführt. Es scheint eine spontane Handlung zu sein, und sie benutzt dazu, wie wir es auch von anderer Stelle kennen (z.B. *Jos.* 5:2), einen scharfen Stein. Der gute Ausgang des Geschehens impliziert eine positive Bewertung ihrer Tat. Für Athalya Brenner[6] verhält Zippora sich wie „ein Marabut oder ein heiliger Mann. Moses ist in tödlicher Gefahr, und mit der Darbringung eines Teiles von Moses’ Männlichkeit an den Dämon-Gott führt sie die beschwörende Sühnehandlung durch. Hierdurch gelingt es ihr den wütenden Angreifer

---

[4] Anm. d. Übers.: bei Zunz übersetzt als „Blut-Sohn“.

[5] Dies ist die Auffassung von Rabban Simon b. Gamliel, wie zitiert in *Ned.* 31b.

[6] Athalya Brenner, *The Israelite Woman*, S. 71.

zu bekämpfen, ihn zu beschwichtigen und ihren Mann vor einem vorzeitigen Tod zu bewahren. Durch die Darbringung eines Teiles an Stelle des Ganzen kann sie auf wunderbarc Weise die Gefahr bannen." Durch das Blutopfer also wird die Gottheit besänftigt. Wenn Zippora den Ausdruck „Blut-Verlobter" benutzt, ist nicht klar, ob sie sich an Gott wendet oder an Moses, und ebenfalls bleibt unklar, ob die Beschneidung mit der Hochzeit oder mit dem von nun an von der Mutter beschnittenen Kind in Verbindung gebracht wird.[7] Umberto Cassuto, ein italienischer Kommentator des letzten Jahrhunderts, interpretiert die Stelle so, dass Zippora Moses als ihr zum zweiten Male anverlobt betrachtet, weil sie durch das vergossenen Blut sein Leben gerettet hat.

Merkwürdigerweise wird Zippora bis zur Offenbarung am Sinai nicht mehr erwähnt. Moses hatte Frau und Kinder in der Obhut seines Schwiegervaters Jithro zurückgelassen, als er ging, um sein Volk aus Ägypten zu führen. Ein Midrasch erzählt, wohl zur Erklärung der langen Trennung, Moses habe sich von Zippora scheiden lassen (*Mech.*, Amalek, 3). Es bleibt jedoch die Tatsache, dass im biblischen Text Jithtro mit Zippora und den Kindern in die Wüste zieht, um dort Moses wieder zu treffen. Der wendet sich zwar an seinen Schwiegervater, doch spricht er kein Wort mit seiner Frau, die er schon so lange nicht mehr gesehen hat. Im Weiteren wird Zippora nicht mehr erwähnt; es sei denn, sie ist, wie es die Tradition will, jene kuschitische[8] Frau, von der Aaron und Miriam* schlecht reden (*Num.* 12:1). Die kuschitische Frau wäre schwarz; Zippora wird nicht als dunkelhäutig beschrieben. Der Talmud löst diesen Widerspruch wie folgt auf: „[Die Kuschiterin, von der Aaron und Miriam sprachen, war Zippora]. Hieß sie denn Kuschiterin, sie hieß ja Zippora!? Vielmehr, wie die Kuschiterin sich durch ihre Hautfarbe auszeichnet, ebenso war auch Zippora durch ihre guten Werke ausgezeichnet, [denn sie war eine Gerechte]" *(MK* 16b). Und Raschi erklärt: „Sie wird Kuschiterin genannt, um auszudrücken, dass alle ihre Schönheit erkennen, genauso wie alle erkennen, dass ein Kuschiter schwarz ist, denn Zippora war in allem schön, in ihrer Schönheit wie in ihren Handlungen."[9] Der Midrasch führt weiter aus, dass Zippora das Haus ihres Vaters, gleich einem Vogel, der auch die kleinsten Körnchen vom Boden pickt, von allen Spuren des Götzendienstes reinigte (*Ex. R.* 1:32). Sie hätte in ihrer Familie als Bekehrerin gewirkt.

---

[7] Von einigen wird das Wort *Chatan* nicht mit der Vorstellung eines Verlobten, sondern mit dem Akt der Beschneidung in Verbindung gebracht, da *ha'atana* im Arabischen „beschneiden" bedeutet. Diese Interpretation wird jedoch von Brevard Childs in: *The Book of Exodus: A Critical, Theological Commentary* in Frage gestellt.

[8] Äthiopische.

[9] Raschi, *ebd.*

Es ist erstaunlich, wie selten Zippora erwähnt wird, obwohl sie doch die Ehefrau der wichtigsten Figur der Tora ist. Ihre rettende und zugleich geheimnisvolle Tat, die so knapp in drei Versen berichtet wird, ist jedoch ein Rätsel, das alle Kommentatoren von der Antike bis zur Gegenwart beschäftigt hat. Den Frauen des 20. Jahrhunderts, die sich für den Beruf der *Mohelet*[10] entschieden, galt Zippora als Vorbild. Eine amüsante Feststellung am Rande: Die Rabbinen, die offensichtlich die Beschneidung eines Sohnes durch seine Mutter nicht befürworteten, behaupten, entgegen der offensichtlichen Aussage des Bibeltextes, nicht zu wissen, ob Zippora tatsächlich ihren Sohn selbst beschnitt oder ob sie jemand anderen darum gebeten habe, es für sie zu tun (vgl. *AS* 27a)!

Zippora ist eine der Frauen im Buch Exodus, durch die Moses und den Kindern Israel Rettung zuteil wird. Es fällt in dieser Erzählung auf, dass es immer wieder Frauen sind, die vor dem Tode bewahren, sei er nun vom Gott Israels oder vom Gott der Ägypter, dem Pharao, bestimmt. Dies gilt für die Hebammen[11], die Mutter von Moses, die Tochter des Pharao und für Zippora. Ihr Einschreiten im jeweiligen Moment ist entscheidend für die Zukunft des Volkes.[12] Durch scheinbaren Gehorsam gegenüber dem Angreifer und das Eingeständnis seiner Macht können sie die Gefahr bannen. Zippora verwandelt einen lebensgefährlichen gewalttätigen Angriff in einen abgemilderten Ausdruck dieser Gewalt, dabei wandelt sie das möglicherweise todbringende Blut in das Symbol einer positiven Allianz.[13]

Ilana Pardes sieht in dem Text des Buches Exodus Spuren der babylonischen und sumerischen Mythologie, in der Göttinnen als Beschützerinnen ihrer Helden auftreten und dabei in Gefahr laufen, mit anderen Göttern in Streit zu geraten:

> Mit dem Aufkommen des Monotheismus wurden die Göttinnen entthront. Gott ist einzig, und als solcher ist er männlichen Geschlechtes. Der göttliche Schutz liegt allein in männlicher Hand. Und dennoch verschwindet die weibliche Beschützerfunktion nicht; sie wird in den menschlichen Bereich verlagert und als Rolle der Frauen, insbesondere der Mütter, aufgefasst. In diesem „Blut-Verlobten" sehen wir greifbare Spuren dieser kulturellen Übertragung. Zippora ist einfach ein Mensch, eine Mutter und Ehefrau, doch in ihrem Kampf gegen Jahwe und in der zeremoniellen

---

[10] Weibliche Form (Plural *Mohalot)* von *Mohel*, „Beschneider".
[11] Siehe Eintrag Schifra und Pua*.
[12] Siehe: Ilana Pardes, *Countertraditions in the Bible*.
[13] Siehe: René Girard, *La Violence et le Sacré*, S. 381.

> Bestimmung von Moses zu ihrem Verlobten scheint sie ein wenig die Rolle der Göttin zu spielen.[14]

Ilana Pardes fährt fort, indem sie die erstaunlichen Parallelen zwischen dem ägyptischen Mythos von Isis und Osiris und der Erzählung vom „Blut-Verlobten" aufzeigt. Isis, eine Göttin, rettet ihren Bruder und Ehemann Osiris aus den todbringenden Händen ihres eifersüchtigen Bruders Seth. Isis findet Osiris, nachdem man ihn schon in einen Sarkophag gelegt und in den Nil geworfen hatte. Sie spricht magische Formeln, bewegt seine Flügel und bringt ihn so ins Leben zurück. Am wichtigsten bei der Wiederbelebung von Osiris ist der Phallus[15]; die Empfängnis ihres Sohnes Horus folgt auf dem Fuße. In beiden Mythen kommt ein gewalttätiger Angreifer vor, eine Frau, die ihren Mann vom Tode bewahrt, eine Episode um den Phallus, Beschwörungsformeln und Flügel („Zippora" heißt „Vogel"), und ein geretteter Sohn. Muss hieraus geschlossen werden, dass der patriarchalische Monotheismus Schwierigkeiten hatte, den Geist der Bibel zu bestimmen und die weibliche Seite des Göttlichen zu überdecken? Uns bleibt nur diese rätselhafte Geschichte, in der eine Frau ein Todesurteil abwendet und trotz des Blutverlöbnisses dem Gedächtnis eines Volkes entfallen ist, dass sich bis zum heutigen Tage eher an seine männlichen als an seine weiblichen Helden erinnern mag.

---

[14] Siehe: Ilana Pardes, *Countertraditions in the Bible*, S. 89.
[15] Anm. d. Übers.: der aus vielen Einzelteilen wieder zusammengesetzt werden muss.

Bibliographie

PRIMÄRLITERATUR

BIBLISCHE QUELLEN

Bible (La), traduction de Zadoc Kahn [Im Allgemeinen habe ich die rabbinische Übersetzung von Zadoc Kahn verwandt. In Ausnahmefällen war zur Annäherung an den hebräischen Bibeltext oder zur Verwendung einer inklusiven Sprache eine Neuübersetzung nötig. Anm. d. Autorin], 1. Aufl. 1899, Paris, Colbo, 1996.

Biblia Hebraica Stuttgartensia, 4. Aufl. Stuttgart, Deutsche Bibelgesellschaft, 1990.

Die Heilige Schrift, Übs. v. Leopold Zunz [die deutschen Bibelzitate folgen weitgehend dieser Übersetzung, außer in Fällen, in denen alternative Übertragungen zum besseren Verständnis der Interpretation und Argumentation der Autorin nötig waren. In den Fußnoten wird hierauf verwiesen. Anm. d. Übs.], Basel, Victor Goldschmidt, 1997.

Das Hohelied Salomos, Übs.: Klaus Reichert, dtv, München, 1998

Judith, Paris, Gallimard, NRF, 1959.

Maccabées I et II (Les), Paris, Gallimard, NRF, 1956.

TALMUDISCHE QUELLEN

Talmud Bavli, Wilna, 1865–1866.

Talmud de Jérusalem (Le), Übs. Moïse Schwab, Paris, Maisonneuve et Larose, 1977.

Talmud Jeuschalmi, Wilna, 1921–1922.

Der Babylonische Talmud, Übs. Lazarus Goldschmidt, Berlin: Jüdischer

Verlag, 1930–1936; Nachdr. Frankfurt a. M., Jüdischer Verlag im Suhrkamp Verlag, 1996.[Anm. d. Übs: Die aus dem Talmud zitierten Stellen folgen im Deutschen weitgehend dieser Übersetzung].

QUELLEN DES MIDRASCH

Aggadoth du Talmud de Babylone, La Source de Jacob – ‚Ein Yaacov', franz. Übs. Arlette Elkaim–Sartre, Lagrasse, Verdier, coll. „Les Dix Paroles", 1982.

Avot deRabbi Nathan, S. Schechter (Hg.), New York, Feldheim, 1976.

Mechilta deRabbi Ischmael, Jacob Zallel Lauterbach (Hg.), Philadelphia, J.P.S., 1933–1935, 1976.

Mechilta deRabbi Schimon ben Jochai, J.N. Epstein und E. Z. Melamed (Hg.), Jerusalem, 1955, 1979.

Midrasch Bereschit Raba, J. Theodor und Ch. Albeck (Hg.) Jerusalem, Wahrmaann Books, 1965.

Midrasch Hagadol, S. Schechter (Hg.), Cambridge, 1902; D. W. Hoffmann (Hg.), Berlin 1913–1921.

Midrasch Lekach Tov, Buber (Hg.), Wilna, 1884.

Midrasch Mischlei, S. Buber. (Hg.), Wilna, 1893.

Midrasch Raba, Wilna, 1921; *Midrasch Raba,* Bd. *I, Genesis Raba,* franz. Übs. V. Bernard Maruani und Albert Cohen_Arazi, Lagrasse, Verdier, coll. „Les Dix Paroles", 1987.

Midrasch Tanchuma, S. Buber (Hg.), Wilna, 1887; Jerusalem, 1963 bis 1964.

Midrasch Tehilim, S. Buber (Hg.), Wilna, 1890–1891; Jerusalem 1965 bis 1966.

Midrasch Vajikra Raba, M. Margalioth (Hg.), Jerusalem, J.T.S., 1972.

Mikraot Gedolot, New York, 1969.

Ozare Midraschim, J.D. Eisenstein (Hg.), New York, 1915.

Perusch Raschi al Hatora, Berliner (Hg.), Frankfurt am Main, J. Kauffmann, 1905.

Pesikta deRav Kahana, B. Mandelbaum (Hg.), New York, J.T.S., 1987.

Pesikta Rabbati, M. Friedmann (Hg.), Wien, 1880; Tel Aviv, 1963.

Pirkei deRabbi Elieser, C. M. Horowitz (Hg.), Jerusalem, 1969–1970.

Seder Eliahu Raba veSeder Eliahu Suta (Tana debei Eliahu), M. Friedmann (Hg.), Jerusalem, Bamberger und Wahrmann, 1959–1960.

Sifrei Bemidbar et Dewarim, H.S. Horowitz (Hg.), Jerusalem, Wahrmann Books, 1966.

The Legends of the Jews, Louis Ginzberg, aus dem Deutschen übs. V. Henrietta Szold, Philadelphia, J.P.S., 1968.
Jalkut haMachiri, Sprüche 20, Jerusalem, L. Grünhut (Hg.), 1902.
Jalkut Schimoni, Jerusalem, Mossad Harav Kook, 1986.
Sohar, M. Margalioth (Hg.), Jerusalem, Mossad Harav Kook, 1978.

HALACHISCHE, HISTORISCHE, PHILOSOPHISCHE UND LITURGISCHE QUELLEN

AARON HAKOHEN BEN JACOB BEN DAVID DE LUNEL: *Orchot Chaim*, Berlin, 1898–1902.
ABUDARHAM DAVID BEN JOSEF: *Sefer Abudarham*, Jerusalem, 1962.
AKKABEZ: *Ajelet Ahavim*, neu Hg. Jerusalem, 1973.
ARAMA, Isaak: *Akedat Jizchak*, Saloniki, 1522.
ASCHER BEN JECHIEL, *Responsa*, Konstantinopel, 1517.
ATAR, Chaim: *Responsa Jam Hagadol*, Marokko, 8. Jahrhundert.
BACHRACH, Chaim: *Responsa Havot Jair*, Lemberg, 1896.
BEN ASCHER, Jakob: *Arba'a Turim*, Warschau, 1860–1869.
BEN HILLEL, Mordechai: „Mordechai", in: *Talmud Bavli*, Wilna, 1865 bis 1866.
BEN NACHMAN, Moses: *Teschuvot haRambam*, Jerusalem, Hg. Chaim Dov Chaver, 1975.
BEN SAMUEL HECHASSID, Juda: *Sefer Chassidim*, M Margaliot (Hg.), Jerusalem, Mossad Harav Kook, 1924.
BEN ZION USIEL: *Mischpetei Usiel*, TelAviv, 1935–1940.
CARO, Josef: „Beit Josef", in: *Arba'a Turim*, Warschau, 1860–1869.
–, *Schulchan Aruch*, Wilna, 1874–1875.
CHATAM SOFER (Sofer, Moses): *Sche'elot uTeschuvot Chatam Sofer*, Pressburg, 1860.
DAVID BEN SIMRA: *Responsa of the Radbaz*, Jerusalem, 1972.
DE LEON Moses (Gitallillia Josef), *Scha'arei ora*, Ben Schlomo (Hg.), Jerusalem, Mosssad Bialik, 1981.
DE MOLINO, Isaak: *Responsa Besamim.*
DURAN, Simon ben zemach: *Sefer haTaschbez*, Tel Aviv, Gitler, 1963 bis 1964.
EMDEN, Jakob: *Responsa Sche'elat Javez*, New York, 1961.
–, *Siddur Beit Jaakov*, New York, 1906.
EPSTEIN, Jechiel Michel Halevi: *Aruch haSchulchan*, New York, Pollak–Grossman.
FEINSTEIN, Mosche: *Igrot Mosche*, New York, Balschon, 1959.
FLAVIUS, Josephus: *Geschichte des jüdischen Krieges*, deutsch von

Helmrich Clementz, Fourier, 2001.
–, *Jüdische Altertümer*, deutsch v. Helmrich Clementz, Fourier, 2002.
GHAZZATI, Nathan Benjamin oder HALEVI, Benjamin von Safed: Sefer hemdat Jamim, Livorno, 1762–1764.
HARKAVY, Abraham Eli: *Teschuvot haGeonim*, Jerusalem, 1966.
ISAAK BEN MOSES AUS WIEN: *Or Sarua*, Sitomir und Jerusalem, 1862–1890.
ISSERLES, Moses: „Darkei Mosche", in: *Arba'a Turim*, Warschau, 1860–1869.
– , *Responsa of the Rama*, Ascher Ziv (Hg.), Jerusalem, 1971.
JACOB BEN MOSCHE HALEVI MOELLIN: *Sefer Maharil*, Jerusalem, 1968–1969.
J. Chaim: *Sefer Chukei haNaschim*.
JOSEF, Ovadia: *Or haMisrach*, Jerusalem, Sept.–Okt. 1966.
KATZENELLENBOGEN, Ezechiel: *Knesset Jecheskiel*, Altona, 1732.
– , *Kol Bo*, New York, Shulsinger Bros., 1945–1946.
LURIA Salomon: *Responsa*, S. Hurwitz (Hg.), 1938.
–, *Jam schel Schlomo*, Stettin, 1861.
MAIMONIDES, Moses: *Führer der Unschlüssigen*, Adolf Weiß (Hg.), Hamburg, Meiner, 1994.
–, *Mischnei Tora*, Wilna, 1899–1900, neu Hg. New York 1944 bis 1945.
–, *More Nevuchim,* Jerusalem, Mossad Harav Kook, 1977.
MEDINI, Chaim: *Seder Hemed Ma'arches Avelut*, Bnei Brak, Beit Hasofer, 1962–1967.
RABBENU TAM: *Sefer hajaschar*, Rosenthal (Hg.), Berlin 1898.
REISCHER, Jacob: *Schevuot Jaakov*, Halle, 1710.
ROTHENBURG, Meir von: *Responsa*, Moses Bloch (Hg.), Berlin, Itzkowski, 1891.
SCHICK, Moses: *Maharam Schick*, Israel, 1971–1972.
SCHNEERSON, *Menachem Mendel*: Zema Zedek, New York, 1946.
Sefer Habahir, M. Margolioth (Hg.), Jerusalem, 1951.
Sefer hadar sekenim, Livorno, 1840.
SHAPIRA, Zvi Hirsch: *Darkei Teschuva al Jore Dea*, New York, Talpiot, 1951–1959.
SCHLOMO SALMAN VON POSEN: *Chemdat Schlomo Responsa*, Warschau, 1836.
Siddur Raschi, S. Buber (Hg.), New York, Menora, 1959.
SOLOVEITCHIK, Hayim: *Hiduschei sur le Mishné Torah*, 1936.
Teschuvot Raschi, Israel Elfenbein (Hg.), New York, 1943.
WOGUE, Lazare: *Le Guide du croyant israélite*, Paris, Darlacher, 1988.

ZEEV, Binjamin: Responsa, Jerusalem, 1988–1989.

LEXIKA

Dictionnary of the Bible, James Hastings, New York, Scribner, 1963.
Encyclopaedia Judaica, Jerusalem, Keter Publishing House, 1971.
Encyclopaedia Mikraith, Jerusalem, Mossad Bialik, 1950.
Encyclopaedia Talmudith, Jerusalem, Mossad Harav Kook, 1947.
Hebräisches und Aramäisches Handwörterbuch über das Alte Testament, Wilhelm Gesenius, 17. Aufl. Leipzig 1921.
Konkordentsia hachadascha, A. Even Schoschan, Jerusalem, Kiriat Sefer, 1982.
Ozar Dinim uMinhagim, Jehuda David Eisenstein, TelAviv, Shila, 1975.
Ozar Ha'aggada, Mosche David Gross, Jerusalem, Mossad harav Kook, 1986.
Ozar Israel, J. D. Eisenstein, Berlin, Wien, Hebräischer Verlag „Menora", 1924.
Tora haketuva vehamessura, Hyman Aaron, Tel Aviv, Devir, 1979.

SEKUNDÄRLITERATUR

ABERMAN, A.: *Sefer Geserot Aschkenas veZarfat*, Jerusalem, Mossad Harav Kook, 1945.
ABRAHAMS, Israel: *Jewish Life in the Middle Ages*, New York, Athenaeum, 1975.
ABRAMS, Judith Z.: *The Women of the Talmud*, Northvale (New Jersey), London, J. Aronson, 1995.
ADELMAN, Penina: *Miriam's Well – Rituals for Jewish Women around the Year*, Fresh Meadows, New York, Biblio Press, 1986.
ADLER, Rachel: *Engendering Judaism – An Inclusive Theology and Ethics*, Philadelphia, J.P.S., 1998.
ALTER, Robert: *Genesis*, USA, Norton, 1996.
–, *The Art of the Biblical Narrative*, New York, Basic Books, 1981.
ALTER; Robert und KERMODE, Frank: *The Literary Guide to the Bible*, London, Fontana Press, 1997.
ANTONELLI, Judith S.: *In the Image of God – A Feminist Commentary on the Tora*, Northvale (New Jersey), London, J. Aronson, 1997.
ASHKENAZI, Schlomo: *HaIscha beAspeklarit haJahadut*, Bd. I und II, Israel, Zion, 1979.

BARNAVI, Élie: *Histoire universelle des juifs*, Paris, Atlas Hachette, 1992.
BELLIS, Alice Ogden: *Helpmates, Harlots, Heroes – Women's Stories in the Hebrew Bible,* Louisville (Kentucky), Westminster John Knox Press, 1994.
BELLIS, Alice Ogden: und COHEN, N: *Self, Struggle& Change – Family Conflict Stories in Genesis and Their Healing Insights for Our Lives,* Woodstock (Vermont), Jewish Lights, 1995.
BENSIMHON, Ruth: *Rivka – Un regard sur la femme dans le judalime,* Sarcelles, Otsar, 1986.
BERKOVITS, Eliezer: *Jewish Women in Time and Torah*, New Jersey, Ktav, 1990.
BETH CARDIN, Nina: *Out of the Depths I Call You – A Book of Prayers for the Married Jewish Woman,* New Jersel, J. Aronson, 1995.
–, *Tears of Sorrow, Seeds of Hope – A Jewish Spiritual Companion for Infertility and Pregnancy Loss,* Vermont, Jewish Lights, 1999.
BIALE, David: Èros juif, übs. I. Rozenbaumas, Arles, actes Süd, coll. „Hébraïca", 1997.
BIALE, Rachel: *Women and Jewish Law – An Exploration of Women's Issues in Halakhic Sources,* New York, Schocken Books, 1984.
BICKERMAN, E., *Four Strange Books of the Boble,* New York, Schocken Books, 1967.
BOYARIN; Daniel: *Carnal Israel – Reading Sex in Talmudic Culture,* Berkeley, Los Angeles, London, University of California Press, 1993.
BRENNER;Athalya: *The Israelite Woman – Social Role and Literary Type in Biblical Narrative,* Sheffield, Jsot Press, 1985.
BRITTON, Margaret: *The Single Woman in the Family of God,* London, Epworth Press, 1982.
BRONNER, Leila Leah: *From Eve to Esther – Rabbinic Reconstructions of Biblical Women,* Louisville (Kentucky), Westminster John Knox Press, 1994.
BROOTENM, Bernadette: *Women Leaders in the Ancient Synagogue,* Brown Judaic Studies 36, California, Scholars Press, 1982.
BÜCHMANN; Christina und SPIEGEL Celina; (Hg.): *Out of the Garden – Women Writers on the Bible,* New York, Fawcett Columbine, 1995.
CARDIN, Nina Beth und KENSKY, Allan (Hg.): *Women in the Rabbinate, Dynamics of Change, Conservative Judaism,* Bd. XLVIII, Nr. 1, Herbst 1995.
CHALIER, Catherine: *Les Matriarches – Sarah, Rébecca, Rachel et Léa,* Paris, Cerf, 1985.

CHILDS, Brevard: *The Book of Exodus: A Critical, Theological Commentary,* Philadelphia, 1974.

COHEN, Boaz: *Law and Tradition in Judaism,* New York, J.T.S., 1959.

COHN SPIEGEL, Marcia und LIPTON KREMSDORF Deborah: *Women speak to God*
– The Prayers and Poems of Jewish Women, San Diego, Woman's Institute for Continuing Education, 1987.

DAVID, Renée: *Les Femmes juives,* Paris, Perrin, 1988.

DAVIDOVITCH, David: *The Ketouba,* Tel Aviv, Lewin–Epstein, 1968.

DE SOUZENELLE, Annick, *Le Féminin de lÊtre – Pour en finir avec la côte d'Adam,* Paris, Albin Michel, 1997.

DIAMANT, Anita: *The New Jewish Baby Book – Names, Ceremonies and Customs. A Guide for Today's Families,* Vermont, Jewish Lights, 1993.

DICK, Jutta und SASSENBERG, Marina (Hg.): *Jüdische Frauen im 19. und 20. Jahrhundert,* Reinbek bei Hamburg, Rowohlt, 1993.

DORFF, Elliott N.: *This is my Beloved, this is my Friend – A Rabbinic Letter on Intimate Relations,* The Rabbinical Assembly, 1996.
–, *Épître de l'amour,* Übs. Rivon Krygier, Paris, Nadir, A.I.U., 2000.

DOUGLAS, Mary: *Purity and Danger: An Analysis of the Concepts of Pollution and taboo,* London, Rutledge&Kegan Paul, 1966.

EILBERG–SCHWARTZ, Howard: *God's Phallus and other Problems for Men and Monotheism, Boston (Massachussetts), Beacon, 1994.*

EISENBERG, Josy: *La Femme au temps de la Bible,* Paris, Stock L. Pernoud, 1993.

ELBOGEN, Ismar: *Jewish Liturga – A Comprehensive History, Philadelphia, New York, Jerusalem, J.P.S.&J.T.S., 1993.*

ELLINSON, Getsel: *Serving the Creator – A Guide to the Rabbinic Sources,* Jerusalem, Ahava Press, 1986.

EXUM, J. Cheryl: *Fragmented Women: Feminist (Sub)Versions of Biblical Narratives,* Sheffield, Jsot Press, 1975.

FEIGENSON, Emily H.: *Beginning the Journey – Toward a Women's Commentary on Torah – Women of Reform Judaism,* New York, The Federation of Temple Sisterhoods, 1998.

FOKKELMAN, J.P.: *Narrative Art in Genesis,* Assen, Van Gorcum, 1975.

FRANKEL, Ellen: *The Five Books of Miriam – A Woman's Commentary on the Torah,* San Francisco, Harper, 1998.

FRANKLIN, Naomi: *The Stranger within the Gates,* Duke University Dissertation, 1990.

FREEHOF, Solomon B.: *Contemporaryy Reform Responsa*, USA, Hebrew Union College Press, 1974.
–, *Current Reform Responsa,* USA, Hebrew Union College Press, 1969
–, *New Reform Responsa,* USA, Hebrew Union College Press, 1980
–, *Reform Jewish Practice,* USA, Ktav, 1976.
–, *Reform Responsa for our Time,* USA, Hebrew Union College Press, 1977.
FRIEDMAN, Mordecai Akiva, *Jewish Marriage in Palestine,* New York, J.T.S., 1980.
GASTER, Théodore: *Myth, Legend and Custom in the Old Testament,* New York, Harper, 1969.
GDALIA, Janine und GOLDMANN, Annie: *Le Judaïsmeau féminin,* Paris, Balland, 1989.
Gender and Difference in Ancient Israel, (Collection), Fortress Press, 1989.
GIRARD, René: *La Violence et le Sacré,* Paris, Hachette,coll. „Pluriel", 1972.
GOLD, Michael: *And Hannah wept – Infertility Adoption and the Jewish Couple,* Philadelphia, New York, Jerusalem, J.P.S., 1988.
–, *Does God belong in the Bedroom?,* Philadelphia, J.P.S., 1992.
GOLDSTEIN, Elyse: *ReVisions – Seeing Torah through a Feminist Lens,* Woodstock (Vermont), Jewish Lights, 1998.
GOTTLIEB ZORNBERG, Avivah: *The Beginning of Desire – Reflections on Genesis,* New York, Doubleday, 1996.
GRAETZ, Naomi: *Silence is Deadly – Judaism Confronts Wifebeating,* Northvale (New Jersey), London, J.Aronson, 1998.
GREENBERG, Blu: *On Women and Judailm – A View from Tradition,* Philadelphia, J.P.S., 1981.
GREENBERG, Simon (Hg.): *The Ordination of Women as Rabbis – Studies and Responsa*New York, J.T.S., 1988.
GROSSMAN, Susan and HAUT, Rivka (Hg.): *Daughters of the King – Women and the Synagogue,* , Philadelphia, New York, Jerusalem, J.P–S., 1992.
HABERMAN, A.: *Sefer Geserot Aschkenas veSarfat,* Jerusalem, Mossad Harav Kook, 1945.
HARDING, Esther: *Woman's Mysteries,* New York, Putnam's Sons, 1971.
HAUPTMAN, Judith: *Rereading the Rabbis – A Woman's Voice,* Boulder (Colorado), Oxford, Westview Press, 1998.
HEINEMANN, J.: *HaTefila biTekufat haTanaim vehaAmoraim,* Jerusalem, Magnes Press, 1964.

HESCHEL, Susannah (Hg.): *On Being a Jewish Feminist – A Reader,* Jerusalem, Schocken Books, 1983.

HYMAN, Naomi M.: *Biblical Women in the Midrash – A Sourcebook,* Alabama, J. Aronson, 1997.

IDELSOHN, A. Z.: *Jewish Liturgy and ist Development,* New York, Dover Publications Inc., 1932, 1995.

JACOB, Walter: *American Reform Responsa,* New York, C.C.A.R., 1983.

–, *Contemporary American Reform Responsa,* New York, C.C.A.R., 1987

–, *Questions and Reform Jewish Answers,* New American Reform Responsa, New York, C.C.A.R., 1992.

JACOBS; Louis: *A Tree of Life – Diversity, Flexiblility, and Creativity in Jewish Law,* Oxford, Litmann Library, Oxford University Press, 1984.

JEANSONNE, Sharon Pace: *The Women in Genesis: From Sarah to Potiphar's Wife,* Minneapolis, Fortress Press, 1990.

KAUFMAN, M.: *The Woman in Jewish Law and Tradition,* Northvale (New Jersey), J. Aronson, 1973.

KOLTUN, Elizabeth (Hg.): *The Jewish Woman – New Perspectives,* New York, Schocken Books, 1976.

KRYGIER; Rivon: *La Loi juive à l'aube du XXIe siècle,* Paris, Biblieurope, 1999.

LABOWITZ, Shoni: *God, Sex and Women of the Bible,* New York, Simon&Schuster, 1998.

LAUTERBACH, Jacob Z.: *Studies in Jewish Law, Custom and Folklore,* o.O., o.J.

–, *American Reform Responsa,* Birth Control, Nr. 156, o.O., o.J.

LITVIN: *The Sanctity of the Synagogue,* New York, Litvin, 1962.

MAGONET, Jonathan: A Rabbi's Bible, London, SCM Press, 1991.

–, *Bible Lives,* London, SCM Press, 1992.

–, *Jewish Exploration of Sexuality,* Oxford, Bergmann Books, 1995. –, *The Explorer's Guide to Judaism,* London, Hodder&Stoughton, 1998.

MEISELMAN, Moshe: *Jewish Women in Jewish Law,* New York, Ktav, 1978.

MEYER, A. Michael: *Response to Modernity – A History of the Reform Movement in Judaism,* Oxford University Press, 1988.

MEYERS, Carol: *Women in Scripture,* Boston, Houghton Mifflin, 2000.

MUNK, Elie: *Le Monde des prières,* Paris, Keren haSefer vehaLimmud, 1970.

NAVÉ–LEVINSON, Pnina: *Eva und ihre Schwestern,* Gütersloher Verlagshaus, Gütersloh, 1992.

–, *Was wurde aus Saras Töchtern?,*Güthersloher Verlagshaus, Gütersloh,1993
NER–DAVID, Haviva: *Life on the Fringes – A Feminist Journey toward Traditional Rabbinic Ordination,* Needham (Massachussetts), JFL Books, 2000.
NEWSOM, Carol A. und RINGE; Sharon H. (Hg.): *The Women's Bible Commentary,* London, SPCK, 1992.
NUNNALLY–COX, Janice: *Foremothers: Women of the Bible,* New York, Seabury Press, 1981.
ORENSTEIN, Debra und LITMAN, Jane Rachel: *Lifecycles,* Bd. II, *Jewish Women on Biblical Themes in Contemporary Life,* Woodstock (Vermont), Jewish Lights, 1997.
ORENSTEIN, Debra. *Lifecycles;*Bd. I, *Jewish Women on Life Passages and Personal Milestones,* Woodstock (Vermont) Jewish Lights, 1994.
PARDES, Ilana:*Countertraditions in the Bible – A Feminist Approach,* Cambridge (Massachussetts), London, Harvard University Press, 1992.
PATAI, Raphael: *The Hebrew Goddess,* Detroit, Wayne State University Press, 1978.
PLAUT, Gunther und WASHOFSKY, Mark: *Teshuvoth for the Nineties – Reform Judaism's Answers for Today's Dilemmas,* New York, CCAR Press, 1997.
–, *The Rise of Reform Judaism*, New York, WUPJ, 1963.
–, *Die Tora in jüdischer Auslegung,* Übs. und bearb.: Anette Böckler, Kaiser, Gütersloher Verl.–Haus, Gütersloh, Bd.I.Bereschit:1999, Bd.II.Schemot:2000, Bd. III.Wajikra.2001, Bd. IV.Bemidbar:2003.
PLAUT, Gunther: *The Torah: A Modern Commentary,* New York, 1981.
PRIESAND, Sally: *Judaism and the New Woman,* New York, Behrman House, 1975.
RAVER, Miki: *Listen to the Voice – Women of theHebres Bible,* San Francisco, Chronicle Books, 1998.
RAYNER, John D.: *Guide to Jewish Marriage,* London, Pointer Publication, ULPS, 1975.
–, *Jewish Religious Law: A Progressive Perspective,* Berghahn Books, 1998.
ROSEN, Norma: *Biblical Women Unbound,* Philadelphia, Jerusalem, J.P.S., 1996.
ROSENBLATT, Naomi H. undHORWITZ, Joshua: *Wrestling with Angels – What Genesist Teaches us about our Spiritual Identity, Sexuality, and Personal Relationships,* New York, Delta, 1996.
SARNA: *Understanding Genesis,* New York, Schocken Books, 1974.

SCHAUSS, Hayyim: *The Jewish Festivals*, New York, 1962.
SCHOLEM, Gerschom: *Die jüdische Mystik in ihren Hauptströmungen,* Zürich, 1957, Frankfurt, 1967.
SHERES, Ita: *Dinah's Rebellion: A Biblical Parable for Our Time,* New York, Crossroads, 1990.
SHERIDAN, Sybil (Hg.): *Hear Our Voice – Women Rabbis Tell their Stories,* London, SCM Press, 1994.
SIEGEL, Seymour (Hg.): *Conservative Judaism and Jewish Law,* New York, The Rabbinical Assembly, 1977.
SPEISER, E.A.: *Genesis, The Anchor Bible,* New York, Doubleday, 1964.
UMANSKY, Ellen M. und ASHTON, Dianne: *Four Centuries of Jewish Women's Spirituality – A Sourcebook,* Boston, Beacon Press, 1992.
URBACH, Ephraim: *Les Sages d'Israël,* Cerf, Verdier, 1996.
VILNAY, Zev: *Agadoth Erets-Israel,* Bd. I–III, Philadelphia, J.P.S., 1975.
WASSERFALL, Rahel P. (Hg.): *Woman and Water – Menstruation in Jewish Life and Law,* New England, Brandeis, 1997.
WEGNER, Judith Romney: *Chattel or Person? The Status of Women in the Mishnah,* New York, Oxford University Press, 1988.
ZAOUI, André: *L'Enseignement libéral du judaïsme,* Paris, Le Rayon, 1962.
ZEMER, Moshe: *Evolving Halakha – A Progressive Approach to Traditional Jewish Law,* Vermont, Jewish Lights, 1999.
ZOLA, Gary P. (Hg.): *Women Rabbis, Exploration and Celebration – Honoring Twenty Years of Women in the Rabbinate 1972–1992,* Cincinnati, New York, Los Angeles Jerusalem, HUC–JIR, 1996.

AUFSÄTZE

ADLER, Rachel: „The virgin in the Brothel and other anomalies: Character and Context öin the Legend of Beruria", *Tikkun,* 3. Juni 1989.
ALTMAN, Renni S.: „The Sheva berakhoth reconsidered", *CCAR Journal,* summer 1997, S. 136–138.
BAKAN, David: „A note on male-female empowerment in divorce in Jewish law", *CCAR Journal,* spring/summer 1996, S. 77–79.
BECHTEL, Lynn; „Genesis 34: The rape? Of Dinah", *Journal for the Study of the Old Testament,* zitiert von Alice Ogden in: *Helpmates, Harlots, Heroes.*

BERMAN, Donna: „The feminist critique of language“, *CCAR Jopurnal,* summer 1992, S. 5–15.

BLOCH, Talia: „A woman’s voice“, *Aufbau,* Nr. 24, 2002

BODI, D.: „La tragédie de Mikhal en tant que critique de la monarchie israélite et préfiguration de sa fin“, *Foi et Vie 95,* 1996, S. 65 bis 105.

BYCEL, Lee T.: „To reclaim our voice: an analysis of representative contemporary feminist Passover haggadot“, *CCAR Journal,* spring 1993, S. 55–73.

COHEN, N.: „Sibling rivalry in Genesis“, *Judaism,* Nr. 32, 1983, S. 331 bis 342.

„*Hokhma ahoti ath, wisdom you are my sister* . 25 years of women in the rabbinate“ Aufsatzsammlung, *CCAR Journal,* summer 1997.

ELON, Menachem: „Hapala Melachutit“, *Haencyclopaedia haivrit,* Erg. Bd. II, Tel Aviv, 1983.

FRIEDMAN, Reena Sigman; „The politics of women’sordination“, *Lilith,* Nr. 6, 1979.

GOLINKI, David.“May women wear tefilin?“, *Conservative Judaism,* Bd. L, Nr. I, fall 1997, S. 3–19.

GREEN, Arthur: „Keeping feminist creativity Jewish“, *Sh’ma* 16/305.

GROSSMAN, Susan:“Feminism, Midrash and Mikveh“, *Conservative Judaism,* Bd. XLIV, Nr. 2, winter 1992.

GUNKEL, Hermann: *Genesis,* Nr. 19, Göttingen, Vandenhoek und Rupprecht, 1964.

HARLOW, Jules: „Feminist linguistics and Jewish liturgy“, *Conservative Judaism,* Bd. XLIX, Nr. 2, Winter 1997, S. 3–26.

HENKIN, Yehouda; „Récitation du kaddish par des femmes et leur association au minian depuis la section réservée aux femmes“, *Hadarom,* Bd. 54, Sivan 1985, S. 36.

HENKIN, Yosef Eliahou: „Récitation du kaddish par une fille“, *Hapardes,* Bd. 6, 1963, S. 5.

MOPSIK, Charles: „Considérations méthodologiques et réflexionssur la féminité de la Chekhina dans la Cabale“, *Pardes,* Nr. 12, 1990, S. 13–25.

PFISTERER, Darr Katheryn: „More than the stars of the Heaven: critical, rabbinical, and feminist perspectives on Sarap“, *Far More Precious than Jewels,* S. 114.

RAYNER, John D.: „From unilateralism to reciprocity; a short history of Jewish divorce“, *The Journal of Progressive Judaism,* Nr. 11, 1989, S. 47–68; abgedruckt in: *Jewish Religious Law: A Progressive Perspective,* S. 163–183.

ROVNER, Jay: „Rherorical strategy and dialectical necessity in the Babylonian Talmud: the case of Kiddushin", 34a–36a, *HUCA,* Nr. 65, 1994, S. 200–201.

SAFRAI, Samuel: 2Existait-il une *ezrat nashim* dans la synagogue ancienne?", *Tarbiz*, Nr. 32, 1963, S. 329–338.

SCHECHTER, Salomon: „Women in Temple and Synagogue", *Studies in Judaism,* Bd. I, Philadelphia, J.P.S., 1911, S. 313-325.

SCHWARTZMAN, Sylvan D.: „Is there still room for the *Rebbetzin* today?", *Journal of Reform Judaism*, fall 1981, S. 64–72.

SELTZER, Sanford: „Biblical women and patrilineal descent", *CCAR Journal,* summer/fall 1995, S. 17–25.

STONE, Amy: „Gentlemen's agreement at the seminary", *Lilith,* spring/summer 1977.

TAITZ, Emily: Kol Ishah – The voice of woman: where was it heard in medieval Europe?", *Conservative Judaism,* Bd. 38 (3), spring 1986.

UMANSKY, Ellen M.: „Critical studies of women in Jewish life: some recent works",*CCAR Journal,* spring 1992.

UNTERMAN, Issar: „Be'injan pikuach nefesch schel ubar", *Noam,* Nr. 6, 1964, S.1.

WEISSLER, Chava: „The Tkhines and women's prayer", *CCAR Journal,* fall 1993, S. 75–89.

WILLIAMS, Sandra S.: „David and Abigail: A non-traditional view", Judaic Studies Program, University of Central Florida, 1999.

WISE, Ruth: „Women and conservative Rabbis". *Commentary,* Oktober 1979. Bd. 68.

WOLNITZ, Ellen S.: „A generation after Ezrat Nashim's ‚Jewish Women Call for Change'", *Conservative Judaism,* Bd. 51, Nr. 3, spring 1999, S. 59–79.

WYLER, Bea: „Esther – The incomplete emancipation of a queen", *The Feminist Companion to the Bible,* Hg. Athalya Brenner, USA, Sheffield University Press, 1995.